Howard und Geraldine Taylor

Hudson Taylor

Ein Mann, der Gott vertraute

BRUNNEN VERLAG · GIESSEN
Überseeische Missionsgemeinschaft · Zürich

ABCteam-Bücher erscheinen in folgenden Verlagen:
Aussaat- und Schriftenmissions-Verlag Neukirchen-Vluyn
R. Brockhaus Verlag Wuppertal
Brunnen Verlag Gießen
Bundes Verlag Witten
Christliches Verlagshaus Stuttgart
Oncken Verlag Wuppertal

Titel der englischen Originalausgabe:
„Biography of James Hudson Taylor“

CIP-Kurztitelaufnahme der Deutschen Bibliothek

Taylor, Howard:
Hudson Taylor: e. Mann, der Gott vertraute /
Howard u. Geraldine Taylor. –
6. Aufl. – Gießen: Brunnen-Verlag;
Zürich: Überseeische Missionsgemeinschaft, 1986.
(ABC-Team; 128)
Einheitssacht.: Biography of James Hudson Taylor ‹dt.›
ISBN 3-7655-2128-0
NE: Taylor, Geraldine:; GT

6. Auflage 1986

Umschlagfoto: Foto dpa
Herstellung: St.-Johannis-Druckerei, Lahr

INHALT

UdSSR
MONGOLEI
Urumqi
GANSU
(KANSU)
XINJIANG
Ningxia
Taklimakan Shamo
Xining (Sining)
QINGHAI
SICHUAN
(SETSCHUEN)
Lancang Jiang
TIBET
Chengdu
(Chengtu)
Jinsha Jiang
Lhasa
NEPAL
INDIEN
BHUTAN
Brahmaputta
YUNNAN
(JUNNAN)
BANGLADESCH
INDIEN
BURMA
Salween
LAOS

Harbin
Changchun
(Hanchung)
JAPANISCHES MEER
INNERE MONGOLEI
JILIN
Shenyang
LIAONING
KOREA
Bejing
(Peking)
Hohhot
Dalian
BO HAI
JAPAN
Chines. Mauer
Tianjin
(Tientsin)
Yantai (Chefoo)
Shijiazhuang
HUANG HAI
(GELBES MEER)
HEBEI
Taiyuan
Jinan
Qingdao
SHANDONG
(SHANTUNG)
SHANXI
(SHAN-SI)
Huang He
JIANGSU
(KIANGSU)
Zhengzhou
(Jingtschau)
Yangzhou (Yangchow)
ANHUI
(NGAN-KWEI)
Zhenjang (Chinkiang)
HENAN
(HONAN)
Xi'an
(Singan)
Nanjing
Shanghai
Hefei
Hangzhou
(Hangchow)
Shaoxing (Shaohsing)
HUBEI
(HUPE)
Wuhan
(Wuchang)
ZHEJIANG
(CHEKIANG)
DONG HAI
(OSTCHINES. MEER)
PAZIFISCHER OZEAN
Chang Jiang
Nanchang
(Nantschad)
Changsha
(Tschangscha)
Chongqing
(Chungking)
Fuzhou (Futschau)
JIANGXI
(KIANGSI)
HUNAN
FUJIAN
(FUKIEN)
TAIWAN
Xiamen
Guiyang (Kweijang)
GUANGXI
(KWANGSI)
GUANG DONG
(KWANGTUNG)
Shantou
(Swatow)
Guangzhou (Kanton)
Shenzhen
Xi Jiang
Hong Kong
Nanning
NAN HAI
(SÜDCHINES. MEER)
PHILIPPINEN
Haikou
HAINAN

VORWORT

James Hudson Taylors Name ist noch heute nicht nur in England, sondern weit darüber hinaus bekannt und beliebt. Durch seine Besuche in Europa kam er mit vielen evangelischen Christen in Berührung, und es entstanden dadurch wertvolle Verbindungen vor allem in Deutschland und in der Schweiz. Überall hinterließ er durch sein klares Zeugnis und seinen glühenden Missionseifer einen tiefen Eindruck. Ein wichtiges Ergebnis seiner Europareise war es, daß sich nicht weniger als vierzehn kontinentale Missionsgesellschaften der China-Inland-Mission anschlossen. Diese Verbindungen wurden erst aufgelöst, nachdem sich alle Missionare zum Rückzug aus China gezwungen sahen.

Die Herausgabe der vorliegenden gekürzten Biographie Hudson Taylors ist ein Zeugnis dafür, daß der Einfluß eines Mannes nie erlischt, der Gott als höchste Wirklichkeit anerkennt. Nur wenige Biographien überleben eine oder zwei Generationen. Doch die fast tausend Seiten umfassende zweibändige Lebensbeschreibung dieses Gottesmannes fand in mehr als einem halben Jahrhundert ununterbrochenen Absatz. Siebzehn Auflagen erlebte sie allein in englischer Sprache. In Französisch und Deutsch mußte das ganze Werk verschiedentlich neu aufgelegt werden. Bestimmt gibt es einen zwingenden Grund für diese andauernde Popularität, und dieser wird nicht so sehr im Stil und der Vortrefflichkeit der Schreibweise als in dem überlegenen Charakter und der Art des Inhalts zu finden sein.

Menschen, die Hudson Taylor zum erstenmal begegneten, sahen in ihm nichts Besonderes. Seine erstaunlichen Kenntnisse schienen in keinem Verhältnis zu seiner scheinbaren Durchschnittlichkeit zu stehen. Einer der christlichen Führer berichtet über seine Eindrücke beim ersten Zusammentreffen mit Hudson Taylor:

„Jede bisherige Idee von menschlicher Größe schwand mit einemmal dahin ..., doch Christi Ideal von Größe wurde damals so fest in mein Herz geprägt, daß es all die Jahre bis auf den heutigen Tag überdauert hat. Durch diese unbewußte Beeinflussung hat Hudson Taylor vermutlich in stärkerem Maße als irgendein anderer Mensch Christen zur Berichtigung ihrer Auffassung von wahrer Größe bewogen. Trotz seiner menschlichen Schwäche war er stark in Gott."

Sein einfacher, doch fester Glaube wurzelte in zwei Wahrheiten: der Größe und der Treue Gottes. In unserer Zeit des Humanismus und Materialismus brauchen wir nichts so sehr wie diese im Wesen Gottes liegenden Elemente, die Hudson Taylor ganz besonders betonte.

„Es gibt nichts Kleines und nichts Großes. *Gott allein ist groß.* Wir sollten Ihm unser ganzes Vertrauen entgegenbringen."

„Die Not ist groß, unermeßlich groß. Doch *Gott ist größer, unendlich größer.*"

Für Hudson Taylor war Vertrauen auf Gott das Natürlichste und Vernünftigste, obgleich sein Glaube oft schwer geprüft wurde.

„Noch nie wurde unser Glaube so auf die Probe gestellt, doch noch nie haben wir Seine Treue in solchem Maße erlebt."

Schwierigkeiten bedrücken und entmutigen die meisten Christen. Sie versuchen daher alles, um ihnen auszuweichen. Nicht so Hudson Taylor. Er nährte sich an ihnen und freute sich über jede neue Gelegenheit, durch neue Schwierigkeiten Gottes Macht und Treue aufs neue zu erfahren.

„Wenn Gott mich in eine große Verlegenheit bringt, muß Er mich dann nicht leiten? In schwierigen Lagen mir nicht viel Gnade, in Bedrängnissen und Prüfungen mir nicht viel Kraft schenken? Wir brauchen nicht zu befürchten, daß Seine Möglichkeiten den Erfordernissen nicht genügen könnten."

Hudson Taylor war seiner Generation, was Missionsschau und -methode betrifft, weit voraus. Seine kühnen Ideen stießen nicht selten mit denen vorsichtiger und weniger weitblickender Zeitgenossen zusammen. Er schaute die Dinge auf weitgespanntem

Hintergrund, und er hatte ein aufgeschlossenes Herz für andere. Sein großes Verständnis biblischer und missionarischer Grundsätze kam ihm zustatten, wo es galt, Strategie und Taktik den Erfordernissen anzupassen, damit Gottes Missionsplan durchgeführt würde.

Worin liegt der bleibende Wert dieses Lebensbildes? Es werden darin die verborgenen Grundsätze aufgedeckt, nach denen Gott ein gewöhnliches Leben formt und es zu einem außergewöhnlichen gestaltet, weil es ihm in außergewöhnlicher Weise hingegeben war. Weiter illustriert es in allen Erlebnissen und Erfahrungen Hudson Taylors das Wirken der gottgeschenkten Grundsätze in dem Missionswerk, das zu gründen er das Vorrecht hatte. Weil es zeitlose Grundsätze sind, hat die Biographie im Gebiet des christlichen Wandels und missionarischen Dienstes Gegenwartswert.

Wir leben in einem Zeitalter großer Zeitnot. Die vorliegende Kurzfassung hat das große Buch verdrängt. Viele mögen diese Tendenz beklagen, doch bleibt die Tatsache bestehen: Manche, die nie eine tausendseitige Biographie zur Hand nähmen, lesen gern ein kleineres Buch.

Es sollte trotz dieser Kürzung alles erhalten bleiben, was von zeitgemäßem Interesse und bleibendem geistlichem Wert ist, und nur das Nebensächliche und Vergängliche ausgelassen werden. Darin war der Herausgeber erfolgreich. Die geistlichen Geheimnisse von Hudson Taylors außerordentlichem und fruchtbarem Leben wurden so weit wie möglich unverändert beibehalten. Wer die volle Biographie kennt, kann diese gekürzte Ausgabe lesen, ohne befürchten zu müssen, er verliere dabei etwas. Die Übersetzung ins Deutsche geschah mit liebevollem Verständnis durch Frau E. Baumann, ein Mitglied der Überseeischen Missionsgemeinschaft.

Ich bin überzeugt, daß, wo immer dieses Buch gelesen wird, die Worte Abels: „Durch den Glauben redet er noch, wiewohl er gestorben ist" wahr sind im Blick auf James Hudson Taylor.

J. Oswald Sanders

DEM HERRN GEWEIHT

Es war wie ein Heimkehren, als Benjamin Hudson, Prediger der Methodistenkirche nach Barnsley versetzt wurde. Nicht weit davon entfernt, am Rande der weiten Heide, lag sein Heimatort, in dem Amalie, seine Frau, ihre Jugend verbracht hatte. Dieses Yorkshiretal mit seinen vielen Hügeln und der sich meilenweit hinziehenden Bergkette trug vielleicht etwas zur künstlerischen Veranlagung und tapferen Gesinnung ihrer Kinder bei.

Benjamin Hudson war zwar kein besonders guter Redner, dafür aber ein treuer, hingegebener Diener am Evangelium und ein wirklicher Künstler. Sein Talent als Porträtmaler übertrug sich auf mindestens drei seiner Kinder. Sein auffallendster Charakterzug war ein unwiderstehlicher Drang zum Humor. Dieser bereitete ihm nicht selten Schwierigkeiten. Als er einmal während einer Konferenz der Wesleyaner wegen seiner Unfähigkeit, diesen Hang zu meistern, getadelt wurde, entschuldigte er sich so geistreich, daß die ganze Versammlung in Lachen ausbrach. Doch in Barnsley, ja, da fühlte er sich verstanden. Die Yorkshireleute schätzten seine humorvollen Reden und gezielten Ermahnungen. Auch diese Veranlagung, sein trockener Humor, übertrug sich auf seine Nachkommen.

Keiner verstand ihn aber in Barnsley besser als der Schilfrohrflechter John Taylor, dessen einfaches, doch solides Steinhaus gegenüber dem Predigerhause stand. Die älteste Tochter des Predigers, Amalie, hatte eine schöne Stimme. Deshalb nannte John Taylor sie Nachtigall. Sein Sohn, James Taylor, Apothekerlehrling in einem Nachbardorf, besuchte seine Eltern häufiger, seitdem er die hübsche Sängerin kannte. Die beiden jungen Leute verliebten sich und heirateten endlich nach einer siebenjährigen Verlobungszeit im April 1831.

Zu der Zeit besaß James Taylor bereits seine eigene Apotheke am Marktplatz. Dort schaltete und waltete nun Amalie. Ihre Gaben und Fähigkeiten konnten hier nicht verborgen bleiben. Sie brachte Frohmut und Interesse an der Arbeit ihres Mannes mit in ihre Ehe und unterrichtete in der Sonntagsschule. Die vierzig bis fünfzig Buben und auch die Mädchen fühlten ihre Anteilnahme und Gebete. Eine besondere Freude brachte eine Erweckung in der Gemeinde. Dabei kamen viele ihrer Sonntagsschüler zum Glauben an Jesus Christus.

Bei seinen Predigtvorbereitungen fand James Taylor in seiner Frau eine unerwartete Hilfe. War sein Herz voll, die Feder aber unfähig und zu langsam zum Festhalten seiner Gedanken, ging er im Hinterzimmer seines Ladens auf und ab, während Amalie kurze Notizen machte und später zu Predigten ausarbeitete, was er vor ihr ausgebreitet hatte. James Taylor legte großen Wert auf eine sorgfältige Vorbereitung seiner biblischen Botschaften. Aber er war auch ein gewissenhafter und tüchtiger Apotheker und als Geschäftsmann hoch geachtet. Er nahm die Geldangelegenheiten so genau, daß er es sich zur Gewohnheit machte, jede Schuld sofort zu begleichen.

„Wenn ich sie eine Woche stehenlasse", pflegte er zu sagen, „schädige ich meinen Gläubiger, auch wenn es sich nur um einen geringen Betrag handelt."

Überzeugt von der unbedingten Treue Gottes, glaubte er einfach Seinem Wort. Für ihn war die Bibel das praktischste Buch der Bücher. So sprach er im ersten Winter ihrer Ehe eines Tages mit seiner Frau über eine Bibelstelle, die ihn besonders beeindruckte. Es handelte sich um einen Teil des dreizehnten Kapitels aus dem 2. Buch Mose und um einige ähnliche Verse aus dem 4. Buch Mose. Da stand geschrieben: „Heilige mir alle Erstgeburt!" — „Die Erstgeburt ist mein." — „Alle Erstgeburt sollst du dem Herrn weihen."

Lang und ernst war das Gespräch, das sie im Ausblick auf das bevorstehende Glück zusammen führten. Um so genau wie möglich einem Gebot nachzukommen, das sie nicht einfach auf hebräische Eltern einer vergangenen Zeit beziehen konnten, knieten sie zusammen nieder, und der Herr antwortete auf dieselbe klare Weise. Er schenkte ihnen die Gewißheit, daß Er ihre Gabe angenommen habe. Sie wußten, daß das ihnen anvertraute Leben hinfort einem höheren Anspruch, einer tieferen Liebe ausgeliefert bleiben müßte. Diesen Tag konnte die junge Frau nicht wieder vergessen.

Der Frühling zog ins Land und berührte mit seinem zarten Hauch die Hügel und Täler des Yorkshirelandes. Am 21. Mai 1832 wurde dann dieses Kind vieler Gebete — James Hudson Taylor — geboren. In seinem Namen sollten die Namen beider Eltern vereinigt sein.

Es blieb nicht bei diesem einen Kind. Eins der großen Vorrechte ihrer Kindheit war das Leben unter der ständigen Obhut der Mutter. Dies war ein reichlicher Ausgleich für die bescheidenen Mittel, die ihnen zur Verfügung standen. Für die Mutter gab es viel zu nähen, doch konnte sie daneben ihre Leseübungen abhören und sie Diktate schreiben lassen. Viele Stunden wurden auf diese Weise über Geschichte, Literatur und Reisebeschreibungen zugebracht. Sie vermittelte ihnen schon früh die Freude am Lesen. Ihrer Genauigkeit und Gründlichkeit wird wohl die ungewöhnliche Aufmerksamkeit im Kleinen zu verdanken sein, die ihren Sohn in späteren Jahren kennzeichnete.

Ebenso praktisch brachte sie ihren Kindern Sorgfalt in allem bei, was sie selbst betraf. Auf ihrem Waschtisch lag stets Nähzeug bereit, damit Zerrissenes sogleich wieder instandgesetzt werden konnte. Daß Sauberkeit und Ordentlichkeit trotz einfacher Kleidung eine Notwendigkeit sei, prägte sich den Kindern durch das Vorbild der Mutter früh ein.

Das kleine, hinter dem Laden liegende Wohnzimmer, in dem gegessen, gelernt, genäht und gespielt wurde, war ein Bild der Gemütlichkeit und Ordnungsliebe. Mit dem kleinen Fenster, das vom Marktplatz her interessante Eindrücke vermittelte, dem mit glänzendem Geschirr und Glas gefüllten Buffet, seinem langen, altmodischen Ruhebett und dem geräumigen Bücherregal bildete das Familienzimmer einen behaglichen Ort.

Die sanfte Zucht der Mutter trug viel zu Hudsons glücklicher Kindheit bei. Als einmal Gäste zum Mittagessen eingeladen waren, übersah sie die Bedürfnisse ihres kleinen Sohnes. Während die andern aßen, saß er schweigend am Tisch, weil beim Essen nicht gebettelt werden durfte. Endlich bat eine leise Stimme um Salz. Das war auf alle Fälle erlaubt.

„Warum möchtest du denn Salz haben?" fragte sein Tischnachbar, der Hudsons leeren Teller bemerkte.

„O ich möchte nur bereit sein, wenn mir meine Mama etwas zu essen gibt."

Ein anderes Mal lenkte er die Aufmerksamkeit für seine Bedürfnisse durch eine Frage auf sich, als das Gespräch einen Augenblick verstummte.

„Mama, denkst du, Apfelkuchen sei etwas Gutes für kleine Buben?"

Die Kinder lebten mit ihrem Vater beinahe so vertraut wie mit der Mutter. Dieser fühlte sich nicht weniger verantwortlich für ihre Erziehung. Obgleich streng und oft aufbrausend, kann der Einfluß James Taylors im Leben seines Sohnes kaum hoch genug bewertet werden. Er war bestimmt ein Zuchtmeister. Doch wer könnte sagen, ob Hudson je der Mann und Leiter eines großen Werkes geworden wäre ohne ein solches Element in seiner frühesten Jugend? James Taylor genügte die Tatsache nicht, daß seine Kinder verhältnismäßig gut geartet waren. Er selbst besaß ein äußerst starkes Pflichtbewußtsein. Es mußte immer das zuerst getan werden, was zuerst getan sein mußte. Freiheit, Vergnügen und Weiterbildung durften nur den verbleibenden Raum einnehmen. Er war ein Mann des Glaubens, doch ging sein Glaube Hand in Hand mit praktischer Arbeit. Von seinen Kindern verlangte er gründliches Erfüllen ihrer Pflichten, damit sie sich Gewohnheiten aneigneten, durch die sie zu zuverlässigen Männern und Frauen geformt würden.

Die Bedeutung der Pünktlichkeit zum Beispiel brachte er seinen Kindern durch Vorbild und Belehrung bei. Niemand durfte verspätet zu den Mahlzeiten oder andern Familienzusammenkünften erscheinen.

„Sind fünf Leute beisammen, und man läßt sie eine Minute zu lange warten, dann gehen fünf Minuten verloren, die nie mehr eingeholt werden können", belehrte er sie.

Saumseligkeit beim An- und Auskleiden, oder wenn eine Arbeit getan werden sollte, tadelte er ebenfalls als Zeitverlust. „Lerne es, dich rasch anzukleiden, denn du mußt es wenigstens einmal jeden Tag deines Lebens tun. Beginn auch deine Arbeit sogleich, wenn sie dir aufgetragen wird! Zaudern hilft nicht und macht die Pflichten nur mühsamer."

Ein anderer seiner Grundsätze lautete: „Siehe zu, daß du ohne dieses oder jenes auskommst!" Das bezog sich vor allem auf die bescheidenen Tischfreuden. Er kannte den lebenslangen Einfluß kleiner Gewohnheiten und fühlte sich verpflichtet, seinen Kindern die Kraft zur Selbstzucht zu sichern.

„Manchmal werdet ihr zu euch selbst nein sagen müssen, wenn wir einmal nicht mehr bei euch sein und euch helfen können. Das wird euch sehr schwer fallen, wenn es euch nach irgend etwas gelüstet. Darum laßt uns die Tugend der Selbstdisziplin heute üben, denn je früher ihr beginnt, desto stärker wird die Gewohnheit sein", erklärte er ihnen.

Nach dem Frühstück und der Teezeit hielt er regelmäßig eine Familienandacht. Dabei durfte keins der Kinder fehlen. Die gelesene Schriftstelle wurde vom Vater in einer solch praktischen Art erklärt, daß auch die Kinder die Anwendung erfaßten. Er war sehr darauf bedacht, ihnen das ganze Wort Gottes zu geben. Nichts durfte übergangen werden. Das Alte Testament wurde ebenso durchgelesen wie das Neue. Nach der Bibellese trug er das Datum regelmäßig in die Familienbibel ein.

Es wurde den Kindern gesagt, daß die Pflege ihrer Seele durch Gebet und Bibelstudium ebenso wichtig sei wie Bewegung und Essen für das leibliche Leben. Dies zu unterlassen, meinte er, bedeute eine Vernachlässigung des Allerwichtigsten. Er sprach oft darüber als von einer Sache, die nicht übersehen werden dürfe, und sorgte dafür, daß seine Angehörigen täglich wenigstens eine halbe Stunde mit Gott allein sein konnten. Bald entdeckten auch die Kleinsten das Geheimnis eines glücklich verbrachten Tages.

James Taylor war ein geselliger Mann und sprach sich gern unter Gleichgesinnten frei aus. Die Vierteljahrssitzungen der kirchlichen Gemeindevorsteher, zu denen sie sich regelmäßig aus allen Teilen seines Umkreises in Barnsley trafen, bereicherte er oft durch eine Einladung an alle Teilnehmer zu einer Teepause in seinem Heim. Dabei wurden meistens Themen der Missionsarbeit in fernen Ländern berührt. Die Kinder liebten die Geschichten fremder Völker. China nahm den ersten Platz in ihres Vaters Interesse ein. Er beklagte nicht selten die Gleichgültigkeit der heimatlichen Kirche gegenüber der erschreckenden Not jenes Landes. Es beunruhigte ihn, daß die Methodistengemeinden nichts zur Evangelisation Chinas beitrugen.

„Warum nur senden wir keine Missionare dorthin?" rief er zuweilen aus. „Dies ist das Land, das eingenommen werden sollte — China mit seiner dichten Bevölkerung, seinen starken, intelligenten und gebildeten Menschen."

Schon ganz früh entschloß sich Hudson, einmal als Missionar nach China auszuziehen. Sein Interesse an diesem Land wurde noch durch eine kleine Schrift „China" vertieft. Er las sie so oft, bis er sie beinahe auswendig konnte. Jede Hoffnung jedoch, die seine Eltern gehegt haben mochten, daß er je zu einem solchen Dienst berufen sein könnte, hätten sie wegen seiner zarten Gesundheit begraben müssen.

Erst als Elfjährigen hatten sie ihn in die Schule schicken können, und bereits nach zwei Jahren mußte er sie wieder verlassen. Obgleich er den Unterricht liebte, war es keine glückliche Zeit gewesen. Es verging keine Woche, in der er nicht einen oder zwei Tage daheim zubringen mußte. Er machte sich auch zu wenig aus Bubenspielen, um allgemein beliebt zu sein. Darum freute er sich über den Entschluß der Eltern, ihn zu Hause weiterstudieren zu lassen. Nebenher durfte er seinem Vater im Apothekerladen helfen. So vergingen seine Kindheitsjahre, und ganz unbemerkt näherte sich Hudson Taylor der Krise seines Lebens.

Mit siebzehn Jahren war er ein hübscher Junge. Nach außen hin schien er unbeschwert und sorglos zu sein. Doch innerlich war er voll Auflehnung und Zweifel. Er hatte einige Monate in einer Bank in Barnsley gearbeitet, wo die meisten seiner neuen Bekannten ihm selbst unbekannte Ansichten vertraten. Es war nicht selten zu heftigen Diskussionen gekommen. Religion war eins ihrer Themen. Darüber wurde viel geschimpft. Einer zeichnete sich als besonders kritisch aus. Er war ein älterer, gut aussehender, allgemein beliebter Bursche, der bei jeder Gelegenheit Hudsons „altväterische" Ansichten belächelte und sich sehr bemühte, ihn davon abzubringen. Hudson begann denn auch, sich nach Vergnügungen und Abwechslung, nach Geld und einem Pferd zu sehnen, um wie die andern seine Freizeit auszufüllen. Er war es müde, ständig die äußeren Formen christlichen Lebens wahren zu müssen, nachdem er sich lange bemüht hatte, daran festzuhalten. Als dann Überstunden bei trübem Gaslicht eine ernste Entzündung seiner Augen verursachten, mußte er seine Stelle aufgeben und in den Apothekerladen seines Vaters zurückkehren. Seine innere Zerrissenheit vertiefte sich nun noch mehr.

Sein Zustand wirkte sich natürlich ungünstig auf den Frieden und das Glück seiner Familie aus und beschattete sein ursprünglich sonniges Wesen. Die Eltern erkannten seinen Zustand wohl. Der Vater versuchte ihm zu helfen, fand es jedoch schwer, geduldig zu bleiben und ihn immer zu verstehen. Die Mutter verdoppelte ihre Zartheit ihm gegenüber. Doch am besten verstand ihn seine erst dreizehnjährige Schwester Amalie. Ihr schenkte er sein Vertrauen.

Seine Gleichgültigkeit und innere Zerrissenheit gingen ihr so nahe, daß sie sich vornahm, täglich dreimal für ihren Bruder zu beten, bis er durch eine klare Bekehrung Frieden mit Gott fände. Einzig ihrem Tagebuch vertraute sie an, sie wolle nicht eher mit Beten aufhören, bis Hudson zum Licht durchgedrungen sei, und sie rechne bestimmt mit der Erhörung ihrer Gebete.

Gehalten durch den Glauben und die Gebete seiner Angehörigen, nahte endlich der unvergeßliche Tag. Jahre später schrieb er darüber:

„Meine Mutter weilte irgendwo in den Ferien. Am Nachmittag eines freien Tages suchte ich in Vaters Bibliothek nach einem Buch, doch fand ich keins, das mich interessierte. Dann durchstöberte ich einen mit Traktaten und Broschüren gefüllten Korb. Ich fand eine Schrift, die interessant aussah, und sagte zu mir selbst: Wahrscheinlich steht zuerst eine Geschichte darin, und dann folgt eine Evangelisationsbotschaft oder Moralpredigt. Ich werde die Geschichte einmal lesen und den Rest denen überlassen, die daran Freude haben.

Ich machte es mir gemütlich und begann beinahe gleichgültig zu lesen. Dabei nahm ich mir vor, die Schrift bestimmt beiseite zu legen, wenn etwas über die Erlösung darin stehen sollte.

Wie konnte ich wissen, was in jener Stunde im Herzen meiner Mutter vorging, die etwa einhundertundzwanzig Kilometer entfernt ihre Ferien verbrachte! Sie hatte den Mittagstisch mit einem tiefen Verlangen nach der Bekehrung ihres Sohnes verlassen, und weil ihr viel freie Zeit blieb, wollte sie diese im Gebet für mich zubringen. So zog sie sich denn auf ihr Zimmer zurück, schloß die Tür ab und war fest entschlossen, den Raum nicht eher zu verlassen, als bis ihre Gebete erhört worden seien. Stunde um Stunde brachte die gute Mutter im Gebet zu, bis sie sich gedrungen fühlte, Gott für Seine Erhörung zu danken.

Während ich selbst das Traktat las, fielen mir die Worte ‚Das vollendete Werk Christi‘ auf.

Ich fragte mich: Warum gebraucht der Schreiber wohl den Ausdruck ‚vollendetes Werk Christi‘? Warum heißt es nicht Wiedergutmachungs- oder Versöhnungswerk? Dabei dachte ich an die Worte Jesu: ‚Es ist vollbracht!‘ Was aber bedeutet ‚vollbracht‘? Die Antwort gab ich mir selbst. Es mußte sich um ‚eine ganze und vollkommene Erlösung und Sühne für die Sünde‘ handeln. Sagt doch die Heilige Schrift: Jesus ist die Versöhnung für unsere Sünden, nicht allein für die unseren, sondern auch für die der ganzen Welt.‘

Dann dachte ich weiter: Wenn das ganze Werk vollbracht ist, was bleibt mir dann noch zu tun übrig?

Damit dämmerte in mir durch den Heiligen Geist die frohe Überzeugung wie ein Licht auf, daß ich in dieser Welt nichts anderes zu tun hätte, als auf die Knie zu fallen und diesen Erlöser und Seine Erlösung dankbar anzunehmen. Damit würde ich Ihn auf ewig preisen.

Während meine Mutter in der Ferne in ihrem Zimmer Gott lobte, dankte ich Ihm im alten Lagerschuppen, wohin ich mich inzwischen zum Lesen zurückgezogen hatte.

Erst nach einigen Tagen machte ich meine Schwester zur Vertrauten meiner Freude. Dabei nahm ich ihr das Versprechen ab, niemand etwas davon zu verraten. Als meine Mutter nach zwei weiteren Wochen zurückkehrte, begegnete ich ihr als erster und sagte ihr, ich hätte eine gute Nachricht für sie. Noch meine ich, die Arme meiner lieben Mutter um meinen Nacken zu fühlen, als sie antwortete: ‚Ich weiß, mein Junge.‘

‚Wie, hat Amalie ihr Versprechen nicht gehalten? Sie sagte doch, sie wolle niemand davon sagen.‘

Da versicherte mir die Mutter, daß sie von keiner menschlichen Quelle das Geschehene vernommen habe. Sie erzählte mir dann von ihrem Erleben und sagte: ‚Du würdest es doch sicher auch eigenartig finden, wenn ich nicht an die Macht des Gebets glaubte.‘

Aber das war nicht alles. Nach einiger Zeit blätterte ich einmal in einem Notizbuch, weil ich meinte, es sei mein eigenes. Die Zeilen, auf die mein Blick fiel, waren jedoch von meiner Schwester geschrieben. Es war ihr kleines Tagebuch, in dem ich von ihrem Versprechen las, Gott so lange bitten zu wollen, bis ihr Bruder bekehrt sei. Nur einige Wochen hatte es gedauert, bis es Gott gefiel, mich aus der Finsternis zum Licht hindurchzubringen.“

Es war vielleicht natürlich, daß Hudson vom Anfang seines Glaubenslebens an den Verheißungen Gottes vertraute und um die Macht des Gebets wußte, nachdem er in einer solchen Familie aufgewachsen und unter solchen Umständen errettet worden war.

Diese entschiedene Annahme des Erlösungswerkes Christi geschah im Juni 1849. Von jetzt an freute er sich über die Gewißheit der Annahme bei Gott, und zwar nicht auf Grund eigener Leistungen, sondern allein durch das Werk und die Person Christi. „Nicht ich, sondern Christus." Dieses Wissen brachte Freiheit, Frieden und Ruhe. Das war der Wendepunkt, der Anfang eines neuen Lebensabschnitts, der für ihn — ohne daß er sich dessen bewußt war — *China* bedeutete.

Nun zeigte sich auch der unschätzbare Wert von Zucht und Gewöhnung in einem christlichen Haus. Er machte rasche Fortschritte, denn die Bibel war ihm kein fremdes Buch, sondern vertrautes Gebiet, ein Land der Verheißung, das nur eingenommen werden mußte. Das Gebet bedeutete keine ungewohnte Anstrengung. Ihm war es natürlicher Ausdruck eines Herzens, das gewohnt war, sich in allem an Gott zu wenden. Es gab viel zu lernen in diesem neuen Leben, doch erfreulicherweise wenig häßliche Gewohnheiten oder Erinnerungen auszulöschen. Der Heilige Geist hatte verhältnismäßig freien Raum in seinem Herzen. Und vor dem Siebzehnjährigen lag ein ganzes Leben, über das sein Herr verfügen sollte.

Als Ausdruck seiner Dankbarkeit wollte er eine Arbeit für Gott tun, einen Dienst, der vielleicht sogar mit Leiden verbunden wäre. Mit diesem Verlangen im Herzen verbrachte er einen seiner freien Nachmittage auf seinem Zimmer. Er mußte mit Gott allein sein. Da begegnete ihm Gott auf besondere Weise.

„Lebhaft erinnere ich mich jener Begebenheit", schrieb er lange danach, „wie ich in ungeteilter Hingabe mich selbst, mein Leben, meine Freunde, mein alles auf den Altar legte, und wie Gott mir die Zusicherung gab, daß mein Opfer angenommen sei. Die Gegenwart des Herrn wurde unaussprechlich real. Ich weiß noch, daß ich in tiefer Ehrfurcht und Freude vor Ihm auf dem Boden lag. Es erfüllte mich das Bewußtsein, nicht mehr mein eigen zu sein. Das habe ich seither nie mehr verloren."

Nun begann er sich als Ergebnis dieser bestimmten Übergabe an Gott um das Wohlergehen anderer Menschen zu kümmern. Vermochte er auch noch nicht zu predigen, so konnte er doch christliche Blätter verteilen und Leute zur Sonntagspredigt einladen. War er an den Werktagen zu sehr beschäftigt, so benutzte er die Sonntage dazu. Statt am Sonntagabend wie bisher zur eigenen Erbauung in der Kirche zu sitzen, suchte er nun mit seiner Schwester die ärmsten Stadtteile auf. Sie gingen von Tür zu Tür und boten allen, die sie haben wollten, ihre Schriften an. Die elendesten Mietshäuser suchten sie auf, obgleich es sie nicht wenig kostete, durch dunkle, enge Zugänge zu den überfüllten Küchen vorzudringen. Doch wurden sie reichlich in dem Wissen belohnt, daß der Meister ihr Tun billige.

Die Freude an seinem Herrn und dem Dienst für Ihn war aber nicht seine einzige Erfahrung jener Spätsommertage. Es gab Zeiten der Gleichgültigkeit und widerstreitender Gefühle und Gedanken. Es schien irgendwie eine Kluft zwischen der errettenden Macht Jesu und den Nöten des täglichen Lebens in Laden und Heim zu bestehen. Das Gute, das er wollte, tat er nicht, und das Böse, das er haßte, siegte nur zu oft. Er bejahte das Gesetz Gottes nach dem inwendigen Menschen, doch erkannte er ein anderes Gesetz, das ihn in die Gefangenschaft der Sünde mit all ihren ertötenden Wirkungen brachte. Er hatte noch nicht gelernt, Gott zu danken, daß „das Gesetz des Geistes, das da lebendig macht in Christo Jesu, mich frei gemacht hat vom Gesetz der Sünde und des Todes".

In solchen Zeiten bleiben der betrübten und erschreckten Seele nur zwei Wege offen. Der eine bedeutet, das hohe Ziel fahrenzulassen und stufenweise zu einer niedrigeren Ebene christlichen Lebens hinunterzusteigen, wo es weder Freude noch Kraft gibt. Der andere Weg führt in die Nachfolge Jesu hinein, in der auf Grund Seiner großen und kostbaren Verheißung völlige Befreiung nicht nur von der Schuld, sondern auch von der Herrschaft der Sünde beansprucht werden darf.

Nichts Geringeres als das konnte Hudson Taylor zufriedenstellen. Die Bekehrung hatte er nicht als leichtfertige Verstandesangelegenheit erlebt. Von seinem alten Leben war er für immer durch das Kreuz Christi geschieden worden und damit auch von dem Erfülltsein durch irgendein Glück, das die Welt bietet. Was er nun brauchte, nachdem er durch seine Bekehrung die Wiedergeburt erlebt hatte, war die ununterbrochene Gemeinschaft mit Gott. Von jetzt an beunruhigten ihn Zeiten der geistlichen Erschlaffung und Gleichgültigkeit. Er sehnte sich nach völliger Befreiung von der Macht der Sünde und täglichem Sieg über sie — nach wirklicher Heiligkeit.

Die innere Zerrissenheit dauerte den ganzen Herbst hindurch an. Dazu kamen noch einige erschwerende äußere Umstände. Der September brachte einen empfindlichen Wechsel im Familienkreis. Amalie zog nach Barton am Humber, um dort ihre Ausbildung zu vervollkommnen. Die Schwester ihrer Mutter, Mrs. Hudson, führte dort eine Mädchenschule und nahm auch einige Mädchen in ihren Familienkreis auf. Ihr ältester Sohn John sollte gleichzeitig bei seinem Onkel in Barnsley eine Apothekerlehre machen. Damit beiden Familien große Auslagen erspart blieben, wurde ausgemacht, daß Vetter und Cousine ihre Heimstätten tauschen sollten. Weil John nun mit Hudson das Zimmer teilte, fand dieser weniger Zeit zum Gebet und Bibellesen, dafür aber mehr Grund, sich zu ärgern. Dazu kamen noch Spannungen im Geschäft. Obwohl er die ausgezeichneten Eigenschaften seines Vaters kannte und schätzte, war die Zusammenarbeit mit ihm nicht immer leicht. Alle diese Schwierigkeiten führten in den ersten Dezembertagen zu einer Krise.

Nach außen hin blieb alles unverändert, doch innerlich war er der Verzweiflung nahe. Er war sich einer schrecklichen Leere bewußt. Das

Gebet wurde zur Anstrengung, und die Bibel besaß für ihn keine Anziehungskraft mehr. Weihnachten stand vor der Tür, und in der Apotheke gab es viel Arbeit. So schien keine Zeit für ein stilles Warten vor Gott übrig zu sein, selbst wenn der Wunsch dazu vorhanden gewesen wäre. Doch dies war nicht der Fall. Bisweilen erfaßte ihn eine große Angst, daß er aus Gottes Gnade fallen und Gottes Ziel nicht nur in dieser Zeit, sondern vielleicht sogar nach diesem Leben verfehlen könnte.

In jenen Tagen wurde seine Aufmerksamkeit auf einen Artikel in der Novemberausgabe der „Methodisten-Zeitschrift" gelenkt, der in glühenden Ausdrücken ausgerechnet die Erfahrung schilderte, nach der er suchte. Die Überschrift lautete: „Schönheit der Heiligkeit". Was darüber geschrieben wurde, weckte in ihm ein tiefes Verlangen nach Sieg über sich selbst. Dann wurde in der Gemeinde, zu der er gehörte, in jenen Tagen eine Evangelisation durchgeführt, die so gesegnet war, daß innerhalb von wenigen Tagen mehr als hundert Menschen Jesus als persönlichen Erretter erkannten und annahmen. Auch ihn selbst erreichte eine besondere Verheißung aus Gottes Wort: „Ich will reines Wasser über euch sprengen, daß ihr rein werdet. Von all eurer Unreinigkeit und von all euren Götzen will ich euch reinigen. Und ich will euch ein neues Herz und einen neuen Geist in euer Herz geben und will das steinerne Herz aus eurem Fleisch wegnehmen und will euch ein fleischernes Herz geben. Ich will meinen Geist in euch geben und will solche Leute aus euch machen, die in meinen Geboten wandeln und meine Rechte halten und danach tun." (Hes. 36, 25—27.)

Am Sonntag, dem 2. Dezember, verbrachte er den Nachmittag wegen einer Erkältung in seinem Zimmer. Hier war er allein. Obgleich er Gottes Gegenwart deutlich spürte, war sein innerer Zustand noch nicht in Ordnung. Wohl hatte er sich Gott ohne Vorbehalt übergeben und wollte immer und allein Sein Eigentum bleiben. Aber er vermochte nicht in dieser Haltung zu verharren.

„Ich wollte, ich hätte statt dieser leichten Erkältung irgendeine Krankheit, die zum Sterben führte, und ich könnte in den Himmel eingehen, denn ‚ich habe Lust abzuscheiden, um bei Christus zu sein, was viel besser wäre'", schrieb er am Schluß eines langen Briefes an seine Schwester. Und doch zählte er noch nicht zwanzig Jahre.

An jenem Sonntagabend war er tiefbetrübt. Seine Seele dürstete nach Gott, und es erfüllte ihn das Bewußtsein seiner Schwachheit und Unwürdigkeit. „Nahe dich zu Gott, so naht er sich zu dir" ist eine Verheißung, die sich an jedem aufrichtigen und demütigen Geist erfüllt. Aber wie oft löst diese geschenkte Schau den Schrei aus: „Wehe mir, ich vergehe; denn ich bin ein Mensch mit unreinen Lippen."

Ganz mit seiner eigenen Not beschäftigt, streckte sich der junge Mann nach echter Heiligkeit aus, einem Leben, in dem nicht das Ich, sondern Christus in allem herrschen sollte. Es war der Herr, der ihn damals für

Seine großen Ziele zubereitete; denn es war jetzt die Zeit gekommen, da das Evangelium „den Enden der Erde" nicht länger vorenthalten bleiben durfte.

Nach Gottes Plan sollte China sich jetzt öffnen, sollten seine äußersten Provinzen bald die Botschaft der Liebe des Erlösers hören. Noch immer lag dieses Land seit alters her mit seinen Millionen — einem Viertel der Menschheit — in Finsternis, lebte und starb ohne Gott. Der Herr erinnerte Hudson an diese Tatsache. Doch er selbst war noch nicht bereit zum Hören des Rufes: „Wen soll ich senden, und wer will mein Bote sein?" Der Geist Gottes mußte tiefer dringen, damit es zum vollen Einklang mit Gottes Gedanken kam. Deshalb führte ihn Gott in ein tieferes Bewußtsein der Sünde und seiner Bedürftigkeit im Ringen nach Befreiung, ohne die Hudson nicht weiterleben wollte, noch zu gehen wagte.

War es bloß das, das ihn zurückhielt von einem Leben, nach dem er sich doch ausstreckte? Was war die Ursache seines vielen Versagens und der Lauheit seines Herzens? Gab es etwas in seinem Leben, das nicht völlig dem Herrn ausgeliefert war, einen Ungehorsam vielleicht oder eine Untreue dem geschenkten Licht gegenüber? Er bat Gott immer wieder, ihm das Hindernis doch zu zeigen, was immer es sein mochte, und ihm zu helfen, es zu beseitigen. Er war am Ende mit seiner eigenen Kraft und an einem Punkt angelangt, da Gott allein Befreiung schenken konnte. Er brauchte Seinen Beistand, Seine Erleuchtung, Seine Hilfe. Es ging nun um Leben oder Tod. Wie Jakob in alter Zeit rief er zu Gott: „Ich lasse dich nicht, du segnest mich denn!"

Und dann geschah es — in der Stille vor Gott —, daß sich in ihm ein Entschluß formte. Würde ihm Gott helfen, die Macht der Sünde brechen, ihn nach Leib, Seele und Geist für Zeit und Ewigkeit erretten, dann war er bereit, auf alle irdischen Aussichten zu verzichten und Ihm sein Leben ganz zur Verfügung zu stellen. Er würde dann überallhin gehen, alles auf sich nehmen, was Gottes Sache von ihm verlangte, und ganz Seinem Willen leben. Nichts sollte ihn zurückhalten, wenn nur Gott ihn befreien und vor dem Fallen bewahren wollte.

Unwillkürlich treten wir vor einem solch heiligen Reden mit Gott beiseite, denn es ist heiliger Boden. Was sich weiter ereignete, wissen wir nicht. Einzig einige Zeilen, die er im darauffolgenden Jahr schrieb, sind Zeugnis davon. Auch später erwähnte er dieses Erlebnis selten, obgleich er es ein ganzes Leben lang auslebte.

„Nie werde ich das Gefühl vergessen können, das damals über mich kam", schreibt er. „Worte vermögen es nicht zu beschreiben. Ich wußte mich in der Gegenwart Gottes und ging mit dem Allmächtigen einen Bund ein. Es war mir, als ob ich mein Versprechen zurücknehmen wollte, aber ich konnte nicht. Etwas schien zu sagen: ‚Dein Gebet ist erhört, deine Bedingungen sind angenommen.' Klar, wie von einer menschlichen Stimme ausgesprochen, lautete der Befehl: ‚Dann *gehe für mich nach China!*'

Seither hat mich das Bewußtsein nie mehr verlassen, daß ich nach China berufen und für China bestimmt sei."

Still wie der Sonnenaufgang über dem weiten Meer dämmerte dieser neue Tag über seiner wartenden Seele auf. *China?* Ja, *China.* Das war die Bedeutung seines Lebens, seiner Vergangenheit, Gegenwart und Zukunft. Weit außerhalb der kleinen Welt seiner persönlichen Erlebnisse lag die weite, wartende Welt, um die sich niemand kümmerte, für die Jesus Sein Leben hingegeben hatte. *„Dann gehe für mich nach China!* Dein Gebet ist erhört, deine Bedingungen sind angenommen. Alles, was du bittest, und viel mehr dazu soll dir gegeben werden: eine tiefere Erkenntnis Christi, Gemeinschaft Seiner Leiden, Seines Todes, Seiner Auferstehung, ein Leben inneren Sieges und innerer Kraft. Denn dazu bin ich dir erschienen, daß ich dich ordne zum Diener und Zeugen des, das du gesehen hast und das ich dir noch will erscheinen lassen, und will dich erretten von dem Volk und von den Heiden, unter welche ich dich sende, aufzutun ihre Augen, daß sie sich bekehren von der Finsternis zu dem Licht und von der Gewalt Satans zu Gott."

„Von jener Stunde an", schrieb seine Mutter, „war sein Entschluß gefaßt. Sein Streben und seine Studien blieben nur auf jenes Ziel gerichtet. Mochten sich ihm auch mancherlei Schwierigkeiten entgegenstellen, er blieb fest in seinem Entschluß."

Er war erfüllt von einer tiefen Ergebenheit in den Willen Gottes und einem unerschütterlichen Wissen um dessen Bedeutung für sein Leben. Durch die tiefere Reinigung und neue Kraft vermochte er die Prüfungen während seiner Vorbereitungszeit, die sich auf Jahre erstreckte, zu ertragen.

„Getreu ist er, der euch beruft. Er wird's auch tun." So sagt die Heilige Schrift, und Hudson erlebte die bewahrende Macht. Es war der eigentliche Anfang seines Wandelns mit Gott als ein dem Herrn Geweihter.

DER NEUE AUSGANGSPUNKT

1850—1851

Der Anbruch des Jahres 1850 bedeutete auch für Hudson Taylors Leben einen Neuanfang. Ein Werk, von dem er kaum etwas wußte, nahm ihn mit all seiner Energie gefangen. Vielleicht verlangte es das Opfer seines Lebens. Wie er es beginnen sollte, wußte er nicht. Was war er, und was vermochte er, ein Apothekergehilfe in einer Kleinstadt Englands, schon für China zu tun? Aber Gottes Ruf hatte ihn erreicht. Es gab für ihn kein Zurückblicken mehr. Was immer dieser Ruf in sich schließen mochte, für ihn enthielt die Zukunft nur eins: Seines Meisters Willen in und für China zu tun. Er begann um klare Leitung zu beten und suchte alles über sein späteres Wirkungsfeld zu erfahren.

In der Mitte des vergangenen Jahrhunderts wußte man nur wenig über China. Wohl waren der Küste entlang fünf Vertragshäfen* als Residenz für Ausländer geöffnet worden. Die London Missionary Society arbeitete hier bereits seit vierzig Jahren und hatte durch andere Missionen Verstärkung erhalten.** Doch stand die Arbeit noch im Anfangsstadium. Jenseits der Vertragshäfen war praktisch noch nichts unternommen worden. Es gingen phantastische Gerüchte um. Der Reichtum und die Gelehrsamkeit der Chinesen und die Wunder ihrer uralten Kultur, wovon einige Leute, die das Land bereist hatten, berichteten, wurden einzig übertroffen von Berichten anderer, die von Grausamkeiten und Unwissenheit erzählten. Nur wenige Ausländer waren je in das Landesinnere vorgedrungen. Darum wußte Hudson Taylor nicht, wohin er sich wenden sollte, um Beschreibungen über China zu erhalten. Er kannte nur einen Bekannten, Mr. Whitworth, Gründer und Leiter der Sonntagsschule, der kürzlich Verbindung mit der Britischen und Ausländischen Bibelgesellschaft aufgenommen hatte, von dem er vielleicht etwas mehr erfahren konnte. Zumindest mußte Mr. Whitworth etwas über die Verbreitung der Bibel in China wissen. Vielleicht besaß er sogar eine Kopie der chinesischen Bibel oder wenigstens Teile davon. So suchte Hudson Mr. Whitworth eines Tages auf.

Der Besuch war ermutigend. Sein alter Freund konnte ihm tatsächlich ein chinesisches Lukasevangelium im Mandarindialekt leihen. Welch ein Erlebnis!

Wahrscheinlich erfuhr Hudson Taylor durch Mr. Whitworth von Dr. Medhurst, einem Glied der London Missionary Society. Dieser hatte ein Buch über China geschrieben, und ein Exemplar fand sich sogar in der Bibliothek des Pfarrers, zu dessen Gemeinde Hudson gehörte. Er lieh es sich aus und erfuhr dadurch, welche Ausbildung er wählen sollte. In diesem Buch wurde nämlich die Wichtigkeit ärztlicher Arbeit auf dem Missionsfeld betont. Als kaum Neunzehnjähriger konnte er jedoch mit dem Medizinstudium noch nicht beginnen, aber das Studium der chinesischen Sprache konnte und wollte er sofort aufnehmen.

---

* Die durch den Nanking-Vertrag geöffneten Städte waren Kanton, Amoy, Fuchow, Ningpo und Shanghai. Dieser Vertrag bildete den Abschluß des Opiumkrieges mit England im Jahre 1842.

** Die Reihenfolge der in diesen Städten begonnenen Tätigkeit britischer Missionsgesellschaften:

1807 Die London Missionary Society. Robert Morrison war ihr erster Vertreter in Kanton.

Nach dem Vertrag mit Nanking:

1843 Die Britische und Ausländische Bibelgesellschaft.
1844 Die Church Missionary Society.
1845 Die Baptist Missionary Society.
1847 Die English Presbyterian Mission. Rev. William Burns war ihr erster Vertreter.

Er machte sich denn auch mutig an die Arbeit, obgleich er weder einen Lehrer noch Bücher außer dem geliehenen Lukasevangelium zur Verfügung hatte. An die Anschaffung einer chinesischen Grammatik oder eines Wörterbuches durfte er wegen des hohen Preises nicht denken. Doch vollbrachten harte Arbeit und angeborener Scharfsinn Wunder. Schon nach wenigen Wochen kannten sein Vetter und er bereits die Bedeutung von mehr als fünfhundert chinesischen Schriftzeichen. In einem Brief an Amalie erklärte er ihr die angewandte Methode.

„Wir lesen ein bestimmtes Wort in einem kurzen Vers der englischen Übersetzung und suchen vielleicht ein Dutzend oder mehr weitere Verse, in denen dasselbe Wort vorkommt. Dann betrachten wir den ersten Vers in Chinesisch und durchforschen alle anderen nach dem gleichen Schriftzeichen, das für das bestimmte englische Wort zu stehen scheint. Dieses Wort schreiben wir uns in Englisch und Chinesisch auf einen Streifen Papier. Daraufhin durchsuchen wir das ganze Evangelium nach dem gleichen Schriftzeichen in anderen Verbindungen. Finden wir dann dasselbe Wort auch in der englischen Übersetzung, so schreiben wir es mit Tinte in unser Wörterbuch und fügen seine Bedeutung mit Bleistift dazu. Zeigt es sich später, daß wir es richtig gedeutet hatten, überschreiben wir es mit Tinte. Zuerst kamen wir nur langsam voran, doch jetzt können wir sehr viel schneller arbeiten, weil wir mit wenigen Ausnahmen alle gewöhnlichen Schriftzeichen kennen.

Ich stehe nun jeden Morgen um fünf Uhr auf, gehe aber abends um so früher zu Bett. Wenn ich nach China ausreisen will, muß ich jetzt tüchtig lernen. Ich bin fest entschlossen zu gehen und bereite mich, so gut ich kann, darauf vor. Das Lateinstudium werde ich auch wieder aufnehmen, dazu die griechische Sprache lernen und die Anfangsgründe des Hebräischen. Daneben werde ich meine Allgemeinbildung vertiefen, so gut ich kann."

Damals gab er auch sein warmes Federbett auf, um sich für eine rauhere Lebensweise abzuhärten. Bei seiner praktischen Denkweise erkannte er, daß er bereits in Barnsley etwas für die Sache unternehmen konnte, der er sein Leben verschrieben hatte. Er konnte beten und geben, außerdem andere zum Beten und Geben anleiten. Weil die Methodisten in China keine eigene Arbeit hatten, sah er keinen Weg zur Verbindung mit diesem Land. Die Arbeit in den Vertragshäfen wurde durch andere Missionen getan. Er aber sehnte sich nach der weiten, wartenden Welt des unerreichten Inlands, das noch immer nichts vom Evangelium wußte.

Mr. Whitworth lieh ihm gelegentlich Zeitschriften, in denen von einer neuen Bewegung in Hongkong durch einen Dr. Gützlaff berichtet wurde. Als er von der Gründung einer neuen Missionsgesellschaft in London hörte, die ausgerechnet das unternehmen wollte, wozu ihn sein eigenes Herz trieb, war seine Freude groß. Interdenominationell in ihrem Charakter plante die „Chinesische Gesellschaft", wie sich dieses neue Unternehmen nannte, die Anstellung von chinesischen Evangelisten, die sich in Zusammenarbeit mit Dr. Gützlaff in das Problem der Evangelisation des unerreichten Inlands teilen sollten. Eine Anzahl arbeitete bereits unter seiner Aufsicht im Innern des Landes, und der Erfolg, der ihre Anstrengungen zu begleiten schien, war groß.

Brennend vor Liebe zu Jesus und voll Eifer für die Sache Seines Reiches war Dr. Gützlaff vor wenigen Monaten von Hongkong zurückgekehrt und hatte von England aus einen ungewöhnlichen Missionskreuzzug unternommen. Von Irland zog er nach Ungarn und erinnerte die christlichen Gemeinden in allen Hauptstädten Europas an ihre Pflicht gegenüber den Millionen Chinas, die noch ohne Evangelium lebten. Und die Herzen wurden tatsächlich von dieser Not gepackt. Gützlaff forderte vor allem zum Gebet auf, dem Gebet um eine Ausgießung des Heiligen Geistes auf China in seiner jahrhundertealten Finsternis. Das aufrichtige Gebet brachte wie immer auch hier praktische Früchte. Sowohl in London als auch auf dem Kontinent bildeten sich Gruppen, von denen bleibender Segen ausging.

Gützlaffs Frömmigkeit war tief und aufrichtig, seine Pläne weitgespannt und sein Optimismus unbegrenzt. Er besaß ungewöhnliche Gaben und nahm als Dolmetscher bei der britischen Regierung in Hongkong eine einflußreiche Stellung ein. Seine Begeisterung für die Ausbreitung des Evangeliums war so groß, daß er wiederholt sein Leben bei gewagten Versuchen, in das Innere des Landes vorzudringen, und auf Reisen der Küste entlang aufs Spiel setzte. In chinesischer Kleidung unternahm er in der Zeit zwischen 1831 bis 1835 sieben Reisen an der Küste entlang und stieß dabei bis Tientsin vor. Als Segler besaß er erstaunliche Kenntnisse und arbeitete sogar eine Zeitlang als Steuermann auf einer chinesischen Dschunke. Ein anderes Mal ließ er sich als Koch anstellen und gelangte dadurch in Gegenden, die kein ausländisches Boot je erreicht hatte. Auf diese Weise konnte er die Wahrheit in Christus Jesus bekanntmachen. Er lebte nur für das eine Ziel: die Ausbreitung des Königreichs Christi. Dafür gab er sein ganzes Einkommen, seine bemerkenswerten Verstandes- und Körperkräfte und seine gesamte Zeit her. Er schrieb und veröffentlichte achtzig Werke in nicht weniger als acht verschiedenen Sprachen, sowie eine Übersetzung des Alten und Neuen Testaments in Chinesisch. Er gründete den „Chinesischen Verband“, eine einheimische Missionsgesellschaft, deren Mitglieder das Evangelium in jedes Gebiet der achtzehn Provinzen hinaustragen sollten. Man kann fast behaupten, daß er Europa zur begeisterten Unterstützung dieses Unternehmens gewann und überall Gebetsgruppen und Vereinigungen zur Förderung des Werkes ins Leben rief. Die neue Gesellschaft in London war nur eine davon. Sie fand bei Hudson Taylor sogleich wärmsten Anklang.

Nach den Berichten, die Dr. Gützlaff mitgebracht hatte, hatten die Evangelisten der „Chinesischen Gesellschaft“ in China überall erstaunlichen Eingang gefunden. Einhundertdreißig Männer durchzogen predigend das ganze Inland und verbreiteten Tausende von Neuen Testamenten, Bibeln und zahllose Traktate. Sie schrieben lange und ausführliche Briefe aus beinahe allen Provinzen Chinas und berichteten von Reisen, die sie bis an die Grenzen der Mongolei und Tibets gebracht hatten. Und schließlich hatten sie „nach einem Examen mit befriedigendem Bekenntnis ihres Glaubens“ nicht weniger als 2871 Bekehrte getauft. Solche Erfolge in solch kurzer Zeit mußten das tiefste Interesse wecken.

Diese Entwicklung erfreute Hudson Taylor den ganzen Frühling und Sommer hindurch. Eine ausgezeichnete Zeitschrift, die im März 1850 zum erstenmal herausgegeben wurde und die neuesten Berichte über Dr. Gützlaffs Evangelisten in China und Missionsnachrichten aus andern Weltteilen vermittelte, wurde von ihm sogleich abonniert. Das jahrelange Studium dieser Zeitschrift bedeutete für ihn eine wertvolle Schulung in Missionsgrundsätzen und der Missionspraxis. Er entnahm ihr auch, daß sich auf dem Kontinent und in Großbritannien viele für die Evangelisation Chinas tatkräftig einsetzten. Gott benutzte diese Zeitschrift, um Taylor in eine neue Welt christlicher Unternehmungen einzuführen. Sie war in ihrem Charakter frei von Sektiererei und in ihren Beiträgen international ausgerichtet. Sie wurde von Gott dazu gebraucht, den noch nicht Zwanzigjährigen für die weitreichenden Verbindungen in den kommenden Jahren vorzubereiten.

„The Gleaner“ (Die Ährenlese) — so hieß die Zeitschrift — wurde von den Sekretären der neu gegründeten Chinesischen Gesellschaft in London herausgegeben. Am 29. Juli schrieb Hudson an Mr. Georg Pearse und bat ihn um „einige Rundbriefe oder Kollektenkarten, sowie alle Informationen und Bestimmungen, die mir helfen, das Werk unter meinen Freunden bekanntzumachen“. Wie konnte er ahnen, wozu dieser bescheidene Anfang später führen würde!

Inzwischen fanden Berichte über den zweifelhaften Charakter von Dr. Gützlaffs Unternehmungen ihren Weg nach England. Die Antwort von Mr. Pearse lautete darum entmutigend. Es folgten weitere Enthüllungen, die die Befürchtungen bestätigten, daß Gützlaff bei all seinen glänzenden Gaben und seiner seltenen Hingabe viel zu unkritisch war. Mit einem Wort: Dr. Gützlaff war systematisch betrogen worden, wie der deutsche Missionar Lobscheid entdeckte, der ihn in Hongkong vertrat. Nach dessen Bericht hatten nur wenige seiner sogenannten Evangelisten je außerhalb Kantons gearbeitet, und viele ihrer begeisterten Berichte waren in einer Opiumhöhle verfaßt worden, die nur wenige Minuten von seiner Haustür entfernt war. Das war eine schmerzliche und beinahe unfaßbare Enthüllung. Niemand litt mehr darunter als der edelgesinnte Leiter des Werkes selbst. Doch er überlebte diesen Zusammenbruch nicht lange. Dr. Gützlaff starb zwei Jahre später am 9. August 1851 in Hongkong.

War sein Werk aber ganz vergebens gewesen? Wohl waren seine Unternehmungen gescheitert, doch blieben seine Gebete und sein Glaube nicht ohne Wirkung. „Die Ährenlese“ berichtet darüber: „Sogar in seinen letzten Stunden waren alle seine Gedanken auf die Evangelisation Chinas ausgerichtet. Er sprach darüber mit großer Zuversicht. Im Fieberdelirium redete er verschiedentlich über seine frohe Hoffnung auf kommende Segnungen für sein geliebtes China. Von ihm kann aufrichtig bezeugt werden, daß er im Sterben und Eingehen in die Gegenwart Gottes die Millionen Chinas auf seinem Herzen trug. Doch die Ziele, die er selbst nie verwirklicht sah, und die Ideale, die er nie erreichte, fielen als guter Same in andere Herzen."

Viele Jahre später, als die China-Inland-Mission in allen Provinzen Tatsache geworden war, erwähnte ihr Gründer gerne Dr. Gützlaff als den wirklichen Vater des Werkes im wahrsten Sinne des Wortes.

Das Versagen der Pläne Gützlaffs war nicht die einzige Enttäuschung, die Hudson Taylor als Prüfung seiner Berufung nach China auferlegt war. Er durchlebte eine Not ganz persönlicher Art. Diese dauerte Monate, sogar Jahre an. Doch dadurch erstarkte sein Glaube. Gott hatte ihn doch gerade mit neuer Liebe und Kraft ausgerüstet. Er hatte Gottes Willen für seine Zukunft erkennen dürfen und sein Leben in ungeteilter Hingabe Gott geweiht. Ausgerechnet in diesen Tagen begegnete ihm der Feind mit natürlichen und verlockenden Vorschlägen.

Es begann während der Weihnachtsferien, als Amalie mit einer jungen Musiklehrerin ihrer Schule nach Hause kam. Sie hatte sich mit ihr befreundet. Miss V. war anziehend, hübsch und begabt. Sie besaß eine angenehme Stimme. Bald fühlte sie sich in diesem Familienkreis glücklich und beeindruckte natürlich besonders den Sohn des Hauses. Als seine jüngere Schwester Amalie, mit der er sich gern über seinen Ruf nach China unterhielt, entdeckte, wie Miss V. den ersten Platz im Herzen ihres Bruders einzunehmen begann, freute sie sich von Herzen darüber. Nun würde sein Leben nie einsam sein, wenn er einmal in China lebte.

Hudson erkannte die auf ihn zukommenden Schwierigkeiten. Der Gedanke lag ihm jedoch fern, daß die eine, die er liebte, sich für ein Leben in China nicht eignen könnte. Obwohl Miss V. seine Gefühle teilte, stimmte doch irgend etwas nicht. Sie hätte ihn nämlich gern zurückgehalten. Das aber erkannte er nicht. Wenn er es aber von Anfang an gefühlt haben sollte, so gab er es sich jedenfalls nicht selbst zu. Was ihm Sorgen bereitete, war seine voraussichtliche Armut. Wie sollte er je eine Frau durchbringen! Er hatte auch keine Ahnung, wie er einmal nach China gelangen könnte, wußte er doch außer der Chinesischen Gesellschaft von keiner Mission, die nichtordinierte Männer aussandte. Der Zusammenbruch von Dr. Gützlaffs Unternehmungen wirkte sich lähmend auf das missionarische Interesse für China aus. Es schien, als müsse er als unabhängiger Missionar, allein im Vertrauen auf Gott, der ihn gerufen hatte, nach China ausziehen. Das aber schloß jeden Gedanken an eine Heirat auf lange Zeit aus. Er konnte über diese Sache mit keinem Menschen reden. Bestimmt würde Miss V. bald von einem anderen geliebt werden, mußte doch jeder sie lieben, der sie kannte und noch nicht gebunden war.

Das war sein Konflikt. Es war nicht eigentlich ein Kampf zwischen Liebe und Pflicht, obgleich es später zu einem solchen kam, sondern ein Zwiespalt in seinem Glauben mit Fragen und Befürchtungen. Würde sich denn in seinem Leben das göttliche Wort „Er wird kein Gutes mangeln lassen den Frommen“ als wahr erweisen? Konnte er einfach alles Gott überlassen und Ihm völlig vertrauen, wo er doch nichts als Ungewißheit vor sich sah?

Das folgende Jahr war voller Schwierigkeiten und Nöte, in denen sich jedoch sein inneres Leben vertiefte. Weil er mit seinem Vetter das Zimmer teilte, war er selten allein. Er schrieb darüber: „Ich ziehe mich in das Geschäftshaus, den Schuppen oder sonstwohin zurück, um mit Gott allein zu sein. Da erlebe ich kostbare Augenblicke.“

Ein anderes Mal schrieb er: „Ich fühle mich stärker denn je nach China gezogen. Bedenke doch — 360 Millionen Seelen ohne Gott und ohne Hoffnung in dieser Welt! Denke an die mehr als zwölf Millionen Mitgeschöpfe, die Jahr für Jahr ohne jeglichen Trost des Evangeliums sterben! Barnsley zählt mit seiner Umgebung nur 15 000 Einwohner. Stelle Dir vor, was es bedeutete, wenn alle diese Leute im Verlauf von zwölf Monaten stürben! In China aber sterben Jahr um Jahr *Hunderte* für einen Mann, eine Frau oder ein Kind in Barnsley. Armes, vernachlässigtes China! Gibt es doch kaum jemanden, der sich darum kümmert.“

Derartige Aussagen eines jungen Menschen an die um einige Jahre jüngere Schwester sind besonders eindrucksvoll. Auch der nächste Brief offenbart deutlich das Anliegen, das ihn so ganz erfüllte:

„Du schlägst mir in Deinem letzten Brief vor, an die Sekretärin der Chinesischen Gesellschaft zu schreiben und sie zu fragen, ob sie mich als Verheirateten aussenden würden. Ich denke jedoch, sie würden kaum darauf eingehen, müßten sie doch annehmen, ich wünschte mich als Mittelloser zu verheiraten und sie für die Folgen zu verpflichten. Gegenwärtig kann ich ihnen auf keinen Fall etwas darüber sagen.

Wie Du weißt, habe ich nicht die geringste Ahnung, wie ich ausreisen soll. Doch ich weiß, daß ich gehen muß, ob verheiratet oder allein. Gott hat mich für diese Arbeit gerufen. Er wird die Mittel dazu geben. Ich kann Dir den gewünschten Bescheid noch nicht geben. Es ist unvernünftig, anzunehmen, Miss V. erkläre sich zur Ausreise in ein unbekanntes Land bereit, um dort zu verhungern. Ich liebe sie zu sehr, als daß ich das von ihr verlangen würde. Du weißt sehr gut, daß ich nichts besitze und auch nichts zu erwarten habe. Deshalb kann ich mich unter den gegenwärtigen Umständen nicht verloben. Mein himmlischer Vater aber weiß, was das Beste ist. ‚Er wird kein Gutes mangeln lassen den Frommen‘, sagt Er in Seinem Wort. Ich muß im Glauben leben, in einfältigem Glauben an Ihm hangen, und Er wird alles herrlich hinausführen.

Denke nicht von mir, ich sei kühl oder gleichgültig! Doch was könnte ich tun? Ich liebe sie. Der Gedanke, einmal ohne sie nach China zu ziehen, ist für mich unausdenkbar. Ich kann sie aber auch nicht in Not bringen. Bete doch für mich!

Du meinst also, ich könnte sie bestimmt für mich gewinnen? Ausgerechnet das darf nicht sein. Woher weißt Du, daß ich sie haben könnte? Bitte, laß es mich doch wissen; denn ich bin sehr besorgt.

Wer aber wird mich einmal aussenden? Die Methodisten haben in China keine Arbeit. Weil ich nicht ordiniert bin, kann ich nicht in Verbindung mit der Kirche arbeiten. Die Baptisten und Unabhängigen haben in China zwar Stationen, aber ich teile ihre Ansichten nicht. Die Chinesische Gesellschaft verfügt nur über geringe Mittel, darum ist Gott allein meine Hoffnung. Ich brauche auch keine andere.

Ich wünsche mit Dir, die Angelegenheit könnte Weihnachten entschieden werden. Schreibe mir doch, ob sie denkt oder weiß, daß ich sie liebe! Meinst Du, ich bedeute ihr etwas? Bitte beantworte meine Fragen genau!"

Amalie muß ihm auf diesen Brief geantwortet haben. Ihr Schreiben schien ihn verwirrt, aber doch ermutigt zu haben.

„Wie oft habe ich Deine Briefe gelesen", schrieb er zwei Wochen später, „vor allem Deinen letzten. Während ich diesen durchlese, bin ich voll widersprechender Hoffnungen und Befürchtungen. Ich will aber unbedingt Gott vertrauen."

„Ich habe mich entschlossen, keine Zeit mehr mit Briefschreiben zu verlieren", schrieb er später, „sondern mich in allem für das Werk meines Meisters einzusetzen. Möge Er mir helfen! Ich möchte Ihn auf allen meinen Wegen ehren. Er soll meinen Weg bestimmen. Weil ich mich zum Verlassen meines Heims entschlossen habe, bitte ich Dich, meiner vor Gott zu gedenken, daß Er mir eine geeignete Arbeit zeigt, wo ich Gutes tun und empfangen kann, damit ich für China zugerüstet werde."

Bald darauf schrieb er an Mr. Pearse in London. Es lohnt sich, diesen Brief einzufügen, zeigt er doch die Sorgfalt im Kleinsten und sein Verantwortungsbewußtsein.

„21 Cheap Side, Barnsley
23. März 1851

Mr. George Pearse
Lieber Herr!

Sie denken wahrscheinlich, ich hätte die Chinesische Gesellschaft vergessen und interessierte mich nicht mehr dafür, weil ich so lange nichts von mir hören ließ. Doch dem ist nicht so, obgleich ich ihr durch die Arbeitslast nicht die gewünschte Aufmerksamkeit schenken konnte. Ich habe etwas mehr als zwei Pfund Kollekte einnehmen können. Bitte schreiben Sie mir, wie ich Ihnen das Geld zustellen kann! Inzwischen werde ich mein möglichstes tun, um einige weitere Abonnenten zu gewinnen, denn das Wohl Chinas liegt mir sehr am Herzen. Ich möchte für dieses große Werk tauglich werden.

Bitte entschuldigen Sie die Eile, und glauben Sie mir!
Ihr in unserem auferstandenen Herrn J. H. Taylor."

Nachdem er die gewünschte Antwort erhalten hatte, schrieb er:

„Ich habe das Geld Ihren Anweisungen gemäß eingezahlt. Sie werden es am Montag erhalten. Bitte senden Sie mir eine Bestätigung, damit ich sie den Abonnenten vorweisen kann und sie sehen, daß das Geld eingesandt wurde!

Haben Sie vielleicht einen Bericht über das Werk Ihrer Gesellschaft, und wie die Mittel verwendet werden? Ich lege dem Brief eine Liste der Geber bei. Die Gaben sind klein, doch zweifle ich nicht daran, daß ich mehr einnehmen werde, sobald mehr über die Gesellschaft und ihre Tätigkeit bekannt wird. Das Feld ist tatsächlich groß, während die gegenwärtig angewandten Mittel zu seiner Entwicklung wahrscheinlich unzulänglich sind. Doch kann etwas Rechtes ‚nicht durch Macht oder Kraft', sondern nur durch den Einfluß des Heiligen Geistes erreicht werden. Dazu gebraucht Gott oft das Schwache dieser Welt, um die Starken unsicher zu machen. Er und Er allein vermag geeignete Arbeiter zu berufen und auszurüsten und jene, die bereits auf dem Felde sind, zu segnen und zu gebrauchen.

Ich selbst habe mich im Glauben auf Seinen Ruf der Missionsarbeit in China geweiht und studiere gegenwärtig Medizin, besonders Chirurgie, damit ich dadurch später einmal Gelegenheit zum Dienst habe. Vielleicht kann ich mich so auch besser in China durchbringen. Das lasse ich aber in Seiner Hand, weil ich glaube, daß nach Seiner Verheißung alle Dinge ‚hinzugetan' werden, wenn ich zuerst das Reich Gottes und Seine Gerechtigkeit suche.

Jede Anregung, die Sie mir zur Förderung der Sache vermitteln können, werde ich dankbar entgegennehmen, weil ich alles unternehmen will, um einmal brauchbar zu sein. Ihr in unserm auferstandenen Herrn

J. H. Taylor."

Mr. Pearse war offensichtlich tief beeindruckt. Er scheint sich mit seinem Komitee besprochen und daraufhin Hudson geantwortet zu haben, daß die Gesellschaft sich bereit erkläre, seine medizinische Ausbildung zu übernehmen, falls sie ihn als geeigneten Kandidaten annehmen würde.

Inzwischen hatte sich in Hull eine Stelle als Assistent bei einem bekannten Arzt, Dr. Hardy, gefunden. Dieser war mit einer Tante Hudsons verwandt. Obgleich nicht London, schien es gerade das zu sein, was er suchte. Von hier aus konnte er Barton leicht erreichen, wo Amalie und die junge Musiklehrerin noch immer in Mrs. Hudsons Schule lebten.

VON GLAUBEN ZU GLAUBEN

1851—1852

Dr. Robert Hardy war als tüchtiger Mediziner und bewährter Christ stadtbekannt. Groß und kräftig gewachsen, besaß er ein ungewöhnlich sanftes Gemüt und viel Humor. Seine stets gute Laune war unwiderstehlich, und alle, die mit ihm zu tun hatten, mußten, ob sie es wollten oder nicht, den Dingen die beste Seite abgewinnen. Seine chirurgische Klinik befand sich am äußersten Ende des schmalen Gartenstreifens, auf der Hinterseite seines Hauses. Hier fühlte sich Hudson bald heimisch. Er lernte leicht und eifrig. Seine Kenntnisse in der Buchführung waren dem vielbeschäftigten Arzt willkommen, und gern überließ er solche Arbeiten seinem Assistenten. Dieser wohnte zuerst eine kurze Zeit im Hause Dr. Hardys, siedelte aber, als der Raum von dessen Familie benötigt wurde, zu seiner Tante über.

Obgleich glücklich in allem, was seine äußeren Umstände betraf, war Hudson durchaus nicht frei von innerer Sorge und Unruhe. Er war nach Hull gekommen, um sich für die ärztliche Mission vorzubereiten, doch ließen die ausgefüllten Tage mit Dr. Hardy zusammen wenig Zeit zum Studium übrig. Er dachte beständig darüber nach, wie er sich ausrüsten und sein Lebenswerk beginnen sollte, und fand es hart, geduldig auf

Gottes Zeit warten zu müssen. Die stillen Räume der Klinik waren Zeugen mancher sorgenvoller Gedanken, die sich zu Gebeten formten. Den ganzen Sommer und Herbst hindurch ließen ihn diese Sorgen nicht zur Ruhe kommen. Es brannte in seinem Herzen noch jenes andere Feuer, das nicht wenig von seiner inneren Kraft verzehrte.

Seine Gefühle waren eben nicht in Harmonie mit Gott. Diese innere Zitadelle wird so oft als letzte Festung der Kontrolle Gottes ausgeliefert. Hudson hielt das Beste für sich zurück und erkannte nicht, daß jedes Lebensgebiet unter den Gehorsam Christi gebracht werden muß. Wahrscheinlich ihm selbst unbewußt, schenkte er jener einen, die als leuchtender Stern in sein Leben hineingekommen war, zu viel von sich selbst. Seine Liebe zu ihr vertiefte sich durch hoffnungsvolle Zeichen, daß auch er ihr nicht gleichgültig sei. Dabei begann er aber instinktiv zu fühlen, daß ihr Leben nicht völlig Gott ausgeliefert war. Er erkannte, daß sie sich gegen eine Zukunft sträubte, wie er selbst sie sich vorstellte.

„Müssen Sie denn nach China ziehen?" fragte sie ihn verschiedentlich. „Wie viel schöner wäre es doch, wenn Sie in der Heimat blieben und dem Herrn hier dienten!"

Er bat Gott, Er möge es dazu kommen lassen, daß sie ihn verstände und sich geführt wüßte wie er. Es stand für ihn fest, daß ihn nichts, selbst nicht der Verlust ihrer Liebe, von seiner Berufung abbringen könnte. Woher aber sollte er die Kraft zum Durchhalten nehmen? Wie könnte er den Verlust jetzt ertragen, da es schien, als liebe sie ihn wirklich? Er kämpfte in jenen Herbsttagen einen harten Kampf, als er es sich nicht länger verhehlen konnte, daß ihre Wege sich trennen mußten. Doch um ihn kümmerte sich ein Herz, das bis ins Verborgenste zu blicken vermag. Hudson Taylor war nicht allein in seiner Not.

Gott brachte ihn in Hull mit Christen zusammen, die ihm helfen konnten. Hudson wußte sich nicht bloß mit den Wesleyanern eins, sondern fühlte sich mit allen verbunden, die den Herrn Jesus Christus liebten. Bereits in Barnsley hatte er an den Versammlungen der Plymouthbrüder Gefallen gefunden. Und nun war er froh, in Hull Gleichgesinnte zu finden.

Gottes Wort bedeutete ihm viel. Die Predigt dieser Männer bestand vor allem in der Auslegung der Heiligen Schrift. Das war es, was er brauchte: eine neue Schau ewiger Dinge — denn vor ihm lag ein schwerer Weg. Hier fand er Gläubige, die ihm in zeitlichen und ewigen Belangen ein Beispiel gaben, das seine Gedanken weit übertraf. Diese Leute standen in enger Verbindung mit Georg Müller in Bristol, dessen Werk sich damals in erstaunlicher Weise ausbreitete. Dieser sorgte für Hunderte von Waisenkindern und erwartete die Mittel zu deren Unterhalt allein von Gott. Diese eine Aufgabe genügte aber diesem Manne nicht. In seiner tiefen Überzeugung, daß jetzt die Tage zur Ausbreitung des Evangeliums genützt werden sollten „zu einem Zeugnis über alle Völker", unterstützte er Missionare ganz oder teilweise und beteiligte sich an der Verbreitung der Heiligen Schrift in katholischen wie in heidnischen Ländern. Das ganze weitverzweigte Werk, das allein durch den Glauben an Gott — nicht durch Aufrufe zur Unterstützung — die Garantie eines festen Einkommens hatte, war ein Zeugnis der Macht ernsten, anhaltenden Gebets. Als solches beeindruckte es Hudson Taylor tief und ermunterte ihn mehr als alles andere auf dem Wege, den er selbst einschlagen wollte.

„Es ist sehr schwer, unsere Neigungen ganz auf göttliche Dinge zu richten", schrieb er. „Ich versuche, ‚ein lebendiger Brief Christi' zu sein. Doch wenn ich in mich hineinblicke, muß ich mich wundern, daß Er mich nicht aufgibt. Ich versuche, meinen Willen unter Gottes Willen zu stellen, meinen mit Seinem in Einklang zu bringen, und bete: ‚Dein Wille geschehe!' Doch während ich mich darin versuche, kann ich mich kaum der Tränen erwehren; denn ich fühle, daß ich meine Geliebte verlieren werde. Gott allein weiß, wie schwer der Kampf ist, und was es bedeutet, mit Überzeugung zu sagen: ‚Doch nicht mein Wille geschehe!'

Meinst Du, es sei recht, wenn ich schon bald nach London umsiedle? Ginge ich bloß um der Freude willen, so wäre ich schnell dazu bereit, doch dürfen mich nicht meine Freuden von dem Wege der Pflicht abhalten. Vielleicht könnte Lobscheid mir aber doch wichtige Auskünfte vermitteln. Damit wäre die Reise gerechtfertigt. Gern werde ich Deinen Rat hören."

Der deutsche Missionar Lobscheid, den er hier erwähnt, war erst vor kurzem aus China zurückgekehrt. Er war einer der wenigen, die aus Erfahrung wußten, ob ein Missionswerk außerhalb der Vertragshäfen aufgebaut werden könnte. Seine medizinischen Kenntnisse hatten ihm verschiedentlich den Weg ins Innere Chinas gebahnt. Nun weilte er kurze Zeit in England, und Hudson Taylor war begierig, seine Ratschläge zu hören.

Die Eltern stimmten dem Plane bei, und Dr. Hardy beurlaubte ihn für eine Woche. So entschloß er sich, einen Sonderzug nach London zu benutzen. Seine Schwester Amalie durfte ihn begleiten. Beide hatten die Hauptstadt noch nie besucht.

Amalie freute sich ebensosehr wie er auf die Besprechung mit Mr. Pearse und dem Missionar aus China, aber auch auf den Besuch der ersten internationalen Ausstellung im Kristallpalast.

Amalies sechzehnten Geburtstag feierten sie mit einem Besuch der Ausstellung und bewunderten die unter Farnsträuchern ausgestellten märchenhaften Edelsteine. Sie erlaubten sich auch eine Mahlzeit in einem vornehmen Hotel. Später durchwanderten sie die belebte Stadt bis zur Bank von England, wo sie Mr. Pearse treffen wollten.

Als vielbeschäftigtes Mitglied der Börse und als Sekretär der Chinesischen Evangelisationsgesellschaft hatte Mr. Pearse während der Bürostunden wenig Zeit für Besucher. Doch freute er sich, seinen Briefschreiber aus Barnsley kennenzulernen. Während er sich mit dem ernsten jungen Mann und seiner einfachen, sympathischen Schwester unterhielt, vertiefte sich sein Interesse für Hudson.

Natürlich mußten die Geschwister seine gläubigen Freunde in Tottenham kennenlernen! Dort würden sie bestimmt warmes Interesse für China finden, meinte Mr. Pearse. Er brachte sie denn auch am darauffolgenden Sonntag in diesen Kreis.

In einer Umgebung, so vollkommen wie Reichtum und Eleganz sie nur gestalten können, versammelten sich an jenem Sonntag einige gläubige Familien in dieser Vorstadt Londons. Durch schön ausgestattete, gemütliche Räume ging man auf Rasenplätze mit weit ausladenden Zedern, die angenehmen Schatten verbreiteten. Hier gab es stille Gespräche über die tiefsten Fragen des Königreichs Gottes. Doch das Beste von allem — die Liebe Christi — erfüllte sie alle. In jenen Tagen begann die Freundschaft zwischen diesen Gläubigen und den Geschwistern, die ein ganzes Leben anhielt.

„Ich liebe Tottenham“, schrieb Hudson Taylor einige Jahre später aus China. „Und ich liebe die Menschen, die dort wohnen. Von keinem andern Ort könnte ich sagen, daß jede Erinnerung freundlich und wertvoll und nicht durch schmerzliche Gedanken oder Umstände getrübt wäre. Nur sehe ich sie leider nicht mehr.“

Und die Freunde in Tottenham, was dachten sie an jenem Sonntag von ihm? Sie sahen einen einfachen jungen Menschen, still und unaufdringlich im Wesen. Weil er durch Mr. Pearse als angehender Missionar eingeführt worden war, wurde er vielleicht mehr beachtet, als es sonst der Fall gewesen wäre. Er entsprach allerdings nicht ihren Vorstellungen über einen Missionar, war er doch so jung und voll Humor. Sie liebten ihn deswegen nicht weniger, denn sie fühlten sein tiefes Interesse für China. Er gewann ihr Vertrauen und seine kleine Schwester ihre Herzen.

Doch der Missionar, den die Geschwister kennenlernen wollten, schien sie wenig ermutigt zu haben.

„Niemals würden Sie nach China passen“, rief dieser nach ihrer Unterredung mit ihm aus. Er wies dabei auf Hudsons blondes Haar und seine blauen Augen. „Sie heißen mich sogar ‚roter Teufel‘. Gewiß würden die Chinesen bei ihrem Anblick davonlaufen, und nie vermöchten Sie, diese zum Zuhören zu bringen.“

„Es ist aber Gott, der mich nach China gerufen hat“, antwortete Hudson Taylor, „Er kennt die Farbe meines Haares und meiner Augen.“

Kurz nach seiner Rückkehr nach Hull begann es sich um Hudson Taylor zu regen. Er wohnte wieder bei seinen Verwandten, wo für alles gesorgt war und er sich nichts Besseres wünschen konnte. Aber es war nicht der Ort, den Gott zur Formung dieses jungen Lebens im Blick auf China geplant hatte. Hudson hatte bereits gelernt, seine Gefühle in Zucht zu nehmen und sich in den Willen Gottes zu fügen. Es sollten ihn aber auch noch äußere Härten für sein künftiges Lebenswerk zubereiten. Dazu war ein kleines Heim, ein einziger Raum in einer abgelegenen Vorstadt ausersehen. Hier sollte er lernen, allein zu sein, allein mit seinem Gott.

Die Schritte, die ihn dahin führten, waren ganz natürlich. Es begann, wie er selbst berichtet, mit einem Gewissenskonflikt.

„Ehe ich Barnsley verließ“, schrieb er, „beschäftigte mich die Frage des Aussonderns der Erstlingsfrucht und eines bestimmten Teils meiner Habe für den Dienst in China. Es schien mir nötig, das an Hand der Bibel zu studieren. Dadurch wurde ich dann auch zu dem Entschluß geführt, mindestens den zehnten Teil allen Geldes, das ich verdienen oder bekommen würde, für den Herrn auszusondern.

Das Gehalt, das ich als Assistent in Hull erhielt, erlaubte mir dies ohne Schwierigkeiten. Die Übersiedlung aus dem Hause Dr. Hardys in das Heim meiner Verwandten brachte auch hierin eine Änderung. Ich erhielt zu meinem bisherigen Gehalt noch den Betrag für Kost und Unterkunft. Mußte dies nicht auch verzehntet werden? Den Zehnten vom Ganzen zu geben, wäre mir unter den gegebenen Umständen unmöglich gewesen. Ich war ratlos. Nach viel Gebet und Nachdenken wurde ich dazu geführt, das gemütliche Heim und den angenehmen Kreis meiner Verwandten aufzugeben, ein kleines Zimmer in der Vorstadt zu mieten und selbst für mein Essen zu sorgen. Nun war es mir möglich, den Zehnten von meinem ganzen Einkommen zu geben. Wenn ich den Wechsel auch schmerzlich empfand, so lag doch viel Segen darin. In dieser Einsamkeit hatte ich mehr Zeit zum Bibellesen und zu Hausbesuchen. Dabei kam ich mit vielen im Elend lebenden Menschen zusammen und erkannte bald, daß ich noch mehr sparen und geben könnte.“

Dies liest sich so einfach und scheint so selbstverständlich. Man kommt kaum auf den Gedanken, es habe Hudson ein besonderes Opfer gekostet. Wie sah aber die Wirklichkeit aus, in die er hinüberwechselte?

Drainside, wie dieser Stadtteil hieß, bestand aus einer doppelten Reihe von Arbeiterhäusern, die einander über den Kanal hinüber grüßten. Der Kanal selbst war nichts als ein tiefer Graben, in den die Leute ihre Abfälle warfen, damit diese gelegentlich bei Hochwasser fortgeschwemmt würden. Drainside war durch einen einsamen, unbebauten Landstrich von der Stadt getrennt. Eine schlecht beleuchtete Straße verband Vorort und Stadt. Die Häuschen unterschieden sich in nichts voneinander. Jedes hatte eine Tür und zwei übereinanderliegende Fenster. Die Tür führte direkt in die Küche hinein, und über eine schmale Treppe gelangte man in ein Dachzimmer. Nur ganz wenige Häuser besaßen rechts und links von der Tür je ein Fenster und im Dachzimmer zwei.

An der Stadtseite des Kanals stand ein Eckhaus gegenüber einem ländlichen Gasthof, dessen Lichter in dunklen Nächten als Wegweiser dienten, beleuchteten sie doch den Morast und das Wasser des Draine. Hier wohnte die Familie eines Seemanns, der nur selten in seiner Heimat weilte. Mrs. Finch und ihre Kinder bewohnten die Küche und den oberen Stock, während das untere Zimmer links zum Preis von drei Franken wöchentlich vermietet wurde. Der Preis war entschieden zu hoch, denn das ganze Haus kostete nicht viel mehr Miete, aber Hudson war nicht böse darüber, besonders als er merkte, wieviel sein Beitrag für die arme Frau bedeutete. Die Unterstützung von dem fernen Ehemann erreichte sie selten zur erwarteten Zeit.

Mrs. Finch, eine aufrichtige Christin, schätzte sich glücklich, den „jungen Herrn Doktor“, wie sie ihn nannte, als Mieter zu haben. Sie tat ohne Zweifel ihr Bestes, um den kleinen Raum sauber und gemütlich zu halten. Ein Tisch aus Tannenholz, zwei Stühle und ein Bett bildeten die ganze Ausstattung. Vom Fenster aus konnte man auf einen schmalen Streifen Garten und den Draine sehen, dessen morastige Ufer den Kindern als Spielplatz dienten. Mag es auch im Sommer anders ausgesehen haben, im Herbst jedenfalls, als Hudson dort sein Heim aufschlug, wirkte Drainside trübselig genug. Sein einfaches Essen besorgte er sich auf dem Rückweg von der Klinik. Es war ein einsamer Weg durch die leere, dunkle Gegend am äußersten Stadtrand. Einsam verbrachte er auch seine Abende neben dem spärlichen Kaminfeuer. Auch sonntags war er allein. Nur die Vormittagsversammlung besuchte er in seinem Bezirk, oder er war unter der Menge, die die Docks des Humber aufsuchte.

Doch hier wohnte er mitten unter den Armen und Elenden. Hatte er in seiner früheren Umgebung Hausbesuche gemacht und dabei nur wenige Familien besuchen können, so gehörten diese Armen nun zu ihm und er wenigstens äußerlich zu ihnen. Sein Leben hatte damit einen neuen Zweck, und er lernte dabei manch köstliche Lektion. Er schrieb:

„Ich verfolgte in jener Zeit zwei Ziele. Einmal wollte ich mich an mancherlei Entbehrung gewöhnen und zum andern die Menschen besser unterstützen, die ich mit dem Evangelium erreichen wollte. Bald erkannte ich, daß ich mit viel weniger auskommen konnte, als ich früher geglaubt hatte. Alle entbehrlichen Speisen und Getränke schaffte ich ab. Es zeigte sich, daß ich nur eine ganz geringe Summe für meine persönlichen Bedürfnisse benötigte. Ich machte die Erfahrung, daß ich um so größeren Gewinn und mehr Freude für mein Inneres empfing, je weniger ich für mich ausgab und je mehr ich andern schenkte.“

Gott aber bleibt niemandes Schuldner. In seiner Einsamkeit erfuhr Hudson Taylor, was Gott einem Menschen schenkt, der alles für Ihn hingibt. Wohl hieß es für ihn, Opfer zu bringen. Man kann nicht ohne Entsagung und Selbstverleugnung wesenhaft in das Bild Jesu umgestaltet werden und einen fruchtbaren Dienst tun. Es ist leicht, ein wenig zu beten, ein wenig zu helfen, ein wenig Liebe zu üben. Aber der Heidenapostel meint mehr, wenn er sagt: „Was mir Gewinn war, das habe ich um Christi willen als Schaden geachtet, ja, ich achte es noch alles für Schaden gegen die überschwengliche Erkenntnis Christi Jesu, meines Herrn, um deswillen ich alles habe für Schaden gerechnet, und achte es für Kot, auf daß ich Christum gewinne und in Ihm erfunden werde“ (Phil. 3, 7—9).

Auch nach der Enttäuschung über Dr. Gützlaffs vermeintliche Mitarbeiter gab es in der Erziehungsschule des Herrn Menschen, auf die er sich verlassen konnte. Doch hatte die große Mehrzahl der Gläubigen in der Heimat das Interesse an Chinas Evangelisation verloren und aufgehört, dafür zu beten. Es waren nur wenige und schwache, unbekannte, unbedeutende, aber *willige* Menschen, die bereit waren, jeden Weg zu gehen, damit Gottes Plan ausgeführt werde.

Hier in seiner einsamen Stube wohnte ein solcher Mann. Als immer neue Prüfungen über ihn kamen, denen er hätte ausweichen können, wählte er den Weg der Entäußerung und des Kreuzes. Er wollte damit nicht ein Verdienst erwerben, sondern wußte sich einfach durch Gottes Geist so geführt. Deshalb konnte der Segen ungehindert fließen.

Ganz gewiß gab es viele Widerstände, die Hudson Taylors Pläne verhindern wollten. Für ihn aber kam eine der fruchtbarsten Zeiten seines Lebens, reich an Segen für sich und andere. Ist es da zu verwundern, daß der Feind auf dem Plane war? Einsam, hungernd nach Liebe und Verständnis, führte er ein Leben der Selbstverleugnung. Wahrlich hart für einen jungen Menschen. Ihm sollte es jedoch zum Besten dienen.

Der gefürchtete Schlag fiel, als er bereits einige Wochen in Drainside gewohnt und seine Lage schmerzlich genug empfunden hatte. Die geliebte Freundin erkannte, daß sie Hudson nicht von seinem Missionsplan abbringen konnte, und gab ihm ihren Entschluß klar zu erkennen. Sie war nicht bereit zu einem Leben in China. Ihr Vater wollte nichts davon hören, und sie selbst fühlte, daß sie dazu nicht geeignet wäre. Dies konnte für Hudson nur eins bedeuten: das Erwachen aus einem Traum, der ihn zwei Jahre lang gefangengenommen hatte.

Dieses Erlebnis war nicht nur ein tiefer Kummer, sondern eine ungeheure Glaubensprobe. Der Versucher unternahm alles, um Gottes Liebe und Treue in Frage zu stellen. Wäre es ihm jetzt gelungen, Hudsons Vertrauen auf Gott zu zerstören und ihn zum Aufgeben des Kampfes zu bewegen, so wäre es nie zur Fruchtbarkeit seines späteren Lebens gekommen.

Die Krise stellte sich am Sonntagmorgen, dem 14. Dezember, im kalten, unfreundlichen Zimmer in Drainside ein. Anstatt sich in seinem unsagbaren Jammer an den Herrn zu wenden, behielt er diesen für sich. Beten wollte er nicht. Das Leid stellte sich zwischen ihn und Gott. Er konnte und wollte nicht wie gewöhnlich den Morgengottesdienst besuchen. Allzu bittere Fragen und Trauer erfüllten sein Herz. Es kam der heimtückische Vorschlag: „Lohnt es sich überhaupt? Warum sollst du eigentlich nach China ziehen? Warum dich mühen und quälen dein Leben lang — für ein Ideal, eine Pflicht? Gib es jetzt auf, solange du die Geliebte noch zurückgewinnen kannst! Verdiene dir deinen Lebensunterhalt wie alle andern Menschen und diene dem Herrn in der Heimat! Noch ist sie für dich erreichbar.“ Er schrieb darüber an seine Schwester:

„Satan schien hereinzubrechen wie eine Flut, bis ich innerlich zu Gott schrie: ‚Errette mich, Herr, ich verderbe!‘ Doch Satan flüsterte mir weiter zu: ‚Du warst früher nie so sehr angefochten wie in der letzten Zeit. Du bist bestimmt nicht auf dem rechten Weg, sonst würde dir Gott helfen und dich tiefer segnen‘ und so fort, bis ich nahe daran war, alles aufzugeben. Zum Besuch der Versammlung hatte ich keine Lust.

Doch Gott sei dafür gedankt — ich erkannte, daß der Weg der Pflicht der sicherste ist. Ich besuchte trotzdem die Versammlung, so elend mir auch zumute war, und... kehrte als ein anderer zurück. Ein Lied schnitt mir tief ins Herz. Ich war froh, als gleich nach dem Singen gebetet wurde, weil ich meine Tränen nicht länger zurückzuhalten vermochte. Dadurch wurde die Last schon leichter.

Als ich dann am Nachmittag allein in der Klinik saß, begann ich über die Liebe Gottes, Seine Güte und meine Antwort darauf, sowie über die vielen Segnungen und wenigen Schwierigkeiten nachzusinnen. Gott machte mein Herz weich und demütig. Seine Liebe schmolz meine erstarrte Seele, und ich betete ernstlich um Vergebung für mein undankbares Verhalten.

Gott hat mich wirklich gedemütigt, mir gezeigt, was ich bin, und sich mir als gegenwärtige Hilfe zur Zeit der Not erwiesen. Obgleich Er mir das Gefühl meines Elends nicht wegnimmt, hilft Er mir doch einstimmen in das Lied: ‚Ich will mich des Herrn und Gottes, meines Erlösers, freuen.' Nun kann ich Ihm für alles danken, sogar für die schmerzlichsten Erfahrungen der Vergangenheit, und Ihm ohne Furcht in allem vertrauen, was die Zukunft für mich bereithält."

Von diesem Tage an findet sich ein neuer Ton in seinen Briefen. Sie sind nicht mehr voller Selbstbetrachtungen, sondern voller Gedanken über Missionsziele. China rückt wieder in den Vordergrund seines Denkens.

„Ich kann es weder in Worte fassen noch umschreiben, wie sehr ich mich nach der Zeit sehne, da ich die Frohe Botschaft armen, verlorenen Sündern in China bringen kann", schrieb er an seine Mutter. „Dafür könnte ich alles drangeben, jeden Götzen, so lieb er mir auch sein mag. Es ist mir, *als könne ich nicht leben, wenn nicht etwas für China getan wird.*"

Die Ursache dazu war nicht Gefühl oder Begeisterung, auch kein oberflächliches Interesse, das durch Aussicht auf persönliche Vorteile wieder verwischt werden konnte. Ihm bedeutete die Missionsarbeit nicht einen begehrenswerten Zweig christlicher Tätigkeit. Nein, ihn hatte das Verlangen Jesu erfaßt: *„Dieselben muß ich herzuführen."* Er glaubte, daß die Heiden ohne Kenntnis des einzigen und alleinigen Erlösers ewig verloren wären. Er glaubte, Gott habe Seinen eingeborenen Sohn dahingegeben, „auf daß alle, die an ihn glauben, nicht verloren werden, sondern das ewige Leben haben". Diese Überzeugung verpflichtete ihn zu einem Leben, das völlig der Verkündigung der großen Erlösung geweiht war, besonders denen gegenüber, die nie davon gehört hatten.

Während er gern sofort nach China ausgereist wäre, gab es Bedenken, die ihn zurückhielten.

„Für mich war der Gedanke, daß ich in China in bezug auf Schutz, Unterhalt und Hilfe allein auf Gott angewiesen sein würde, eine tiefernste Sache", schrieb er in jenem Winter. „Es war mir klar, daß ein solches Unternehmen besonderer Kraft bedurfte. Ich wußte, Gott würde zu Seinen Verheißungen stehen, wenn mein Glaube durchhielte. Doch was dann, wenn der eigene Glaube sich als unzureichend erweisen sollte? Damals hatte ich noch nicht gelernt, daß ‚Er sich selbst nicht verleugnen kann und treu bleibt', auch wenn wir nicht glauben. Deshalb beschäftigte mich die Frage, ob ich selbst genügend Glauben hätte, der dem vor mir liegenden Unternehmen entspräche. An Seiner Treue konnte ich nicht zweifeln. Ich überlegte, daß ich mich auf keinen Menschen und nichts Menschliches werde verlassen können, wenn ich nach China ausziehe. Außer Gott würde ich niemanden haben. Wie wichtig, daß ich vor dem Verlassen Englands lerne, Menschen ausschließlich durch Gott über das Gebet zu bewegen!"

Hudson Taylor wußte, daß allein der Glaube Berge versetzen, Schwierigkeiten überwinden und das Unmögliche vollbringen kann. Hatte er aber einen solchen Glauben? Würde er es einst in China allein aushalten können?

Er wußte auch, daß der Glaube, nach dem er sich ausstreckte, „eine Gabe Gottes" ist und wachsen kann. Zu seinem Wachstum gehört Übung. Und diese Übung im Glauben ist ohne Prüfungen offenbar unmöglich. So mußte also alles willkommen sein, was diese kostbare Gabe mehren und stärken konnte, um ihm selbst zu beweisen, daß er tatsächlich den Glauben habe, der durchhalten und zunehmen würde.

Hudson Taylor brachte diese Haltung in vollem Ernst und ganzer Aufrichtigkeit vor Gott. Er brachte auch in dieser Beziehung „den Zehnten ganz in das Kornhaus". Welch eine wichtige Blickrichtung, die erst ermöglichte, den Glauben auszuleben! Darauf kann Gott mit Segen antworten. Mit einem Wort: Für eine Antwort Gottes auf seine Gebete lag kein Hindernis in ihm selbst. So folgten denn auch Erfahrungen, die Tausende in der ganzen Welt ermutigten.

Die folgende Geschichte — obgleich bereits bekannt — muß trotzdem hier wiederholt werden, illustriert sie doch den einzigen Grundsatz des Wachstums in geistlichen Dingen: „von Glauben zu Glauben". Unser Herr selbst drückt es auch so aus: „Wer hat, dem wird gegeben."

Es war Hudson Taylor wichtig, unbedingt noch vor seiner Abreise aus England zu lernen, „wie Menschen durch Gott allein über das Gebet bewegt werden". Es dauerte auch gar nicht lange, bis sich eine einfache, natürliche Angelegenheit zur Erprobung dieser Lektion ergab. Lassen wir ihn selbst erzählen:

„Da mein freundlicher Prinzipal stets sehr beschäftigt war, wünschte er, daß ich ihn jedesmal an mein Gehalt erinnern sollte, wenn dieses fällig wurde. Ich beschloß, ihn nicht zu erinnern, sondern Gott zu bitten, es zu tun und mich durch Erhörung meines Gebetes zu stärken. Als wieder einmal der Tag der Auszahlung des vierteljährlichen Gehalts näherrückte, befahl ich wie gewöhnlich die Sache dem Herrn an. Der Tag kam, doch Dr. Hardy sagte nichts. Ich betete weiter. Die Tage vergingen, und er dachte nicht daran, bis mir zuletzt nur noch eine halbe Krone übrigblieb. Bis jetzt hatte ich keinen Mangel gehabt. Ich betete weiter.

Der folgende Sonntag war ein glücklicher Tag. Mein Herz war voll Freude. Nachdem ich morgens Gottes Wort gehört hatte, verbrachte ich den Abend mit Evangelisationsarbeit in den Mietshäusern des elendesten Stadtteils. In solchen Stunden schien es mir fast, als habe der Himmel auf Erden begonnen, als sei alles, was ich noch ersehnen könnte, bloß die Fähigkeit, ein größeres Maß an Freude fassen zu können. Nachdem ich meine letzte Versammlung etwa um zehn Uhr beendet hatte, bat mich ein armer Mann, ihn zu seiner sterbenden Frau zu begleiten, um mit ihr zu beten. Ich willigte ein und fragte ihn unterwegs, warum er nicht zum Priester geschickt habe, denn seine Aussprache verriet, daß er ein Ire war. Er habe es getan, antwortete er, aber der Priester habe nicht ohne Bezahlung kommen wollen. Bezahlen könne er aber nichts, weil seine Familie am Verhungern sei. Sofort fiel mir ein, daß ich selbst nur noch eine halbe Krone besaß. Ich überlegte, was ich zum Abendbrot essen könnte — die übliche Wassersuppe. Zum Frühstück bliebe auch noch etwas übrig. Gäbe ich aber die halbe Krone weg, so hätte ich nichts mehr für den kommenden Mittag. Bei diesen Erwägungen fühlte ich ein Nachlassen des Freudenstroms in meinem Herzen. Statt mich selbst zu tadeln, schalt ich den armen Mann. Er hätte sich doch an die Behörden wenden sollen. Das habe er bereits getan, antwortete er, und die Weisung erhalten, am nächsten Morgen wieder zu erscheinen, doch er befürchte, seine Frau werde die Nacht nicht überleben.

Ich überlegte: Hätte ich doch bloß kleinere Geldstücke statt dieser halben Krone bei mir, wie gern würde ich den Leuten einen Schilling geben! Mich von dem ganzen Geld zu trennen, kam mir nicht in den Sinn. Ich dachte nicht daran, daß Gott mich eine andere Wahrheit lehren wollte. Bis jetzt hatte ich Gott mit etwas Geld in der Tasche vertraut; nun sollte ich lernen, das auch ohne Geld zu tun.

Mein Führer geleitete mich in einen Hof. Ich folgte ihm etwas ängstlich, denn schon früher war ich einmal hier gewesen und grob behandelt worden. Man hatte meine Traktate zerrissen und mich hart bedroht. Aber es war der Weg der Pflicht. So folgte ich dem Mann. Über eine baufällige Treppe gelangten wir in einen elenden Raum. Vier oder fünf Kinder standen umher. Ihre eingesunkenen Wangen und Schläfen redeten eine deutliche Sprache. Sie waren dem Verhungern nahe. Auf einem dürftigen Lager erblickte ich eine erschöpfte Mutter mit einem winzigen Kindlein, das an ihrer Seite mehr wimmerte als weinte.

Ach, hätte ich doch jetzt ein Zweischillingstück und einen halben Schilling anstatt der halben Krone besessen! Noch immer ließ mich ein jämmerlicher Kleinglaube die innere Stimme überhören. Ich vermochte nicht die Not zu lindern, weil es mich zu viel kostete.

Es wird niemanden verwundern, daß ich diesen Leuten nicht viel Trost geben konnte. Ich sagte ihnen, sie sollten nicht mutlos sein, wenn ihre Verhältnisse auch sehr traurig seien, lebe doch im Himmel ein guter, liebender Vater. Während ich das sagte, tönte es in meinem Herzen: ‚Du Heuchler! Du sprichst zu diesen unbekehrten Menschen von einem gütigen, liebenden Vater im Himmel, und du selbst vertraust Ihm nicht, wenn du dich von deiner halben Krone trennen solltest!‘

Mir war, als müsse ich ersticken. Wie gern hätte ich mit meinem Gewissen einen Vergleich abgeschlossen! Ich konnte unmöglich weiterreden. Merkwürdigerweise meinte ich aber, mit Leichtigkeit beten zu können. In jenen Tagen war mir das Gebet eine Freude. Niemals schien mir die Zeit zu lang, die ich dabei verbrachte. So war es mir auch jetzt, als brauchten wir nur niederzuknien und zu beten, damit wir gemeinsam getröstet würden.

‚Sie haben mich gebeten, mit Ihrer Frau zu beten‘, sagte ich zu dem Mann, ‚das wollen wir jetzt tun.‘ Dabei kniete ich nieder. Doch kaum hatte ich meine Lippen zu einem Vaterunser geöffnet, als das Gewissen mahnte: ‚Du wagst es, deines Gottes zu spotten? Du wagst es, niederzuknien und Ihn Vater zu nennen mit deiner halben Krone in der Tasche?‘ Es tobte ein solch schrecklicher Kampf in mir, wie ich es nie zuvor erlebt hatte. Wie ich durch das Vaterunser hindurchkam, weiß ich nicht. In einem unaussprechlichen Gemütszustand erhob ich mich von meinen Knien.

Der arme Vater wandte sich daraufhin zu mir und sagte: ‚Sie sehen, wie schrecklich es um uns steht. Wenn Sie uns helfen können, dann tun Sie es um Gottes willen!‘

Dabei fuhr mir das Wort durch den Sinn: ‚Gib dem, der dich bittet!‘ In des Königs Wort liegt Gewalt. Ich steckte meine Hand in die Tasche, zog das Geldstück langsam heraus und gab es dem Mann. Dabei sagte ich ihm: Sie denken wohl, es fällt mir leicht, Ihnen zu helfen, weil ich gut gekleidet bin. Dies ist aber mein letztes Geldstück. Vertrauen Sie Gott wie einem *Vater!*‘

Nun strömte die Freude in mein Herz zurück wie eine Flut. Jetzt konnte ich den Leuten alles sagen und es auch selbst glauben. Das Hindernis, das den Segen aufhielt, war weg — wie ich hoffte, für immer.

Nicht bloß das Leben der Frau wurde gerettet, sondern eine neue Kraft erfüllte mein Glaubensleben, das armselig geworden wäre, hätte ich der Weisung Gottes in diesem Augenblick nicht Folge geleistet.

Ich kann mich gut erinnern, in welchem Gemütszustand ich an jenem Abend in mein Zimmer zurückkehrte. Mein Herz war so leicht wie meine Tasche. Die dunklen, einsamen Straßen hallten wider von meinem Freudengesang, den ich nicht unterdrücken konnte. Die Schüssel Grütze, die ich vor dem Schlafengehen zu mir nahm, hätte ich nicht mit einem fürstlichen Mahl vertauschen wollen. Als ich dann an meinem Bett niederkniete, erinnerte ich den Herrn an Sein Wort: ‚Wer sich des Armen erbarmt, der leiht dem Herrn.' Ich bat Ihn, nicht zu lange von mir zu leihen. Daraufhin verbrachte ich eine glückliche, ruhige Nacht in Seinem Frieden.

Am nächsten Morgen hatte ich zum Frühstück noch einen Teller Grütze. Ehe ich diesen geleert hatte, hörte ich den Briefträger an meine Tür klopfen. Gewöhnlich erhielt ich montags keine Briefe, da meine Eltern und die meisten meiner Freunde nicht gern sonnabends Briefe abschickten. So war ich erstaunt, als Mrs. Finch mit einem Brief hereintrat. Die Handschrift kannte ich nicht, und der Poststempel war verwischt, so daß der Name des Absenders unleserlich war. Als ich den Umschlag öffnete, fand sich nichts Geschriebenes darin. Er enthielt ein Paar in weißes Papier gewickelte lederne Handschuhe. Als ich sie erstaunt in die Hand nahm, rollte ein Zehnschillingstück aus ihnen heraus.

‚Dem Herrn sei Dank!', rief ich laut. ‚Vierhundert Prozent für zwölf Stunden Anleihe, das nenne ich ein gutes Geschäft. Wie froh wären die Kaufleute in Hull, wenn sie unter solchen Bedingungen Geld ausleihen könnten!' In dieser Stunde gelobte ich mir, dieser Bank, die solche Zinsen zahlte und nie Bankrott macht, von jetzt ab alle meine Ersparnisse zu geben — ein Entschluß, den ich nie zu bereuen hatte.

Ich kann gar nicht sagen, wie oft ich mich später an dieses Ereignis erinnerte, und wieviel es mir in schwierigen Verhältnissen bedeutete. Wenn wir in kleinen Dingen gegen Gott treu sind, gewinnen wir Erfahrung und Kraft zu ernsteren Proben. Diese wunderbare Durchhilfe war für mich eine große Freude und eine Glaubensstärkung. Aber natürlich reichen zehn Schilling selbst bei größter Sparsamkeit nicht weit. Ehe vierzehn Tage verflossen waren, befand ich mich wieder in derselben Lage wie an jenem bedeutungsvollen Sonntagabend. Unterdessen bat ich Gott, doch Mr. Hardy an mein fälliges Gehalt zu erinnern.

Am Wochenende fühlte ich mich äußerst unwohl, war ich es doch gewohnt, an den Samstagabenden meine Miete zu bezahlen. Ich wußte, wie sehr Mrs. Finch darauf angewiesen war. Mußte ich nicht um ihretwillen über die Gehaltsangelegenheit mit Dr. Hardy reden? Täte ich es aber, dann wäre dies für mich die Bestätigung meiner Unfähigkeit zur Gründung eines Missionswerks. Den ganzen Donnerstag und Freitag verbrachte ich alle Zeit, die ich erübrigen konnte, in ernstem Ringen mit Gott. Aber am Samstagabend befand ich mich in derselben Lage wie zuvor. Flehentlich bat ich Gott, mir zu zeigen, ob ich noch länger auf Seine Zeit warten sollte. Soviel ich beurteilen konnte, gab Er mir innerlich die Gewißheit, daß diesmal Warten das Beste sei und Er mir in irgendeiner Weise aushelfen werde. So wartete ich ruhig, und die Last war weg.

Am Samstag warf sich Dr. Hardy ungefähr um fünf Uhr abends, nachdem er seine Rezepte geschrieben und den letzten Rundgang für den Tag beendigt hatte, in seinen Armstuhl und begann nach seiner Gewohnheit mit mir über göttliche Dinge zu reden. Er war ein echter Christ, und wir verbrachten zusammen manche Stunde in glücklicher Gemeinschaft. Während unseres Gesprächs achtete ich auf die Uhr, denn in der Pfanne kochte eine Medizin und erforderte meine größte Aufmerksamkeit. Das war ein Glück für mich, denn ohne Zusammenhang sagte er plötzlich: ‚Übrigens, Taylor, ist nicht Ihr Gehalt fällig?‘

Man denke sich meine Erregung. Ich konnte nicht sogleich antworten. Meine Augen auf die Pfanne gerichtet und den Rücken dem Doktor zugewandt, sagte ich so ruhig wie möglich, daß es allerdings seit einiger Zeit fällig sei. Wie dankbar war ich in jenem Augenblick! Gott hatte mein Gebet vernommen und Dr. Hardy veranlaßt, in der Zeit der größten Not an mein Gehalt zu denken, ohne ein Wort oder eine Andeutung meinerseits.

Dr. Hardy erwiderte: ‚Es tut mir leid, daß Sie mich nicht daran erinnerten. Sie wissen, wie beschäftigt ich bin. Hätte ich doch etwas früher daran gedacht! Erst heute nachmittag schickte ich alles Geld zur Bank, so daß ich Sie nicht sofort ausbezahlen kann.‘

Es ist unmöglich, den Aufruhr in Worte zu fassen, der durch diese Eröffnung in meinem Herzen entstand. Ich wußte nicht, was ich tun sollte. Glücklicherweise kochte die Flüssigkeit in meiner Pfanne, und ich fand dadurch einen Anlaß, das Zimmer zu verlassen. Ich war froh, fortzukommen und außer Sicht zu sein, damit er meine Bewegung nicht bemerkte.

Sobald sich Dr. Hardy entfernt hatte, suchte ich mein kleines Heiligtum auf und schüttete mein Herz vor Gott aus. Es währte geraume Zeit, bis wieder Stille einkehrte. Nicht nur Stille, sondern Freude und Dankbarkeit kehrten zurück. Ich fühlte, daß Gott Seinen eigenen Weg verfolgte und mich nicht verlassen würde. Am frühen Morgen hatte ich versucht, Seinen Willen zu erkennen, und soviel ich beurteilen konnte, die Weisung zum Warten von Ihm empfangen. Und jetzt handelte Gott für mich.

Den weiteren Abend verbrachte ich wie gewöhnlich am Samstag mit dem Lesen der Heiligen Schrift. Ich bereitete mich für den Abschnitt vor, den ich am Sonntag in den verschiedenen Mietshäusern besprechen wollte. Ungefähr um zehn Uhr holte ich meinen Mantel und schickte mich an, nach Hause zu gehen. Es gab nun keine Hilfe mehr an diesem Abend. Aber vielleicht würde Gott bis Montag für mich eintreten, damit ich Mrs. Finch die Miete bezahlen könnte.

Als ich das Gas ausdrehen wollte, hörte ich den Schritt des Doktors im Garten, der zwischen dem Wohnhaus und der Klinik lag. Er lachte herzlich vor sich hin, als ob er sich über eine Sache königlich freute. In die Klinik eintretend, fragte er nach dem Hauptbuch und erwähnte nebenbei, sonderbarerweise sei soeben einer der reichsten Patienten gekommen und habe seine Rechnung bezahlt. Ob das nicht eigenartig sei? Es kam mir noch nicht in den Sinn, daß dies etwas mit mir zu tun haben könnte, sonst wäre ich wohl in große Verlegenheit geraten. Aber weil ich die Sache nur vom Standpunkt eines Unbeteiligten ansah, freute ich mich auch mit Verwunderung, daß ein vermögender Mann abends nach zehn Uhr persönlich erschien, um eine Rechnung zu bezahlen, was er jeden Tag bequem durch einen Scheck hätte erledigen können. Anscheinend war er darüber nicht zur Ruhe gekommen und innerlich gezwungen worden, noch zu solch ungewohnter Stunde seine Schuld zu begleichen.

Bald war der Betrag in das Hauptbuch eingetragen, und Dr. Hardy wandte sich zum Gehen. Plötzlich drehte er sich um, gab mir zu meiner Überraschung einige der soeben erhaltenen Geldscheine und sagte: ‚Übrigens, Taylor, Sie können ebensogut diese Scheine nehmen. Ich habe kein Kleingeld; den Rest kann ich Ihnen nächste Woche geben.‘

Wieder war ich allein. Meine Gefühle waren unbemerkt geblieben. Ich kehrte in mein Kämmerchen zurück und lobte Gott mit frohem Herzen. *Nun hatte ich die Bestätigung, daß ich nach China gehen durfte.* Für mich war dieser Vorfall etwas Gewaltiges. Die Erinnerung daran gab mir später in besonders schwierigen Lagen — in China oder sonstwo — viel Trost und Kraft.“

In jenen Tagen beschäftigte Hudson Taylor etwas viel Wichtigeres in der Arbeit für den Herrn als die Geldfrage. In denkwürdigen Stunden begann er die Dinge wie nie zuvor vom göttlichen Standpunkt aus zu sehen. Es ging jetzt um Seelen. Er schrieb darüber an Amalie:

„Wenn ich noch zwei weitere Jahre hier verweile und etwas Geld für meine Ausstattung ersparen kann, nützt mir das mehr, als wenn ich jetzt ausreise und mir die Überfahrt unterwegs verdiene. Im Verlauf von zwei Jahren aber sterben in jenem Land wenigstens vierundzwanzig Millionen Menschen. Nach sechs oder acht Monaten müßte ich so viel Chinesisch gelernt haben, daß ich mich verständlich machen kann. Wenn ich aber nur einen einzigen Sünder in den Wahrheiten des Evangeliums unterrichtete, der Heilige Geist das Wort an seiner Seele mit Kraft bewiese und er errettet würde, wäre er in Ewigkeit glücklich und würde seinen Erlöser preisen. Was bedeuteten dann im Vergleich dazu die Schwierigkeiten einer vier bis fünf Monate dauernden Reise?"

Seiner Mutter berichtete er über Erkundigungen über die Möglichkeiten einer Überfahrt als Matrose. Der Gatte seiner Zimmervermieterin hatte ihn allerdings vor den Härten einer langen Meerreise gewarnt und ihm versichert, daß er weder die schwere Arbeit noch das Zusammenleben mit der Schiffsmannschaft ertragen würde. Davon schrieb er jedoch der Mutter nichts.

„Ich bin tief dankbar", antwortete er ihr auf ihren letzten Brief, „daß Du das Opfer bringst, mich ziehen zu lassen, und diesen Entschluß nie zurücknehmen wirst. Vielleicht will der Herr unsere Aufrichtigkeit in diesem Punkt früher auf die Probe stellen, als wir meinen. Wenn ich auch die Größe der Mutterliebe nicht kenne, so empfinde ich doch die Macht der Sohnesliebe, Bruderliebe, Freundesliebe und die Liebe zu Brüdern in Christus. Das Aufgeben von *allem*, was mir lieb ist, schmerzt wie das Wegreißen eines Teils meiner selbst. Doch ich danke Gott dafür, daß ich auch etwas von des Erlösers Liebe weiß, wenn auch bis jetzt nur wenig. Er ist mein Friede, und ich kann mit dem Dichter sagen:

Allem entsag' ich auf Erden,
der Weisheit, der Macht und Ehr',
um Dich zum Teil zu haben,
mein Schild und auch meine Wehr."

Obgleich Hudson Taylor das Opfer, als Matrose auszureisen, freudig bringen wollte, sollte er diese Möglichkeit doch nicht wählen.

Seine Mutter schrieb später in dankbarer Erinnerung an diese Führung als Antwort auf ihre Gebete: „Er mußte das doch nicht auf sich nehmen. Ohne Zweifel war es recht, daß er innerlich bereit war, alles zu verlassen und seinem Meister zu folgen, wohin Er ihn wies."

Sollte sein Weg aber schon jetzt nach China führen? Seine Eltern und Freunde waren dazu noch nicht bereit. Er selbst hatte gebetet, er wolle nicht länger in der Heimat verweilen, wenn es nicht Gottes Wille sei und seine Nächsten diesen Weg als den von Gott für ihn bestimmten erkennen würden. Zu seinem Erstaunen rieten alle von diesem Plan ab.

Es fiel ihm schwer, alle seine sorgfältig erwogenen Pläne aufzugeben. Er mußte dabei erkennen, daß Eigenwille aussehen kann wie Hingabe. Darüber schrieb er an seine Mutter: „Im Blick auf meine Ausreise nach China habe ich vor, in Übereinstimmung mit allen, die ich befragte, und mit deiner eigenen Ansicht, ein weiteres Jahr in der Heimat zu verbringen und dabei auf Gottes Führung zu warten. Deine Beurteilung freute mich, weil ich Gott gebeten hatte, uns allen dieselbe Überzeugung zu schenken. Will Er von mir, daß ich früher gehen soll, dann kann Er mir den Weg unmißverständlich zeigen."

Im Mai verbrachte er eine glückliche Woche daheim im Familienkreis, wo er sich erholte. Allerdings empfand er nach seiner Rückkehr die Trübseligkeit seines armseligen Quartiers um so stärker. Aber er freute sich an seinem Herrn und, obgleich er sich zuerst, wie er seiner Schwester anvertraute, beinahe nicht mehr in die Verhältnisse hineinfinden konnte, machte er sich wieder eifrig an die Arbeit.

Als die Tage länger wurden, nahm er sich auch des Streifens ungepflegten Landes vor der Behausung seiner Zimmervermieterin an. Den Sommer verbrachte er mit körperlicher Arbeit, Planen, Beten und fleißigem Studium der Schrift. Die Zeit schien eher zu kurz für all die vielen Pflichten, die sich ständig häuften. Er erfuhr dabei, wieviel mehr an einem Tag geleistet werden kann, wenn wenigstens eine Stunde für das Gebet verwendet wird.

Er selbst bedurfte jetzt der besonderen Weisung und Leitung von oben. Sein Freund und Vorgesetzter, Dr. Hardy, machte ihm großmütige Vorschläge in bezug auf seine medizinische Ausbildung. Er wäre bereit gewesen, mit ihm einen Vertrag für mehrere Jahre abzuschließen, der ihm unentgeltlich ein medizinisches Studium ermöglicht hätte. So gern er dieses abgeschlossen hätte, glaubte er doch, daß er sich nicht durch einen Vertrag binden dürfte, weil er doch nicht wußte, wann sich sein Weg nach China öffnen würde. Er war nun zwanzigjährig und mußte zusehen, wie er die Zeit, die ihm noch in England verblieb, am besten für seine Vorbereitung auskaufte.

Ausgerechnet in diesen Tagen stand er plötzlich vor einer neuen, schweren Glaubensprobe. Sein Vater fühlte sich seit einiger Zeit in seinem Apothekerladen eingeengt. Er streckte sich nach einem größeren Tätigkeitsfeld aus und meinte, die neue Welt, Kanada oder die Vereinigten Staaten, könnten vielleicht Möglichkeiten zur Erweiterung seines Geschäfts in einer geistlich bedürftigeren Umgebung bieten. Die Mutter bekam denn auch den Auftrag, Hudson zu fragen, ob er bereit sei, das heimatliche Geschäft auf die Dauer von zwei Jahren zu übernehmen.

Überrascht und bestürzt über diese unerwartete Zumutung war er wenig geneigt, darauf einzugehen. Wohl hätte er gern seines Vaters Wunsch erfüllt. Doch dessen Geschäftsreise nach Amerika — selbst wenn sie mit einer evangelistischen Tätigkeit verbunden würde — nein, das konnte nicht Gottes Wille sein! Was er in seinem Antwortschreiben an die Eltern berichtete, ist nicht bekannt. Doch gibt ein zweiter Brief, der dem ersten sogleich gefolgt sein mußte, Einblick in sein Denken.

„Das Gewissen hat mich seit meiner Antwort auf Deine Frage bezüglich meiner Bereitschaft, Dich zwei Jahre zu vertreten, oft gedrückt. Ich führte zwar die Opfer auf, die für mich mit einem Heimkommen verbunden wären, erwähnte jedoch kein Wort über alle jene, die Du so willig für mich gebracht hast — alle die schlaflosen Stunden, die Sorgen, die Mittel für die Ausbildung und für alles Schöne, woran ich mich erfreuen durfte. Und dies ist nun mein Dank für alle Deine Freundlichkeiten! Ich habe nur meine Opfer aufgezählt, die ich zu bringen hätte, wenn ich das Geschäft übernähme, in dem Du zu meinen Gunsten zwanzig Jahre gearbeitet hast. Vater, ich war ein undankbarer Sohn — es tut mir aufrichtig leid. Kannst Du mir vergeben?

Ich will mich ernstlich bemühen, mit Gottes Hilfe in Zukunft anders zu handeln und meinen Pflichten getreuer nachzukommen. Solltest Du meine Heimkehr noch immer wünschen, so bin ich dazu bereit."

Dieses Opfer wurde ihm aber erspart. Sein Vater gab den Gedanken an Amerika auf und war bald wieder wie zuvor mit seinem arbeitsreichen Leben in Barnsley zufrieden. Hudson konnte sich wieder seinen eigenen Plänen hingeben. Vor allem erwog er jetzt die Frage einer Übersiedlung nach London.

Diese Stadt zog ihn an, denn für sein Medizinstudium besaß sie viele Vorzüge. Er hatte das Angebot von Mr. Pearse und der Chinesischen Evangelisationsgesellschaft nicht vergessen. Sie hatten sich zur Bezahlung aller Auslagen in London bereit erklärt, wenn er eine Anstellung fände, die ihm genügend Zeit zum Lernen ließe. Auch auf andere Weise wären sie für Unterhalt und Unterkunft aufgekommen. Nun fragte er sich, ob dieses Angebot auch heute noch Gültigkeit besäße, und wie er dann davon Gebrauch machen könnte.

Nachdem er viel über diese Fragen nachgedacht und darüber gebetet hatte, erkannte er, daß er nicht länger in Hull bleiben sollte. Alles, was er unter den gegenwärtigen Umständen von Dr. Hardy lernen konnte, hatte er sich angeeignet. Ein längeres Verweilen, soweit es seine Vorbereitung für China betraf, hätte er als Zeitverlust erachten müssen. Doch was sollte er unternehmen, wie sah der erste Schritt aus?

Je klarer er erkannte, was Gott von ihm wollte, um so höher schienen sich die Schwierigkeiten zur Ausführung des Plans vor ihm aufzutürmen. Vorerst mußte er Dr. Hardy in seine Pläne einweihen und sich nach einer Anstellung in London umsehen, was sich als äußerst schwierig erwies, weil er ohne Mittel war, auf die er sich verlassen konnte. Zwar besaß er eine kleine Summe, die er für seine Ausrüstung für China beiseite gelegt hatte. Er hätte allen Grund zur Mutlosigkeit gehabt. Es stand ihm dort kein Heim offen, das ihn aufgenommen hätte. Doch in jenen Juli- und Augusttagen erfreuten ihn einige Verheißungen aus Gottes Wort ganz besonders. Sie stehen im 37. Psalm: „Hoffe auf den Herrn . . . tue Gutes, bleibe im Lande und nähre dich redlich! Habe deine Lust an dem Herrn; der wird dir geben, was dein Herz wünscht. Befiehl dem Herrn deine Wege und hoffe auf Ihn; Er wird's wohl machen."

Während er über diese eindeutig klaren Zusicherungen nachsann, begann er alles in dem Licht zu sehen, das von dem Ungesehenen ausgeht. Mußte er handeln ohne eine klare Zusage? Fand er seinen Meister auch wirklich auf dem vor ihm liegenden Meer? War es wirklich Seine Stimme, die ihn über das Wasser erreichte? Wenn Er es war, dann konnte er sein kleines Boot ohne Zögern verlassen und Jesus entgegengehen. Des Jüngers Worte lauteten: „Bist Du es, Herr, dann heiße mich zu Dir kommen!" Und die Antwort kam unmißverständlich. Er konnte sie nicht anzweifeln. In einem Brief an seine Mutter schrieb er am 27. August:

„Ich begann mich auf einmal zu wundern, warum mir denn so viel an London gelegen sei. Ich kann aufrichtig sagen, es geht mir darum, dem Herrn besser zu dienen und Ihm zur Förderung Seines Königreichs nützlicher zu sein. Dieser Schritt ist bestimmt eine wichtige Vorbereitung für China. Warum gehe ich eigentlich nicht? Aus dem einfachen Grunde, weil ich nicht weiß, wie ich es anstellen soll. Hätte mein irdischer Vater mir fünf oder zehn Pfund angeboten, dann hätte ich ohne Zögern die Stelle hier aufgegeben. Wie viel williger sollte ich vorwärtsgehen im Vertrauen auf den, der verheißt: ‚Darum sollt ihr nicht sorgen und sagen: Was werden wir essen? Was werden wir trinken? Womit sollen wir uns kleiden?... Euer himmlischer Vater weiß, daß ihr dessen alles bedürfet... Vertraue dem Herrn und tue Gutes, so wirst du sicher wohnen im Lande.'

Wenn ich weiterhin mein Vertrauen auf Umstände setze, schiene mir das ein Zweifel an Gott. Deshalb sprach ich am vergangenen Samstag mit Dr. Hardy und erklärte ihm, daß ich allein im Vertrauen auf den Herrn nach London umsiedeln wollte, ob ich nun eine Anstellung hätte oder nicht. Heute vernahm ich, daß eine Stelle frei geworden ist. Ich werde mich dort melden, obgleich ich kaum annehmen kann, daß sie für mich passend ist. Das Spital scheint mir zu entlegen zu sein. Verdienen kann ich dort bestimmt nichts. Wenn ich eine Anstellung finde, die es mir ermöglicht, sechs bis acht Stunden Vorlesungen zu besuchen, dann ist das alles, was ich erwarten darf."

Nachdem dieser Entschluß gefaßt war, fürchtete er sich nicht mehr davor, die Brücken hinter sich abzubrechen. Er schrieb sogleich an seinen Vetter in Barnsley und schlug ihm vor, sich um die frei werdende Stelle bei Dr. Hardy zu bewerben.

Kurz danach klärte sich sein Weg. Ein Onkel, der in London lebte, bot ihm ein vorläufiges Heim an. Die Chinesische Evangelisationsgesellschaft (CEG) erneuert ihr Angebot zur Deckung seiner Auslagen im Krankenhaus, und die gläubigen Freunde, zu denen er sich in Hull gehalten hatte, rüsteten ihn aus mit Empfehlungen an einige Gläubige, die er vom Krankenhaus aus mit Leichtigkeit erreichen konnte. Er bekam noch weitere Hilfsangebote, die ihm bewiesen, daß er auf dem rechten Wege war, obgleich er sie nicht annahm. Voll Dankbarkeit schrieb er Mitte September an seine Schwester:

„Wie ist doch Gottes Liebe, die Güte meines und Deines Vaters, meines und Deines Gottes so groß! Wie freundlich ist Er, mir solch vollkommenen Frieden, solch vollkommene Freude und vollkommenes Glück zu schenken, obgleich ich mich nach außen hin in der schwierigsten Lage befinde! Hätte ich mich in der Frage, ob ich bleiben oder gehen sollte, durch Umstände leiten lassen, wie unsicher wäre ich geblieben! Doch als ich diesen Schritt unter Seiner Führung wagte, weil Er dadurch geehrt werden sollte, und alles in Seine Hände legte, schenkte Er mir Ruhe.

Preise den Herrn für Seine Güte! Er hat bis jetzt für das Notwendige gesorgt. Mir wurde ein Heim angeboten, und ich besitze genügend Geld zum Bezahlen des Honorars in der Ohrenklinik und für die Kurse in London. Ich kenne hier auch gläubige Freunde. Im vergangenen Herbst wußte ich von allem noch nichts. Ich habe gerechnet und mich gesorgt, und all dies umsonst. Auch wenn uns alles verkehrt zu sein scheint, beseitigt der Herr, wenn Er den Weg auftut, eine Schwierigkeit nach der andern und sagt ganz einfach: ‚Sei stille und erkenne, daß Ich der Herr bin!‘ “

DER HERR WIRD'S VERSEHN

Nebelhörner zeigten von allen Seiten an, daß sich der Küstendampfer zwischen Hull und London langsam die Themse herauf bewegte. Es war am 25. September, einem Sonntagabend, als Hudson Taylor zusammen mit anderen Passagieren an Land gehen wollte. Doch die Nebeldecke verdichtete sich mehr und mehr über der großen Stadt, bis nichts anderes übrigblieb, als den Anker auszuwerfen und auf den kommenden Morgen zu warten. Um die Mittagszeit des nächsten Tages konnte endlich der Tower erreicht werden. Die meisten Leute gingen hier an Land. Alle andern, die auf dem Schiff verblieben, verlebten einen stillen Sonntag. Hudson Taylor war dafür besonders dankbar, lag doch vor ihm ein neuer Lebensabschnitt.

Wie neu und groß sein Bedürfnis nach der Kraft aus dem lebendigen Gott war, konnte niemand ahnen. Weder seine Mutter noch seine Schwester, die seine letzten Tage in Drainside mit ihm zusammen verlebt hatten, wußten etwas über seinen Entschluß, den er vor dem Weggehen gefaßt hatte. Damit beschäftigten sich seine Gedanken, während er auf dem Dampfer auf und ab ging. Er berichtete darüber:

„Mein Vater hatte mir angeboten, alle meine Unkosten des Aufenthalts in London zu bezahlen. Ich wußte aber, daß dies nach seinen kürzlichen Verlusten im Geschäft für ihn ein beträchtliches Opfer bedeuten würde. Vor kurzem wurde ich dem Komitee der CEG vorgestellt, in deren Verbindung ich später nach China ausreisen werde. Diese Männer konnten natürlich nichts vom Vorschlag meines Vaters wissen. Sie erneuerten ihr Angebot zum Tragen aller meiner Auslagen in London. Als diese Vorschläge früher gemacht worden waren, wußte ich nicht, was ich tun sollte. Meinem Vater und den Sekretären der Mission antwortete ich, daß ich vor einer Entscheidung zuerst darüber beten möchte.

Während ich Gott um klare Führung bat, erkannte ich, daß ich ohne Sorge beide Angebote ablehnen könne. Die Sekretäre konnten nicht wissen, daß ich mich bezüglich meines Unterhalts ganz allein auf Gott verlassen wolle. Der Vater dagegen mußte annehmen, ich hätte ihre Hilfe angenommen. So lehnte ich denn auf beiden Seiten ab. Nun brauchte sich niemand um mich zu kümmern. Ich stand jetzt allein in Gottes Hand. Innerlich hatte ich die Gewißheit, daß Er für alles sorgen werde, wenn Er mich wirklich in China gebrauchen wollte. Kennt Er doch mein Herz und mein Bemühen, Ihm schon in der Heimat zu gefallen.“

So stellte er sich am Montagmorgen in Mr. Ruffles Pension ein, die sich in der Nähe des Sohoplatzes befand. Hier wohnten sein Onkel Benjamin Hudson und ein Vetter aus Barton-on-Humber, der bei Mr. Ruffle, einem Baumeister und Dekorateur, in der Lehre stand. Der Onkel, ein lebhafter, begabter Junggeselle, war nicht nur ein geschickter Porträtmaler, sondern auch ein Poet. Er war sehr beliebt in seinem Bekanntenkreis, denn neben allen andern Gaben war er auch ein gewandter Erzähler mit einem ausgezeichneten Gedächtnis für gute Geschichten. Zu seinen Bekannten gehörten auch einige Mediziner, mit denen er seinen Neffen bekannt machen wollte. Vielleicht ließe sich durch ihre Vermittlung eine Gehilfenstelle finden.

Auch der Vetter begegnete seinem Verwandten freundlich. Er bot ihm an, mit ihm das Zimmer zu teilen, damit die Auslagen geringer wären. Mit Freuden ging Hudson auf diesen Vorschlag ein, war es ihm doch eine große Hilfe, in der Fremde nicht allein zu sein, denn Tom Hudson erinnerte ihn an seine Lieben daheim.

Inmitten des hektischen Lebens, das ihn hier umflutete, kam er sich in der Pension wie ein Wassertropfen im Ozean vor. Alles war so neu und fremd. Er war in einen durchaus unreligiösen Kreis hineingeraten und sah sich von Menschen umgeben, deren Welt ihm beinahe gänzlich unbekannt war. Geschäft, Politik und die Jagd nach Vergnügungen nahmen ihr ganzes Denken gefangen. Onkel und Vetter versuchten alles, ihn mit sich fortzureißen. Sie waren gern zu jeder Hilfe bereit, doch konnten sie seine Ansichten weder verstehen noch teilen.

„Was redest du von Gottvertrauen", sagte zuweilen sein Vetter, „man muß sich selbst auch anstrengen."

Die beiden Männer konnten auch nicht verstehen, daß er sich wegen seines Rufs nach China nicht zu einer gewöhnlichen Berufsausbildung verpflichten wollte. Schien es ihnen doch, als ob die Missionsgesellschaft, zu der er sich zählte, in dieser Sache sich mehr als gleichgültig verhielt. Das bedrückte auch Hudson selbst und war ihm äußerst schmerzlich.

Als er den Sekretär der Gesellschaft aufsuchte, sagte dieser etwa folgendes: „Wir haben bis jetzt noch nichts Bestimmtes unternommen, weil wir Ihr Kommen abwarten wollten. Nun aber, da Sie die Arbeit im Krankenhaus aufnehmen wollen, muß die Angelegenheit vor das Komitee gebracht werden. Natürlich erfordert das Zeit. Wenn Sie aber wollen, daß die Sache ins Rollen kommt, dann senden Sie sofort Ihre Anmeldung, damit sie in der nächsten Missionsratssitzung besprochen werden kann. Diese findet nur jede zweite Woche statt."

Welch ein Schreck für Hudson! Am 7. Oktober sollte diese Sitzung stattfinden, und jetzt stand man erst in der zweiten Septemberhälfte. Wenn aber sein Fall nicht bei der nächsten Zusammenkunft erledigt werden konnte, mußte er weitere zwei Wochen und vielleicht noch länger warten. Inzwischen aber konnte er keine Anstellung annehmen. Seine Ersparnisse würden aufgebraucht sein. Und was würden erst die Leute in der Pension sagen, wo seine scheinbare Unentschlossenheit bereits eine Quelle des Vergnügens bildete!

Wenn er das alles in Hull gewußt hätte! Doch was machte dies alles schon aus? Er war nicht im Vertrauen auf seine eigenen Mittel oder die Abhängigkeit von andern nach London gekommen. Wenn auch die Winde tobten und die Wellen hoch gingen, war doch einer neben ihm, dessen Hand stark genug war, ihn zu halten, und dessen Wort Frieden schenkte. Dieser Eine kannte den Ausgang sowohl wie den Anfang.

So reichte er denn seine Bewerbung ein. Die Wartezeit nützte er zu eifrigem Studium aus. Darin wurde er jedoch oft durch seinen Vetter gestört, dessen Beruf es ihm ermöglichte, ab und zu daheim zu sein. Seine bestimmt nicht böse gemeinte Kritik war jedoch kein Ansporn zu ruhigem Denken.

Die Unsicherheit dauerte an, auch nachdem das Komitee seine Sitzung gehalten hatte. Sonderbarerweise hielt man es für nötig, sich erst näher über ihn zu erkundigen. Es war beschlossen, zunächst eine Reihe von Zeugnissen über ihn anzufordern. Das war Hudsons erste Erfahrung mit dem Geschäftsgang einer organisierten Gesellschaft. Obgleich er später die Notwendigkeit gewisser Vorschriften einsehen lernte, vergaß er doch diese Erfahrung nie, wenn er mit angehenden Missionaren zu tun hatte. Er schrieb darüber an seine Mutter:

> „Dies bedeutet einen nicht leicht zu nehmenden Aufschub. Heute werde ich Mr. Pearse aufsuchen; denn ich verstehe nicht, was es mit den verlangten Leumundszeugnissen auf sich hat. Werden sie jedoch von mir verlangt, dann danke ich dem Komitee für seine Freundlichkeit und belästige es nicht weiter, weil unsere Ansichten sich nicht decken. Wenn ich nach der Aussprache mit Mr. Pearse Zeit finde, werde ich noch einige Zeilen beifügen, sonst schreibe ich später.
>
> Bekümmere dich nicht, liebe Mutter! Gott hat bisher für mich gesorgt, mich beschützt und geleitet. Er schenkt mir völligen Frieden und wird alles herrlich hinausführen. Wie gut ist es, Ihm in allem vertrauen zu dürfen!"

Er traf dann diesen vielbeschäftigten Sekretär in Hackney, ehe er sich auf die Börse begab, und erklärte ihm seine Schwierigkeiten. Mr. Pearse schien ihn verstanden zu haben. Als Resultat dieser Unterredung wurden die Zeugnisse für überflüssig erklärt. Man verlangte nur einen oder zwei Briefe von Menschen, die ihn am besten kannten.

Am 24. Oktober schrieb er: „Ich freue mich, berichten zu können, daß die Dinge festere Gestalt annehmen. Morgen werde ich wohl die Arbeit im Krankenhaus aufnehmen."

Während er sich in seiner Stube so gut es ging, seinen Studien widmete, merkte er nicht, wie sein Zimmergenosse trotz seines Widerstrebens zu der einzigen Quelle der Freude und des Friedens hingezogen wurde. Es war aber wirklich so. Tom Hudson, der die Erlebnisse seines Vetters scharf beobachtete, sah sich vor Tatsachen und Schlußfolgerungen gestellt, denen er weder ausweichen noch widersprechen konnte. Nichts anderes hätte ihm wahrscheinlich seine eigene Gottesferne und seinen Mangel an wahrer Befriedigung deutlicher machen können als das Vorbild seines Verwandten. Ehe das Jahr zu Ende war, durfte Hudson es erleben, daß sein Vetter Christus im Glauben annahm und sich offen als Sein Eigentum bekannte.

Und dann endlich erfüllte sich sein Wunsch. Es waren beinahe drei Jahre verflossen seit jenem Dezembertag, an dem Hudson Taylor endgültig auf den Ruf Jesu in Seinen Dienst eingegangen war. Seitdem hatte er sich ständig mit dem Gedanken seiner zukünftigen Brauchbarkeit beschäftigt und ein Medizinstudium als die beste Vorbereitung erachtet. Mit wenig Hilfe und trotz vieler Hindernisse hatte er durchgehalten und auf praktischem Gebiet Fortschritte gemacht. Nun lag der breite Höhenweg vor ihm — die Vorlesungen, die klinische Ausbildung mit allen Vorzügen eines städtischen Krankenhauses.

Hier geht es nicht so sehr um seine äußeren Erfahrungen während dieser Zeit in London, sondern mehr um die Entfaltung seines inneren Lebens, das Wachstum des Glaubens.

Durch die schweren Regenfälle war diese Jahreszeit trostlos. Große Teile von Londons Osten waren überschwemmt. Das hatte schlimme Folgen für alle, die in der Nähe des Flusses lebten und deren Arbeit sie in den feuchten, nebligen Straßen festhielt. Zu diesen gehörte Hudson Taylor. Das Sohoviertel, in dem er wohnte, lag vier Meilen vom Krankenhaus entfernt. So mußte er täglich einen zweistündigen Fußweg von der Oxfordstraße nach Whitechapel und zurück machen. Als einziges Transportmittel diente zwar ein altmodischer Omnibus; der junge Medizinstudent übte sich aber im Sparen und verzichtete auf alles nur eben Mögliche. Darüber schrieb er:

„Allmählich habe ich gelernt, wie ich am besten spare. Ich lebe jetzt zur Hauptsache von braunem Brot und Wasser. So komme ich mit den mir zur Verfügung stehenden Mitteln aus. Gewöhnlich kaufe ich auf dem Rückweg vom Krankenhaus einen Laib Brot. Damit komme ich zum Abendessen und Frühstück aus. Zum Mittagessen gibt es eine Zulage von einigen Äpfeln."

Ob der Bäcker, der ihm die Brote verkaufte, wohl erriet, warum sein Kunde die Laibe in zwei Hälften geschnitten haben wollte? Die Erfahrung hatte Hudson gelehrt, wie schwer es ist, eine Teilung unparteiisch vorzunehmen, denn die eine Hälfte mußte für den nächsten Morgen aufgespart werden. Zuerst hatte er die Brote selbst geteilt, doch waren dabei die Morgenrationen ständig zu kurz gekommen. Nicht selten hatte er deshalb seinen Weg ins Krankenhaus hungrig antreten müssen. Doch der Bäcker teilte gerecht.

Schwarzbrot, Äpfel, Wasser! Wahrlich eine ungenügende Kost für einen jungen Menschen! Hunger nach Brot und Mattheit bedeuteten jedoch in jenen Tagen wenig im Vergleich zu dem Verlangen seines Herzens. Das vor ihm liegende Ziel erfüllte ihn ganz. China in seiner unbeschreiblichen Not, und was er selbst zu deren Behebung tun könnte, lag schwer auf seinem Herzen, dazu auch das Suchen nach Gottes Weg, den er nur durch Glauben und Gebet erkennen konnte.

„Nein, meiner Gesundheit schadet es nicht", schrieb er seiner Mutter als Antwort auf ihre Fragen nach seinem Ergehen, „jeder beteuert, wie gut ich aussehe. Die langen Korridore der Stationen ermüden mich nicht mehr so sehr wie am Anfang. Die leichtfertigen Gespräche einiger Studenten betrüben mich jedoch."

Die Prüfungen dieser Zeit wurden noch durch einen unerwarteten Abzug von seinem bereits dürftigen Einkommen vermehrt. Noch immer stand er mit Mrs. Finch in Drainside in Verbindung und konnte für sie regelmäßig von der Reederei, die in der Nähe von Cheapside lag, den halben Betrag vom Lohn ihres Mannes abholen und ihr zusenden. Einmal hielten ihn dringende Examensarbeiten vom rechtzeitigen Abholen des Geldes ab. Deshalb sandte er ihr das Geld aus der eigenen Tasche. Als er später bei der Reederei den Betrag forderte, wurde ihm bedeutet, daß der Offizier von seinem Dampfer in die Goldgruben davongelaufen sei und er das Geld nicht bekommen könne.

„Bald darauf, vielleicht schon am gleichen Tag, heftete ich einige Bogen Papier zusammen, auf denen ich während der Vorlesungen Anmerkungen machen wollte. Dabei stach ich mich in meinen rechten Daumen, vergaß es aber bald.

Am darauffolgenden Tag sezierten wir im Krankenhaus. Es handelte sich um jemanden, der am Fieber gestorben war. Ich brauche wohl nicht besonders zu betonen, mit welcher Vorsicht wir vorgingen. Die Gefahren waren uns zu gut bekannt. Doch noch ehe der Vormittag um war, fühlte ich mich ungewöhnlich müde, und als ich am Nachmittag die chirurgischen Säle betrat, befiel mich plötzlich ein Unwohlsein und heftiges Erbrechen. Bei meiner einfachen Lebensweise war dies äußerst ungewöhnlich. Nach einer kurzen Ohnmacht kehrte ich wieder zu den Studenten zurück. Doch ich fühlte mich immer elender. Während der Nachmittagsvorlesungen vermochte ich nicht einmal mehr den Bleistift zu halten. Später spürte ich Schmerzen in der rechten Seite und im Arm. Ich fühlte mich richtig krank.

Da ich nicht weiterarbeiten konnte, begab ich mich in den Sezierraum, um meine Sachen zu packen. Dabei sagte ich zu meinem Vorgesetzten, einem geschickten Chirurgen: ‚Ich kann mir nicht erklären, was mit mir los ist', und zählte die Symptome auf.

‚Nun, die Sache ist ganz klar. Sie müssen sich beim Sezieren geschnitten haben, und dies war ein Fall bösartigen Fiebers', lautete sein Bescheid.

Plötzlich fiel mir der gestrige Stich ein. Ich fragte den Arzt, ob es möglich wäre, daß ein Nadelstich bis dahin nicht geheilt sei. Er glaubte, dies sei die Ursache, und riet mir, eine Droschke zu mieten, in meine Wohnung zurückzukehren und meine Angelegenheiten zu ordnen. ‚Denn', fügte er hinzu, ‚Sie sind ein verlorener Mann!'

Im ersten Augenblick war ich bestürzt, weil mir nun der Weg nach China verschlossen schien. Dann kam mir der Gedanke: ‚Wenn ich mich nicht irre, habe ich in China ein Werk zu vollbringen; darum werde ich nicht sterben.' Ich war aber froh, bei dieser Gelegenheit ein Gespräch mit dem Arzt, der ein Zweifler war, über göttliche Dinge führen zu können. Ich sprach denn auch mit ihm über die Freude, bald bei meinem Meister sein zu dürfen, sagte ihm aber, daß ich nicht glaubte, jetzt schon sterben zu müssen, weil ich einen Ruf nach China hätte. Ich würde durchkommen, wenn auch der Kampf schwer sei.

‚Das ist alles ganz schön', antwortete er, ‚aber besorgen Sie sich jetzt sofort eine

Droschke und fahren Sie so schnell wie möglich nach Hause! Sie haben keine Zeit zu verlieren. Bald werden Sie Ihre Sachen nicht mehr ordnen können.'

Ich lächelte im stillen, besaß ich doch keine Mittel zu einem solchen Luxus. Dieser Schwierigkeit enthob mich mein gütiger Onkel, der mir sogleich alles schickte, was ich benötigte.

Die Schmerzen waren beinahe unerträglich, doch ich wollte nicht, daß meine Eltern etwas über meinen Zustand erfahren sollten. Ich war gewiß, daß ich nicht sterben müßte, sondern in China einen Auftrag zu erledigen hatte. Kämen meine Eltern und fänden mich in diesem Zustand, dann hätte ich nicht die Gelegenheit, die Gott mir jetzt schenkte, um Sein Wort zu erproben. Er würde sich bestimmt meiner Lage annehmen, waren doch meine Mittel beinahe erschöpft. So versprachen Onkel und Vetter, nachdem ich Gott um Weisung gebeten hatte, meinen Eltern nichts zu berichten, sondern es mir zu überlassen, ihnen Bescheid zu geben. Als ich ihr Versprechen hatte, fühlte ich, daß dies die klare Antwort auf meine Gebete war. Meinen Bericht über die Krankheit schob ich aber so weit hinaus, bis das Schlimmste vorbei war. Daheim wunderten sie sich nicht über mein Schweigen, sie wußten ja von meinen Examensvorbereitungen.

Die Tage und Nächte des Leidens verstrichen langsam, doch konnte ich nach wenigen Wochen mein Zimmer wieder verlassen. Ich vernahm dann auch, daß zwei Studenten, die allerdings nicht zum Londoner Krankenhaus gehörten, sich zur gleichen Zeit ebenfalls beim Sezieren verletzt hatten und gestorben waren, während ich als Antwort auf meine Gebete für Gottes Auftrag in China erhalten blieb."

Nun aber sollte Hudson zur Erholung zu seinen Angehörigen in Yorkshire zurückkehren. Noch immer war er entschlossen zu erfahren, wie Gott auf seine Gebete hin aushelfen würde. Darum sagte er niemandem von seiner Geldnot, betete aber um so mehr. Zu seiner Überraschung wurden seine Gedanken auf die Reederei gelenkt. Dort sollte er sich nach der Summe erkundigen, die er nicht hatte abheben können.

„Ich erinnerte den Herrn daran, daß ich mir keine Erholung erlauben könnte, und fragte mich, ob die Heimkehr ein eigener Wunsch und nicht Sein Leiten sei. Nach vielem Beten und Warten auf Gottes Erhörung wurde ich in meinem Glauben gestärkt, daß Gott selbst mich zur Reederei schickte."

Diese war etwa drei Kilometer von seiner Wohnung entfernt. Wie aber sollte er dorthin gelangen? Hatte er doch schon zum Treppensteigen Hilfe in Anspruch nehmen müssen. Bot ihm aber nicht ausgerechnet seine Schwachheit eine weitere Gelegenheit zum Erproben der Wirksamkeit des Gebets?

„Ich bat Gott im Namen Jesu, Er möge mir sofort die nötige Kraft geben, und sandte einen Diener nach Hut und Stock in mein Zimmer. Dann begab ich mich auf den Weg. Ich wollte nicht nur einen Versuch machen, sondern wirklich nach Cheapside gehen."

Nie hatten ihn Schaufenster so angezogen wie auf diesem Weg. Nach ein paar Schritten mußte er sich immer wieder auf der Brüstung eines Schaufensters ausruhen, um Kraft zum Weitergehen zu sammeln. Als er endlich sein Ziel erreicht hatte, ruhte er sich zuerst auf einer Stufe aus, ehe er die Treppe zum Büro im ersten Stock hinaufsteigen konnte.

„Ich empfand meine Lage als äußerst peinlich, als ich so völlig erschöpft auf der Treppe saß, während die Herren, die neben mir auf und ab gingen, mich erstaunt betrachteten. Nach einer kurzen Ruhepause und einem weiteren Stoßgebet brachte ich die Treppe hinter mich. Zu meiner großen Erleichterung fand ich den Beamten im Büro, mit dem ich bisher in der Sache verhandelt hatte. Er erkundigte sich eingehend und sehr freundlich nach meinem Ergehen, weil ihm mein elendes Aussehen auffiel. Ich berichtete ihm von meiner schweren Erkrankung und der Anordnung des Arztes, mich auf dem Lande zu erholen. Dann erkundigte ich mich, ob es sich nicht vielleicht um ein Mißverständnis gehandelt hätte und der Offizier doch noch bei der Reederei tätig sei.

‚Ich bin froh, daß Sie gekommen sind', rief der Beamte aus, ‚denn es war tatsächlich ein anderer Seemann mit gleichem Namen, der sich aus dem Staube gemacht hatte. Mr. Finch befindet sich noch immer auf seinem Schiff, das soeben in Gravesend einlief. Er wird bald hier sein. Ich bezahle Ihnen inzwischen den halben Lohn aus, denn das Geld wird seine Frau sicherer durch Sie erreichen als durch ihren Mann. Wir alle wissen, welche Versuchungen die Männer erwarten, wenn sie endlich nach einer Reise in die Heimat kommen.'

Ehe er mir jedoch die Summe aushändigte, bestand er darauf, daß ich mit ihm zusammen essen sollte. Weil ich fühlte, daß dies des Herrn Fürsorge sei, nahm ich das Anerbieten dankbar an. Nach der Erfrischung und dem Ausruhen gab er mir ein Stück Papier, damit ich Mrs. Finch die Umstände erklären konnte. Auf meinem Rückweg zahlte ich den Rest des Geldes ein, den sie noch zu erwarten hatte. Dann ließ ich mich im Omnibus nach Hause fahren.

Mein gütiger Freund war beim Abschied sehr bewegt und sagte unter Tränen: ‚Ich würde eine Welt geben um einen solchen Glauben.'

Am nächsten Tag war ich daheim im Elternhaus. Meine Freude über die erfahrene Hilfe und Fürsorge Gottes war so groß, daß ich sie unmöglich für mich behalten konnte. Ehe ich wieder nach London zurückkehrte, kannte meine Mutter das Geheimnis meiner Erlebnisse der vergangenen Monate.

Ich brauche wohl nicht lange zu erklären, warum ich nach meiner Rückkehr nach London nicht mehr so einfach leben durfte wie vorher. Ich hätte es auch nicht ertragen können."

Nach einem weiteren halben Jahr verbesserte sich Hudsons Lage. Er erhielt eine Anstellung als Assistent eines Chirurgen in der Stadt.

In jener Zeit ereigneten sich in China Dinge, die sein Verlangen, dorthin zu gelangen, vertieften. Fast unglaubliche Nachrichten fanden langsam ihren Weg aus den Inlandprovinzen und erfüllten die ganze westliche Welt mit Staunen. Die Taiping-Rebellion, die im Jahre 1850 bekannt wurde, hatte anscheinend eine große Ausdehnung angenommen. Im südlichen China beginnend, hatte sie sich über die mittleren Provinzen ausgebreitet und schließlich den größten Teil des Yangtsetales, die Hauptstadt eingeschlossen, in Besitz genommen. In Nanking, der ehemaligen Hauptstadt des Kaiserreiches, hatte der neue Herrscher den Sitz seiner Regierung aufgeschlagen und hier seine Truppen zu einem Ansturm auf Peking zusammengezogen. Doch nicht allein der Erfolg machte diese Bewegung so bedeutsam und interessant für die christliche Welt, sondern vielmehr ihre auffallenden Begleiterscheinungen.

Mitten aus einem heidnischen Volk heraus und ganz frei von fremden Einflüssen, schien dieser Aufstand, soweit er beurteilt werden konnte, ein

Kreuzzug auf ausgesprochen christlichen Linien zu sein. Die Zehn Gebote bildeten das Sittengesetz dieses neuen Königreichs. Götzendienst in jeder Form wurde schonungslos abgeschafft und die Anbetung des wahren und lebendigen Gottes eingeführt. Der christliche Sonntag wurde als Tag der Ruhe und des Gebets anerkannt und alles, was die Verbreitung des Evangeliums hemmte, aus dem Wege geräumt.

„Ich habe der Armee und dem Volk die Zehn Gebote gepredigt", schrieb der Taipingführer dem einzigen Missionar, den er kannte, „und habe sie beten gelehrt. Dazu erachte ich es als richtig, Dir, älterer Bruder, einen Boten zu senden, der Dir Frieden wünschen und Dich bitten soll, falls Du mich nicht meinem Schicksal überlassen willst, mit vielen Lehrern zu kommen und mir in der Verbreitung der Wahrheit zu helfen und die Taufen zu übernehmen.

Hernach, wenn mein Unternehmen geglückt ist, werde ich die Lehre im ganzen Kaiserreich verbreiten lassen, damit alle zu dem einen Herrn zurückkehren und allein den wahren Gott anbeten. Das ist's, was mein Herz ernstlich wünscht."

Kaum weniger überraschend war seine Stellung zu den westlichen Nationen. Das Opiumrauchen war streng verboten. Der Taipingführer machte kein Geheimnis aus seinem Vorhaben, die Opiumeinfuhr zu verhindern. Aber gegen Ausländer, seine christlichen „Brüder" von jenseits der Meere, zeigten er und seine Anhänger eine große Herzlichkeit.

„Der große Gott", sagten sie, „ist der Vater aller Menschen, die unter dem Himmel leben. China steht unter Seiner Herrschaft und Obhut. Es gibt viele Menschen unter dem Himmel, doch sind sie alle Brüder. Warum sollten wir weiter hier eine Schranke oder dort eine Mauer aufrichten? Warum weiter einander vernichten und aufreiben wollen?"

Kein Wunder, daß Hudson Taylor und viele andere Gläubige darin Gottes Vorsehung sahen! Was Könige und Regierungen nie hätten zustande bringen können, vermochte Er auf Seine eigene wunderbare Weise in kürzester Zeit zu vollbringen. Doch wie groß war jetzt die Verantwortung der christlichen Gemeinde! Und wie unvorbereitet erwies sie sich für diese Aufgabe!

Es ist verständlich, daß sich Hudson Taylor angesichts dieser Ereignisse fragte, ob es recht sei, wenn er sich durch sein Medizinstudium in der Heimat zurückhalten ließe, sollte doch sein ärztliches Wissen als Hilfe zur Evangelisation in Gebieten dienen, die bisher unerreicht geblieben waren. Zu diesem Werk wußte er sich gerufen, davon war er fest überzeugt. Ob aber die Chinesische Missionsgesellschaft zustimmen würde, wenn er sein Studium abbräche, war eine andere Frage.

Nach ihren Regeln und Bestimmungen zu urteilen, würden sie auf alle Fälle absolute Kontrolle über die Unternehmungen ihrer Vertreter ausüben. Es wurde von diesen genaues Befolgen der Satzungen erwartet. Wenn die berechtigte Autorität des Komitees berücksichtigt werden mußte, wie könnte er dann aber das Werk ausführen, zu dem Gott ihn gerufen hatte? Wenn nun einzelne Punkte ihrer Satzungen nicht mit seinem Ruf übereinstimmten?

Er schrieb schließlich an die Gesellschaft und teilte ihr seine Überlegungen bezüglich seines Chirurgiestudiums mit, das diese ihm ermöglichen wollte.

„Die Regeln der Missionsgesellschaft sind vernünftig und für die Organisation notwendig", schrieb er an seine Mutter, „doch für mich, der ich auf ihre Kosten ausgebildet und ihr darum verpflichtet bin, würde es bedeuten, daß ich ein Angestellter der Gesellschaft wäre. Damit aber stünde ich nicht mehr unter der direkten, persönlichen Führung Gottes. Als Mittelloser könnte ich mich nicht vor neun Monaten, der festgelegten Kündigungsfrist, ehrenhaft von der Gesellschaft lösen und auch nichts unternehmen. Zu große Vorteile kosten möglicherweise zu viel. Das aber wäre mehr, als mein Gewissen mir erlaubt."

Doch all diese wichtigen Überlegungen durften ihn in seinen täglichen Pflichten nicht stören, und er vernachlässigte auch nicht die größte Pflicht, Menschen den Weg zu Christus zu zeigen. Die Ungeretteten in der Heimat belasteten ihn ebensosehr wie die in China.

Einer der Patienten seines Vorgesetzten war dem Trunk ergeben gewesen und litt nun in seinen mittleren Jahren an Greisenbrand. Sein Zustand war ernst und sein Haß gegen alles, was mit Religion zu tun hatte, so groß, daß es hoffnungslos schien, Einfluß auf ihn zu gewinnen. Darüber schrieb Hudson Taylor:

„Die Krankheit begann wie gewöhnlich harmlos. Der Patient ahnte nicht, daß er verloren war und nicht mehr lange leben würde. Ich behandelte ihn nicht als erster; doch als er mir übergeben wurde, war ich sehr besorgt um seine Seele. Er lebte in einer christlichen Familie. Von ihr vernahm ich, daß er ein verschworener Atheist sei. Man hatte, ohne ihn zu fragen, einen Seelsorger gebeten, er möge ihn einmal besuchen. Der war aber von dem Patienten aus dem Zimmer gewiesen worden. Auch der Gemeindevikar hatte ihn besucht, aber auch ihm begegnete der Kranke abweisend, spie ihm ins Gesicht und verbat sich alles Reden. Seine Gemütsart wurde mir als äußerst heftig geschildert, und alles zusammengenommen schien der Fall hoffnungslos zu sein.

Als ich dann die Behandlung übernahm, betete ich viel für den Mann, sagte ihm aber in den ersten Tagen nichts von religiösen Dingen. Durch ganz besondere Sorgfalt beim Verbinden konnte ich seine Leiden erheblich lindern, und bald schien er meine Dienste zu schätzen. Eines Tages nahm ich zitternd seine dankbare Anerkennung wahr und sagte ihm den Beweggrund meines Handelns. Ich machte ihn aufmerksam auf seine ernste Lage und darauf, daß er der Gnade Gottes durch Jesus Christus bedürfe. Es kostete ihn sichtlich große Überwindung, seine Lippen geschlossen zu halten. Er drehte sich im Bett gegen die Wand und sagte kein Wort.

Ich mußte ständig an den armen Menschen denken und betete täglich mehrmals für ihn zu Gott, Er möge ihn durch Seinen Geist erretten, ehe Er ihn von der Welt nehme. Nach jeder Behandlung seiner Wunde sagte ich ihm einige Worte, von denen ich hoffte, der Herr würde sie segnen. Jedesmal drehte er sich gegen die Wand, sah gelangweilt aus und antwortete nie etwas darauf. Nachdem ich dies einige Zeit erfolglos getan, sank mein Mut. Es schien, als ob ich nicht bloß nichts ausrichtete, sondern ihn eher verstockte und damit seine Schuld Gott gegenüber noch vergrößerte. Eines Tages, nachdem ich ihn verbunden und meine Hände gewaschen hatte, wandte ich mich nicht wie üblich an ihn, sondern ging zögernd auf die Tür zu und wartete dort einen Augenblick.

Es beschäftigte mich das Wort: ‚Ephraim hat sich zu den Götzen gestellt; so laß ihn hinfahren!' Ich blickte noch einmal auf meinen Patienten zurück und bemerkte seine Überraschung, war es doch das erstemal, daß ich ihn verlassen wollte, ohne einige Worte für meinen Meister zu ihm gesagt zu haben.

Nun konnte ich es nicht länger ertragen. In Tränen ausbrechend eilte ich zu ihm zurück und sagte: ‚Mein Freund, ob Sie es hören wollen oder nicht, so muß ich doch meinem Herzen Luft machen.' Dann redete ich ernst mit ihm und sagte, wie sehr ich wünschte, mit ihm beten zu dürfen. Zu meiner unaussprechlichen Freude wandte er sich nicht weg, sondern erwiderte: ‚Wenn es Ihnen Befreiung bedeutet, dann tun Sie es!'

So kniete ich neben ihm nieder und betete für ihn. Ich glaube, daß Gott in jenen Augenblicken in seinem Herzen eine Umwandlung bewirkte. Von dem Tag an zeigte er sich nie mehr unwillig, wenn ich mit ihm sprach oder betete. Und schon nach wenigen Tagen nahm er Christus bewußt als persönlichen Erlöser an.

Der glückliche Dulder lebte nach seiner Veränderung noch einige Zeit und wurde es nie müde, von Gottes Gnade zu reden. Obgleich sein Zustand erbarmungswürdig war, machte die Umwandlung seines Charakters und seines Benehmens die vorher so schwierige Pflege zu einer wirklichen Freude. Oft wurde ich durch dieses Erlebnis an die Worte der Heiligen Schrift erinnert: ‚Sie gehen hin und weinen und tragen edlen Samen und kommen mit Freuden und bringen ihre Garben.' Vielleicht würden wir öfter den gewünschten Erfolg sehen, wenn ein tiefes Empfinden für Seelen uns weinen ließe. Während wir vielleicht die Härte der Herzen beklagen, deren Wohl wir suchen, mag die eigene Herzenshärtigkeit und unser schwaches Verständnis der ernsten Wirklichkeit ewiger Dinge der wahre Grund des Versagens sein."

Bald nach diesem Erlebnis klärte sich plötzlich Hudson Taylors Weg. Alles hatte so verworren ausgesehen, vor allem, seitdem er der Missionsgesellschaft seinen Entschluß mitgeteilt hatte, die Studien nicht fortzusetzen. Er hatte aber ernstlich um Gottes klare Führung gebetet und von ganzem Herzen danach verlangt, Seinen Willen zu erkennen und zu tun. Nun kam das Licht ganz unverhofft und auf eine ganz unerwartete Weise. Gottes Zeit war gekommen, und hinter den Ereignissen stand, wie der Prophet aus alter Zeit uns sagt, „ein Gott, der so wohl tut denen, die auf Erden wohnen" (Jes. 64, 4).

In China überstürzten sich die Ereignisse. Seit der Eroberung Nankings im März hatten die Taipings sich die mittleren und nördlichen Provinzen unterworfen und selbst Peking besetzt. Dies konnte nur eins bedeuten: Sollte Peking sich unterwerfen, dann stünde China forthin dem Evangelium offen. Diese Möglichkeit, so unermeßlich sie war, erwies sich als kraftvoller Antrieb zur Missionsarbeit. Überall gab es Herzen, die für China brannten. Es mußte unbedingt etwas unternommen werden, und zwar sofort. So floß das Geld eine Zeitlang in die Sammelbüchsen.

Anfang Juni schrieb der Sekretär der Gesellschaft an Hudson Taylor:

„17 Red Lion Square
4. Juni 1853

Mein lieber Herr!

Da Sie fest entschlossen sind, nach China zu ziehen, und das Studium abbrechen wollen, möchte ich Ihnen freundlich raten, sich ohne Zögern auf die Ausreise vorzubereiten. Wir brauchen jetzt Männer, die dem Herrn ganz ergeben sind. Ich glaube, Ihr Herz steht richtig zu Gott, und Ihre Motive sind lauter, so daß nichts einer Anmeldung im Wege steht.

Ich glaube jedoch, daß Sie es schwer finden werden, Ihren Plan der Selbstversorgung auszuführen, denn sogar Mr. Lobscheid konnte sich keine freie Überfahrt beschaffen.

Wenn Sie Freudigkeit haben, sich unserer Gesellschaft anzubieten, lege ich dem Vorstand gern Ihre Anmeldung vor. Es ist ein wichtiger Schritt, der viel ernstliches Gebet erfordert. Doch wird Ihnen Weisung von oben geschenkt werden. Unternehmen Sie alles, was Sie können, und dies bald!

Ich bin, mein lieber Herr,

Ihr

Charles Bird."

Nun überstürzten sich die Ereignisse. Schon nach wenigen Wochen erschien ein Abschnitt in der „Ährenlese". Es hieß darin:

„Am Freitag, dem 9. September, wurde in den Räumen der Chinesischen Evangelisationsgesellschaft eine Versammlung durchgeführt, wobei Mr. James Hudson Taylor, ein nach China ausreisender Missionar, Gottes Schutz anbefohlen wurde. Mr. James Hudson Taylor wird sich auf der ‚Dumfries' (Kapitän A. Morris) für Schanghai einschiffen. Die ‚Dumfries' wird Liverpool am 19. September verlassen."

Damit begann Hudson Taylors Lebenswerk.

ENDLICH CHINA

Die nach China bestimmte „Dumfries" lag am Landungsplatz im Liverpooldock vor Anker. Es war ein kleines Segelschiff von 470 Tonnen, und weil nur ein einziger Passagier mitreiste, hatten sich nur wenige Menschen zur Abfahrt eingefunden. Reparaturen, die bisher die Ausfahrt verhindert hatten, waren in aller Eile zu Ende geführt worden, und die Schiffsmannschaft beeilte sich mit dem Verladen der Waren. Inmitten all dieses geschäftigen Treibens verbrachte Hudson Taylor die letzten Augenblicke allein mit seiner Mutter. Sollte dies wirklich die endgültige Trennung sein? Sie konnten es einfach nicht fassen. Seit der Entscheidung des Komitees hatten die Vorbereitungen sie so in Beschlag genommen, daß sie sich kaum der Tragweite dieses Schrittes bewußt geworden waren. Nach einem kurzen Besuch in Barnsley, wo Hudson sich von seinen Schwestern verabschiedet hatte, war er von den gläubigen Freunden in Tottenham und London in Abschiedsversammlungen Gott anbefohlen worden und daraufhin nach Liverpool gereist, wo ihn seine Mutter erwartete. Sein Vater und Mr. Pearse als Vertreter der Missionsgesellschaft waren ebenfalls gekommen; doch weil sich die Abfahrt hinauszögerte, hatten sie nicht länger warten können. So waren Mutter und Sohn in den letzten Augenblicken allein. Und nun stand die endgültige Trennung vor ihnen. Der Bericht der Mutter lautet:

„... dann betete der liebe Hudson. Nur einmal bebte seine Stimme, als er seine Lieben zum letztenmal dem himmlischen Vater anbefahl — ein momentaner Kampf, und er war wieder ruhig. Er vergaß aber nicht, daß er vor einem Leben voller Prüfungen und Gefahren stand. Doch im Gedanken daran betete er: ‚Ich achte deren keines, halte mein Leben auch nicht selbst für teuer, daß ich vollende meinen Lauf mit Freuden und das Amt, das ich empfangen habe vom Herrn Jesus Christus, zu bezeugen das Evangelium von der Gnade Gottes.' Es war eine unvergeßliche Stunde.

Mein schwerster Augenblick war damit gekommen. Noch ein Abschiedssegen, eine letzte Umarmung. Vom Ufer her streckte sich mir eine gütige Hand entgegen. Ich verließ den Landungssteg, war mir aber kaum bewußt, was ich tat. Jemand geleitete mich zu einem Baumstumpf, und ich war froh, mich hinsetzen zu können; denn ich bebte am ganzen Körper.

Als die ‚Dumfries' sich vom Ufer löste, verlor ich Hudson einen Augenblick aus den Augen. Er war in seine Kabine geeilt und hatte hastig auf die leere Seite einer Taschenbibel geschrieben: ‚Die Liebe Gottes, die alle Erkenntnis übertrifft. H. T.'

Dann kehrte er zurück und warf mir das Blatt zu.

Noch ein letztes Lebewohl und die tiefen Wasser des Mersey trennten uns endgültig. Während wir noch mit unsern Taschentüchern winkten und der sich entfernenden ‚Dumfries' nachblickten, stellte sich Hudson in den vordersten Teil, stieg auf das Verdeck und schwenkte seinen Hut. Seine Gestalt wurde kleiner und undeutlicher. In wenigen Minuten entschwanden Passagier und Schiff unsern Blicken."

Seine eigenen Aufzeichnungen, die viel später geschrieben wurden, zeigen, was die Trennung den Sohn gekostet hatte:

„Meine geliebte Mutter war von Barnsley nach Liverpool gekommen, um von mir Abschied zu nehmen. Nie werde ich jenen Tag vergessen. Sie kam mit mir in meine Kabine, die während der nächsten sechs Monate mein Heim bilden sollte. Leise strich sie mit ihrer Hand über das schmale Bett. Dann setzte sie sich neben mich, und zusammen sangen wir unser letztes Lied vor der Trennung. Wir knieten dann nieder, und Mutter betete — ihr letztes Gebet vor der Reise. Das Abfahrtszeichen mahnte uns, daß wir uns trennen sollten.

Wir taten es in dem Bewußtsein, wir würden uns wohl auf dieser Erde nie mehr wiedersehen.

Um meinetwillen hielt sie ihren Schmerz, so gut sie konnte, zurück. Sie ging an Land, und ich stand auf Deck. Während die ‚Dumfries' sich langsam auf die Schleusen zu bewegte, folgte sie dem Schiff. Als wir hindurch waren und damit die Trennung endgültig vollzogen war, entfuhr der Mutter ein Angstschrei, der mich wie ein Schwertstich durchfuhr. Niemals bis zu jenem Augenblick hatte ich begriffen, was es bedeutet: ‚Also hat Gott die Welt geliebt.' Ich bin gewiß, daß meine Mutter in jener Stunde mehr von Gottes Liebe zu einer verlorenen Welt verstehen lernte als je zuvor.

Wie sehr muß es Gottes Herz betrüben, wenn Er mitansehen muß, wie gleichgültig Seine Kinder einer weiten Welt gegenüberstehen, für die Sein geliebter, eingeborener Sohn litt und starb!"

Es wurde eine lange, langweilige Reise für den einsamen Passagier. Fünfeinhalb Monate lief die „Dumfries" keinen einzigen Hafen an, und so vernahm Hudson nichts von der übrigen Welt. Doch war es eine gesunde, beglückende Meerfahrt, nachdem die ersten schrecklichen Tage hinter ihm lagen.

Wohl selten sind über ein kleines Segelschiff solche Gefahren hereingebrochen wie über die „Dumfries", ehe sie die offene See erreichte. Es schien beinahe, als ob der große Feind der Seelen, der Fürst, der in der Luft herrscht und der um die Möglichkeiten wußte, die in dem jungen Leben eingeschlossen lagen, sein Äußerstes unternahm, um es in die Tiefe des Meeres zu versenken. Zwölf Tage kreuzten sie im Kanal. Bald kam Irland und dann wieder die gefährliche Küste von Wales in Sicht. Während der ersten Woche waren sie fast beständig in den Klauen eines Wirbelsturms, bis sie in die Bucht von Carnarvon gerieten, wo sie bis auf zwei Schiffslängen gegen die Felsen getrieben wurden und beinahe daran zerschellten. Jener mitternächtliche Kampf mit der tosenden Brandung und die erfahrene Rettung, nachdem bereits alle Hoffnung geschwunden war, gruben sich so tief in Hudson Taylors Herz ein, daß er darüber berichtete:

„Es waren furchterregende Stunden. Der Wind blies entsetzlich, und wir wurden erbarmungslos hin- und hergeworfen, einen Augenblick hoch in die Luft und im nächsten tief hinab in den Abgrund, als müßten wir im Meeresgrund versinken. Die Windseite der ‚Dumfries' schnellte furchterregend in die Höhe, während die entgegengesetzte tief hinabgedrückt wurde, so daß die Wellenberge unser Schiff überschwemmten.

Als die Sonne unterging, erfüllten mich tiefe Einsamkeit und Trostlosigkeit."

Eine Zeitlang blieb er „angefochten und sehr besorgt". Er dachte an den Kummer, der über seine Angehörigen käme, wenn die „Dumfries" unterginge. Er sorgte sich auch um die Missionsgesellschaft, die so viel Geld für seine Ausstattung und Reise ausgegeben hatte, aber auch um den Zustand der Schiffsmannschaft und dachte auch an „die kalten Wasser und den Todeskampf". An seiner ewigen Errettung zweifelte er keinen Augenblick. Den Tod als solchen fürchtete er nicht, doch ein Sterben unter solchen Umständen. Der Bericht lautet weiter:

„Ich stieg in meine Kabine hinunter, las einige Lieder und Psalme sowie Joh. 13—15 und wurde dadurch so gestärkt, daß ich fest einschlief und erst nach einer Stunde wieder erwachte. Das Barometer war gestiegen. Ich fragte den Kapitän, ob wir wohl Holyhead umfahren könnten.

‚Wenn wir nicht landwärts getrieben werden, kann es gelingen. Gott helfe uns!'

Doch wir trieben landwärts. Unsere Lage war schrecklich. Es war eine klare Nacht, der Mond unverdeckt von Wolken, so daß wir die Küste sehen konnten. Ich begab mich wieder nach unten. Wohl stieg das Barometer, doch blies der Wind noch sehr heftig. Ich schrieb meinen Namen und die Adresse meiner Eltern in Barnsley in mein Taschenbuch für den Fall, daß mein Leichnam gefunden würde. Dann packte ich einige leichte Sachen in meinen Weidenkorb, denn ich überlegte mir, er würde mir oder einem andern helfen, das Ufer zu erreichen. Ich befahl meine Seele noch einmal meinem himmlischen Vater an und auch alle meine Angehörigen und Freunde und betete: ‚Vater, es ist Dir alles möglich; nimm diesen Kelch von mir!' Daraufhin ging ich an Deck.

Ich fragte den Kapitän, ob die Schiffe einem solchen Sturm gewachsen seien, was er verneinte. ‚Könnten wir nicht lose Bretter zusammenbinden und eine Art Floß bauen?'

Er meinte, dazu würden wir keine Zeit haben, und sagte: ‚Wir müssen versuchen, das Schiff zu drehen, und dazu alle Segel raffen, oder es ist alles vorbei. Die See wird wohl alles vom Deck wegfegen, doch wir müssen den Versuch noch wagen.'

Dies war ein Augenblick, der das stärkste Herz erbeben ließ. Der Kapitän gab Befehl, nach außen zu wenden, doch vergebens strengten wir uns an. Dann versuchte er es nach der andern Richtung, und dies gelang mit Gottes Hilfe. Wir fuhren jedoch nur zwei Schiffslängen an den Felsen vorbei. Während dieser Zeit schlug der Wind um zwei Punkte zu unsern Gunsten um, und wir kamen aus der Bucht heraus.

Alle unsere Anstrengungen wären umsonst gewesen, wenn der Herr uns nicht geholfen hätte. Seine Barmherzigkeit hat kein Ende. Daß doch die Menschen den Herrn für Seine Güte preisen und Seine Wundertaten rühmen möchten!"

Als Gerettete sahen sie am Montagmorgen die Sonne mit unaussprechlicher Freude über dem Horizont aufsteigen. Allmählich legte sich der Sturm.

Nach vielen Jahren beleuchtete Hudson Taylor dieses Erlebnis von einer andern Seite:

„Etwas verursachte mir in jener Nacht viel Kampf. Ich war noch ein junger Christ und besaß nicht genügend Glauben, um Gott in dieser Lage zu erkennen. Ich hatte es als meine Pflicht erachtet, auf ausdrücklichen Wunsch meiner Mutter und um ihretwillen einen Schwimmgürtel mitzunehmen. Doch ich selbst fühlte, daß ich Gott nicht völlig vertraute, solange ich den Gürtel bei mir trug, und fand innerlich keine Ruhe, bis ich ihn, nachdem alle Hoffnung auf Rettung geschwunden war, verschenkt hatte. Daraufhin war ich ganz ruhig, band aber doch einige Sachen zusammen, die bei unserer Strandung wahrscheinlich obenauf schwimmen würden, und erkannte nicht, daß darin ein Widerspruch lag.

Nachdem sich der Sturm gelegt hatte, fand ich durch das Schriftstudium die Antwort auf diese Frage. Gott zeigte mir meinen Fehler, wohl um mich für alle Zeiten von ähnlichen Überlegungen zu befreien. Es wird in diesen Tagen, in denen falsche Lehre über Glaubensheilung so viel Unheil anrichtet, sehr häufig der Fehler gemacht, daß einige Absichten Gottes mißverstanden werden. Dadurch wird der Glaube vieler Menschen erschüttert, und sie werden in Verwirrung gebracht. In medizinischen oder chirurgischen Fällen habe ich es nie versäumt, um Gottes Führung und Segen bei der Anwendung geeigneter Mittel zu beten, habe auch nie das Danken für erhörte Gebete und Wiederherstellung der Gesundheit unterlassen. Heute scheint es mir verwegen und falsch zu sein, den Gebrauch von Mitteln, die Er uns gibt, geringzuachten und abzulehnen. Es wäre das gleiche, wie wenn jemand das tägliche Brot verweigerte und glaubte, Leben und Gesundheit könnten allein durch das Gebet erhalten bleiben."

In der Bucht von Biskaya entdeckte Hudson Taylor, daß sich noch ein Christ, ein schwedischer Schreiner, auf dem Schiff befand. Nachdem er mit ihm verabredet hatte, daß sie von nun an regelmäßige Versammlungen für die Mannschaft durchführen wollten, bat er den Kapitän um die Erlaubnis dazu.

Es wurden dann während der Reise sechzig Versammlungen gehalten. Hudson Taylor bereitete sich jedesmal gründlich darauf vor und betete auch viel dafür. Dies bedeutete für ihn selbst eine große Hilfe und bewahrte ihn vor der Niedergeschlagenheit, die eine lange Meerreise leicht zur Folge hat. Es bekümmerte ihn sehr, daß im Leben dieser Seeleute nur wenig durchgreifende Wirkungen erlebt wurden. Sie zeigten wohl Interesse und suchten ihn zuweilen zu einer Aussprache auf, doch, obgleich einige nicht weit vom Königreich Gottes entfernt waren, entschied sich keiner klar für Jesus Christus. Dies bedeutete für ihn eine schmerzliche Enttäuschung. Aber diese Erfahrung war notwendig, denn sie lehrte ihn, „neben allen Wassern zu säen", auch wenn lange keine Frucht reift.

Zuweilen schien die Heimat in seiner Einsamkeit unendlich fern zu sein. Dann wurde die Sehnsucht nach seinen Angehörigen beinahe unerträglich.

„Wie weit sind wir doch voneinander entfernt, die wir uns im vergangenen Jahr so nahe waren! Wie gut ist es, daß Gott sich nicht verändert und Seine Gnade kein Ende hat! In einem Buch, das der Kapitän mir lieh, fand ich das Lied ‚Die hebräische Mutter'. Nie kann ich vergessen, wie meine geliebte .... es zum letztenmal spielte. Du warst auch dabei, Mutter, als wir die Worte zusammen sangen:

Ich gebe dich meinem Gott,
dem Gott, der dich mir gab ...

Damals hast Du mich im Gedanken an die Trennung weinend an Dich gedrückt. Möge Gott dich trösten!

Jesus *ist* wunderbar. Der Dienst für Ihn bedeutet vollkommene Freiheit. Sein Joch ist leicht und Seine Last nicht schwer. Seine Freunde erleben den wahren Frieden und wirkliche Freude. Jesus ist jetzt bei mir, da ich von meinem Heim, meinen Freunden und von der Heimat getrennt bin. Er ist alles in allem und mehr als das. So sehr ich mich nach Euch sehne, ist doch Gottes Liebe stärker, zwingender."

Seine Liebe zu Menschen wankte nicht in der Prüfung von Schmerz und Verlust. Sie vertiefte sich, als er Auge in Auge mit den Tatsachen stand, die er nur vom Hörensagen kannte. Die Bewohner mancher Insel der Philippinen erweckten sein warmes Mitleid.

Die Reisenden hatten schon bei der Umschiffung des Kaps der Guten Hoffnung Land gesichtet, dann aber sahen sie erst wieder Küsten, als sie sich der Inselregion zwischen dem Indischen und Stillen Ozean näherten. Es war eine wundervolle, nicht ganz gefahrlose Durchfahrt. Nachdem sie zuerst freudig die grünen Hügel und Täler der Pelewgruppe gesichtet hatten, fuhren sie fast einen Monat lang an schönen, fruchtbaren, bewohnten Inseln vorbei, auf denen noch kein Botschafter Jesu Christi je das Evangelium gepredigt hatte.

„Welch ein Arbeitsfeld für einen Missionar! Insel um Insel, viele fast unbekannt, manche bevölkert, doch kein Licht, kein Wissen um Jesus, keine Hoffnung! Mein Herz sehnt sich nach ihnen. Ist es möglich, daß christliche Männer und Frauen bequem daheim bleiben können und diese Seelen verderben lassen?"

Wenn auch die Reise viel Interessantes bot, wurde sie doch langweilig, vor allem in Zeiten der Windstille in der östlichen Inselwelt. Nur einen einzigen Monat hindurch hatten sie günstigen Wind. Mehr als einmal aber wies das Schiffstagebuch nicht mehr als sieben Meilen in vierundzwanzig Stunden auf. Solche Erfahrungen waren eine Prüfung, die auch ernste Gefahren in sich barg.

„Nirgends ist man hilfloser als auf einem Segelschiff ohne Wind", schrieb Hudson Taylor darüber, „wenn eine Strömung es erfaßt und unaufhaltsam einer Küste entgegentreibt. In einem Sturm kann man es bis zu einem gewissen Grad beherrschen, doch bei Windstille muß der Herr alles tun."

In solcher Lage bedeutete ihm folgende Gebetserhörung eine große Ermutigung. Sie hatten eben die Dampierstraße verlassen, doch immer noch waren die Inseln in Sicht. Gewöhnlich wehte nach Sonnenuntergang eine Brise, die bis zur Morgendämmerung anhielt und dann auch bis zum Äußersten ausgenutzt wurde. Tagsüber lagen sie mit hängenden Segeln still und trieben nicht selten zurück. Dabei verloren sie einen guten Teil der in der Nacht gewonnenen Strecke.

„Das geschah, als wir uns in gefährlicher Nähe von Neuguinea befanden. Am Samstagabend lagen wir noch etwa dreißig Meilen vom Land entfernt. Während des Sonntagnachmittaggottesdienstes, zu dem wir uns auf Deck zusammenfanden, fiel mir auf, wie besorgt der Kapitän aussah und daß er oft an die Reling ging. Später erkundigte ich mich nach seinen Beobachtungen und erfuhr, daß wir durch eine ziemlich starke Strömung auf uns verborgene Riffe zugetrieben würden. Wir befänden uns bereits ganz in ihrer Nähe. Nach dem Essen wurde das große Boot herabgelassen, und die ganze Mannschaft versuchte mit allen Kräften, den Bug des Schiffes von der Küste abzudrehen. Doch sie mühten sich umsonst.

Nachdem wir einige Zeit schweigend auf Deck gestanden hatten, sagte der Kapitän zu mir: ‚Nun haben wir alles in unserer Macht Stehende versucht. Jetzt können wir nur noch den Dingen ihren Lauf lassen.'

Da kam mir ein Gedanke. Ich antwortete: ‚Nein, etwas haben wir noch nicht getan.'

‚Was meinen Sie damit?'

‚An Bord befinden sich vier Christen. Lassen Sie die in ihre Kabinen gehen und vom Herrn eine Brise erbitten! Er kann sie uns ebensogut jetzt und nicht erst nach Sonnenuntergang senden.'

Der Kapitän willigte ein. Ich sprach noch mit den beiden andern Männern, und nachdem ich mit dem Schreiner zusammen gebetet hatte, suchten wir jeder unsere Kabinen auf und breiteten unser Anliegen vor Gott aus. Ich verbrachte nur ganz kurze Zeit im Gebet, denn ich fühlte, daß Gott antworten würde. Deshalb konnte ich nicht weiter bitten, sondern begab mich an Deck. Der erste Offizier, ein gottloser Mann, hatte Dienst. Ich ging zu ihm und bat ihn, das Hauptsegel zu lösen.

‚Was soll das nützen?' fragte er grob.

‚Wir haben von Gott einen günstigen Wind erbeten', antwortete ich, ‚er wird sogleich kommen, und weil wir uns schon so nahe dem Riff befinden, darf keine Minute verlorengehen.'

Mit einem Fluch und verächtlichen Blicken meinte er, man könne lange von Wind reden, er aber möchte Wind sehen. Doch während er noch redete, blickte er zum Segel hinauf. Und wirklich, der äußere Zipfel des obersten Segels begann sich im Winde zu kräuseln.

,Sehen Sie nicht, wie der Wind kommt?' rief ich.

,Nein, das ist nur ein leiser Windhauch.'

,Windhauch oder nicht', schrie ich, ,bitte, lassen Sie das Hauptsegel herunter, damit wir den Wind ausnutzen!'

Das tat er dann auch eilig, und die schweren Schritte der Matrosen brachten sogar den Kapitän aus seiner Kabine heraus. Die erbetene Brise war wirklich da. In wenigen Minuten durchfurchten wir die See mit einer Geschwindigkeit von sechs bis sieben Knoten in der Stunde. Obgleich die Windstärke wechselte, wurde es nie ganz windstill, bis die Pelewinseln hinter uns lagen.

So ermutigte mich Gott, noch ehe ich Chinas Boden betrat, jede Not vor Ihn zu bringen und von Ihm zu erwarten, daß Er um Jesu willen in jeder Not die erbetene Hilfe senden werde."

Ende Februar lag die „Dumfries" an einem nebligen Sonntag vor Anker und wartete auf den Lotsen, der sie sicher nach Schanghai hineingeleiten sollte. Durch stürmische Wetter in der chinesischen See war sie vom Kurs abgetrieben worden. Doch nun zeigte das trübe, gelbe Wasser ringsum, daß sie sich bereits in der Mündung eines großen Flusses befanden. In seine wärmsten Kleider gehüllt, schritt Hudson Taylor auf Deck auf und ab. Er tat sein Bestes, sich warm zu halten und geduldig zu warten. Es war ein seltsamer Sonntag, dieser letzte auf der „Dumfries". Schon seit Tagen standen seine Koffer fertig gepackt zum Verlassen des Schiffes bereit. Weil Kälte und Sturm jede Arbeit unmöglich machten, blieb ihm Zeit zum Beten und Nachdenken.

Er schrieb: „Welch eigenartige Gefühle nehmen von einem Besitz beim Landen an einer unbekannten Küste, die nun bald Arbeitsfeld und Heimat sein soll! Sein Wort sagt: ,Siehe, ich bin bei euch alle Tage!' ,Ich will dich nicht verlassen noch versäumen.' Ich habe also nichts zu fürchten, denn Jesus ist mir zur Seite. Herrliche Verheißungen!

Vielleicht sind große Dinge geschehen, seitdem ich zuletzt von China hörte. Und wie werden die Nachrichten aus England lauten? Wohin soll ich mich hier wenden? Wo soll ich zuerst wohnen? Diese und viele andere Fragen beschäftigten mich, am meisten aber die Frage: Lebe ich Gott so nahe, wie es möglich ist?"

Im Laufe des Nachmittags sahen sie Boote näherkommen. Doch der Nebel ließ keine klare Sicht zu. Eins kam ganz nahe heran und wurde dann auch von der „Dumfries" aus sehr aufmerksam beobachtet. Ja, weder das malerische Segel und der eigentümlich bemalte Schiffsrumpf noch die Gesichter ließen einen Zweifel zu. Dort waren sie: zwölf oder vierzehn blau gekleidete, dunkelhäutige, in einer unbekannten Sprache schreiende Menschen — die ersten Chinesen, die Hudson Taylor zu sehen bekam. Wie flog sein Herz ihnen entgegen! Hinter dem fremdartigen

Äußeren sah er den Schatz, den zu suchen er so weit hergereist kam — die Seelen, für die Jesus Sein Leben gab.

„Ich sehnte mich, ihnen die Frohe Botschaft zu sagen", schrieb er.

Etwas später kam der englische Lotse an Bord und wurde herzlich willkommen geheißen. Es bestand allerdings keine Hoffnung, noch an diesem Tag Woosung, noch weniger das fünfzehn Meilen entfernte Schanghai zu erreichen. Doch konnte der Lotse, während sie darauf warteten, daß der Nebel sich auflöste, manches erzählen, was sich seit ihrer Abfahrt von England während der Wintermonate zugetragen hatte.

Sie hörten zum Beispiel von den Feindseligkeiten zwischen Rußland und der Türkei, die in wenigen Wochen zum Krieg führen sollten. Die verbündeten Flotten von England und Frankreich hatten bereits den Kriegsschauplatz erreicht; nun befürchtete man, daß ein Kriegsausbruch durch nichts verhindert werden könnte. Wenn es auch schrecklich war, von Kriegswolken über Europa zu hören, so erschreckte es sie noch viel mehr, was sie von China und vor allem über den Hafen, wo sie vor Anker lagen und landen wollten, zu hören bekamen. Nicht nur wurde Provinz um Provinz von den Taipingrebellen bei ihrem Vormarsch nach Peking durchtobt, sondern auch Schanghai, die Eingeborenenstadt, ebenso wie die Fremdenkolonie durchlebten die Schrecken des Krieges. Eine Bande von Rebellen, als „Rote Turbane" bekannt, hatte die Stadt besetzt, die wiederum von einer kaiserlichen Armee belagert wurde. Dies bedeutete für die europäische Siedlung eine noch größere Gefahr als die Rebellen.

Obgleich ihre Überfahrt schlimm gewesen war, hatten sie doch ihr Ziel vor einer Reihe anderer Schiffe erreicht, die die Februarpost bringen sollten. Wahrscheinlich mußten sie sich auf erhöhte Preise gefaßt machen, da der Dollar beinahe auf das Doppelte gestiegen war und bald noch weiter steigen würde. Wahrlich eine entmutigende Nachricht für einen, der nur mit einem geringen Einkommen in englischer Währung rechnen konnte!

Das alles und noch mehr dazu erzählte ihnen der Lotse. Sie fanden genügend Zeit zu Überlegungen. Auch am Montag lag noch so dichter Nebel, daß sie sich nicht von der Stelle wagen konnten. Als sie am Dienstag früh den Anker lichteten, hatten sie gegen den Wind zu kämpfen und erreichten Woosung nur mit Mühe. In der folgenden Nacht aber hob sich der Nebel, und der junge Missionar erblickte vom Deck aus ein flaches Ufer, das sich von Norden nach Süden hinzog. Das war nun keine Insel mehr. Wie zog es ihn an Land! Seine Gebete waren erhört, der jahrelange Traum Wirklichkeit geworden. Endlich erblickte er unter dem Abendhimmel das Land seiner Bestimmung — *China.*

Doch erst um fünf Uhr am nächsten Tag, es war der 1. März, landete er in Schanghai, und zwar ganz allein. Die „Dumfries" wurde noch immer durch widrige Winde aufgehalten.

„Meine Gefühle kann ich nicht beschreiben, die mich beim Betreten des Ufers bewegten", berichtete er nach Hause. „Ich meinte, das Herz müsse bersten, während Tränen der Dankbarkeit aus meinen Augen strömten."

Dennoch muß ein Gefühl tiefer Verlassenheit ihn erfüllt haben. Nirgends ein Freund oder Bekannter! Keine einzige Hand streckte sich ihm zum Willkomm entgegen. Niemand kannte auch nur seinen Namen.

„Trotz Dankbarkeit und Freude überfiel mich das Bewußtsein der ungeheuren Entfernung zwischen mir und meinen Angehörigen. Ich war ein Fremdling im fremden Land.

Drei Empfehlungsschreiben trug ich bei mir und baute besonders auf eins davon, durch das ich Rat und Hilfe zu finden hoffte. Ich wurde darin dem Empfänger durch Freunde, die auch ihm bekannt waren, empfohlen. Natürlich erkundigte ich mich sogleich nach ihm, vernahm jedoch, daß er vor ungefähr einem Monat begraben worden war.

Betrübt über diese Nachricht, erkundigte ich mich nach dem Missionar, dem mein zweiter Empfehlungsbrief galt. Doch ich erlebte eine weitere Enttäuschung. Es hieß, er sei vor kurzem nach Amerika abgereist. Es blieb nun noch der dritte Brief, der mir allerdings von einem verhältnismäßig Unbekannten mitgegeben worden war. Von diesem erwartete ich weniger als von den andern. Doch ausgerechnet er sollte mir durch Gottes Güte zur Hilfe werden."

Mit diesem Schreiben verließ Hudson Taylor das britische Konsulat und begab sich auf den Weg zum Gebäude der Londoner Missionsgesellschaft, das innerhalb der Fremdenkolonie lag. Von allen Seiten grüßten ihn seltsame Bilder, Töne und Gerüche, vor allem, als die großen Häuser der Reichen hinter ihm lagen und er an kleineren Geschäften und Wohnungen vorbeikam. Hier wurde nur noch Chinesisch gesprochen. Er begegnete auch nur noch Chinesen. Die Straßen wurden enger und waren dichter bevölkert. Überhängende Balkone, von denen lange Schilder herunterhingen, verdunkelten beinahe die Aussicht nach dem Himmel. Wie er seinen Weg zum Missionshaus fand, bleibt ein Rätsel. Endlich kam die Missionskapelle in Sicht. Mit einem Seufzer der Erleichterung und tiefer Dankbarkeit trat Hudson Taylor durch das offenstehende Tor. Dieses trug drei chinesische Schriftzeichen, die, wie er später vernahm, „Medhurst-Familien-Anwesen" bedeuteten. Dr. Medhurst war der Verfasser des Buches „China", das er als Junge in Barnsley in der Bibliothek seines Predigers gefunden hatte und das den Wert der ärztlichen Missionsarbeit betonte. Durch dieses Buch war er dazu geführt worden, eine medizinische Ausbildung zu suchen.

Es lagen vor ihm verschiedene Gebäude. Im ersten fragte er nach Dr. Medhurst, an den sein Schreiben gerichtet war. Schüchtern und zurückhaltend von Natur, bedeutete es für Hudson Taylor keine Kleinigkeit, sich einem so berühmten Mann vorzustellen, dem Pionier und Begründer der protestantischen Mission in diesem Teil Chinas. Er war beinahe erleichtert, als er vernahm, Dr. Medhurst wohne nicht mehr hier. Es schien, als sei auch dieser für ihn unerreichbar.

Mehr konnte Hudson Taylor nicht erfahren, weil die chinesischen Diener die englische Sprache nicht beherrschten und er selbst kein Wort ihres Dialekts verstand. Es war eine sehr ungemütliche Lage. Doch endlich trat ein Europäer hinzu. Er heiße Edkins und sei Missionar, erklärte er, während er den Ankömmling willkommen hieß. Durch ihn vernahm Hudson Taylor, daß Medhursts nun im britischen Konsulat wohnten, doch lebe Dr. Lockhart hier. Dann entfernte er sich, um diesen zu holen.

Damals war es ein besonderes Ereignis, wenn ein Engländer und vor allem ein Missionar unangemeldet in Schanghai eintraf. Meistens kamen sie mit den Postdampfern, deren Ankunft jedesmal eine allgemeine Aufregung hervorrief. Doch jetzt wurde niemand erwartet, weil auch die „Dumfries" den Hafen noch nicht erreicht hatte. So war das Erstaunen bei den übrigen Missionaren der Londoner Missionsgesellschaft (LMS) groß, als sie den Fremden sahen. Hudson Taylor mußte immer von neuem erklären, wer und was er sei. Alexander Wylie jedoch machte es dem schüchternen jungen Mann bald gemütlich und unterhielt ihn, bis Edkins mit Dr. Lockhart zurückkehrte.

Die Missionare verstanden bald die Lage des Neuangekommenen. Es blieb ihnen nichts anderes übrig, als den jungen Mann in eins ihrer eigenen Häuser aufzunehmen. Sie konnten ihn nicht ohne Obdach lassen, obwohl damals die Fremdenkolonie so übervölkert war, daß weder ein Haus noch eine Wohnung frei stand. Dr. Lockhart wohnte allein, weil seine Frau nach England hatte zurückkehren müssen. Mit aufrichtiger Freundlichkeit lud er Hudson Taylor ein, als Gast bei ihm Wohnung zu nehmen gegen einen kleinen Beitrag zur Deckung der Mehrauslagen.

Nachdem dies geordnet war, begleitete ihn Edkins zu Mr. und Mrs. Muirhead, die ebenfalls zur LMS gehörten. Er machte ihn auch bekannt mit Mr. und Mrs. Burdon von der Church Missionary Society, die auf demselben Grundstück ein Haus bewohnten. Diese luden den Fremdling zum Abendessen ein. Das Ehepaar lebte erst seit einem Jahr in China und war jungvermählt. Beide fühlten sich sofort zu Hudson hingezogen, und dieser erwiderte ihre Freundschaft von Herzen.

„Das Kaminfeuer erinnerte mich an zu Hause", schrieb er, „und das Zusammensein mit den neuen Freunden war so gemütlich und alles, was sie mir erzählten, sehr interessant und erfrischend."

So hatte Gott die vielen Gebete erhört und Antwort auf manche Fragen geschenkt.

Am nächsten Morgen wurde Hudson Taylor durch Vogelgesang geweckt — eine willkommene Abwechslung nach dem eintönigen Geplätscher des Wassers an den Planken der „Dumfries". Mit großer Freude betrachtete er die knospenden Pflanzen im Garten und atmete begierig ihren Duft ein.

Nach dem Frühstück ging er zum Konsulat. Er war zuerst sehr enttäuscht, nur einen einzigen Brief vorzufinden, für den er auch noch zwei

Shilling bezahlen mußte. Dann sah er aber, daß er von Mutter und Schwester kam.

„Nie in meinem Leben habe ich williger zwei Shilling bezahlt als für diesen Brief", versicherte er ihnen später.

Endlich wurde auch die Ankunft der „Dumfries" gemeldet. Mit Hilfe einiger chinesischer Träger ließ er seine Sachen zu Dr. Lockharts Haus tragen. Es war ein eigenartiges Gefühl, an der Spitze einer Schar Kulis durch die vollen Straßen der Stadt zu marschieren, alle seine Habseligkeiten, von Bambusstangen, die über ihre Schultern gelegt waren, baumeln zu sehen, und das „Pu ah" der Träger, das eher nach Stöhnen als Singen klang, mitanzuhören. Doch es waren keine Schmerzenslaute, obgleich sie sich so anhörten. Als er später einige Kupfermünzen, die er für einen mexikanischen Dollar eingewechselt hatte, unter sie verteilte, war seine erste geschäftliche Erfahrung in China gemacht.

Er nahm dann an der Krankenhausandacht teil, die Dr. Medhurst an diesem Tage hielt. So hörte Hudson Taylor das Evangelium zum erstenmal in der Sprache, mit der er bald vertraut werden sollte. Dr. Medhurst riet ihm, mit dem Studium des Mandarin zu beginnen, und suchte auch einen Sprachlehrer für ihn. Abends fanden sich die Missionare zur üblichen Gebetsgemeinschaft zusammen, bei der er allen übrigen Missionaren vorgestellt wurde. So endete sein erster Tag in China voll Ermutigung und Freude mit gemeinsamem Lobpreis.

Doch noch vor dem Ende der Woche sollte er eine andere Seite des Lebens in Schanghai kennenlernen. Sein Tagebuch berichtet von nächtlichem Gewehrfeuer, von Wachen auf der nahegelegenen Stadtmauer und von Gefechten, die er von seinem Zimmerfenster aus beobachten konnte, wobei viele Männer getötet oder verwundet wurden. Es berichtet weiter von der Suche nach einer eigenen Behausung im Chinesenviertel der Kolonie, die allerdings erfolglos verlief. Es erwähnt auch etwas über seinen ersten Kontakt mit dem Heidentum — den Leidensszenen in der Chinesenstadt, die sich ihm als unauslöschliche Schreckensbilder einprägten.

Von einigen dieser Erlebnisse schrieb er zehn Tage nach seiner Ankunft an seine Schwester:

„Am Samstag, dem 4. März, wanderte ich über den Markt. Nie habe ich solch eine schmutzige Stadt gesehen. Der Boden ist lehmig. Bei trockenem Wetter mag das ja ganz angenehm sein, doch eine Stunde Regen verwandelt die Straße in einen derartigen Brei, daß man unmöglich gehen, sondern nur noch darin waten kann. Eine Wohnung fand ich nirgends und war ganz niedergeschlagen.

Am Sonntag besuchte ich morgens eine Versammlung der LMS und ging nachmittags mit Mr. Wylie zu einer zweiten in die Stadt. Sei froh, wenn Du noch nie eine Stadt im Belagerungszustand gesehen hast und auch noch nie auf einem Kriegsschauplatz gewesen bist! Gott behüte Dich davor! Wir gingen ein Stück an der Stadtmauer entlang und sahen ganze Reihen zerstörter Häuser. Es war ein trauriger Anblick, ein einziger Schutt- und Trümmerhaufen. Dazu das Elend derer, die in dieser kalten Jahreszeit kein Obdach haben. Man darf kaum daran denken.

Endlich kamen wir an eine Leiter, die von der Mauer herabgelassen war. Über sie wurden Vorräte in die Stadt befördert. Die Soldaten erlaubten uns, die Leiter zu benutzen. Wir durchwanderten viele Straßen der Chinesenstadt. Mr. Wylie sprach ab und zu mit Leuten und schenkte ihnen Traktate. In den Tempeln verteilten wir sie auch an die Priester. Überall schienen wir willkommen zu sein.

Als wir zum Nordtor kamen, sahen wir Hunderte von Soldaten der Rebellenarmee versammelt und stießen im Weitergehen noch auf viele andere. Sie bereiteten einen Ausfall aus der Stadt vor. Anscheinend erwarten die kaiserlichen Belagerungstruppen von dieser Seite her keine Gefahr.

Endlich kamen wir zur Kapelle der LMS und fanden bereits viele Menschen versammelt. Dr. Medhurst predigte, und anschließend wurden sechs Säcke Reis unter die Armen verteilt, die ohne diese Hilfe verhungern müßten, denn sie können in diesen Tagen nichts verdienen. Zertrümmerte Fensterscheiben und zerbrochene Lampen sind Zeugen des Zerstörungswerks.

Als wir das Nordtor wieder erreichten, wurde dort außerhalb der Stadtmauer heftig gekämpft. Ein toter Mann wurde eben hereingetragen. Ein anderer war durch einen Schuß in die Brust getroffen, und ein dritter, den ich untersuchte, litt entsetzliche Schmerzen, denn eine Kugel hatte ihm verschiedene Knochen zersplittert.

Ein wenig weiter entfernt trafen wir einige Männer, die eine kleine, soeben erbeutete Kanone mit sich führten, und nach ihnen kamen andere, die fünf Gefangene an ihren Zöpfen nachschleppten. Die armen Burschen riefen uns kläglich um Hilfe an, als sie an uns vorbeigezerrt wurden. Doch wir konnten nichts für sie tun. Wahrscheinlich standen sie unmittelbar vor ihrer Enthauptung. Der Gedanke daran ist einfach entsetzlich."

All dies mußte Hudson Taylor sehr schmerzlich mitempfunden haben, war er doch gar nicht darauf vorbereitet. Prüfungen und Leiden, die mit dem Missionarsleben verbunden sind, hatte er erwartet. Hier aber war alles so ganz anders, als er es sich vorgestellt hatte. Außer der Kälte, die er als sehr unangenehm empfand, gab es für ihn persönlich keine besonderen Leiden. Doch was er an Elend mitansehen mußte, wenn er einen Blick durch sein Fenster tat, ging ihm sehr zu Herzen. Die Qualen, die den Gefangenen von den Soldaten beider Armeen auferlegt wurden, weil sie von ihnen Geld erpressen wollten, und die Plünderungen nach Lebensmitteln bedrückten ihn sehr.

Weil er fast seine ganze Zeit auf das Sprachstudium verwandte, vernachlässigte er das Gebet und das tägliche Schriftstudium, so daß sein geistliches Leben verkümmerte. Die Kanäle des Segens für andere waren verstopft, und es dauerte eine Weile, bis er erkannte, wie notwendig es ist, daß diese geöffnet bleiben. Der alte Feind zog daraus seinen Vorteil, wie aus seinen ersten Briefen ersichtlich ist. Er schrieb an Mr. Pearse:

„Ich war nicht wenig enttäuscht, keinen Brief von Ihnen vorzufinden. Ich hoffe aber sehr, er kommt mit der nächsten Post. Schanghai befindet sich in einem schlimmen Zustand. Die Rebellen und Kaiserlichen kämpfen ununterbrochen. Heute wurden wir schon vor Tagesanbruch durch Kanonendonner geweckt. Das Haus erzitterte darunter, und die Fenster klirrten bedenklich.

Es läßt sich hier kein einziges Haus und auch keine Wohnung finden. Was nicht von Europäern bewohnt ist, haben Kaufleute übernommen, die die Stadt wegen der Unruhen verließen. Man sagte mir, sie bezahlten für drei Räume dreißig Dollar im Monat und mehr. Die in der Stadt wohnenden Missionare mußten diese ebenfalls verlassen und sind in die Kolonie umgezogen. Hätte sich Dr. Lockhart meiner nicht so freundlich angenommen, wüßte ich nicht, was aus mir geworden wäre. Ich weiß auch jetzt nicht, was ich unternehmen soll. Es ist schwer, vorauszusagen, wie lange die gegenwärtige Lage andauert. Dr. Lockhart meint, wenn ich längere Zeit in der Kolonie bleiben müßte, sollte ich ein Stück Land erwerben und ein Haus bauen.

Entschuldigen Sie bitte diesen in Hast geschriebenen Brief mit allen Fehlern! Es ist so kalt, daß ich kaum Feder und Papier fühle.

Hier ist jetzt alles sehr teuer, vor allem die Feuerung. Noch einmal bitte ich Sie, den Brief entschuldigen zu wollen, und bitte — antworten Sie so bald wie möglich, damit ich weiß, was ich tun soll!

Möge der Herr Sie segnen und Ihnen beistehen! Beten Sie bitte weiter für mich! Wir sollten uns alle, die wir die Liebe Jesu kennen, auch wenn alles um uns herum zerfällt, freudig Ihm ähnlicher gestalten lassen. Bald werden wir uns dort sehen, wo kein Leid und kein Kummer mehr sein werden. Wären wir doch bis dahin willig, unser Kreuz zu tragen und Seinen Willen nicht nur zu tun, sondern ihn auch wirklich gern anzunehmen."

Eine Woche später schrieb er an seine Eltern:

„Die Kälte war so groß und anderes so bedrückend, daß ich zuerst gar nicht wußte, was ich tat oder sagte. Man muß es selbst erlebt haben, was solch eine Entfernung von zu Hause bedeutet. Ebensowenig kann man sich vorstellen, wie es ist, wenn man die Leute nicht versteht noch von ihnen verstanden wird. Ihre ganze Erbärmlichkeit und ihr Elend sowie meine Unfähigkeit, ihnen zu helfen oder sie auf Jesus hinzuweisen, haben mir außerordentlich zugesetzt."

In einem andern Brief berichtet er:

„Ich gäbe viel darum, wenn ich mit einem befreundeten Menschen über alles reden könnte. Meine Lage ist so verworren, daß ich, wenn ich nicht Gottes Verheißungen hätte, auf die ich mich verlassen kann, nicht aus noch ein wüßte. Ich fürchte, mit meinem Gehalt unter den gegenwärtigen Umständen nicht auszukommen. Könnte ich allein wohnen, würde mir Reis (Brot ist zu teuer) genügen, und dazu könnte ich den Tee ohne Milch und Zucker trinken. Doch hier geht das nicht. Nicht nur die Preise steigen, sondern auch der Dollar. Nun, Er wird sorgen."

Es mag übertrieben scheinen, so lange bei Hudsons äußeren Umständen stehenzubleiben. Er lebte zwar im Kriegsgebiet, doch umgaben ihn Sicherheit und Behaglichkeit. Dennoch schwingt ein Unterton des Leidens in seinen Briefen mit. Das ergibt sich aus einer andern Seite seines Erlebens. Die willkommene Hilfe, die er durch Dr. Lockhart und andere Missionare der LMS erfuhr, schuf für ihn eine peinliche Lage. Hätte er dieser Mission angehört und sich für eine Zusammenarbeit mit ihren Gliedern vorbereitet, hätte er sich nichts Besseres wünschen können. Doch in seiner Lage kam er sich wie ein Vogel in einem fremden Nest vor. Es konnte ihm nicht entgehen, daß seine Anwesenheit bei jeder Mahlzeit von seinem großmütigen Gastgeber als Belastung empfunden wurde. Dr. Lockhart und seine Mitarbeiter erwiesen ihm nichts als Freundlichkeiten, aber er wurde sich immer klarer bewußt, daß sie besser ausgebildet waren und er einer unbedeutenderen Mission angehörte als sie. Außerdem unterschieden sich seine religiösen Auffassungen und seine Haltung als Missionar von denen der andern. Deshalb war er ihrer Kritik ausgesetzt.

Seine Missionsgesellschaft hatte ihn nach China entsandt, ehe er sein Medizinstudium beendet hatte. Dadurch bestand damals die Hoffnung, er könnte in Nanking mit den Rebellen zusammentreffen. Die allzu optimistischen Berichte aus China über das Taipingunternehmen hatten die Sekretäre irregeführt. Sie hatten eine Stellung eingenommen, die von den Praktikern auf dem Missionsfeld als absurd gewertet werden mußte. Hudson Taylor erkannte denn auch bald, daß seine Missionsgesellschaft mit ihren Zielen und Methoden Zielscheibe des Spotts unter den Missionaren in Schanghai war. Es war überaus demütigend, wenn „The Gleaner“ (Die Ährenlese) Monat um Monat kritisiert und belächelt wurde, mußte er doch selbst zugeben, wie sehr die Zeitschrift in vielem tatsächlich Spott verdiente.

Hudson erkannte die Schwächen der Chinesischen Missionsgesellschaft ebenso deutlich wie die andern Missionare, doch er respektierte viele ihrer Glieder in der Heimat, und mit einigen — ihre Sekretäre eingeschlossen — fühlte er sich in dankbarer Liebe verbunden.

Die Gemeinschaft in geistlichen Dingen mit seinen Freunden in Tottenham und andernorts konnte er nicht vergessen. Wenn er auch ihre Fehler schmerzlich empfand, sehnte er sich doch sehr nach der Atmosphäre des Gebets, ihrer Liebe zu Gottes Wort und ihrem ernsten Ringen um Seelen zurück. In Schanghai machte sich der Einfluß der Welt sogar in christlichen Kreisen stark bemerkbar. Durch den regen Verkehr mit Regierungsbeamten und Offizieren der Kanonenboote, die in Schanghai zum Schutz der Ausländersiedlung stationiert waren, stiegen die Ausgaben der Missionare, so daß ihre Gehälter erhöht werden mußten. Hudson Taylor hatte sich das Missionarsleben so ganz anders vorgestellt.

Natürlich paßte er selbst auch nicht zu der allgemeinen Ansicht über einen Missionar. Daß er gut und ernst gesinnt war, konnte jeder sehen. Doch gehörte er weder einer besonderen Denomination an, noch war er von einer besonderen Kirche ausgesandt worden. Obwohl er das Medizinstudium nicht beendet hatte, arbeitete er auf medizinischem Gebiet. Er hatte zwar offensichtlich Übung im Predigen und in der Seelsorge, doch war er nirgends ordiniert worden. Und das Eigenartigste: Er gehörte einer Missionsgesellschaft an, die mit Mitteln wohl versehen war. Er schien aber ungenügend versorgt zu werden, da seine äußere Erscheinung im Vergleich zu den andern Missionaren ärmlich war.

Daß Hudson Taylor dies alles immer tiefer empfand, ist nicht verwunderlich. Er selbst sah sich in seinen Erwartungen enttäuscht und sehnte sich danach, im Inland unter dem Volke zu leben. Gern hätte er seine Ausgaben eingeschränkt und ein einfacheres Leben gewählt, wie er es von daheim gewöhnt war. Eifrig betrieb er sein Sprachstudium und machte sich nichts aus weltlicher Anerkennung und Vergnügen, sondern hätte gern geistliche Gemeinschaft mit anderen gepflegt. Mit seinem zugesagten Gehalt konnte er in Schanghai nicht auskommen, selbst mit dem doppelten Betrag nicht. Er war wirklich arm und kam bald in echte Verlegenheit. Niemand hätte dem Heimatkomitee diese Tatsache so erklären können, daß es seine Lage verstanden hätte.

Er war viel allein. Die Missionare, mit denen er zusammenlebte, waren alle älter als er mit Ausnahme des jungen Ehepaares, das aber ganz in seiner Arbeit aufging. Er durfte ihre Güte nicht zu sehr in Anspruch nehmen. Deshalb konnte er mit niemandem über seine Missionsgesellschaft oder über zukünftige Pläne sprechen, die ihn doch so sehr beschäftigten. Er lernte bald, darüber so wenig wie möglich zu reden. Er litt zwar sehr unter diesen Umständen, aber es war gut, daß er nicht versuchen konnte, nur von Reis und Tee zu leben oder gar auf und davon zu gehen. Wenn er sein eigener Herr und Meister gewesen wäre, hätte er es bestimmt getan. Doch während der heißen Jahreszeit und in einem ungewohnten Klima fortzugehen, wäre ein gefährliches Unterfangen gewesen. Und mehr als dies — Gott verfolgte durch die ihm auferlegte Geldknappheit höhere Absichten. Er selbst sehnte sich nach Unabhängigkeit. Gott aber gefiel es, ihn in diesen Umständen zu lassen, damit er lernen sollte, was es bedeutet, arm, schwach und von andern Menschen ganz abhängig zu sein. Gottes Sohn wurde denselben Weg geführt. Es gibt eben Lektionen, die nur auf diesem Wege gelernt werden können.

Ohne solche Erfahrungen in seiner ersten Zeit in China hätte er später nie mit andern so mitfühlen können. Er war von Natur aus sehr unabhängig und wollte frei sein, damit nichts der Führung Gottes in seinem Leben hindernd im Wege stände. Und nun fand er sich gleich am Anfang seines neuen Lebens in China auf die Großherzigkeit Fremder angewiesen.

Im Lauf des Frühlings ließ sein Tagebuch mehr Zeichen von Niedergeschlagenheit erkennen, als dem Klima zugeschrieben werden konnte. Seine ohnehin schwachen Augen entzündeten sich, und er litt viel an Kopfschmerzen. Trotzdem saß er täglich durchschnittlich fünf Stunden hinter seinen chinesischen Büchern und widmete der Korrespondenz viel Zeit. An Mr. Pearse schrieb er so ausführlich wie möglich und versuchte Nachrichten zu übermitteln, die die Leser der „Ährenlese" interessieren mußten.

Aus diesen Briefen ist ersichtlich, wie sehr er die Eintönigkeit seines Lebens zu fühlen begann. Es gab auch wenig Interessantes zu berichten. Er *mußte* diesen Zustand der Ermüdung und Enttäuschung durchleben, durch den so leicht die geistliche Brauchbarkeit und Kraft verlorengeht.

Es war Hudson Taylors gesundem Urteilsvermögen und seiner guten Erziehung zu verdanken, daß er während dieser Monate des Sprachelernens den erwähnten Gefahren leichter entging als mancher junge Missionar.

Von frühester Kindheit an war er angeleitet worden, sich für die Natur zu interessieren. Seine Schmetterlinge und Insekten hatte er trotz des beschränkten Raumes in seinem Elternhaus sorgfältig untergebracht und gepflegt. So fing er auch hier an, sich eine Insektensammlung anzulegen. Im April schrieb er in sein Tagebuch:

„25. April. Bestellte einen Kasten für die Insekten. Brachte den Tag mit Lernen und Photographieren zu.

28. April. Wieder sehr warm. Studierte fünf Stunden Chinesisch. Litt heftig an Kopfschmerzen. Fing einige Insekten, die ersten meiner Sammlung.

29. April. Sechs Stunden Chinesisch. Nach dem Abendessen suchte ich nach Insekten. Hatte Mühe, wieder in die Kolonie hineinzukommen, weil die Tore bereits geschlossen waren."

Im Mai schrieb er an seine Mutter:

„Heute fand ich den größten Schmetterling, den ich je gesehen habe, ein schwarzes Exemplar. Zuerst dachte ich, es sei ein Vogel, obgleich die Art seines Fliegens mir eigentümlich vorkam. Als er sich auf einen Baum setzte und ich das wundervolle Geschöpf näher betrachtete, nahm mir seine Schönheit beinahe den Atem.

Ich beabsichtige, besondere botanische Exemplare zu sammeln. Es wachsen hier eigenartige Bäume. Sie stehen voller Blüten, ehe ein einziges Blatt zu sehen ist. Unter den wildwachsenden Pflanzen finde ich viele alte Freunde wie Veilchen, Vergißmeinnicht, Butterblumen, Klee, Löwenzahn und andere gewöhnliche Kräuter. Es gibt auch viele mir unbekannte Sorten. Sie sind alle sehr schön."

Auch andere Studien nahm er mit großem Eifer auf, vor allem Medizin und Chemie. Er wollte das in der Heimat erworbene Wissen nicht verlieren. An chinesische Klassiker verwandte er viel Zeit. Er scheint überhaupt jederzeit mit Büchern über Geschichte und andere Wissenschaften, auch mit Biographien beschäftigt gewesen zu sein.

„Vor dem Frühstück medizinische Lektüre, dann beinahe sieben Stunden Chinesisch. Nach dem Abendessen je eine Stunde Griechisch und Latein. Es ist gut, zum Abschluß des Tages eine großgedruckte Bibel lesen zu können. Deshalb ist mir Tante Hardys Geschenk eine große Hilfe. Die genannten Studien sind aber notwendig. Einige klassische Sprachen Europas hätte ich besser früher richtig gelernt. Wenn ich sie jetzt nicht lerne, werde ich dazu nie mehr Gelegenheit finden. Die schönsten Tagespflichten sind jedoch die, die zu Jesus führen — Gebet, Lesen und Nachdenken über Gottes Wort."

Trotz quälender Hitze wurde das Programm durchgeführt. Nur ein- oder zweimal unterbrach er die Studien und reiste mit seinem Freund Burdon in die Dörfer hinaus. Die Besuche lohnten sich, denn die Leute schienen sich über das Wiedersehen mit den Missionaren zu freuen.

„Ich glaube sagen zu dürfen, daß ich hier jetzt einen Freund besitze", fügte er einem Brief bei, in dem er nach einem solchen Ausflug über einen glücklich verbrachten Abend bei diesem Ehepaar berichtete. „Ich werde ihn aber nicht oft besuchen, weil ich nur einer seiner vielen Freunde bin und er doch seine Frau als Gefährtin hat. Ich selbst sehne mich sehr nach einem Gefährten. Tagsüber bin ich mit meinem Lehrer zusammen, aber die Abende verbringe ich meistens allein."

Während seines ersten Chinajahres schrieb er viele Briefe und wartete dann natürlich sehnsüchtig auf Antworten von daheim. Wenn kein Brief kam, war seine Enttäuschung immer groß.

Er schrieb Mitte Juni an seine Mutter:

„Als die letzte Post kam und ich an jenem glühend heißen Tag eineinhalb Meilen nach dem Konsulat gewandert war und beinahe zwei Stunden wartete, wodurch ich das Mittagessen verpaßte, erlebte ich die Freude, Briefe und Zeitschriften für alle Missionare vorzufinden, jedoch keinen einzigen für mich selbst. Als ich sehen mußte, daß wirklich nichts für mich dabei war, fühlte ich mich sehr elend und vermochte kaum nach Hause zurückzuwandern. Dabei vernahm ich, daß wir vor sechs oder acht Wochen keine weitere Post erwarten könnten."

Besonders tief empfand er eine weitere Prüfung während dieser Sommermonate. Seine Finanzlage hatte sich nicht gebessert. Anscheinend hatte die CEG eine falsche Vorstellung davon. Das erste Vierteljahr seit seiner Ankunft ging dem Ende entgegen, und er besaß nur noch geringe Mittel. Bald würde er Geld von der Bank abheben müssen, weil er bereits zu viel ausgegeben hatte. Wenn es so weiterging, mußte sein Jahresgehalt aufgebraucht sein, ehe das erste Halbjahr vergangen war. Was aber würde das Komitee dazu sagen?

Mit ängstlicher Sorgfalt erklärte er Mr. Pearse jede Einzelheit seiner Ausgaben. Es war die erste Abrechnung. Aus ihr war klar zu ersehen, wie sehr er darauf bedacht war, sorgfältig mit dem ihm anvertrauten Geld umzugehen.

„Ich bin ganz niedergeschlagen", schrieb er, „wenn ich denke, wie viel die Gesellschaft für mich ausgibt, und wie wenig Brauchbares ich dafür leiste."

Ausgerechnet in dieser Zeit kam auf Umwegen eine wichtige Nachricht zu ihm, die seine Verlegenheit auf den Höhepunkt trieb. Die Gesellschaft hatte einen weiteren Missionar nach Schanghai abgeordnet, einen Familienvater. Dr. Parker, ein schottischer Arzt, war bereits unterwegs und würde bald eintreffen. Unter andern Umständen wäre er über diese Nachricht überaus glücklich gewesen, in der gegenwärtigen Lage entmutigte sie ihn. Selbst von der Freigebigkeit anderer abhängig, sollte er nun noch für ein Ehepaar mit drei Kindern eine Unterkunft vorbereiten. Kaum wagte er den Missionaren davon zu sagen. Doch ob er schwieg oder nicht, bald schon mußte die Neuigkeit das Gesprächsthema der Niederlassung sein.

Besorgt wartete er auf Briefe von seiner Mission, die seine Lage klären würden. Nachdem er über seine Verhältnisse so genau nach London berichtet hatte, konnte er bestimmt mit einer Nachricht rechnen, wie er sich diesem Zuwachs gegenüber verhalten sollte. Eine Post nach der andern kam, ohne daß etwas von Dr. Parkers Kommen erwähnt wurde. Auch wiederholte Bitten und Anweisungen blieben unbeantwortet. Weil der Sommer aber schon bald zu Ende ging, sah sich Hudson Taylor gezwungen, nach eigenem Ermessen zu handeln.

Unterdessen fehlte es nicht an Bemerkungen und Fragen, die die Lage noch erschwerten.

„Stimmt es, daß ein Arzt mit Familie nach Schanghai kommt? Wann haben Sie davon gehört? Warum haben Sie uns nichts davon gesagt? Haben Sie schon Land gekauft? Warum haben Sie noch nicht zu bauen begonnen?“ Und so weiter. Auf keine dieser Fragen konnte er befriedigende Antworten geben.

Je länger er über die Lage nachsann, desto deutlicher erkannte er, daß für den Augenblick nichts anderes zu tun übrigblieb, als im Chinesenviertel der Niederlassung ein chinesisches Haus zu suchen, in dem er die bald eintreffenden Missionare unterbringen konnte. Trotz der herrschenden Hitze begab er sich ohne die übliche Sänfte auf die ermüdende Suche. Seit seiner Ankunft in China vor vier oder fünf Monaten hatte er sich um eine Unterkunft bemüht, ohne einen einzigen Raum zu finden. Er wäre sicher verzweifelt, hätte er nicht aus dieser persönlichen Hilflosigkeit kostbare Lektionen gelernt und die Kraft des Allmächtigen erfahren.

„Wie du weißt“, schrieb er im Juli, „wurde ich seit meiner Ankunft über alle Maßen bedrängt. Doch Gottes Güte kennt kein Ende. In den letzten Tagen habe ich Seine Liebe so köstlich erlebt. Einige Verheißungen schienen persönlich für mich geschrieben zu sein und haben auch unmißverständlich zu mir geredet. Ich glaube bestimmt, daß liebe Freunde meiner besonders im Gebet gedacht haben. Dafür bin ich wirklich von Herzen dankbar.“

BAUEN IN SCHWERER ZEIT
1854

Es war beinahe zu schön, um wahr zu sein, als Hudson Taylor nur zwei Tage nach Absendung seines Briefes etwas von zu Hause vernahm. Dazu befand er sich, noch ehe der Monat zu Ende ging, im Besitze einer Wohnung, die für ihn und seine erwarteten Kollegen groß genug schien. Es war zwar nur ein baufälliges, chinesisches Holzhaus, aber es lag sehr günstig inmitten der Bevölkerung nahe dem Nordtor der Chinesenstadt.

Allerdings war es nicht so leicht mit dem Mieten dieses Gebäudes vor sich gegangen, wie aus der Erzählung zu schließen wäre. Es waren viele mühevolle Verhandlungen notwendig, die zudem noch durch einen Dolmetscher geführt werden mußten. Die lange Verzögerung vergrößerte seine Schuld gegenüber den Freunden der LMS. Als endlich der Mietvertrag abgeschlossen und mit Siegel versehen war, gab es immer noch manches zu erledigen. Er schrieb darüber:

„Mein Haus hat zwölf Räume, viele Türen und Gänge, da und dort noch einen Vorbau. Alles ist mit Schmutz, Schutt und Staub bedeckt. Wozu die angebauten Räume vorhanden sind, ist mir nicht klar. Es gibt deren nicht weniger als sechsunddreißig. Ich werde jedoch keinen einzigen benutzen und habe bereits einige Türen zunageln lassen. Es mag einem Chinesen angenehm sein, so viele Ein- und Ausgänge zu haben; mir aber paßt das im Augenblick nicht. Ich will versuchen, das Haus durch zwei Tore von all den angebauten Winkeln abzutrennen."

Mit chinesischen Handwerkern hatte er aber noch keine Erfahrungen gemacht und sie deshalb unbeaufsichtigt arbeiten lassen. An einem heißen Augusttag trieb er einige Männer zum Aufräumen des Gebäudes auf. In der Frühe des nächsten Tages kam er und bemerkte, wie seine Männer vergnügt einigen Ziegelbrennern bei ihrer Arbeit zuschauten und gar nicht daran dachten, an ihre Arbeit zu gehen. Nachdem er ihnen diese zugewiesen hatte, verließ er sie, um sich nach einer Kiste umzusehen, die er aus Hongkong erwartete. Bei seiner Rückkehr nach einer Stunde fand er zu seiner Überraschung den einen Arbeiter schreibend, den zweiten rauchend und den dritten schlafend. Auch beim dritten Nachsehen schien immer noch nichts getan zu sein.

„So trug ich eben Schreibmappe und Stuhl in den Hof hinunter", schrieb er am gleichen Nachmittag, „und blieb in der Nähe. Dennoch verfielen sie immer wieder in Trägheit. Sagte ich zum Beispiel: ‚Dies muß gründlich sauber gemacht werden', so hörte ich eine Weile Wassergeplätscher, und dann blieb wieder alles still. Ging ich nachsehen, dann waren sie ganz erstaunt, wenn ich sagte, sie hätten ja nur die Außenseite gereinigt. ‚Ach, du willst die Sache in- und auswendig geputzt haben?' antworteten sie darauf. Zuerst mag es lustig sein; allmählich wird die Sache aber ermüdend, weil die Arbeit auf diese Weise ungetan bleibt."

Dies war immerhin der leichteste Teil seines neuen Lebens im eigenen Haus. Die unausweichlichen Auslagen bedrückten ihn sehr.

„Um das Geld für eine Sänfte zu sparen", schrieb er an seine Mutter, „bin ich in der Mittagshitze daheimgeblieben und nur am Abend ausgegangen. Aber dringende Krankheitsfälle ließen mich eine derartige Sparsamkeit aufgeben. Manchmal seufze ich wie einst David: ‚Es dürstet meine Seele nach dir, mein Fleisch verlangt nach dir in einem trockenen und dürren Lande.' Aber das ist nicht das Letzte. Ich erfahre auch wieder, wie ‚der Herr meine Macht und mein Heil' ist.

Obgleich oft niedergeschlagen, bin ich doch an dem Ort, wo der Herr mich haben will, und bin das, was Er von mir will — wenn mir auch noch mehr Christusähnlichkeit und besondere Sprachkenntnisse fehlen."

Noch ernster als die Frage der vermehrten Auslagen war die Gefahr, die der Standort seines Hauses in sich barg. Er verließ ja nicht nur die Kolonie, um ganz unter den Chinesen zu leben, sondern zog auch in die Nähe des kaiserlichen Lagers und in die Reichweite der Kanonen beider Parteien. Er kannte die Gefahr, hatte aber nichts anderes finden können, und die Zeit war gekommen, da er etwas unternehmen mußte.

„Ich bin dankbar, daß mein Weg auf allen Seiten von Zäunen umgeben ist", schrieb er, „daß mir keine andere Wahl bleibt. Jetzt muß etwas geschehen, und solltet ihr hören, ich sei verletzt oder getötet worden, dann trauert nicht, sondern dankt Gott, daß Er mir erlaubte, hier einige Bibeln und Traktate zu verteilen und in gebrochenem Chinesisch einige Worte von Jesus zu sagen, der Sein Leben für mich gab!"

Am 30. August verabschiedete sich Hudson Taylor von seinem freundlichen Gastgeber, der ihm für sechs Monate ein Heim geboten hatte, und siedelte in die Chinesenstadt über. In der Einsamkeit begann seine Seele sich wieder zu weiten. Es schien ihm, als ob die längst vergangenen Tage in Drainside hier ihre Fortsetzung fänden. Wie damals lebte er einfach und versagte sich manches. Ein klareres geistliches Erleben schien die Belohnung dafür zu sein.

Es war nun September. Ungefähr vor einem Jahr hatte er Heim und Heimat verlassen. Nun durfte er endlich für die in seiner Umgebung lebenden Menschen etwas tun. Sein Lehrer war ein ernster Christ, dem er die Morgen- und Abendandachten übertragen konnte. So blieb ihm selbst mehr Zeit für Krankenbehandlungen, Besuche und Haushaltarbeiten. Lehrer Shi erwies sich bald als unentbehrliche Hilfe, und durch ihn lernte sein Schüler in kurzer Zeit sowohl gewählte Ausdrücke und höfliche Wendungen als auch sorgfältig überlegte Sätze zur Erklärung des Evangeliums. Sonntags gingen sie zusammen auf die dichtbevölkerten Straßen und predigten dort. Durch die Apotheke gewannen sie viele Freunde, und als sie später noch eine Buben- und Mädchenschule eröffneten, fehlte es ihnen wirklich nicht an Arbeit. Bald mußte der Lehrer seine ganze Zeit diesen Aufgaben widmen und ein anderer für den Sprachunterricht angestellt werden. Da nun die Arbeit geteilt war und diese zu seiner Freude beständig zunahm, begann Hudson endlich etwas von den Freuden des Missionslebens zu kosten.

In dieser Zeit schrieb er einen Brief an seine Eltern, der einen Einblick in sein Leben gibt.

„Schanghai, Nordtor, 20. September 1854

Meine Lieben — Vater und Mutter!

Ob meine Briefe Euch vielleicht ermüden oder nicht, so muß ich sie einfach schreiben, und ich hoffe, daß der heutige Euch willkommen ist, weil er Euch von der erfolgreichen Haussuche berichtet. Und ich tue jetzt etwas, wenn auch nur wenig! Ich kann Euch versichern, daß ich wenig Zeit im Bett verbringe ... denn ich suche es gewöhnlich erst auf, wenn ich nicht länger wach bleiben kann.

Neulich machte ich mit Mr. Edkins und dem jungen amerikanischen Missionar

Quaterman einen interessanten Ausflug nach Woosung. Wir mieteten ein Boot und kamen dort mit vielen Schriften beladen um die Mittagszeit an. Diese verteilten wir auf vielen Dschunken, die nach Norden segelten. Kapitäne und andere Leute versprachen uns, die Bücher und Traktate lesen und in den Häfen verteilen zu wollen, die sie anliefen.

Als wir abends froh von unserm Ausflug zurückkehrten, war es nicht so leicht, durch die kaiserliche Flotte hindurchzukommen. Nach Einbruch der Dunkelheit schossen sie ohne große Vorsicht, und wir standen in Gefahr, als Rebellen behandelt zu werden. Mr. Edkins schlug vor, wir sollten im Vorbeifahren singen, dann würden sie merken, daß wir Ausländer seien. Dieser Rat leuchtete uns ein; nur hatten wir uns bereits tagsüber heiser gesungen.

Nachdem wir unsere Anordnungen getroffen hatten, näherten wir uns einigen Schiffen, die wir für die Flotte hielten, und sangen tüchtig drauflos. Wir freuten uns bereits unseres Erfolges, als uns der Bootsmann zurief, wir sollten von neuem beginnen, denn jetzt erst würden die Schiffe der wirklichen Flotte vor uns auftauchen. Aus Leibeskräften setzten wir wieder ein und sangen: ‚Weißt du, wieviel Sternlein stehen'. Unglücklicherweise waren wir damit zu Ende, als wir uns eben dem größten Schiff näherten. ‚Schnell noch eins', rief Mr. Edkins, denn bereits ertönte die Alarmglocke auf dem Kriegsschiff, ‚singt doch weiter!' Er begann dann etwas mir Unbekanntes zu singen, Quaterman stimmte ein anderes Lied an, und ich begleitete ihn mit dem, was mir gerade einfiel. Die Mannschaft auf dem fremden Schiff schrie fürchterlich und unsere Bootsleute noch mehr. Dies alles ergab eine solch komische Situation, daß ich in lautes Lachen ausbrach, obwohl die Gelegenheit dafür äußerst unpassend war.

‚Wer da?' wurde uns von dem kaiserlichen Schiff her zugerufen.

‚Peh-kuei!' (Weiße Teufel) schrien unsere Bootsleute zurück, während wir selbst ‚Ta Ing-kue' (Große englische Nation) und ‚Hua Chu-kuei' (Blumiges Flaggenland) dazwischenriefen.

Nach einigen weiteren Fragen wurde uns die Durchfahrt erlaubt, worauf meine Gefährten die Bootsleute wegen ihres Ausdrucks ‚Weiße Teufel' tadelten. Die armen Leute, die um ihren Taglohn bangten, erklärten, sie hätten in ihrer Angst nicht mehr gewußt, was sie sagen sollten, und wollten gewiß in Zukunft keine solchen Ausdrücke mehr gebrauchen.

Meine Augen, die Lampe und das Papier sagen mir, daß ich schließen sollte. Doch darf ich nicht vergessen, Euch zu erzählen, wie kürzlich ein Mann aus Sungliang mir einige seltene Grillen in einem Glasbehälter brachte. Ich gebe ihnen täglich zwei frischgekochte Reiskörner. Wegen ihres Zirpens, das ganz anders tönt als englischer Grillengesang, werde ich sie behalten. Es hört sich schön an.

Und nun gute Nacht oder, genauer gesagt, guten Morgen! Ich bleibe, meine lieben Eltern, Euer anhänglicher Sohn

J. Hudson Taylor."

Mitten in die Freude hinein mischten sich neue Mühsale. Es kam zu Streitigkeiten unter den Mitarbeitern und Nachbarn, Sorgen um den Koch, der an Typhus erkrankt war, Enttäuschungen über den neuen Lehrer, der entlassen werden mußte, große Entmutigungen im Blick auf Fortschritte in der Beherrschung der Sprache und wiederholte Krankheitsfälle, die sich nachteilig auf Hudsons Gemütsleben auswirkten. Dazu kamen noch Unruhen in der Nachbarschaft, die schwer zu ertragen waren.

„Seit einigen Tagen wird wieder heftiger gekämpft", schrieb er Mitte September, „und die Rebellen sammeln sich am Straßenende. Einige

Kanonenkugeln sind neben meinem Haus vorbeigepfiffen. Man kann das Zischen kaum vergessen, wenn man es einmal gehört hat."

Zu all diesen Nöten kamen noch die Geldsorgen. Er war gezwungen, sein Gehalt zu überschreiten, damit er seinen Lebensunterhalt bestreiten konnte, und hatte bereits einen Gutschein eingelöst, der für eine Notlage bestimmt war. Das kostete ihn manche schlaflose Nacht.

Im Rückblick auf jenen September schrieb er:

„Wenn ich auch nie in meinem Leben einen schwierigeren Monat erlebt habe, so habe ich doch auch nie die Gegenwart Gottes so deutlich gespürt wie in diesen Tagen. Ich beginne, mich der Ruhe im Herrn und Seiner Verheißungen zu freuen, die Er einst in Hull in meinem Leben wahr zu machen begann. Es waren die köstlichsten Erfahrungen, und doch, verglichen mit der Gegenwart — wie wenig wußte ich davon! Später bin ich innerlich etwas zurückgegangen, aber Er hat mich wieder zurückgebracht. Weil es jedoch darin keinen Stillstand gibt, hoffe ich, die Tiefe und Höhe, Länge und Breite der göttlichen Liebe immer besser zu erfassen. Möge Gott es mir um Jesu willen schenken!"

Sieht man die Briefe aus jener Zeit durch, ist man vor allem von Hudson Taylors Eifer beeindruckt, der sich in seinen Gebeten zeigt. Es lohnt sich, darüber nachzusinnen, ob nicht eher unsere Gebete als die äußeren Umstände unser Leben formen und ob nicht unsere äußeren Erfahrungen dem tiefsten Verlangen entsprechen, das wir im Gebet vor Gott bringen. Gewiß ist nichts in Hudson Taylors Leben bezeichnender als das Verlangen nach mehr Fruchtbarkeit und größerer Ähnlichkeit mit seinem geliebten Herrn. Nicht Ehre oder Erfolge, sondern Fruchtbarkeit, „weitreichende Fruchtbarkeit", darum betete er.

Und seine Gebete sollten über Bitten und Verstehen erhört werden. Doch mußte er noch zielbewußter beten lernen und alle Erziehungswege seines Meisters durchlaufen. Das Eisen mußte zu Stahl gehärtet und sein Herz fester, aber auch weicher gemacht werden durch mehr Liebe und Leiden in der Gemeinschaft mit Christus. Er selbst und niemand anders konnte ahnen, daß er in China einen Weg bahnen würde für Hunderte, die ihm später folgten. Jede Bürde mußte er tragen, durch jede Erfahrung mußte er selbst hindurchgehen. Er, der von Gott gebraucht werden sollte, ungezählte Tränen anderer zu trocknen, mußte zuerst selbst weinen lernen. Er, der Tausende zu einem Leben kindlichen Vertrauens ermutigen sollte, mußte an sich selbst die tiefen Lektionen der Fürsorge des liebenden Vaters lernen. So durften sich die Schwierigkeiten vor allem in der ersten Zeit um ihn herum häufen. Und die Eindrücke dieser Zeit prägten sich ihm tief ein.

Wie oft mußte er in späteren Jahren jungen Missionaren helfen und raten! Es ist deshalb nicht verwunderlich, daß viele seiner Anfangsschwierigkeiten in der unbeabsichtigten Nachlässigkeit des heimatlichen Komitees auf dem Gebiet der Versorgung lagen. Er mußte lernen, wie er handeln und nicht handeln sollte an denen, die einst in menschlichen Belangen von ihm abhängig sein würden. Das war eine Lektion von allergrößter Wichtigkeit und grundlegend für sein zukünftiges Werk. Daher die Not mit seinem festgelegten Einkommen und den großen, unbestimmten Anforderungen. Daher die Unregelmäßigkeit im Blick auf Postsendungen, wodurch seine Briefe so lange unbeantwortet blieben. Darum die wechselvollen Gelegenheiten zum Dienst auf dem Missionsfeld und die langatmige Beschlußfassung des Heimatkomitees. Er tat sein Bestes, und die unerfahrenen Heimatsekretäre taten es auch. Doch irgend etwas fehlte. Das sollte Hudson Taylor entdecken und später in seinem Werk berücksichtigen. Das heiße Eisen mußte in seine Seele eindringen, doch aus dem Ausharren und Durchhalten sollten später viele andere Erleichterung finden.

„Schanghai, Nordtor, den 17. Oktober 1854

Meine lieben Eltern!

Ihr wollt alles über meine Geldangelegenheiten und anderes wissen; darum lege ich dem Brief eine Abschrift meiner Ausgabenliste bei, und mit gleicher Post geht das Original an Mr. Pearse ab. Wie Ihr seht, übersteigen die Ausgaben die erlaubte Summe weit. Ich werde im Laufe dieses Jahres, vielleicht schon diesen Monat, aber noch mehr von der Bank abheben müssen, bin jedoch nicht sicher, ob man das in der Heimat annehmen wird. Die Gesellschaft stellt mir vierzig Pfund im Quartal zur Verfügung. Wenn die hiesige Bank wüßte, daß ich vor kurzem einen Beschluß meines Komitees erhalten habe, worin mir erklärt wird, sie könnten keine höheren Forderungen annehmen, würde mir nichts mehr ausbezahlt.

Ihr dürft euch nicht wundern, wenn die Sorgen um die Ausgaben, vereint mit meiner gegenwärtigen Lage, beinahe zu viel für mich wurden. Ich fühlte mich während zwei Wochen sehr elend. Heute geht es besser.

Alles, die chinesischen wie die ausländischen Waren, ist in diesen Tagen teuer in Schanghai. Denkt doch, ich habe in sieben Monaten mehr als hundert Pfund ausgegeben! Ist diese Summe nicht erschreckend? Hundert Pfund im Jahr werden meine Auslagen kaum decken, wenn nicht der Kurs fällt und anderes dazu. Die CMS gibt ihren verheirateten Missionaren siebenhundert Pfund, bezahlt die Miete, Arztrechnungen und gewährt eine ausreichende Summe für den chinesischen Lehrer und die Bücher.

Samstag, 21. Oktober. Heute ist es sehr kalt. Es geht mir besser als Anfang der Woche, jedoch nicht gut. Glücklicherweise habe ich aus zweiter Hand einen Ofen kaufen können, in dem Holz verbrannt werden kann. Ein neuer hätte das Doppelte oder mehr gekostet. Nun bleiben mir bloß noch zwölf Dollar, nachdem alles bezahlt ist. Was soll ich nur tun? Bald werde ich wieder Geld abheben müssen. Auch wenn die Bank mir das Gewünschte ausbezahlte, wüßte ich immer noch nicht, ob die Mission damit einverstanden wäre. Und wäre sie es nicht, dann wüßte ich nicht mehr weiter. Ich denke Tag und Nacht darüber nach und weiß nicht, was ich tun soll.

Letzten Mittwoch weckte mich morgens um drei Uhr ein Brand. Er schien ganz nahe zu sein. Ich kleidete mich schnell an und stieg auf das Dach, um nachzusehen, ob das Feuer sich uns nähere. Chinesische Holzhäuser wie dieses brennen bei Wind sehr schnell herunter. Es war ein angstvoller Augenblick. In der Dunkelheit schien es, als würde es nur vier oder fünf Häuser weiter brennen. Als ich ernstlich um Bewahrung betete, begann es zu regnen. Der Wind legte sich, wofür ich äußert dankbar war. Langsam erlosch das Feuer.

Niemals in meinem Leben habe ich eine solch schwere Zeit durchgemacht. Aber es war alles nötig, und ich weiß, es wurde mir zum Segen. Vielleicht muß ich hier plötzlich weg. Doch was auch geschehen mag: Ich bedaure es nicht, in dieses Haus gezogen zu sein. Ich würde es unter ähnlichen Umständen wieder tun. Aber unsere Gesellschaft muß für ihre Missionare besser sorgen. So kann es nicht weitergehen.

Ich muß jetzt schließen im Vertrauen, daß der Herr, der mir in meiner Not so kostbar ist, Euch ebenfalls nahe ist.

Euer Euch liebender Sohn J. Hudson Taylor."

Der Beschluß des Heimatkomitees, wonach Rechnungen, die den Betrag von vierzig Pfund im Quartal übersteigen sollten, nicht übernommen würden, schmerzte wie eine Wunde, die noch von einer Seite zugefügt wurde, von der Verständnis erwartet werden konnte. In einem Brief an Mr. Pearse äußerte er sich folgendermaßen:

„Im Blick auf den Beschluß vom 29. Juni 1854 meine ich, das Komitee sollte seine Sekretäre nicht derartig binden. Ihre Missionare sind in ein Land ausgesandt, das sich im Kriegszustand befindet, wo sie buchstäblich nicht wissen, was der nächste Tag oder die nächste Stunde über sie bringt. Auf alle Fälle sollten Rechnungen, die die bestimmte Summe übersteigen, nicht abgelehnt werden, ehe die Gründe bekannt sind. Ich brauche nicht mehr darüber zu sagen. Ihr Herz ist so sehr in diesem Werk wie das meinige, und ich weiß, daß Sie diese Bemerkungen entschuldigen, wenn Sie bedenken, daß eine halbe Welt uns trennt."

Scharfe Herbstwinde und Regen zeigten einen bitterkalten Winter an. Durch die unzähligen Ritzen und Spalten pfiff der Wind erbarmungslos durch das nicht heizbare Haus. Im Sommer hatten seine zwei Decken und die von daheim mitgebrachten Kleider genügt. Jetzt aber befanden sie sich in einem solch erbärmlichen Zustand, daß er sich schämte, neben anderen Europäern gesehen zu werden. Und doch wagte er nicht mehr auszugeben, als er zum Leben dringend benötigte. Seine Verlegenheit wurde dadurch noch vermehrt, daß das so mühsam erworbene Haus für die erwartete Familie Parker völlig ungeeignet war. Er konnte sie nicht einmal eine Nacht darin beherbergen.

Drei Wochen später schrieb er wieder an den Sekretär der Mission:

„Es wird jetzt in unserer Nähe so viel geschossen, daß ich selten eine halbe Nacht durchschlafen kann. Was Dr. Parker und seine Familie tun sollen, ist mir völlig unklar. Hier können sie nicht einziehen, das steht fest. Die beständige Angst um sie und mich, dazu die unvermeidlichen Auslagen, ist keine angenehme Zugabe zu den Schwierigkeiten der Sprache und des Klimas.

Wir haben noch nichts gehört von der ‚Swiftsure', doch kann sie bestimmt noch nicht erwartet werden. Ich werde sehr dankbar sein, wenn ich mit Dr. Parker nach seinem Eintreffen über unsere Zukunft reden kann.

Beten Sie für mich, denn ich bin über alle Maßen belastet und wüßte nicht, was ich tun sollte, wenn nicht Gottes Wort und das Bewußtsein Seiner Gegenwart immer kostbarer würden."

Doch der Herr dachte an Hudson. Er hatte Seinen schwergeprüften Knecht nicht vergessen. Als sich die „Swiftsure" mit Familie Parker an Bord nach ihrer langen, gefahrvollen Fahrt endlich der chinesischen Küste näherte, hatte der Herr eine Wohnung für sie zubereitet. Gott war nicht an das Haus an der Nordtorstraße gebunden wie Hudson Taylor. Als Er sah, daß Sein Knecht die gestellten Lektionen gelernt hatte, öffnete Er den Weg zu einem besser beschützten Heim.

Auf dem Grundstück der LMS wurde durch ein großes Leid ein kleines Haus frei, das im Vergleich zu Hudson Taylors Räumen einem behüteten kleinen Hafen glich. Dort hatte er Mr. und Mrs. Burdon in ihrem ersten glücklichen Ehejahr kennengelernt, sich mit ihnen über das Geschenk ihres ersten Kindchens gefreut und einige Monate später mitgetrauert, als das kleine Mädchen mutterlos zurückblieb. Er stand Burdon bei, als dieser sein kleines Töchterchen einer anderen Familie zur Pflege übergeben mußte. So hatte das kleine Haus viel Leid mitangesehen. Nun stand es leer, als die Zustände in der Chinesenstadt unerträglich wurden. Man benachrichtigte Hudson Taylor und sagte ihm, er könne das Haus sogleich beziehen, wenn er es haben wolle. So bezahlte er die Miete aus seinen bescheidenen Mitteln und sicherte damit der erwarteten Familie ein Heim.

Man bat ihn dann aber, die Hälfte des Hauses einem anderen Missionar zu überlassen, der sich ebenfalls in einer verzweifelten Lage befand und nicht wußte, wo er seine Frau und Kinder unterbringen sollte. Obwohl das Haus für zwei Familien reichlich klein war, bedeutete es für Hudson Taylor eine Erleichterung, die Miete mit einem anderen teilen und damit noch jemandem helfen zu können. Mit tiefem Bedauern entließ er seine Schüler und nahm Abschied von den Nachbarn und dem Ort seiner ersten direkten Missionstätigkeit. Am 25. November, einem Samstag, kehrte er auf das ihm so wohlbekannte Gelände der LMS zurück und wohnte dort wieder mit andern Missionsleuten zusammen.

Zwei Tage später suchte er noch einmal sein Haus am Nordtor auf und packte den Rest seiner Habe zusammen. Da wurde er durch eine Nachricht von Dr. Lockhart zurückgerufen. Was das wohl bedeutete? Er eilte zurück und fand den Doktor mit einem freundlich aussehenden Fremden am Mittagstisch. Es war sein erwarteter Kollege Dr. Parker. Nun blieb Hudson Taylor keine Zeit mehr zu überlegen, was er alles hatte vorbereiten wollen und wie verwundert die neuen Freunde über die Enge ihrer Behausung sein mußten. Für sie alle mit dem kleinen, während der Seereise noch geborenen Kindchen erwiesen sich die drei Räume noch enger, als er bereits befürchtet hatte. Kräftige, vernünftige Schotten wie die Parkers nahmen die Sache allerdings nicht tragisch. Sie richteten sich so gut wie möglich ein. Für Hudson Taylor aber war es schmerzlich, die Unzulänglichkeit seiner Vorbereitungen erleben zu müssen.

Seine eigene Wohnungsausstattung bestand aus einem chinesischen Bett, zwei oder drei viereckigen Tischen und einem halben Dutzend Stühlen und mußte vorerst für sie alle genügen. Es folgten sehr schwierige Tage. Ob sie diese je vergessen würden? Zu dem unvermeidlichen Durcheinander, das der Einzug der neuen Freunde mit sich brachte, kamen noch Besuche der Gemeindeglieder, die alle die Neuangekommenen begrüßen wollten. Hudson Taylors Bekannte sparten dabei nicht mit Bemerkungen über seine scheinbare Nachlässigkeit. Daß er sich die chinesische Lebensweise angewöhnt und keine Bequemlichkeit für sich selbst gesucht hatte, fanden sie richtig, meinten aber, er dürfe nicht dasselbe von andern Missionaren erwarten. Warum hatte er die Räume nicht ordentlich ausgestattet und für warme Teppiche gesorgt? Warum keine Vorhänge aufhängen lassen? Wußte er denn nicht, daß kleine Kinder vor der bitteren Kälte geschützt werden mußten? Hatte er wirklich keine Öfen, kein Brennmaterial besorgt? Hatte denn Dr. Parker ihm nicht geschrieben, daß sie bei ihrer Ankunft im November warme Kleider und Bettzeug brauchen würden? Und wie sollten sie ohne Schränke, Schubladen und Büchergestelle ihre Sachen unterbringen?

Das alles stimmte und konnte nicht widerlegt werden. Doch wie hätte er seinen Missionaren sagen können, daß ihm nach Bezahlung der ersten Miete nur noch einige Dollar zur Deckung von Auslagen übriggeblieben waren?

Hudson Taylor hatte erwartet, daß Dr. Parker vollständig ausgerüstet ankommen würde; nun aber besaß auch er nichts außer etwas Geld. Dr. Parker hatte geglaubt, in Schanghai den Wechsel vorzufinden, der schon vor seiner Abreise aus England abgeschickt werden sollte. In der Heimat hatte man Dr. Parker keine Anweisungen über seine Arbeit und auch keinen Hinweis gegeben, wie er sein Gehalt bekommen würde. Wahrscheinlich waren alle der Meinung gewesen, Hudson Taylor hätte schon alles geregelt. Nun aber stellte sich heraus, daß der Wechsel von den Heimatsekretären vergessen oder übersehen worden war. Glücklicherweise konnten sie in den nächsten Tagen Post erwarten.

Vorerst waren die neu angekommenen Missionare dankbar für das Wenige, das Hudson Taylor für sie vorbereitet hatte. Sie legten ihre letzten Dollars zusammen und beschafften damit das Notwendigste, vor allem warme Kleider für die Kinder.

Schließlich kam die Post. Dabei fanden sich Briefe der Sekretäre, die mit dem 15. September datiert und demnach drei Monate nach Dr. Parkers Abreise geschrieben worden waren. Sie enthielten jedoch keine Einlagen. War der Wechsel vielleicht direkt an die Bank geschickt worden? Nein, auch davon war nichts erwähnt. Dr. Parker konnte sich das Ausbleiben des Wechsels nicht erklären. Hudson Taylor hatte darin schon seine Erfahrungen gemacht und wunderte sich nicht. Er stimmte Dr. Parkers Vorschlag zu, die Bank aufzusuchen und sich dort beraten zu lassen, hatte aber wenig Hoffnung auf Erfolg. Dr. Parker dagegen war überzeugt, daß damit alle Schwierigkeiten beseitigt werden würden, und machte sich in Begleitung Hudson Taylors frohen Mutes auf den Weg zur Bank. Hudson Taylor hatte schon früher mit dem Direktor dieses Instituts verhandelt, und obgleich er ihn verschiedentlich als Freund in der Not kennengelernt hatte, konnte er doch einige seiner ironischen Bemerkungen nicht vergessen, wie: „Die Wirtschaft — oder ist es eine Mißwirtschaft? — Ihrer Gesellschaft läßt sehr zu wünschen übrig." Nur zögernd stellte er darum Dr. Parker vor und erkundigte sich, ob vielleicht Geld für sie überwiesen worden wäre.

„Nein, es ist nichts da."

„Sollte es denn möglich sein", fragte Dr. Parker, „daß Sie von der Missionsgesellschaft keinerlei Anweisungen erhalten haben, über wieviel Geld ich verfügen darf?"

„Das ist nach allen bisherigen Erfahrungen durchaus möglich", antwortete der Gefragte. Als er jedoch bemerkte, welchen Eindruck seine Worte hinterließen, wurde er teilnehmend.

Die Lage war demütigend und schmerzte die Missionare, weil ein Fremder davon Kenntnis bekam. Hätte er ihnen nicht im Vertrauen auf ihre Redlichkeit Geld vorgestreckt, wären sie wirklich ratlos gewesen. Doch sein Entgegenkommen damals und auch noch später war Gottes Antwort auf ihre Gebete. Er sorgte für sie, bis endlich nach Monaten der Wechsel eintraf.

Dr. Parker verlor keine Worte über die Sache, empfand jedoch die Enttäuschung tief, und dies um so mehr, als er bald die verlockende Möglichkeit erkannte, die ihm als Arzt in China winkte. Mit Leichtigkeit hätte er sich und den Seinen einen Lebensunterhalt schaffen können, wenn er sich von der Mission losgesagt hätte. Doch trotz Armut und vieler Entbehrungen, die den ganzen Winter bis in den Sommer hinein andauerten, gingen sie ihren Weg in gelassener Selbstverleugnung.

Vom ersten Sonntag nach seiner Ankunft an begleitete er Hudson Taylor regelmäßig auf seinen Gängen in die Stadt oder die Dörfer zur Evangelisationsarbeit und beteiligte sich auch an größeren Ausflügen in die Umgebung. Dabei verteilten sie Traktate, behandelten Kranke, während andere Missionare, die die Sprache besser beherrschten, predigten. Daheim in den überfüllten Räumen widmete er sich mit großem Eifer dem Sprachstudium. Einigermaßen Ruhe fand er dazu allein in Hudson Taylors Zimmer, das allerdings neben dem Kinderzimmer lag.

„Nur wer es selbst erlebt hat, kann verstehen, was das für Leib und Seele bedeutet", schrieb Hudson Taylor. „Solch enges Beisammensein ist derartig aufregend und macht so reizbar, daß wir Eure Gebete dringend nötig haben. Wir beten ernstlich um Geduld.

Es ist wirklich Gottes Gnade, die uns in großer Klarheit zeigt, daß auch wir die Merkmale einer gefallenen Natur an uns tragen. Das weckt in uns ein um so tieferes Verlangen nach jenem Tage, an dem wir unseren Meister sehen und in Sein Bild umgestaltet sein werden. Dem Herrn sei Dank, es *ist* für uns eine Ruhe vorhanden! Ich bin immer so schnell dabei zu ermüden und wünsche in selbstsicherer Weise bei Ihm zu sein, anstatt danach Verlangen zu haben, Seinen Willen zu tun, auf Seine Zeit zu warten, den Fußstapfen Jesu zu folgen und so zu vollenden, was Er mir zu tun aufträgt. Das Werk der Gnade scheint tatsächlich in meinem Herzen erst begonnen zu haben. Ich war eine unfruchtbare Rebe und bedarf deshalb einer gründlichen Beschneidung. Möchten doch diese gegenwärtigen Prüfungen Segen hervorbringen und mich dadurch brauchbarer machen in Seinem heiligen Dienst!"

In einem andern Ton wurde der erste Brief an Mr. Pearse nach Dr. Parkers Ankunft geschrieben. Zu den eigenen Schwierigkeiten, über die er Bericht erstatten mußte, kam der Kummer über unkluge Bemerkungen in der „Ährenlese", die von den Missionaren der LMS als Beleidigungen empfunden werden mußten. „Diese Leute", so drückte er sich aus, „deren Auffassungen sich in manchen von unsern unterscheiden, haben sich besorgter um Unterkunft und Unterhalt für uns Missionare erwiesen als Sie, die Sie uns ausgesandt haben." Er schrieb dann weiter:

„Bitte erachten Sie es nicht als respektwidrig, wenn ich mich offen ausspreche! Denn obgleich ich selbst diese Dinge empfinde, und das sehr tief, würde ich für meine Person darüber schweigen. Es handelt sich aber hier um die Sache anderer Menschen und um den Ruf unserer Missionsgesellschaft. Ich darf nicht länger schweigen, da ich sonst unwahrhaftig werde. Wie die Gesellschaft sich Dr. Parker gegenüber verhielt, ist nicht nur unrecht, sondern auch äußerst gedankenlos. Bedenken Sie doch, daß Ärzte in China durch eine eigene Praxis leicht ihren Unterhalt vervierfachen können gegenüber dem Einkommen, das die Mission ihnen zugebilligt hat. Sie werden nicht weiter im Dienst der Mission bleiben, wenn nicht für sie gesorgt wird. Ich sage das allerdings nicht im Auftrag Dr. Parkers, der ein hingebender Missionar zu sein scheint und mich in der Arbeit sehr ermutigt.

Ich möchte noch bemerken, daß auch ich in Versuchung geriet, nebenher eine Stelle anzunehmen, die mir ein Einkommen von zweihundert Pfund im Jahr gesichert und nur eine zweistündige Arbeit am Abend erfordert hätte. Dieses Angebot fiel in die Zeit, in der ich hundertzwanzig Pfund Miete zahlen mußte und in der die Mission anordnete, daß ich für jede Überschreitung meines Wechsels die Verantwortung selbst zu tragen hätte.

Dr. Parker traf vor einer Woche hier ein und war voller Dank für die Bewahrungen in vielen Gefahren der Reise. Er fand jedoch unsern Hausteil beinahe leer, denn meine wenigen Habseligkeiten können nicht als Wohnungsausstattung gewertet werden. Die Missionare der LMS sparten nicht mit Tadel, als sie die scheinbare Vernachlässigung der Vorbereitungen zum Einzug der Familie Parker entdeckten. Hätte ich ihnen denn sagen sollen, daß mir nach Bezahlung der Miete fast nichts blieb, als eine kleine Summe von einigen Dollar, die in der gegenwärtigen Teuerung nicht einmal den Unterhalt für eine Woche deckt?

Glücklicherweise besaß Dr. Parker noch etwas Geld, von dem allerdings beim Wechseln zwanzig bis dreißig Prozent verlorengingen. Er war nicht wenig erstaunt, daß Mr. Birds Brief keinen Wechsel und auch kein Wort darüber enthielt. Als ich erfuhr, er habe auch keinen mitgebracht, war ich nicht weniger erstaunt.

Wir beide empfinden für viele Mitglieder der Gesellschaft die wärmste Freundschaft und herzlichste Verehrung, vor allem für die Sekretäre, aber wir müssen leider feststellen, daß die Gesellschaft in diesem Falle nicht korrekt gehandelt hat."

Trotz aller Schwierigkeiten arbeiteten sie tapfer weiter. An den Sonntagen verbrachten sie manche Stunde unter dem Volk und verwandten im übrigen viel Zeit auf das Sprachstudium. Es war beinahe unmöglich, sich auf das Lernen zu konzentrieren, denn die Verhältnisse in ihrer Umgebung waren erschütternd. Hunderte starben an Hunger und Kälte. Es bestand keine Hoffnung auf Besserung der Lage, solange nicht die eine oder andere Partei einen entscheidenden Sieg erringen konnte.

Die Rebellen gaben nicht nach, obwohl die Franzosen trotz des Versprechens der Neutralität mehr und mehr Partei gegen sie nahmen. Eine französische Fregatte und ein Dampfer, die vor der Stadt vor Anker lagen, schnitten die Lebensmittelzufuhr von der Seeseite her ab, während nach der Landseite hin die Mauer von Franzosen so bewacht wurde, daß auch von dieser Seite nichts in die Stadt hereinkam. Es stellte sich allmählich heraus, daß das zum Teil auf eine jesuitische Anordnung zurückzuführen war, die die regierende Dynastie zu stützen suchte. Denn die Taipingrebellen und andere Freischärler waren nicht nur jeder Form von Götzendienst feind, sondern auch der Bilderverehrung der römischen Priester sowie der zunehmenden Gewohnheit des Opiumrauchens. Sollte ihr langer und verzweifelter Kampf von Erfolg gekrönt sein, würde bald mit diesem und manchem anderen gründlich aufgeräumt werden. Dies wußte der Vatikan wie auch der Hof von St. James in England. Deshalb unterstützten zuerst die Franzosen und später auch die Engländer die kaiserliche Sache. Das Auftreten der Franzosen war der Anfang der europäischen Einmischung in Schanghai, die schließlich zur Unterdrückung des Taipingaufstands führte.

Schon zur Zeit vor Dr. Parkers Ankunft erregte das Dazwischentreten der Franzosen den Haß der Rebellenpartei, deren Haltung gefährlich wurde. Die den Rebellen freundlich gesinnten Chinesen innerhalb und in der Umgebung der Fremdenkolonie planten nun, sich an der ganzen europäischen Gemeinschaft zu rächen. Das gefährdete jedes evangelistische Unternehmen und hätte leicht als Entschuldigung für einen weniger eifrigen Einsatz dienen können. Doch daran dachte keiner der Missionare, die auf dem Grundstück der LMS wohnten. Dr. Medhurst und seine Kollegen reisten weiter ins Inland und zu Evangelisationen in der Umgebung von Schanghai, während Dr. Parker und Hudson Taylor zusammen manchen Besuch sogar auf Städte und Dörfer ausdehnten, die fünfzehn bis fünfundzwanzig Kilometer entfernt waren. Sie fuhren den Hwangpu abwärts und suchten auf allen Schiffen, die kleine Nebenflüsse und Kanäle befuhren, nach ernsten, intelligenten Menschen, die Bibeln und Traktate verteilen konnten. So gaben sie im Dezember viele Hundert Neue Testamente und Evangelien sowie eine große Menge Traktate aus.

„Diese wurden vorsichtig verteilt", schrieb Hudson Taylor dem Komitee, „und zwar meistens an Männer, die wir kannten und von denen wir wußten, daß sie lesen konnten. Eine beachtliche Menge gaben wir Dschunken mit, die in den Norden fuhren."

Noch vor Jahresende bekam Hudson Taylor Gelegenheit zu wirksamerer Arbeit. Mr. Edkins lud ihn zu einer Reise nach Kashing-fu, einem wichtigen, reichen Industriezentrum im Inland, ein. Diese trat er am Samstag, dem 16. Dezember, an. Es war seine erste größere Evangelisationsreise ins Innere Chinas.

ERSTE EVANGELISATIONSREISEN

1854—1855

Gab es etwas Interessanteres als eine Nacht auf einem chinesischen Hausboot mit einem einzigen Segel? Eine volle Woche sollte die Dschunke ihr Heim sein. Sie war inmitten einer Menge anderer Boote verankert. Endlich befand er sich unter dem Volk, was er sich schon so lange und oft gewünscht hatte. Die Besatzung jedes Bootes bildete die Familie des Eigentümers. Darum wohl begleiteten fröhliche Stimmen die Vorbereitungen zum Abendbrot. Das Auslaufen vor Tagesanbruch erforderte ein frühes Zubettgehen. Schon bald hörte der junge Missionar außer dem sanften Plätschern der Wellen an der Bordwand nur noch den Gong des Nachtwächters vom Ufer herüber. Mit dem Wechsel von Ebbe und Flut um Mitternacht begann es auf den Booten lebendig zu werden. Es wurden die Anker gelichtet, die Segel gehißt, und langsam geriet auch ihre Dschunke in Fahrt. Aber davon merkten die beiden Missionare nichts. Sie schliefen ruhig weiter, so daß sie sich beim Erwachen bereits fünfundsechzig Kilometer südlich von Schanghai in der Nähe der Bezirkshauptstadt in Sungkiang befanden.

Hier sah Hudson Taylor zum erstenmal eine Buddhisteneinsiedelei. Die beiden Missionare standen in einem Tempelhof, in dem sich eine große Menschenmenge zusammengefunden hatte, die die „Religionslehrer" in westlichen Kleidern bestaunte und ihrer Predigt lauschte. Diese Ausländer verteilten sogar Bücher! Erst als alle ausgegeben waren, machten sich die beiden Freunde zum Weitergehen bereit. Einige der Buddhistenmönche traten zu ihnen und luden sie zum Ausruhen im Kloster und zum Besuch des „Heiligen" ein. Umgeben von den kurzgeschorenen Priestern ließen sie sich zu der Zelle geleiten, in der ein armer Frommer schon jahrelang eingemauert lebte. Der einzige Zugang zu ihm war eine schmale Mauerlücke, die beim Bauen offengelassen wurde und durch die er kaum seine Hand strecken konnte. Edkins redete ihn in seinem Dialekt an, und beide Freunde beteten dann, daß doch die Botschaft des Evangeliums seiner Seele Licht und Errettung schenken möchte.

In derselben Stadt sollten sie noch etwas ganz anderes erleben: Von einer lärmenden Volksmenge begleitet, suchten sie wieder zu ihren Booten zu gelangen. Sie wandten sich in eine Seitenstraße, die zum Landungsplatz führte. Zu ihrer Bestürzung bemerkten sie, daß diese zu einer privaten, durch einige Tore verriegelten Werft führte, was sie vorher nicht gesehen hatten. Die Rückkehr auf dem gleichen Wege war unmöglich, denn eine erregte Menge versperrte ihn. Die Leute schwangen sich auf die Tore und Geländer und beobachteten jede Bewegung der Fremden. Ihre Lage war alles andere als angenehm. Doch die Missionare blickten auf ihren Herrn und beteten um einen Ausweg.

„Es lagen genügend Boote in der Nähe“, berichtete Hudson Taylor, „keins jedoch wollte uns aufnehmen. Zur Belustigung der Menge riefen wir einige vergeblich an. Zuletzt faßte ich mir ein Herz, sprang einfach in ein Boot, das eben vorbeifuhr, und zog dieses heran, damit Mr. Edkins folgen konnte. Als sich die Leute auf solche Weise überlistet sahen, ließen sie uns gewähren, und wir trieben zum großen Verdruß unserer Peiniger ruhig flußabwärts. Dann aber rissen sie die Tore auf und strebten mit großem Geschrei dem Fluß zu.“

Nachdem die Missionare noch eine Anzahl Schriften verteilt hatten, verließen sie in der gleichen Nacht die Stadt. Dabei standen sie an einer Straßenbiegung plötzlich vor einer riesigen Pagode. Grau und drohend stieg der Koloß vor ihnen in die Höhe, der neunhundert Jahre lang der Ruhm Sungkiangs gewesen war. Der wachhabende Priester ließ sie eintreten. Die beiden Missionare empfanden die Stille der Pagode und den Ausblick auf die Stadt von einer Galerie dicht unter der Spitze als äußerst wohltuend. Lange blickten sie schweigend auf die unzähligen Wohnstätten zu ihren Füßen. In der Ferne zog sich die uralte Mauer hin, und zeltartige Dächer reihten sich im Glanz der untergehenden Sonne endlos aneinander. Doch dies war nur das Zentrum. Rings um die Stadt reihten sich, soweit sie sehen konnten, auf der Ebene Dorf an Dorf, Weiler an Weiler, und in der Ferne zeigten Pagoden und Tempel weitere Städte an, die sie ebenfalls erreichen wollten. Hudson Taylor hatte nie zuvor einen solchen Blick auf das Land tun können. Das Vorhandensein einer unfaßbar großen Bevölkerung Chinas bekam für ihn in dieser Stunde eine neue Bedeutung.

Bei ihrer Rückkehr nach Schanghai standen Dr. Parker und er von neuem vor einer äußerst schwierigen Geldverlegenheit. Noch immer wußte keiner etwas von den angekündigten Kreditscheinen. Nachrichten über neue Missionare der LMS, die sich für die Ausreise nach China rüsteten, erinnerten sie daran, daß sie die von ihnen bewohnten Räume bald abgeben mußten. In mehreren Briefen an das Heimatkomitee erwähnten sie diese dringende Angelegenheit und gaben ihre Arbeitspläne bekannt.

Sie hielten ein Dauerzentrum als Hauptquartier für unbedingt notwendig und wollten es ohne Aufschub beschaffen. Von den fünf Vertragshäfen, die den Ausländern zur Niederlassung offen standen, paßte nach ihrer Ansicht keiner so gut wie Schanghai. Von dort aus konnten viele wichtige Städte erreicht werden. Es hatte im Blick auf Mittelchina die strategisch beste Lage.

Diese Entscheidung erforderte allerdings eine gewisse Angleichung an die Methoden und Ausstattung anderer Missionen, was nicht einfach übersehen werden konnte. Danach benötigten sie, so bescheiden sie auch alles planten, immerhin ein Haus für Arzt und Schule neben einem Krankenhausgebäude und einer Poliklinik. Von diesem Zentrum aus sollten die umliegenden Dörfer mit Zweigschulen und Polikliniken versehen und regelmäßig von den Missionaren besucht und so Mittelpunkt christlicher Tätigkeit werden.

Ohne Zweifel waren diese Pläne einleuchtend und der Preis von tausend Pfund für den Landkauf und den Bau der Häuser nicht zu hoch geschätzt. Der Plan gründete sich jedoch nur auf menschliche Überlegungen, die in diesem Fall irreführten. Sie hätten ihren eigentlichen, von Gott bestimmten Lebenszweck verfehlt, wenn ihre Pläne vom Komitee gutgeheißen worden wären.

Hudson Taylor erkannte damals den Anspruch der Unerreichten Chinas noch nicht klar, obgleich er bereits an zwei verschiedenen Dialekten arbeitete und auch eine Schule führte. Auf seiner ersten Evangelisationsreise hatte er miterlebt und gesehen, wie Evangelisationsarbeit getan werden mußte. Zog und lockte ihn diese so unwiderstehlich, oder war es noch etwas Tieferes, Bedeutungsvolleres?

Er begab sich wieder im Boot auf die Reise, diesmal ohne Begleitung eines zweiten Missionars. Einige Kilometer südlich von Schanghai erreichte er einen Nebenfluß, der aus einer Gegend kam, die wohl noch nie von einem Ausländer besucht worden war. Sie lag zwischen dem Huangpu und der Küste und wurde von vielen Schmugglern bewohnt. Bis tief in die Nacht hinein fuhr Hudson Taylor stromauf und fühlte sich in der Gegenwart Gottes sicher.

Das Erwachen am andern Morgen mußte allerdings recht unangenehm gewesen sein, fand er doch das Boot zwischen hohen, schneebedeckten Ufern eingefroren. Das Wasser war mit einer dicken Eisschicht bedeckt, die mühsam aufgebrochen werden mußte. Er kam mit seinen chinesischen Helfern nur langsam voran. Schließlich begab sich der Missionar mit einem Diener, der die Bücher trug, an Land und wanderte von Ort zu Ort. Seine Sprache, Kleidung und sein Auftreten weckten überall größtes Interesse. Groß war auch das Verlangen nach seinen schön eingebundenen Büchern.

Er besuchte zwei Bezirksstädte und einen Marktflecken. Beim Durchblättern des Tagebuchs fällt vor allem auf, mit welcher Gründlichkeit er die Arbeit tat. In Huangsha zum Beispiel besuchte er jede Straße der Stadt und der Vororte. Diesmal konnte er sich nicht auf die Sprachkenntnisse eines Begleiters verlassen. So predigte er in gebrochenem Chinesisch, denn die Leute mußten unbedingt das Evangelium hören, war es doch das erste und einzige Mal, daß sie es vernehmen konnten. Er rechnete mit Gottes Hilfe und predigte die Botschaft mit den wenigen Worten, die er beherrschte. Die Abende verbrachte er auf dem Boot und behandelte Kranke, wobei diese natürlich auch die Frohe Botschaft zu hören bekamen.

Erst am Freitag kehrte er wieder nach Schanghai zurück und widmete sich dann einer Sache, die ihm schon lange auf dem Herzen lag.

Vor wenigen Wochen waren drei ihm bekannte Männer um Mitternacht aus ihren Betten gerissen und als Rebellen dem Stadtvorsteher übergeben worden. Hudson Taylor hatte sofort Schritte zu ihrer Befreiung unternommen. Doch obwohl den Männern versichert wurde, sie würden bald wieder auf freien Fuß gesetzt, da nichts an Beweisen gegen sie vorlag, hatte man sie doch von einem Gefängnis ins andere geschleppt. Man wollte die durch Hunger und Folter Geschwächten zwingen, Verbrechen zuzugeben, die sie nicht begangen hatten. Immer wieder verwendete er sich für sie. Alles Bemühen schien aber umsonst zu sein, solange die Hoffnung bestand, von ihnen Geld erpressen zu können. Als nun Hudson Taylor erfrischt von seiner Reise zurückkehrte, unternahm er einen letzten Befreiungsversuch, der auch gelang. Die Männer kehrten dankbar und voller Freude zu ihren Familien zurück. Verglichen mit all den Schrecken, die viele Tausende durchlebten, war es nur eine kleine Hilfe, wenn auch die Leiden von drei Männern ein Ende gefunden hatten.

Schanghai befand sich in einer schlimmeren Lage denn je, wenn dies überhaupt noch möglich war. Nachdem die kaiserlichen Truppen mehr als ein Jahr vergeblich gekämpft hatten, schien der Sieg sich endlich auf ihre Seite zu neigen. Einem großen Heer war es gelungen, von der Landseite her jede Zufuhr von Lebensmitteln abzuschneiden. Hunger und Krankheiten rafften viele Menschen dahin.

Inmitten all dieser Unruhe arbeitete Hudson Taylor einen weiteren Reiseplan aus. Diesmal reiste er in Begleitung anderer Missionare. Nach Westen vorrückend scheint die Gruppe bis zum Soochowsee gekommen zu sein. Von einer Anhöhe aus bemerkten sie eine große Feuersbrunst. Das mußte Schanghai sein, wo sie ihre Familien und Freunde zurückgelassen hatten. Sofort traten sie die Rückreise an.

Ihre Sorge verschärfte sich, als Rebellensoldaten bei ihnen Schutz suchten. Wie aber sollten sie, die schutzlosen Missionare, ihnen solchen gewähren können? Es dauerte auch nicht lange, bis die armen Burschen gefangengenommen und vor ihren Augen enthauptet wurden. Traurig setzten die Missionare ihre Reise fort und begegneten bald deutlichen Spuren der angerichteten Katastrophe. Als sie die Chinesenstadt durchquerten, konnten sie nur ihre Augen von den Schreckensszenen auf allen Seiten abwenden.

„In Schanghai ist die Ruhe wieder eingekehrt", schrieb Hudson Taylor am 4. Mai, „doch es ist ein Grabesfriede. Wenigstens zweitausend Mann sind umgekommen, und die Qualen, die manche der Opfer vor ihrem Tode erdulden mußten, sind nur den schlimmsten Greueln der Inquisition zu vergleichen. Die Stadt ist ein einziger Trümmerhaufen. Von der Süd- bis zur Nordpforte sind allein auf einer Straßenseite sechsundsechzig Köpfe und mehrere Leichname von den blutdürstigen Kaiserlichen zur Schau gestellt. Darunter sahen wir solche von weißhaarigen Greisen, aber auch von Frauen und Kindern."

So endete die Belagerung, die schon begonnen hatte, bevor Hudson

Taylor China erreichte. Befreit von der Not dieses schrecklichen Winters, rüsteten sich die Missionare zu weiterer Arbeit. Bald würde aus den Ruinen ein neues Schanghai erstehen. Jetzt hieß es, sofort Land anzukaufen. Schulen sollten erweitert, Predigthallen und Krankenhäuser erbaut werden. Die Mission sollte als Baumeister einer neuen Zeit in den vordersten Reihen ihren Platz haben.

Drei Monate waren vergangen, seitdem Hudson Taylor und seine Kollegen ihre Pläne dem Heimatkomitee vorgelegt hatten. Die Antwort lautete nicht gerade ermutigend. Eine letzte Entscheidung war jedoch noch nicht getroffen. Es wurde immer schwieriger, in der Ungewißheit verharren zu müssen. Der amerikanische Missionar, der mit ihnen das Haus teilte, hatte bereits mit dem Bau eines eigenen begonnen. Dr. Parkers Wechsel stand immer noch aus. Die Missionsgesellschaft schien ihre Geldschwierigkeiten ganz vergessen zu haben.

Doch auch die treusten Missionare sind schließlich Menschen. Es machten sich damals in Hudson Taylor Gedanken breit, die kaum mit seinem einfachen Vertrauen auf Gott vereinbar waren, wie aus seinen Briefen zu ersehen ist. Im März schrieb er an seine Eltern:

„Für Euch wird in Barnsley eine schöne Kapelle gebaut. Ich wünschte, irgendein begüterter Freund schickte uns tausend Pfund zum Bau eines Krankenhauses, einer Schule und anderer Gebäude, denn wir leben in den drei Zimmern, die uns zur Verfügung stehen, in erstickender Enge. Ich kann mir nicht vorstellen, wie wir die heiße Zeit überstehen sollen.

Wir haben der Mission unsern wohlausgearbeiteten Plan geschickt. Sollte sie ihn ablehnen, werden wir gezwungen sein, ihn mit eigenen Hilfsmitteln und auf eigene Verantwortung auszuführen. Wäre sie dafür, was allerdings mit ihrem Grundsatz unvereinbar wäre, wonach in den Vertragshäfen keine Arbeit aufgebaut werden sollte, dann müßte sie diesen Grundsatz streichen. Wenn sie tatsächlich nicht einverstanden ist und wir keine besseren Arbeitsmöglichkeiten finden, dann stellt sich uns die Frage, was wir aufgeben sollen — die Gesellschaft oder unsere Pläne.

Diese Pläne haben wir jedoch mit aller Vorsicht im Bewußtsein der Leitung durch unsern gegenwärtigen Herrn geformt. Wir müssen und wollen unter allen Umständen brauchbare Diener sein, wozu der Herr uns segnen möge.

Könntet Ihr nicht irgendwo einen Bazar durchführen, um uns dadurch die Mittel zum Ankauf von Grund und Boden, zum Bau der notwendigen Gebäude zu verschaffen? Gewiß könntet Ihr einige Damen dafür interessieren. Die benötigte Summe ist eigentlich recht gering. Durch einige größere Gaben könnte die ganze Sache in die Wege geleitet werden."

Gott erlaubte Hudson Taylor aber nicht, Pflichten auf sich zu nehmen, die sein ganzes Lebenswerk verhindert hätten. Es lagen vor ihm zwei Wege — der eine führte zu einem verhältnismäßig ruhigen Leben innerhalb der Vertragshäfen, der andere in die Ferne, in unerreichte Gebiete. Er wollte zunächst nicht mehr länger auf die Entscheidung warten, sondern bereitete eine weitere Evangelisationsreise vor. Der Aufstand lag hinter ihnen, Dr. Parker brauchte unbedingt eine Unterbrechung in seinem Sprachstudium, ihr Boot lag ungenützt in der Bucht — sollten sie nicht jetzt die günstige Gelegenheit zu einer Predigtreise, verbunden mit ärztlicher Arbeit, nutzen?

Sie verließen Schanghai und reisten nord- und westwärts nach der Hauptstadt Kiating. Dort machten sie wieder eine neue Erfahrung. Sie waren bisher an große, erregte Menschenscharen gewöhnt, so daß sie nicht verstehen konnten, warum diesmal Erwachsene und Kinder bei ihrem bloßen Anblick erschreckt flohen. So sahen sie beim Näherkommen kaum einen Menschen. Niemand schien sich in ihre Nähe zu wagen. Alle rannten in die am nächsten gelegenen Gebäude, als suchten sie Schutz vor großer Gefahr.

Diese vernunftwidrige Furcht — durch phantastische Gerüchte über Ausländer geweckt — war so groß, daß sie wohl ohne ihren Dienst an Kranken keine Aufnahme gefunden hätten. Offensichtlich besuchten sie als erste Ausländer diese Stadt. So stellten sie sich als Ärzte vor „zur Behandlung äußerer und innerer Beschwerden". Am folgenden Tag sollten alle Kranken unentgeltlich behandelt werden. Dies schien die starke Abneigung zu überwinden. Während die Missionare durch die Straßen und um die Stadtmauer herumzogen, wurden sie immer wieder als „san-ren" (heilige Leute) oder als „hao-ren" (gute Menschen) angeredet.

„Lange vor dem Frühstück drängten sich am Ufer Scharen von Kranken", schrieb Dr. Parker später. „Man lud uns in Häuser ein, die tags zuvor vor unsern Augen verschlossen wurden."

Welch eine Wendung zugunsten der Missionare! Und dies alles einzig durch das Verordnen von Pillen, Salben und Pulvern, die unter Gebet und echtem Mitgefühl an Kranke abgegeben wurden. Daraufhin erfuhren die Missionare beim Gang durch die Stadt nur Freundlichkeiten. Sie verteilten auch viele Schriften unter die Leute, die lesen konnten.

Auf dieser Reise erkannten sie den besonderen Wert einer Apotheke als Hilfe bei der Evangelisationsarbeit. In einer bedeutenden Stadt verteilten die Missionare nach der Krankenbehandlung Evangeliumsteile und Traktate an einen nicht endenden Strom von Bittstellern.

In seinem Bericht über diese Reise schreibt Hudson Taylor, er habe zusammen mit Dr. Parker seit Jahresanfang dreitausend Neue Testamente und Bibelteile, dazu mehr als siebentausend andere Schriften und Traktate verkauft.

„Die Reise, von der wir soeben zurückkehrten, ließ uns die große Bedeutung der medizinischen Arbeit als Hilfe im Missionswerk klar erkennen. Die schreiende Not nach einem Krankenhaus wurde uns deutlich vor Augen gestellt. Wäre die Gelegenheit zur Pflege dagewesen, hätten Menschenleben oder Körperteile gerettet und chronische Krankheiten geheilt werden können. Ich hoffe bestimmt, daß jetzt genügend Geldmittel unterwegs sind, damit es später möglich wird. Die Tür steht weit offen, und ‚niemand kann sie zuschließen'."

Doch obschon diese und andere Berichte in der Heimat mit großem

Interesse gelesen wurden, blieb die Bitte um die tausend Pfund unbeantwortet. So belastend diese Wartezeit und die Unsicherheit sein mußten, waren sie doch erhellt von besonderen Zeichen der Fürsorge Gottes. Zweimal ermutigte Er Seine Diener durch Geldsendungen.

Eine dieser Gaben wurde Dr. Parker durch einen Einheimischen zur Unterstützung ihres Werkes übergeben. Es waren fünfzig Pfund als Beitrag zum Erwerb eines Grundstücks zum Krankenhausbau. Die zweite erhielt Hudson Taylor. Es war die erste Gabe außer dem Geld, das ihm die Mission für das Werk zukommen ließ, das ihm so sehr auf dem Herzen lag.

Der Name des Gebers wird hier nur genannt, um damit einen Einblick in Gottes gütige Voraussicht zu gewähren. Mr. Berger, der in Saint Hill in der Nähe Londons lebte, besuchte häufig die Versammlungen in Tottenham und hatte dort den jungen Taylor vor seiner Ausreise nach China einmal getroffen und später manches über den „jungen Mann aus Yorkshire“ gehört. Seine Briefe aus China vertieften sein Interesse an ihm. Das Resultat war diese Gabe von zehn Pfund. Dadurch wurde den Missionaren die Möglichkeit zur Adoption eines Kindes gegeben, das sie aufziehen wollten. Dies sollte der erste Schritt zur Eröffnung einer Internatsschule sein.

Doch der Geber aller Gaben hatte Seine eigenen Pläne. Wie konnte Hudson Taylor vorausahnen, wieviel Geld ihm einmal von diesem Manne zukommen und wieviel Rat, Bruderliebe und kostbare Arbeitsgemeinschaft ihm durch diesen Freund geschenkt werden würde! Er wäre sicher noch erstaunter und tiefer überwältigt von Dankbarkeit und Freude gewesen. Das alles und weit mehr wurde ihm durch den Herrn zuteil, der Seinen eigenen Plan im Leben Seines Dieners verwirklichen wollte.

Auf jener Reise wollten sie soweit wie möglich ins Innere der Insel vorstoßen und sich nach neuen Arbeitsgebieten umsehen, ohne jedoch lange an einem Ort zu verweilen.

In Tsungming erfuhren sie, daß der Yamen Erkundigungen über sie eingezogen hatte. Deshalb suchten sie dann den Mandarin auf, einen jungen Mann, der sie höflich empfing. Er nahm Neue Testamente und andere Schriften entgegen und hörte aufmerksam auf ihre Erklärungen über den Weg der Errettung durch den Glauben an Jesus Christus. Er gab dann auch die Erlaubnis zum Besuch der Insel. Schon allein diese Begegnung machte die Reise nach Tsungming wertvoll.

An diesem Tag wurde der Tempel des Stadtgötzen von einer großen Menschenmenge besucht. Den Besuchern schienen die aufgeweichten Straßen nichts auszumachen. Während Hudson Taylor in einem Raum Kranke behandelte, predigte Mr. Burdon auf der Straße und verteilte Schriften. Nur wenn Mr. Burdons Stimme den Dienst versagte, wurde die ärztliche Arbeit unterbrochen, weil dann die Menge in das Behandlungszimmer einbrach und die Weiterarbeit unmöglich machte.

Ehe die beiden Tsungming verließen, besuchten sie einige öffentliche Schulen und verteilten dort unter Schülern und Lehrern christliche Lektüre. Im ganzen besuchten sie dreizehn Schulen und eine Mittelschule. Die Lehrer gaben ihnen wertvolle Auskünfte über die wichtigsten Orte und die Bevölkerung der Insel.

Dann verließen sie Tsungming, und ein günstiger Wind trug sie schnell den Yangtse hinauf. Die Sonne stieg über einem wolkenlosen Himmel in die Höhe, als sie sich den „heiligen Bergen" näherten, die die Flußufer umsäumten. Es war ein ungewöhnlich schöner Tag, und weil ihre Stimmen Schonung brauchten, entschlossen sie sich, die nördliche Hügelkette zu besteigen, um die Umgebung kennenzulernen. Sie wiesen darum den Bootsmann an, in den nächsten Nebenfluß einzubiegen und auf ihre Rückkehr im Laufe des Nachmittags zu warten. Und dann zogen die beiden voller Erwartung den Hügeln entgegen.

„Die Landschaft war unbeschreiblich schön. Eine prächtige Pagode krönte den Gipfel des höchsten Berges, von dessen Fuß sich ein Buddhistentempel mit Kloster die ganze Hügelseite hinaufzog, so daß es schien, es sei ein Dorf. Es mußte ein besonderer Tag sein, denn eine nach Tausenden zählende Menschenmenge aller Gesellschaftsschichten beteiligte sich an den Zeremonien des Festes. Es war offensichtlich, daß hier noch kein Anhänger des Kreuzes Jesu Christi den Feind angegriffen hatte. Schwere Weihrauchdämpfe und das Klingeln von Geldmünzen, die von den Vorübergehenden in die vor den Götzen stehenden Körbe geworfen wurden, erfüllten die Luft. In diese Laute mischten sich Musikklänge, lautes Reden und das Trampeln vieler Füße.

Als wir die Hügelspitze erreicht hatten, durchschritten wir die Hallen, die mit der Pagode verbunden waren. Die scheußlichen Götzenfiguren, die uns durch den Rauch und die Flammen verbrennenden Papiergeldes hindurch anstarrten, gaben uns das Gefühl, an den Ort versetzt zu sein, wo Satans Stuhl steht.

Traurig bestiegen wir die Pagode. Welch ein Gegensatz bildete die sich zu unsern Füßen ausbreitende Landschaft! Worte vermögen den Eindruck nicht zu beschreiben. Je länger wir sie betrachteten, desto mehr Schönheit entdeckten wir. Dicht unter uns breiteten sich Getreidefelder aus. Bäche umgrenzten sie auf allen Seiten. Ihre Ufer waren mit Trauerweiden bewachsen. Dazwischen lagen unzählige, von Fruchtbäumen umgebene Bauernhöfe. Da und dort sahen wir zypressenbeschattete Grabhügel, zahlreiche Dörfer und Weiler. Dahinter erstreckte sich der breite, majestätische Yangtse, der aussah wie ein großer See. Auf seinem Wasser schaukelten zahllose Boote und Dschunken mit ihren leichten, zierlichen, schneeweißen oder altersgrauen Segeln. Hinter diesem breiten Silberstreifen erhoben sich die mit Klöstern und Tempeln bedeckten ‚heiligen Berge' des südlichen Ufers. Die gegenüberliegende Seite der Pagode bot eine ganz andere Aussicht. Gegen Nordwesten breitete sich die dichtbevölkerte Ebene mit der Stadt Tungchow aus. Mehrere kleine Seen glänzten wie geschmolzenes Silber. Sie trugen viel zu dem unbeschreiblichen Reiz des ganzen Bildes bei."

Wie einst Mose das verheißene Land überblickt haben mag, standen auch die beiden Missionare mit bewegten Herzen vor diesem unvergleichlichen Panorama. Das also war China. Endlich sahen sie das offene Land außerhalb der Begrenzungen des Vertragshafens vor ihren Blicken liegen. Unendlich weit dehnte es sich zu ihren Füßen aus. Schanghai mit seiner Umgebung verlor bei diesem Anblick an Bedeutung. Dort schien schon so viel Licht, weil sich Missionare um die Menschen kümmerten. Tsungming und seine Unerreichten waren ohne Licht geblieben, wie sollten sie diese Tatsache je vergessen können? Die Sicht dieses Tages befreite Hudson Taylor von Einflüssen, die ihn bisher zurückgehalten hatten. Sein Herz wandte sich wieder seinem eigentlichen Ruf der Verkündigung in einem Gebiet zu, in dem der Name Jesu noch nie genannt worden war.

Am nächsten Tag besuchten sie Tungchow, die Stadt, von der sie bereits vor dem Besuch der Pagode nichts Gutes gehört hatten. Es konnte aber Monate, vielleicht Jahre dauern, ehe andere Evangelisten sie besuchen würden. Darum konnten sie es nicht verantworten, an diesen vielen Menschen vorüberzugehen, sondern fühlten sich gedrungen, ihnen das Licht *jetzt* zu bringen. Auf alle Fälle sollten ihre letzten Schriften innerhalb der Stadtmauer verteilt werden.

„Unsere chinesischen Lehrer taten ihr Bestes, uns am nächsten Morgen von dem Besuch der Stadt abzuhalten. Doch hatten wir uns dazu entschlossen, und nichts sollte uns an der Ausführung dieses Entschlusses hindern. Bestimmt würde uns Gott beistehen. Wir ließen die Männer im Boot zurück und wiesen sie an, Erkundigungen über uns einzuziehen und die Ergebnisse sofort nach Schanghai zu melden, falls wir nicht am selben Tag zurückkehrten. Wir bestimmten, daß das zweite Boot auf uns warten sollte, auch wenn wir nicht zur bestimmten Zeit zurückkämen. Dann packten wir unsere Bücher in zwei Taschen und machten uns mit dem Diener, der uns auf unsern Reisen begleitete, auf den Weg nach der ungefähr elf Kilometer entfernten Stadt. Weil das Gehen auf den durchweichten Straßen unmöglich war, mußten wir wieder Räderkarren mieten. Ehe eine größere Strecke hinter uns lag, fragte der Diener, ob er nicht zurückbleiben dürfe, denn er habe gehört, es befänden sich Soldaten auf dem Wege. Natürlich ließen wir ihn gehen, weil wir niemand in Ungelegenheit bringen wollten, und nahmen ihm die Taschen ab. Wir vertrauten Gottes Verheißungen. Er würde uns ausreichende Kraft geben.

Unterwegs begegnete uns ein verständig aussehender Mann, der uns ebenfalls vor einem Besuch der Stadt warnte. Er meinte, wir würden unangenehme Bekanntschaft mit den Soldaten machen. Wir dankten ihm für den gutgemeinten Rat, ließen uns jedoch nicht aufhalten. Ob wir der Gefangenschaft oder dem Tod entgegengingen oder sicher wieder heimkehren würden, wußten wir allerdings nicht. Eins aber war uns klar: Wir durften Tungchow nicht länger ohne das Evangelium lassen.

Nun wollte aber der Karrenführer nicht weiter. Ich mußte einen andern mieten. Die Fahrt war alles andere als angenehm. Wir waren uns deutlich der Gefahr bewußt, obwohl wir nicht einen Augenblick davor zurückschreckten. Durch Bibelverse und Lieder ermunterten wir uns gegenseitig. Unser Weg führte durch eine kleine Stadt von etwa tausend Einwohnern. Hier predigte ich einer großen Menge in Mandarin. Nie habe ich so froh von der Liebe Gottes und der Erlösung durch Christus gepredigt.

Als wir uns bald darauf der Stadt näherten, wurde ich an das Gebet der verfolgten Christen der ersten Gemeinde erinnert: ‚Und nun, Herr, sieh an ihr Drohen und gib deinen Knechten, mit aller Freudigkeit zu reden dein Wort!‘, eine Bitte, in die wir von ganzem Herzen einstimmten. Ehe wir die Vorstadt betraten, sagten wir dem Karrenführer, wo er auf uns warten solle, damit ihm selbst nichts Böses geschehe. Wir befahlen uns unserm himmlischen Vater an, nahmen die Büchertaschen auf und begaben uns in die Stadt.

Eine ganze Weile wanderten wir unbelästigt die Hauptstraße entlang, die zum Westtor führte. Dann auf einmal packte ein kräftiger, betrunkener Mann meinen Gefährten bei der Schulter. Ich wandte mich nach ihm um. Sofort waren wir von einer Schar von Männern umgeben, die uns im Laufschritt in die Stadt schleppten.

Die Tasche wurde mir zu schwer, konnte ich sie doch nicht mehr von einer Hand in die andere nehmen. Bald war ich außer Atem und vermochte kaum Schritt zu halten. Wir baten die Männer, uns doch vor den Mandarin zu führen. Doch sie bedeuteten uns in vielen Schimpfworten, sie wüßten wohl, wohin sie uns bringen würden. Der Mann, der sich zuerst auf Burdon gestürzt hatte, ließ ihn nun los und packte mich. Weil ich kleiner und schmächtiger war als mein Freund und mich auch nicht so gut zu wehren wußte, war es ihm ein leichtes, mich zu quälen. Er warf mich wiederholt zu Boden, riß mich an den Haaren, packte mich am Rockkragen, so daß ich beinahe erstickte, und hielt mich so fest umklammert an Schultern und Armen, daß sie sich grün und blau färbten. Hätte er damit nicht aufgehört, wäre ich ohnmächtig zusammengesunken. Wie belebend war der Gedanke an einen Liedvers, den meine Mutter einem ihrer letzten Briefe beigefügt hatte:

Wie selig die Ruhe bei Jesus im Licht!
Tod, Sünde und Schmerz, die kennt man dort nicht.

Außer dem Leibe, bei Christus, frei von Sünde — das ist das Ende nach allem Schlimmen, das Menschen uns antun können.

Während man uns auf diese Weise fortschleppte, versuchte Burdon, einige von den Schriften zu verteilen, wußte er doch nicht, ob sich später dazu noch eine Gelegenheit ergeben würde. Doch die entsetzliche Wut der Soldaten und ihr Befehl, uns Handfesseln anzulegen, die jedoch glücklicherweise nirgends aufzutreiben waren, zeigte uns, daß sich in der gegenwärtigen Lage nichts tun ließ. Wir mußten uns einfach ruhig fügen und unsern Häschern folgen.

Hin und wieder stritten sie sich, was sie wohl mit uns tun sollten. Die Mildergesinnten meinten, man solle uns in den Yamen bringen. Doch gab es andere, die uns sofort ohne Rücksicht auf die Regierung umbringen wollten. Wir waren innerlich ganz ruhig, und als wir uns einmal nahe waren, erinnerten wir uns gegenseitig an die Apostel, wie sie sich gefreut hatten, um Christi willen leiden zu dürfen. Nachdem es mir gelungen war, mit meiner Hand die Rocktasche zu erreichen, entnahm ich ihr eine chinesische Visitenkarte (wenn das große, rote Papier, das meinen Namen trug, so genannt werden kann); daraufhin wurde ich höflicher behandelt. Ich bat, die Karte dem höchsten Beamten zu übergeben und uns vor ihn zu führen.

Wie zermürbend war es doch, auf diese Weise durch die Straßen geschleppt zu werden! Ich meinte, sie würden kein Ende nehmen. Als wir den Yamen erreichten, führten uns die Männer durch verschiedene Tore hindurch. Endlich standen wir vor einer großen Tafel, auf der geschrieben stand: ‚Min-chi, Fu-mu‘ (Vater und Mutter des Volks).

Unsere Karten wurden abgegeben, dann schob man uns nach einer Weile vor den ‚Ch'en Ta Lao-ie‘ (Großer, ehrwürdiger Großvater Ch'en) der, wie sich erwies, früher in Schanghai das Amt des Bürgermeisters bekleidet hatte und wußte, mit welcher Höflichkeit Ausländer behandelt werden mußten.

Der Mandarin, der die höchste Gerichtsbarkeit Tungchows verkörperte und deshalb als Zeichen seiner Würde einen blauen Knopf an seiner Mütze trug, trat uns mit größter Ehrfurcht entgegen. Er ließ uns in ein inneres, mehr privates Gemach führen. Eine Schar von Schreibern, Läufern und andern Beamten folgte ihm. Ich erklärte den Zweck unseres Besuchs und bat ihn, von uns einige Schriften anzunehmen, wofür er dankte. Ich übergab ihm auch ein Neues Testament und versuchte, ihm unsere Lehre zu erklären. Er hörte aufmerksam zu, wie natürlich auch seine Untergebenen. Dann ließ er Erfrischungen bringen. Diese waren uns sehr willkommen. Er selbst nahm auch davon.

Endlich baten wir um die Erlaubnis, die Stadt ansehen und unsere Schriften verteilen zu dürfen. Dies gestattete er sehr freundlich. Wir sagten ihm dann, daß wir beim Eintritt in die Stadt sehr schlecht behandelt worden seien, daß wir aber gern darüber hinweggehen wollten, weil die Soldaten vielleicht nicht besser Bescheid gewußt hätten. Weil wir aber keine Wiederholung solcher Szenen wünschten, baten wir ihn um seinen Schutz. Auch dies gewährte er uns, begleitete uns ehrerbietig bis zum Ausgang des Yamen und gab uns einige seiner Läufer mit. Schnell und ohne weiteren Zwischenfall verteilten wir die Schriften, und nach einer kurzen Besichtigung des Konfuziustempels verließen wir die Stadt. Es war zum Lachen, wie die Läufer ihre Zöpfe als Peitsche gebrauchten. Wenn die Menge nicht willig Platz machte, schlugen sie damit nach allen Seiten.

Noch vor dem Dunkelwerden kehrten wir voll Dank für die Bewahrung zu unsern Booten zurück."

So hatte Hudson Taylor nun einen Blick in das unermeßliche, unerreichte Land getan, und sein Leben war dabei zum erstenmal durch die Hände derer gefährdet gewesen, denen er Hilfe bringen wollte. Was hätte ihm besser den Plan Gottes für sein Leben vor Augen führen können? Erst Liebe, dann Leiden und noch tiefere Liebe. So baut Gott Sein Reich.

VON EINEM GEFÄSS INS ANDERE GESCHÜTTET

1855—1856

Die Freude, Christus dort zu predigen, wo Sein Name unbekannt war, hatte nun von Hudson Taylor Besitz ergriffen. Die Pläne und Hoffnungen für Schanghai, die ihn vor Monaten so sehr beschäftigt hatten, traten in den Hintergrund. Aus der Heimat war noch immer keine Nachricht wegen der eingesandten Pläne gekommen. Auch das führte dazu, daß Hudson Taylor sich nach einer andern Richtung entwickelte, als er geplant hatte. Es standen ihm Wege zur Evangelisationstätigkeit offen. Seine Gaben für diese Arbeit traten mehr und mehr in den Vordergrund, so daß die Britische und Ausländische Bibelgesellschaft ihm nicht nur so viele Schriften zur Verbreitung anvertraute, wie er wünschte, sondern sich auch zur Deckung seiner Reisekosten bereit erklärte.

Zehn Tage verbrachte Hudson Taylor in seinem Haus in Schanghai. Dann begab er sich allein auf die größte Evangelisationsreise, die er bisher unternommen hatte. Es scheint, als hätte er diesmal seinem eigentlichen Ruf folgen wollen — dem Vorstoß nach Nanking, dem Hauptquartier der Rebellen.

Er verließ sein Heim am 8. Mai und kehrte erst am 1. Juni wieder zurück, nachdem er in achtundfünfzig Städten und Dörfern gepredigt hatte, von denen einundfünfzig noch nie von einem protestantischen Missionar besucht worden waren. Es kostete Mut, allein so weit ins Innere einzudringen, weil er die Vertragsrechte überschritt und dadurch auf keinerlei Schutz, weder von seinem eigenen Konsul noch von den Lokalbehörden, rechnen konnte. Er wußte gut genug, daß er jederzeit gefangengenommen, gequält und als Rebell oder ausländischer Spion umgebracht werden konnte.

„Nach der rohen Behandlung in Tungchow war ich doch etwas ängstlich — ein neues Gefühl, das durch das Alleinsein noch zunimmt", schrieb er am dritten Tag seines neuen Unternehmens in sein Tagebuch. „Ich war traurig und niedergeschlagen."

Doch dieses Tagebuch zeugt auch von seinem unermüdlichen Einsatz während der fünfundzwanzig Tage. Als er Anfang Juni nach Schanghai zurückkehrte, wurde er warm willkommen geheißen. Es erwarteten ihn auch einige Überraschungen.

„Die chinesische Behörde zitierte mich vor den Konsul und warf mir vor, ich hätte die Vertragsbestimmungen mit England durch meine Inlandreise verletzt. Der Konsul sagte nicht mehr, als er sagen mußte. Doch gab er mir zu verstehen, daß er mir die gleiche Strafe auferlegen müßte wie einem Kaufmann, wenn ich weiter die Vertragsrechte überschritte."

Auf einer weiteren Reise begleiteten ihn Dr. Parker und Mr. Burdon. Sie unterschied sich von den bisherigen durch einen Besuch in Ningpo, wo sie sich erholen wollten. Missionare verschiedener Gesellschaften arbeiteten in dieser wichtigen Stadt. Der Segen Gottes ruhte sichtbar auf ihrem Werk. Hudson Taylor und seine Begleiter versprachen sich viel von diesem Besuch. Die Dämmerung senkte sich bereits über die Stadt, als sie sich nach einigen Reisetagen ihren Weg zwischen den unzähligen Booten hindurch bahnten, die die Zugänge zur Stadt umsäumten. Sie folgten Burdon durch das Dunkel der Straßen. Wie wohltuend empfanden sie den Willkomm in den Missionshäusern! Während der nächsten Tage lernten sie eine eigenartige Gemeinschaft von gleichgesinnten Menschen kennen, die sie mit großer Freundlichkeit in ihren Kreis aufnahmen.

Elf Ausländer vertraten hier verschiedene britische und amerikanische Missionsgesellschaften. Dazu kam noch eine Schule, die unter der Leitung einer Engländerin stand. Miss Aldersey hatte früher auf Java gearbeitet, als sich China vor sechs Jahren für die Niederlassung von Ausländern öffnete. Nach dem im Jahre 1842 geschlossenen Nankingvertrag war sie als eine der ersten Missionarinnen in diese Stadt gekommen und hatte hier die erste Mädchenschule Chinas gegründet.

Als Hilfe standen ihr zwei verwaiste Töchter eines der ersten Missionare der LMS zur Verfügung. Unter der Tropensonne der Kolonie geboren und in einer Missionsfamilie aufgewachsen, waren Burella und Maria Dyer mit der Ningposprache vertraut. Sie waren sehr beliebt, gaben sie sich doch ganz ihrem Werk hin. Natürlich erhöhte ihre Gegenwart den Reiz der Ausländerkolonie in Ningpo.

Doch eins fehlte in der allgemeinen Entwicklung der Mission in diesem Gebiet — ein Krankenhaus. Die in Ningpo lebenden Missionare empfanden diesen Mangel tief, und als sie von Dr. Parker hörten, war die Begeisterung groß. Doch erst nach seiner Rückkehr nach Schanghai erreichte ihn eine Einladung zur Mitarbeit. Das kleine Haus, das er und seine Familie mit Hudson bewohnte, hatte sich ja von Anfang an als zu klein erwiesen, doch hatten sie nichts Besseres finden können. Sie wußten nun auch, daß die CEG nicht auf ihre Pläne eingehen würde, wonach in einem der Vertragshäfen eine Arbeit begonnen werden sollte. „Wir erkennen unsere Aufgabe im Innern Chinas, daher sollen unsere Vertreter kein Geld in Schanghai ausgeben", hieß es. „Kein Geld für Steine und Mörtel", lautete einer der Grundsätze ihrer Mission. Doch mußten ihre Missionare auch in Häusern wohnen.

Es ist heute leicht zu erkennen, daß Hudson Taylors und Dr. Parkers Plan zur Gründung eines Hauptquartiers in Schanghai nicht Gottes Absicht war. Sie befanden sich jedoch in einer äußerst schwierigen Lage. Schon bevor der schottische Arzt die Einladung nach Ningpo erhielt, war sich Hudson Taylor trotz seines großen Verlangens nach einem Vorstoß in das Inland klar darüber, daß dazu ein guter Stützpunkt notwendig war.

„Es ist schwer, beständig unterwegs und nirgends richtig zu Hause zu sein", schrieb er an seine Schwester. „Ich überlege mir, ob ich mir nicht bald chinesische Kleider anschaffen und probieren soll, wie es sich darin arbeiten läßt. Fände ich doch irgendwo im Inland einen Ort zur Niederlassung, von dem aus ich arbeiten könnte! Wie die Dinge jetzt liegen, können wir nicht mit viel Frucht rechnen, weil wir weder eine Station noch ein Krankenhaus oder eine Kapelle haben, nicht zu reden von einem eigenen Haus. Bete für mich; denn ich bin schwach und unwürdig. Ich ging in letzter Zeit durch tiefe Anfechtungen."

Am 6. August wurde ihm und Dr. Parker mitgeteilt, daß sie das Haus bis Ende des Monats verlassen müßten, weil bereits zwei neue Missionare unterwegs nach Schanghai wären und nach ihrer Ankunft das Haus beziehen sollten. In diesen Tagen trafen auch Briefe ihrer eigenen Missionsgesellschaft ein, die endlich einen Schlußstrich unter all ihre Pläne für Schanghai zogen. Bauen sollten sie auf keinen Fall. Dr. Parker wurde die Erlaubnis zur Eröffnung einer Apotheke erteilt. Wie oder wo sie wohnen sollten, wurde ihrem eigenen Ermessen überlassen.

Doch der Herr sorgte für Seine Diener und Sein Werk. Ein weiterer Brief, der sie ebenfalls Anfang August erreichte, brachte den Beweis dafür. Nachdem Missionare in Ningpo Dr. Parker zur Mitarbeit eingeladen hatten, hatte er ihnen in seinem Antwortschreiben erklärt, er könne sich nur dazu entschließen, wenn in Verbindung mit einer Arztpraxis für Europäer die Erlaubnis zur Führung eines Krankenhauses für Chinesen verbunden sei. Nun tat sich für Dr. Parker nach acht Monaten Chinaaufenthalt der Weg zu seinem Lebenswerk vor ihm auf. Er schrieb:

„Sie werden sich über die Nachricht freuen, daß sich die Freunde in Ningpo für die nötigen Mittel zum Bau und Unterhalt eines Krankenhauses einsetzen wollen. Ningpo ist der einzige Vertragshafen, der nicht über ein Krankenhaus verfügt. Ich erkenne es als klare Leitung Gottes, das Angebot anzunehmen, und habe mich entschlossen, sofort umzusiedeln."

Dieser Entschluß, der Dr. Parker und seine Familie auf den von Gott für sie geplanten Weg wies, brachte Hudson Taylor in noch tiefere

Abhängigkeit hinein. Nun würde er bald wieder ohne Kamerad, ohne Heim sein. Weil er meinte, sein eigenes Werk in Schanghai sei noch nicht beendigt, suchte er sofort nach einem Ort, wo er seine Sachen unterbringen konnte. Doch er fand auch diesmal nichts.

„Alle Hauseigentümer verlangen eine hohe Anzahlung, wozu ich das Geld nicht habe“, schrieb er an seine Schwester. „Es ist eine schwierige Lage. Wenn ich nicht bald etwas finde, werde ich mich chinesisch kleiden und auf dem Lande wohnen. Das ständige Wechseln ist so schwer. Bete doch für mich!“

Chinesische Kleidung und ein Heim auf dem Lande — langsam gewöhnte er sich an den Gedanken. Hin und wieder begab sich ein Missionar in chinesischer Kleidung auf eine Inlandreise. Dr. Medhurst hatte Hudson Taylor auf diese Möglichkeit aufmerksam gemacht. Doch sobald sie in die Kolonie zurückkehrten, legten sie ihre chinesischen Kleider wieder beiseite. Niemand hätte es gewagt, sie innerhalb der Ausländerniederlassung zu tragen.

Doch Hudson Taylor überlegte diese Möglichkeit gründlich. Er war nach China gekommen, um dem Volk das Evangelium zu bringen; darum wollte er sich ihm auch äußerlich gleichstellen. Die äußeren Umstände schienen ihm keine Wahl zu lassen. Wenn er in Schanghai keine Wohnung finden konnte, war er gezwungen, ins Innere zu ziehen. Warum aber sollte er dann dem Werk dadurch hinderlich sein, daß er sich schon durch sein Äußeres als Ausländer auswies?

Eine weitere Woche suchte er nach einem Heim. Bald würde Dr. Parker ihn verlassen. Hudson Taylor hatte ihm versprochen, ihn auf dem schwierigsten Teil der Reise bis zur Hangchowbucht zu begleiten. Am Freitag wollten sie reisen, aber am Donnerstag hatte er noch keine Wohnung gefunden. Gott mußte wohl andere Pläne mit ihm haben. Er entschloß sich, all seine Habe Dr. Parker mitzugeben und selbst auf Reisen zu gehen, bis sich irgendwo im Innern ein Heim für ihn finden ließ.

Donnerstagabend. Es schien so nutzlos, sich noch einmal auf die Suche zu begeben. Hudson Taylor erkundigte sich nach einem Boot, das Dr. Parker und ihn am nächsten Morgen zur Hangchowbucht bringen sollte. Die chinesische Kleidung lag für sein Wanderleben bereit, das er am nächsten Morgen beginnen wollte.

Zu diesem Entschluß hatte Gott ihn wohl bringen wollen. Während er seine letzten Reisevorbereitungen traf, kam ein Mann zu ihm und fragte ihn, ob er nicht ein Haus in der Chinesenstadt suche. Ob ein kleines, das fünf Räume zähle, ihm genügen würde. Nahe dem Südtor kenne er ein solches Haus, doch sei es noch nicht völlig ausgebaut. Der Eigentümer besitze kein Geld zur Fertigstellung. Der fremde Lehrer könne es mieten, wenn er die Halbjahresmiete im voraus bezahlen würde.

Wie ein Träumender folgte Hudson Taylor seinem Führer zum Südtor. Hier fand er ein kleines, neues, sauberes Haus mit je zwei Zimmern zu ebener Erde und im Obergeschoß und einem fünften über dem Hof für die Diener. Es war genau das, wonach er gesucht hatte, und lag in einer Gegend, die ihm am besten paßte. Und das ganze kostete nur eine Halbjahresmiete von zehn Pfund.

Was es für ihn bedeutete, an diesem Abend noch die Miete bezahlt zu haben und im Besitz des neuen Heims zu sein, kann nicht mit Worten beschrieben werden. Gott hatte tatsächlich für ihn gesorgt. Seine Gebete waren erhört. Er hatte Gottes Führung nicht mißverstanden. Es schien, als habe der Herr Sein langes Schweigen endlich gebrochen, weil Er Seinen Knecht in dieser kritischen Lage ermutigen wollte. Im letzten Augenblick ließ Er ihm Seine Hilfe zuteil werden.

An diesem Abend wagte Hudson Taylor den Schritt und verwandelte sein Äußeres in einen Chinesen. Er beschrieb das Erlebnis einige Tage später in einem Brief an seine Schwester.

„... ich möchte Euch auch nicht vorenthalten, daß meine Locken am letzten Donnerstag unter der Schere eines Haarschneiders fallen mußten. Was zurückblieb, färbte er schwarz und flocht am nächsten Morgen neben einer Menge Seidenband einen Zopf hinein, sollte er doch nach Landessitte recht tief herunterhängen. In dieser Aufmachung begab ich mich zu Dr. Parker. Dann bestiegen wir das Boot. Wir evangelisierten viel, solange wir zusammen reisten. Auf dem Rückweg hoffe ich, noch bessere Gelegenheiten zu finden.

Aber ich habe Euch noch nichts von all den Prüfungen erzählt, in die die äußere Umwandlung mich brachte. Zum ersten ist es eine recht unangenehme Erfahrung, wenn der Kopf rasiert wird, besonders wenn die Haut in der Hitze so sehr brennt. Ich kann Euch versichern, daß die spätere Anwendung von Farbstoffen meine Hautnerven auch nicht gerade beruhigte. Fünf oder sechs Stunden dauerte die Prozedur. Wenn das noch übriggebliebene Haar ausgekämmt wird, erreichen die Schmerzen ihren Höhepunkt. Doch weil man ohne Mühe nichts gewinnt und uns etwas lieber wird, wenn dafür gelitten wurde, so werde ich meinen Zopf, wenn er einmal ganz echt ist, mit nicht geringem Stolz und großer Zärtlichkeit betrachten.

Zum zweiten wundere ich mich nicht mehr, daß viele Chinesen, die für Europäer arbeiten, ausländische Schuhe und Strümpfe tragen, sobald sie solche erhalten können. Chinesische Socken sind aus Baumwolle genäht und natürlich nicht elastisch. Gewöhnliche Zehen lassen sich selbstverständlich nicht gern aus ihrer Form drücken, auch gewöhnen sich die Fersen ungern an flache Sohlen. Und dann die Hosen! Welch unglaublicher Schnitt! Die meisten sind einen halben Meter zu weit. Der überflüssige Stoff wird vorn in eine breite Falte gelegt und durch einen starken Gürtel festgehalten. Die Beine sind kurz und reichen kaum bis unter die Knie. Sie sind zu weit im Vergleich zum oberen Teil, und zwar so weit, daß man, wie Dr. Parker meint, darin Vorräte für vierzehn Tage aufspeichern könnte. Hemden werden nicht getragen, dafür eine weiße, waschbare Jacke mit langen Ärmeln, wie sie vor zwanzig Jahren von den Damen getragen wurden. Über dem Ganzen wird ein Gewand aus schwerer Seide in zarten Farben getragen, dessen weite Ärmel etwa handbreit über die Fingerspitzen herabhängen und beim Gebrauch der Hände zurückgeschlagen werden.

Während ich mich noch in Begleitung Dr. Parkers befand, wurde ich meistens als Engländer betrachtet, weil ich mich mit ihm in Englisch unterhielt. Doch heute sieht sich niemand verwundert nach mir um, und keiner vermutet in mir einen Ausländer. Erst als ich Schriften verteilte, wurde ich erkannt. Die ärztliche Arbeit wird uns im Inland eine große Hilfe sein. Mir scheint, als ob die Frauen und Kinder bereitwilliger Arzneien holen, seitdem ich chinesische Kleidung trage."

Als es Herbst wurde, kehrte Hudson Taylor nach Schanghai zurück, um in der alten Umgebung ein ganz neues Leben zu führen. Der Wechsel, den er nach so viel Gebet vorgenommen hatte, fiel nicht nur seiner äußeren Erscheinung nach auf. Die Chinesen fühlten ihn, die Europäer bemerkten ihn auch, und er selbst war sich dessen am deutlichsten bewußt. Zwischen ihm und allen Ausländern tat sich eine Kluft auf. Wie nie zuvor war er nun ganz in die Reihen des Volkes seiner Wahl hineinversetzt.

Der versteckte Spott oder die offene Verachtung der Europäer in der Kolonie war leicht zu ertragen. Schwerer wog die Mißbilligung der Missionare. Er stand praktisch allein mit seinen Ansichten, die er auch noch in die Tat umgesetzt hatte. Je mehr er ihretwegen litt, desto enger klammerte er sich an seinen Herrn. Drei Wochen später berichtete er seiner Mutter von einer großen Freude, die er erlebt hatte.

„Heute morgen bat Kuei-hua, der Bruder meines adoptierten Schülers, um die Taufe. Ich kann Dir meine Freude nicht in Worten beschreiben. Würde meine Arbeit jetzt ein Ende nehmen, so dürfte ich doch wie Simeon sagen: ‚Herr, nun läßt du deinen Diener in Frieden fahren, ... denn meine Augen haben deine Erlösung gesehen.' (Engl. Übersetzung). Wenn eine Seele Welten wert ist, bin ich dann nicht reichlich belohnt? Und bist Du, Mutter, es nicht auch?"

Kuei-hua war der erste Bekehrte, den er in China taufte. Doch dies war nicht die einzige Ermutigung, von der er im ersten Monat in seinem neuen Heim berichten konnte. Die Oktoberpost brachte ihm einen weiteren Brief von Mr. Berger. Befriedigt von der Art der Verwendung seiner ersten Geldsendung, wiederholte dieser gütige Freund sie in Zukunft regelmäßig nach einem halben Jahr und sorgte damit für Han-pans Ausbildung. Doch nicht genug damit! Er schrieb auch einen „sehr freundlichen Brief", worin er den jungen Missionar ermunterte, Großes vom Herrn zu erwarten. Auch jetzt war eine Gabe beigefügt, die so verwendet werden sollte, wie es dem Werk am besten diente.

Im Lauf des Herbstes fand Hudson Taylor im Inland ein eigenes Heim. Es muß ihm wie ein Traum vorgekommen sein, nun ungehindert unter dem Volke in Sin K'ai-ho, das eine Tagereise von dem nächsten Vertragshafen entfernt lag, leben zu dürfen.

Zweifellos war dies eine Gebetserhörung. Sobald er das Südtorhaus Lehrer Si überlassen konnte, machte er eine weitere Evangelisationsreise. Diesmal besuchte er auf seinem Wege die Insel Tsungming wieder. Von einem Weiterziehen wollten die Insulaner dann nichts hören. Es findet sich nirgends eine Aufzeichnung, woraus man ersehen könnte, warum sie so sehr auf seinem Bleiben bei ihnen bestanden. Vielleicht war es seine Verkündigung. Auf alle Fälle schüchterte sie seine äußere Erscheinung nicht ein. Diese Erfahrung zeigte ihm den Wert der chinesischen Kleidung aufs neue.

Schon am zweiten Tag fand sich dort ein zweistöckiges Haus, dessen

Eigentümer den Missionar aufnehmen wollte. Er war sogar bereit, ihm das Haus zu einem bescheidenen Mietpreis zu überlassen. Noch am gleichen Tag wurde der Vertrag abgeschlossen, der ihn zum alleinigen Mieter seines ersten Heims in Chinas Inland machte.

Die darauffolgende Zeit wurde eine der geschäftigsten und glücklichsten seines Lebens. Allerdings mußte das Haus zuerst gereinigt und ausgestattet werden. Daneben wollte ein ganzer Strom von Besuchern mit allen Zeichen chinesischer Höflichkeit empfangen werden. Darunter fanden sich gebildete Leute aus Stadt und Land, Kranke, die Medizin brauchten, Nachbarn, die einfach sehen und hören wollten, was im Hause des Fremden vor sich ging. Sein Diener Kuei-hua und ein anderer Helfer, der selbst mehr über die Erlösung durch Jesus hören wollte, beteiligten sich an den Evangelisationsversammlungen, die regelmäßig morgens, mittags und abends durchgeführt wurden. Doch schon nach wenigen Tagen erkrankte Hudson Taylor, wahrscheinlich wegen Übermüdung.

Bald aber konnte er die Arbeit wieder aufnehmen. Er behandelte Kranke, hielt die täglichen Versammlungen, und nach kurzer Zeit schienen sich einige Hörer für die Botschaft zu interessieren. Einer dieser treuen Hörer war ein Schmied, der zweite ein Ladengehilfe in einem Lebensmittelgeschäft. Dieser verstand es besonders gut, mit neuen Hörern zu reden und Gäste zu empfangen. Er selbst und Chang, der Schmied, waren eifrig dabei, wenn Hudson Taylor sie unterrichtete, nachdem alle Besucher sich verabschiedet hatten.

Aber um ihn herum dehnte sich die dichtbesiedelte Insel aus, eine Million Menschen, die er so gern erreicht hätte. Die Stadt selbst zählte zwanzig- bis dreißigtausend Einwohner, und ringsum lagen noch zahlreiche Dörfer, in denen durch den ärztlichen Dienst viele Freunde gewonnen wurden. Wohin sich Hudson Taylor und seine Helfer wandten, wurden sie freundlich aufgenommen. Darum unterbrachen sie oft die Stadtarbeit und besuchten die umliegenden Dörfer.

„Es ist beinahe mehr, als man erwarten kann“, schrieb er am Anfang seines Aufenthalts in Sin-k'ai-ho, „daß man mich so ungehindert arbeiten läßt. Deshalb muß ich den guten Samen des Königreichs Christi ausstreuen, solange ich kann, und ernstlich um den Segen Gottes bitten. Sollte es dem Herrn gefallen, mich an diesem Ort Wurzeln fassen zu lassen und sich eine Schar von Gläubigen zu erwecken, so wäre ein großes Arbeitsfeld erobert.

Betet für mich! Manchmal lastet die Verantwortung schwer auf mir, bin ich doch unter diesen Menschen der einzige Lichtträger. Doch dieser Ausdruck stimmt nicht. Jesus muß mich mit Seinem Licht erfüllen. Ich bin nicht auf mich selbst angewiesen. Die beiden Christen sind mir ein großer Trost. Ich möchte ihnen doch durch mein Leben und den Unterricht eine Hilfe sein.“

Nach drei Wochen waren seine Vorräte an Geld und Arznei erschöpft. Er sah sich dadurch zur Rückkehr nach Schanghai gezwungen. Weil er nicht lange wegbleiben wollte, sollten die Versammlungen ohne ihn weitergeführt werden. Er machte dafür Ts'ien, den Ladengehilfen, verantwortlich. Am 5. November segelte Hudson Taylor nach dem Festland hinüber.

Nur drei Wochen blieb er der Insel fern. In dieser Zeitspanne kann jedoch manches geschehen, wie er erfahren sollte. In Sin K'ai-ho schien ein Sturm im Anzug zu sein. Ts'ien kam nach Schanghai geeilt, und weil er am Südtor niemanden fand, hinterließ er Briefe, die die Lage erklärten, und kehrte sofort wieder auf die Insel zurück. Eins unter den vielen Gerüchten war jedenfalls Tatsache — ein Regierungsbefehl, wonach der Fremde, der sich unerlaubterweise in Tsungming niedergelassen hatte, sogleich nach Schanghai kommen sollte, wo er streng bestraft werden würde. Alle Personen, die ihm in diesem unerlaubten Unternehmen geholfen hatten, würden ebenfalls auf das schwerste bestraft werden.

Eine Woche später schrieb er aus Tsungming an seine Eltern:

„Es scheint, daß die Ärzte und vier Apotheker in der Stadt in mir einen gefährlichen Rivalen vermuten. Schlimme Beinwunden, an denen jahrelang herumgedoktert wurde, heilten schon nach wenigen Tagen, nachdem die Kranken sich meiner Behandlung anvertraut hatten. Augensalbe, die wirkungsvoller ist als die ihre, können wir sehr billig abgeben. Hautkranke und Leute, die beständig Pflaster aufgelegt haben wollen, haben unsere Behandlung gesucht. Fieberkranke sagen, die hiesigen Ärzte verstünden nichts, und Asthmatiker rühmen unsere Pulver. Darum werden sie sich gefragt haben, wohin dies alles führen müsse. Aus all diesen Gründen werden sich diese Leute versammelt und bei Tee und Tabak beraten haben, was sie unternehmen könnten, damit der Eindringling des Landes verwiesen werde.

Ich war nicht um mich selbst besorgt, sondern vor allem um diejenigen, die in diese Sache hineingezogen würden, wenn ernstliche Schwierigkeiten entstünden. Ich behandelte nach wie vor Kranke, predigte jeden zweiten Tag in einem der umliegenden Dörfer, bis dann am Montag, dem 26. November, der Sturm losbrach, der sich erst gestern legte.

Am Montagmorgen kam der Mandarin der Stadt Tsungming, während wir frühstückten hier vorbei. Seine Begleiter sagten uns, er sei gekommen, um einige Seeräuber gefangenzunehmen und uns zu verhören. Ts'ien und Kuei-hua sowie der Hauseigentümer, der uns als Mittelsmann gedient hatte, sollten vor ihn geschleppt werden. Jeder hätte dreihundert bis tausend Schläge zu erwarten, wenn seine Antworten nicht befriedigen würden.

Wir hielten noch unsere Morgenandacht und beteten um Bewahrung, behandelten die Kranken, predigten ihnen Gottes Wort und kümmerten uns um unsere Anliegen. Am Nachmittag erfuhren wir, daß der Mandarin zuerst die Seeräuber vornehmen und sich auf dem Rückweg mit uns befassen würde.

Am nächsten Tag hielt ich alle Beteiligten im Hause zurück, damit keiner ohne mein Wissen gefangengenommen würde. Wieder nahmen wir uns einiger Kranker an, die meilenweit hergekommen waren und sagten auch ihnen von Jesus. Als ich am Nachmittag eine Augenoperation vornahm, kehrte der Mandarin tatsächlich mit seiner Begleitung zurück. Ich war froh, daß der schlimme Teil der Operation vorbei war, denn ich zitterte vor Aufregung und hätte sie nicht ruhig zu Ende führen können. Erst zwei Stunden später hörten wir, der Mandarin wäre ohne Aufenthalt in die Stadt zurückgekehrt. Da konnten wir nur noch loben und danken. Es mag sein, daß er überhaupt nichts von meiner Gegenwart wußte und die ganze Geschichte ein Versuch zur Erpressung von Geld war."

Nun, da der Sturm vorübergezogen war, nutzte der junge Missionar erst recht jede Gelegenheit zum Dienst aus. Es bereitete ihm große Freude, die Gläubigen in der Erkenntnis Christi wachsen zu sehen. Chang, der Schmied, schloß nun sonntags seine Werkstätte. Er und der Ladengehilfe bekannten sich öffentlich als Christen. Ihr verändertes Wesen und Leben setzte ihre Landsleute in Erstaunen, und durch ihr Zeugnis besuchten etliche regelmäßig die Versammlungen. Darum empfanden sie einen neuen Schlag um so schmerzlicher. Er kam von einer unerwarteten Seite her.

Am 1. Dezember begab sich Hudson Taylor nach Schanghai. Er mußte dort Geld abheben und Briefe aufgeben. Zu seinem Erstaunen erwartete ihn am Südtor ein amtliches Schreiben:

„Britisches Konsulat, Schanghai, den 23. November 1855

Britischer Konsul an Mr. J. H. Taylor.

Mein Herr! Der britische Konsul ist durch S. Exzellenz, den Bezirksvorsteher, in Kenntnis gesetzt worden, daß Sie ein Haus von einem Chinesen namens Si Sung-an im Dorfe Sin K'ai-ho auf der Insel Tsungming gemietet und dort ein ärztliches Unternehmen gegründet haben, das Sie einem Ihrer Diener, einem Liu Yang-tsuen, übertrugen und nur gelegentlich beaufsichtigt haben. S. Exzellenz macht auch die Klage gegen Sie geltend, daß Sie Tsungming wieder besuchten, obgleich Sie deswegen schon einmal vor dem Konsul zu erscheinen hatten.

Ihr Konsul fordert Sie darum auf, ohne Verzögerung zu kommen, damit er die Sache untersuchen kann. Ich bin, mein Herr, Ihr gehorsamster Diener

Frederick Harvey (Vizekonsul)."

Natürlich suchte Hudson Taylor sogleich den Konsul auf, erklärte die Sache und wurde freundlich angehört. Seine Bitte, in Sin K'ai-ho bleiben zu dürfen, wurde jedoch abgelehnt. Der Konsul erinnerte ihn an den Vertrag, wonach Engländern nur in den fünf Vertragshäfen Niederlassungsrecht eingeräumt sei. Bei Nichtbefolgung müßte er mit einer Strafe von fünfhundert Dollar rechnen. Doch Hudson Taylor kannte eine Klausel, wonach alle Freiheiten und Vorrechte, die andern Nationen gewährt worden seien, sich auch auf die britische beziehen würden. Es lebten Katholiken französischer Nationalität auf den Inseln, die durch ihre Regierungen geschützt wurden. „Warum", so meinte Hudson Taylor, „soll mir nicht gleiches Recht zugesprochen werden?"

„Das stimmt zwar", antwortete der Konsul. „Wenn Sie sich an den Vertreter der Königin von England, Sir John Bowring, wenden wollen, der bald in Schanghai eintreffen wird, ist Ihnen das freigestellt. Was aber meine Entscheidung betrifft, so muß ich darauf bestehenbleiben. Sie haben sofort nach Tsungming zurückzukehren, Ihr Haus aufzugeben und Ihre

Ausstattung nach Schanghai zu bringen. Sollten Sie wieder versuchen, sich im Inland niederzulassen, müssen Sie die Strafe von fünfhundert Dollar bezahlen."

„Vielleicht werde ich doch gegen das Urteil des Konsuls Berufung einlegen", schrieb Hudson Taylor an Mr. Pearse. „Die Wichtigkeit dieser Sache ist mir klar bewußt. Es geht mir um die Grundlage der ganzen protestantischen Mission."

Sir John Bowrings Ankunft verzögerte sich erheblich. Er kam nicht mit dem erwarteten Postdampfer und auch nicht mit dem nächsten. Doch in dieser Zwischenzeit brachte Gott Seinen jungen Gesandten mit dem Menschen zusammen, den Er ihm für eine kurze Zeitspanne seines Lebens zugedacht hatte.

Der Name William Burns war in Schottland wohlbekannt. In welcher Stadt oder welchem Dorf hätte es damals eine christliche Familie gegeben, die nichts von der Erweckung des Jahres 1839 gewußt hätte? Der zu der Zeit noch junge Evangelist, der überall von Beweisen der Gegenwart und des Segens Gottes begleitet war, lebte nun als früh ergrauter Missionar in China. Durch manche Erfahrung und tiefere Gemeinschaft der Leiden Christi war er milder, aber nicht weniger eifrig geworden.

Nach seinem ersten und einzigen Heimaturlaub war er kurz zuvor nach China zurückgekehrt. Er hatte aber nicht, wie erwartet wurde, sein erstes fruchtbares Werk wieder aufgenommen, weil andere die kleine Herde versorgten, die er in der Nähe von Amoy gesammelt hatte. Burns glaubte sich in das Yangtsetal geführt, denn Nanking mit dem ihm unbekannten Führer der Taipingrebellen, in deren Händen die Zukunft Chinas zu liegen schien, lag ihm sehr am Herzen. Doch das war nicht *der* Grund, warum Gott ihn nach Zentralchina gerufen hatte.

Weil es ihm nicht gelungen war, Nanking zu erreichen, war er von Süden her über den großen Kanal nach Schanghai zurückgekehrt. Er hatte sich entschlossen, neben den andern Missionaren, die bereits in Schanghai arbeiteten und doch der überwältigenden Not nicht allein begegnen konnten, einige Monate Evangelisationsarbeit zu tun. Er befuhr im Hausboot die Wasserwege, die wie ein Netz das Land durchzogen. Als Hudson Taylor von Tsungming zurückkehrte, befand sich William Burns noch in dieser Gegend und tat genau die Arbeit, zu der sich der Jüngere berufen fühlte.

Wo die beiden zuerst zusammentrafen, ist aus keinem der erhaltenen Briefe ersichtlich. Doch kann man sich die gegenseitige Sympathie vorstellen. Der ernste, klarblickende Schotte mußte in dem jungen Engländer sofort einen verwandten Geist erkannt haben. Er sah bestimmt auch, daß der Jüngere Hilfe brauchte, und dieser fühlte sich sicher zu dem erfahrenen Missionar hingezogen. Beide waren ohne Lebensgefährtin. Darum beschlossen sie bald, gemeinsame Sache in dem Werk zu machen, das ihnen am Herzen lag.

In dem kleinen Haus am Südtor oder an Bord von Mr. Burns' Hausboot besprachen sie wahrscheinlich die Schwierigkeiten in bezug auf Tsungming und deren Bedeutung für die Zukunft. Der ältere Mann mit seiner geistlichen Reife erkannte bald die ganze Sachlage, und wie sie zu ändern sei. Nach seiner Ansicht handelte es sich nicht darum, auf Rechten zu beharren oder etwas zu unternehmen, auch wenn sie es gerechterweise hätten erreichen können. Also warum sich mit zweitrangigen Dingen abgeben? Wie leicht hätte der Meister, dem „alle Macht gegeben ist", Seinem Knecht zu einer dauernden Niederlassung auf der Insel verhelfen können, wenn es in Seinem Plan beschlossen gewesen wäre! Wenn Gott aber andere Pläne mit ihm hatte, was nützte es dann, die Regierung um Hilfe anzugehen? Nein, ein Diener Gottes muß nicht kämpfen und sich für sein Recht einsetzen, sondern soll sich von seinem Meister führen lassen und sich der Leitung des göttlichen Willens anvertrauen. Er soll nicht auf Menschenhilfe zählen und nach eigener Wahl Pläne durchsetzen. Er kann sich unbedingt auf die sichere Führung und Hilfe Gottes verlassen, meinte Burns.

So sah denn Hudson Taylor dankerfüllt ein, wie unbegründet seine ganze Mutlosigkeit war. Nichts, was der Höchste zuließ, vermochte Sein Werk zu hindern. Hatte nicht Gott selbst für Seinen Diener eine so köstliche Gemeinschaft geplant, wie er sie nie zuvor erlebt hatte?

Mitte Dezember verließ Hudson Taylor Schanghai und trat mit Mr. Burns seine zehnte Missionsreise an. In Tsungming durften sie sich nicht niederlassen; jedoch sah er kein Unrecht darin, seinen Gefährten, den kein Verbot zum Betreten des Inlands hinderte, zu begleiten. Sie reisten getrennt, jeder in seinem Boot, begleitet von ihren Helfern, und führten einen großen Vorrat an Literatur mit sich. Auf diese Weise waren sie voneinander unabhängig und sich doch gegenseitig ein Trost. Praktisch und methodisch hatte Burns seine eigenen Grundsätze für evangelistische Arbeit. Denen folgte sein junger Begleiter gern.

Sie wählten ein wichtiges Zentrum, in diesem Falle Nanzin in Chekiang, und hielten sich dort achtzehn Tage auf. Hier verbrachten sie die Weihnachts- und Neujahrstage. Jeden Morgen brachen sie beizeiten auf und arbeiteten nach einem bestimmten Plan. Manchmal arbeiteten sie zusammen oder suchten getrennt verschiedene Stadtteile auf. Burns fand es richtig, zuerst in den Vorstädten zu beginnen, wo kaum je ein Ausländer gesehen wurde, und von da aus langsam in das dichter bevölkerte Stadtinnere vorzudringen. Darum arbeiteten sie zuerst einige Tage in den Straßen der Vorstädte und predigten das Wort überall, wo sie eine Anzahl Menschen fanden. Dabei verteilten sie die Schriften. Sie begannen in ruhigen Stadtbezirken, um schließlich zum Zentrum zu gelangen, wo sie sich dann selbst in den belebtesten Straßen aufhalten konnten, ohne den Ladenbesitzern lästig zu werden und durch ihre Gegenwart deren Waren zu gefährden.

Sie besuchten auch Tempel, Schulen und Teehäuser und kehrten dann regelmäßig zu den günstigsten Predigtplätzen zurück. Nach jeder Versammlung gaben sie das Datum ihres nächsten Besuches bekannt und erlebten dadurch die Freude, immer wieder die gleichen Menschen zu sehen.

Doch überall, wo sie zusammen arbeiteten, bemerkte Burns, daß sein Begleiter eine größere Anzahl aufmerksamer Zuhörer fand als er selbst. Hudson Taylor wurde auch gelegentlich in Privathäuser eingeladen, während er selbst vor der Tür warten mußte. Die Ärmsten unter ihnen schienen sich immer um den Prediger in ausländischer Kleidung zu sammeln, während solche, die sich für die Botschaft interessierten, sich um seinen weniger auffallenden Freund scharten. Burns legte seine Beobachtungen in einem Brief an seine Mutter fest:

„Fünfundzwanzig Meilen von Schanghai entfernt, 26. Januar 1856. ... Ich benutze diesen Regentag, der mich an das Boot fesselt, einem Brief nach Dundee einige Zeilen für Dich beizufügen. Einzelheiten brauche ich jetzt nicht zu wiederholen.

Es sind nun vierzehn Tage vergangen, seitdem ich Schanghai verließ. Ein ausgezeichneter englischer Missionar, Mr. Taylor, der zur CEG gehört, begleitete mich auf dieser Reise. Wir fuhren getrennt in unsern Booten und haben gemeinsam viel Barmherzigkeit und gelegentlich auch bemerkenswerte Hilfe in unserm Dienst erlebt.

Ich muß Dir die Geschichte erzählen, wie es vor vier Wochen, am 29. Dezember, dazu kam, daß ich begann, mich chinesisch zu kleiden und dabei zu bleiben. Mr. Taylor hatte diesen Wechsel schon einige Monate früher vollzogen, und ich bemerkte, daß er auf diese Weise ungestörter predigen konnte. Darum fühlte ich mich verpflichtet, seinem Beispiel zu folgen."

Dieser Wechsel erwies sich als so vorteilhaft, daß Burns dann nie mehr europäische Kleider trug. Zweifellos waren die chinesischen auch bequemer.

„Wir stehen nun tief im Winter", schrieb Hudson Taylor am Neujahrstag, „und der Nordwind ist schneidend. Doch fühle ich mich warm und gemütlich in meinen chinesischen Kleidern.

Wir haben überhaupt für manches zu danken — ein gutes Boot, das uns täglich ungefähr zwei Shilling kostet und mir eine eigene kleine, mit einem Oberlicht versehene Kabine gewährt. Es vermittelt mir genügend Licht zur Arbeit und schützt mich vor neugierigen Blicken. Ein kleiner Tisch und eine Pritsche, die mir sowohl als Nachtlager wie als Sitzplatz für zwei oder drei Besucher dient, bilden die ganze Ausstattung.

Wie anders stand es um Jesus! Keine Stätte, worauf Er Sein Haupt legen konnte. Ach, daß ich Ihm doch mit Geist, Seele und Leib gehören und Ihn dadurch verherrlichen könnte!"

So tief auch immer sein Verlangen nach mehr Christusähnlichkeit bisher gewesen war, so wurde ihm doch jetzt im Zusammensein mit Mr. Burns dieser Hunger des Herzens mehr und mehr bewußt. Er erkannte, daß man mitten in der Finsternis eines heidnischen Landes ein Zeuge

Christi sein kann und doch wenig von Seiner Liebe ausstrahlt. Er wußte auch, wie der oberflächliche Wandel eines Missionars das Wort vom Kreuz wirkungslos macht.

„Ich predigte am letzten Sonntag über Matth. 24, 12“, schrieb er einmal, „wo es heißt: ‚Die Ungerechtigkeit wird überhandnehmen und die Liebe in vielen erkalten.‘ Ich fühlte dabei, wie diese Worte mit meinem eigenen Herzenszustand übereinstimmten. Wenn mich nicht der Geist Gottes täglich aufs neue hielte und stärkte, wie niederdrückend wirkte sich das mich umgebende Heidentum auf mich selbst aus! Doch der Herr ist getreu und hat versprochen: ‚Ich bin für euch wie Bäche am dürren Ort und wie ein Felsen in der Wüste.‘“

Auf solche Verheißungen verließen sich die beiden Freunde und wurden nicht enttäuscht. Die Gegenwart Gottes war Burns in China so real wie einst daheim. Der Biograph von Mr. Burns schreibt: „Ohne ein klares Bewußtsein der göttlichen Gegenwart wagte er keine der heiligen Pflichten zu tun. Ohne diese vermochte er nicht einmal zu einer kleinen Schar Kinder in der Sonntagsschule zu reden; mit ihr aber stand er unerschrokken vor dem Mächtigsten und Weisesten des Landes.

Es ist darum nicht verwunderlich, daß dieses Leben andere Menschen beeindruckte und sie sich dadurch angezogen fühlten. Er brauchte das Gebet so sehr wie das Atmen und das Wort Gottes so dringend wie seine täglichen Mahlzeiten. Immer war er fröhlich; darum schrieb er über diese Wahrheit: ‚Ich kann durch Gottes Gnade sagen, daß mir jeder Ort recht ist, wenn Gott mit mir ist.‘

Er liebte die einfache Lebensweise. Es wurde von ihm gesagt, daß er die Stille schätzte und den Vorzug, wenige Dinge zu besitzen, für die er hätte sorgen müssen. Die glücklichste Lebensweise für jeden Christen war seiner Meinung nach, wenig Bedürfnisse zu haben.

‚Wenn jemand Christus im Herzen hat‘, pflegte er zu sagen, ‚den Himmel vor Augen und an zeitlichen Gütern nur das Notwendigste besitzt, dann können ihm Sorgen und Leid nicht leicht etwas anhaben.‘

Gebildet, aufrichtig und mit überfließendem Mutterwitz begabt, war er ein angenehmer Gefährte. Gern gab er von seinen Erlebnissen an andere weiter, und sein Schatz an Anekdoten belebte und bereicherte das Zusammensein mit ihm. Oft war sein Leben in Irland und anderswo durch eine erregte Menge in Gefahr gewesen. Seine Geschichten darüber wirkten anfeuernd auf Glauben und Eifer, wenn sie auch nicht selten ein Lächeln hervorriefen.

‚Tod dem Teufel!‘ hatte einst eine Stimme aus einer aufrührerischen Menge geschrien. Der Rufer war fest entschlossen, seiner Straßenpredigt ein vorzeitiges Ende zu bereiten. Doch die witzige, mit scharfem Spott gewürzte Antwort hatte gelautet: ‚Gut! Dann bist du aber ein armes, vaterloses Kind!‘ Damit war nicht nur die Situation gerettet gewesen, sondern die Antwort hatte auch einen tiefen Eindruck hinterlassen.“

Mr. Burns war ein großer Freund der Kirchenmusik, und sein junger Begleiter verstand ihn darin sehr gut. Sie sangen zusammen viele geistliche Lieder in Chinesisch und Englisch. Es störte ihr Verhältnis nicht, daß sie nicht derselben Denomination, nicht einmal demselben Volksstamm angehörten. Burns war viel zu weitherzig, um sich durch Glaubensunterschiede beeinflussen zu lassen.

Seiner eigenen Glaubensüberzeugung blieb er treu. Was Sünde war, nannte er Sünde. Seine Reden über Sünde konnten schrecklich sein. Es erblichen dabei starke Männer, und viele brachen im Bewußtsein der Gegenwart Gottes zitternd zusammen. Auf dieser Reise zum Beispiel betrat er eines Tages die Bühne eines chinesischen Theaters, das von mehreren tausend Menschen besucht war, und unterbrach ein unmoralisches Schauspiel. Er rief die unter offenem Himmel stehenden Zuschauer zur Buße und zur Umkehr zu dem lebendigen Gott auf.

Doch gegen sich selbst war er am strengsten im Sinne des Schriftwortes: „Darum erdulden wir alles, damit wir nicht dem Evangelium ein Hindernis sind.“ In seinem Tagebuch finden sich kurze Eintragungen, wonach er immer wieder ganze Tage oder Nächte im Gebet zubrachte. Er streckte sich aus nach „persönlicher Heiligung als Grundlage aller Missionsfrucht“. Er fühlte sich trotz seiner Liebe zu seinem Herrn gänzlich unwürdig als Botschafter Christi. „Besäße ich doch das Herz eines Märtyrers“, schrieb er, „wäre es mir doch vergönnt, wie ein Märtyrer zu leiden, um einst die Krone eines Märtyrers zu erlangen!“

Für Hudson Taylor war die Freundschaft eines solchen Mannes in diesem Lebensabschnitt eine Gabe Gottes. Woche um Woche, Monat um Monat arbeiteten sie zusammen, und die Schwierigkeiten ihrer Arbeit erschlossen Fähigkeiten des Verstandes und Herzens, die vielleicht sonst verborgen geblieben wären. Eine solche Freundschaft ist eine der ganz besonderen Segnungen des Lebens. Hudson Taylor vermochte nach den langen Jahren der Einsamkeit die ganze Kostbarkeit dieser Gabe zu schätzen. Unter Burns' Einfluß entfaltete er sich. Er lernte dabei noch besser, sich und die ihm vorbestimmte Aufgabe zu verstehen, die sein ganzes späteres Leben prägen sollte. Das Zusammenleben mit William Burns war für ihn mehr als ein Hochschulkurs mit all seinen Vorzügen, weil er die Verwirklichung des Wichtigsten in Wandel und Worten vor sich ausgelebt sah.

DER ZUSCHLIESST, UND NIEMAND KANN ÖFFNEN

Mitte Februar kehrten William Burns und Hudson Taylor wieder nach Schanghai zurück. Froh nahmen sie nach den neunundzwanzig Tagen gemeinsamer Arbeit wieder an Dr. Medhursts wöchentlicher Gebetsstunde teil. Alle, die sich für Gottes Wort interessierten, besuchten sie gern. Diesmal beteiligte sich auch ein gläubiger Kapitän daran, dessen Dampfer soeben von Swatow kommend in Schanghai eingelaufen war. Die Zustände in jenem Hafengebiet, in das er von Zeit zu Zeit Waren und Passagiere brachte, belasteten sein Herz. Als wichtiger und wachsender Handelsort beherbergte er viele Leute, die auf mehr oder weniger zweifelhafte Art reich werden wollten. Der Opiumhandel und das Verschachern von Kulis wurden dort in schamlosester Weise betrieben. Die Seeräuberei blühte in einem solchen Maße, daß sogar chinesische Kaufleute ihre Waren auf ausländische Schiffe verluden, damit sie unter britischer oder einer andern Flagge sicher fahren konnten. Deshalb hatte man in Swatow, obwohl es kein offener Hafen war, im Einverständnis mit der einheimischen Behörde eine europäische Kolonie gegründet. Auf der fünf Meilen von Swatow entfernten Insel hatten Kapitäne von Opiumschiffen und andere Ausländer Land gekauft und wie in Hongkong Häuser gebaut. Ihre Anwesenheit verschlimmerte aber die schrecklichen Zustände dieser berüchtigten Gegend. Weder dort noch in Swatow lebte ein Botschafter Jesu Christi oder jemand, der einen guten Einfluß auf diese Menschen ausgeübt hätte. Ein normales Familienleben war überhaupt ausgeschlossen. Und weil es außerdem auch keine gesetzlichen Bestimmungen gab, war es hoffnungslos, eine Änderung der Zustände zu erwarten.

Aus einer solchen Gegend kam Kapitän Bowers. In Dr. Medhursts Gebetsstunde betonte er die Dringlichkeit einer Missionsarbeit in Swatow. Wenn schließlich Kaufleute und Handelsreisende sich dort niederlassen konnten, weshalb nicht auch Prediger des Evangeliums? Zwar meinte er, der Missionar, der willig wäre, an diesem finsteren Ort als Bahnbrecher zu arbeiten, dürfte vor dem Abschaum der dort ansässigen „christlichen" Gesellschaft nicht zurückschrecken.

Still und nachdenklich kehrten die beiden Freunde auf ihre Boote zurück. Der Ruf Gottes hatte während Kapitän Bowers' Bericht Hudson Taylors Herz erreicht, und nun kämpfte er gegen den Aufruhr in seinem Innern, denn dieses Opfer fiel ihm unsagbar schwer.

„Nie habe ich einen geistlichen Vater gehabt, wie er mir in Mr. Burns begegnete", schrieb er Jahre später, „niemals solch glückliche, heilige Gemeinschaft gekannt. Deshalb versuchte ich, mir Trost zuzusprechen, indem ich mir einredete, Gott könne unmöglich eine Trennung beabsichtigen."

Es vergingen einige Tage in dieser Gemütsverfassung. Aber Hudson Taylor konnte der Überzeugung, daß Swatow der Ort sei, an dem Gott ihn haben wollte, nicht länger ausweichen.

„In großer innerer Unruhe besuchte ich eines Abends in Begleitung von Mr. Burns Freunde der Amerikanischen Presbyterianer-Mission, die in unserer Nähe wohnten. Nach dem Tee sang Mrs. Lowrie uns das Lied ‚Der Missionsruf'. Es war mir nicht bekannt. Ich war zutiefst erschüttert, und mir schien, als müsse mein Herz brechen, noch ehe das Lied zu Ende gesungen sei. Mit den soeben gehörten Worten antwortete ich Gott auf Seinen Ruf an mich:

Und gehen *will* ich.
Drangeben muß ich Freund und jedes Band,
das fesselt mein Herz.
Von nun an darf nicht kümmern mich mein Los,
ob Sturm, ob Sonnenschein, ob bitter oder süß mein Kelch.
Ich bitte Dich, Herr, rüste mich für Deinen Weg,
den Du für mich bestimmt,
und für die schwere Stund',
die ich *nie* selbst gewählt!

Vor meiner Abreise bat ich Mr. Burns zu einem Besuch in mein kleines Haus, das mir immer noch als Ausgangspunkt diente. Hier sagte ich ihm unter vielen Tränen vom Ruf des Herrn und meiner Auflehnung im Blick auf eine damit verbundene Trennung. Er schien gespannt meinen Worten zuzuhören. Sein Gesicht trug eher einen Ausdruck der Freude als der Trauer. Dann antwortete er, er hätte sich in der vergangenen Nacht entschlossen, mir zu sagen, daß auch er Gottes Ruf nach Swatow vernommen und es sehr bedauert habe, unsere glückliche Zusammenarbeit aufgeben zu müssen."

So schenkte Gott Seinem Diener die Gemeinschaft zurück, die so viel für sein Leben bedeutete. Gemeinsam begaben sie sich am nächsten Morgen zu Kapitän Bowers und berichteten ihm von ihrem Entschluß. Dieser freute sich so sehr darüber, daß er ihnen freie Überfahrt auf seinem Schiff anbot, das bereits nach wenigen Tagen nach Swatow auslaufen sollte. Dieses Angebot wurde natürlich dankbar angenommen. Am 6. März, zwei Jahre nach Hudson Taylors Ankunft in Schanghai, segelten die beiden ihrem neuen Arbeitsfeld entgegen.

Als der Dampfer an einem nebligen Abend die Anker vor Gützlaffs Insel ins Meer senkte, dachte Hudson Taylor bestimmt an jenen Februarsonntag, als er diese Stelle zum erstenmal erreichte. Damals hatte er weder Land noch Leute gekannt. Wie anders war es heute! Jetzt beherrschte er zwei Dialekte. Der eine wurde von vier Fünftel der chinesischen Bevölkerung gesprochen. Und er war bereits am Erlernen eines dritten Dialekts. In mancherlei Prüfungen und schweren Erfahrungen erstarkt, war er zum Einsatz in einem besonders schwierigen Gebiet gerüstet. Alles bisher Erlebte hatte ihn gelehrt, sich in Geduld zu üben, und ihn in völligere Abhängigkeit von Gott gebracht. Evangelisationsreisen allein oder in Begleitung anderer Missionare hatten seinen Horizont erweitert. Es ist aber nirgends erwähnt, wieviel Mühsal, Gefahren auf Land- und Wasserwegen, „Gefahren in Städten . . ., Gefahren vor Räubern", aber auch wieviel Erfahrungen mit verborgenen Quellen des Glaubens und des Gebets er machte. Das Angebot der freien Überfahrt war eine neue und willkommene Erfahrung.

„Wie ich hörte, sind die Gaben zur Unterstützung unseres Missionswerkes seit einiger Zeit spärlicher eingegangen", schrieb er im April dieses Jahres. „Diese Not trifft mich persönlich nicht, weil ich während des letzten halben Jahres kein Geld abzuheben brauchte und für die kommenden

Monate ausreichend versorgt bin. Die letzte Post brachte mir von einem sehr geschätzten Freund und treuen Diener Gottes, der mir bereits im Verlauf des letzten halben Jahres hundert Pfund zukommen ließ, einen Brief. Darin bat er mich, ihm jede Möglichkeit zu nennen, durch die er das Werk mit seinen Geldsendungen fördern könnte. Solange wir nach Gottes Willen leben, können uns Nöte und Schwierigkeiten nicht aufhalten. Das ist ja auch Ihre Auffassung. Nichts darf uns schaden oder Gottes Pläne hindern."

Nur in einem Punkt schienen die Jahre in China keine Veränderung gebracht zu haben. Noch immer besaß er kein bleibendes Heim, keine stationäre Arbeit und keine bestimmten Zukunftspläne. Wo und wie er endlich eine Arbeit aufbauen sollte, wußte er jetzt ebenso wenig wie am Anfang. Doch den Weg des Glaubens kannte er besser. Er hatte gelernt, die Zukunft ruhig in den Händen Gottes zu lassen, der nicht bloß den Anfang, sondern auch das Ende kennt, der Seine Kinder leitet und weiter leiten wird. Tiefe Ruhe erfüllte ihn, weil er sich nicht mehr Sorgen machte über das, was zwischen Anfang und Ende liegt. Was diese Zeit in Swatow für ihn bedeuten sollte, welchen Raum sie in seinem Lebenswerk einnehmen würde, konnte er nicht wissen. Er wußte nur das eine, daß der Herr diese Tür für ihn aufgetan hatte.

„Im Blick auf Swatow", schrieb er vor seiner Abreise dorthin, „erwarten wir vom Herrn Leitung und Bestätigung. Es liegt bei Ihm, ob Er uns früher oder später oder nie mehr zurückbringen will. Weil wir keine eigenen Pläne verfolgen, können wir darüber nichts weiter sagen. Möge Gott mit uns sein, uns gebrauchen und Seinen eigenen, großen Namen verherrlichen!"

Betend und vertrauend näherten sie sich der großen Provinz Kwangtung und erreichten am 12. März Double Island. Sie befanden sich nur noch wenige Meilen von ihrem Bestimmungsort entfernt. Hier hätten sie in der Europäersiedlung bleiben und von ihrer Geborgenheit aus das Festland, wohin sie gerufen waren, besuchen können. Doch weder William Burns noch Hudson Taylor dachten daran, und nichts hätte sie von ihrem Plan abbringen können. Sie zogen weiter nach Swatow und wollten unter den Leuten wohnen, um deretwillen sie Schanghai verließen. Die chinesische Kleidung erwies sich als große Hilfe. Obgleich es zu Anfang schien, als könnten sie nirgends unterkommen, erhörte Gott doch ihre Gebete und stärkte sie durch eine jener „Vorsorgen", die Kinder Gottes oft erleben.

Swatow lag in das Delta des Hanflusses eingebettet und breitete sich an den beiden Flußufern aus. Es hatte wenig Raum zur Ausdehnung. Hunderte von Arbeitern waren bei ihrer Ankunft dabei, in aller Eile Häuser zu bauen. Die Nachfrage überstieg weit den Bestand an Häusern. Deshalb konnten die Missionare vorerst keine Wohnung finden.

Nach zwei Tagen vergeblichen Suchens, in denen sie dankbar Kapitän Bowers' Gastfreundschaft annahmen, „begab es sich", daß sie mit einem

Kaufmann aus Kanton zusammentrafen, den Burns in seiner Muttersprache anredete. Dieser Fremde interessierte sich für sie, weil er sich freute, von einem Ausländer in chinesischer Kleidung ein solch ausgezeichnetes Kantonesisch zu hören. Und wiederum „begab es sich", daß sie durch einen seiner Verwandten, den höchsten Stadtbeamten, eine Wohnung bekamen. Sie war allerdings klein und bestand nur aus einem einzigen Raum über einem Weihrauchladen in einem dichtbesiedelten Viertel. Sie waren aber sehr froh, etwas gefunden zu haben, bevor Kapitän Bowers seine Rückfahrt nach Schanghai antreten mußte.

Dieser aber war mit einer solchen Behausung für seine Freunde nicht zufrieden, was wohl nicht verwundert. Seine Liebe und Bewunderung für Burns war so groß, daß er den Gedanken kaum ertragen konnte, ihn in einer solchen Umgebung zurücklassen zu müssen. Er berichtete einem gemeinsamen Freund von seinem Besuch im Weihrauchladen:

„Als ich seine Wohnung im ärmsten und verkommensten Stadtviertel sah, sagte ich zu Burns: ‚Aber, Mr. Burns, Sie können doch bestimmt noch etwas Besseres finden.' Da antwortete er mir lachend: ‚Ich fühle mich glücklicher unter dem Volk als daheim inmitten aller Bequemlichkeit. Hier brauche ich monatlich nur zehn Dollar für meinen Unterhalt.'

‚Mr. Burns', rief ich entsetzt aus, ‚das reicht nicht einmal für meine Zigarren!'"

Zehn Dollar! Ein einziger Raum, in den sie nur durch eine Öffnung im Fußboden gelangen konnten! Doch hier lebten sie inmitten des Volkes, und Gott war mit ihnen. Den Raum teilten sie, so gut es ging, in drei Abteilungen auf.

„Mein Schlafabteil liegt südwärts", schrieb Hudson Taylor zwei Wochen später. „Mr. Burns bewohnt den nördlichen Teil, und das Mittelstück benutzten wir zum Arbeiten. Bettücher und Bretter ersetzten die Wände. Wir haben diesen Raum soeben ganz gemietet. Für die Familie des Hauseigentümers muß aber vorübergehend ein Durchgang abgetrennt werden, bis andere notwendige Änderungen am Haus vollendet sind. Man versprach uns für die nächste Woche eine Falltür. Dann hoffen wir, mehr Stille zu haben. Unsere Betten bestehen vorläufig aus Brettern und der Tisch aus einem Kistendeckel, der auf zwei Bücherpaketen liegt. Natürlich besäßen wir lieber einen besseren, finden aber keinen in der Stadt. Dazu gehören noch zwei Bambushocker und ein bequemer Bambusstuhl. Dafür haben wir unsere Wohnung mit wenig Geld ausgestattet."

Hier also unter den schlimmsten und verkommensten Menschen wurde das kleine Samenkorn in die Erde gelegt, das eine reiche Ernte bringen sollte. Vor Jahren hatte hier ein Missionar der Basler Mission gelebt und unter schwierigsten Umständen seinen Auftrag ausgeführt. Von Ort zu Ort getrieben, hatte er die weite Umgebung kennengelernt und etwas von der Liebe Christi und Seiner Geduld den Menschen vorgelebt. Als er 1852 nach Hongkong zurückgetrieben wurde, hatte niemand seinen Platz eingenommen. Seitdem war Swatow ohne die Botschaft des Evangeliums geblieben.

Mr. Burns konnte sich dank seiner Kenntnis des kantonesischen Dialekts sofort mit den Leuten verständigen. Seinem Gefährten fiel das Einladen schwer. Weil er aber den Leuten nahekommen wollte, mußte er diesen Dialekt schnellstens erlernen.

Kurz nach ihrer Ankunft schrieb Hudson Taylor an seine Mutter:

„Wir finden hier viel Arbeit. Ich selbst bin zwar ganz untüchtig dazu. Ich verstehe kein Wort. Hier muß ich von neuem anfangen. Das fällt mir schwer. Aber wenn wir nur von Gott gebraucht werden! Welch ein Vorrecht ist uns dann eingeräumt! Bete für mich und sorge Dich nicht meinetwegen! Der Herr sorgt für uns."

Hätten Mutter und Freunde die Lage gekannt, würden sie sich mit Recht gesorgt haben. Swatow war ein gefährliches und schwieriges Arbeitsfeld. Zwei schlimme, bereits erwähnte Übel blühten hier unter dem Schutz der Ausländer und machten dadurch jedem Chinesen den Anblick der Europäer verhaßt. Hudson Taylor schrieb darüber:

„Hier werden monatlich ungefähr zweihundert Kisten Opium eingeführt. Jede Kiste enthält vierzig Ballen von je zwei Pfund Gewicht. Somit gehen monatlich mindestens 16 000 Pfund Opium durch diesen Hafen. Kein Wunder, daß die Leute so schrecklich arm und unwissend und lasterhaft sind!

Es wird hier auch ein grausamer Sklavenhandel unter dem Namen Kulihandel betrieben. Die Leute werden auf eine bestimmte Anzahl Jahre verpflichtet, aber nur wenige kehren jemals wieder zurück. Man bezahlt einen Vorschuß und verspricht ihnen, sie könnten ein Vermögen verdienen. Auch mit noch schlimmeren Mitteln verleitet man sie. Sobald sie eingeschifft sind, wird dem Agenten für jeden Burschen eine bestimmte Summe ausbezahlt, während diese sich bald der schrecklichsten Art von Gefangenschaft bewußt werden. Einige springen über Bord. Meistens werden sie wieder aufgefangen und ausgepeitscht. Es gibt Schiffe, die dreihundert—vierhundert Männer entführen, andere sogar tausend. Viele sterben unterwegs, ehe sie ihr Ziel — Kuba, Havanna, Callao — erreicht haben. Der Schiffsarzt eines Schiffes, das mehrere hundert Gefangene entführte, sagte, daß nicht mehr als zwei Drittel die Reise überstehen können."

So war es denn auch nicht verwunderlich, daß die Missionare nur mit viel Mühe Fuß fassen konnten. Es lebten viele Händler auf dieser Insel, die die Anstrengungen der beiden Fremden haßerfüllt und mißtrauisch verfolgten. Der übliche Schimpfname „fremder Teufel" fand durch „fremder Hund", „fremdes Schwein" und noch schlimmere traurige Ergänzungen. Es war für die beiden Missionare demütigend und äußerst schmerzlich.

In den umliegenden Städtchen und Dörfern verhielten sich die Leute freundlicher, doch auch hier fanden sie die gleiche Armut und Verwahrlosung. Dazu waren die Leute leicht erregbar, so daß jeder, der sich unter sie mischte, in beständiger Gefahr lebte. Auf ihren Landbesuchen hätten sie leicht gefangengenommen und als Geiseln festgehalten werden können. Oft wurde behauptet, das ganze Gebiet wäre „ohne Kaiser, ohne Regent und ohne Gesetz". In einer kleinen Stadt, in der sie einmal predigten, war kurz vorher ein vermögender Mann aus einem benachbarten Stamm gefangengenommen worden. Weil er sich geweigert hatte, das geforderte Lösegeld zu seiner Freilassung zu zahlen, war er grausam gefoltert worden. Zuletzt wurden ihm mit einem Knüppel die Fußknöchel zerschmettert. Daraufhin erhielten seine Peiniger, was sie gefordert hatten.

„Es war einzig und allein Gott", schrieb Hudson Taylor, „der uns vor einer solchen Behandlung bewahrte. Die Städte sind mit Mauern umgeben. Darin wohnen zehn- bis zwölftausend Menschen, die ständig mit den Nachbarstädten im Krieg leben. Findet man in einer Stadt freundliche Aufnahme, dann ist die nächste eine Gefahr. Wie deutlich erkannten wir da Gottes Fürsorge!"

Nur im Vertrauen auf Gottes Gegenwart vermochten die Missionare auszuhalten. Sie fanden viele Gelegenheiten, Licht in die Finsternis zu bringen. Mr. Burns suchte Double Island wiederholt auf und hielt dort in englischer Sprache gutbesuchte Versammlungen. Taylor begleitete ihn, wenn er sich von seinem Sprachstudium freimachen konnte, und bereiste zusammen mit ihm die Umgebung trotz der ständigen Gefahr. Die Hitze hatte bereits im Mai eingesetzt. Taylor litt unter dem südlichen Klima mehr als Burns, der bereits daran gewöhnt war.

Schlimmer als die Hitze, die schlaflosen Nächte und alle Mühsal bedrückte die beiden die sie umgebende Sünde, und was diese an Leid mit sich brachte.

„Hier herrscht die Sünde ganz offensichtlich. Die Frauen sind wie immer die Bedauernswertesten und Hilflosesten. Sie erfahren eine Behandlung, als besäßen sie keine Seele. Mädchen werden hier als Nebenfrauen oder Sklavinnen verkauft. Von Ausbildung ist keine Rede. Verheiratete oder ganze Familien gibt es nur wenige im Vergleich zur Bevölkerungszahl. Die Mehrzahl der Frauen ist unglücklich. Ich sage bewußt unglücklich, denn sie werden zu einem furchtbaren Leben aufgezogen und verkauft. Sie sind absolutes Eigentum der Männer, die sie gekauft haben. Viele hassen dieses Los, können ihm aber nicht entfliehen. Erst vor einigen Nächten brachten mich herzzerreißende Schreie zweier Frauen beinahe in Verzweiflung. Als ich am Morgen jemanden danach fragte, hieß die Antwort, es wären wahrscheinlich in ein nahegelegenes Haus neue Frauen hinzugekauft und durch Folterungen zur Unterwerfung gezwungen worden. ‚Und das', fügte der Befragte hinzu, ‚ist hier nichts Außergewöhnliches.' Das Schreien dauerte zwei Stunden an. Die Armen! Die Armen!

Dies ist allerdings kein passendes Thema für Dich. Doch wenn Du nie etwas davon hörst, kannst Du auch mit den Frauen kein Mitleid empfinden oder für sie beten. Europäische Frauen sind sich kaum dessen bewußt, was sie dem Evangelium verdanken. Wie wenige lieben Jesus so tief, daß sie die Heimat verlassen, um hier ‚das Verlorene zu suchen'! Gewiß bedeutet es Opfer. Aber keine Frau müßte so tief hinuntersteigen, wie Jesus es für sie tat."

Die Missionare hielten Monat um Monat aus. Gottes Gegenwart stärkte sie. Hudson Taylor war viel allein, während sein Gefährte unermüdlich unterwegs war. Die Nachbarn und alle, die in den Weihrauchladen kamen, beobachteten ihn genau und erkundigten sich nach allen Einzelheiten seines Lebens. Darüber berichtete drei Jahre später auf einem

Jahresfest der CEG in der Heimat ein späterer Mitarbeiter von Burns, Dr. De la Porte:

„Ich hatte die Freude und Ehre, einen Ihrer Missionare, Mr. Hudson Taylor, kennenzulernen. Über seinen Eifer und seine Hingabe kann ich nur das beste Zeugnis abgeben. Oft sah ich diesen jungen Mann abends erschöpft und mit wunden Füßen heimkehren. Sein Gesicht war jedesmal durch die Sonnenstrahlen von Blasen bedeckt. Äußerst erschöpft warf er sich dann auf sein Lager, um schon nach wenigen Stunden Ruhe wieder die mühevolle Arbeit eines neuen Tages zu beginnen. Die Chinesen haben ihn hoch geachtet, weil er ihnen viel Gutes tat. Er lebte als ‚ein Wohlgeruch Christi' unter ihnen."

Sechs Monate Zusammenarbeit lagen bereits hinter ihnen. Keiner der beiden ahnte, wie bald diese ein Ende finden sollte. Die sie umgebende Not war so entsetzlich und die Hilfe, die sie in ihrem gemeinsamen Dienst erleben durften, so offensichtlich, daß sie für die Zukunft Großes erwarteten. Swatow war aber nur eins der bedürftigen Felder in dem so unendlich weiten China. Es mußte noch ein größeres Werk getan werden. Dazu bereitete der Herr den Weg, um den Gebieten, mit denen Er ihre Herzen besonders belastete, weitreichenden Segen zu schenken. Er hatte William Burns für Swatow und andere strategisch wichtige Punkte in den großen, an das Meer grenzenden Provinzen und Hudson Taylor für das weite Inland Chinas bestimmt. Das war der Plan dessen, der das Ende so klar wie den Anfang sieht. Bald also sollten die Tage ihrer gemeinsamen Arbeit ein Ende finden.

Mitte Juni kehrte Burns von der Nachbarstadt Ampo zurück, wo er zehn Tage verbracht hatte. Es war eine ermutigende Zeit gewesen an diesem geschäftigen, wichtigen Ort. Nicht nur hatte ein ständiger Strom von Besuchern seine Bücher sehen und solche kaufen oder sich mit ihm unterhalten wollen, sondern es hatten sich zu seiner großen Freude auch einige wirklich für seine Botschaft interessiert. Täglich hatten sie sich zu den regelmäßig durchgeführten Morgen- und Abendandachten bei ihm eingefunden. Die Rückkehr nach Swatow war ihm deshalb nicht leicht gefallen. Nun aber verhinderten ständige Regengüsse eine Arbeit außerhalb des Hauses. So blieb ihnen jetzt Zeit zum Gebet und zur ausführlichen Lagebesprechung.

Am Ende der Woche erkrankte Hudson Taylor. Die Hitze in den engen Räumen zehrte an seinen Kräften. Sie bewohnten das Obergeschoß nicht mehr allein. Ihre chinesischen Helfer teilten es mit ihnen.

Sobald das Wetter sich besserte, kehrte Burns mit seinen Helfern nach Ampo zurück. Er wußte, daß er sich diesmal für längere Zeit von seinem englischen Freund trennen mußte. Noch lag die heißeste Sommerzeit vor ihnen. Darum durfte Hudson Taylor in seinem geschwächten Zustand nicht in Swatow bleiben. Auch die Arbeit schien einen Besuch in Schanghai nötig zu machen.

Noch immer hatten sie keine Predigthalle errichten können. Die Einheimischen mißtrauten den Fremden zu sehr, als daß sie ihnen einen Raum zur Evangeliumspredigt überlassen hätten. Räume zur Krankenbehandlung, ja, das wäre etwas anderes, meinten sie. Der ausländische Arzt war überall gern gesehen, und wenn er dabei etwas von seiner Religion sagen mußte, nun, das nahm man in Kauf, waren doch seine Arzneien gut. Also konnte man ruhig ein Auge zudrücken.

Weil man auch in Swatow so dachte, beschlossen die beiden Freunde, hier ein Krankenhaus oder wenigstens eine Poliklinik zu eröffnen. Natürlich beteten sie um klare Weisung vom Herrn. Als dann der Hauptmandarin schwer erkrankte und die einheimischen Ärzte ihm nicht helfen konnten, ergab sich die Frage, ob Hudson Taylor nicht aus Schanghai seine Instrumente und Medikamente holen sollte. Auf irgendeine Weise hörte der Kranke, daß einer der beiden Fremden ein Arzt sei. Darum bat er Taylor zu sich und überließ sich seiner Behandlung. Sie war erfolgreich. Sobald der Mandarin gesund war, riet er den Missionaren, in Swatow eine Praxis zu eröffnen, damit sie auch andern helfen könnten. Durch die Vermittlung des Mandarins fanden sie auch eine bessere Wohnung. Das schien die Bestätigung für ihren Plan zu sein.

Schweren Herzens trennte sich Hudson Taylor von seinem Freund. Hat er wohl geahnt, daß es ein Abschied für immer sein würde? Aber weil ihm in diesen Tagen von einem englischen Kapitän freie Überfahrt angeboten wurde, nahm er dies als Gottes Führung an. Es schien wirklich so, als ob ihnen für eine erfolgreiche Arbeit einzig die ärztliche Ausstattung fehlte, die in Schanghai bereitlag.

Anfang Juli trennten sie sich. Voll Dankbarkeit für die Vergangenheit und Hoffnung für die Zukunft befahlen sie sich gegenseitig der Fürsorge und Bewahrung Gottes an.

„Diese glücklichen Monate bedeuteten mir unaussprechliche Freude und Trost", schrieb Hudson Taylor lange nachher in Erinnerung an die Zeit mit William Burns. „Sein beständiger Umgang mit Gott machte die Gemeinschaft mit ihm überaus kostbar. Seine Berichte über die erlebten Erweckungen und Verfolgungen in Kanada, Dublin und Südchina waren sehr lehrreich und interessant, denn mit wahrer göttlicher Weisheit erkannte er in allem Schweren die Absicht Gottes, und das ließ mich das ganze Leben unter einem neuen Gesichtswinkel sehen und schätzen. So sprach er über Evangelisation als eine wichtige Aufgabe der Gemeinde Jesu Christi, ferner über Einsetzung von Laienevangelisten als verlorengegangene Ordnung, die nach der Schrift wieder eingeführt werden müßte. Diese Gedanken erwiesen sich in der späteren Organisation der China-Inland-Mission als fruchtbare Saat."

Sie sollten sich nie wiedersehen. Dunkle Wolken zogen sich über Südchina zusammen, die schon sehr bald zu einem Krieg führten. Auf einem Boot in der Nähe von Swatow wurde Burns gefangengenommen und unter Bewachung über Flüsse und Kanäle in einer einunddreißigtägigen Fahrt nach Kanton gebracht und dort den britischen Behörden ausgeliefert. Als er nach Monaten wieder nach Swatow zurückkehrte, begegnete man ihm mit großer Freundlichkeit. Er konnte dort ein bleibendes Werk aufbauen. Bekannt unter dem Namen „Der Mann mit dem Buch“ konnte er frei aus und ein gehen. Er war der vertraute Freund der Einheimischen in einer Zeit, in der alle andern Europäer in ihre Häuser verbannt wurden und wegen ihrer Mitschuld am Kulihandel in großer Gefahr lebten. Die Swatow-Mission der English Presbyterian Church blühte dort lange Zeit als eine Frucht jener Vorarbeit.

Nachdem Mr. Burns die Anfangsschwierigkeiten überwunden sah, wandte er sich andern Arbeitsfeldern zu. So kam er nach Peking, wo er sich vier Jahre der evangelistischen und literarischen Arbeit widmete. Dann wandte sich der Missionsveteran, dem Leitgedanken seines Lebens folgend, noch einmal neuen Aufgaben zu. Nördlich der Großen Mauer lag eine beinahe unbekannte Welt — die weiten, fruchtbaren Ebenen der Mandschurei. Mit einem einzigen chinesischen Helfer begab er sich auf die Reise. Sein Leben und seine Lehre beeindruckten den Kapitän der Dschunke, auf der er sich befand, so tief, daß er kein Fahrgeld von dem Manne entgegennehmen wollte, durch dessen Gegenwart er gesegnet worden war.

Dann kamen die letzten Tage, da Gott Sein Siegel auf dieses Leben mit seiner einmaligen Hingabe drückte. Vier Monate lang hatte er harte Pionierarbeit getan, sonntags für eine kleine Schar Ausländer in der Fremdenkolonie Gottesdienste gehalten und an den Wochentagen im Eingeborenenviertel, wo er wohnte, evangelisiert. Dann brachte eine Krankheit, wohl die Folge einer Erkältung, das stille, unerwartete Ende. Rev. W. C. Burns starb am 4. April 1868, drei Jahre nach Gründung der China-Inland-Mission.

Bis zuletzt einsam unter den Chinesen, richtete er noch kurz vor seinem Sterben in weiter Ferne das Kreuz auf, wohin bisher noch kein Bote des Evangeliums Licht gebracht hatte. Nichts anderes hätte besser in seinen Lebensplan gepaßt, und nichts hätte seinem Herzenswunsch näher gelegen.

Hudson Taylor dachte nur an eine kurze Zeit der Abwesenheit von Swatow, als er sich von William Burns trennte. Bei seiner Ankunft in Schanghai mußte er jedoch zu seinem Entsetzen vernehmen, daß die Häuser der LMS einem Brand zum Opfer gefallen waren. Sollte tatsächlich seine ganze ärztliche Ausstattung mit verbrannt sein? Was dann? Wie konnte er ohne Medizin nach Swatow zurückkehren, wo doch alles auf eine ärztliche Tätigkeit zu warten schien? Woher sollte er eine neue Ausrüstung bekommen? In Schanghai konnte er sich keine verschaffen, denn hier wurden eingeführte Dinge zu unerhörten Preisen verkauft. Sechs bis acht Monate würden verstreichen, bis sie ihn aus der Heimat erreichte. Er empfand seine Lage so wie einst Jakob, der von seinem Erleben sagen mußte: „Alle Dinge sind gegen mich.“ Doch in frohem Vertrauen erkannte auch er, daß „denen, die Gott lieben, alle Dinge zum Besten dienen müssen“. Er berichtete später: „Meine Enttäuschung war so groß, und die

Prüfung erschien mir so hart, weil ich noch nicht gelernt hatte, Gott als Urquelle alles Guten zu ehren. In Ihm weben und sind wir ja, und alle großen und geringen Dinge werden von Ihm zugelassen."

Er begab sich nach reiflicher Überlegung nach Ningpo, um sich von Dr. Parker beraten und helfen zu lassen. Sollte es diesem möglich sein, ihnen etwas von seinem Vorrat an Medikamenten abzugeben, dann würde dem Beginn einer Praxis nichts im Wege stehen. In dieser Hoffnung reiste Hudson Taylor in die benachbarte Stadt.

Es begann aber für ihn eine neue Welle von Schwierigkeiten. Auf dem Wege nach Ningpo machte sich der Diener mit dem Gepäck des Missionars davon. Hudson Taylor erfaßte die Lage nicht sogleich. Er meinte, sie hätten sich mißverstanden. Deshalb begab er sich auf die Suche nach Jo-shi, verbrachte eine ungemütliche Nacht in einem Gasthaus und die nächste auf den Stufen eines Tempels, nachdem er vergeblich eine bessere Unterkunft gesucht hatte. Es war kurz nach Mitternacht, als er mit wundgelaufenen Füßen erschöpft auf eine der Stufen sank.

„... und nachdem ich mein Geld unter meinem Kopf versteckt hatte und beinahe am Einschlafen war, bemerkte ich jemanden, der sich mir behutsam näherte. Er schlich sich ganz nahe an mich heran und betrachtete mich. Er wollte wohl sehen, ob ich schon schliefe. Es war so dunkel, daß er nicht merkte, wie meine Augen jeder seiner Bewegungen folgten. Dann begann er mich zu betasten. Ich sagte ganz ruhig: ‚Was willst du denn?' Er antwortete nichts darauf, sondern entfernte sich.

Wie dankbar war ich, als ich ihn verschwinden sah! Nachdem er außer Sicht war, steckte ich alles Geld, das nicht in meiner Tasche Platz fand, so hoch wie möglich in meinen Ärmel hinauf und benutzte einen Steinvorsprung in der Mauer als Kopfkissen. Bald schlummerte ich ein, wurde aber durch leise Fußtritte von zwei sich mir nähernden Männern geweckt. Ich war sofort hellwach. Meine Nerven mußten wohl überreizt gewesen sein, so daß das leiseste Geräusch mich erschreckte. Ich wandte mich an den Herrn um Bewahrung. Er allein konnte mich jetzt schützen, und ich lag dann ganz still, bis einer der beiden auf mich zukam und unter meinem Kopf nach Geld suchte. Ich sagte wieder etwas, worauf die beiden sich zu meinen Füßen hinsetzten. Ich fragte sie, was sie vorhätten. Sie antworteten, sie wollten wie ich die Nacht auf der Tempeltreppe zubringen. Daraufhin bat ich sie, sich doch auf der anderen Seite niederzulassen, denn es wäre genügend Raum. Aber sie wichen nicht. Ich richtete mich dann auf und blieb mit dem Rücken an die Wand gelehnt sitzen.

‚Du solltest dich niederlegen und schlafen', sagte einer der Männer, ‚sonst kannst du morgen nicht arbeiten. Fürchte dich nicht; wir werden nicht von dir weichen und aufpassen, daß dir keiner etwas zuleide tut.'

‚Ich brauche euren Schutz nicht', antwortete ich, ‚den habe ich wirklich nicht nötig. Eure Götzen verehre ich nicht. Ich bete Gott an. Er ist mein Vater, und ich vertraue Ihm. Ich weiß genau, was ihr im Sinn habt, und werde nicht schlafen, sondern euch beobachten.'

Daraufhin entfernte sich der eine, um kurz danach mit einem weiteren Gefährten zurückzukehren. Da bekam ich doch Angst und schrie innerlich zu Gott um Seinen Beistand. Manchmal kam einer der Männer dichter an mich heran, um zu sehen, ob ich nicht vielleicht doch eingeschlafen sei.

‚Denke ja nicht, daß ich schlafe', sagte ich.

Jedesmal, wenn mein Kopf vornüber sank, erhob sich einer der drei. Aber immer wieder wurde ich sofort munter und sagte irgend etwas. Nur langsam schlichen die

Stunden dahin. Um mich wach zu halten, sang ich Lieder, wiederholte Bibelstellen und betete laut zum Ärger meiner Gefährten, die sicher viel darum gegeben hätten, wenn ich doch noch eingeschlafen wäre. Dann belästigten sie mich nicht mehr. Kurz vor der Morgendämmerung schlichen sie sich fort, und ich konnte noch etwas schlafen.

Plötzlich wurde ich von einem jungen Mann aufgeschreckt, der Geld von mir forderte. Augenblicklich war ich völlig wach. Ganz außer mir packte ich seinen Arm und drohte ihm, er sollte es nur nicht wagen, mich mit einem Finger zu berühren. Der Mann war ganz bestürzt und ließ mich in Ruhe."

Hudson Taylor versuchte noch einmal, etwas von seinem Diener und seinen Sachen zu erfahren, konnte aber keine Spur entdecken und mußte sich mit der Tatsache abfinden, daß sie endgültig verloren waren. Es blieb ihm nichts anderes übrig, als nach Schanghai zurückzukehren. So wanderte er denn nach Shi mun-uan, wo er ein Boot zu finden hoffte, das Reisende aufnehmen konnte. Dort angekommen, erfuhr er, daß keins fahren könne, weil das Flußbett fast ausgetrocknet war.

Er besaß nur noch wenig Geld. Ob ihn wohl am Kanal ein Privatboot mitnehmen würde? Schließlich sah er in einer Biegung des Kanals ein Postboot auftauchen.

„Ich nahm an, daß dies eins der Ka-shingboote war, und rannte, so schnell ich konnte und meine wundgelaufenen Füße und die große Mattigkeit es erlaubten, auf das Boot zu.

‚Fahrt ihr bis nach Ka-shing-fu?' rief ich, so laut ich konnte.

‚Nein!'

‚Fahrt ihr wenigstens in dieser Richtung?'

‚Nein!'

‚Seid ihr bereit, mich mitreisen zu lassen, so weit ihr fahrt?'

‚Nein!'

Vollständig entmutigt und erschöpft sank ich ins Gras und verlor das Bewußtsein."

Als er wieder zu sich kam, hörte er Stimmen. Leute an Bord einer Dschunke auf der gegenüberliegenden Seite des Kanals unterhielten sich über ihn. „Er spricht reinen Schanghai-Dialekt", hörte er jemanden sagen. An ihrer Sprache merkte er, daß es Schanghaileute waren. Sie nahmen ihn in ihr Boot auf. Seine Erlebnisse weckten großes Mitgefühl. Später fand sich ein Boot, das nach Schanghai unterwegs war. Der Eigentümer der Dschunke sorgte dafür, daß Hudson Taylor mitreisen konnte.

„Dieser Herr ist ein Ausländer aus Schanghai, der von seinem Diener hintergangen wurde und all seine Habe verloren hat", erklärte er. „Wenn ihr ihn bis zu eurem Reiseziel mitfahren laßt, so wird er euch in Schanghai alles zurückerstatten. Ich selbst bürge für ihn. Sollte der Herr euch die Reise nicht bezahlen, dann werde ich es bei eurer Rückkehr tun."

So befand er sich drei Wochen nach seiner Abreise von Ningpo wieder an seinem Ausgangspunkt. Sein Bericht über Samstag, den 9. August, lautet:

„Ungefähr um acht Uhr morgens erreichte ich Schanghai und das gastliche Haus Mr. Wylies von der LMS. Hinter mir lag die Reise voller Barmherzigkeit Gottes, aber auch mit vielen Schwierigkeiten. Nie zuvor fand ich so viele Gelegenheiten zum Predigen. Obgleich der letzte Teil der Reise nicht gerade gemütlich verlief, wurde ich dadurch ganz besonders gesegnet. Ich vertraue dem Herrn, daß das gepredigte und ausgestreute Wort zur Ehre Gottes Frucht tragen wird."

Daß er inmitten solcher Erfahrungen das Wort dennoch freudig weitergab, ist bestimmt auf ein Erlebnis zurückzuführen, wo Gott Seinem Diener in der Verborgenheit des Herzens neu begegnete. Das geschah wohl nach der auf der Tempeltreppe verbrachten Nacht, als er sich auf dem Weg nach Shi mun-uan dahinschleppte.

„Ich war auf dem Rückweg nach dem Südtor, wo ich mich zwei Tage vorher von meinem Diener und den Kulis getrennt hatte. Auf meinem Weg sann ich über die Güte Gottes nach und erinnerte mich, daß ich die Bitte an Gott um eine Unterkunft für die Nacht unterlassen hatte. Ich fühlte mich innerlich auch bestraft, weil ich mich so sehr um meine wenigen Habseligkeiten gesorgt hatte, während die vielen Seelen um mich herum mich kaum bekümmert hatten. Ich kam zu Jesus als Sünder, bat um Vergebung und Reinigung durch Sein Blut und war mir bewußt, daß Er mich erhört hatte. Welche Tiefe der Liebe! Ich empfand sie so ganz neu. Jetzt wußte ich etwas mehr davon, was es heißt, verachtet und von Menschen verstoßen zu sein und nicht zu wissen, wo man sein Haupt hinlegen soll. Ich fühlte deutlicher denn je die Liebe, die Jesus zum Verlassen Seines Vaterhauses in der Herrlichkeit trieb. Er litt für mich, nein, Er gab sogar Sein eigenes Leben am Kreuz für mich dahin. Ich erinnerte mich an Ihn als ‚den Allerverachtetsten und Unwertesten, voller Schmerzen und Krankheit'. Ich sah Ihn müde, hungrig und durstig am Jakobsbrunnen sitzen, jedoch in völligem Einssein mit des Vaters Willen, und verglich dies alles mit meiner geringen Liebe. Darum meine Bitte um Vergebung sowie um Gnade und Kraft zum Ausführen Seines Willens zur Nachfolge in Seinen Fußstapfen und zu einer völligen Hingabe."

Was aber sollte mit dem Diener geschehen? Es handelte sich doch offensichtlich um Diebstahl, wie Jo-shis Briefe später bezeugen. Es wäre nun ein leichtes gewesen, die Sache vor Gericht zu bringen, damit nach seinem Eigentum geforscht würde. Hudson Taylors Freunde forderten Bestrafung. Je länger er selbst über die Sache nachsann, desto mehr schreckte er vor einem solchen Schritt zurück.

Er hatte viel für Jo-shis Bekehrung gebetet. Es wäre wohl nicht nach Gottes Willen gewesen, ihn nun grausamen, geldgierigen Unterbeamten auszuliefern. Die hätten ihn nur zu gern gefangengenommen, um Geld von ihm zu erpressen. Hudson Taylor schlug den andern Weg ein, erachtete er doch die Seele wertvoller als die gestohlenen Sachen. Mitte Mai schrieb er:

„Ich habe Jo-shi einen liebevollen Brief geschrieben und ihm mitgeteilt, daß uns sein Vergehen bekannt sei und er die Folgen tragen müsse. Eigentlich hätte ich ihn gerichtlich suchen und bestrafen lassen wollen. Weil Jesus aber gebiete, Böses mit Gutem zu vergelten, wolle ich nicht, daß ihm ein Haar gekrümmt werde.

Ich schrieb weiter: ‚Du fügst Dir selbst durch Dein Handeln Schaden zu. Ich bin bereit, Dir alles zu vergeben, möchte Dich aber herzlich bitten, doch dem kommenden göttlichen Gericht zu entfliehen. Ich glaube nicht, daß Du Bücher und Papiere in einer fremden Sprache behalten willst, denn sie nützen Dir nichts und haben für Dich keinen Wert. Mir aber bedeuteten sie sehr viel. Sende sie mir bitte zurück!' Wenn doch nur sein Gewissen erwachen und seine Seele gerettet würde! Das wäre tausendmal wertvoller als alles, was ich verlor. Bitte, betet für ihn!"

Nachdem diese Sache ins reine gebracht war, mußte er sich noch einmal nach Ningpo begeben, um für Swatow die nötigen medizinischen Hilfsmittel bei Dr. Parker abzuholen. Diesmal verlief die Reise ohne Zwischenfälle. Noch ehe er Schanghai verließ, erhielt er einen Brief, der ihn seiner Geldsorgen enthob. Schon der Verkauf seiner Möbel hatte ihm etwas Geld eingebracht, und nun, ausgerechnet vor seiner Abreise, kam dieser unerwartete Brief, der acht oder zehn Wochen unterwegs gewesen war: „Bitte, nehmen Sie den eingeschlossenen Wechsel als ein Zeichen der Liebe von meiner Frau und mir!"

Dies war der erste Brief, den er nach dem Verlust seiner Habe erhielt.

Ningpo, die „Stadt der friedlichen Wellen", wurde nun für sieben Wochen sein Arbeitsfeld. Mit Begeisterung nahm er die Zusammenarbeit mit Dr. Parker wieder auf. Die Erfahrungen des vergangenen Jahres in China hatten ihn die Arbeit anderer Missionare mehr schätzen gelehrt. Es wurde ihm, wie nie zuvor bewußt, welche Vorzüge ein Unternehmen unter verhältnismäßig freundlich gesinnten Menschen hatte, die die Missionare nicht haßten, weil sie Ausländer waren. Obwohl es auch in Ningpo viel Aberglauben gab, konnte er hier doch ein Suchen und Fragen nach der Wahrheit des Evangeliums feststellen. Und dann die Gemeinschaft mit den Missionaren! Wie köstlich, wieder in eine harmonische und tüchtige Arbeiterschar eingereiht zu sein!

Von diesen Freunden in wahrhaft großzügiger Weise aufgenommen, hatte Dr. Parker unter den Ausländern der Kolonie eine Arztpraxis eröffnet. Was er dabei verdiente, ließ er der ärztlichen Mission zufließen. Trotz aller Arbeit, die ihm wenig Zeit zum Sprachstudium ließ, beherrschte er den Lokaldialekt erstaunlich gut. Wenn er sich auch sorgfältig um ihre körperlichen Nöte kümmerte, so ging es ihm doch vor allem um das geistliche Wohl seiner Patienten. Er wurde darin von den englischen und amerikanischen Missionaren unterstützt, die abwechslungsweise das Predigtamt in der Apotheke übernahmen. (Es wurden während der ersten zwölf Monate im provisorischen Krankenhaus 9000 Patienten behandelt.) Alle, die Jesus im Glauben aufnahmen, konnten sich der Kirche ihrer Wahl anschließen. Dr. Parker beeinflußte niemanden, denn er war mit allen Kirchen einverstanden.

Von freiwilligen Gaben hatte er ein Stück Land auf der Stadtseite des Flusses am Ufer der großen Wasserstraße in der Nähe des Salztores erworben. Eine günstigere Lage hätte er kaum für sein Krankenhaus finden können. Der tüchtige Arzt hatte bereits mit dem Bau begonnen.

Trotz aller Vorzüge der Zusammenarbeit und der Gemeinschaft mit den andern Missionaren fühlte sich Hudson Taylor dorthin gezogen, wohin das Evangelium noch nicht gekommen war. So rüstete er sich denn zu seiner Rückreise nach Swatow zu seinem Freund William Burns, ehe der Monat zu Ende gegangen war. Dr. Parker hatte ihn mit Medikamenten versorgt, die Taylor mit Mr. Bergers Geld bezahlen konnte. Erfrischt durch den Wechsel in der Arbeit und der Umgebung stand er im Begriff, sich mit Mr. und Mrs. Jones und ihrem Söhnchen auf den Rückweg nach Schanghai zu begeben. Sie wurden jedoch daran gehindert, denn befreundete Missionare einer andern Mission baten sie, die Reise mit ihnen zusammen etwas später anzutreten.

Hudson Taylor konnte die Bitte nicht abschlagen, obgleich er den Aufschub bedauerte. Es verging eine ganze Woche, bis sie aufbrechen konnten. Als sie endlich auf ihren Booten waren, wurden sie durch ungünstige Winde weiter aufgehalten und kamen nur sehr langsam vorwärts. Zu allem andern erkrankte Mr. Jones auf der Reise. Erst im Oktober erreichten sie Schanghai. Nachdem Hudson Taylor für alle Reisenden eine Unterkunft besorgt hatte, brachte er seine Sachen an Bord des Dampfers, der nach Swatow auslaufen sollte.

Gott hatte es so gefügt, daß es das Schiff von Kapitän Bowers war. Dieser begrüßte den jungen Missionar mit großer Freude als einen der Passagiere seines Schiffes. Die „Geelong" lag zur Abfahrt bereit. Da geschah noch etwas Unerwartetes. Ein Mitglied der LMS suchte Hudson Taylor in aller Eile auf und überreichte ihm einen Brief. Darin schrieb Mr. Burns:

„Wenn Hudson Taylor nicht bereits unterwegs ist, dann teile ihm den Inhalt des Briefes sogleich mit!"

Konnte es wahr sein, daß William Burns gefangengenommen und nach Kanton überführt worden war? Was sollte das bedeuten? Auch die chinesischen Helfer befänden sich im Gefängnis, hieß es weiter, und stünden in Lebensgefahr. Und die britischen Behörden verböten ihm selbst, nach Swatow zurückzukehren.

Hudson Taylor war fassungslos. Erst der Brand, dann der Verlust seiner Habe, darauf der Besuch in Ningpo mit seiner verspäteten Abreise und nun im letzten Augenblick eine verschlossene Tür.

Da wartete aber auch Mr. Jones, sein kranker Bruder, auf die baldige Rückkehr nach Ningpo, woher sie gerade kamen. Ihn hätte er allein zurücklassen müssen.

So blieb nichts anderes übrig, als zurückzukehren. Jetzt schien sich der bisher so klare Weg in völligem Dunkel zu verlieren.

EBENEZER UND JEHOVA JIREH

1856—1858

Wie eigenartig verengt sich doch zuweilen der Lebensweg! Hudson Taylor schrieb viele Jahre später über diese Zeit:

„Es ist interessant zu sehen, wie Gott die verschiedenen Ereignisse so anordnete, daß sie in die gleiche Zeit fielen und dadurch meine Rückkehr nach Swatow verhindert wurde. Ich konnte damals nicht wissen, daß das Zerschlagen all meiner Pläne und die Beendigung einer kostbaren Partnerschaft in der Arbeit ein Höhepunkt meines Lebens auf menschlicher Ebene werden sollte. Dadurch wurde ich in eine Verbindung geführt, die am besten zu mir selbst und zu meiner Lebensaufgabe paßte." Gottes Hand lag auf der Türklinke. Die geschlossene Tür gehörte zu Seinem Plan und mußte zum Besten Seines Dieners und zur Vollendung Seiner eigenen großen Ziele dienen.

Maria Dyer war von tiefer, feinfühliger Art. Einsam von Kindheit an, hatte sie sich schon immer nach einer wirklichen Herzensfreundschaft gesehnt. An ihren Vater konnte sie sich kaum erinnern, und von ihrer geliebten Mutter wußte sie wenig. Diese starb, als Maria zehn Jahre alt war. Mit ihrem Bruder und einer Schwester hatte sie nach dem Tod der Mutter Penang verlassen. Ein Onkel nahm die drei Waisen auf und sorgte für ihre Ausbildung. Die meiste Zeit verbrachten sie in Internatsschulen.

Der Ruf nach China erreichte sie durch Miss Aldersey, die für ihre Schule in Ningpo eine Lehrerin brauchte. Beide Schwestern bewarben sich um diesen Posten. Es ging ihnen dabei nicht um Missionsarbeit, aber sie wußten, daß ihre Eltern diesen Weg gutgeheißen hätten. So jung sie waren, hatten sie doch bereits Erfahrungen in ihrem Beruf. Weil sie keine Entschädigung beanspruchten und sich auch nicht voneinander trennen wollten, lud Miss Aldersey beide Schwestern zur Mitarbeit ein.

Maria, die Jüngere, konnte diese Reise nie wieder vergessen, denn sie erlebte damals, was es heißt, in den Frieden Gottes einzugehen. Bisher hatte sie sich ernstlich bemüht, aus eigener Kraft Christ zu sein, dabei aber stets empfunden, daß ihr „das eine, das not tut", noch fehlte, und nach einer Antwort gesucht. Nun richteten sich ihre Gedanken nur noch auf Christus und Sein Erlösungswerk, die einzige Grundlage der Vergebung, zu der weder unsere Gebete noch unsere Anstrengungen etwas beitragen können, die wir aber annehmen müssen. Es ging ihr nur langsam auf, *daß* sie erlöst war, *daß* ihr vergeben und sie von ihren Sünden gereinigt worden war, weil Jesus an ihrer Stelle starb. Gott *hatte* Jesus als Stellvertreter und Erretter anerkannt, und sie selbst durfte diesen Erlöser einfach im Glauben annehmen. Schlicht und vertrauensvoll wie ein Kind wandte sie sich von allem ab, was nicht zu Ihm paßte. An Gottes Wort zweifelte sie nicht. Wenn Er sagte: „Es ist nichts Verdammliches an denen, die in

Christus Jesus sind", dann mußte es doch stimmen. Und sie erlebte es, daß „Sein Geist unserm Geist Zeugnis gibt, daß wir — jetzt — Gottes Kinder sind".

Diese echte Umkehr mit allem, was ihr dadurch geschenkt wurde, befähigte sie nun zum Missionsdienst. Dieser war alles andere als das philanthropische Unternehmen, zu dem sie sich aus Liebe zu den Eltern entschlossen hatte. Es war ein natürlicher und notwendiger Ausdruck ihrer tiefen, zunehmenden Liebe zu Jesus Christus, ihrem Erlöser, Herrn und König. Er hatte für sie alles neu gemacht, und das für Zeit und Ewigkeit. Das Wenigste, was sie nun für Ihn tun konnte, war eine völlige Hingabe ihres Lebens an Ihn. Darum nahm sie mit einem ihr bisher unbekannten Frieden ihren reichen, oft schwierigen Dienst in Miss Alderseys Schule auf.

„Diese Schule war ein vorbildliches Institut", schrieb Dr. W. Martin, späterer Rektor der Universität Peking. „Drei Jahre diente ich auf Miss Alderseys Wunsch ihrer Hausgemeinde als Seelsorger. Ich erinnere mich gern an die Energie, die diese seltene Frau trotz ihrer schwachen Kraft und mancherlei Gebrechen auszeichnete. Sie machte auf die gläubigen und heidnischen Chinesen einen tiefen Eindruck. Letztere glaubten allerdings, Miss Aldersey sei als Abgesandte Englands nach China gekommen, weil England von einer Königin regiert wurde. Sie stellten sogar die Behauptung auf, der britische Konsul gehorche jedem ihrer Befehle.

Erdbeben schrieben die Leute entsetzt einer magischen Kraft zu, die von Miss Aldersey ausgehen sollte. Bei ihrem täglichen Spaziergang — oft vor Sonnenaufgang — auf der Stadtmauer sah man sie eine Flasche öffnen, in der sie — wie die Leute behaupteten — bestimmte Geister gefangenhielt. Diese sollten Macht haben, die Erdpfeiler zu erschüttern, wenn sie der Flasche entströmten.

Es ist eigentlich nicht verwunderlich, daß so von ihr gedacht wurde. Ihre eigenartigen Gewohnheiten mußten etwas Unheimliches vermuten lassen, wanderte sie doch jahraus, jahrein in der Morgenfrühe auf der Stadtmauer umher. Sie tat dies mit einer solchen Pünktlichkeit, daß während des Winters jemand sie mit einer Laterne begleiten mußte. Eine Flasche, die sie ständig bei sich trug, enthielt tatsächlich ‚starke Geister'. Es handelte sich um Hirschhornwasser, das ihr von ihren Kopfschmerzen Befreiung verschaffte, aber sie auch vor üblen Gerüchen schützte. Weil sie sich im Sommer nie von ihrer Schule trennen und am Meer Erholung suchen wollte, pflegte sie täglich die neun Stockwerke der Pagode hinaufzusteigen, um während der langen, heißen Nachmittagsstunden den frischen Meereswind einatmen zu können. Ständig ließ sie sich von einigen Schülerinnen begleiten, damit keine Zeit ungenützt verstrich. Sie ging so sparsam mit der Zeit um, daß ihr Schülerinnen sogar während ihrer Mahlzeiten vorlesen mußten.

Ich kann wirklich sagen, daß ich unter der großen Zahl hingebungsvoller Frauen, die in und für China arbeiteten, keine edlere fand."

Für ein junges Mädchen wie Maria war das kein leichter Posten. Gewiß, sie lebte mit ihrer Schwester zusammen und fand im Missionarskreis in Ningpo einige Freundinnen. Sie kannte jedoch niemanden, der sie in den wichtigsten Dingen verstanden hätte.

Aber dann kam er — der junge Missionar. Sie war sofort tief beeindruckt von ihm, denn sie erkannte in ihm einen Menschen mit dem gleichen Verlangen nach Heiligung und ständiger Gemeinschaft mit Gott. Irgend etwas ging von ihm aus, das beruhigend wirkte. Sie fühlte sich von ihm verstanden. Die Welt, in der er lebte, war wirklich, und er rechnete offensichtlich mit einem lebendigen, allmächtigen Gott. Obgleich sie ihn selten sah, bedeutete ihr das Wissen um sein Nahesein Trost. Als er nach sieben Wochen Ningpo wieder verlassen hatte, wunderte sie sich sehr, daß sie ihn vermißte. Deshalb waren ihre Freude und Überraschung groß, als er wieder von Schanghai zurückkehrte. Es mag sein, daß ihr damals die Augen aufgingen und sie die Gefühle verstand, die sie für ihn empfand. Auf jeden Fall blieb ihr der Zustand ihres Herzens nicht länger verborgen, und sie gab ihn vor sich selbst und vor Gott offen zu. Doch mit keinem Menschen hätte sie darüber reden mögen, da sie nur zu gut merkte, daß sein chinesisches Gewand und seine ganze Art des Umgangs mit Chinesen ihren Bekannten mißfielen. Sie betete viel in dieser Zeit und ließ sich nichts von dem anmerken, was in ihrem Innern vorging.

Im Süden von Ningpo, nicht weit von Miss Alderseys Schule, lebte seit einiger Zeit die kleine Missionarsfamilie Jones. Durch des Vaters Krankheit war die Familie lange Zeit in Hongkong aufgehalten worden. Die Krankheit und das Sterben ihres ältesten Kindes war dann noch dazugekommen. So war viel Leid über diese Freunde hereingebrochen, seitdem sie das Land ihrer Berufung betreten hatten. Als sie dann im Juni nach Ningpo kamen, bot sich ihnen Maria als gelegentliche Hilfe an. Sooft die Arbeit in der Schule es ihr erlaubte, begleitete sie Mrs. Jones auf ihren Hausbesuchen in der Stadt.

Es war nicht zu vermeiden, daß der junge Engländer Maria zuweilen im Hause seiner Freunde traf und er an ihr Gefallen fand. Ihr aufrichtiges und natürliches Wesen zog ihn an. Es dauerte nicht lange, und sie begegneten sich wie alte Bekannte. In vielen wichtigen Fragen waren sie gleichen Sinnes. Bald erfüllte sie sein Denken ganz.

Vergeblich wehrte er sich gegen das Verlangen, sie öfter zu sehen. Doch ihr Bild ließ sich nicht aus seinen Gedanken verbannen. Seine Berufung zur Arbeit im Innern des Landes schien von ihm ein eheloses Leben zu verlangen. Schon in wenigen Wochen oder Monaten konnte sich die Tür nach Swatow wieder auftun. Wartete er nicht Tag um Tag auf die Führung Seines Herrn, und lasteten nicht die Nöte jenes Gebiets beständig schwer auf ihm? Sollte er nicht mehr in den Süden Chinas geführt werden, dann hoffte er doch irgendwo in der Nähe eine Pionierarbeit mit all ihren Gefahren anfangen zu können. Nein, er durfte seinen Gedanken an sie nicht so viel Raum lassen. Wie durfte er, der nirgends ein eigenes Heim, ein Einkommen oder irgendeinen festen Plan für ein gesichertes Leben kannte, an eine Heirat denken! Er besaß einfach nicht das Recht dazu. Obwohl er Vertreter einer Missionsgesellschaft war, hieß das noch nicht, daß er bestimmt mit einer finanziellen Versorgung rechnen konnte. Schon seit Monaten hatte er kein Geld von ihr bezogen, er wußte ja von ihren Schulden. Es waren vor allem Mr. Bergers Gaben, durch die der Herr seine Bedürfnisse deckte. Wer konnte voraussagen, daß es weiter so blieb? Auf keinen Fall durfte er sich darauf verlassen. Was würden Maria und jene, denen sie anvertraut war, zu einem Leben aus Glauben in China sagen, Glauben sogar für das tägliche Brot?

Es war nun einmal so: Er durfte nicht an eine Heirat denken. Er mußte gegen das Verlangen ankämpfen, das ihn zuweilen ganz erfüllte. Die Ereignisse im Süden halfen ihm, seine Gedanken auf andere Dinge zu richten.

Wie ein Blitzstrahl schlug die Nachricht im Missionskreis ein, daß England sich mit China wieder im Krieg befinde. Im Augenblick war ein einziger Funke zur lodernden Flamme geworden. Vierzehn Jahre lang hatte England versucht, das Recht zur Einfuhr von Opium nach China zu erlangen. Trotz der Ablehnung des Kaisers Tao-kwang, der auf keinen Fall „das flüssige Gift" eingeführt haben wollte, hatte das Schmugglergeschäft ungeachtet des Vertrages weiter geblüht. Nun war der zweite Opiumkrieg aufgebrochen, und vor den Toren Kantons donnerten die Geschütze.

Mitte November erreichten Berichte die nördlichen Häfen, wonach die Erregung unter den Chinesen von Ningpo mit seiner großen Zahl dort ansässiger Kantonesen aufs höchste gestiegen wäre. Anfang Januar wurde ein Plan zur Vernichtung aller Ausländer in der Stadt und ihrer Umgebung rechtzeitig entdeckt.

„Die uns allen drohende Gefahr war so groß", schrieb Dr. Parker, „daß die in der Kolonie lebenden Kaufleute sich auf die Flucht vorbereiteten. Sie brachten ihre Waren auf ein Boot, das jederzeit zum Auslaufen bereitlag, und ließen ihre Häuser von bewaffneten Männern bewachen. Nach viel Gebet entschlossen sich Mr. Jones und ich, die Frauen und Kinder nach Schanghai zu senden."

So kam es, daß Hudson Taylor, der den Schanghaidialekt beherrschte, diese auf der Reise begleitete. In Schanghai konnte er ebenso arbeiten wie in Ningpo, und darum ging es doch. Vielleicht würde sich die Abwesenheit der Missionsleute auf Monate erstrecken.

Persönlich hätte er viel darum gegeben, gerade jetzt in Ningpo bleiben zu dürfen, um über der einen zu wachen, die ihm so viel bedeutete. Doch Miss Aldersey wich nicht von ihrem Platz, und ihre Helferinnen wollten sie nicht allein zurücklassen. Marias Schwester Burella hatte sich kurz vorher verlobt. Sie besaß also einen Beschützer. Maria aber würde allein bleiben, und er durfte ihr seine Liebe nicht zu erkennen geben, weil er nicht wußte, ob sie diese erwiderte. So verließ er das kleine Haus an der Brückenstraße mit übervollem Herzen.

Viereinhalb Monate arbeitete er wieder in der alten Umgebung. Wieder bewohnte er eins der Häuser der LMS, und oft schien er in die alte Zeit zurückversetzt zu sein, als er mit Dr. Parker und seiner Familie dort gelebt hatte. Nur seine chinesische Kleidung, die mit William Burns verbrachten Monate und seine tiefe Liebe zu Maria unterschieden ihn davon. Außerdem hatte er auch noch neue Erfahrungen gesammelt und in drei Jahren Chinaaufenthalt eine gute Kenntnis verschiedener Dialekte gewonnen.

In einer Kapelle der LMS wurde ihm der Predigtdienst übertragen. Ferner widmete er den ständig wechselnden Hörern in verschiedenen Tempeln der Stadt viel Zeit. Weil er mit Mr. Jones zusammen dort regelmäßig predigte, wurden sie jedesmal von bereits bekannten Hörern erwartet, und es ergaben sich viele persönliche Aussprachen.

„Gleich bei der ersten Predigt fand ich das, wonach ich mich gesehnt hatte", sagte ein junger Weihrauchverkäufer. Krankheit und Not hatten ihn beinahe zum Selbstmord getrieben. Nun suchte er als fanatischer Vegetarier Trost in der Religion. Darum richtete er viele Gebete an Buddha und verbrannte eine Menge Weihrauch vor manchem Götzenbild. Dann sagte er weiter: „Das alles half mir nicht. Dann hörte ich Sie im Tempelgarten von Jesus predigen. Er versteht mich. Wenn ich jetzt mit Feuer statt mit Wasser getauft werden müßte, würde es mich nicht abschrecken."

Während ihres Schanghaiaufenthalts verteilten die Missionare Hunderte von Evangelien und andere Schriften. Diese wurden wiederum nur an Leute abgegeben, die davon wirklich Gebrauch machen konnten. Das kostete manche Stunde Unterredung. Sie hielten sich vorwiegend an zwei Predigtplätze und fanden dort ein verständiges Publikum.

Inzwischen erreichten Hudson Taylor Briefe aus Swatow, die ihm von der Rückkehr seines verehrten Freundes berichteten und vom Wiederbeginn der dortigen Arbeit. Obgleich er sich freute, daß nun wieder in Swatow gearbeitet werden konnte, und Dr. De la Porte die ärztliche Betreuung übernahm, wußte er, daß sein Weg nicht mehr dorthin führte. Ihm war diese Tür verschlossen. Obwohl er immer wieder um Weisung für eine Rückkehr gebetet hatte, zeigten ihm die vielen Hindernisse, daß der Herr ihn nicht dort haben wollte. Das genügte ihm. Er nahm die Sache nicht wieder auf. Es war einer seiner besonderen Charakterzüge, daß er nie mehr an etwas zweifeln oder rütteln konnte, wenn er es als göttliche Leitung erkannt hatte.

So verlockend auch Mr. Burns' Briefe lauteten, und so wenig ihm die Arbeit in Schanghai zusagte, war Swatow für ihn abgetan. Sein Weg in Schanghai war nicht leicht. Die Missionare sahen sich auf allen Seiten von viel Leid und Not umgeben. In Nanking herrschte Hungersnot. Es kamen Scharen von Flüchtlingen aus jener Stadt. Tausende schlossen sich den bereits in Schanghai lebenden Bettlern an. So konnte man nicht ausgehen, ohne mancherlei traurige Auftritte zu sehen; doch zu helfen vermochte keiner.

Als Jones und Taylor eines Abends aus der Stadt zurückkehrten, fanden sie zu ihrem Schrecken einen toten Bettler vor ihrer Tür liegen. Das Wetter war so kalt, daß er wahrscheinlich erfroren oder verhungert war. Niemand hatte auf ihn geachtet. Derartige Anblicke boten sich ihnen häufig. Es war schwer, sie zu ertragen. Hudson Taylor schreibt über jene Tage:

„Wir beluden uns mit Lebensmitteln und verteilten sie. Viele dieser armen Leute leben buchstäblich zwischen Gräbern. Es sind meist einfache, niedrige Höhlungen von drei bis vier Meter Länge. Die Leute brechen ein Ende auf und kriechen hinein. Auf diese Weise finden sie wenigstens ein Nachtquartier. Wir fanden viele Nackte, Kranke und Halbverhungerte.

Auf unsern Gängen kamen wir auch zu den Trümmern eines Hauses, das von den stürmischen Tagen zeugte, die Schanghai erlebt hatte. Weil es noch etwas Schutz vor dem Wetter gewährte, hatte eine Schar Bettler davon Besitz ergriffen. Manche konnten noch ausgehen und betteln. Andere lagen sterbend umher. Von da an besuchten wir den Ort regelmäßig und brachten Hilfe, soviel wir konnten. Es ist nicht leicht, für Leib und Seele zugleich zu sorgen. Wir taten aber, was wir konnten. Der Same wurde gewiß nicht vergeblich ausgestreut."

Es fehlte aber in dieser Zeit auch nicht an inneren Kämpfen. Eine große Schuld belastete in der Heimat die Missionsgesellschaft, der sie angehörten. Dies lag schwer auf Hudson Taylors Herz und Gewissen. Schon längere Zeit hatte er mit den Verantwortlichen der Gesellschaft korrespondiert, weil er erkannte, daß er nicht länger dieser Mission angehören durfte, wenn in deren Verwaltung keine Änderung getroffen wurde. Obwohl der Zeitraum, für den er sich verpflichtet hatte, erfüllt war, fiel ihm der Gedanke an eine Trennung sehr schwer. Er hatte gebeten, man möge ihm nur dann Geld zukommen lassen, wenn solches eingegangen wäre, weil er sich mit seinen Bedürfnissen lieber an Gott direkt wenden, als von geborgtem Geld leben wollte. Das Heimatkomitee aber war anderer Ansicht. Deshalb stellte sich ihm die Frage, ob er die Verbindung nicht lösen sollte.

Nicht, daß er damals oder später frei von aller Bevormundung sein wollte, sondern er fragte sich oft, zu welcher Gesellschaft er eigentlich passen würde, weil er weder ordinierter Pfarrer war noch sein Medizinstudium abgeschlossen hatte.

„Wahrscheinlich wäre ich in keiner Gesellschaft willkommen", schrieb er im Frühling seiner Mutter, „doch ich weiß, der Herr wird für mich sorgen."

Auch in seiner persönlichen Angelegenheit, seiner wachsenden Liebe zu Miss Dyer, die, wie er meinte, nie sein eigen werden konnte, war er allein auf Gott gestellt. Er hatte gehofft, die Trennung würde Vergessen bringen. Doch es war umgekehrt. Bisher hatte er mehr in jugendlicher, beinahe knabenhafter Weise geliebt; jetzt schien alles Denken und Fühlen durchdrungen von dem Bewußtsein, daß ihm ein anderes Leben mehr bedeutete als sein eigenes. Er mußte ständig an sie denken, und immer dann, wenn er Gott suchte, empfand er die innere Einheit mit ihr am tiefsten und sehnte sich nach ihrer Gegenwart. Er wußte nichts von ihren Gedanken und Gefühlen, wenn sie überhaupt an ihn dachte oder etwas für ihn empfand. Wohl war sie ihm immer freundlich begegnet, aber das tat sie auch bei andern. Deshalb liebten sie alle. Scheinbar dachte sie überhaupt nicht ans Heiraten. Es hatten sich, wie er meinte, passendere Männer um ihre Hand beworben. Was könnte sie zu dem Besitzlosen, Unbedeutenden hinziehen?

Hätte er doch damals einen Vertrauten gehabt, mit dem er über seine Hoffnungen und Befürchtungen während der ersten Monate in Schanghai hätte reden können! Wieviel leichter wäre alles gewesen! Erst Ende März begannen die Freunde, mit denen er zusammenwohnte, durch unerwartete Umstände etwas von seinem Herzenszustand zu ahnen. Mr. und Mrs. Jones liebten ihn, seit sie ihn kannten. Sie waren sich durch das gemeinsame Erleben in Schanghai sehr nahegekommen. Aber eigentlich erst, als Mrs. Jones durch Ansteckung bei Hausbesuchen unter den Armen an Blattern erkrankt war und sie ihre Kinder dem jungen Missionar überlassen mußte, wußten sie, wer er war. Sie sahen, wie liebevoll er sich um die Kleinen kümmerte, und waren ihm von Herzen dankbar dafür. In den Tagen nach der schweren Krankheit, von der sich die Missionarin nur langsam wieder erholte, konnte seine Liebe den Freunden nicht länger verborgen bleiben.

Ihre Freude darüber verwunderte Hudson Taylor. Ohne ihn besonders zu ermutigen, priesen sie Gott darüber. Sie meinten, nie wären ihnen Menschen begegnet, die so gut zueinander passen würden. Jetzt erkannte er klar, was er zu unternehmen hatte. Das übrige mußte er dem Herrn überlassen, dem ihr Leben gehörte.

So faßte er Mut und schrieb Maria alles, was ihm seit Monaten im Herzen brannte. Tage, Wochen vergingen — kam denn überhaupt keine Antwort? Doch endlich kam sie. Aber welche Enttäuschung! Mit solchem Ton und Inhalt hatte er nicht gerechnet! Gewiß, es war Marias Handschrift, die er so gut kannte. Aber war es wirklich sie selbst, die aus den Worten zu ihm sprach? Kurz und ablehnend sagte der Brief, daß sein Wunsch unerfüllbar bleiben müßte und daß er, falls er ein edeldenkender Mensch wäre, die Schreiberin in dieser Angelegenheit nicht weiter belästigen möchte.

Hätte er in Marias Herz sehen können und ihre Angst und Not gekannt, unter der der Brief geschrieben worden war, wäre sein Kummer nicht so tief gewesen. Nun aber durfte er sie nicht besuchen, konnte nicht mit ihr reden und ihr auch nicht schreiben. Er verstand sie nicht mehr. Allein das unausgesprochene Verständnis seiner Freunde, Mr. und Mrs. Jones, tröstete ihn. Ohne sie hätte er den Kummer nicht ertragen können. Dabei erinnerte ihn gerade ihre glückliche Ehe beständig an ein ihm selbst versagtes Paradies.

Und Maria? Als sie sich von ihrer Überraschung erholt hatte, in die der Brief sie versetzt hatte, war sie zu ihrer Schwester geeilt. Sie sollte sich als erste mit ihr freuen. Und dann mußte Miss Aldersey auch sogleich in ihr Geheimnis eingeweiht werden. Gewiß würde sie die Verlobung gutheißen. Auf alle Fälle hatte sie seinerzeit nichts dagegen eingewandt, als Burella ihr die eigene Verlobung angezeigt hatte. Doch wie tief waren Miss Alderseys Bestürzung und Ärger, als sie die Geschichte vernahm!

„Mr. Taylor! Dieser junge Habenichts? Wie kann er überhaupt an eine solche Verbindung denken! Was fällt ihm ein! Selbstverständlich muß dieser Antrag sofort und endgültig abgelehnt werden."

Vergeblich versuchte Maria ihr verständlich zu machen, was er ihr bedeutete. Damit verschlimmerte sie die Sache nur noch mehr. Miss Aldersey war überzeugt davon, daß Maria sofort von dieser Torheit befreit werden müßte. Deshalb nahm die wohlmeinende ältere Freundin die Angelegenheit in der besten Absicht in ihre Hand. Der Antwortbrief mußte nach ihrem Diktat geschrieben werden. Maria hatte zu gehorchen. Sie war zu jung und unerfahren, um sich Miss Alderseys Entschluß zu widersetzen, die in ihrer Überzeugung auch noch von ihren Freunden unterstützt wurde. Maria blieb nichts anderes übrig, als ihren Kummer und die erfahrene Demütigung ihrem himmlischen Vater zu überlassen, der allein den Ausgang kannte. Als sich sogar ihre Schwester von der Richtigkeit der Überlegungen ihrer Vorgesetzten hatte überzeugen lassen, folgten bange, einsame Stunden, in denen sie nur der Gedanke stärkte, daß dem Herrn nichts, aber auch gar nichts unmöglich sei.

Hudson Taylor schrieb über diese Zeit:

„Wir müssen es lernen, uns in der Geduld zu üben. Darum läßt uns unser treuer Gott segensreiche Erfahrungen machen, durch die wir darin erstarken. Obgleich Er uns oft beinahe über unser Vermögen prüft, zeigt Er sich doch immer zur Hilfe, zum Durchtragen bereit. Unsere Kümmernisse wären leichter und weniger zahlreich, wenn sich unsere Herzen bereitwilliger Seinem Willen fügten.

Ich ging in der letzten Zeit durch viel Leid. Die Hauptursache meines Jammers liegt in der eigenen Unwilligkeit zur Unterwerfung und zum völligen Ruhen in Gott. Wenn ich es doch lernte, in allem einzig Seine Verherrlichung zu suchen! Wenn ich Ihm doch treuer nachfolgte und bewußter auf Sein Kommen wartete! Warum nur lieben wir Ihn so oberflächlich? Ist Er nicht der Schönste unter den Menschenkindern? Liebt Er selbst uns nicht mit vollkommener Liebe? Ist nicht Sein Opfertod am Kreuz Beweis dafür? Bete für mich!"

Es ist vielleicht nicht erstaunlich, daß sich ihm gerade in diesen Tagen ein Buch der Bibel, das er bisher nicht verstanden hatte, voller Schönheit auftat. Sein tiefes Verständnis für das Hohelied Salomos ist auf diese

Zeit zurückzuführen, in der er die Liebe zu Maria ganz in Gottes Hand legen mußte. Nie hatte er so verstanden, was Christus den Seinen sein will und was Er von den Seinen erwartet. Es war eine herrliche Entdeckung, die sich in späteren Jahren noch vertiefte und für die Ewigkeit Frucht tragen sollte. Alle, die Hudson Taylor in seinen späteren Jahren nahestanden, kannten seine besondere Liebe zu diesem Buch der Bibel und seine Vorliebe, darin auch sein persönliches Verhältnis zu Christus geschildert zu sehen.

Briefe an Mutter und Schwester, in denen er über die Ereignisse im Frühling 1857 berichtete, geben Einblick in sein Denken.

„Meine liebe Amalie!

Obwohl es schon spät ist, kann ich nicht einfach schlafen gehen, ohne Dir einige Zeilen geschrieben zu haben. Alles auf dieser Erde ist so vergänglich, und wir wissen nicht, was die nächste Stunde bringt. Nur eins wechselt nicht — Gottes Liebe. Unser herrlicher Jesus bleibt derselbe und wird es immer bleiben. Bald wird Er kommen und uns zu sich nehmen.

Hast Du Dich schon einmal in das Hohelied vertieft? Es ist ein köstlicher Garten, an dem wir uns erfreuen können. So ist es auch mit dem 54. Psalm. Ist nicht der Gedanke wunderbar, daß sogar das innigste Band auf Erden nur schwach die Liebe zu Seinen Erlösten widerspiegelt, zu denen ich mich auch zähle? Wie können wir aber unsern herrlichen Jesus genügend lieben, wie genug für Ihn tun? Bald wird Er uns zu Seinem Hochzeitsfest einladen, dem Hochzeitsmahl des Lammes. Nicht als Gäste, sondern als *Braut* werden wir in das fleckenlose Kleid Seiner Gerechtigkeit gehüllt unsern Platz freudig einnehmen. Die Zeit ist kurz. Lebten wir doch als solche, die auf ihren Herrn warten und mit Freuden bereit sind, Ihm zu begegnen!"

Die ersten heißen Sommertage brachten für Hudson Taylor und seine Gefährten eine Veränderung. Die vor der Hungersnot Geflüchteten zogen wieder in die Dörfer der weiten Ebene zurück, um ihre Felder abzuernten. Im Krieg zwischen China und England war eine Pause eingetreten, die in Ningpo und seiner Umgebung eine aggressive missionarische Arbeit ermöglichte. Doch an ein Vordringen in das Inland konnte vorläufig nicht gedacht werden. Darum entschlossen sich die Missionare, irgendwo eine Gemeinde mit Predigern und Evangelisten aufzubauen, und rechneten mit Gottes Beistand. Die so unterrichteten Gläubigen sollten später das Werk selbständig weiterführen. Mit diesem Plan kehrten sie nach Ningpo zurück. Vorher hatten sie einen Schritt gewagt, der für die Zukunft von großer Wichtigkeit war. Hudson Taylor hatte im Mai, drei Jahre und drei Monate nach seiner Ankunft in China, seine Beziehungen zur CEG gelöst. Veranlassung zu diesem Schritt waren nicht die vielen Schwierigkeiten, die er mit dieser Missionsgesellschaft erlebt hatte, sondern die verschiedene Auffassung im Blick auf das Schuldenmachen. Er schrieb darüber:

„Dieser Schritt war verbunden mit vielen Glaubensproben. Jedoch lernte ich den Herrn dadurch besser kennen. Ich hätte diese Prüfungen nicht missen wollen. Gott wurde mir dadurch größer, wirklicher und vertrauter. Meine gelegentlichen Geldschwierigkeiten waren nicht die Folge unzureichender Versorgung für mich persönlich.

Wir verbrauchten zu viel für die Armen und die Hungernden um uns her. Prüfungen noch anderer Art überlagerten diese Schwierigkeiten und führten in Tiefen hinab, damit mehr Frucht gewirkt wurde. Wie glücklich ist man, mit Miss Havergal bekennen zu können:

Wer Ihm völlig traut,
find't Ihn völlig treu.

Er bleibt der unwandelbar Treue, auch wenn wir selbst Ihm nicht völlig vertrauen. Er *ist* getreu, ob wir Ihm vertrauen oder nicht. ‚Glauben wir nicht, so bleibt Er treu; Er kann sich selbst nicht verleugnen.' Wie verunehren wir unsern Herrn, wenn wir Ihm nicht vertrauen, und was verlieren wir an Frieden, Segen und Sieg, wenn wir uns auf diese Art gegen den Wahrhaftigen versündigen! Möchten wir es nie wagen, Ihn anzuzweifeln!"

Welche tieferen Führungen noch reicheren Segen brachten, ist leicht zu erraten. Zweimal täglich kam Hudson Taylor auf dem Weg zur Brückenstraße an Miss Alderseys Schule vorbei. Maria wohnte noch immer dort. Die Leitung lag jedoch jetzt in Mrs. Bausums Händen. Taylor hatte Maria seit seiner Rückkehr nach Ningpo im Juni wiedergesehen, doch stand zwischen ihnen eine Scheidewand, die nicht beseitigt werden konnte — die Bitte, eine gewisse Sache nicht mehr zu berühren. Sie begegnete ihm allerdings lieb und freundlich wie früher. Miss Aldersey hatte ihre ablehnende Einstellung auch den Freunden gegenüber geäußert, bei denen er jetzt wohnte. So war seine Lage doppelt peinlich.

Bald nach ihrer Rückkehr von Schanghai hatte Mrs. Jones Maria gebeten, sie wieder bei ihren Hausbesuchen zu begleiten. Sie sprach nicht mit Maria über die Angelegenheit, und diese berührte nicht, was ihr Herz ganz erfüllte. Miss Aldersey aber kannte keinerlei Zurückhaltung. Nach einer Gebetsstunde in einem andern Stadtteil schüttete sie gegenüber Mrs. Jones ihren ganzen Zorn aus. Sie habe gute Gründe dazu, meinte sie. Hatte Mrs. Jones nicht dazu verholfen, daß die jungen Leute sich da oder dort einmal gesehen hatten? Dabei gehöre Miss Dyer doch einer andern Gesellschaftsklasse an als Mr. Taylor. Sie habe ein eigenes kleines, ausreichendes Einkommen, sei gebildet, begabt, anziehend und habe passendere Bewerber. Es sei unverzeihlich, daß diese Person sich der jungen, unerfahrenen Maria genähert habe. Dazu habe er noch die Kühnheit besessen, wieder nach Ningpo zurückzukehren, obgleich man ihm deutlich genug gesagt hätte, wie unerwünscht er wäre.

Hudson Taylors Stellung als unabhängiger Missionar, der sich ganz auf seinen Glauben verließ, wurde im Missionarskreis heftig kritisiert. Man redete von ihm als einem, „den niemand berief", der „zu niemandem gehöre" und „von niemandem als Prediger des Evangeliums anerkannt würde". Doch damit nicht genug! Es wurden noch andere Anspielungen gemacht. Er sei „fanatisch, unzuverlässig, krank an Leib und Seele", mit einem Wort: „vollkommen untüchtig".

Das Gespräch brachte allerhand an den Tag. Ehe Miss Aldersey sich verabschiedete, erfaßte Mrs. Jones die Lage: Es wurde von ihr verlangt,

Mr. Taylor in keiner Weise bei einem weiteren Antrag zu unterstützen und ihn nie mit Maria in ihrem Hause zusammenkommen zu lassen. Das versprach Mrs. Jones zwar nicht, sagte aber zu, sie werde die jungen Leute nicht mit Absicht zusammenbringen und Mr. Taylor veranlassen, Miss Dyers Besuche in ihrem Haus nicht als Gelegenheit zu einem Gespräch unter vier Augen benutzen zu wollen.

Nach dieser Unterredung fühlte sich Hudson Taylor gebunden. Er durfte also Maria weder schreiben noch im Hause seiner Freunde sprechen. Eins aber wußte er jetzt: Zwischen Miss Aldersey und der Familie Dyer bestand kein Verwandtschaftsverhältnis. Deshalb bat er um die Erlaubnis, an Marias Onkel in London schreiben zu dürfen.

Nun konnte er die Sache ruhig dem Herrn überlassen. Und Gott enttäuschte ihn nicht. Gott hat Seine eigenen Wege, Seine Pläne durchzuführen. In diesem Fall bediente Er sich eines Platzregens.

An einem drückend heißen Julinachmittag versammelten sich die Missionarinnen in Mrs. Jones' Haus zur Gebetsstunde. Wie gewohnt waren alle Missionen vertreten. Es zeigte sich, daß sie leichter hergekommen waren, als sie zurückkehren konnten. Plötzlich begann es wolkenbruchartig zu regnen. Das Wetter entlud sich flußaufwärts. Bald ergossen sich über Ningpo mächtige Wasserfluten. Jones und Taylor konnten wegen der überschwemmten Straße nicht rechtzeitig heimkehren. Als sie endlich kamen, hatten die meisten Damen sich entfernt. Nur einen einzigen Diener trafen sie an, der ihnen sagte, daß Mrs. Bausum und Miss Dyer noch immer auf ihre Sänften warteten.

„Geh du in mein Arbeitszimmer", sagte Mr. Jones zu seinem Gefährten, „ich will einmal sehen, ob sich nicht jetzt eine Unterredung vereinbaren läßt."

Und die beiden Damen waren bereit zu einem Gespräch. Kaum wissend, was er tat, eilte Hudson Taylor die Treppe hinauf. Gewiß, es befanden sich noch andere im Raum, doch er sah nur Maria. Ihr Gesicht verriet ihm mehr, als er sich hätte träumen lassen. Eigentlich wollte er sie nur fragen, ob er an ihren Vormund schreiben dürfe; nun aber brachte er es nicht fertig, länger zu schweigen. Und Maria? Auch sie vergaß alle Schüchternheit, als sie sah, daß sie von Freunden, die sie liebten und verstanden, umgeben war. Ja, er solle schreiben und sich nicht länger sorgen. Er bedeute ihr soviel wie sie ihm. Was tat es, daß die andern es hörten? Zusammen brachten sie ihr Anliegen vor den Herrn.

Der Brief, von dem so viel für die beiden abhing, wurde Mitte Juli geschrieben. Frühestens in vier Monaten konnten sie mit einer Antwort rechnen. Aus Rücksicht auf Miss Aldersey vereinbarten sie, sich gegenseitig keine Briefe zu schreiben, bis sie um die Meinung des Onkels wußten. Maria hatte Miss Aldersey natürlich von Hudson Taylors Brief an den Onkel gesagt. Daß die Dinge trotz all ihrer Gegenarbeit so weit hatten gedeihen können, schien der alten Dame unglaublich. So machte sie sich, von aufrichtiger Sorge um das Glück ihrer jungen Freundin getrieben, daran, den fernen Onkel für ihre Ansicht zu gewinnen. Bestimmt würde er das Unpassende einer solchen Verbindung einsehen. Nun galt es nur noch zu warten, bis seine Antwort käme. —

Die kleine Schar von Gläubigen und Wahrheitssuchenden, die sich jeden Sonntagmorgen zu einer Andacht zusammenfand, wunderte sich über die beiden neuen Spruchrollen an einer der Wände im Wohnzimmer an der Kuen kiao-teo-Straße. Jedes Wort, in schöner, chinesischer Handschrift geschrieben, war gut leserlich, doch was bedeuteten die Worte „I-pien-i-seh-er", „Je-ho-hua-i-leh"?

Der junge Missionar, der seit einigen Wochen durch Krankheit an sein Zimmer gefesselt war, hätte sie erklären können. In stiller Gemeinschaft mit Christus war ihm der Reichtum des Inhalts dieser Worte in einer unvergeßlichen Weise gezeigt worden: „Ebenezer" — „Bis hierher hat der Herr geholfen", und für alle zukünftigen Nöte: „Jehova Jireh" — „Der Herr wird's versehn". Mit welcher Freude sprach er über die kostbare Botschaft dieser Worte, als seine Kräfte zurückkehrten!

Dieser kleine, intime Kreis war Hudson Taylors besondere Freude. Nur wenige gehörten dazu. Während seiner Krankheit hatte er viel für jedes einzelne Glied gebetet. Herausgenommen aus seinem Predigtamt und der Arbeit an Kranken, fand er Zeit, für jeden ernsten Wahrheitssuchenden vor Gott einzutreten, und zu diesen gehörte Mr. Nye, ein Geschäftsmann. Er war wohl der aufmerksamste Suchende.

Als dieser eines Abends am Missionshaus vorbeikam, in das kurz vorher Hudson Taylor und Mr. und Mrs. Jones eingezogen waren, fiel ihm auf, daß hier etwas Besonderes vorging. Er hörte ein Läuten von einer großen Glocke und sah, wie sich daraufhin Einheimische näherten und das Haus betraten. Es müsse sich wohl um eine Versammlung handeln, sagte er sich. Auf seine Fragen erfuhr er, daß in dieser „Jesushalle" von fremden Lehrern über religiöse Dinge gesprochen würde. Daraufhin folgte er den andern. Als frommer Buddhist beschäftigte er sich besonders eifrig mit den unweigerlichen Strafen als Folge von Sünde und Schuld bei der Seelenwanderung.

Dann hörte er einen jungen Ausländer in chinesischer Kleidung aus seinen „heiligen Klassikern" lesen: „Gleichwie Mose in der Wüste eine Schlange erhöht hat, also muß des Menschen Sohn erhöht werden, auf daß alle, die an Ihn glauben, nicht verloren werden, sondern das ewige Leben haben. Also hat Gott die Welt geliebt, daß er Seinen eingeborenen Sohn gab, auf daß alle, die an Ihn glauben, nicht verloren werden, sondern das ewige Leben haben. Denn Gott hat Seinen Sohn nicht in die Welt gesandt, daß Er die Welt richte, sondern daß die Welt durch Ihn errettet werde."

Nye war an dem Abend als einer der unendlich Vielen gekommen, „die durch die Furcht des Todes ihr ganzes Leben Knechte sein müssen".

Während er mit den andern Hörern dasaß und zuhörte, dämmerte Hoffnung in seinem Herzen auf. Das Alte verging, und am Horizont seines Lebens sah er die Sonne aufgehen, die alles neu macht.

Die Versammlung war zu Ende. Der fremde Prediger hatte aufgehört zu sprechen. Nun erhob sich Nye, der es gewohnt war, in religiösen Dingen die Leitung zu haben. Er blickte auf die Versammelten und sagte:

„Wie schon mein Vater vor mir, habe auch ich lange nach der Wahrheit gesucht, ohne sie zu finden. Auch auf meinen weiten Reisen bin ich ihr nirgends begegnet. In der Lehre des Konfuzius, im Buddhismus und Taoismus habe ich keine Ruhe gefunden. Doch in dem, was ich heute abend hörte, finde ich Frieden. Hinfort glaube ich an Jesus."

Die Wirkung dieser Worte war tief, denn jedermann kannte Nye und achtete ihn. Keiner der Anwesenden war so bewegt wie der Missionar. Es folgten viele Gespräche, und Hudson Taylor erlebte die unaussprechliche Freude, daß der Herr ihn gebrauchte, durch ihn wirkte und diese Seele errettete.

Kurz nach seiner Bekehrung wurde Nye als ehemaliger Leiter einer Handelsgesellschaft von dieser zu einem Gespräch eingeladen. Er hatte seinen Posten bereits niedergelegt und sollte nun die Gründe seines Glaubenswechsels erklären. Taylor, der ihn begleitete, war tief beeindruckt von der Klarheit und Kraft seines Jesusbekenntnisses. Einige seiner ehemaligen Freunde mit derselben Religionsauffassung wurden durch ihn zu Christus geführt und später wertvolle Glieder der Kuan Kiao-teo-Gemeinde.

Nye hatte als Baumwollhändler viel freie Zeit, die er nun den befreundeten Missionaren zur Verfügung stellte. Beinahe täglich begleitete er Mr. Jones bei seinen Besuchen in die Häuser oder zu Straßenpredigten. Er wollte aber für seine Dienste nicht bezahlt sein. Überall fand er Eingang für die Botschaft, die ihm selbst so viel bedeutete. Er war es auch, der einmal an Hudson Taylor die unerwartete Frage richtete, die dieser nie mehr vergessen konnte:

„Wie lange kennt ihr in England die Frohe Botschaft?"

Der junge Missionar schämte sich und antwortete zögernd, sie sei dort schon seit Jahrhunderten bekannt.

„Wie", rief Mr. Nye verwundert aus, „einige hundert Jahre? Ist es möglich, daß ihr so lange Jesus kennt und erst jetzt kommt, um uns von Ihm zu sagen?" Traurig fuhr er fort: „Mein Vater hat mehr als zwanzig Jahre nach der Wahrheit gesucht und ist gestorben, ohne sie gefunden zu haben. O *warum seid ihr nicht eher gekommen?*"

Kaum hatte sich Hudson Taylor von seiner Krankheit erholt und seine Pflichten wieder aufgenommen, wurde er in eine andere Arbeit gerufen. Auf dem Anwesen der Presbyterianer-Mission war sein Freund Quaterman an Blattern erkrankt. Dieser war unverheiratet und hatte bei seiner Schwester, Mrs. Way, ein Heim gefunden. Der Kranke mußte isoliert werden, und weil sein Schwager verreist war, konnte Mrs. Way wegen ihrer Kinder die Pflege nicht übernehmen. Diese Umstände waren für Hudson Taylor ein klarer Ruf zur Hilfe — es waren doch seine Freunde. Tag und Nacht mühte er sich als Arzt und Pfleger um den Schwerkranken, damit nicht auch andere der Ansteckungsgefahr ausgesetzt wurden. Eine Woche später schrieb er:

„Mr. Quaterman wurde heimgerufen, um bei Jesus zu sein. Es war mein großes Vorrecht, in ihm Christus dienen zu dürfen und dabei die Kraft durchtragender Gnade zu erleben."

In seinem Brief stand aber nichts von allen durchlebten Nöten, auch nichts über seinen erschöpften Zustand.

Bald fand er sich in einer neuen, unerwarteten Schwierigkeit. Während der Pflege hatte er beständig seine Kleider wechseln müssen, und nun sollten diese alle verbrannt werden. Ein chinesischer Schneider hätte zwar in kürzester Zeit für ihn andere Kleider anfertigen können, doch konnte er sich damals keine neue Ausstattung leisten. Nicht, daß er mittellos gewesen wäre! Im Gegenteil! Seit seinem Austritt aus der CEG waren ihm aus andern Quellen mehr Mittel zugeflossen, als er für seine persönlichen Bedürfnisse benötigte. Was er erhielt, teilte er mit seinen Mitarbeitern, Mr. und Mrs. Jones. Zudem hatte er erst vor kurzem einem bedürftigen Ehepaar einen Geldbetrag zukommen lassen und so für sich selbst nichts zurücklegen können. Was sollte er nun tun? Seine Lage wäre wohl noch schwieriger gewesen, wenn er sie nicht im Gebet vor Gott hätte bringen können.

Gott erhörte sein Gebet. Ausgerechnet in diesen kritischen Tagen erreichte ihn eine längst verloren geglaubte Kiste, die er vor fünfzehn Monaten in Swatow zurückgelassen hatte. Sie enthielt außer andern Habseligkeiten alle seine Kleider. Wiederum erwies sich Gott als gegenwärtiger Herr, der die Nöte der Seinen weiß, ehe diese vor Ihn gebracht werden.

Ein unbedeutender Zufall? Nein, Gottes Eingreifen war ein Beweis Seiner Voraussicht. Die beiden Schriftworte „Bis hierher hat der Herr geholfen" und „Der Herr wird's versehn" bekamen eine neue Bedeutung und sollten Motto der Mission werden, die nach Gottes Willen ins Leben gerufen werden mußte.

Es ist nicht verwunderlich, daß die schwere Krankenpflege Hudson Taylors Kräfte aufzehrte. Er lag einige Tage in hohem Fieber. Ausgerechnet jetzt sollte ihm ein Erlebnis geschenkt werden, das ihn von allen seinen Zweifeln befreien mußte.

Im Morgengrauen schreckte Lärm auf der Straße den Fieberkranken aus dem Schlaf. Heftiges Herzklopfen verhinderte das Wiedereinschlafen. Angstgefühle quälten ihn. Die ganze Not der langen Monate seiner Liebe zu Maria, die vielleicht nie die Seine werden durfte, schienen wie eine Flut über ihn hereinzubrechen. Ein Heer von Befürchtungen unvorhergesehener Zwischenfälle drang auf ihn ein. Er meinte, den Widerstand, der ihrer Liebe entgegengebracht wurde, nicht länger ertragen zu können. Das steigerte seine tiefe Angst. Und auch hier griff der barmherzige Gott ein, als die Not am größten war. Darüber berichtete er später seiner Schwester:

„Plötzlich hatte ich das Gefühl, daß Maria sich im Zimmer befinde. Sie mußte wie ein leichter Windhauch hereingekommen sein. Da wurde ich ganz ruhig. Ich wußte sie in meiner Nähe. Einen Augenblick war ich wie gelähmt, dann streckte ich mit geschlossenen Augen meine Hand aus. Mit behutsamem Druck fühlte ich sie warm von der ihren umschlossen. Sie bedeutete mir, nicht zu reden, und legte zugleich die andere Hand auf meine Stirn. Unter ihrem sanften Druck fühlte ich Fieber und Kopfschmerzen schwinden. Sie flüsterte mir zu, ich solle mich nicht länger ängstigen, denn sie gehöre zu mir wie ich zu ihr. Ich solle nun ruhig schlafen. Das tat ich dann auch. Ich erwachte erst wieder nach Stunden. Das Fieber war gewichen, nur fühlte ich mich sehr schwach.

Ein wunderschöner Traum, könnte man sagen, doch war ich nie wacher als in jenem Augenblick. Ich sah und fühlte sie so deutlich wie jetzt den Bleistift und das Papier in meiner Hand. Wahrscheinlich war das Fieber eine Folge meiner Furcht vor der möglichen Ausweglosigkeit unserer Liebe. Du kannst Dir gewiß vorstellen, wie beruhigend ihr Besuch auf mich wirkte."

Mit der zurückkehrenden Kraft nahm er seine Tätigkeit in der Stadt wieder auf. Bei ihrem regelmäßigen Predigtamt erlebten die Missionare manche Ermutigung. Da waren vor allem die Ärmsten, die regelmäßig von den Missionaren zu einem Frühstück eingeladen wurden. An ihnen hatte Hudson Taylor seine besondere Freude.

Diese täglichen Mahlzeiten für sechzig bis achtzig Menschen stellten große Ansprüche an die Kasse. Mehr als einmal mußte das letzte Geldstück ausgegeben werden, ehe neue Vorräte gekauft werden konnten. Ein Beispiel von Gottes treuer Fürsorge wollte er seinen Freunden in der Heimat nicht vorenthalten:

„Am Samstagmorgen bezahlten wir alles, was wir an notwendigen Lebensmitteln für den Sonntag brauchten. Damit war meine Kasse leer. Wie uns Gott am Montag weiterhelfen würde, wußten wir nicht. Über unserm Kamin im Wohnzimmer jedoch hingen die beiden Spruchrollen ‚Ebenezer' und ‚Jehova Jireh'. Sie ließen keinen Zweifel an Gottes Treue aufkommen.

Da brachte die Post eine beträchtliche Gabe für Mr. Jones. Sie kam eine Woche früher als sonst, und wir dankten Gott für diese weitere Ermutigung."

Bald darauf sollte Hudson Taylor noch auf andere Weise erfahren, wie Gott für ihn sorgte. Marias Onkel, Mr. Tarn, hatte nach sorgfältigem Umfragen in London nur Gutes über den jungen Missionar gehört. Es hieß, er sei ein vielversprechender Missionar. Die Sekretäre der CEG stellten ihm das beste Zeugnis aus, und auch von andern Seiten vernahm er viel Gutes über ihn. Deshalb kehrte er sich nicht weiter um die beunruhigenden Gerüchte und gab seine Einwilligung zur Verlobung seiner Nichte.

Aber wie schwer erwies es sich nun, eine weitere Unterredung zwischen den beiden jungen Leuten herbeizuführen! Hudson Taylor hätte durch einen Besuch in Mrs. Bausums Institut zu viel Aufsehen erregt. Auch in seinem Haus durfte er Maria nicht empfangen. Gerüchte über eine bevorstehende Verlobung jedoch finden überall rasche Verbreitung. So vernahm auch eine amerikanische Missionarin davon, die die beiden Liebenden gern leiden mochte. Sie wohnte in einem ruhigen Ort außerhalb der Stadtmauer in der Nähe des Flusses. Maria erhielt von ihr eine Einladung. Im Brief stand geschrieben, daß außer ihr vielleicht „zufällig" auch ein anderer Besucher anwesend sei — das könne sogar einmal in China vorkommen.

Während der Diener diese Einladung an Maria überbrachte, wartete Hudson Taylor in Mrs. Knowltons Wohnzimmer auf ihr Kommen. Es schien, als kehrte dieser überhaupt nicht mehr zurück. Da, endlich! Ein leichter Schritt, eine junge Stimme im Vorraum — die Tür flog auf, und die beiden lagen sich in den Armen. Endlich waren sie einmal allein.

Mehr als vierzig Jahre später schrieb Hudson Taylor über diese Stunde: „Meine Liebe zu Maria erkaltete nie. Ich liebe sie noch heute."

Endlich galten sie öffentlich als Verlobte. Nun durften sie auch zuweilen jung und fröhlich sein. Eine Bekannte der beiden vermittelte einen guten Einblick, als sie schrieb:

„Alle diejenigen, die Hudson Taylor nur in späteren Jahren kannten, mag es überraschen, wenn sie vernehmen, wie leidenschaftlich verliebt er damals war. Seine Verlobte unterschied sich mit ihrem starken, gefühlsbetonten Wesen in dieser Beziehung kaum von ihm. Weil mein Mann mit beiden befreundet war, durfte er sie hin und wieder mit ihrer Verliebtheit necken."

Der 20. Januar 1858 war ihr Hochzeitstag. Bei strahlendem Sonnenschein ließ sich Hudson Taylor ans andere Ufer übersetzen und begab sich zur Trauung in den alten Tempel. Rev. F. Gough erwartete ihn mit einigen Freunden aus den verschiedenen Missionen. Auch Besatzungsglieder der britischen Kanonenboote und andere Ausländer hatten sich zur Trauung eingefunden.

Maria sah in ihrem grauen Seidenkleid und Schleier entzückend aus. Hudson trug sein gewöhnliches chinesisches Gewand. Einige der Freunde mochten den Unterschied zwischen den beiden als peinlich empfunden haben, doch andere, die das Zustandekommen dieser Hochzeit kannten, wußten, wie sehr Braut und Bräutigam eines Sinnes waren.

Den Empfang nach der Trauung, den Mr. und Mrs. Jones in ihrem gastlichen Haus gaben, mit allen Ansprachen, Reden und Glückwünschen erlebten die beiden wie die Träumenden. Erst als sie bei Sonnenuntergang auf einem nahegelegenen Hügel allein waren und die vorangegangenen

Wochen und Monate mit allem Schweren, die glückliche Gegenwart und die verborgene Zukunft überdachten, kam ihnen die Bedeutung des Tages klar zum Bewußtsein. Aus ihrem Gastzimmer im Nioh-wang-Kloster ließ Hudson Taylor seine Angehörigen in das Glück ihrer jungen Ehe hineinblicken:

„20. Januar. Wie glücklich sind wir jetzt! Gott hat unser Leid in Freude verwandelt und gibt uns das Gewand der Freude anstelle von Trauerkleidern.

29. Januar. Gott hat alle unsere Gebete erhört, den Widerstand in denen, die uns trennen wollten, überwunden und das in Ihn gesetzte Vertrauen gerechtfertigt. Er hat uns glücklich, sehr glücklich gemacht."

Von Ningpo aus schrieb er nach sechs Wochen:

„Verheiratetsein mit der Frau, die man liebt, ja tief und hingebend liebt, ist ein Glück, das nicht in Worten Ausdruck finden und das man sich nicht vorstellen kann. Das ist keine Täuschung. Jeder Tag, der mehr vom Denken der Geliebten offenbart, weckt mehr Stolz, mehr Glück und demütige Dankbarkeit gegen den Geber aller guten Gaben. Sie ist die beste aller irdischen Gaben."

In einem andern Brief schreibt er von der Liebe, die „jede menschliche Liebe übertrifft", der Liebe zu Christus: „. . . die das Herz mit einer Liebe zu erfüllen vermag, mit der keine andere verglichen werden kann. Nun verstehe ich besser, was es bedeutet, wenn geschrieben steht, daß mein Name in Sein Herz eingegraben ist, und warum Jesus immer für mich bittet. Seine Liebe ist so tief, daß Er nicht zu bitten aufhören *kann.* Welch eine Liebe — kann es etwas Größeres geben?"

VERBORGENE JAHRE

Über der Kapelle an der Brückenstraße, die am Ufer gegenüber der Fremdenkolonie lag, begannen die Neuvermählten ihre Arbeit. Von hier aus sollte sich später die China-Inland-Mission über weite Gebiete des Landes ausbreiten.

Im Erdgeschoß blieb alles beim alten. Das obere Stockwerk wurde durch billige Wände in mehrere Räume abgeteilt. Wie überall in der Welt weckt auch in China ein neu gegründetes Heim — vor allem die junge Frau — größtes Interesse. Viele Leute, die Maria während der fünf Jahre als Lehrerin im Institut kennen und schätzen gelernt hatten, wollten sie nach ihrem Einzug in ihrer neuen Umgebung sehen. Dadurch wurde ihnen auch Hudson Taylor vertraut. Seine Zeit war reichlich ausgefüllt mit Predigen, Unterrichten, Krankenbehandlung, Verwaltungsarbeiten und Korrespondenz. Gelegentlich begleitete er auch Mr. Jones auf Evangelisationsreisen. Es war nicht einfach, alle diese Pflichten ohne Helfer zu bewältigen.

Natürlich hätte er in der Schule, in der Maria täglich sechs bis sieben Stunden unterrichtete, eine Hilfe finden können. Auch aus der Schar der Wahrheitssuchenden wären ohne Zweifel einige zur Mitarbeit bereit gewesen, die dabei eine Ausbildung zu späterem fruchtbringendem Dienst erhalten hätten. Die Missionare wußten aber, daß beides eher ein Hindernis als eine Hilfe bedeutet hätte. Sie fürchteten, daß diejenigen, die sich erst vor kurzer Zeit aus der Finsternis des Heidentums zu Christus bekehrt und in Ihm Errettung gefunden hatten, durch eine äußere Versorgung in ihrem inneren Wachstum aufgehalten worden wären. Das hätte sich nachteilig auf ihren Glauben ausgewirkt. In ihrer geistlichen Unmündigkeit sollten sie in den Umständen bleiben, in die Gott sie gestellt hatte, und unter den sich daraus ergebenden Schwierigkeiten innerlich heranwachsen. Die Missionare sahen sich bei all der vielen Arbeit vor besondere Schwierigkeiten gestellt. Gott aber bediente sich ihrer Unzulänglichkeiten. Er führte sie mit Menschen zusammen, die Er zur Annahme des Evangeliums zubereitet hatte, und schenkte ihnen geistliche Kinder, die selbst wieder andern den Weg zu Christus weisen konnten.

Einer der ersten, der nach ihrer Heirat Christus im Glauben annahm, war Fang Neng-kuei, ein Korbflechter. Mr. Nye hatte ihn zur Brückenstraße mitgebracht. Fang fühlte sich sogleich durch etwas Unerklärliches zu den Christen hingezogen. Schon seit langem hatte er nach wahrem Herzensfrieden gesucht. Doch weder in den buddhistischen Zeremonien noch in der konfuzianischen Philosophie hatte er Hilfe gefunden und deshalb katholische Gottesdienste besucht. Den Frieden des Glaubens an Jesus Christus begann er aber erst in dem kleinen Kreis der Gläubigen an der Brückenstraße zu erleben. Sobald es ihm die Arbeit erlaubte, fand er sich abends zum Bibelunterricht ein und war von ganzem Herzen dabei. Während dieser Zeit fiel Hudson Taylor auf, daß die Zahl der Hörer langsam zurückging. Darum legte er sich einen neuen Plan zurecht, um neues Interesse zu wecken. Er gab bekannt, daß er während der Abendversammlungen Evangeliumsbilder zeigen würde. Der Erfolg ermutigte ihn. Eines Abends predigte Hudson Taylor mit großer Freude in einem überfüllten Raum und außerdem vor vielen neugierigen Gesichtern an Tür und Fenstern über das Gleichnis vom verlorenen Sohn. Die meisten Hörer hatten noch nie von einem solchen Vater gehört. Als er am Schluß der Versammlung alle, die mehr hören wollten, zum Zurückbleiben aufforderte, blieb beinahe die ganze Schar. Als sich später alle verabschiedet hatten, blieb nur noch Neng-kuei mit zwei Freunden, die zum erstenmal mitgekommen waren, zurück. Sie schienen aufrichtig nach der Wahrheit zu verlangen, als sie erklärten, sie möchten Nachfolger Jesu werden.

Hudson Taylor hatte auch eine Abendschule eröffnet, in der er Wahrheitssuchende das Neue Testament in lateinischer Schrift lesen lehrte. Neng-kuei und seine zwei Freunde beteiligten sich einige Zeit regelmäßig daran. Als aber bekannt wurde, daß die drei Korbflechter und andere

Christen geworden wären, hatten sie unter Verfolgung zu leiden. Nun sollte es sich zeigen, ob ihr Glaube echt war. Zur Enttäuschung der Missionare blieb einer nach dem andern dem Unterricht fern. Würde Neng-kuei Treue halten? Er erwies sich wirklich als aufrichtiger Christ. Ihm gaben Verfolgung und Spott Gelegenheit, seinen neu gefundenen Glauben zu verteidigen. Er wurde dadurch zu einem unerschrockenen Nachfolger Christi erzogen.

Doch Neng-kueis Eifer wurde nicht durch äußere Umstände genährt, denn er war ein von Gott zu einem besonderen Amt Berufener und durch göttlichen Plan in eine besondere Schule gestellt. Wie Petrus, dem Neng-kuei in mancher Hinsicht glich, sollte er später trotz manchem Versagen viele zu Christus führen. Er war ein Pionier. Wo er auch arbeitete, entstanden kleine Gemeinden, die unter der Pflege anderer erhalten blieben und wuchsen. Er selbst eignete sich weniger zum Dienst an der Gemeinde. Weil er das wußte, wandte er sich immer bereitwillig neuen Feldern zu, wenn er an einem Ort seine Aufgabe erfüllt sah.

In dieser Zeit betreute Hudson Taylor fast ausschließlich die kleine Schar echter Christen. China würde nach seiner Auffassung einmal hauptsächlich durch einheimische Arbeiter evangelisiert werden. Diesem Kreis gab er täglich mehrere Stunden Bibelunterricht und kümmerte sich besonders an den Sonntagen um sie. Es war für die Christen ein wirkliches Opfer, sich am siebenten Tag der Woche frei zu machen. Es war dies ihre schwerste Glaubensprobe. Doch sie verstanden und beherzigten das Wort: „Gedenke des Sabbattages, daß du ihn heiligst!" Neng-kuei verlor durch den Besuch der Sonntagsversammlungen ein Siebentel seiner Wocheneinnahme. Er war ein geschickter Handwerker. Sein Meister war es zufrieden, wenn die Arbeit in sechs Tagen getan wurde und er den siebenten Tag nicht zu bezahlen brauchte.

Neng-kuei wurde ein brauchbarer Diener Gottes. Er durfte einen Menschen für Christus gewinnen, der später viele zum Glauben an Jesus führen sollte.

Wie sollte dieser Wang, ein vielbeschäftigter Handwerker, der von morgens bis abends Häuser anstrich und bemalte und seine freie Zeit in den Teehäusern zubrachte, je Gelegenheit zum Hören des Evangeliums finden? Obgleich er ein religiöser Mann war, blieb ihm keine Zeit zum Predigtbesuch. Frau und Kind blieben meistens allein zu Hause. So schickte Gott, der ihn für Seinen Dienst ausersehen hatte, ihm einen Menschen in den Weg, der in kleinen Dingen Treue bewies und „zur Zeit und Unzeit" seine Botschaft ausrichtete.

Eines Tages war Wang in einem vornehmen Haus mit dem Verzieren einer der Festhallen beschäftigt. Plötzlich wurde es unter seinem Gerüst lebendig. Diener kamen aus den inneren Räumen geeilt, ein Mann mit einer Last von Körben wurde in die Halle geschoben, und verschiedene Damen rauschten aus ihren Gemächern und erteilten ihre Befehle. Das alles war dem Maler vertraut, darum nahm er keine weitere Notiz davon. Als aber in dem Gespräch, das von unten her zu ihm herauftönte, ein ärgerlicher Ton mitzuschwingen begann, spitzte er allerdings die Ohren.

„Wie, du hast keine Weidenkörbe mitgebracht? Du lehnst es ab, einen Auftrag für etwas anzunehmen, das für den Götzendienst verwendet wird?"

„Zürnen Sie mir nicht", erwiderte der einfache Korbflechter, „ich kann Ihren Wunsch nicht erfüllen, denn ich werde nichts mehr anfertigen oder verkaufen, das der Götzenverehrung dient."

„Und warum nicht?" fragten erstaunte Stimmen.

„Ich bin ein Jünger Jesu, ein Anbeter des wahren und lebendigen Gottes."

Er fuhr dann fort, den Damen, die vielleicht nie mehr etwas davon zu hören bekommen würden, den Weg der Vergebung von Schuld und Sünde und zur Erlangung des Friedens durch einen gekreuzigten und auferstandenen Erlöser zu erklären.

Des Zuhörens müde, waren die Damen auf ihren winzigen Füßchen bald davongetrippelt. Da erblickte Neng-kuei, der sich eben zum Weggehen anschickte, neben sich den Maler, der mit großem Ernst sagte: „Du hast mich nicht gesehen auf der Leiter. Ich arbeitete dort oben"; dabei wies er auf sein Gerüst. „Was sagtest du? Obwohl ich gut zugehört habe, möchte ich es gern noch einmal hören."

Wir können uns das darauffolgende Gespräch denken. Bekannt ist nur, daß Wang Lae-djün an jenem Tag den ersten Schritt zu einem Leben hingegebenen Dienstes für seinen Meister tat. —

In der Stadt hatten sich die Missionare zum Gebet zusammengefunden, weil Hudson Taylor im Missionshaus an der Brückenstraße um das Leben Marias bangte. Konnte es sein, daß sie nach so kurzer Zeit unaussprechlicher Freude von ihm gehen würde? Jeder Versuch zur Hilfe war bisher wirkungslos geblieben. Das Bewußtsein, daß andere mit ihm um ein Eingreifen Gottes beteten, stärkte ihn. Er meinte bereits Todesschatten in dem geliebten Gesicht zu sehen.

Plötzlich fühlte er sich von neuer Hoffnung erfüllt. Da war ein Heilmittel, das noch nicht angewendet worden war. Vielleicht wußte Dr. Parker mehr davon; ihn müßte er sogleich aufsuchen. Würde aber Maria durchhalten, bis er zurückkehrte?

„Man braucht beinahe eine halbe Stunde zu Dr. Parkers Klinik", schrieb er. „Auf dem Weg dahin wurde ich an das Wort erinnert: ‚Rufe mich an in der Not, so will ich dich erretten, so sollst du mich preisen.' Neue Hoffnung und eine tiefe, unaussprechliche Freude durchdrangen mich. Der Weg schien mir kurz. Dr. Parker hieß das Mittel, das ich anwenden wollte, gut. Bei meiner Rückkehr bemerkte ich sogleich, daß die ersehnte Krise zum Guten bereits eingetreten war. Der Ausdruck des

Schmerzes war der Ruhe eines sanften Schlummers gewichen, und bald schwanden auch die andern beunruhigenden Symptome."

Der große Arzt hatte die Kranke besucht. Seine Gegenwart hatte den Tod verdrängt und Seine Berührung Heilung gebracht.

Was Christus hier als Antwort auf gläubiges Gebet getan hatte, gehörte zu Taylors kostbarsten Erlebnissen. Die Erinnerung daran stärkte ihn später in mancher Notlage.

Am 31. Juli wurde ihnen ein Töchterchen geschenkt. Grace (Gnade) sollte es heißen. Der Name sollte sie immer daran erinnern, was Gott für sie getan hatte.

Am 26. August traf Dr. Parkers Familie ein tiefes Leid, das Hudson Taylor um so besser mitfühlen konnte, weil er selbst vor dem Verlust derjenigen bewahrt geblieben war, die ihm das Beste bedeutete. Mrs. Parker erkrankte plötzlich schwer und starb um Mitternacht. Sie ließ vier unmündige Kinder zurück. Das junge Paar in der Brückenstraße half, so gut es konnte; auch andere boten ihre Hilfe an. Dr. Parker war so niedergeschlagen, daß er weder den Mut noch die Kraft fand, neue Lasten auf sich zu nehmen und das Krankenhaus weiterzuführen. Er entschloß sich darum, seine Kinder, von denen das älteste ebenfalls erkrankt war, so bald wie möglich nach Schottland in die Obhut von Verwandten zu bringen.

Doch was sollte mit seinem Krankenhaus, mit der ganzen ärztlichen Arbeit und der Poliklinik, die täglich von einer großen Schar Hilfesuchender umlagert war, geschehen? Es gab keinen andern Arzt, der seinen Platz hätte einnehmen können. Die Arbeit als Ergebnis so vieler Gebete durfte nicht einfach aufgegeben werden. Wenn er wenigstens Hudson Taylor, seinen früheren Kollegen, für die Weiterführung der Poliklinik gewinnen könnte! Das Krankenhaus müßte wohl geschlossen werden, doch für die Klinikarbeit würde seine Ausbildung genügen, und mit besonderen Geldschwierigkeiten hätte er nicht zu rechnen. Das waren Dr. Parkers Überlegungen.

Der Vorschlag wurde Hudson Taylor unterbreitet. Sollte dies Gottes Wille für ihn sein? Dann war er zur Übernahme dieser Arbeit bereit. Er mußte darüber Gewißheit haben; darum beteten sie ernstlich um Gottes Leitung. Und Gott leitete — allerdings in eine unerwartete und unwillkommene Richtung.

„Ich fühlte mich gedrungen, nicht bloß die Klinik, sondern auch das Krankenhaus zu übernehmen", schrieb Taylor. „Ich tue es im Vertrauen auf Gott, der Gebete erhört und die Mittel zum Unterhalt des Krankenhauses schenken kann."

Später berichtete er über die Arbeit:

„Zuweilen lagen fünfzig Patienten im Krankenhaus, und eine große Zahl behandelten wir in der Poliklinik. Natürlich brauchten wir chinesische Helfer, für deren Unterhalt wir ebenfalls aufkommen mußten. Bisher hatte Dr. Parker den Unterhalt von Krankenhaus und Poliklinik von den Einnahmen für die Behandlung ausländischer Kranker bestritten. Mit Dr. Parkers Abreise jedoch versiegte diese Einnahmequelle.“

Hudson Taylor und Maria waren wieder ganz neu auf die Hilfe des Herrn angewiesen. Hatte Er aber nicht verheißen, daß geschehen solle, was in Seinem Namen erbeten wird? Hatte nicht Er selbst Seine Nachfolger aufgerufen, zuerst nach dem Reiche Gottes zu trachten — nicht nach Mitteln zu dessen Förderung —, damit „dies alles“ gegeben würde? Solche Verheißungen haben Gültigkeit!

Wenn er sich auf Menschenhilfe verlassen hätte, würde er bestimmt diese neue Verantwortung nicht auf sich geladen haben. Es war aber alles so unerwartet und plötzlich über ihn gekommen, daß keiner seiner Freunde nah und fern etwas von seiner veränderten Lage wußte oder womöglich besser darauf vorbereitet gewesen wäre als er selbst.

„Acht Tage vor meiner Übernahme des Ningpo-Krankenhauses“, schrieb er, „hatte ich nicht die geringste Ahnung, daß diese überhaupt je in Frage kommen könnte. Noch weniger konnten die Freunde in der Heimat es wissen.“

Gott aber hatte es gewußt. Seine Hilfe war bereits unterwegs.

Der erste Schritt nach der Übernahme des Krankenhauses war eine Besprechung mit seinen Hilfskräften über die Geldversorgung. Dr. Parker hatte gerade noch Geld für einen Monat zurückgelassen. Danach mußten sie sich auf die unmittelbare Hilfe Gottes verlassen. Es konnten später keine bestimmten Gehälter mehr ausbezahlt werden, und was auch immer geschehen würde, Schulden konnte er nicht auf sich laden. Darum, so sagte er der versammelten Hausgemeinde, möchten doch alle, die eine andere Arbeit übernehmen wollten, es jetzt tun, obgleich er sie alle gern behielte. Diejenigen jedoch, die sich mit ihm auf Gottes Verheißungen verlassen wollten, seien zur Mitarbeit herzlich willkommen.

So kam es denn, daß die unentschiedenen Christen sich zurückzogen und andern Mitarbeitern Platz machten. Es kamen solche, die nur einige Stunden, andere, die den ganzen Tag arbeiteten, obgleich sie alle nicht wußten, wie sie für ihre Arbeit bezahlt würden. Und sie wurden bezahlt! Alle schlossen das Krankenhaus mit seinen Bedürfnissen in ihre Gebete ein.

Maria erwies sich in dieser neuen Tätigkeit als größte Hilfe. Sie leitete den vergrößerten Helferstab, übernahm die Verwaltungsarbeiten, die Korrespondenz und alle Hausangelegenheiten, so daß Hudson Taylor seine ganze Kraft der medizinischen Arbeit und geistlichen Betreuung der gesamten Hausgemeinde widmen konnte. Sie fand daneben auch Zeit, sich der kranken Frauen im Krankenhaus und der Poliklinik anzunehmen. Darüber schrieb Hudson Taylor:

„Sie war es gewohnt, aus ihrem tiefen Glauben an Gottes Fürsorge in kleinen und großen Dingen Trost zu schöpfen. Auch suchte sie in allem

Gottes Willen zu erkennen. Sie schrieb deshalb keinen Brief, bezahlte keine Rechnung und schaffte nichts an, ohne Ihn zuvor um Seinen Rat gebeten zu haben."

Kein Wunder, daß bald ein frischer Wind in den Häusern wehte. Dr. Parker hatte schon lange gebetet, daß bald alle ungläubigen Hilfskräfte durch Bekehrte ersetzt werden möchten. Die Kranken konnten sich die Veränderung nicht erklären, doch spürten sie, daß die Arbeit mit viel mehr Freude und Eifer getan wurde. Und jeder Tag brachte ihnen neue Überraschungen. Die Pfleger, der Grasschneider Wang, Wang, der Maler, Nye, Neng-kuei und andere, schienen einen großen Glücksschatz zu besitzen und teilten diesen bereitwillig mit ihnen. Sie waren nicht nur freundlich und rücksichtsvoll, sondern erzählten ihnen in ihrer Freizeit von dem, der ihr Leben umgewandelt hatte. Dieser Herr sei bereit, jeden anzunehmen, der zu Ihm komme, und ihm Ruhe zu geben, wenn er mühselig und beladen sei. Sie besaßen dazu noch Bücher und Bilder. Und dann erst ihr Singen!

Diese Arbeit zehrte Hudson Taylors Kräfte völlig auf. Sechs Jahre Chinaaufenthalt hatten ihre Spuren hinterlassen. Nun hatte er auf allen Seiten Möglichkeiten zum Dienst, doch fühlte er sich außerstande, sie auszunützen. Er hätte sich hundert Leben für die Arbeit in China gewünscht und konnte kaum den Pflichten eines einzelnen gerecht werden.

Gott aber verfolgte Seine eigenen Ziele. Er bediente sich besonderer Mittel, um mit der Ningpo-Mission das zu erreichen, von dem damals alle, auch wenn sie sich sehr dafür interessierten, nichts wußten. Wie sollte jemand, der über keine Mittel, keinen Einfluß und nichts, was gewöhnlich unter Bildung oder Führungstalent verstanden wird, verfügte, je Gründer und Direktor einer weltweiten Organisation werden, die junge Missionare aller Denominationen aus vielen Ländern aufnahm und nach China aussandte?

Auf der Linie dieser zukünftigen Entwicklung mußte ein Anfang gemacht werden. Ohne den Zusammenhang zwischen dem Schritt, zu dem er sich gedrungen fühlte, und dem gegenwärtigen Mangel zu ahnen, schrieb er zu Beginn des neuen Jahres an seine Freunde in der Heimat:

„Kennt Ihr vielleicht ernste, fähige junge Männer, die Gott dienen möchten und nicht mehr als ihren Unterhalt erwarten, die willig wären, nach China zu kommen und mit uns zusammenzuarbeiten? Ach, hätten wir nur vier oder fünf solcher Helfer! Sie könnten wahrscheinlich schon nach wenigen Monaten predigen. Die notwendigen Mittel für ihren Unterhalt würden als Antwort auf unsere Gebete bestimmt geschenkt werden."

Hätte nicht Gott Hudson Taylor aus der Arbeit an der Brückenstraße weggenommen, wäre wohl viel Zeit vergangen, bis er den Mut zu einem solchen Schritt gefunden hätte. Wie nie zuvor erkannte er dadurch die ungeheure Not der Unerreichten Chinas, was ihn dann auch zu dem Aufruf an die Heimatfreunde trieb.

In seiner Heimatstadt Barnsley wurde dieser Aufruf aufgenommen und das Anliegen immer wieder vor Gott gebracht. Während einer der altmodischen Yorkshire-Gesellschaften begriff ein Bibelklassenleiter eines Tages, daß geistliche Eigenschaften wichtiger seien als hohe Bildungsgrade. Dies richtete seine Gedanken auf einen jungen Mechaniker, der ihm bei Straßenversammlungen, und wo es sonst Seelen für Christus zu gewinnen gab, zur Seite stand.

„James", sagte er eines Tages zu ihm, „ich habe eine Arbeit für dich, bist du bereit dazu?"

„Um was handelt es sich, Sir?"

„Geh nach China!" Und dann vernahm James Meadows alles über die offene Tür. „Willst du gehen?"

Meadows antwortete: „Ich will, wenn Gott mich ruft. Aber ich muß zuerst darüber beten." —

Gottes Pläne verwirklichten sich langsam, aber unaufhaltsam. In den Heimatländern war eine Erweckung ausgebrochen, und es wurden damals viele in das Königreich Jesu Christi hineingeboren. Dadurch rückte auch das Interesse für die Heidenmission in den Vordergrund. Mr. Berger schrieb darüber:

„Bestimmt ist dies eine Zeit außerordentlicher Möglichkeiten zum Dienst. Die Menschen erwachen langsam. Sie bekommen unter Umständen die Zeitschrift ‚The Revival' (Die Erweckung) zugeschickt und lesen darin, daß in London und vielen Teilen Englands besondere Gottesdienste durchgeführt werden mit der Bitte um ein mächtiges Wirken des Heiligen Geistes in der Kirche und der ganzen Welt."

Mr. Pearse berichtete ungefähr zur gleichen Zeit:

„Gott schenkte uns einen Freund, der Mr. Jones und Ihnen hundert Pfund zukommen ließ. Es wird Sie freuen zu hören, daß die Erweckung auch London erreicht hat und Hunderte eine klare Bekehrung erlebten."

In Ningpo aber verstrich Monat um Monat ohne Aussicht auf Helfer. Hudson Taylors Kräfte waren erschöpft. In einem Brief an seine Mutter schrieb er am 25. März, er fürchte, seine Lungen seien angegriffen, wenn nicht bereits an Tuberkulose erkrankt. Im Mai berichtete er:

„Ich möchte so gern wissen, wie ich in Zukunft China am besten dienen kann. Das Werk hier kann ich in meinem elenden Zustand nicht länger weiterführen. Würde meine Gesundheit aber durch einen Heimaturlaub wiederhergestellt, dann könnten während dieser Zeit junge Menschen für das Werk gewonnen werden. Ich meine, dieser Versuch sollte gewagt werden."

Es lag in Gottes Plan, ein Samenkorn in die zubereitete Heimaterde fallen und dort Wurzel schlagen zu lassen. Die Heimatgemeinde hatte Er dazu erweckt. Hudson Taylor sollte nun das Samenkorn ausstreuen. Deshalb mußte er in die Heimat zurückgeführt werden, und zwar bald. Dort sollte er auch wieder zu Kräften kommen.

Widerstrebend schlossen Hudson Taylor und Maria das Krankenhaus. Ende Juni traten sie die Reise nach England an. Der junge Maler Wang Lae-djün hatte sich ihnen als Begleiter angeboten, weil er sah, daß sie ihn brauchten. Die große Entfernung zwischen China und England war ihm wohlbekannt. Trotzdem ließ er Frau und Kind in seinem Elternhaus zurück. „Ich will meine Missionare bis ans Ende der Welt begleiten", meinte er, „denn ich verdanke ihnen so viel."

Hudson Taylor ließ die jungen Gläubigen nur ungern allein in Ningpo zurück, doch tröstete ihn der Gedanke, daß er ihnen in England besser dienen könne. Es mußten Schriften im Lokaldialekt und vor allem eine genauere Übersetzung des Neuen Testaments mit Anmerkungen vorbereitet und gedruckt werden.

Die Heimreise dauerte vier Monate. Nach der Landung setzte sich Taylor sogleich mit der Bibel- und Traktatgesellschaft in Verbindung, die später den Druck der Übersetzung übernehmen sollte. Mancherlei Besprechungen und vielseitige Korrespondenz füllten seine Tage so vollständig aus, daß Wochen dahingingen, bis er seine Eltern in Barnsley besuchen konnte.

Wo sollten sie sich aber während ihres Heimaturlaubs niederlassen? Weil er sein Medizinstudium neben der Bibelübersetzung beenden wollte und ihm die Tür zu einer Universität offenstand, brachte er seine Familie in einer Seitenstraße Whitechapels inmitten der Arbeiterbevölkerung im Osten Londons unter. Von hier aus erreichte er die Hörsäle in kürzester Zeit. Vier Jahre vergingen, in denen er für die neue Sicht zubereitet wurde, die für ihn zu Anfang noch im dunkeln lag. Es war nur zu gut, daß die Missionare nicht sehen konnten, was Gott für sie geplant hatte.

James Meadows, der junge Missionskandidat von Barnsley, vermittelt uns durch seine Tagebuchnotizen einen flüchtigen Einblick in das tägliche Leben der kleinen Familie Taylor an der Beaumontstraße. Er kam im ersten Jahr ihres Heimataufenthalts in ihr Londoner Haus. Er berichtete:

„Ich suchte, aus dem Norden Englands kommend, den Weg nach Whitechapel. Die armselige Umgebung überraschte mich nicht. Ich hatte ja gehört, daß Hudson Taylor im London-Krankenhaus Vorlesungen besucht und deshalb in der Nähe wohnt. Aber ich wunderte mich sehr über die Armut ihres Heims, und meine Überraschung war groß, als ich von einem Chinesen in chinesischer Kleidung und chinesischer Haartracht empfangen wurde. Meiner Meinung nach ist mein bescheidenes Häuschen in Barnsley bequemer ausgestattet als die Räume im Missionshaus. Die Missionare und ihr chinesischer Helfer scheinen wenig Zeit für Hausarbeiten zu verwenden. Sie sind beständig mit der Neubearbeitung des Neuen Testaments beschäftigt."

Bei seiner Ankunft fand James Meadows Hudson Taylor mit einem ebenfalls im Heimaturlaub weilenden Chinamissionar, Mr. Gough, im dürftig ausgestatteten Arbeitszimmer an einer schwierigen Stelle der Übersetzung. Es dauerte deshalb einige Zeit, bis Hudson Taylor ihn begrüßte. Meadows bemerkte das kärgliche Feuer im Kamin, obwohl es bitterkalt war, und das abgetragene Kleid des Mannes, der selbst gar nicht in diese Umgebung hineinpaßte.

Auch bei Tisch fand er dieselbe Armut. Lae-djün war Mädchen für alles. Er besorgte Küche und Wäsche. Das Essen war einfach, aber alles sauber. Offensichtlich verwendete auch er wenig Zeit für Hausarbeiten.

Das Gespräch während der Mahlzeit ließ den Besucher jedoch alle anderen Eindrücke vergessen. Er wunderte sich nach dem Essen über seine eigene Gleichgültigkeit gegenüber Dingen, die ihn daheim gestört hätten. Die „freundliche, ernste Frömmigkeit" der Missionare und ihre Hingabe an das in China zurückgelassene Werk beeindruckten ihn tief. Ständig gedachten sie derer, die sie in China kannten. Die ergreifende Tatsache, daß eine Million Seelen Monat für Monat ohne Christus verlorengingen, war für sie Wirklichkeit und prägte ihr tägliches Leben. Ihre Armut hielt ihn nicht davor zurück, sich bereitwillig einer solchen Leitung zu unterstellen und als „einfacher Schriftleser" hinauszuziehen. Meadows erkannte bald, daß Taylors keine Mittel zu seiner Ausreise zur Verfügung standen und daß sie auch keine in Aussicht hatten. Aber die Mittel kamen dennoch. Schon im Januar befand er sich mit seiner jungen Frau als erster der fünf erbetenen Helfer auf der Reise nach China. Vorerst sollten sie Mr. und Mrs. Jones in ihrer Arbeit in Ningpo helfen. Leider erkrankte Mr. Jones kurz nach ihrer Ankunft. Er mußte seine Arbeit niederlegen und starb auf der Reise in die Heimat.

Hudson Taylor schätzte das Vertrauen des jungen Meadows. Er hatte es erlebt, was es bedeutet, in Nöten allein zu stehen. So durfte nichts unterlassen werden, was seinem jungen Mitarbeiter dienen konnte. Er berichtete ein Jahr nach der Ausreise des Ehepaares:

„James Meadows schreibt, daß er regelmäßig und ausreichend mit Geld versorgt wird und seine Freunde, denen sein Vertrauen auf den Herrn im Blick auf seine Versorgung bekannt ist, sich nicht um ihn sorgen sollten. Diese Versorgung scheint ihn zu bekümmern, als sei dies unvereinbar mit seinem Gottvertrauen. Ich habe ihm geantwortet, daß wir unsern Unterhalt allein von Gott erwarten, der uns nach Seinem Gutdünken versorgt. Wir könnten für die Regelmäßigkeit seiner Versorgung nur dankbar sein."

Von diesen verborgenen Jahren der Arbeit und des Wartens auf Gottes weitere Führung würden wir wenig wissen, wenn nicht eine Anzahl kleiner Tagebücher aufgefunden worden wäre, die über die Zeit nach beendigtem Medizinstudium berichten. Tägliche Eintragungen in seiner klaren Handschrift füllen die Seiten und strömen den Geist aus, der ihn in den drei folgenden Jahren erfüllte. Danach verging kein Tag, an dem nicht Briefe eingingen, Besucher kamen, Versammlungen und Sprachunterricht gehalten, Kranke besucht oder leidenden Nachbarn geholfen, an Konferenzen der Heimatleitung teilgenommen und private oder allgemeine Verpflichtungen erfüllt werden mußten. Und dies alles neben der Übersetzungsarbeit! Daß letztere seine Hauptbeschäftigung war, der er sich mit der ihm eigenen Hingabe widmete, ist aus den Aufzeichnungen klar ersichtlich. Da heißt es zum Beispiel:

„Sonntag, 26. April. Am Morgen Predigt Rev. T. Kennedy. Thema: ‚Füge dir selbst kein Leid zu!' Nachmittags geruht. Kopfschmerzen neuralgischer Art. Abends mit Lae-djün* Text durchgesprochen.

27. April. Sieben Stunden übersetzt und revidiert. Abends in der Exeterhalle.

28. April. Neuneinhalb Stunden übersetzt und revidiert.

29. April. Elf Stunden übersetzt und revidiert.

30. April. Fünfeinhalb Stunden übersetzt und revidiert. BMS-Versammlung.

1. Mai. Achteinhalb Stunden übersetzt und revidiert. Besucher bis 22 Uhr.

2. Mai. Dreizehn Stunden übersetzt und revidiert.

10. Mai. Sonntagmorgen mit Lae-djün über Hebr. 11, erster Teil, glückliche Stunden verlebt. Brief an James Meadows. Nachmittags Besprechung mit Maria über Aufgaben des Hauses. Gebet für Meadows, Truelove, die Übersetzung usw. Hörte abends Predigt Mr. Kennedys über Matth. 27, 24: ‚Er half andern; sich selbst konnte er nicht helfen.' Ach, daß ich doch Jesus in Seiner Demut, Seinem Verstehen und Seiner Liebe mehr gliche! Herr, mache mich Dir ähnlicher!"

Aber nicht nur die Arbeit, sondern eher die Prüfungen im Glauben und in der Geduld ließen dieses Jahr für die Zukunft so fruchtbar werden. In der Bearbeitung des Neuen Testaments ergaben sich viele Schwierigkeiten, und die persönliche Versorgung mit dem Nötigsten brachte manche Not. Taylor erhielt keinerlei Hilfe aus den Spenden für die Ningpo-Mission. Schon damals erkannte er die Wichtigkeit der absoluten Unabhängigkeit des Werkes von Menschen. Er war es längst gewohnt, in zeitlichen wie in geistlichen Dingen nur auf den Herrn zu sehen. Wie oft hatte Er die Verheißung bestätigt: „Er wird kein Gutes mangeln lassen denen, die aufrichtig vor ihm wandeln." Seine im Osten Londons verbrachten Jahre waren durch besonders schwere Prüfungen in dieser Richtung gekennzeichnet. Einige Nöte wiederholten sich nie mehr, wie zum Beispiel die vom Herbst 1863. Darüber schreibt er:

„Montag, 5. Oktober. Unser Geld ist beinahe ausgegeben. Doch ist alles bezahlt, was wir Kaufleuten und Angestellten schuldeten. Fand eine kostbare Verheißung für uns während des Übersetzens. Sie steht in 1. Chron. 28, 20. Sieben Stunden Revisionsarbeit.

9. Oktober. Unser Geld ist aufgebraucht. Unsere Hoffnung, Herr, liegt in Dir. Sechseinhalb Stunden übersetzt. Besuch von Mrs. Jones mit Kindchen und Mrs. Lord aus Bristol.

* Lae-djün wurde geistlich nicht vernachlässigt. Aus den Tagebuchnotizen ist zu entnehmen, daß Taylor sonntags mehrere Stunden mit ihm im Gebet zubrachte und das Wort studierte. Vielleicht darf Lae-djüns spätere Fruchtbarkeit als ersten und während dreißig Jahren treuesten chinesischen Pfarrers im Verband der China-Inland-Mission auf diesen Einsatz von Hudson Taylor zurückgeführt werden.

10. Oktober. Neueinhalb Stunden Revisionsarbeit. Ging zusammen mit Mrs. Jones zum Arzt, Mr. Jonathan Hutchinson, der freundlicherweise kein Honorar nehmen wollte. Trotz größter Sparsamkeit blieb kaum noch Geld übrig, doch —

Alles kann ich haben, und das im Überfluß;
denn Gott ist für mich.

Sonntag, 11. Oktober. Morgens mit Lae-djün. Nachmittags Gebet. Hörte abends Mr. Kennedy predigen. Legten im Glauben Kollekte ein, was wir dem Herrn gegenüber als Schuldigkeit erachteten."

Und Gott belohnte ihr Vertrauen. Er ließ ihnen im Lauf der Woche besondere Beweise Seiner Fürsorge zukommen. Er hatte wohl Seine Gründe, ihren Glauben zu prüfen, vergaß aber ihre Geldnöte nicht. Anfang der Woche besuchte sie Mrs. Jones, die auf dem Lande wohnte. Sie schenkte ihren Freunden eine Gans, eine Ente, ein Huhn und andere gute Dinge. Ein oder zwei Tage später kam ein Verwandter und übergab ihnen dreißig Pfund zum persönlichen Gebrauch.

Sie waren es gewohnt, nach Gottes ausdrücklichem Befehl: „Seid niemand nichts schuldig!" zu handeln. Nur einmal konnten sie ihre Verpflichtungen nicht erfüllen. Das geschah im Sommer 1864 während der heißesten Zeit, die in Ost-London besonders drückend ist. Schon seit Anfang August war die Versorgung spärlich gewesen. Am 12. August schloß eine Eintragung mit den Worten: „Ich mußte den Steuereinnehmer um Aufschub bitten. Herr, hilf uns um Deines Namen willen!" Der nächste Tag war ein Samstag. Sie besaßen kaum noch Geld, arbeiteten jedoch wie gewohnt an ihrer Übersetzung. Das Kindermädchen wurde über ihre Lage aufgeklärt, denn es sollte ihm freigestellt sein, ob es bleiben oder gehen wollte. Hudson Taylor schrieb: „Ich versuche zu verstehen, was es heißt: ‚Meine Kraft ist in den Schwachen mächtig.'"

An diesem Samstagabend kehrte ein Freund, der sie besucht hatte, zu später Stunde noch einmal zurück und legte sieben Pfund in Hudson Taylors Hand. Am Montag brachte die Post fünf Pfund und im Laufe der Woche weitere fünfunddreißig Pfund. Hudson Taylor wurde dadurch in seinem Vertrauen bestätigt, daß es für sie immer richtig sei, ihre ganze Kraft und Zeit dem Werk zu widmen und ruhig auf die Erfüllung von Gottes Verheißungen zu warten.

Wie aber war es mit der Arbeit bestellt, die die Bibelgesellschaft ihm anvertraut hatte? Eine korrekte Übersetzung des Neuen Testaments in lateinischem Druck, der die Laute des Ningpodialekts wiedergab und sich leichter lesen ließ als chinesische Schriftzeichen, war eine Aufgabe, die bedeutende Opfer wert war. Mit Mr. Goughs, Wang Lae-djüns und Marias Hilfe hoffte er sie in absehbarer Zeit erfüllt zu haben. Es war nicht Mangel an Fleiß, der den Fortschritt der Arbeit gehindert hatte, sondern die Aufgabe an sich erwies sich als wesentlich größer als erwartet, weil der Übersetzung Anmerkungen beigefügt werden mußten.

Plötzlich begegnete die Bibelgesellschaft heftigem Widerstand von einigen einflußreichen Leuten. Immer wieder schien es, als müßte die

Übersetzung aufgegeben werden, und das nicht etwa am Anfang, sondern erst nach Jahren intentivster Arbeit. Zwei oder drei Monate hindurch war die Lage ganz besonders schwierig.

„Menschlich gesprochen bleibt uns wenig Hoffnung auf weitere Hilfe der CMS oder der Bibelgesellschaft", schrieb Hudson Taylor am 7. Oktober an seine Mutter. „Ich sorge mich dabei nicht um die Mittel zum Druck. Die kann der Herr leicht schenken. Dr. Goughs Hilfe könnten wir für den verbleibenden Teil der Arbeit wohl nicht entbehren, doch werden wir unter diesen Umständen kaum damit rechnen können. Deshalb bitte ich um Eure Gebete."

Zwei Wochen später hörten sie durch Mr. Pearse den Beschluß der Bibelgesellschaft:

„Die Bibelgesellschaft ist offensichtlich mit Ihrer Arbeit zufrieden. Wir selbst wünschen, daß Sie damit fortfahren."

Das war eine klare Gebetserhörung. Hudson Taylor fühlte sich mehr denn je für diesen Teil des Werkes verantwortlich. Dabei vergingen die Jahre. Mit der wiederkehrenden Kraft wuchs sein Verlangen zur Rückkehr nach China. Seit Mr. Jones' Tod hatten die Christen der Brückenstraße kaum mehr betreut werden können. Meadows, der Frau und Kind durch den Tod verloren hatte, bedurfte dringend eines Gefährten, und die einheimischen Gläubigen brauchten geistliche Hilfe. Menschlich gesehen schienen alle Umstände auf die Rückkehr Taylors hinzuweisen. Auch er selbst sehnte sich nach direkter Missionsarbeit. Banden ihn aber nicht die erlebten Gebetserhörungen an die Heimat, an die Weiterarbeit und Vollendung der begonnenen Arbeit?

Was war es aber, das ihn mit eigenartiger Beharrlichkeit nach dem Innern Chinas rief? Wie konnte er dem Ruf jener christuslosen Millionen ausweichen, um die sich niemand zu kümmern schien? An einer Wand seines Arbeitszimmers hing eine Karte des Riesenreiches, und auf dem Arbeitstisch lag ständig die geöffnete Bibel. Zwischen beiden wartete der Gerufene. Immer, wenn er sich selbst an Gottes Wort erfreute und nährte, mahnte ihn die Karte an das ferne China — China mit seinen Millionen. Sie konnte er nicht vergessen. Darüber schrieb er:

„Während meines Chinaaufenthalts waren die Aufgaben in meiner nächsten Umgebung so vielseitig, daß mich die noch größere Not des Inlands nicht beunruhigt hatte. In den Jahren meines Aufenthalts in England, während ich täglich auf der Karte das weite Land vor Augen hatte, fühlte ich mich den ausgedehnten Gebieten des Inlands so nahe wie den kleinen Distrikten, die mir bekannt waren. Nur im Gebet konnte ich Erleichterung meiner Last finden."

Oft legten Mr. Gough, der diese Last mittrug, und Hudson Taylor ihre Arbeit beiseite und riefen Maria und Lae-djün herbei, um gemeinsam Gott zu bitten, Er möge bald das Evangelium in *alle* Teile Chinas senden. Einzeln oder gemeinsam suchten sie die Vertreter der größeren

Missionsgesellschaften auf und breiteten vor ihnen den Anspruch der nicht evangelisierten Millionen Chinas aus. Überall wurden sie freundlich angehört. Man kannte die Tatsachen. Doch niemand wollte etwas unternehmen. Zwei Einwände wurden immer wieder angeführt: Geldknappheit und der Mangel an Missionaren. Dazu kam die Frage, wie die fernen Provinzen je erreicht werden sollten, selbst wenn Geld und Missionare vorhanden wären. Der im Jahre 1860 geschlossene Vertrag sicherte zwar Reisen und sogar das Niederlassungsrecht im Inland, aber dennoch lautete der Bescheid: „Wir müssen warten, bis sich durch Gottes Vorsehung die Türen öffnen. Augenblicklich können wir nichts tun.“

Diese Einwände vermochten die Herzensnot und die Last der Missionare nicht zu erleichtern. In Seinem Befehl „Gehet hin in alle Welt und verkündigt das Evangelium *aller* Welt!“ hatte der Meister nichts über Politik oder Finanzen gesagt. Sein Befehl lautete: „in alle Welt“ und Seine Verheißung: „Ich bin bei euch *alle* Tage“. Mußte diesem Befehl nicht mit Vertrauen und völligem Gehorsam begegnet werden?

Es gab aber auch andere, die dachten wie sie. Es waren die Freunde, die sich jeden Samstag in ihrem Heim an der Beaumontstraße zum Gebet zusammenfanden, seitdem Meadows und seine Frau nach China ausgezogen waren. Doch keiner interessierte sich mehr für die Ningpochristen als Mr. und Mrs. Berger, die sich regelmäßig zu den Gebetsstunden einfanden. Mr. Berger blieb Hudson Taylors Last nicht verborgen. Er stellte sich mit ihm darunter und wurde ihm ein wertvoller Berater, während Maria in Mrs. Berger eine mütterliche Freundin fand. Sie ahnten damals noch nicht, welche Entwicklungen durch die Hilfe dieser Freunde möglich gemacht werden sollten. Das wachsende Verantwortungsbewußtsein bildete das Fundament ihrer tiefen Freundschaft.

Als Mr. Berger eines Tages Hudson Taylor zu der Aussendungsfeier eines jungen Missionars begleitete, fand er zu seiner Überraschung eine kleine, arme Gemeinde ohne ein einziges einflußreiches Mitglied vor, die sich bereit erklärt hatte, für den Unterhalt des ausziehenden Missionars sorgen zu wollen. Ihre große Opferfreudigkeit ließ Mr. Berger das Vorrecht des Gebens und Leidens um Jesu willen erkennen. Unter Hudson Taylors ernster Botschaft faßte er einen Entschluß. Gegen Ende der Versammlung erhob er sich und sagte: „Was ich hier erlebt habe, beschämt mich, weil ich bisher verhältnismäßig wenig für die Sache Christi getan habe. Mein soeben gefaßter Entschluß erfüllt mich nun mit tiefer Freude. Künftig will ich das Zehnfache, ja, mit Gottes Hilfe das Hundertfache des bisherigen Betrages geben.“

Nur drei Monate später sollte Hudson Taylor am Strand von Brighton die entscheidendste Krise in seinem Leben erfahren.

Inzwischen war er in eine neue Aufgabe hineingezogen worden. Der Pfarrer der Gemeinde, zu der er gehörte, hatte ihn zu Beginn des Jahres gebeten, für die von ihm herausgegebene Baptistenzeitschrift eine Artikelreihe über China zu verfassen, um Interesse an der Ningpo-Mission zu wecken. Der erste Bericht war bereits erschienen, und Hudson Taylor bereitete weitere vor, als er das Manuskript des zweiten vom Verleger zurückgeschickt bekam mit der Bemerkung, die Artikel wären so wichtig, daß sie eine weitere Verbreitung finden sollten als in seiner Gemeindezeitschrift. In seinem Brief hieß es: „Schreiben Sie! Schreiben Sie noch mehr! Schreiben Sie über das ganze Arbeitsfeld! Es *muß* ein Aufruf für das Innere Chinas herausgegeben und verbreitet werden."

Noch immer war die Übersetzung des Ningpo-Testaments Taylors Hauptaufgabe. Und nun diese neue Verantwortung! Dazu stand er in den Vorbereitungen für seine Rückkehr nach China. Einige junge Leute sollten ihn begleiten. Ganz unerwartet war ihm freie Überfahrt für zwei Missionare auf einem Dampfer angeboten worden, der schon bald auslaufen sollte. Zwei Kandidaten nahmen das Angebot an und schifften sich ein. Zwei Wochen später folgte die Verlobte des einen. Ein anderer erbat sich noch etwas Zeit zur Vorbereitung; der fünfte wurde von seiner Familie zurückgehalten, und der sechste wußte noch nicht bestimmt, ob er überhaupt gehen wollte. Als Taylors eigene Ausreise dadurch hinausgeschoben wurde, erkannte er darin die Gelegenheit zum Verfassen weiterer Berichte. Schon bevor die Gruppe sich auflöste, hatte ihn das Studium des Materials, das er verbreiten wollte, in große innere Not, in die bereits erwähnte Krise geführt. Beim Ausarbeiten von Lichtbildern, die die Weite Chinas, die große Bevölkerungszahl der einzelnen Provinzen und die Vernachlässigung durch die Missionen aufzeigen sollten, waren ihm die Sünde und Schande dieser Gleichgültigkeit allzu deutlich bewußt geworden. Es war noch kein Schritt zur Veränderung der Dinge unternommen worden. Was konnte denn überhaupt getan werden? Es stimmte: Die Zahl der protestantischen Missionare ging zurück. Obwohl die Hälfte der heidnischen Erdbevölkerung in China lebte, war die Zahl der in jenem Land arbeitenden Missionare während des vergangenen Winters von hundertfünfzehn auf einundneunzig gesunken. Diese Tatsachen schürten das verzehrende Feuer in seinem Innern. Er hatte alles in seiner Macht Stehende getan, und keiner ließ sich in dieser Sache bewegen. Er mußte sie einfach liegenlassen, bis der Herr ... Das konnte bestimmt nicht das letzte Wort sein!

Das Ganze liegenlassen? Konnte er nicht im Glauben um Arbeiter beten? Sie würden ihm geschenkt werden, obgleich er schwach und ein Nichts war. Es liegenlassen, wo doch Sein Wort klar sagt: „Wenn ich dem Gottlosen sage: Du mußt des Todes sterben, und du warnst ihn nicht und sagst ihm nicht, daß sich der Gottlose von seinem gottlosen Wesen hüte, auf daß er lebendig bliebe, so wird der Gottlose um seiner Sünde willen sterben, aber sein Blut will ich von deiner Hand fordern." Er schrieb über diese kritische Zeit:

„Ich wußte, daß Gott jetzt redete. Auch wußte ich, daß Er auf das Gebet hin

Evangelisten und die notwendigen Mittel geben würde, weil der Name Jesu dafür bürgt. In meinem Herzen machte sich nun der heimliche Unglaube breit: ‚Angenommen, die Arbeiter würden geschenkt und zögen nach China, es kämen aber Prüfungen, daß ihr Glaube ins Wanken geriete, müßten sie dich dann nicht anklagen, der du sie in eine solche Lage gebracht hast? Könntest du solchen Vorwürfen begegnen?' Die Antwort war natürlich ein entschiedenes Nein.

Inzwischen starben in China Monat um Monat eine Million Menschen ohne Gott. Das brannte in meiner Seele wie Feuer. Zwei oder drei Monate heftigster Kämpfe gingen dahin. Nachts vermochte ich kaum noch eine Stunde zu schlafen. Ich fürchtete den Verstand zu verlieren. Aber ich gab nicht nach. Ich konnte mich mit niemand aussprechen, nicht einmal mit meiner Frau. Sie sah freilich, daß etwas in mir vorging, aber ich fühlte, daß ich möglichst lange damit warten mußte, ihr eine solch zermürbende Last aufzubürden: Diese Seelen! Wo bringen sie die Ewigkeit zu? Was könnte das Evangelium an allen bewirken, die daran glaubten! Wenn wir es ihnen nur brächten!"

Bedeutungsvoll ist das Abbrechen der Tagebucheintragungen an dieser Stelle. Zweieinviertel Jahre lang war es treu geführt worden und jetzt — Schweigen. Sieben Wochen hindurch keine einzige Eintragung! Diese erste und einzige Lücke in den sonst so inhaltsreichen Seiten — wieviel sagt sie uns! Nun stand er wirklich Gottes Plan gegenüber. Er wagte nicht, ihn anzunehmen; entfliehen konnte er ihm aber auch nicht. Es erging ihm wie Jakob in alter Zeit: „Da rang ein Mann mit ihm, bis die Morgenröte anbrach."

Übermüdet, ja krank war Hudson Taylor zu Freunden nach Brighton gekommen. Da geschah es am Sonntag, dem 25. Juni, einem ruhigen Sommertag, daß er den Anblick der frohen Gemeinde im Gotteshaus nicht länger ertragen konnte und allein auf das Watt hinauswanderte, das die Ebbe freigelegt hatte. Rundherum war Friede; in seinem Herzen jedoch tobte der Kampf. Es *mußte* eine Entscheidung getroffen werden, das wußte er; länger konnte er diesen Konflikt nicht mehr ertragen.

„Da kam mir der Gedanke", schrieb er etwas später, „wenn nun Gott eine Schar Arbeiter für das Innere Chinas gibt und sie hinausziehen und alle Hungers sterben, würden sie ja alle zu Ihm kommen. Und wenn dadurch nur eine einzige heidnische Seele gerettet worden wäre, hätte sich dann nicht der Einsatz gelohnt?"

Ein sonderbarer Umweg zum Glauben: Wenn das Schlimmste tatsächlich eintrifft, hat es sich dennoch gelohnt! Etwas aus dem Gottesdienst schien hier gewirkt zu haben. Der Gedanke an Gott trat an die Stelle des Unglaubens. Ein Neues, das wie die Morgenröte die Nacht verdrängt, tat sich vor ihm auf.

„Wenn wir dem Herrn gehorchen, liegt die Verantwortung auf Ihm, nicht auf uns."

Dieser Gedanke, den Gottes Geist ihm eingab, machte alles neu.

„Dir, Herr, Dir sei die ganze Last überlassen", rief er im Gefühl einer unaussprechlichen Befreiung aus, „auf Deinen Befehl, als Dein Diener gehe ich vorwärts und überlasse Dir alles!"

Seit einiger Zeit hatte ihn die Frage bewegt, ob er nicht Gott für jede der elf erreichten Provinzen wenigstens um zwei Evangelisten und zwei weitere für Chinesisch-Turkestan bitten dürfte. Das unendliche Meer vor Augen, dessen Wellen sich unablässig am Ufer zu seinen Füßen brachen, öffnete er seine Bibel und schrieb: „Betete um vierundzwanzig willige, fähige Arbeiter. Brighton, 25. Juni 1865."

„Voll tiefen Friedens verließ ich den Strand", schrieb er in Erinnerung an die erlebte Befreiung, „der Kampf ist vorbei, alles in mir ist Freude und Friede. Es schien mir, als flöge ich zu Mr. Pearses Haus hinauf. Und wie schlief ich in jener Nacht! Als ich nach London zurückkehrte, meinte meine Frau, Brighton hätte an mir Wunder gewirkt. So war es auch!"

Neues Leben durchströmte Hudson Taylor nach dieser Entscheidung. In aller Frühe des nächsten Tages machte er sich auf den Weg nach London. Über diesen Tag ist nichts weiter geschrieben, als daß er mit jemandem gebetet hatte, der sich der Ningpo-Mission anschließen wollte und vor sich nur Schwierigkeiten sah. Doch die Eintragung am nächsten Tag lautet:

„27. Juni. Ging mit Mr. Pearse zur London und County Bank und eröffnete ein Konto für die *China-Inland-Mission.* Legte zehn Pfund ein."

Hier tauchte der Name zum erstenmal auf, der dann weithin bekannt werden sollte — *China-Inland-Mission.*

DIE MISSION, DIE ENTSTEHEN MUSSTE

1865—1866

Ein Tag von großer Bedeutung lag vor dem jungen Missionar. Er wußte es. Den ganzen Tag hindurch hatte er Gott um bleibende Frucht gebeten. Und nun stand er in der weiten Halle und sah ein Meer von Gesichtern vor sich. Er fühlte seine Schwäche und Unzulänglichkeit. Niemand erwartete eine Botschaft von ihm. Als Fremder in Perth — er hatte Schottland vorher nie gesehen — hatte er von den Verantwortlichen dieser Konferenz nur widerwillig die Erlaubnis erhalten, einige Minuten über China reden zu dürfen — China mit seinen vierhundert Millionen, die ihm auf dem Herzen lagen.

„Mein lieber Herr", hatte der Vorsitzende ausgerufen, als er das Empfehlungsschreiben dieses unbekannten Hudson Taylor durchgesehen hatte, „Sie mißverstehen den Zweck unserer Konferenz. Sie soll zur *geistlichen Erbauung* dienen."

Doch dieser Missionar ließ sich nicht abweisen. Er konnte nicht einsehen, daß Gehorsam gegen das letzte Gebot des Auferstandenen im Gegensatz zu geistlicher Erbauung stehen sollte. Vielmehr schien ihm ein solcher Gehorsam die Wurzel allen Segens und der sicherste Weg zu tieferer Gemeinschaft mit Gott zu sein. Es kostete ihn aber einiges, den Vorsitzenden davon zu überzeugen, denn damals durfte die Äußere Mission keinerlei Ansprüche erheben. Seine tiefe Abneigung gegen eine öffentliche Ansprache machte die Sache nicht leichter. Noch größer waren seine Befürchtungen, sich aufdrängen zu müssen. Auf der Fahrt von Aberdeen nach Perth hatte er an Maria geschrieben:

„Durch Gottes Güte erhielt ich einige Empfehlungsschreiben für Perth. Möge der Herr mir dort helfen, mich leiten und gebrauchen! Ich hoffe auf Ihn. Ich will mir nicht selbst gefallen, sondern trete um Chinas willen an die Öffentlichkeit. Was ich außer Glauben brauche, das ist Mut. Möge Gott ihn mir schenken!"

Und dann stand er vor der Menge und stellte ihr die Fragen:

„Glauben Sie, daß jeder einzelne dieser Millionen eine unsterbliche Seele hat und daß kein anderer Name unter dem Himmel den Menschen gegeben ist, darinnen wir sollen selig werden, als allein der Name Jesus? Glauben Sie, daß Er, Er allein ‚der Weg, die Wahrheit und das Leben' ist und daß niemand zum Vater kommt ‚denn durch Ihn'? Wenn es so ist, dann bedenken Sie doch bitte die Zukunft dieser unerlösten Seelen, und prüfen Sie sich vor Gottes Angesicht, ob Sie Ihr Äußerstes tun, Ihn unter diesen Menschen bekannt zu machen!

Der Einwand, Sie hätten keinen besonderen Ruf nach China, genügt nicht. Angesichts dieser Tatsachen müßten Sie sich doch prüfen, ob Sie einen besonderen Auftrag zum Bleiben in der Heimat haben. Wenn Sie vor Gott nicht von einem solchen Auftrag, in der Heimat zu bleiben, sagen können, warum gehorchen Sie dann nicht dem klaren Befehl Jesu, der heißt: ‚Gehet hin!'? Warum weigern Sie sich, dem Herrn zu Hilfe zu eilen gegen den mächtigen Feind? Wenn aber eine Pflicht — nicht Neigung, nicht Bequemlichkeit, nicht der Beruf — Ihr Bleiben in der Heimat verlangt, ringen Sie dann auch wirklich im Gebet um diese heilsbedürftigen Seelen, so gut Sie es vermögen? Wenden Sie wirklich Ihren ganzen Einfluß zur Förderung der Sache Gottes unter ihnen an? Werden Ihre Mittel in dem Maße, wie es sein sollte, zur Mithilfe im Blick auf ihre Errettung verwandt?"

Und dann erzählte Hudson Taylor, wie Nye in der neu gefundenen Freude seines Glaubens an Jesus Christus die Frage an ihn gerichtet hatte, wie lange die Frohe Botschaft in England schon bekannt sei, und wie beschämend es für ihn gewesen wäre, darauf wahrheitsgemäß antworten zu müssen.

„Sollen wir sagen, der Weg sei verschlossen gewesen? Heute jedenfalls steht er offen. Bis zur nächsten Perth-Konferenz werden in China zwölf weitere Millionen gestorben sein, so daß wir sie ewig nicht mehr erreichen können. Was aber unternehmen wir, damit sie die Botschaft der errettenden Liebe vernehmen? Wie können wir weiter in das Lied einstimmen:

‚Tragt, ihr Winde, tragt die Botschaft!'? Niemals werden Winde die Botschaft verbreiten, doch *uns* können sie nach China tragen. Jesus gebietet uns — einem jeden einzelnen —: Gehet! Er sagt: ‚Gehet hin in alle Welt und predigt das Evangelium aller Kreatur!' Wollen wir Ihm darauf antworten: ‚Es paßt mir nicht'? Wollen Sie Ihm sagen, Sie seien gerade am ‚Fischen', oder Sie hätten ein ‚Stück Land oder fünf Ochsen gekauft' oder ‚ein Weib genommen'? Oder könnten Sie Ihm aus anderen Gründen den Gehorsam verweigern? Wird Er aber solche Entschuldigungen annehmen? Haben wir vergessen, daß wir alle vor dem Richterstuhl Gottes offenbar werden müssen und ein jeglicher empfängt nach dem, was er getan hat? Gedenken Sie doch der nicht evangelisierten Millionen Chinas, beten, arbeiten Sie für sie, sonst sündigen Sie wider Ihre eigene Seele. Bedenken Sie, wer diese Worte sagt: ‚Errette die, die man töten will, und entzieh dich nicht denen, die man würgen will! Sprichst du: Siehe, wir verstehen's nicht, meinst du nicht, der die Herzen wägt, merkt es, und der auf deine Seele achthat, kennt es und vergilt dem Menschen nach seinem Werk?'"

Der Eindruck dieser Worte war so tief, daß sich die Versammlung schweigend auflöste. Viele suchten später den Redner auf und befragten ihn über seine Arbeit.

Berichte über Hudson Taylors baldige Ausreise nach China wurden überall verbreitet. Es hieß, er wolle ohne eine Heimatkirche als Hinterhalt, ohne einen Missionsrat oder Zusagen von Hilfsmitteln mit einer Gruppe von Mitarbeitern ausreisen. Mit diesen zusammen plane er in die Inlandprovinzen des Riesenreiches vorzustoßen. Man wunderte sich über seine Ruhe und die Gewißheit der Berufung für diese scheinbar unmögliche Arbeit. Aber Gott würde bestimmt den Weg vor ihnen auftun.

Erstaunt darüber, glaubten die Leute, es sei in ihrer Mitte ein Prophet aufgestanden. Bald darauf füllte eine aufmerksame Zuhörerschaft eine der größten Kirchen. Alle wollten mehr über die geplante Mission erfahren.

Den Sonntag nach dem Erleben in Brighton verbrachte Hudson Taylor bei seiner Schwester Amalie und ihrem Mann, Benjamin Broomhall. Er wußte nicht, in welche Kirche er gehen sollte, und bat Gott um klare Leitung. Da kam ihm der Gedanke, die kleine Gemeinde der „Offenen Brüder" aufzusuchen.

Am Schluß der Versammlung, als noch zum Gebet aufgefordert wurde und man einige Anliegen nannte, wurde anscheinend etwas vergessen. Taylor befürchtete, die Versammlung könnte geschlossen werden, ohne daß dieser besonderen Not gedacht worden wäre. Es war allerdings nichts Außergewöhnliches: ein Krankheitsfall mit langsamer Heilung. Obgleich er ein Fremder unter den Gottesdienstbesuchern war, konnte er den Aufruf zur Fürbitte nicht unbeantwortet lassen und brachte deshalb das Anliegen im Gebet vor Gott.

„Wer war das?“ erkundigte sich, tief beeindruckt von der Schlichtheit seines Gebets, eine Lady Radstock.

Es sei Hudson Taylor, ein Missionar aus China, lautete die Antwort. Sie wünschte ihn kennenzulernen. Eine Einladung zum Frühstück am andern Morgen in ihrem Haus am Portlandplatz war das Ergebnis dieser Unterredung. Das war der Beginn einer Freundschaft mit verschiedenen Gliedern der Waldegrave-Familie, die für das zukünftige Werk in China viel bedeuten sollte.

Während des ganzen Sommers und Herbstes erreichten ihn daraufhin Einladungen in einflußreiche Kreise. Adlige luden ihn zu einer Mahlzeit oder zum Nachmittagstee ein, wozu die Geladenen in großer Toilette erschienen. Bei diesen Anlässen wurde er immer zum Sprechen aufgefordert. Er zweifelte nicht an Gottes Führung und wußte, daß derselbe Gott, der ihm ein Heim im Osten Londons bereitet hatte, ihm auch die Tür zu den Gesellschaftsräumen in West-London öffnete.

Die erste Zeit brachte nicht nur Reden und Versammlungen. Er bereitete gerade die Ausreise von Mr. Stevenson vor, der bereits einige Monate mit ihm in London verbracht hatte. Gleichzeitig sollte Mr. George Scott, ein Schotte, ausreisen. Die Zweige begannen sich auszubreiten, und die Wurzeln gruben sich in den stillen Stunden des Planens und Betens tiefer ein. Manche Stunde verbrachte er mit Mr. Berger und besprach mit ihm praktische Fragen. Bergers Bereitschaft zum Mittragen bedeutete ihm eine sehr große Hilfe. Hudson Taylor sagte davon:

„Nachdem ich mich zur Wiederausreise entschlossen hatte, übernahm Mr. Berger die Heimatvertretung. Die Zusammenarbeit wuchs allmählich. Wir waren uns sehr nahe gekommen. In seinem Wohnzimmer einigten wir uns auf den Namen der neuen Mission. Keiner von uns setzte den andern ein, es kam einfach alles von selbst.“

Es wäre noch viel zu berichten über Marias Hilfe, die ja seinem Herzen am nächsten stand, über die alles verstehende Liebe, die geistliche Inspiration und praktische Weisheit der Frau, die mit ihm alle Erlebnisse teilte. Die neue Ausreise bedeutete für Maria mehr als für alle andern. Sie war so jung und hatte nicht nur für eine wachsende Familie, sondern auch für einen großen Missionshaushalt zu sorgen. Vier Kinder sollten sie auf der Reise nach dem Fernen Osten begleiten — keine leichte Aufgabe! Dazu kamen die vielen neuen Pläne — Botschafter Jesu in alle unerreichten Provinzen —, kann man ermessen, was das für sie bedeutete? So groß ihr Vertrauen zu ihrem Mann auch war, verließ sie sich nicht einfach auf seinen Glauben. Seit ihrer frühesten Kindheit hatte sie als Vollwaise ihren Glauben an die Treue des himmlischen Vaters zu erproben gelernt. Mochten auch Familiennöte, schwere Zeiten und nicht zuletzt die ungeheure Verantwortung für andere vor ihr liegen, so versiegten doch ihre eigenen Quellen nie. Sie lebte Stunde um Stunde „aus dem unerschöpflichen Reichtum Christi“.

Vor der Ausreise aber mußte das Manuskript überarbeitet werden, das der Herausgeber der Baptistenzeitschrift — wie schon erwähnt — zurückgesandt hatte. Das war keine leichte Aufgabe. Nur wenig Nachrichten sickerten damals aus dem verschlossenen Riesenreich durch. Hier in der Heimat aber sollten die dringendsten Nöte bekanntgemacht werden. Dazu benutzten sie die Sonntage, weil die Wochentage kaum Zeit zu ruhiger Arbeit ließen. Natürlich wurde der Gottesdienst nicht vernachlässigt. Nachmittags beteten und schrieben, schrieben und beteten Hudson Taylor und Maria in ihrem kleinen Wohnzimmer an der Cobornstraße, wohin sie kurz vorher übergesiedelt waren, und besprachen die ihnen gestellte Aufgabe. „Chinas geistliche Nöte und Ansprüche“ lautete die Überschrift des Artikels, den sie gemeinsam erarbeitet hatten. Darüber sagte Hudson Taylor später:

„Jeder Satz ist unter Gebet entstanden. Während ich dabei im Zimmer auf und ab ging und überlegte, saß Maria am Tisch und schrieb alles auf.“

Beim Durchlesen der Seiten jener Zeit fühlt man noch heute die Kraft, die die Leser länger als eine Generation hindurch berührte und bewegte. Jeder Abschnitt ist nicht nur ein Beweis sorgfältigen Forschens, sondern zeugt vielmehr von dem Gebetsgeist, in dem er geschrieben wurde. Die Berichte erfüllen genau ihren Zweck. Beim Lesen wird man von der ersten bis zur letzten Seite in Gottes Licht gestellt. Sein Wort erreicht den Leser; Sein Plan, vor dem es kein Ausweichen gibt, wird deutlich. Nichts vom eigenen Ich. Der Verfasser ist kaum erwähnt. Mr. Bergers Name ist verschiedentlich genannt, ebenso werden die Namen der Missionare erwähnt, die damals im Einsatz in China oder auf dem Wege dorthin waren.

Die gewaltige Größe der Missionsaufgabe wird in dieser Schrift klar dargestellt, die andern Wirklichkeiten — Gottes Quellen, Ziele, Treue, Befehle und Verheißungen. Das mußte genügen, das allein konnte genügen — Sein Wort: „Mir ist gegeben alle Macht . . . ; darum gehet . . . !“

Diese Grundsätze der neuen Mission lassen sich auf zwei Beweggründe zurückführen: auf die Not, der begegnet werden soll, und auf Gott. Er, der das Werk ins Leben rief, würde auch hinter Seinem Werk stehen. Er würde auf jeden Hilfeschrei antworten, weil es keine Not gibt, der Er nicht gewachsen ist.

„Ich fühlte die tiefe Verantwortung als Last, erlebte aber Ermutigungen, denen man überall in Gottes Wort begegnet. Darum bat ich den großen Herrn der Ernte ohne Zögern um die Berufung und Sendung von vierundzwanzig europäischen und ebenso vielen chinesischen Evangelisten, die das Banner des Kreuzes Jesu Christi in den nicht evangelisierten Provinzen Chinas und der Tartei aufrichten sollten. Den Menschen bleibt manches verborgen, die nie die Treue Gottes durch Inanspruchnahme Seiner Verheißungen erprobt haben und alle Dinge — auch die täglichen — von Ihm erbitten mußten. Sie müssen es als ein verantwortungsloses Wagnis ansehen, eine so große Zahl von Europäern ‚allein mit Gott‘ in ein heidnisches Land zu entsenden. Anders ist es mit dem, dessen Vorrecht es war, diesen Gott daheim und draußen, über

Land und Meer, in Krankheit und Gesundheit, in Gefahren und Nöten, sogar vor den Toren des Todes zu erproben. Er hat solche Bedenken nicht, weil er mit seinem Gott rechnet."

In zahlreichen Beispielen werden Hudson Taylors Erfahrungen direkter, unmißverständlicher Gebetserhörungen klar ersichtlich. Daraus kann man lernen, daß es weise ist, mit einem solchen Gott auf dem Gehorsamsweg vorwärtszugehen, weil das der einzig kluge und sichere Weg ist.

Über diesen Zeitabschnitt sagt Hudson Taylor:

„Wir mußten überlegen, ob es nicht für Mitglieder verschiedener Kirchen möglich sein könnte, einfach nach den Grundsätzen des Evangeliums miteinander zu arbeiten, ohne Reibungen durch Gewissensschwierigkeiten und Meinungsunterschiede. Unter Gebet bejahten wir dies und beschlossen daraufhin, unsere Mitchristen ohne Rücksicht auf ihre kirchliche Zugehörigkeit zum Werk aufzurufen, falls sie nur an der Inspiration des Wortes Gottes festhielten und bereit waren, ihren Glauben dadurch zu beweisen, daß sie mit keiner andern Garantie als derjenigen, die sie mit ihrer Bibel mitnahmen, nach China auszögen. Darin steht: ‚Trachtet am ersten nach dem Reiche Gottes und nach seiner Gerechtigkeit, so wird euch solches alles (Nahrung und Kleidung) zufallen.' Wenn jemand nicht glauben sollte, daß Gott die Wahrheit spricht, so würde er nicht nach China ziehen, um den Glauben zu verkündigen. Wenn er es aber glaubt, so würde sicher die Verheißung genügen. Wiederum steht geschrieben: ‚Er wird kein Gutes mangeln lassen denen, die aufrichtig wandeln.' Wer nicht vorhat, aufrichtig zu wandeln, bleibt besser zu Hause; wer es aber vorhat, besitzt jede Garantie, die er sich wünschen kann. Alles Gold und Silber der Welt und das Vieh auf tausend Hügeln gehören Gott.

Wir hätten ja auch um die nötigen Geldmittel beten können. Aber wir fühlten, daß wir sie nicht brauchten und daß sie schaden könnten. Wir müssen uns sowohl vor schlecht angelegtem Geld hüten als auch vor solchem, das aus falschen Motiven gegeben wird. Wir können es uns leisten, so wenig Geld zu haben, wie der Herr uns geben will, aber wir können es uns nicht leisten, ungeheiligtes Geld zu besitzen oder an falscher Stelle anzulegen. Besser überhaupt kein Geld, selbst für Brot nicht, denn es gibt viele Raben in China, und der Herr kann uns noch heute durch sie Brot und Fleisch zukommen lassen ...

Unser Vater besitzt Erfahrung. Er weiß recht wohl, daß Seine Kinder jeden Morgen hungrig aufstehen, und Er sorgt immer für ihr Frühstück, und abends läßt Er sie nicht hungrig zu Bett gehen. ‚Dein Brot wird dir gegeben, und dein Wasser hast du gewiß' (Jes. 33, 16). Er ernährte vierzig Jahre lang drei Millionen Israeliten in der Wüste. Wir erwarten nicht, daß Er drei Millionen Missionare nach China sendet. Doch wenn Er es täte, hätte Er Mittel genug, sie alle zu erhalten. Laßt uns zusehen, daß wir Gott vor Augen haben, daß wir in Seinen Wegen wandeln, Ihm in allem gefallen und Ihn zu ehren trachten im Großen wie im Kleinen! Verlassen wir uns darauf: Gottes Werke, nach Gottes Willen getan, werden nie Gottes Hilfe entbehren."

So waren es Männer und Frauen des Glaubens, die die China-Inland-Mission suchte, die bereit waren, sich auf Gott zu verlassen, zufrieden mit der Armut, wenn Er sie für gut hielt, und voll Zuversicht, daß Er Sein Wort nicht brechen werde.

Noch vieles tritt uns aus diesen ernsten Seiten entgegen, und manches, das nicht erwähnt ist, ist gerade dadurch bedeutungsvoll. Keine großen Namen und Organisationen bürgen für das Unternehmen. Die Leitung der Mission bleibt in den Händen ihres Begründers, der selbst die größte

Erfahrung in der praktischen Arbeit hat und der, wie ein General im Kriegsdienst, selbst bei seinen Truppen auf dem Kampfplatz steht. Das alles scheint so selbstverständlich, daß das vollständig Neue daran kaum erkannt wird, und doch öffnete Hudson Taylor hier wie in mancher anderen Richtung wertvolle Wege der Missionspraxis. *Er wußte aus eigener schmerzlicher Erfahrung, wie der Missionar und seine Arbeit leiden, wenn er der Leitung von Menschen unterstellt ist, die bei aller guten Absicht keine direkte Kenntnis der Lage haben können und sich außerdem auf der anderen Seite der Erdkugel befinden.*

Ferner fehlt jeder Aufruf zur Unterstützung durch Geld, wenn auch erwähnt ist, daß eine Jahresausgabe von fünftausend Pfund zu erwarten sei, wenn die neuen zehn bis zwölf Missionare zu den schon draußen Stehenden hinzukämen. Die Adresse Herrn Bergers als Hudson Taylors Vertreter in England wird angegeben, damit jeder, der an der Arbeit teilnehmen möchte, seine Gaben dorthin schicken könnte. Im übrigen aber klingt mehr das Bewußtsein des Reichtums als das der Not aus den ruhigen Worten: „Obwohl die Anforderungen groß sind, werden sie die Mittel unseres himmlischen Vaters nicht erschöpfen."

Schließlich fehlt jede Bezugnahme auf den Schutz der Regierung oder die Sicherheiten des Friedensvertrags. Dagegen finden wir viele Beispiele göttlicher Bewahrung in den Gefahren, die mit der in Aussicht genommenen Pionierarbeit verbunden sind. Unbewaffnet, in der Kleidung der Einheimischen, ohne die Hilfe der Konsuln in Anspruch zu nehmen, hatte der Verfasser selbst erfahren, daß Zeiten der Gefahr immer neue Beweise dafür brachten, daß Gott eine bessere Zuflucht ist als europäische Flaggen oder Kanonenboote. Er ist der Große und nicht der Mensch.

„*Er kann* und *will* willige und fähige Menschen für jede Aufgabe unseres Dienstes erwecken", schreibt Taylor zuversichtlich. „Wir wollen uns jetzt einfach auf die Treue dessen verlassen, der uns zu diesem Dienst berufen hat. Im Gehorsam auf Seine Berufung und im Vertrauen auf Seine Macht erweitern wir unser Arbeitsfeld zur Verherrlichung Seines Namens, denn Er allein tut Wunder. Auf das Ebenezer der Vergangenheit bauen wir unser Jehova Jireh auf. Denn Sein Wort sagt: ‚Die deinen Namen kennen, werden auf dich bauen.'"

Das Manuskript „Chinas geistliche Not und Forderungen" lag Mitte Oktober zum Druck bereit. Herr Berger wollte die Kosten der Herausgabe übernehmen. Die Broschüre sollte unter den Hunderten von Besuchern verteilt werden, die sich zur Mildmay-Konferenz zusammenfinden würden.

Hudson Taylor erhielt in den darauffolgenden Wochen viele Briefe, die alle das stille Wirken der Schrift erkennen ließen. In den verschiedensten Kreisen wurde die China-Inland-Mission dankbar als ein Werk anerkannt, dessen Gründung notwendig war. Es kamen Anmeldungen zur Mitarbeit aus Studentenheimen, Büroräumen und Werkstätten. Zahlreiche Einladungen zu Versammlungen und Vorträgen ergingen an ihn, und die Nachfrage nach geeigneter Missionsliteratur war so groß, daß die Schrift bereits nach drei Wochen eine Neuauflage erlebte.

Inzwischen wurde die Ausreise von zehn oder zwölf Missionaren vorbereitet. Die Arbeitslast wuchs und wurde beinahe untragbar. Das Haus an der Cobornstraße erwies sich als zu klein für die ständig zunehmende Hausgemeinde, darum mietete Hudson Taylor das gerade leerstehende Nachbarhaus. Er schrieb im November an seine Mutter:

„Die zweite Auflage der Broschüre ist gedruckt. Die Kisten der Ausreisenden sind bereits unterwegs. Ich bereite eine Zeitschrift unserer Mission vor, statte daneben ein Haus aus, erteile Chinesischunterricht, prüfe Anmeldungen von Kandidaten und halte oder besuche Versammlungen. Im Laufe des vergangenen Monats hatte ich einen einzigen Abend frei. Außerdem bereite ich eine Neujahrsbotschaft über China und eine Karte des ganzen Landes vor. Bete mit uns um die Mittel und um die rechten Mitarbeiter! Bete aber auch um Weisheit, welche von ihnen zurückgehalten oder abgelehnt werden müssen! Es melden sich zur Zeit viele."

Ob es gerade jetzt notwendig war, daran zu erinnern, daß über all der Arbeit das Gebet nicht vergessen werden durfte? Bei der überwältigenden Arbeitsfülle wäre es nicht verwunderlich gewesen, wenn der kleine Kreis in Versuchung gekommen wäre, die stillen Zeiten der Sammlung vor Gott abzukürzen. Der Schluß des Jahres wurde von einer schweren Sorge überschattet, die sie alle wie nie zuvor auf die Knie zwang. In dem einen Hause, das sehr still geworden war, lag Frau Taylor in großer Lebensgefahr. Eine ernste Erkrankung hatte ihre Kräfte sehr geschwächt. So bestand die Gefahr, daß sie die dringend notwendige Operation nicht überstehen würde.

„Es ist ein sehr ernster Gedanke, daß alles Glück unserer Ehe vielleicht bald zu Ende sein wird", schrieb Hudson Taylor an seine Eltern in Barnsley. „Sie ruht ganz in Jesus ... Bittet für mich um die Gnade, daß ich wirklich sagen kann: ‚Dein Wille geschehe!'"

Sein Liebstes wurde verschont. Drei Wochen später gab Hudson Taylor einen Überblick über die Fortschritte seit dem denkwürdigen Sonntag in Brighton. Außer den acht Mitarbeitern, die schon in China waren, wünschten zwanzig bis dreißig weitere sich der Mission anzuschließen.

„Wie sehr haben wir für sie wie für uns Weisung nötig!" schrieb er an den weiteren Kreis der Gebetsgemeinde. „Wir haben es unternommen, im Innern von China zu arbeiten und alle Bedürfnisse vom Herrn zu erwarten. Das können wir nur in Seiner Kraft. Und wenn Er uns wirklich gebrauchen soll, müssen wir sehr nahe bei Ihm leben."

Darum wurde der letzte Dezembertag in der Cobornstraße als Tag des Gebets und des Fastens begangen, ein rechter Abschluß für das Jahr, in dem die Mission in völliger Abhängigkeit von Gott gegründet worden war.

Um die Fruchtbarkeit dieses Zeitabschnitts richtig zu verstehen, muß man berücksichtigen, daß Hudson Taylor die Früchte der großen Erwekkung 1859 mitgeerntet hat. Das wunderbare geistliche Aufwachen hatte nicht nur Tausende der Kirche Jesu Christi zugeführt, sondern auch den Weg bereitet für eine neue Einsatzbereitschaft und Liebe zu den Seelen der Mitmenschen sowie ein Suchen neuer Mittel und Wege zu ihrer Errettung. Die Laientätigkeit entwickelte sich in der Gemeinde, und überraschend deutlich wurde an vielen Orten die Prophezeiung Joels erfüllt: „Auch will ich zur selben Zeit über Knechte und Mägde meinen Geist ausgießen."

Einige der evangelistischen Bewegungen, die in dieser Zeit ihren Ursprung haben, sind die Heilsarmee, der Christliche Verein Junger Männer und andere mehr. In der Äußeren Mission wurden jedoch noch keine Laien eingesetzt.

Christian Friedrich Spittler, Gründer des Werkes der Pilgermission St. Chrischona bei Basel, schrieb nach seinem Besuch in England, Schottland und Irland im Jahre 1859: „Ich frage mich immer wieder, ob es denn nirgends einen Kanal gibt, durch den schlichte Gläubige, die während dieser Erweckung zu Christus geführt wurden und ihrem Herrn auf dem Missionsfeld dienen möchten, dieses Ziel erreichen können. Ich kenne aber keinen. Alle Ausbildungsstätten für Missionare fordern eine Vorbildung, über die die meisten nicht verfügen. Eine Missionsgesellschaft, die eine bescheidenere Ausbildung fordert, scheint heute dem Willen Gottes zu entsprechen. Er hat bereits in verschiedenen Ländern unabhängig voneinander Werkzeuge zur Ausführung dieses Planes zubereitet."

In diesen wohlvorbereiteten Boden ließ Gott den Samen des Gedankens der China-Inland-Mission fallen. Junge, einfache Menschen hörten davon. Vielleicht war in einer solchen Mission ein Platz für Glauben und Liebe auch ohne große wissenschaftliche Ausbildung. So dachte unter andern Rudland, der schottische Dorfschmied, an seiner Esse, der Gottes Ruf durch einen gedruckten Bericht über Hudson Taylors Vortrag in Perth vernommen hatte. Auf der Mildmay-Konferenz hoffte er mehr zu erfahren oder Hudson Taylor zu treffen. Aber sein Arbeitgeber wollte auch gern dorthin. Beide konnten jedoch die Schmiede nicht verlassen. Rudland focht einen schweren Kampf mit sich aus, gab dann aber als der Jüngere dem Meister die Eintrittskarte. Beim Abschied versprach dieser, dem Gesellen ausführlich von der Versammlung zu berichten. Merkwürdigerweise erzählte er aber dann nur wenig von der Konferenz, von China oder über die China-Inland-Mission. Rudland war enttäuscht, daß er nicht einmal erfuhr, ob Hudson Taylor selbst an der Konferenz teilgenommen hatte. Wie und wo konnte er ihn wohl erreichen? Immerfort mußte er an die Menschen in China denken — an die Tausende, die stündlich, Tag und Nacht, ohne Gott starben. Von der Wand seiner Schmiede grüßten ihn täglich zwei Bibelworte: „Den Geist dämpfet nicht!“ und „Wer da weiß Gutes zu tun, und tut es nicht, dem ist’s Sünde“. Was konnte er vorläufig tun? Er betete viel in dieser Zeit.

Inzwischen versuchte sein Meister, Rudlands Verlangen zu dämpfen. Er befürchtete wohl, seinen tüchtigen Gesellen zu verlieren.

„Rudland“, sagte er eines Tages und zeigte dem Gesellen ein chinesisches Buch, „diese Sprache wird in China gesprochen. Meinst du, du könntest sie jemals lernen?“

„Hat sie schon jemand gelernt?“ lautete die ruhige Antwort.

„Ganz wenige.“

„Also warum sollte es mir dann nicht gelingen?“

Die gelben Blätter mit ihren fremdartigen Schriftzeichen trieben ihn zu dringenderem Gebet, daß der Herr ihm den Weg nach China öffnen möchte.

Bald danach erhielt er ein Buch mit dem Brief einer Bekannten. Sie wohnte in Ost-London und hatte die Antwort auf Rudlands Frage in dieser Broschüre gefunden. Es war: „Chinas geistliche Nöte und Forderungen“. Sie forderte ihn auf, am folgenden Sonnabend mit ihr zur Gebetsversammlung in die Cobornstraße zu kommen. Sprachlos vor Dankbarkeit reichte der junge Mann seinem Meister den Brief.

„Ja, du kannst einen oder zwei Tage frei nehmen“, sagte der Schmied. „Aber so gewiß du über diese Schwelle gehst, bist du auf dem Weg nach China.“

Mit welchem Interesse las Rudland die Broschüre auf seiner Fahrt nach London! Wie begierig nahm er die Eindrücke vom Missionskreis in der Cobornstraße in sich auf! Nie konnte er diese Gebetsstunde vergessen. Die große Zahl der Anwesenden, die Karte an der Wand, die Freiheit des Geistes, der Strom des Gebets mit Bitte und Dank — alles bewegte ihn tief. Aber mehr als das: Es war die fühlbare Gegenwart Gottes und die völlige Hingabe aller Teilnehmer, die an diesem Tage der Mission einen ihrer erfolgreichsten Mitarbeiter gewann.*

In Hudson Taylor fand Rudland einen Mann, der ganz in seiner Aufgabe aufging, dem die sterbenden Seelen in China eine persönliche Last waren und der nur dafür lebte, das Ziel Gottes zu erreichen — ihre Erlösung. Und überall fand er Entschiedenheit, Einfachheit und Hingabe.

Leicht hätte sich Hudson Taylor damals über den Dienst anderer für China hinwegsetzen können. Das tat er aber nicht, gab es doch genügend Möglichkeiten zum Dienst. Außerdem hatte er eine Botschaft auszurichten, die die Christen vieler Glaubensgruppen anging. So meldeten sich

---

* Von Herrn Rudlands Zentrale, Taichow, aus wurden während seines Lebens drei weitere Städte aufgeschlossen und siebenunddreißig Außenstationen eröffnet. Aus diesen sind dreitausend Menschen getauft worden. Bei seinem Tod 1912 waren dort mehr als 1900 Abendmahlsgäste. Er hat das ganze Neue Testament sowie einen großen Teil des Alten in den Lokaldialekt übersetzt und eine Auflage nach der andern selbst auf der Missionspresse gedruckt, die er verwaltete.

denn auch Mitarbeiter aus landeskirchlichen und Gemeinschaftskreisen. Das Arbeitsfeld der China-Inland-Mission konnte alle interessieren. Leute aus Kirchen und Gemeinschaften schlossen sich als Freunde oder Mitarbeiter der Mission an. Mit Leichtigkeit hätten die Gaben bereits bestehender Missionen in den neuen Kanal geleitet werden können. Wie konnten aber solche Übergriffe vermieden werden? Hudson Taylor schrieb darüber, als er vor allem mit der Übersetzung des Ningpo-Testamentes beschäftigt war:

„In meiner Kurzsichtigkeit sah ich nur den Gewinn, den das Buch mit seinen Anmerkungen den chinesischen Christen bringen würde. Mehr und mehr erkannte ich aber, daß der intensive Umgang mit dem Wort Gottes durch die Übersetzung mich allein zur Gründung der China-Inland-Mission befähigte und dazu, ihre Grundsätze festzulegen. In der Beschäftigung mit dem göttlichen Wort lernte ich erkennen, daß nicht feurige Aufrufe, sondern vor allem Gebete notwendig sind, damit Er ‚Arbeiter in Seine Ernte sendet' und so durch eine Vertiefung des geistlichen Lebens in Seiner Gemeinde Menschen unmöglich länger in der Heimat bleiben können. Ich sah, daß der Plan der Apostel nicht darin bestanden hatte, Mittel und Wege zu suchen, sondern sie gingen einfach hin und arbeiteten im Vertrauen auf Seine Verheißung: ‚Trachtet am ersten nach dem Reiche Gottes und nach seiner Gerechtigkeit, so wird euch solches alles zufallen.' “

Hauptsache war ihm die gläubige Zuversicht, daß Gott dieses Wachstum geistlichen Lebens und damit den Missionsgeist unter Seinem Volk schenken konnte. Nicht Geld, nicht die Kollekte sollte in den Versammlungen das Ziel sein, sondern es sollten Menschen unter die Macht des Wortes und in Verbindung mit Gott gebracht werden.

„Wenn unsere Herzen in Ordnung sind“, sagte er wiederholt, „können wir mit dem Wirken des Heiligen Geistes rechnen. Wie beim ersten Pfingstfest werden dann auch durch uns andere Menschen in eine engere Gemeinschaft mit Gott gebracht. Wir brauchen nicht viel über die China-Inland-Mission zu sagen. Laßt die Menschen Gottes Wirken sehen, laßt Gott verherrlicht werden, macht Gläubige heiliger, glücklicher, bringt sie Ihm näher, dann wird man sie nicht um ihre Hilfe angehen müssen.“

So begnügten sie sich am Anfang mit einer ganz geringen Organisation. Die wichtigen geistlichen Grundlagen wurden mit den Kandidaten durchgesprochen, bis sie diese als Fundament der Mission begriffen hatten. Ein paar einfache Vereinbarungen wurden in Herrn Bergers Gegenwart getroffen. Das war alles.

„Wir zogen als Kinder Gottes auf Gottes Gebot hin aus“, schrieb Hudson Taylor. „Wir wollten Gottes Werk tun und erwarteten von Ihm unsern Unterhalt. Wir wollten chinesische Kleidung tragen und uns ins Innere des Landes begeben. Ich sollte der Führer in China sein, meine Anordnungen sollten unbedingt befolgt werden. Es wurde nicht danach gefragt, wer strittige Punkte entscheiden sollte.“

In gleicher Weise war Mr. Berger in der Heimat verantwortlich. Er sollte mit Missionskandidaten korrespondieren, Beiträge entgegennehmen und austeilen, eine Zeitschrift „Gelegentliche Nachrichten" mit Abrechnungen veröffentlichen, tüchtige Mitarbeiter aussenden, wenn es die Mittel erlaubten, und dabei keine Schulden machen. Letzteres war ein Hauptgrundsatz, der für alle Mitarbeiter galt.

„Gott kann die Mittel ebensogut im voraus geben. Das zieht Er sogar vor. Er ist zu weise, als daß Er Seine Pläne aus Geldmangel vereiteln ließe. Doch falsch angelegtes oder auf ungeistliche Weise erworbenes Geld hält bestimmt den Segen auf. Schulden machen aber heißt in Wirklichkeit: Gott hat dich angeblich nicht versorgt und dir trotz deines vermeintlichen Vertrauens kein Geld gegeben, deshalb mußt du dich selbst versorgen und Geld borgen. Wenn wir doch bis zum richtigen Augenblick warten würden! Gott kann nicht lügen und nicht vergessen. Er hat versprochen, jederzeit für uns zu sorgen."

Dies und manches andere ergab sich bei den zahlreichen Besprechungen in Saint Hill. Die Zeit ging nur zu schnell dahin. Man hoffte, daß sich Hudson Taylor mit seinen Begleitern schon im Mai einschiffen könnte. Deshalb gab es noch viel vorzubereiten. Wie viele ausreisen würden, wußten sie noch nicht genau. So beantwortete der Führer der Mission alle Fragen mit den Worten:

„Wenn der Herr die Mittel für drei oder vier gibt, reisen drei oder vier. Reicht das Geld aber für sechzehn, werden sechzehn ausreisen und das als Seinen Befehl annehmen."

Dies war keine innere Unsicherheit. Er zweifelte nicht daran, daß für die größere Zahl gesorgt werden würde, auch wenn nicht öffentlich zum Spenden aufgefordert wurde. Die Geldfrage war damit nicht dem Zufall überlassen. Hudson Taylor glaubte, daß die Zusammenarbeit mit Gott mindestens so wirklich sei wie mit Menschen. Soweit er beurteilen konnte, benötigte er etwa zweitausend Pfund, wenn alle ausreisen sollten. Er erwähnte das in der ersten Ausgabe der „Gelegentlichen Nachrichten" Anfang 1866. Am 6. Februar ging das Blatt zur Druckerei, und am selben Tag wurde mittags in der Cobornstraße eine Gebetsversammlung wegen der notwendigen Mittel begonnen. Glaube bedeutet nicht Untätigkeit. Von zwölf bis eins versammelten sich täglich alle Hausbewohner zum Gebet. Dabei wurde den zukünftigen Missionaren praktisch deutlich, daß sie von dem Geber aller guten Gaben das erbitten mußten, was sie zur Aussendung benötigten.

Mitten in der großen Verantwortung blieb Hudson Taylor frei von Furcht und war bereit, jede Gelegenheit zur Vertiefung des Interesses an China auszunutzen. Dabei ahnte er kaum, wie sehr ihm überall die geistlich Gesinnten ihr Vertrauen schenkten. Er merkte nur, daß Gott ihre Gebete erhörte. Viele boten ihre Hilfe an, es öffneten sich neue Wege, und Menschen aller kirchlichen Schattierungen wurden bereit, die Verantwortung für das Heil der Millionen in China mitzutragen.

Ein Beispiel: In Liverpool bat ihn ein junger Evangelist, H. Grattan

Guiness, in einem theologischen Lehrgang, den er in seinem Hause in Dublin abhielt, einen Vortrag zu halten. Hudson Taylor sagte zu, und Guiness bereitete die Versammlung vor, indem er von der Mission und besonders von ihrem Leiter erzählte, der im Glauben versuchen wolle, im Innern Chinas das Evangelium zu verbreiten. So waren die jungen Männer zu Beginn der Versammlung aufs höchste gespannt. John McCarthy, Charles Fishe und dessen Bruder gehörten zu den Anwesenden. Sie sollten an diesem Abend Gottes Ruf zu ihrer Lebensaufgabe hören. Auch Tom Barnardo war da, ein munterer Bursche von zwanzig Jahren. Über das Interesse für China wurde er zu seiner eigenen Arbeit an den Niemandskindern in Ost-London geführt. Auch Mr. und Mrs. Guiness bekamen den Anstoß, der zuerst sie selbst und später alle ihre Kinder in die Äußere Mission führte.

Doch welche Verwunderung, um nicht zu sagen Enttäuschung, empfanden die Anwesenden, als sich die Tür öffnete und Hudson Taylor erschien! Oder war er es gar nicht? Wie? Dieser junge, schmale, blondhaarige Mann, der klein erschien neben der Gestalt ihres Lehrers, das sollte Hudson Taylor sein? Es mußte ein Irrtum sein. Doch Mr. Guiness stellte deutlich vor: „Hudson Taylor“, und schlagfertig flüsterte Barnardo, der noch kleiner war als der Fremde, McCarthy zu: „Siehst du, dann bin ich auch nicht hoffnungslos!“ Er gab sich dann aber ganz dem Zuhören hin. —

Was sollte mit der Nummer der „Gelegentlichen Nachrichten“ geschehen, die durch einen Brand in der Druckerei verspätet herauskam, während nun die darin als notwendig erwähnte Summe von 1550 bis 2000 Pfund schon bereit lag? Es mußte eine Ergänzung beigefügt werden. So erhielt die erste Nummer der Zeitschrift ein Beiblatt, das über die Gebetserhörung berichtete.

Eine letzte Reihe von Versammlungen wurde noch eingeschoben, um die dringenden Bitten der westlichen Bezirke zu erfüllen. Hudson Taylor war dankbar dafür, da er dadurch Gelegenheit fand, in Bristol einen Abschiedsbesuch zu machen. Dort lebte Georg Müller mit seiner Familie von damals schon über elfhundert Waisenkindern. Trotz aller Arbeit und Fürsorge für diese fand er noch Zeit, mit großer Anteilnahme die Entwicklung der China-Inland-Mission zu verfolgen.

Wieviel dessen Gebete für sie bedeuten würden, mußte ihnen bei einer Führung durch die Häuser klarwerden. Da waren Hunderte von Kindern, für deren Unterbringung und Versorgung niemand zahlte, für die nicht um öffentliche Hilfe gebeten, deren Not nicht einmal bekanntgemacht wurde. Schon am Anfang seines Christenlebens hatte Hudson Taylor einen tiefen Eindruck von diesem stillen, dauernden Beweis der Treue Gottes empfangen. Jetzt aber, wo er selbst in gleicher Richtung geführt wurde, schätzte er Georg Müllers Mitfühlen und Mitbeten mehr denn je.

Ende April fand sich Hudson Taylor in London in einen Wirbel von Geschäften und Abschiedsversammlungen hineingezogen. Im Mai sollten sie nach China ausreisen. Abgesehen von Mrs. Taylor, die sich eben langsam von einer Krankheit erholte, hatte keiner der Ausreisenden Erfahrung bezüglich der Verhältnisse, die sie erwarteten. Alles mußte durch Hudson Taylors Hände gehen. Doch er begegnete, wie die Kandidaten aus Dublin beobachteten, den endlosen Bitten und Forderungen, die ihn verfolgten, mit stets gleicher Hilfsbereitschaft.

Seltsamerweise hatten sie noch kein Schiff in Aussicht, das sie nach China bringen würde. Hudson Taylor wollte den teuren „Überlandweg" über Suez vermeiden und um das Kap herumreisen. Er suchte ein Segelschiff, dessen Passagierraum sie allein benutzen könnten. Für die achtzehn Erwachsenen und vier Kinder war der Raum eines gewöhnlichen Dreimasters nicht zu groß, und es war für eine solch lange Reise entschieden von Vorteil, wenn sie die einzigen Fahrgäste blieben. Noch Anfang Mai war nichts Passendes zu finden. Täglich wurde in der Mittagsversammlung dafür gebetet, ebenso für einen christlich gesinnten Kapitän und für jedes Besatzungsmitglied. Hudson sorgte sich nicht. Er war überzeugt, daß der Herr rechtzeitig eingreifen würde.

Zur selben Zeit, am 2. Mai, wurde Hudson Taylor in Herfortshire zu einer wichtigen Versammlung erwartet, bei der Oberst Puget, der Bruder der verwitweten Lady Radstock, sein Gastgeber und Vorsitzender sein sollte. Diesem neuen Freunde erschien es sonderbar, daß bei einer Missionsversammlung keine Kollekte erhoben werden sollte. Hudson Taylor wünschte es so. Da der Redner ungewöhnlich interessant sprach, kam dem Oberst zum Bewußtsein, daß die Leute reichlich geben würden, wenn man ihnen dazu Gelegenheit gäbe. Daher erhob er sich am Schluß und sagte, daß die Versammlung wohl mit ihm einverstanden wäre, wenn er den Beschluß betreffs der Kollekte änderte. Viele Anwesende seien durch die Ansprache bewegt und würden beschwert weggehen, wenn sie ihre Anteilnahme nicht praktisch beweisen könnten. Darum werde ihnen jetzt Gelegenheit gegeben. Hier wurde er durch Hudson Taylor unterbrochen: Er wünsche ernstlich, daß seine Zuhörer beschwert weggingen. Geld sei nicht die Hauptsache in Gottes Werk. Er schätze ihre freundliche Absicht, aber es sei ihm lieber, wenn jeder heimginge und den Herrn fragte. Sollte Er dann etwas von ihrer Habe fordern, so könnten sie einen Beitrag an ihre eigene oder eine andere Mission schicken. Aber vielleicht suche Gott angesichts der furchtbaren Not des Heidentums viel köstlichere Gaben: einen Sohn oder eine Tochter oder den Dienst des eigenen Lebens. Kein noch so hoher Geldbetrag könne eine einzige Seele retten. Nötig seien Männer und Frauen voll Heiligen Geistes, die sich selbst der Arbeit in China oder dem Gebetsdienst in der Heimat weihten. Mittel für den Unterhalt der Missionare, die Gott ausgesandt hätte, würden nie fehlen.

„Sie haben einen großen Fehler gemacht, wenn ich das sagen darf", bemerkte sein Gastgeber beim Abendbrot. „Die Leute waren wirklich bewegt. Es hätte eine gute Kollekte gegeben."

Vergebens erklärte Hudson Taylor die finanziellen Grundsätze der Mission und seine Absicht, auch den Schein einer Konkurrenz mit anderen Gesellschaften zu vermeiden. Oberst Puget hörte freundlich zu, behielt aber seine Zweifel.

Am nächsten Morgen erschien er etwas verspätet zum Frühstück und erklärte, er habe keine gute Nacht gehabt. Er händigte Hudson Taylor mehrere Beiträge aus, die für die Mission eingegangen waren, und fügte dann hinzu:

„Gestern abend meinte ich, Sie hätten mit der Kollekte unrecht, aber jetzt sehe ich die Sache anders. Als ich diese Nacht wach lag, dachte ich an den langen Zug von Seelen in China, die jede Stunde ins Dunkel ziehen, und mußte schreien: ‚Herr, was willst du, daß *ich* tun *soll?* Ich habe Seine Antwort gefunden."

Damit reichte er Hudson Taylor einen Scheck über fünfhundert Pfund.

„Für die Kollekte hätte ich wohl eine Fünfpfundnote gegeben", fügte er hinzu, „dieser Scheck ist das Ergebnis einer zum größten Teil durchbeteten Nacht."

Am selben Morgen erhielt Hudson Taylor einen Brief von seinem Schiffsagenten, der ihm den gesamten Passagierraum der „Lammermuir" anbot, die bald nach China segeln sollte. Er verabschiedete sich von seinem Gastgeber, kehrte nach London zurück und suchte die Docks auf. Da er das Schiff in jeder Hinsicht geeignet fand, bezahlte er mit dem Scheck, den er empfangen hatte. Erst dann eilte er — sehr frohen Herzens — mit der guten Nachricht zur Cobornstraße.

Es war nun die Zeit für den stillen, unauffälligen Aufbruch gekommen.

„Schwach in uns selbst", schrieb Hudson Taylor vor der Ausfahrt, „müßte uns der Blick auf die Größe unserer Aufgabe überwältigen, wenn uns nicht gerade unsere Unzulänglichkeit besonderes Anrecht auf die Erfüllung Seiner Verheißung gäbe: ‚Laß dir an meiner Gnade genügen!'"

„Ein wahnsinniges Unternehmen!" sagten die, welche nur auf die Schwierigkeiten sahen.

„Eine übermenschliche Aufgabe!" seufzten andere, die den Missionaren das Beste wünschten. Und selbst unter den Freunden sahen viele sorgenvoll in die Zukunft.

„Man wird euch vergessen", war ein Haupteinwand. „Wenn euch daheim kein Komitee vertritt, wird man euch in dem fernen China aus den Augen verlieren. Heutzutage gibt es auch in der Heimat so viele Aufgaben. In kurzer Zeit werdet ihr ohne Mittel sein."

Hudson Taylors Antwort darauf lautete: „Ich habe meine Kinder bei mir. Es ist für mich keine Schwierigkeit, daran zu denken, daß die Kleinen morgens ihr Frühstück, mittags ihr Mittagessen und vor dem Zubettgehen ihr Abendessen haben müssen. Wie könnte ich das vergessen! Ich kann unmöglich glauben, daß unser himmlischer Vater weniger liebevoll und fürsorglich ist als ich."

„ICH WILL MIT DIR SEIN"

1866

Die Mannschaft der „Lammermuir" hatte der Reise mit wenig Begeisterung entgegengesehen. Ein einziger Missionar wäre schon schlimm genug gewesen, doch nun diese ganze Gruppe! Der erste Steuermann schrieb an seine Frau: „Wie soll das werden? Ich wollte, wir hätten nichts mit ihnen zu tun." Aber schon nach wenigen Tagen hatte sich seine Meinung entschieden geändert. Die Missionare erwiesen sich als wirkliche Hilfe. Mußte etwas geschmiedet werden, übernahm Nicol, der schottische Schmied, die Arbeit und verrichtete sie mit größerem Geschick, als sie selbst es vermocht hätten. Jackson und Williamson, die Schreiner, halfen gern, wo immer es etwas zu schreinern gab. Da ein Schiffsarzt fehlte, waren Hudson Taylors chirurgische Kenntnisse unbezahlbar. Er erteilte der Mannschaft auch Unterricht über die Blutzirkulation und erste Hilfe bei Unfällen. Die Tage flogen nur so dahin.

Es fiel aber noch etwas anderes an diesen Missionaren auf. Sie schienen wirklich glücklich zu sein. Die Leute konnten sich das nicht erklären. Was konnte es sein, das sie so froh machte? Hatten sie nicht ein Leben in der Fremde gewählt? Regelmäßig fanden sie sich morgens, mittags und abends auf Deck oder in einer Kabine zusammen und sangen Lieder mit Harmoniumbegleitung. Allerdings waren es immer Kirchengesänge oder Heilslieder, und gerade diese berührten die Herzen der Mannschaft. Ein Lied schienen die Missionare besonders zu lieben. Der Anfang lautete: „Jesus, Heiland meiner Seele!" Und diese Lieder sangen sie alle mit wirklicher Überzeugung. Offensichtlich bedeutete Religion diesen Leuten etwas. Allmählich fühlte sich der eine oder andere der Matrosen zu ihnen hingezogen.

Die Bekehrung des zweiten Offiziers, fünfundzwanzig Tage nach dem Verlassen des Hafens von Plymouth, war für die Missionare eine große Ermutigung. Dann übergaben zwei Matrosen ihr Leben dem Herrn. Das war der Anfang einer Erweckung unter der Mannschaft. Sie hielt einige Zeit an. Die Männer interessierten sich plötzlich für geistliche Fragen. Unter den Missionaren herrschte natürlich große Freude, als sie diese Entwicklung sahen. Hudson Taylor schrieb darüber an Mr. Berger:

„Ich kann Ihnen nur eine schwache Schilderung davon geben, welche herrlichen Gebetserhörungen wir erlebt haben und welch segensreiche Veränderung in einigen dieser Menschen vor sich gegangen ist. Vier von ihnen waren katholisch. Jetzt setzen sie ihre Zuversicht allein auf das Werk Christi und rühmen Sein Wort. Wir hoffen, daß bald noch andere hinzugebracht werden ... denn wir haben Gott gebeten, uns eine Besatzung zu geben, an der Er Sein Wort segnen würde. Und sollte Er unser Gebet nicht erhören? Lieber Mr. Berger, ich wollte, Sie hätten mit uns zusammen diese Gebetserhörungen erleben können! Unsere Freude strömte über, und wir möchten Sie daran teilnehmen lassen.

Wie es oft geschieht, hat Gott hier einzelne erwählt, bei denen es zuerst ganz unwahrscheinlich war, und die dem Evangelium die größte Feindschaft entgegenbrachten. Bei andern schien die Schwierigkeit groß, weil sie als Ausländer kein Englisch verstanden, doch der Herr tat ihnen das Herz auf ...

Wir fingen am Sonntagmorgen mit einem Gottesdienst an, den wir mit Erlaubnis des Kapitäns im Salon hielten. Einige Matrosen nahmen daran teil. Dann hielten unsere jungen Männer wöchentlich drei Nachmittagsversammlungen auf dem Vorderdeck. Unsere Schwestern standen nicht zurück. Maria Bell begann mit dem Unterricht in Bibelkunde, was zu einer allabendlichen Versammlung mit Schriftlesung und Gebet führte. Mrs. Nicol und andere halfen ihr dabei. Einige der Männer wurden bekehrt, und bald nahmen alle an den Versammlungen teil. ... Miss Degraz, die Schweizerin, las mit den vier schwedischen Matrosen, Miss Faulding mit einem Deutschen, Miss Bausum mit dem Koch und einem Südseeinsulaner. Miss Barns erteilte Leseunterricht für alle, die ihr Englisch verbessern wollten, und mehrere bekehrten sich daraufhin. Die übrigen Missionare halfen durch Einzelgespräche und bei den Versammlungen.

Den Höhepunkt erreichten wir im August, als der Obermaat, ein wilder und roher Geselle, eine wirkliche Herzensänderung erlebte. Tage und Wochen hindurch hatte sein Elend größtes Mitleid geweckt. Seine Sünde erschreckte ihn tief, doch vermochte er nur nach verzweifeltem Kampf mit seinem alten Leben zu brechen und durch Glauben an Jesus zum Frieden zu kommen."

Hudson Taylors Eintragung für den 3. August lautete:

„Wir beteten heute ganz besonders um die Bekehrung von Mr. Brunton. Ich konnte nicht zur Ruhe gehen, ohne ihn noch einmal aufgesucht zu haben. Als er von seiner Mitternachtswache zurückkehrte, las ich ihm aus dem 2. Buch Mose das 12. Kapitel vor. Daraufhin folgte ein langes Gespräch. Nachdem ich noch mit ihm gebetet hatte, schenkte der Herr ihm Befreiung. Zuerst erzählte ich Maria und Miss Blatchley davon, dann suchte ich Williamson auf. Wir dankten Gott gemeinsam. Später weckte ich Mr. Sell und sagte auch ihm, was geschehen war. Wie froh waren wir alle!

Die Nachricht verbreitete sich schnell über das ganze Schiff. Als Mr. Brunton am Morgen seine Wachmannschaft zusammenrief und diese aus seinem eigenen Munde vernahm, was Gott für ihn getan, waren die Männer tief beeindruckt. Ein junger Matrose, mit dem ich noch weiter darüber sprach, übergab daraufhin sein Leben ebenfalls dem Herrn. Auch andere wurden zu einer klaren Entscheidung für Christus geführt."

Könnte doch der Reisebericht hier abgeschlossen und nur noch von der wunderbaren Bewahrung vor Schiffbruch im Chinesischen Meer, mit der die Fahrt endete, berichtet werden! Doch dann würden Tatsachen verschwiegen, die wir leider oft erfahren müssen. Je näher ein Christ beim Herrn lebt und sich von Ihm gebrauchen lassen will, desto schmerzlicher sind die Folgen, wenn der Herr durch irgend etwas betrübt wird.

Es waren nur geringe Dinge, die sich trennend zwischen einige Missionare schlichen. Große Versuchungen hätten ihren Zweck verfehlt. Doch kleine Bemerkungen, kleine Unfreundlichkeiten, Eifersüchteleien brachten Zwistigkeiten, die ernste Folgen nach sich zogen. Das Gebet war gehemmt, und zum Schmerz aller Beteiligten wurde das Werk des Heiligen Geistes aufgehalten. Einen ganzen Monat hindurch konnte kein einziger mehr für Christus gewonnen werden. Dazu blieben einige Männer, die bereits die Last der Sünde empfunden hatten, unentschieden und unerlöst. Das war eine schreckliche Erfahrung. Obwohl die Missionare über diese Tatsache bekümmert waren und wußten, wo das Hindernis lag, fiel es schwer, wieder Ordnung zu schaffen und sie aufrechtzuerhalten. Daß die meisten in wirklicher Gottesgemeinschaft lebten, machte den Schmerz des Versagens noch fühlbarer. Vielleicht aber mußte der Herr empfindlich strafen, denn es steht geschrieben: „Wen der Herr liebhat, den züchtigt Er", und die Rebe, die Frucht bringt, will Er reinigen, „damit sie mehr Frucht bringt".

Hudson Taylor wurde durch diese Entwicklung natürlich besonders tief getroffen. Hätte er durch treueres Wachen seine Mitarbeiter behüten und Mißverständnisse vermeiden können? Konnte er jetzt noch die „Einigkeit des Geistes, die ein Band des Friedens ist", wiederherstellen, nachdem er vor Gott für sie eingetreten war?

„Heute morgen", lautete eine Eintragung im Tagebuch Anfang Juli, „hatte ich ein Gespräch mit Mr. Nicol über die Lage der Dinge. Sell kam dazu und nachher auch Williamson. Wir verabredeten, wir wollten gemeinsam unsere Sünde bekennen und um mehr Liebe und Einigkeit beten. Ich sprach mit den meisten einzeln und wies sie herzlich auf die Notwendigkeit innerer Einheit hin. Abends kamen wir zusammen, und der Herr war wirklich gegenwärtig. Ich glaube, daß Er allen Anwesenden den aufrichtigen Wunsch gab, in Liebe einig zu sein."

Aber die Möglichkeit weiterer Versuchungen blieb bestehen, und ein paar Monate später schlich sich wieder der Geist der Zwietracht ein. Diesmal waren es andere Gründe und andere Missionare, aber das Resultat war das gleiche: Richtgeist, Zank, Verlust an Wirkungskraft und Segen.

„Fast alle beklagten den Mangel an Einigkeit und Liebe tief", heißt es im Tagebuch am 8. September. „Der Herr erhebe Seinen Arm und streite für uns!"

Entscheidend war, *daß* sie es tief beklagten, die Gefahr erkannten und bereit waren zur Buße vor Gott. Beten und Fasten führten abermals zum Sieg; denn für die, die sich vor Ihm demütigen, bleibt es wahr: „Wenn die Feinde hereinbrechen wie die Flut, wird der Geist des Herrn gegen sie Panier aufwerfen" (Jes. 59, 19, nach der englischen Bibel zitiert).

Danach änderte der Feind seine Kampfesweise. Da er keinen weiteren Erfolg hatte, ließ der „Fürst der Luft" seine wildesten Scharen auf sie los, entschlossen, die werdende Mission auf irgendeine Weise zu vernichten. Fünfzehn Tage und Nächte tobte ein gewaltiger Sturm. Von einem

Taifun in den andern geschleudert, trieben sie fast als Wrack im Chinesischen Meer dahin — ohne Segel, ohne Mast, ohne Hilfe, aber in ungebrochener Hoffnung auf Gott.

Mr. Rudland schrieb darüber:

„Während des ganzen Sturmes blieb Herr Taylor völlig ruhig. Als die Gefahr ihren Höhepunkt erreicht hatte, weigerten sich die Leute, weiterzuarbeiten. Der Kapitän hatte uns allen geraten, Rettungsgürtel anzulegen, vermutete er doch, daß das Schiff höchstens noch zwei Stunden zusammenhalte. Er stand im Begriff, mit dem Revolver in der Hand auf das Vorderdeck zu gehen, wohin die Mannschaft sich zurückgezogen hatte. Herr Taylor begab sich zu ihm. ‚Brauchen Sie keine Gewalt', sagte er, ‚bis wir alles versucht haben!' Dann ging er ruhig hinüber und sprach zu der Mannschaft. Er sagte ihnen, er glaube, daß Gott alle durchbringen werde, aber das hinge von der größten Sorgfalt in der Führung des Schiffes, also von ihnen selbst, ab. ‚Wir wollen alle helfen', fügte er hinzu, ‚unser Leben ist in derselben Gefahr wie das eure.' Daraufhin faßten die Leute wieder Vertrauen und fingen mit den Offizieren, den Schiffsjungen und unsern Freunden an, eifrig unter den Trümmern zu arbeiten, und bald waren die großen, eisernen Spieren, die die Bordwand zu zertrümmern drohten, wieder festgemacht."

An einem hellen Septembermorgen, fünf Tage nach dem Sturm, ging die „Lammermuir" endlich vor der europäischen Siedlung von Schanghai vor Anker. Unter den buntbemalten Dschunken und den ausländischen Schiffen erregte sie mit all ihren Beschädigungen große Neugierde. Aber als bekannt wurde, daß ihre einzigen Passagiere eine Gruppe von Missionsleuten wären, ließ das Interesse bald nach. Außer einigen „witzigen" Bemerkungen in den Zeitungen wurde keine Notiz von den Ankömmlingen genommen.

Sie selbst waren dankbar für den stillen Sonntag. Sie gingen noch nicht an Land. An Bord waren sie vor Besuchern sicher. Ihre Herzen waren voller Dank für die erfahrene Bewahrung, die noch wunderbarer war, als sie selbst es damals wußten. Ein Schiff, das bald nach ihnen einlief, hatte von zweiundzwanzig Mann Besatzung sechzehn verloren, während auf der „Lammermuir" niemand fehlte oder schwer verletzt war. Kaum hatten sie den sicheren Hafen erreicht, brachen neue, furchtbare Stürme los, denen das Schiff in seinem augenblicklichen Zustand nicht mehr gewachsen gewesen wäre.

„Gott, der uns der Ewigkeit so nahe gebracht und dann doch noch verschont hat", schrieb einer der Missionare, „möge uns schenken, daß wir unser Leben Ihm und der Arbeit, die vor uns liegt, noch völliger widmen! Bei aller Gefahr habe ich keinerlei Bedauern, sondern nur Freude darüber empfunden, daß ich mich auf diese Reise begeben habe."

Nachdem das Reiseziel erreicht war, begannen für Hudson Taylor die eigentlichen Schwierigkeiten. Im Anblick der ungezählten Dschunken, der

Europäerhäuser und der Mauer, hinter der er die Chinesen wußte, kam ihm die ganze Verantwortung klar zum Bewußtsein. Wo sollte er Raum finden, um seine zahlreiche Missionsfamilie unterzubringen? Die mitgebrachten Kisten, das Gepäck in den Kabinen, überhaupt alles war vom Salzwasser durchtränkt und mußte ausgepackt, getrocknet und neu verpackt werden. Ein großer Teil ihrer Habe würde für längere Zeit in Schanghai zurückbleiben müssen. Es war auch Hausgerät aus der Cobornstraße mit dabei, ferner beträchtliche Vorräte an Nahrungsmitteln, eine Presse zum Druck von Literatur und eine große Menge Medikamente und Instrumente. Alles mußte durchgesehen und trocken untergebracht werden. Die Wasch- und Mangelmaschinen sowie der Bügelofen mußten in Betrieb gesetzt werden, damit die Kleider der Missionare nach der viermonatigen Reise wieder in Ordnung gebracht werden konnten. Hudson Taylor hatte wahrlich Grund genug, sorgenvoll zum Land hinüberzublicken, kannte er doch die Unmöglichkeit, auch nur vorübergehend in der Fremdenkolonie unterzukommen.

In Schanghai bewohnte damals ein Freund Hudson Taylors aus der Zeit in Ningpo, William Gamble, ein halbeuropäisches Haus am Osttor in der Nähe der Chinesenstadt. Im Blick auf eine spätere Ausdehnung seiner eigenen Missionsarbeit hatte er ein leerstehendes Haus dazugekauft, das ursprünglich als Theater gedacht war, nun aber als brauchbares und günstig gelegenes Vorratshaus diente.

William Gamble dachte gleich an dieses Haus, als die „Lammermuir" auf dem Fluß ankerte und er erfuhr, wer sich auf dem Schiff befand. Wie sehr würden sich alle nach einem freundlichen Willkomm sehnen und einem Ort, wo sie wohnen und ihre Sachen unterbringen konnten! Wenn sie in Schanghai nichts Besseres finden konnten, wollte er ihnen gern sein Heim mit dem Vorratshaus zur Verfügung stellen. So bot er noch am gleichen Nachmittag seinem alten Freund Hudson Taylor und allen Missionaren die Gastfreundschaft eines Junggesellen an.

„Gott bereitet uns gütig den Weg", schrieb Mrs. Taylor am folgenden Sonntag. „Vor acht Tagen, am 30. September, wußten wir nicht, wo wir mit all unsern Sachen bleiben sollten. Hätte uns Kapitän Bell nicht an Bord behalten, hätten wir nicht gewußt, wo wir unser Haupt hinlegen sollten. Es schien einfach unmöglich, daß ein einziger Missionar uns alle unterbringen konnte. Doch Gott hatte einen für uns bereit. Mr. Gamble besaß nicht nur Raum für uns alle, sondern seine Ansichten über Missionsdienst stimmen zum großen Teil mit denen überein, die Hudson vertritt.

Alle unsere Sachen, außer einigen Kisten, die noch nicht ausgeladen wurden, können in seinem Vorratshaus sicher untergebracht werden. Dort werden Hudson und ich mit den Kindern und vier von unsern jungen Leuten schlafen. Die andern wohnen in Mr. Gambles Haus, und wir werden alle dort essen. Zögernd hat er uns erlaubt, daß wir die Verpflegungskosten übernehmen dürfen."

Hudson Taylor selbst kam wegen der vielerlei Verpflichtungen kaum zum Schreiben. Er nahm sich auch keine Zeit, über die Gerüchte in der europäischen Siedlung nachzudenken. In gewissen Kreisen erregte es Entrüstung, weil er Frauen mitgebracht hatte, die chinesische Kleidung trugen und im Innern des Landes wohnen sollten. Man hielt Hudson Taylor für geisteskrank und reif für die Irrenanstalt. „Aber er ging ruhig seinen Weg", erzählte später Mr. Russel, „und sagte wenig oder gar nichts dazu. Unhöflichkeiten übersah er und blieb selbst stets freundlich."

„Der Herr ist mit uns", schrieb er in jenen Tagen, „und ich bin gewiß, daß wir alle in Gemeinschaft mit Jesus leben. Wir stehen allerdings in einigen Prüfungen und werden wohl nie ohne solche sein. Doch die Liebe und das demütige Vertrauen, das ich bei allen unseren Leuten sehe, machen mich glücklich. Unser Vater kennt nicht nur ihre Liebe, sondern Er selbst wirkt sie in ihnen."

Eine so große Gesellschaft mit ins Inland zu nehmen, erforderte Glauben, besonders weil sich darunter vier kleine Kinder mit ihrer englischen Pflegerin und sechs unverheiratete Missionarinnen befanden. Im ganzen China lebte bis jetzt nicht eine einzige Missionarin außerhalb der Vertragshäfen. Darum hielt Hudson Taylor das Tragen der einheimischen Kleidung zu ihrem Schutz und zur Verminderung von Schwierigkeiten für notwendig. Auch sollten sich alle in möglichst weitem Maße den chinesischen Sitten und Gebräuchen anpassen. In einem Brief an Mr. Berger erklärte er die Beweggründe dazu, damit dieser die neuen Kandidaten darauf hinweisen konnte.

„Ich stehe nicht allein mit meiner Ansicht, daß die fremdartige Kleidung und die fremden Sitten der Missionare, das fremdartige Äußere der Kapellen und der ganze europäische Charakter der Arbeit die schnelle Aussaat des Evangeliums in China ernstlich gehindert haben. Und warum muß das Christentum ausländisch wirken? Das Wort Gottes verlangt es nicht, und auch die Vernunft kann es nicht rechtfertigen. Wir suchen ja nicht die Entnationalisierung, sondern die Christianisierung des Volkes. Unsere Arbeit zielt auf chinesische Christen. Wir möchten, daß ihre Gemeinden von chinesischen Pfarrern geleitet werden und daß sie Gott in ihrer eigenen Sprache und in Gebäuden ihres Geschmacks dienen. Und wenn wir das alles wirklich wünschen, dann laßt uns selbst als Beispiel vorangehen! Laßt uns in allem, das nicht sündig ist, Chinesen werden, damit wir noch einige gewinnen! Laßt uns ihre Kleidung anziehen, ihre Sprache lernen, ihre Gewohnheiten und, soweit es die Gesundheit erlaubt, auch ihre Nahrung annehmen! Laßt uns chinesische Häuser bewohnen!

Das alles bringt natürlich Unannehmlichkeiten mit sich. Aber laßt uns an Ihn denken, der weder Krippe noch Verachtung und Spott, Kreuz und Tod gescheut hat! Können wir im Blick auf Ihn zögern, unsere geringeren Opfer darzubringen? Wir glauben, liebe Freunde, daß Ihr bereit seid, um Christi willen nicht nur diese kleinen Dinge, sondern tausendfach größere aufzugeben... Haltet nicht zurück! Übergebt Euch völlig und ganz dem, dem Ihr gehört und dem Ihr dienen wollt, dann werdet Ihr nie enttäuscht werden. Aber wenn erst einmal die Frage aufsteigen darf: ‚Müssen wir dieses und jenes aufgeben?', wenn einmal dem Gedanken Raum gegeben wird: ‚Diese Unbequemlichkeit, jene Entbehrung hatte ich nicht erwartet', dann wird Euer Dienst nicht mehr Eure Freude und Euer Glück sein und damit seine Kraft und Wirksamkeit einbüßen. ‚Einen *fröhlichen* Geber hat Gott lieb', sagt die Schrift."

Da die Missionare Hudson Taylors Ansicht teilten, zogen sie sofort chinesische Kleider an. Sie wohnten aber nicht lange genug in Schanghai, um die Ausrüstung der Frauen besorgen zu können. Die Männer ließen sich die vordere Hälfte des Schädels rasieren und hüllten sich in die weiten Gewänder des Landes. Für Mrs. Taylor bedeutete das Tragen chinesischer Kleidung ein wirkliches Opfer, weil sie es früher nicht getan hatte. Sie schrieb darüber an Mrs. Berger:

„Was man uns als Europäern in europäischer Kleidung nachsieht, können wir uns in chinesischer Kleidung nicht mehr leisten. Ich will damit keinen Zweifel an der Notwendigkeit, unsere Kleidung zu ändern, ausdrücken. Aber je mehr wir uns im Äußeren den Chinesen nähern, desto schärferem Urteil sind wir ausgesetzt, wenn wir im Benehmen von dem Üblichen abweichen. Ich darf zum Beispiel von heute an niemals Arm in Arm mit meinem Mann gehen. Und so gibt es viele andere Regeln, die wir unbedingt berücksichtigen müssen, wenn wir das chinesische Anstandsgefühl nicht tief verletzen wollen. Betet auch für diese Schwierigkeit!"

Endlich kam der Aufbruch ins Inland. Der Abschied von seinen Freunden fiel Mr. Gamble schwer, obwohl sie viel von seiner Zeit und seinen Mitteln in Anspruch genommen hatten. Als er sie am Samstag, dem 20. Oktober, an den Fluß begleitete, konnte er kaum ein Wort herausbringen. Die Dschunken hatten außer der von Hudson Taylor bereits abgelegt, da legte Mr. Gamble, der bis zum letzten Augenblick geholfen hatte, ein Päckchen auf einen der Sitze des Sampongs, sprang an Land und war sogleich in der Dunkelheit verschwunden. Es enthielt die Dollars, die er nur zögernd als Bezahlung für die Unterkunft entgegengenommen hatte. Auf einem dabeiliegenden Zettel stand: „Zum Besten der Mission!"

Es war eine denkbar schöne Nacht. Nach kurzer Fahrt stromab fuhren die Reisenden längsseits der lieben, alten „Lammermuir". Die Seeleute sahen sie herankommen und eilten alle zur Begrüßung an Deck. Auf dem Vorderschiff wurde ein letzter, kurzer Gottesdienst gehalten. „Ja, wir scheiden, doch nicht für immer" wurde an dieser erinnerungsreichen Stelle gesungen. Nach einem letzten Blick auf ihre Kabinen, in denen sie so viel erlebt hatten, und herzlichem Abschied stiegen die Missionare in ihre Boote. „Pilger, sagt, wo zieht ihr hin?" sang ihnen die Besatzung vom Deck aus nach.

„Viele Stimmen zitterten beim Singen vor Bewegung", schrieb Miss Blatchley. „Als wir abstießen, standen die Seeleute auf der Reling, schwenkten ihre Mützen und riefen uns nach englischer Sitte ein dreifaches Hurra nach. Im stillen Mondlicht glitten wir um das Heck. Die Mannschaft ging auf ihrem Schiff neben uns her bis zum Heck. Dort wiederholten sie ihren Abschiedsgruß. Sie blickten uns nach, bis wir außer Sicht waren."

Es blieb aber noch eine Verbindung, denn Mr. Brunton, der ehemalige

Schrecken der Besatzung, begleitete die Missionare in ihrem Boot. „Er fuhr ein Stück landeinwärts mit uns", berichtete Miss Blatchley weiter. „An einem Sonntag wurde er von Mr. Taylor getauft."

Nach vier Wochen näherten sie sich der berühmten Stadt Hangchow. Äußerlich glichen sie wirklich einer chinesischen Reisegesellschaft. Sie wußten aber nicht, wo sie wohnen sollten. Gott jedoch hatte für sie gesorgt. Nach einer notvollen Wohnungssuche erfuhr Hudson Taylor, daß ein Freund aus der Zeit in Ningpo, der zur gleichen Missionsgesellschaft wie Mr. Gamble gehörte, vor kurzem nach Hangchow übergesiedelt war. Diesen suchte er nun auf.

„Wir haben Sie erwartet", lautete der freundliche Willkommensgruß. „Ein junger amerikanischer Missionar hat eben die Stadt verlassen, um seine Familie von Ningpo nach Hangchow zu holen. Nun steht sein neues Haus für eine Woche leer. Er bat mich, Ihnen zu sagen, daß Sie sogleich in sein Haus einziehen und bis auf weiteres darüber verfügen können." Wie treu sorgt doch der Herr für die Seinen!

„MEHRE MEIN GEBIET!"

1866—1868

Eine Woche später, am Tage, an dem der amerikanische Missionar zurückkehren sollte, bahnten sich die Missionare der „Lammermuir" ihren Weg durch die stillen Straßen Hangchows zum eigenen Heim, einem großen, solid gebauten, aber dem Verfall preisgegebenen Gebäude. Es hatte einmal einem Mandarin als Residenz gedient. Jetzt aber hausten neben einer Anzahl chinesischer Familien, die noch nicht ausgezogen waren, Kaninchen darin. Es lag in einem ruhigen Stadtteil in der Nähe der Stadtmauer und der belebten Straßen und war geräumig genug, um die ganze Gruppe aufzunehmen. Dabei blieb noch genügend Raum für die Gästehalle, die Apotheke, die Kapelle, die Druckerei und die Helferwohnungen. Es war gleich das erste Haus, zu dem Hudson Taylor auf seiner Suche nach einer bleibenden Unterkunft geführt wurde.

„Wir Unerfahrenen sollen hier zuerst so ruhig und unauffällig wie möglich bleiben", schrieb Miss Blatchley. „Mr. Taylor meint, die Beschäftigung mit der Sprache wäre zunächst Arbeit genug. Wenn einige von uns weit genug sein würden, um unter dem Volk zu arbeiten, würde man erst allmählich in der Stadt merken, daß eine Anzahl Fremder hier lebt, ohne Störung oder Unfrieden zu erzeugen. So würden wir leichter bei ihnen Eingang finden und weniger Mißtrauen erregen. Es scheint uns ein Vorteil zu sein, daß wir direkt in die Hauptstadt der Provinz gekommen sind. Wenn wir hier Fuß gefaßt haben, wird uns das in weniger bedeutenden Städten den Weg bahnen."

Wenig später wurden Pläne zur Ausdehnung der Arbeit gemacht. Den ersten Sonntag verbrachte Hudson Taylor in der Nachbarstadt Siaoshan. Die Missionare Meadows und Crombie, die von Ningpo als Hilfe beim Umzug gekommen waren, hatte er dazu mitgenommen. Sie fanden in dieser Stadt viele Gelegenheiten zum Predigen, so daß sie glaubten, hier einen wichtigen Stützpunkt für die Missionsarbeit gefunden zu haben. Darum mieteten sie vor ihrem Weggang ein kleines Haus, um dort so bald wie möglich eine Station zu gründen.

Inzwischen gab es auch in nächster Nähe keinen Mangel an Arbeit. Mildes Wetter begünstigte die notdürftige Instandsetzung des Hauses. Wer oberflächlich hinschaute, sah nur ein wüstes Durcheinander von Nebengebäuden und Scheunen. Hudson Taylor sah jedoch schon im Geiste eine schöne Zentrale aus der ehemaligen Mandarinresidenz entstehen. Vorerst aber bestand die Arbeit in den ersten Tagen nach dem Einzug im Abkratzen einer dicken Schmutzschicht vom Fußboden im Obergeschoß — und das war noch gar nichts im Vergleich zum Erdgeschoß!

„Unser Haus ist jetzt schon etwas gemütlicher", schrieb Miss Faulding am 12. Dezember, „obgleich noch viel zu tun bleibt. Mr. Taylor und die jungen Männer haben Stubendecken aus Papier und Holzrahmen konstruiert, die die kalte Luft zum Teil abhalten, denn die im ersten Stock liegenden Zimmer haben das Dach direkt über sich wie zu Hause die Kapellen. Auch die Wände und Holzverschläge, die die Zimmer abgrenzen, wurden teilweise tapeziert. Natürlich herrscht noch ein unvermeidliches Durcheinander, aber wir kommen doch vorwärts und hoffen, daß bald alles in Ordnung ist.

Nächste Woche sollen die Mitbewohner ausziehen. Sie bewohnen hauptsächlich noch das Erdgeschoß. ... Ich bin froh, daß sie hier waren, denn viele kommen zur chinesischen Gebetsstunde und hören aufmerksam zu. Wir hätten draußen noch keine Besuche machen können ... aber mit diesen Frauen lese und spreche ich jeden Tag, und sie haben es sichtlich gern. Auf eine Frau setze ich besonders große Hoffnungen. Sie hat aufgehört, Weihrauch zu opfern, und sagt, seit wir da wären, bete sie zu Gott. Die meisten beschäftigen sich damit, Geld aus Silberpapier zu verfertigen, das dann für die Ahnen verbrannt wird. Davon leben sie hier. Während ich ihnen vorlese, nehmen sie oft ihre Pfeife hervor und tun ein paar Züge, daß ich im Qualm beinahe ersticke. Natürlich sage ich nichts, denn die Frauen scheinen alle zu rauchen. Manchmal stellen sie Fragen über uns persönlich, aber dann auch solche wie: ‚Wohin müssen wir gehen, um Gott anzubeten?' ... Gestern hatten wir eine Versammlung mit zehn Nachbarn außer unsern Mitbewohnern und Dienern. Die Frau, die besonderes Interesse zeigt, hatte sie hereingeholt."

So fing die Arbeit an, und schon vor Weihnachten hören wir von fünfzig bis sechzig andächtigen Zuhörern beim sonntäglichen Gottesdienst.

Mit welchem Interesse beobachteten die jungen Missionare diese Entwicklung! Wie heiß beteten sie in ihren Mittagsversammlungen um die Lebenskraft des Heiligen Geistes für die, die schon beeindruckt zu sein schienen! Einer von ihnen, ein Soldat, der zum erstenmal ein Evangelium und die Apostelgeschichte gelesen hatte, ermutigte sie besonders.

„Welch ein Unterschied zwischen Judas und Paulus", rief er aus. „Der eine ein Jünger, der seinen Meister verriet; der andere ein Verfolger, der der getreueste Nachfolger Jesu wurde!"

Ein buddhistischer Priester, der Hudson Taylors Predigt an einer Straßenkreuzung gehört hatte, kam täglich mit neuen Fragen zu dem Evangelisten Tsiu. Ein dritter, der aus Neugierde hereinschaute und von einem der Neulinge willkommen geheißen wurde, war so gerührt von dessen Freundlichkeit, daß er wiederkam und bald ein Glied der kleinen Gruppe wurde, die man jetzt jeden Morgen im Besuchszimmer antreffen konnte. Dort lasen sie gemeinsam die Bibel.

„Neulich ging ich in die Stadt", berichtete Mr. Sell am 1. Januar, „da hörte ich einen Mann rufen: ‚Ich komme morgen, um den wahren Gott anzubeten', womit er unsern Sonntagsgottesdienst meinte. Ihr seht, wir sind schon bekannt, und man spricht bereits über unsere Arbeit."

Als das Haus etwas gemütlicher aussah, fanden zwei chinesische Texte ihren Platz an der Wand des Speisesaals: „Ich muß wirken die Werke des, der mich gesandt hat" (Joh. 9, 4) und „Auch Christus hat sich nicht selbst zu Gefallen gelebt" (Röm. 15, 3). Dieses „Muß" war für die ganze Missionsfamilie eine Wirklichkeit. Arbeit, wirklich ernste, hingebende Arbeit füllte die Tage. In der Kapelle und den Besuchszimmern drängten sich freundlich gesinnte Hörer.

Das chinesische Neujahr im frühen Februar (1867) brachte gute Gelegenheiten. Sie begannen auch mit dem Verkauf von Arzneien. Das war die erste Stufe für die ausgedehnte ärztliche Arbeit, die Hangchow berühmt machte. Bei der Fülle der sonstigen Arbeit war es für Hudson Taylor keine Kleinigkeit, täglich Dutzende von Patienten zu behandeln. Aber bis Ningpo und Schanghai praktizierte außer ihm kein Arzt, und das Volk in seinen Leiden jammerte ihn. Die Patienten kamen von nah und fern mit ihren Krankheiten jeder Art, körperlichen und seelischen. Während der Neujahrsfestlichkeiten kamen noch die dazu, die durch ihre Arbeit verhindert waren, so daß Arzt und Helfer beständig von Hilfesuchenden umringt wurden.

„Wie schön wäre es, wenn einige von Euch heute hätten hier sein können!" schrieb Miss Faulding an ihre Freunde in der Heimat. (Ihre fröhlichen, mädchenhaften Briefe geben einen lebhaften Eindruck von dem täglichen Leben in Hangchow. Ihre Mutter hat alle treulich aufbewahrt. Miss Faulding zählte erst zweiundzwanzig Jahre, als sie nach

China zog. Ihre Eltern, alte Freunde Hudson Taylors, hielten in einem großen Kreis Interesse und Fürbitte für die Mission wach.)

„Mr. Taylor behandelt täglich mehr als zweihundert Patienten", fährt sie vierzehn Tage später fort. „Händler bieten ihre Waren dicht bei unserer Tür an, weil sie bei der Menge der hier Versammelten mehr zu verkaufen hoffen als anderswo. Sänften mit Trägern stehen bereit, um Leute zu tragen, die nicht gehen können. Der Evangelist bringt fast den ganzen Tag im Gespräch mit den Patienten zu, und Mr. Taylor hält kurze Ansprachen. Für einige, die weiterforschen, haben wir große Hoffnung.

Am Sonntag versammelten sich bestimmt zweihundert Menschen und saßen so still wie eine Gemeinde in England, während ihnen das Wort der Wahrheit kräftig gepredigt wurde. Heute nachmittag mußten viele draußen bleiben, weil sie keinen Platz mehr finden konnten. Ich glaube, wir müssen ‚unsere Zelte bald weiter spannen'. Eine Frau, die durch ihren Nachbarn von uns gehört hatte, lief fünf Kilometer weit zum Gottesdienst. Einzelne sagen uns, sie opferten ihren Götzen keinen Weihrauch mehr. Mehrere Frauen und auch Männer erklären sich gläubig und bitten um die Taufe. Die medizinische Seite der Arbeit ist unschätzbar. Ich kann Euch nicht sagen, wie groß unsere Freude ist, wenn man so viele Heiden der Botschaft des Evangeliums zuhören sieht ... Mr. Taylors Illustrationen während der Predigt sind so gut und vielseitig, seine Worte so kraftvoll, daß man sich darüber wundern müßte, wenn man nicht wüßte, daß so viele in der Heimat für unsere Arbeit beten."

Als am 23. Februar weitere Helfer als Verstärkung aus England ankamen, konnte Mr. Taylor zu ihrer Begrüßung erst einige Stunden später von seiner Arbeit abkommen. Im Augenblick ihrer Ankunft stand er auf einem Tisch und predigte einer Gruppe von Patienten im Hof. So konnte er ihnen nur ein herzliches „Willkommen" zurufen. Aber die Neuen waren damit ganz zufrieden. Einer von ihnen, John McCarthy, wurde später sein Hauptgehilfe im ärztlichen Dienst. Seine Mitarbeiter waren bei allen äußeren Entbehrungen dankbar für die enge Zusammenarbeit mit einem Mann, der so sehr das Ideal eines Missionars verkörperte.

„Wenn doch Mr. Taylor an drei oder vier Orten zugleich sein könnte!" heißt es im Mai einmal in Miss Fauldings Bericht. „Es würde bestimmt ein Vorteil sein. Er sollte schon längst die Regierungsstädte unserer Provinz besuchen, um die günstigsten Orte für Stationen herauszufinden. Er und Mr. Duncan wollten schon ein paarmal aufbrechen. Dann brauchten sie Mr. Taylor in Ningpo, obgleich er ohnehin mit Arbeit überhäuft ist. Er müßte auch eigentlich nach Sao-hing (Mr. Stevensons Station) reisen, um weitere Unterweisungen in der Umgangssprache geben zu können. Was das Nächste sein wird, weiß noch niemand. Und doch bleibt er stets so ruhig, ausgeglichen und einfach im Vertrauen auf Gott und im Zusammenleben mit anderen. Es ist ein Segen, das mitzuerleben."

Dies alles erfreute Mr. Berger und die Freunde in der Heimat. Es bedeutete eine herrliche Gebetserhörung für sie, daß die Missionare von der „Lammermuir" sechs Monate nach ihrer Ankunft schon eine schnell wachsende Arbeit im Innern des Landes taten und durch reichen Segen gestärkt wurden. Die Arbeit von Mr. und Mrs. Berger für die Mission war mindestens ebenso anstrengend wie das Werk in China. Sie waren nicht mehr jung, und es war nicht leicht für sie, aus ihrem ruhigen Heim eine Missionszentrale zu machen. Eß- und Studierzimmer wurden in Büros, das Billardzimmer in einen Packraum umgewandelt. An ihrem Tisch trafen sich Kandidaten für China und Freunde der Missionare. Sie mußten eigenhändig Adressen schreiben, um die „Gelegentlichen Nachrichten" zu versenden. Daneben unterhielten sie eine ausgedehnte Korrespondenz, überwiesen die Gelder, führten die Bücher, besorgten alles Notwendige für die Ausreise der neuen Mitarbeiter, halfen bei ihrer Ausrüstung, ordneten ihr Gepäck und brachten sie an Bord, gleichgültig, ob es Tag oder Nacht war. Als es sich als notwendig erwies, richteten sie auf ihrem Grundstück ein kleines Haus für Missionskandidaten ein und ein zweites für einen jungen Lehrer, der als Sekretär mit ihnen zusammenarbeitete. Es bleibt ein Rätsel, wie Mr. Berger es fertigbrachte, noch so regelmäßig und ausführlich an Hudson Taylor zu schreiben. Er scheint nie eine Post überschlagen zu haben. In seinen Briefen behandelte er zahlreiche Fragen — wichtige geistliche Anliegen sowie persönliche Schwierigkeiten einzelner Mitglieder. Je nach der Art der aus China kommenden Nachrichten zeigen Mr. Bergers Briefe bald voller Freude, bald voller Sorge seine tiefe Sympathie, seine Liebe und sein Vertrauen zu Hudson Taylor. Sie enthalten wahre Schätze an Weisheit, Rat und Aufmunterung.

Es war nicht immer alles so, wie es Mr. Berger wohl gewünscht hätte. Ebenso wie in Hangchow gab es auch in Saint Hill Stunden schwieriger Überlegungen. Schon auf der Reise hatte Hudson Taylor Schwierigkeiten mit einzelnen Mitgliedern der Gruppe erlebt. Leider wuchsen diese noch im Laufe der Zeit. Viele Briefe der Missionare brachten Freude in den heimatlichen Missionskreis, andere aber nicht. Darin traten Mr. Berger Beschwerden und richtende Kritik von Mitarbeitern entgegen, die bewiesen, daß die Einstellung einiger Missionare die Harmonie und schließlich die ganze Existenz der Mission gefährdeten. Zuerst waren es nur einige, die sich nicht entschließen konnten, die weitgehende Anpassung an Kleidung und Sitten der Bevölkerung mitzumachen. Ihre Mißstimmung führte sie dazu, bei Außenstehenden übertriebene Angaben zu machen. Ein Missionar einer anderen Gesellschaft, der sonst die besten Absichten hatte, hielt alles für wahr und geriet dadurch in ernste Opposition gegen eine solche Missionsarbeit. Er unterließ es, Hudson Taylor oder ein anderes Glied der China-Inland-Mission zu fragen. So schrieb er Briefe mit schwersten Beschuldigungen an Mr. Berger und andere Freunde, worin er nicht nur die Methoden dieser Mission angriff, sondern auch behauptete, Hudson Taylor wäre für seine Stellung ungeeignet.

Für die Freunde in Saint Hill kamen diese Briefe wie ein Blitz aus heiterem Himmel. Hudson Taylor und Maria hätten nie daran gedacht, daß unzufriedene Mitglieder ihre Stimmung brieflich weitergeben, schon gar nicht, daß sie einen verhältnismäßig Fernstehenden dazu veranlassen würden. Sie selbst hatten nie etwas Nachteiliges über einen ihrer Mitarbeiter geschrieben, sondern sich bemüht, die Schwierigkeiten und Feindseligkeiten durch Gebet und Geduld zu überwinden. Sie wollten Mr. Berger durch kein Wort gegen irgend jemand beeinflussen, der vielleicht noch zurückzugewinnen war. Nun kam sie diese Zurückhaltung teuer zu stehen. Schon im Februar 1867 hätte Mrs. Taylor ihrer Freundin, Mrs. Berger, gern ihr Herz ausgeschüttet. Doch auf ihres Mannes Wunsch hatte sie es unterlassen.

Entgegen Hudson Taylors Wunsch hatten sich diese Missionare wieder europäisch gekleidet. Die Folgen in der genannten Stadt waren schwerwiegend. Der Mandarin, der sich bis dahin nicht um sie gekümmert hatte, beschloß ihre Ausweisung. Er erschien am 28. Januar plötzlich im Missionshaus und befahl ihnen, die Stadt vor Anbruch des nächsten Tages zu verlassen. Zur Unterstreichung dieses Befehls ließ er den Evangelisten Tsui gefangennehmen, den Hudson Taylor nur sehr ungern von Hangchow beurlaubt hatte, und ließ ihn grausam schlagen: sechshundert Rutenschläge auf den Rücken und hundert Schläge mit Lederriemen über das Gesicht. Wund und zerschlagen mußte Tsui sofort in die Hauptstadt zurückkehren. Die andern folgten ihm bald und wurden zunächst in Hangchow untergebracht. Für alle folgten Monate schwerer Prüfungen. Taylor war in der Neujahrszeit durch Scharen von Besuchern mit ärztlicher Arbeit überlastet. Dennoch versuchte er weise und geduldig die vertriebenen Missionare in die Arbeit einzureihen und ihnen so über die Schwierigkeiten hinwegzuhelfen. Der böse Einfluß aber war stärker. Sie hielten sich absichtlich abseits, trugen öffentlich europäische Kleidung, weigerten sich, zu den Versammlungen zu kommen, und reizten andere zum Widerspruch gegen Hudson Taylor und seine Anordnungen. Unglücklicherweise wurden sie darin noch durch den erwähnten Missionar bestärkt, der gerade auf Urlaub ging. Er hielt ihre Berichte für wahr und glaubte sich dazu verpflichtet, die neuen Methoden der China-Inland-Mission nicht nur schriftlich, sondern persönlich unter ihren Freunden in Verruf bringen zu müssen.

Bedenkt man, daß die Mission völlig neue Wege einschlug, ist es verständlich, daß in der praktischen Durchführung noch Fehler steckten, zumal Hudson Taylor als Vierunddreißigjähriger noch nicht ausgelernt hatte. Und seine Mitarbeiter waren noch jünger.

Die großen Schwierigkeiten mußte jeder anerkennen, ebenso das tiefe Verlangen der jungen Leute, Gott zu gefallen. Hätte doch der ältere Missionar seine große Erfahrung als Hilfe angeboten, wie anders wäre das Ergebnis ausgefallen! So aber wäre durch seine Aussagen beinahe die ganze Arbeit zerstört worden.

Nachdem Mr. Berger die ersten ausführlichen Beschuldigungen erhalten hatte, schrieb er an Hudson Taylor:

„Ich bitte Gott, daß diese Briefe Sie nicht mehr beschweren, als es Gottes Wille ist, und daß Er uns den rechten Geist und die Weisheit gibt, das zu tun, was Ihm gefällt.

Die Schwierigkeiten sind hier auch nicht gering, aber die Ihrigen sind Berge dagegen ... Sie benötigen unsere ganze Liebe und unser Gebet. Seien Sie versichert, lieber Bruder, was immer auch Mr. X geschrieben hat, Sie stehen unsern Herzen so nahe wie vorher. Wir dürfen ohne Zweifel und Furcht erwarten, daß Gott Ihnen und mir immer mehr Weisheit und Tüchtigkeit zu dem Werke schenken wird, zu dem Er uns berufen hat. Von uns wird nur gefordert, alles abzutun, was wir als fehlerhaft oder irrig erkennen, und zuzunehmen an Weisheit und Liebe. Ach ja, lassen Sie uns dem Herrn diese Sache anbefehlen! Er weiß, daß wir nach bestem Vermögen gehandelt haben. Er ist barmherzig und wird uns in dieser Anfechtung nicht verlassen."

Wie schwer die Anfechtung werden und wie lange sie dauern würde, konnte Mr. Berger damals noch nicht wissen.

In seinen vielen Briefen gibt es keine Stelle, die nicht vom gleichen Geist der Sanftmut und Demut erfüllt war. Trotz allem, was Mr. Berger selbst durchmachte, spendete er Trost und Ermutigung.

19. Mai. „Ich bete ernstlich darum, daß Sie die furchtbare Prüfung, die Ihnen aus dem Verhalten von Mr. X und seinen Anhängern erwächst, auf den Herrn werfen können. Wir wollen uns vor nichts fürchten, lieber Bruder, außer davor, selbst zu sündigen. Lassen Sie uns unsere eigenen Verfehlungen stets bekennen und von uns tun! Ich verlasse mich fest darauf, daß Gott sich uns zur rechten Zeit offenbaren wird.

Unser Blatt wird in seiner achten Nummer den Kassenbericht für das Jahr bringen, und angesichts der Beiträge in dieser Zeit (2800 Pfund, von denen kaum mehr als hundert von mir selbst stammen) glaube ich, daß wir Ursache haben, zu loben und zu danken und mutig, wenn auch mit großer Vorsicht und im Geist des Gebets, vorwärtszugehen."

21. Mai. „Es scheint mir, lieber Bruder, als müßten wir für diese Arbeit einen weiteren Gesichtskreis gewinnen. Sie dürfen nicht so viel Einzelarbeit tun, sondern sollten mehr die Aufsicht über alles haben. Es darf nicht so viel unmittelbar von Ihnen abhängen. Wieviel Weisheit brauchen wir doch für jeden Schritt in diesem Werk!"

7. Juni. „Ihre Führerstellung in China steht für mich außer Frage. Sie dürfen mir also keinen andern vorschlagen. Ich möchte Ihnen nur raten, weise, liebevoll und doch fest und unbeugsam zu handeln, wo Ihr Einschreiten notwendig ist. Ich glaube, Sie werden einsehen, daß auch ich hier

in England in bezug auf die Kandidaten für China so handeln muß. Mit besonderer Freude bemerke ich, daß mit Ausnahme eines einzigen niemand auf der Seite von Mr. X steht und seine Handlungsweise verteidigt ... Der Herr wird gewiß das alles zur rechten Zeit in Ordnung bringen. Er wird Sie und uns hier lehren, wie wir am besten handeln. Wenn wir nur als rechte Schüler erfunden werden!"

24. August. „Nicht unsere Fehler, sondern unser Widerstand, die erkannten Fehler korrigieren zu lassen, richtet Schaden an. Wieviel haben wir noch zu lernen, damit diese Arbeit zur Ehre des Herrn dient!"

Leider sind Hudson Taylors Briefe an Mr. Berger nicht erhalten geblieben, doch aus Marias Berichten an Mrs. Berger, die größtenteils noch vorhanden sind, ist ersichtlich, wie die beiden die Prüfung ertrugen. Aus der Stille des Wochenbettes, während ihr fünf Tage altes Töchterchen neben ihr lag, schrieb sie Anfang Februar:

„Ich habe eine Weile unseren Chorälen zugehört, die mein Mann und die andern in der Kapelle sangen. Besonders ein Lied: ‚O gebt mir weiße Kleider, o gebt mir frohen Blick' versetzte mich so sehr in die glücklichen Tage von Saint Hill zurück, daß ich mich nach der Liebe und dem Frieden dieser Heimat sehnte. Aber der Soldat auf dem Schlachtfeld darf sich nicht nach Ruhe und Behagen umsehen, wenn er auch noch so sehr bedrängt oder verwundet ist. Von der Zukunft erwarten wir aber Herrliches."

„Betet viel für uns!" fuhr sie einige Wochen später fort. „Wir brauchen gerade jetzt dringend die *bewahrende* Gnade Gottes. Wir haben Satan in seiner stärksten Festung angegriffen, und er läßt uns keine Ruhe. Aber Er, der für uns ist, ist stärker als alle unsere Gegner. Manchmal kommt man in Versuchung, den Mut zu verlieren, so fühlbar ist die Macht Satans. Aber unser Gott wird uns nicht im Stich lassen. Es würde mich sehr betrüben, wenn unter uns Missionarinnen hier Zwietracht entstünde. Doch ich fürchte, die Gefahr liegt nahe ... Welche Wendung die Angelegenheit von Mr. X nehmen wird, kann ich noch nicht überblicken. Eins weiß ich gewiß: ‚Israels Hoffnung wird uns nicht verlassen.' Man könnte versucht werden zu fragen: Warum durfte er ausreisen? Vielleicht geschah es, damit die Grundlagen unserer Mission von vornherein um so fester würden."

Trotzdem wurden fortgesetzt Seelen errettet und Gebete erhört. Die Missionsgemeinde hatte zu Beginn des neuen Jahres ihre Bitten folgendermaßen zusammengefaßt: „Ach, daß du mich segnetest und mein Gebiet mehrtest und deine Hand mit mir wäre und du schafftest, daß mich kein Übel bekümmerte!"

Im Mai fanden die ersten Taufen statt. Über dieses freudige Erlebnis schrieb Mrs. Taylor nach Saint Hill:

„Vielleicht sieht unser Herr, daß wir das Leid brauchen, damit wir uns nicht überheben bei dem reichen Segen, den Er unserer Arbeit gibt."

Zur selben Zeit schien sich der unglückselige Geist der Gruppe noch weiter auszubreiten, und Mr. Bergers Schwierigkeiten daheim erreichten ihren Höhepunkt. Dadurch konnte Hudson Taylor zunächst die Reisen in neue Gebiete nicht unternehmen. Sie wären so notwendig gewesen, um seinen jüngeren Mitarbeitern Arbeitsgebiete zu geben. Schon rund um sie her in der Küstenprovinz lebten Millionen, denen die Botschaft der Erlösung nicht gebracht wurde. Mindestens sechzig Städte waren dort noch ohne Prediger des Evangeliums, darunter neun Hauptstädte oder Regierungszentren. Hudson Taylor machte es zum Gebetsanliegen, möglichst bald in diesen Zentren Missionsstationen zu errichten. Auf einer Reise durch das Gebiet von Ningpo hatte er sich mit den erfahrenen Freunden Meadows und Stott darüber besprochen. Sie waren bereit, in bisher unerreichte Orte zu ziehen. Taichow und Wenchow wurden ihnen zugewiesen. Von den Neulingen erbot sich Jackson, Meadows zu begleiten. So blieben der Norden und Westen für die Mitarbeiter aus Hangchow, von denen verschiedene darauf drängten, allein unter das Volk zu ziehen, um bessere Fortschritte in der Sprache zu machen.

Trotz großer Schwierigkeiten trennte sich also Hudson Taylor Ende April von seinem Hauptquartier und zog nach Norden. Der wackere Schotte Duncan war sein Begleiter. Schon vor Jahren hatte er eindrucksvolle Erlebnisse im Gebiet des Großen Sees gehabt, als er dort mit William Burns das Wort verbreitete. Seitdem war in dem unruhigen Gebiet kaum ein Fortschritt erzielt worden. Darum waren die Missionare besonders dankbar, als sie in Huchow eine offene Tür für das Evangelium fanden. Hudson Taylor konnte freilich nur kurze Zeit bleiben, aber er empfing einen solch tiefen Eindruck von der Wichtigkeit dieser Zentrale, daß er sie einige Monate später beinahe zu seinem Hauptquartier gemacht hätte. Inzwischen besuchten seine Mitarbeiter die Stadt von Zeit zu Zeit, wobei sie sich besonders über einen Bekehrten freuten, aus dem ein rechter Menschenfischer geworden war.

Hudson Taylor hatte am 30. Mai an Mr. Berger geschrieben: „Mehr als ein Jahr ist vergangen, seitdem wir an Deck der ‚Lammermuir' voneinander Abschied nahmen. Doch wir beide können über die Vergangenheit ein ‚Ebenezer', über die Gegenwart das ‚Jehova nissi' und über die Zukunft ein ‚Jehova Jireh' setzen. Leid ist mir widerfahren, gegen das alle meine früheren Kümmernisse leicht erscheinen. Aber ich habe auch die selige Wahrheit tiefer erkannt, daß Er unsere Zuversicht und Stärke ist. Schon lange wußte ich, daß unsere Mission eine Taufe erfahren müßte. Vielleicht ist sie noch nicht beendet. Vielleicht wird sie noch schwerer, als wir ahnen. Doch wenn Seine Gnade uns treu erhält, wird alles gut werden." —

Ein Zug in Hudson Taylors Charakter wurde bisher kaum berührt: Er war ein besonders liebevoller Familienvater. Seine Kinder standen ihm näher, als das sonst bei vielbeschäftigten Männern der Fall zu sein pflegt. Das Gefühl der Verantwortung für ihre Erziehung war aber vom ersten Tage an stärker als seine Freude an ihnen. Es hatte ihn viel gekostet, sie mit nach China zu nehmen, und seine oft wochenlangen Reisen ohne eine andere Verbindungsmöglichkeit als durch besondere Boten waren für die ganze Familie eine wirkliche Prüfung.

„Es ist leicht zu singen: ‚Alles will ich für Dich lassen'", schrieb er während der ersten Reise an seine Mutter (Januar 1867). „Es ist auch nicht schwer zu sagen oder ehrlich zu denken: ‚Ich gebe alles Dir hin', aber manchmal lehrt Gott uns, daß das kleine Wörtchen ‚alles' erschreckend viel bedeutet. Gott sei Dank für alles, was Er uns ließ, und vor allem dafür, daß Er uns nie verläßt!"

Ein kleiner rosafarbener Briefbogen mit einer in die Ecke gemalten Blume begleitete Hudson Taylor auf dieser Reise. Das Wort „Papa" in kindlicher Schrift auf dem Umschlag zeigte, von wem er kam.

„Lieber Papa, ich hoffe, Gott hat Dir geholfen, zu tun, was Du vorhattest, und daß Du bald wiederkommst. Ich habe ein Perldeckchen für Dich gemacht, wenn Du nach Hause kommst ... lieber, *lieber* Papa!"

Lange Jahre trug der Vater der kleinen Gracie das Briefchen in seinem Taschenbuch mit sich, und nun redet es von seinem schweren Leben und seiner Liebe zu seinem Töchterchen. Sie war die Älteste seiner Schar in Ningpo, wo er ihre Mutter liebgewonnen und geheiratet hatte. Drei Söhne waren ihnen in England geschenkt worden, danach ein Schwesterchen, dessen Ankunft Gracie besonders beglückte. Ein besonderer Zauber umgab das kleine achtjährige Mädchen. Auf der „Lammermuir" hatte Gracie die wunderbare Verwandlung einiger Seeleute miterlebt, nachdem sie den Herrn Jesus kennen und lieben gelernt hatten. Durch diesen starken Eindruck hatte auch sie ihr Herz ihrem Erlöser ganz übergeben. Ihr tiefes Gemüt hatte sich Seiner Liebe erschlossen wie eine Blume dem Sonnenschein. Gegen Ende des ersten Sommers in Hangchow schrieb ihr Vater an die Großeltern:

„Ich wollte, Ihr hättet sie in dieser Zeit sehen können. Nach ihrer Bekehrung war sie ein ganz anderes Kind. Ihr Blick war sanfter, freundlicher, fröhlicher."

Dieser erste Sommer war ungewöhnlich heiß, und als im Hause vierzig Grad Celsius gemessen wurden, schien es Zeit zu sein, an Erholung zu denken. Die Kinder litten unter der Hitze, und Mrs. Taylor selbst war so krank, daß ihre Reise Schwierigkeiten bereitete. Eine Bootsfahrt von neun Kilometern brachte alle ins Hügelgebiet, wo sie inmitten der Ruinen eines einst berühmten Tempels Unterkunft fanden. Einige Schuppen, die neben einer Götzenhalle lagen, waren noch bewohnbar, und die Priester, gern bereit, sich etwas Geld zu verdienen, überließen den Missionaren den verfügbaren Raum. Die Hügellandschaft bot ein entzückendes Bild, obgleich die Azaleen, Wistarien und sonstigen Frühlingsblüten schon verwelkt waren. Tannen, Eichen und Ulmen liehen ihren Schatten. Wälder rauschten ihr Lied, und soweit das Auge reichte, zogen sich bis zur Bucht von Hangchow und der offenen See hinüber Hügelketten, zwischen denen sich Flüsse und Kanäle hinwanden. Im Vergleich zu der Stadt wäre es ein Paradies gewesen, wenn nicht mehrere Glieder der Familie so stark daniedergelegen hätten und sie nicht ständig den Götzendienst nebenan hätten hören und sehen müssen.

Eine Woche später aber war ein tiefer Schatten auf die Familie gefallen. Hudson Taylor schrieb am 15. August an Mr. Berger:

„Geliebter Bruder! Ich weiß nicht, wie ich schreiben und mich fassen soll. Mir ist, als schriebe ich aus dem innersten Heiligtum. Sicherlich ist diese Stätte heilig. Ich versuche, diese Zeilen neben dem Bettchen zu schreiben, in dem unsere kleine Gracie im Sterben liegt. Sie ist an Gehirnwassersucht erkrankt. Lieber Bruder! Fleisch und Blut können es nicht ertragen, aber Gott ist unseres Herzens Trost und bleibt unser Teil.

Ich habe nicht leichtfertig oder gedankenlos gehandelt. Ich kannte dieses Land, seine Bevölkerung und sein Klima, als ich meine Frau und meine Kinder mit mir auf dem Altar zu diesem Dienst darbrachte. Und Er, dem wir in Schwachheit und Gebrechen, aber doch in Einfalt und Aufrichtigkeit dienen wollen und noch dienen, hat uns nicht ohne Erfolg gelassen und auch jetzt nicht verlassen."

Die Eltern erhoben keine Einwände gegen das, was Gott an ihnen oder an ihrem geliebten Kinde tat. Aber der Verlust war hart, beinahe unerträglich.

„Immer wieder, wenn uns Pflicht und Notwendigkeit nicht in Anspruch nehmen, kehren unsere verwundeten Herzen zu dem Schweren zurück", schrieb Taylor im September an seine Mutter, „und ich kann Dir von nichts anderem schreiben. Unsere liebe, kleine Gracie! Wie sehr vermissen wir ihre liebe Stimme, die uns meistens als erste beim Erwachen grüßte — und den Tag hindurch und abends! Wenn ich die Wege gehe, auf denen sie mich begleitet hat, durchzieht mich jäh der verzweifelte Gedanke: ‚Ist es möglich, werde ich nie wieder den Druck ihrer kleinen Hand spüren, nie wieder das Geplauder ihrer lieben Lippen hören, nie mehr ihre fröhlichen Augen strahlen sehen? Und doch — verloren ist sie nicht! Ich möchte sie nicht zurückfordern.

Bete für uns! Manchmal scheinen mir die inneren und äußeren Prüfungen zu viel, die sich mit unserer Arbeit verbinden. Aber Er hat gesagt: ‚Ich will dich nicht verlassen noch versäumen' und ‚Meine Kraft ist in den Schwachen mächtig'. Er schenke es!"

„Gott macht keine Fehler", das war die unerschütterliche Überzeugung der betrübten Herzen, und voll Dank sahen sie, als ihr Leid bekannt wurde, wie es auch auf andere heilsam wirkte. Aus dieser Gnade Gottes durften auch Mr. und Mrs. Berger mitten in ihren Schwierigkeiten daheim Mut schöpfen.

„Gott hält den Satan augenblicklich von uns zurück", konnte Miss Blatchley im Oktober schreiben. „Ich bin gewiß, Gott wird ihm niemals wirklich Macht über uns geben. Wieviel Grund haben wir, für die heutige Lage in der Mission zu danken, wenn wir sie mit der vor einigen Monaten vergleichen! Unsere Harfe schien so zerrissen, daß wir kaum hoffen konnten, sie würde jemals wieder harmonisch klingen."

Inzwischen blieb das große Land mit seiner Not und Finsternis nicht vergessen. Die Schwierigkeiten waren zahlreicher und die Prüfungen schwerer als erwartet, aber Hudson Taylor und Maria hatten sich am

Sterbebett ihres Kindes neu der Aufgabe geweiht, das Inland mit dem Evangelium zu erreichen. Mit ihnen hatte der tapfere Schotte Duncan, Hudson Taylors erster Reisebegleiter in den Tagen der Pionierarbeit, im Tempel über Gracie gewacht. Ihm lag Nanking besonders am Herzen, die berühmte Stadt, die zweimal Hauptstadt des Landes gewesen war, die Stadt mit ihrer alten, zwanzig Meilen langen Umfassungsmauer und ihrer zahlreichen Bevölkerung, unter der noch kein Bote des Evangeliums lebte. Duncan war nicht besonders begabt oder gebildet, aber er besaß Mutterwitz, Ausdauer und Liebe zu den Menschen. Er hatte die chinesische Sprache bei einem einfachen Wäscher geübt, als sich noch kein anderer Lehrer finden ließ. Stundenlang hatte er neben ihm gesessen und Sätze nachgesprochen oder Verse aus dem Evangelium gelernt. Schließlich hatte er durch sein geduldiges Lernen den Heiden für Christus gewonnen. Wohl war es gewagt, Duncan nach Nanking ziehen zu lassen, doch Hudson Taylor konnte selbst nicht abkommen, und Duncan war nicht der Mann, der von einem gefaßten Entschluß abwich. Er fühlte sich für die Nankingbevölkerung verantwortlich.

Doch der junge Missionar war in Nanking nicht willkommen. Mit seinem chinesischen Gehilfen suchte er straßauf, straßab nach einer Unterkunft. Sobald der Stadtoberste von der Ankunft eines Ausländers gehört hatte, war an alle Herbergsbesitzer der Befehl ergangen, daß ihn niemand aufnehmen dürfe. Als die Nacht anbrach, hatten sie immer noch keine Aussicht. Den Priester des „Trommelturms“ schien jedoch der Befehl nicht erreicht zu haben, denn als die müden Fremden an seine Tür pochten, war er zur Hilfe bereit. Zwar sagte er, er habe keinen besonderen Raum für Gäste, aber wenn sie gern im Trommelturm schlafen wollten und sich tagsüber entfernten, würde er seine Wohnung mit ihnen teilen.

Es war allerdings eine klägliche Unterkunft. Doch Duncan schrieb:

„Wir nahmen das Anerbieten dankbar an. Es ging auch ganz gut. Nur die Ratten waren mir etwas zu zahlreich. Nachts wollten sie alles fressen.“

Aus Furcht vor räuberischen Überfällen und wegen des dumpfen Schlages der Trommel war kaum an Schlaf zu denken. Im Morgengrauen mußten die beiden Fremden ihre Matten zusammenrollen und sich auf die Straßen der Stadt begeben. Bald wurde die hohe Gestalt des Missionars in den Teehäusern und an den Kreuzungspunkten der Hauptstraßen zum gewohnten Anblick, und die Bewohner um den Trommelturm her kannten ihn schon recht gut, ehe er eine bessere Unterkunft finden konnte. Ein Zimmermann fand endlich den Mut, ihn aufzunehmen. Er teilte im Obergeschoß seines Hauses einen schmalen Teil seines einzigen Wohnraums für den Fremden ab. Im Erdgeschoß lagen Küche und Laden. So fanden die beiden Eingezogenen reichlich Gelegenheit zum Hören der Umgangssprache. Nach einiger Zeit wurde Duncan ein Raum im Erdgeschoß überlassen. Es wurde eine leichte Zwischenwand errichtet. Nun besaß der Missionar eine öffentliche Kapelle, die erste in Nanking. Dort empfing er Besucher und plauderte mit allen, die kamen. „Ich bin noch nicht in der Lage, viel zu sagen", schrieb er, „aber mit Gottes Hilfe sage ich, was ich kann. Tienfu, mein Helfer, macht es den Leuten verständlich. Ach, daß doch hier viele Seelen zur Ehre unseres Meisters gesammelt würden!"

So begann die Missionsarbeit in der großen Stadt, die eine der stärksten Zentren der christlichen Kirche in China wurde. Vielleicht hat Duncan nicht viel ausrichten können, doch er hielt die Festung mit großer Tapferkeit, und wir wissen auch von einer Seele, die in jener ersten offenen Kapelle gerettet wurde. Außerdem erlebten die Missionare hier eine wunderbare Gebetserhörung.

Bald nach seiner Ankunft in Nanking hatte Duncan sich nach Banken erkundigt, durch die ihm Geld übermittelt werden könnte. Er hatte Hudson Taylor die Namen zweier Vertreter in Hangchow mitgeteilt. Doch von diesen hatte der eine, wie es scheint, Bankrott gemacht, und der andere war weggezogen. Man teilte das Duncan sobald wie möglich mit, und daraufhin suchte er nach einer andern Vermittlung, allerdings ohne Erfolg. Das beunruhigte ihn aber nicht. Er war dessen gewiß, daß der Meister, der ihn hierhergesandt hatte und ihn Eingang beim Volk finden ließ, sicher auf irgendeine Weise für ihn sorgen würde. Inzwischen mußte er sein letztes Silbergeld wechseln. Die Kupfermünzen schwanden eine nach der andern dahin. Eines Tages sagte der Koch, der sich wirklich Sorgen machte: „Was sollen wir tun, wenn das Geld zu Ende ist?"

„Tun?" lautete Duncans ruhige Antwort, „wir wollen auf den Herrn hoffen und Gutes tun, so werden wir im Lande bleiben und uns redlich nähren." Duncan hätte nach Hangchow zurückkehren können, er befürchtete jedoch, daß es nach dem Verlassen der Stadt zehnmal schwerer sein würde, wieder hineinzukommen. Seine eben gewonnene Stellung war zu wertvoll, um aufs Spiel gesetzt zu werden. Darum schrieb er an Hudson Taylor, er wolle weiter auf Gott vertrauen und aushalten.

So lagen die Dinge, als Mr. Rudland zu Hudson Taylors Erleichterung unerwartet ankam und sich zu jedem Dienst bereit erklärte. Er übernahm es mit Freuden, Mittel nach Nanking zu bringen, und machte sich sofort mit einem Boot auf die Reise, die zehn bis zwölf Tage beanspruchte. Wind und Wetter, auch der Wasserstand und die Stimmung der Bootsleute schienen günstig, bis sie an eine Stelle des Kanals gelangten, wo das Wasser so niedrig stand, daß sie nicht weiter konnten. Irgend etwas mußte auch repariert werden und brauchte Zeit. Inzwischen konnte der „fremde Lehrer" nichts tun als warten.

Doch ausgerechnet das konnte Rudland nicht. Bis dahin war sein Gebet um schnelles Vorwärtskommen erhört worden. Beim Nachdenken über das Hindernis wurde ihm klar, wie der Herr helfen wollte. Er fand heraus, daß er auf dem Landweg die Reise um vier Tage verkürzen konnte. Allerdings waren es hundert Kilometer zu Fuß in chinesischen Schuhen oder auf dem ungefederten Schubkarren. Aber er eilte vorwärts.

Was war inzwischen aber aus Duncan und seinem Gehilfen geworden? Der Koch hatte von seinem Lohn fünf Dollar gespart, und als sein Herr mit seinem Geld zu Ende war, kam er und bot ihm seinen kleinen Schatz an.

„Aber du weißt doch, daß ich nicht borge", sagte Duncan einfach.

„Nein, Herr", drängte der Mann, „es ist ein Geschenk — ein Geschenk an Gott!"

Da es ihm damit sichtlich Ernst war, nahm Duncan voll Dank an, und beide waren darauf bedacht, damit solange wie möglich auszukommen. Aber fünf Dollar, noch so sparsam verwendet, reichen nicht weit. Eines Morgens war nicht mehr genügend Geld für die nächste Mahlzeit vorhanden. Dazu war es Samstag. Wieder hielt der Koch seinen Herrn, der wie gewohnt zum Predigen ausgehen wollte, mit der Frage fest:

„Was wollen wir *nun* tun?"

„Tun? Wir wollen auf den Herrn hoffen und Gutes tun, dann werden wir im Lande bleiben und uns redlich nähren."

Chu-meo blickte seinem Freund und Lehrer nach, und sein Mut sank. „Wir werden uns redlich nähren", hatte er gesagt. Chu-meo wußte wohl, daß dies ein Versprechen aus Gottes Wort war. Die Bedingungen hatten sie erfüllt. Würde es sich aber jetzt als Wahrheit erweisen, wo sie nichts mehr besaßen, worauf sie sich verlassen konnten?

An diesem Morgen traf der mühsam dahinhinkende Rudland etwa zwanzig Kilometer vor der Stadt einen Eseljungen, der Arbeit suchte. Ja, er hatte von dem in Nanking lebenden Fremden gehört. Für hundert Kupferstücke würde er den Fremden bis vor dessen Tür bringen.

Als Duncan bei Sonnenuntergang müde heimkehrte, lief ihm zu seiner Überraschung der treue Chu-meo mit strahlendem Gesicht entgegen.

„Es ist alles gut — es ist alles gut", rief er nach Atem ringend. „Mr. Rudland — das Geld — ein gutes Abendessen!"

„Sagte ich dir nicht heute morgen", antwortete Duncan, indem er die Hand auf Chu-meos Schulter legte, „daß immer alles gut ist, wenn wir auf den lebendigen Gott vertrauen?"

Dieses Erlebnis, das Rudland später in Hangchow berichtete, ermutigte die Missionare und eingeborenen Christen sehr. Auch dort war der Herr an der Arbeit, und die notvollen Sommertage wichen Freudentagen der Erntezeit. Bei den hohen Anforderungen an Hudson Taylor kam er selbst kaum dazu, viel mitzuarbeiten. Sein alter Freund Wang Lae-djün, der erfahrene Arbeiter im Reiche Gottes, bot ihm seine Hilfe an. Bisher hatte er im Dienste einer anderen Mission gestanden. Aber als er frei war, wollte er mit den Missionaren zusammenarbeiten, denen er seine Rettung verdankte.

Die kleine Gemeinde, die mit neunzehn Mitgliedern im Juli gegründet worden war, wuchs nun schnell unter der Aufsicht ihres eingeborenen Hirten. Hudson Taylor blieb in enger Verbindung mit ihnen, predigte sonntags, sooft er konnte, und bemühte sich, in den Christen den Missionsgeist zu entfachen. Von dieser Arbeit, die er besonders liebte, berichtete er seiner Mutter:

„Als ich zum Nachmittagsgottesdienst kam, sah ich ein Bild, das die Herzen unserer Freunde in der Heimat mit Freude erfüllt hätte. Unser Hof vor dem Hauptgebäude ist groß, aber er war übervoll von einer stillen, aufmerksamen Hörerschaft. Hundertsechzig Personen saßen da. Lae-djün taufte drei Männer und drei Frauen. Auch der Gottesdienst wurde im Freien gehalten, weil dort mehr Raum war als in der Kapelle."

In diesen Tagen erkannten Hudson Taylor und Maria die Notwendigkeit einer Frauenarbeit. Die neue Methode, in chinesischer Kleidung Hausbesuche zu machen und sich ganz der Landessitte anzupassen, wurde durch gute Resultate bestätigt.

„Ich glaube, Ihr würdet Euch freuen, wenn Ihr sehen könntet, wie die Leute uns lieben und uns vertrauen", schrieb Miss Faulding in diesem Herbst. „Es freut sie, daß wir ihnen in äußeren Dingen gleichen wollen. Sie sagen uns immer wieder, wie stolz sie darauf sind, daß wir sogar ihre Schuhe und Haartracht tragen. Wir brauchen uns gar keine Mühe zu geben, um an sie heranzukommen. Im Gegenteil, sie bitten uns jeden Tag, in ihre Häuser zu kommen und ihnen von unserer Religion zu erzählen."

Reiche und Arme freuten sich, wenn Miss Faulding sie aufsuchte. Damen aus Mandarinfamilien, sogar ein buddhistisches Nonnenkloster schickten nach ihr. Aber wie in urchristlichen Tagen beachtete „das gemeine Volk" die Botschaft am meisten.

„Ich bin jetzt schon zu jedem der zehn Stadttore hinausgewandert", schrieb sie nach fünfzehn Monaten aus Hangchow, „und bin in allen Stadtteilen bekannt; aber es ist mir unmöglich, alle erbetenen Besuche zu machen. Fuh Kuniang, mein chinesischer Name, müßte sich verdoppeln und verdreifachen, oder man müßte den Tag verlängern können. Ich bin sehr froh, daß ich mit den Leuten im hiesigen Dialekt sprechen kann. Das haben sie gern. Ich glaube, es bringt ihnen die Wahrheit näher, als es das fließendste Ningpo vermöchte.

Kürzlich setzte ich mich neben ein Landmädchen und sagte, indem ich meine Hand auf die ihre legte:

‚Wenn du glücklich sein willst, mußt du Gott dienen. Dein Reis ist die Gabe des Himmels. Nicht wahr, der Himmel schafft und erhält das Leben? (Das waren zwei Zitate bekannter chinesischer Sprichwörter.) Ich möchte dir von dem wahren Glück erzählen, das der Herr des Himmels dir geben will, wenn du Ihm dienst.'

Ehe ich weitersprechen konnte, stand sie auf, stellte sich in die Tür der Hütte und verneigte sich drei- oder viermal zur Verehrung des Himmels. So drückte sie schlicht und deutlich ihre Sehnsucht nach Glück aus. Dann setzte sie sich wieder neben mich und lauschte aufmerksam, während ich ihr von Gott, Himmel, Hölle und der wunderbaren Erlösung erzählte.

Als ich nach Hause ging, regnete es. Doch bei aller Unannehmlichkeit des Weges war mir durch dieses Gespräch und die Besuche froh zumute, daß ich dachte: Könnten doch viele die Freude dieser Arbeit mit uns teilen und mit hinausgehen, um das Evangelium in jedes chinesische Heim zu tragen!"

Solche Arbeit trug ihre Frucht, und den Besuchen war es besonders zu verdanken, daß immer neue Gesichter in der Kapelle in Hangchow auftauchten.

„Ich wollte, Ihr hättet neulich dabei sein können", fährt Miss Faulding eine Woche später fort, „als ich einige Strohhütten zwischen den Ruinen aufsuchte. Die Leute hatten mich meist schon gesehen oder von mir gehört. Sie begrüßten mich herzlich und entschuldigten sich wegen ihrer elenden Wohnungen (sie sind wirklich schlimm). Wegen meiner Kleidung wurde ich auch hier sehr gelobt. Ich sagte ihnen:

‚Ich bin gekommen, um eine Hangchow-Frau zu werden. Ich esse euren Reis, ich trage eure Kleider, ich spreche eure Sprache und wünsche euer Glück. Ihr seht, wir sind Schwestern.'

Das gefiel der Frau, mit der ich sprach.

‚Ach', sagte sie, ‚du nennst mich deine Schwester? Das ist gut. Dann darf ich dich meine große Schwester nennen!'

‚Aber du bist doch älter als ich!'

‚Ja', antwortete sie und nahm meine Hand in die ihrige, ‚aber du bist gekommen, um uns zu unterrichten, darum bist du meine große Schwester.'

Es schien, als ob dieser kleine Liebesbeweis neue Quellen in ihr geöffnet hätte, denn sie legte ihren Arm um meinen Hals, als ich gehen wollte und sagte: ‚Ich werde am Sonntag kommen! Ich werde am Sonntag kommen!' "

Und sie kamen alle, Männer, Frauen und Kinder, zur Schule, in die Nähklasse, in die Apotheke, zu den öffentlichen Versammlungen und natürlich zur Sonntagspredigt. Die ärztliche Arbeit hatte schon viele herbeigelockt, aber dies war ganz neu für China. Hudson Taylor war davon tief beeindruckt. Er schrieb darüber im Herbst:

„Die stärkste Macht, die uns anvertraut ist, liegt darin, daß sich die Missionarinnen denen gleichstellen, denen sie dienen wollen. Ihr Vertrauen und ihre Liebe zu gewinnen, ist der Zweck dieser Arbeit. Das ist praktische Beeinflussung der Bevölkerung. Ich neige stark dazu, darin unser wirksamstes Arbeitsmittel zu sehen."

Weitere Erfahrungen bestärkten diesen Eindruck. Und doch hatte unter allen Neuerungen der Mission gerade diese mit dem härtesten Widerstand zu kämpfen. Für viele war allein die Anwesenheit unverheirateter Missionarinnen im Inland Grund genug, die gesamte Arbeit zu verurteilen. Ja, es wurden Bestrebungen eingeleitet, ihre Rückberufung an die Küste zu erreichen. In Briefen in die Heimat wurde mit Nachdruck behauptet, daß die Entsendung von Missionarinnen auf Inlandstationen eine Vergeudung von Leben und Kräften bedeute, weil jede Möglichkeit zur Arbeit fehle. Solche Berichte trafen Mrs. Taylor am stärksten. Sie schrieb deshalb an Mrs. Berger:

„O wie kann jemand, der von Jesu Liebe weiß, diese unglücklichen, im Finstern tastenden Scharen von Heiden sehen und irgend etwas, was zu ihrer Bekehrung beiträgt, Verschwendung nennen! Wenn wir die rechten Menschen und genügend Unterkunftsmöglichkeiten hätten, bin ich gewiß, daß zwanzig Missionarinnen morgen in Hangchow Arbeit fänden. Ich könnte bestimmt noch zehn wie Miss Faulding und

Miss Bowyes gebrauchen! Möge der Herr sie so schlicht und aufrichtig erhalten, wie sie es jetzt sind!

Die größte Schwierigkeit für Frauenarbeit ist bis jetzt die Unterkunftsfrage. Wenige Eheleute sind bereit, ihre geschlossene Häuslichkeit und ihr enges Familienleben aufzugeben, um verhältnismäßig Fremde aufzunehmen. Ich wundere mich auch nicht darüber und kann es nicht einmal tadeln. Mein Mann und ich haben schon die Möglichkeit erwogen, die unverheirateten Missionarinnen in einem besonderen Hause unterzubringen, und vielleicht kommt es schließlich dazu ... Der Herr wird uns das Rechte zeigen. Es ist Seine Arbeit, und Er kann und wird Mitarbeiter geben. Die Behauptung von Mr. X, es gäbe kaum Arbeitsmöglichkeiten für Frauen, weckt in mir die Hoffnung und das Gebet, daß Gott das Gegenteil beweisen möge, indem Er einen besonderen Segen zu der Arbeit Seiner schwachen Werkzeuge gibt."

So zeigte sich inmitten der schweren Probleme schon ein Stück der späteren Entwicklung. Inzwischen arbeitete Gott an ihnen selbst und bereitete einzelne für die besondere Arbeit vor, die auf sie wartete. Wie wenig ahnte damals zum Beispiel Rudland, für welche Tätigkeit er zubereitet wurde! Von der ganzen Schar in Hangchow hatte er, wenigstens in seinen eigenen Augen, die geringste Aussicht, in China viel zu erreichen. Er beherrschte vor allem die Sprache nicht. Je mehr er sich damit abmühte, desto heftiger litt er an Kopfschmerzen. Schließlich verlor er den Mut völlig. Doch Hudson Taylor machte als Führer ebenso große Fortschritte wie seine Mitarbeiter auf andern Gebieten.

„Ich wünschte, Sie hätten etwas Zeit, mir zu helfen", sagte er eines Tages zu Rudland, nachdem er viel über diese Schwierigkeit nachgedacht und gebetet hatte.

„Wie gern möchte ich Ihnen helfen, aber ich kann doch nicht", entgegnete der junge Mann.

„Ich bin in Verlegenheit wegen der Druckerei. Die Handwerker leisten zu wenig, wenn sie sich selbst überlassen sind. Ich habe aber keine Zeit, sie zu überwachen. Sie selbst haben so viel Geschick bewiesen, als Sie die Presse zusammensetzten."

Vergebens beteuerte Rudland, er verstände nichts vom Drucken.

„Wenn Sie nur hineingehen und gleich von vorn anfangen würden", sagte Hudson Taylor, „die Leute werden Ihnen mit Vergnügen zeigen, wie die Typen gesetzt werden usw. Schon Ihre bloße Gegenwart wird sie zur Arbeit anspornen."

So vertauschte Rudland seine Bücher mit der fröhlichen Tätigkeit in der Druckerei. Die Arbeiter freuten sich, ihn bei sich zu haben, und waren stolz darauf, ihr Können zu zeigen. Und während er stundenlang ihren Gesprächen lauschte, prägten sich Worte und Sätze seinem Ohr ein, bevor er ihre englische Bedeutung entdeckte. Seine ganze freie Zeit verwendete er dazu, um mit Hilfe eines Wörterbuches festzustellen, was er gelernt hatte. Die Kopfschmerzen waren bald besiegt, und gleichzeitig hatte er den Weg zu seiner Lebensaufgabe gefunden. Er übersetzte später beinahe die ganze Heilige Schrift und druckte sie in einem Dialekt, den Millionen von Menschen sprachen. So konnte er ihnen das Wort Gottes zugänglich machen.

Die Gabe Hudson Taylors, den richtigen Ausweg aus den Nöten seiner Mitarbeiter zu finden, machte ihn für seinen Kreis besonders wertvoll. Sie entwickelte sich in dieser Zeit. Man merkte allmählich, daß er in schwierigen Lagen bald eine Lösung fand. Mutterwitz, Verstand und Weisheit halfen ihm dabei. Keiner von denen, die damals mit ihm in Hangchow lebten, vergaß je, wie er einst spät in der Nacht heimkehrte, als die Stadttore längst geschlossen waren. Ein Mitglied war ernstlich erkrankt, und in Hudson Taylors Abwesenheit war keine ärztliche Hilfe vorhanden. Deswegen hatte man ihm einen Boten nachgeschickt, und er hatte eine wichtige Reise abgebrochen — um nun vor der verschlossenen Stadt zu stehen. Es schien nichts anderes übrigzubleiben, als die Nacht auf dem Fluß zu verbringen, während drinnen vielleicht ein Leben auf dem Spiel stand.

Da kam ein Regierungsbeamter mit Depeschen hinter ihm her. Dem würde bestimmt das Tor geöffnet werden. Nein, er sah, wie ein Korb über die Mauer herabgelassen wurde, in dem der Bote heraufgezogen werden sollte. Es hatte keinen Zweck, um Mitbeförderung in dem schwankenden Korb zu bitten, aber Hudson Taylor erblickte ein Seil, das aus diesem heraushing. Im Nu hatte er es erfaßt und schwebte mit empor. Immerhin waren Mut und Schlagfertigkeit notwendig, um den zornigen Wächtern oben auf der Mauer zu begegnen.

„Ich gab ihnen zweihundert gute Gründe", sagte Hudson Taylor später, als er zu Hause war, „weshalb sie mich durchlassen müßten."

„Zweihundert? Wie hatten Sie dazu Zeit?"

„Sie kamen aus meiner Geldtasche", lautete die lächelnde Antwort, „da dauerte es gar nicht lange."

Unter allen Erweisen der göttlichen Gnade im Jahre 1867 — dem ersten ganzen Jahr, das die Lammermuirgruppe in China zubrachte — war keiner größer als die Antwort auf das Gebet, mit dem es begonnen hatte: „Ach, daß du mich segnetest und mein Gebiet mehrtest!" Die Zahl der Missionsstationen hatte sich in diesem Zeitraum verdoppelt.

Anfangs lagen die entferntesten Stationen vier Tagereisen auseinander. Am Jahresende war Duncan in Nanking auf gewöhnlichen Reisewegen vierundzwanzig Tagereisen von Stott in Wenchow entfernt. Das Arbeitsfeld war also beträchtlich ausgedehnt worden. Dies ist besonders bemerkenswert, wenn man bedenkt, daß außer in Hangchow nirgends evangelische Missionare neben denen der China-Inland-Mission im Inland tätig waren. Auch die Arbeit in Hangchow war eine sichtbare Gebetserhörung.

Wieder wurde der letzte Tag des Jahres zum Fast- und Bettag für das große Land um sie her und für ihre eigenen, inneren Nöte bestimmt. Von elf Uhr vormittags bis drei Uhr nachmittags dauerte eine der Versammlungen.

„Wir empfanden keine Müdigkeit", schrieb Miss Blatchley, „denn Gottes Heiliger Geist erfüllte uns zu erneuter Hingabe und wahrer Taufe. ‚Er soll euch mit dem Heiligen Geist und mit Feuer taufen', steht geschrieben. Um zwanzig Uhr trafen wir uns wieder zum gemeinsamen Gebet und fühlten, wie dieselbe Kraft sich noch in uns mehrte. Mr. Taylor las den 90. Psalm. Wir blieben betend und singend beieinander, bis das Jahr zu Ende gegangen war. Um Mitternacht feierten wir das Abendmahl. Eine heiligere Zeit habe ich nie zuvor erlebt."

Und solche innere Stärkung tat not. Bei allem Erfolg — vielleicht gerade, weil sie an einigen Orten Fuß fassen konnten — erhob sich an anderen Stellen heftiger Widerstand. Einige Wochen vorher hatte sich Hudson Taylor in das Quartier des Gouverneurs tragen lassen, um dort persönlich über die Mißhandlung der Gehilfen McCarthys zu berichten, die in Huchow verfolgt und beinahe zu Tode geprügelt worden waren. Sobald er selbst reisen konnte, hatte er sich dorthin begeben und während zwei Wochen geduldig und sorgfältig die Sache in Ordnung zu bringen versucht. Schließlich fand er doch, daß sie als Ausländer sich zunächst für einige Zeit zurückziehen sollten. Kurz nach Anbruch des neuen Jahres wurde Williamson aus einer anderen wichtigen Stadt durch Angriffe auf alle, die ihm günstig gesinnt waren, vertrieben. Diese Nachricht erreichte Hudson Taylor bei einem Besuch der älteren Stationen. Williamson erzählte, daß ein unglücklicher Vermittler auf Befehl des Mandarins dreitausend Schläge erhalten habe.

„Ich besuchte den armen Menschen im Gefängnis", schrieb er. „Sein Rücken und seine Beine waren dick geschwollen und blutunterlaufen. Er war zusammen mit einer Anzahl von Verbrechern, die wie wilde Tiere in ihrem Käfig wirkten, in einem Loch eingesperrt. Das Wetter war sehr kalt, und es schien, daß der Ärmste die grausame Mißhandlung nicht überleben würde ... Am nächsten Morgen holten sie den Hauswirt zum Yamen. Mutter und Frau des Gefangenen drohten mit Selbstmord und gaben uns die Schuld an allem Unheil, das über sie hereingebrochen war. Um weitere Grausamkeiten gegen diese armen Leute zu verhüten, verließen wir am gleichen Tag das Haus ... und kehrten nach Hangchow zurück."

So erwies sich die Pionierarbeit doch schwerer, als sie erwartet hatten. Aber noch mehr denn je erfüllte die Not der heilandslosen Scharen Hudson Taylors Herz. Er schrieb an Mr. Berger:

„Zu Hause gibt es doch sicher Diener unseres Herrn, die müßig herumstehen oder eine Arbeit tun, die andere ebensogut verrichten könnten. Sie sollten herauskommen in diese zahllosen Dörfer und Städte!"

Die ganze Mission hätte freilich sehr leicht in der Arbeit innerhalb dieser einen Küstenprovinz aufgehen können, obwohl sie eine der kleinsten Provinzen Chinas war. Aber Gott verschloß ihnen eine Tür nach der andern. Aufstände, Störungen, Krankheiten und andere Nöte hielten die Entwicklung der Arbeit in dieser Richtung auf, und ganz allmählich wurde Hudson Taylor nordwärts gelenkt.

„Wenn Sie nicht darüber lächeln wollen, daß ich in unserem Wohnzimmer Pläne ausarbeite", hatte Mr. Berger in einem Brief geschrieben, „so will ich Ihnen meine Gedanken über Ihre weiteren Schritte sagen. Ich glaube, Sie werden eines Tages Ihr Hauptquartier nach irgendeiner günstig gelegenen größeren Stadt nahe am Yangtse verlegen, vielleicht in erreichbarer Nähe von Hangchow. Auf diese Weise würden Sie, meine ich, leicht mit einem Konsul in Verbindung treten können und die Möglichkeit haben, nach Schanghai wie auch flußaufwärts reisen zu können, so daß Ihnen viele Provinzen offenständen. Der Herr leite Sie in allen Dingen! Es steht geschrieben: ‚Wer glaubt, übereilt nicht.'"

Es bedeutete keine Kleinigkeit, nach sechzehn Monaten Aufenthalt in Hangchow den Gedanken zu fassen, die Arbeit aufzugeben und in „irgendeiner günstig gelegenen größeren Stadt nahe am Yangtse" wieder ganz neu anzufangen. Fünfzig Getaufte bildeten unter Pastor Wangs Obhut die kleine Gemeinde. Dazu zählten sich viele Taufbewerber. Mr. und Mrs. McCarthy und Miss Faulding konnten die Station übernehmen und neue Arbeiter empfangen und anleiten. Duncan in Nanking brauchte dringend Hilfe. Mrs. Taylor war bereit, dorthin zu gehen, oder wohin es die Arbeit sonst verlangte. Es blieb noch viel zu überlegen bis zum Frühling, und in den mittäglichen Gebetsversammlungen wurde ernstlich um die Erkenntnis des Weges Gottes gerungen.

Zwei neue Mitarbeiter, Mr. und Mrs. Judd, empfingen einen tiefen Eindruck davon.

„Es war wirklich ein Mauerbauen in kriegerischer Zeit. Man wußte nie, was die abwesenden Freunde gerade durchmachten. Kaum eine Station wurde eröffnet, ohne daß ein Aufstand folgte. Die Mittagsversammlungen waren feierliche Stunden; oft zogen sie sich hin, weil für so vieles gebetet werden mußte. Wir spüren ihre Wirkung heute noch."

Das Ehepaar Cordon war von Soochow herübergekommen, um Taylors Rat über die dortige Weiterarbeit einzuholen. Duncan und seine Frau waren von Nanking aus unterwegs zu einer Sonderkonferenz. Mancher andere kam noch in diesen Tagen wegen wichtiger Angelegenheiten. Nebenbei waren zahlreiche Korrekturen zu lesen. Mrs. Judd, die ernstlich erkrankt war, brauchte Hudson Taylors ärztlichen Beistand. So schien kaum Zeit für eine Krise des Innenlebens. Und doch, inmitten aller an ihn gestellten äußeren Anforderungen hörte Hudson Taylor immer wieder die unstillbare innere Forderung — ja, sie wurde in gleichem Maße dringender, wie er andern aus ihrer Not helfen mußte. Mitten aus dem lebhaften Getriebe in Chinkiang heraus war Hudson Taylor nach Nanking zu seiner Patientin gefahren. Nun kehrte er allein zurück.

Er saß in einem kleinen Boot, das er mehr der Schnelligkeit als der Bequemlichkeit wegen gewählt hatte. Es war noch früh am Morgen, und er wollte möglichst schon zum Frühstück in Chinkiang sein. Während er den großen Kanal herabfuhr und den Yangtse, der hier drei Kilometer breit ist, kreuzte, fand er Ruhe zum Nachdenken und zum Gebet. Wenn er nicht selbst darüber berichtet hätte, erschiene es fast unglaublich, welches Maß von Kampf, Not, ja beinahe Verzweiflung dieser Mann, der doch schon so lange den Herrn kannte, durchkosten mußte. Aber hing nicht beides eng zusammen? Die Gemeinschaft mit Christus war für ihn etwas so Wichtiges und Segensreiches gewesen, daß jede Entfremdung unerträglich war. Er liebte Ihn so sehr, daß er jeden Schatten zwischen sich und dem Meister als Seelenqual empfand. Die Braut trauert, wenn der Bräutigam abwesend ist, nicht die andern, die seine Liebe nicht kennen.

Nach seiner Ankunft in dem kleinen, mit Menschen überfüllten Heim in Chinkiang suchte Hudson Taylor, sobald er konnte, sein Arbeitszimmer auf, um die Post durchzusehen. Darunter befand sich ein Brief Mr. McCarthys und ein anderer von Miss Faulding, der im gleichen Ton gehalten war. Es ist nicht bekannt, ob er beim Durchlesen allein war und *wie* sich das Wunder in ihm vollzog. Doch „während ich las, wurde mir sofort alles klar. Ich blickte auf Jesus und in dem Auf-Ihn-Blicken überströmte mich vollkommene Freude."

Am 4. September war das Haus mit Gästen überfüllt, und noch immer kamen neue dazu, die irgendwie untergebracht werden mußten, weil sie bis Sonntag bleiben wollten. Es sollten alle Mitarbeiter teilhaben an Hudson Taylors Freude.

So versammelten sich denn alle Hausgenossen im Wohnzimmer. Dort erzählte ihnen Hudson Taylor, was von dieser Zeit an bis zu seinem Ende das Zeugnis seines Lebens bleiben sollte. Viele Herzen wurden dabei bewegt und gesegnet. Es begannen Ströme des Lebens zu fließen. Sie ergossen sich aus dem engen Heim in Chinkiang und fließen heute noch. Nach dem Wort Jesu sind es Ströme lebendigen Wassers. Dazu sagt Er: „Wer da trinken wird von dem Wasser, das ich ihm gebe, wird ewiglich nicht dürsten, sondern das Wasser, das ich ihm geben werde, das wird in ihm ein Brunnen des Wassers werden, das in das ewige Leben quillt" (Joh. 4, 14).

In Miss Blatchleys Tagebuch findet sich am 4. September folgende Eintragung: „Mr. Taylor zurück (in Chinkiang) zur Frühstücksstunde. Er hatte Duncans getroffen, die mit ihm zurückkehrten. Bald darauf kamen Cordons an ... Alle sollen über Sonntag bleiben zu einer Gebetsversammlung mit dem Thema ‚Heiligung'. McCarthys Brief darüber, den Mr. Taylor hier vorfand, wurde von Gott benutzt, ihn zu segnen. Jetzt hat auch er die *Ruhe* der Seele gefunden, die Jesus mir vor kurzem geschenkt hat. McCarthy und Jennie Faulding scheinen sie auch erlebt zu haben wie Miss Désgraz schon vor unserer Rückkehr aus dem Süden. Auch

Rudlands, Cordons, Duncans, Judds und Miss Bowyer haben sich mit dieser Frage — wie wir Heiligkeit des Herzens und des Lebens erreichen — innerlich viel beschäftigt."

Und Taylor redete nicht bloß davon. Trotz der vielen geschäftlichen Angelegenheiten fand sich auch in seinen Briefen ein neuer Ton. Mitten zwischen den Aufträgen, die er für Yangchow gab, woher Bücher und Medizinvorräte geholt werden sollten, nahm er sich Zeit zu einigen Bleistiftzeilen, um von dem „völligeren Leben" zu schreiben, von dessen Freude er durchflutet wurde. Die Schriftzüge zeigen die Eile, in der er sich befand, aber der Inhalt atmet tiefe Ruhe.

„Chinkiang, den 6. September 1869: Meine liebe Schwester! Gestern verlebten wir hier einen sehr glücklichen Tag. Ich war *so* glücklich! Ein Brief Mr. McCarthys über die bewußte Frage ist für mehrere von uns zum Segen geworden. Auch er und Miss Faulding scheinen sehr glücklich zu sein. Er schreibt: ‚Mir ist, als sei das Morgenlicht eines herrlichen Tages für mich aufgegangen. Ich grüße es zitternd, jedoch voll Vertrauen.' Besonders folgendes sagte mir viel: ‚Wie kann also unser Glaube zunehmen? Nur dadurch, daß wir an alles denken, was *Jesus ist* und was Er *für uns ist:* Sein Leben, Sein Tod, Sein Werk, Er selbst, wie Er sich uns im Wort offenbart, muß der Gegenstand unseres Denkens sein. Wir müssen uns nicht bemühen, Glauben zu haben oder unsern Glauben zu mehren, sondern von uns wegsehen auf den Getreuen. Das ist alles, was wir nötig haben.'

Hier liegt das Geheimnis, das fühle ich! Nicht danach fragen, wie ich den Saft aus dem Weinstock *in* mich bekomme, sondern daran denken, daß *Jesus der Weinstock ist* mitsamt seiner Wurzel, dem Stamm, den Ästen, den Zweigen, Blättern, Blüten und Früchten. Und noch vieles andere: Er ist der Boden, der Sonnenschein, die Luft, der Regen — mehr, als wir erbitten, erdenken, wünschen. Darum wollen wir nicht mehr daran denken, etwas von Ihm zu bekommen, sondern uns dessen freuen, daß *wir selbst in Ihm sind,* eins mit Ihm und also auch mit aller Seiner Fülle. Wir wollen nicht nach mehr Glauben streben, um Heiligkeit zu gewinnen, sondern uns der *Tatsache* der vollkommenen Heiligkeit in Christus freuen. Wir wollen uns klar darüber werden, daß wir diese Heiligkeit *besitzen,* wenn wir mit Ihm verbunden sind. Nehmen wir diese Tatsache hin, dann werden wir sie auch erkennen lernen. Aber ich muß hier abbrechen."

Als Hudson Taylor nach Yangchow zurückkehrte, um nach seiner Patientin zu sehen, brachte er ihr seine frohe Botschaft.

„Als ich ihn begrüßte", erzählte Mr. Judd, „war er so voller Freude, daß er kaum wußte, wie er beginnen sollte. Er grüßte uns kaum, sondern rief aus, indem er mit auf dem Rücken gekreuzten Händen im Zimmer auf und ab ging: ‚O Mr. Judd, Gott hat einen neuen Menschen aus mir gemacht!'"

Jenes mitternächtliche Gespräch zeigte dem jungen Missionar die Veränderung deutlich, die über seinen geliebten Leiter gekommen war. Es blieb ihm unvergeßlich. Auch er hatte diese Fragen bis jetzt nur mit dem Verstande erwogen, ohne innerlich von ihnen erfaßt zu sein. Unauslöschlich prägten sich einige Sätze in sein Gedächtnis ein:

„Ich brauche mich nicht selbst zur Rebe zu machen", hatte Hudson Taylor gesagt, „Jesus sagt mir, daß ich eine Rebe *bin.* Ich bin ein Teil *von Ihm* und brauche das nur zu glauben und danach zu handeln. Wenn ich zur Bank in Schanghai komme und von meinem Guthaben, das dort für mich aufbewahrt ist, fünfzig Dollar fordere, kann der Beamte sie meiner ausgestreckten Hand nicht verweigern mit der Begründung, das Geld gehöre Mr. Taylor. Was Taylor gehört, darf meine Hand nehmen. Sie ist ein Glied meines Körpers. Gleicherweise bin ich ein Glied Christi und darf aus Seiner Fülle nehmen, was ich brauche. Ich weiß das schon lange aus der Bibel, doch erst jetzt *glaube* ich es als lebendige Wirklichkeit."

So einfach der neue Gesichtspunkt war, er veränderte alles.

„Jetzt war er ein fröhlicher Mensch", fügte Mr. Judd hinzu, „ein strahlend glücklicher Christ. Vorher war er ein beladener, schwer arbeitender gewesen, der besonders in letzter Zeit wenig innere Ruhe besessen hatte. Nun ruhte er in Jesus und ließ Jesus wirken. Das war etwas so ganz anderes. Sprach er künftig in Versammlungen, dann schien eine neue Kraft von ihm auszugehen, und in den Dingen des täglichen Lebens war er voll inneren Friedens. Die Schwierigkeiten beunruhigten ihn nicht mehr wie früher. Er warf wie nie zuvor alle seine Sorgen auf Gott und widmete dem Gebet mehr Zeit. Anstatt bis tief in die Nacht zu arbeiten, ging er jetzt früher zu Bett und stand dafür um fünf Uhr morgens auf, um vor der Tagesarbeit zwei Stunden für das Gebet und Bibelstudium zu haben. So stärkte er seine eigene Seele, und von ihm gingen Segensströme auf andere Menschen aus."

Sechs Wochen nach diesen Erlebnissen, als Hudson Taylor die bleibende Fülle des neuen Lebens schon erprobt hatte, erhielt er einen Brief aus England, der sein Herz besonders tief bewegte. Er kam von seiner Schwester, mit der er lange in lebhaftem Briefwechsel gestanden hatte. Mrs. Broomhall, die eine heranwachsende Kinderschar zu betreuen hatte, stand wie ihr Bruder unter dem Druck äußerer Verantwortung und innerer Konflikte. Ein tiefes Verlangen, ihr zu helfen, trieb Hudson Taylor zu seinem Antwortbrief. Er schrieb ihr von seiner eigenen Herzensnot und Erlösung. Der Brief ist so wertvoll, daß er ausführlich wiedergegeben werden muß, sogar auf die Gefahr hin, bereits Gesagtes zu wiederholen.

17. Oktober 1869: „Meine liebe Schwester! Vielen Dank für Deinen langen, lieben Brief! ... Ich glaube nicht, daß Du mir je einen solchen Brief geschrieben hast, seitdem wir in China sind. Ich weiß, es geht Dir wie mir — Du kommst nicht zum Schreiben, obwohl Du gern möchtest. Leib und Geist können nur bis zu einer bestimmten Grenze arbeiten, nur einen bestimmten Grad der Spannung ertragen. Die Arbeit war mir noch nie so reichlich zugemessen und nie so verantwortungsvoll und schwierig. Aber Last und Spannung sind weg. Der vergangene Monat war vielleicht der glücklichste meines Lebens, und ich möchte Dir gern erzählen, was der Herr an meiner Seele getan hat. Ich weiß allerdings nicht, ob es mir ganz gelingen wird, weil es eigentlich nichts Neues, Fremdes oder Wunderbares ist — und dennoch ist alles neu. Mit einem Wort: ‚Ich war blind und bin nun sehend.' Vielleicht muß ich etwas zurückgreifen, um mich besser verständlich zu machen. Mein Liebes, während der letzten sechs oder

acht Monate war meine Seele sehr bedrückt, weil mir das Bedürfnis nach mehr Heiligung, Leben und Kraft sowohl meiner eigenen Seele, als auch der ganzen Mission bewußt war. Ich fühlte die Undankbarkeit, die Sünde, die Gefahr eines Lebens, das nicht enger mit Gott verbunden war. Ich betete, quälte mich ab, fastete und mühte mich, faßte Vorsätze, las die Schrift fleißiger, suchte mehr Zeit zu innerer Sammlung — doch alles ohne Erfolg. Täglich, beinahe stündlich bedrückte mich das Bewußtsein der Sünde. Ich wußte, daß alles in Ordnung sein würde, wenn ich nur in Christus bleiben könnte — aber ich *konnte* nicht. Ich begann den Tag mit Gebet, entschlossen, Jesus keinen Augenblick aus den Augen zu verlieren. Aber die Pflichten mit ihren Anforderungen, beständige Unterbrechungen, die ja so ermüden, ließen mich Ihn oft vergessen. Außerdem greift das Klima meine Nerven so an, daß man schwer der Versuchung widerstehen kann, gelegentlich gereizt zu werden, was leicht zu bösen Gedanken und unfreundlichen Worten führt. Jeder Tag brachte ein Register an Sünden, Versagen und Kraftlosigkeit. Das Wollen war bei mir wirklich vorhanden, aber das Vollbringen war mir unmöglich.

Dann kam die Frage: ‚Gibt es dafür keine Rettung? Muß es bis an mein Ende so bleiben — beständiger Kampf und anstatt des Sieges oft Niederlagen? Wie konnte ich verkündigen, daß Jesus denen, die Ihn aufnehmen, Macht gibt, ‚Gottes Kinder zu werden', d. h. göttlich zu werden, wenn meine eigene Erfahrung nicht damit übereinstimmte? Statt an Kraft zuzunehmen, schien ich immer schwächer zu werden und weniger gegen die Sünde auszurichten. So war es nicht verwunderlich, daß der Glaube und sogar die Hoffnung schwanden. Ich haßte mich, haßte meine Sünde und gewann doch keine Macht über sie. Ich fühlte mich als Kind Gottes, denn trotz allem schrie Sein Geist in meinem Herzen das ‚Abba, lieber Vater!' Aber ich war außerstande, meine Vorrechte als Kind zu gebrauchen. Ich war absolut kraftlos. Ich dachte, Heiligung, praktische Heiligung sei durch fortwährenden Gebrauch der Gnadenmittel zu erreichen. Ich fühlte, daß ich mich nach nichts in der Welt so sehnte und daß ich nichts so dringend brauchte. Aber weit davon entfernt, sie auch nur teilweise zu erreichen, entwich sie mir, je mehr ich danach strebte und darum kämpfte. Schließlich hatte ich kaum noch Hoffnung, sie zu gewinnen, und dachte schon, Gott wolle uns die Heiligung hier auf Erden vorenthalten, damit es dann im Himmel um so schöner wäre. Ich glaube nicht, daß ich in eigener Kraft danach strebte, kannte ich doch meine Kraftlosigkeit. Das sagte ich auch meinem Herrn und bat Ihn um Hilfe und Kraft. Manchmal glaubte ich fast, Er wolle mich bewahren und tragen. Aber wenn ich abends zurückschaute — o da hatte ich vor Gott nur Sünde und Versagen zu bekennen und zu beklagen!

Ich möchte nicht den Eindruck erwecken, als ob das die tägliche Erfahrung dieser langen, schweren Monate gewesen wäre. Doch in diesem Zustand befand sich meine Seele nur zu oft und in zunehmendem Maße, so daß ich gänzlich in Verzweiflung geriet. Und doch schien mir Christus nie teurer gewesen zu sein — ein Erlöser, der einen Sünder wie mich retten *konnte* und *wollte* ... Manchmal gab es auch Zeiten des Friedens, sogar der Freude im Herrn. Aber sie verflogen so schnell, und was blieb, war traurige Kraftlosigkeit. O wie gut war doch der Herr, daß Er diesem Konflikt ein Ende bereitete!

Während der ganzen Zeit war ich mir darüber klar, daß in Christus alles zu haben war, was mir fehlte. Aber *wie* sollte ich es von Ihm bekommen, das war die praktische Frage. Er war reich, wahrhaftig reich, ich aber arm. Er war stark, ich aber schwach. Ich wußte wohl, daß in der Wurzel und im Stamm Lebenssaft im Überfluß vorhanden war, aber wie ich ihn in meinen kleinen Zweig bekommen konnte, das war die Frage. Als mir langsam das Licht aufging, erkannte ich, daß der Glaube das einzig Erforderliche ist, Seine Fülle zu ergreifen, um sie sich anzueignen. *Aber ich hatte diesen Glauben nicht!* Ich kämpfte darum, gewann ihn aber nicht. Ich versuchte, ihn zu üben, aber umsonst. Je mehr ich den Reichtum der Gnade erkannte, der in Jesus verborgen liegt — die Fülle unseres herrlichen Erlösers —, desto mehr schienen meine Hilflosigkeit und Schuld zuzunehmen. Die Sünden, die ich beging, waren klein und nichtig, gemessen an der Sünde des Unglaubens, dem Grundübel, das Gott nicht bei Seinem Wort nimmt und Ihn eher zum Lügner stempelt. Ich fühlte, daß Unglaube die verdammlichste Sünde der Welt ist — und doch, ich beging sie. Ich betete um Glauben, aber er kam nicht. Was sollte ich tun?

Als mein Seelenkampf seinen Höhepunkt erreicht hatte, gebrauchte Gott einen Satz aus einem Brief meines lieben McCarthy, um die Schuppen von meinen Augen zu nehmen. Der Geist Gottes offenbarte mir nun die Wahrheit unseres *Einsseins* mit Jesus, wie ich sie vorher nie erkannt hatte. McCarthy, der selbst unter demselben Versagen gelitten hatte, aber vor mir Klarheit bekam, schrieb (ich zitiere aus dem Gedächtnis):

‚Wie kann mein Glaube gestärkt werden? Nicht, indem ich um Glauben ringe, sondern indem *ich in Jesus ruhe*.'

Als ich das las, wurde mir alles klar. ‚Glauben wir nicht, so bleibt er doch treu!' Ich blickte auf Jesus und sah (und wie ich sah, o welche Freude!), daß Er gesagt hatte: ‚*Ich* will *dich* nimmermehr verlassen!' Ja, da ist Ruhe, dachte ich. Ich habe umsonst gekämpft, um in Ihm zu ruhen. Ich will nicht mehr kämpfen. Hat *Er* denn nicht versprochen, bei mir zu bleiben und mich nie zu verlassen — mich nie zu enttäuschen? Und Liebes, Er wird es nie tun!

Aber das war nicht alles. Als ich auch an den Weinstock und die Reben dachte, welch ein Licht goß der Heilige Geist in meine Seele! Wie groß war mein Irrtum gewesen, daß ich den Saft, die Fülle aus Ihm heraus bekommen wollte! Ich erkannte nicht nur, daß Jesus mich nie verlassen will, sondern daß ich ein Glied Seines Leibes, ‚Fleisch von seinem Fleisch, Gebein von seinem Gebein' bin. Der Weinstock, das sehe ich nun klar, besteht nicht nur aus der Wurzel, sondern als Ganzes aus Wurzel, Stamm, Ästen, Zweigen, Blättern, Blüten und Früchten. Und Jesus ist nicht nur das, sondern Er ist auch Boden, Sonnenschein, Luft, Regen und unendlich viel mehr, als wir je erträumt, gewünscht oder nötig gehabt hätten. O welche Freude, diese Wahrheit zu erkennen! Ich bete nur, daß ‚die Augen deines Verständnisses erleuchtet werden', damit Du erkennst und erlebst, welche Reichtümer uns in Jesus frei geschenkt sind.

O meine liebe Schwester, es ist herrlich, wirklich eins sein zu dürfen mit dem auferstandenen und erhöhten Heiland, ein Glied Christi zu sein! Bedenke, was das bedeutet! Kann Christus reich sein und ich arm? Kann Deine rechte Hand reich sein und Deine linke arm? Oder kann Dein Haupt gut genährt sein, während Dein Leib hungert? Bedenke ferner, was das für das Gebet bedeutet! Könnte ein Bankbeamter zu seinem Kunden sagen: ‚Es war nur deine Hand, die den Scheck schrieb, nicht du' oder ‚Ich kann diese Summe nicht deiner Hand, sondern nur dir selber auszahlen'? Ebensowenig können Deine oder meine Gebete zurückgewiesen werden, wenn sie in *Jesu Namen* gebetet worden sind (d. h. nicht in unserem Namen oder nur um Jesu willen, sondern auf Grund dessen, daß wir Sein Eigentum, Seine Glieder sind), solange wir uns innerhalb der Grenzen Seines Kredits bewegt haben — einer weiten Grenze! Wenn wir etwas erbitten, das nicht schriftgemäß ist, das nicht Gottes Willen entspricht, so könnte selbst Christus nicht danach handeln. Aber ‚wenn wir etwas bitten nach seinem Willen, so hört er uns und ... so wissen wir, daß wir die Bitten haben, die wir von ihm erbeten haben.'

Das Schönste ist dazu die Ruhe, die das absolute Einssein mit Christus bringt. Ich sorge mich um nichts mehr, seit mir das klar ist. Denn Er, das weiß ich, ist fähig, *Seinen Willen auszuführen*, und Sein Wille ist der meine. Es kommt nicht darauf an, wohin und in welche Umstände Er mich sendet. Das überlasse ich Seinem Planen, muß Er mir doch in der leichtesten Lage Seine Gnade schenken, und in der schwierigsten lasse ich mir an Seiner Gnade genügen. Es ist meinem Diener gleichgültig, ob er das Billigste oder das Teuerste einkaufen soll. In beiden Fällen rechnet er mit meinem Geld und bringt mir das Gekaufte. Muß Gott mir nicht ganz klare Weisung geben, wenn Er mich in große Verlegenheit bringt, außerdem viel Gnade in schwierigen Lagen und viel Kraft unter erdrückenden Verhältnissen und Versuchungen? Keine Angst! Seine Hilfsquellen sind jeder Not gewachsen, und sie gehören mir, denn Er gehört mir, ist bei mir und wohnt in mir. Das alles kommt aus dem Einssein des Gläubigen mit Christus. Wie glücklich bin ich geworden, seit Jesus so durch den Glauben in meinem Herzen wohnt! Wenn ich Dir doch davon erzählen könnte, anstatt nur darüber zu schreiben ...

Ich bin nicht besser als vorher (in gewissem Sinn möchte ich sogar sagen, ich wünsche es nicht einmal und strebe nicht danach). Aber ich bin mit Christus gestorben und begraben — ja, auch auferstanden und gen Himmel gefahren! Jetzt lebt Christus in mir, und ‚was ich jetzt im Fleisch lebe, das lebe ich in dem Glauben an den Sohn Gottes, der mich geliebt und sich selbst für mich dargegeben hat'. Ich *glaube* jetzt, daß ich der Sünde gestorben *bin*. Gott sieht mich so an und befiehlt mir, mich selbst so anzusehen. Er weiß es am besten. Alle meine Erfahrungen in der Vergangenheit mögen gezeigt haben, daß es nicht so war. Aber ich wage jetzt nicht mehr zu sagen, daß es nicht so ist, weil Er selbst es sagt. Ich fühle und weiß: Das Alte *ist* vergangen. Ich bin immer noch imstande zu sündigen, aber Christus ist gegenwärtig, wie es mir nie zuvor bewußt war. Er kann nicht sündigen, Er kann mich vor der Sünde bewahren. Ich kann nicht sagen (leider muß ich das sagen), daß ich seit dieser Erleuchtung nicht gesündigt habe; doch fühle ich, daß ich es nicht *mußte*. Weiter: Ich wandle mehr im Licht, darum empfindet mein Gewissen zarter. Ich sehe die Sünde schneller ein, bekenne sie und erhalte Vergebung, Friede und Freude (in aller Demut). Nur einmal erlebte ich es anders. Da blieb ich mehrere Stunden unglücklich, aber dadurch erfuhr ich deutlich, daß ich meine Sünde nicht vollständig bekannt, sondern mich teilweise gerechtfertigt hatte.

Der Glaube, das sehe ich jetzt, ist die *Wirklichkeit* dessen, das man hofft (Hebr. 11, 1 nach engl. Übersetzung), nicht ein bloßer Schatten. Er ist nicht weniger als *Sehen*, sondern *mehr*. Das Sehen erfaßt nur die äußere Form der Dinge. Der Glaube erfaßt ihre Wirklichkeit. Auf die Wirklichkeit kann man sich verlassen, von ihr kann man zehren. Wenn Christus durch den Glauben (d. h. dadurch, daß wir Seiner Verheißung glauben) in unseren Herzen wohnt, so ist das wirklich Macht und Leben. Christus und die Sünde können nicht zusammen wohnen. Wir können auch Seine Gegenwart nicht zugleich mit Weltliebe und Sorgengeist besitzen.

Nun muß ich schließen. Ich habe nicht einmal die Hälfte von dem gesagt, was ich sagen möchte. Wenn ich Zeit dazu hätte, täte ich es noch genauer. Gott schenke Dir, daß Du diese Wahrheit erfassen kannst! Laß uns nicht länger sagen: ‚Wer will hinaufsteigen zum Himmel (um Christus herabzuholen)?' Wir brauchen Ihn nicht weit weg zu suchen, denn Gott hat uns doch eins mit Ihm gemacht als Glieder Seines Leibes. Übrigens wollen wir nicht glauben, daß diese Erkenntnis nur für einzelne bestimmt ist. Im Gegenteil, sie ist das Geburtsrecht jedes Gotteskindes, und keins darf ohne sie leben, wenn Gott recht geehrt werden soll. Die einzige Macht, die uns von Sünden befreit und für den Dienst zubereitet, ist Christus."

JESUS GENÜGT

1869—1871

Die Erfahrung des neuen Lebens, die Hudson Taylor und viele seiner Mitarbeiter machten, erfüllte Mrs. Taylor mit Freude, aber auch mit Staunen. Für sie war das, was den andern als neue Offenbarung erschien, längst der Grund ihres Sieges und Friedens. „Ich ruhte einfach in Jesus", wie sie es ausdrückte, „und ließ Ihn handeln.“ Das lebte sie aus und erhielt dadurch eine Kraft für die Mission, die ihr Mann oft beobachtet hatte. Nun waren sie beide in neuer Weise eins und halfen einander noch besser auf dem Weg des Glaubens.

Es ist natürlich, daß solcher Segen durch vermehrte Schwierigkeiten erprobt werden mußte. Für Hudson Taylor und die Mission kam nun eine weitere leidvolle Zeit. In der Arbeit machten sich die feindlichen Mächte stärker denn je bemerkbar, und in der engsten Familie sollten Taylors großen Kummer erleben. Wären ihre Herzen nicht durch die Vorbereitungszeit gefestigt worden, hätten sie die neuen Prüfungen vielleicht nicht überstanden.

Zuerst mußten sie ihr glückliches Familienleben aufgeben. Taylors wagten nicht, die drei ältesten Kinder noch einen weiteren Sommer in China zu lassen. Die zarte Gesundheit des fünfjährigen Samuel erforderte es, daß er mit den älteren Geschwistern nach England fuhr. Das bedeutete eine Trennung von vier Kindern. Nur das kleinste, das nach dem Aufstand in Yangchow geboren worden war, blieb als Trost zurück. Es wurde erwogen, ob nicht vielleicht die Mutter auch mit in die Heimat zurückkehren sollte. Doch als Miss Blatchley sich erbot, sie bei den Kindern zu vertreten, entschied sich Maria zum Bleiben in China. Die Trennung von dieser Mitarbeiterin fiel Taylors beinahe ebenso schwer wie von einer eigenen Tochter. Immer hatte sie innigsten Anteil an ihrem Familienleben genommen. Sie liebte die Kinder aufrichtig, und darum waren die Eltern bereit, auf ihre Hilfe als Sekretärin zu verzichten, wenn dadurch Maria in China bleiben konnte. Wie Hudson Taylor sich die Sache auch überlegte, es blieb kein besserer Weg. So vertrauten sie ihre kleine Kinderschar dem an, der viel weiser war als sie selbst.

Besonders schmerzlich war es für die Eltern, weil der bevorstehende Abschied sich ungünstig auf die Gesundheit Samuels auswirkte. Der Gedanke an eine mögliche Heilung seines chronischen Leidens durch eine lange Seereise tröstete sie jedoch. Als Samuel sich etwas erholt hatte, brachen sie von Yangchow auf. Kaum aber lag die Stadt hinter ihnen, erlitt der Kleine einen schweren Rückfall. Die Eltern wachten auf dem Schiff die Nacht hindurch an seinem Lager und taten, was nur irgend möglich war. Doch als der nächste Morgen anbrach, fiel der Kleine in einen tiefen Schlaf und ging ohne Schmerzen und Angst hinüber in die himmlische Heimat.

Ehe der nahende Sturm hereinbrach, überquerten die Eltern den breiten Strom und betteten ihren geliebten, kleinen Jungen auf dem Friedhof von Chinkiang. Von dort begleiteten sie die andern nach Schanghai. Einige Wochen später brachten sie die Kinder an Bord eines französischen Postschiffes. Kurz vor der Abfahrt schrieb Hudson Taylor an Mr. Berger (22. März 1870):

„Ich habe sie zum letztenmal wach in China gesehen ... Um zwei unserer Kleinen brauchen wir uns nicht mehr zu sorgen. Sie ruhen in den Armen Jesu. Und nun, lieber Bruder, danke ich Gott, obwohl ich die Tränen nicht zurückhalten kann, daß Er einen solch Unwürdigen an Seinem Werk teilhaben läßt. Ich werde es nie bereuen, daß ich mich hineingestellt habe. Es ist *Sein* Werk, nicht meins und auch nicht das Ihrige. Dennoch haben wir teil daran, nicht weil wir darin arbeiten, sondern weil wir Sein Eigentum sind."

„In der Politik stehen wir vor einer Krise", hatte Hudson Taylor einige Wochen früher geschrieben. „Wenn unsere Regierung ihre jetzige, fast hätte ich gesagt, wahnsinnige Politik fortsetzt, muß es Krieg geben. Inzwischen wird unsere Lage immer verwickelter. Sie können sich dort kaum vorstellen, wie unser Weg oft nach allen Seiten verstellt erscheint."

Und trotzdem, inmitten aller Hindernisse und ihrer unbeschreiblichen Sehnsucht nach den Kindern, hatten sie Frieden und Freude in Gott wie nie zuvor.

„Über die Gnade Gottes muß ich oft staunen, die in der Lage ist, die zärtlichste Mutter aufrechtzuerhalten und zu trösten", schrieb Hudson Taylor später in der Erinnerung an diese Zeit. „Das Geheimnis lag darin, daß *Jesus genügte.*"

Mrs. Taylor war der Mission in diesem Sommer eine besondere Stütze in den Stürmen, die das Werk bedrohten. Damals waren viele Mitarbeiter krank. Taylors befanden sich noch auf der Rückreise nach Chinkiang, als die Nachricht einer neuen schweren Erkrankung einer ihrer Missionarinnen, Mrs. Judd, sie erreichte. Mr. Judd, der sie Tag und Nacht gepflegt hatte, war völlig erschöpft. Da hörte er mitten in der Nacht unten im Hofe Lärm wie von ankommenden Reisenden. Ein Schubkarren wurde hereingerollt. Er traute seinen Augen nicht, denn er erblickte Mrs. Taylor, die er so sehnlich herbeigewünscht hatte. Er wähnte sie noch weit weg, aber Hudson Taylor hatte eingewilligt, daß sie vorauseilte, um so schnell wie möglich einzuspringen. Er selbst konnte das Boot, in dem er einen weiteren Patienten zu versorgen hatte, nicht verlassen.

„Damals war sie selbst leidend und von der anstrengenden Reise erschöpft", schrieb Judd später, „aber sie bestand darauf, daß ich zu Bett ging und sie die Pflege übernähme. Nichts konnte sie bewegen, sich erst auszuruhen."

„Nein", sagte sie, „Sie haben jetzt genug zu tragen, da brauchen Sie nicht auch noch aufzubleiben. Gehen Sie zu Bett; ich bleibe doch bei ihrer Frau, ob Sie gehorchen oder nicht."

Nur das Gebet brachte die Kranke durch, und auch nur das Gebet rettete sie in den großen Gefahren des kommenden Sommers.

„Wir haben zwar auch früher schon Schweres durchgemacht", schrieb Hudson Taylor an die Freunde der Mission, „aber jetzt erschüttert auf fast allen Stationen zur gleichen Zeit eine weitverbreitete Erregung die chinesische Gemeinde. Es ist unmöglich, die Aufregung und das Entsetzen der Chinesen zu beschreiben, als zuerst der Verdacht auftauchte, daß einheimische Magier sie verzauberten, und noch schlimmer wurde ihre Wut, als man ihnen sagte, diese heimtückischen Feinde ständen im Dienst der Ausländer. Es ist bekannt, daß sie in Tientsin die katholischen Barmherzigen Schwestern und Priester und sogar den französischen Konsul auf barbarische Weise ermordeten. Was hielt sie eigentlich im Inland, wo unsere Brüder allein, fern von jedem menschlichen Schutz lebten, von Ähnlichem zurück? Es war einzig *die gewaltige Hand Gottes* als Antwort auf unser anhaltendes, gemeinsames Gebet im Namen Jesu. Und dieselbe Hand hielt uns, daß wir an Jesus volles Genüge hatten — an Seiner Gegenwart, Seiner Liebe, Seinem Schutz."

Nur wer Ähnliches selbst erlebt hat, kann sich eine Vorstellung von der furchtbaren Spannung machen, unter der die Missionare arbeiteten. Die Hitze war in diesem Sommer besonders groß, und die Stimmung der Bevölkerung gereizter denn je. Von verschiedenen Stationen mußten Frauen und Kinder entfernt werden. Eine Zeitlang schien es, als würde die chinesische Regierung darauf bestehen, daß sie das Land verließen. Das erforderte eine weitläufige Korrespondenz mit einheimischen und europäischen Behörden. Auch mußten zahlreiche Briefe zur Beratung und Ermutigung der am meisten bedrohten Mitarbeiter geschrieben werden. Der knappe Raum des kleinen Hauses in Chinkiang wurde bis zum Äußersten in Anspruch genommen, und selbst in dieser Stadt war die Erregung so groß, daß man mit keiner zusätzlichen Wohnung rechnen konnte.

Inzwischen sah es so aus, als müßten alle am Strom gelegenen Stationen aufgegeben werden. Taylors blieben ständig in Chinkiang, um im Mittelpunkt der Ereignisse zu sein.

„Eine Schwierigkeit folgt der andern auf dem Fuß", schrieb Hudson Taylor Ende des Monats nach Hangchow, „aber Gott sitzt im Regiment, nicht der Zufall. In Nanking war die Aufregung furchtbar ... Unsere Leute wurden nicht belästigt, aber wäre die römisch-katholische Mission geplündert worden, hätte es ihnen schlimm ergehen können. Wir müssen für sie beten, denn die dreimonatlichen Examina haben eben erst begonnen. (Sie bringen Zehntausende von Schülern in die Stadt.)

Ich hoffe, daß die Gerüchte hier bald verschwinden. In Yangchow ist es noch sehr schlimm ... Betet viel für uns! Mein Herz ist ruhig, aber mein Kopf wird durch die schnelle Folge der Schwierigkeiten auf eine harte Probe gestellt. Ich glaube jedoch nicht, daß wir dieses Haus (in Chinkiang) ganz aufgeben müssen."

Trotz der Störungen in dieser Zeit wurde die Arbeit an der Bevölkerung soweit wie irgend möglich fortgesetzt. Mrs. Taylor, auf der jetzt weniger Haushalts- und Familiensorgen lasteten, bemühte sich besonders um die kleine Gemeinde in Chinkiang. In den heißesten Junitagen schrieb sie an Miss Blatchley:

„Wir haben sonntags und an zwei bis drei Abenden in der Woche Unterricht gehalten. Zwei Ziele schwebten uns dabei besonders vor: erstens, die Chinesen zu interessieren, damit die, die lesen können, in der Schrift forschen, und die, die es nicht können, es lernen. Zweitens, den jüngeren Missionaren Vorbild zu sein — denn sie kennen unsere viele Arbeit. Damit zeigen wir ihnen praktisch, welchen Wert wir darauf legen, daß die Christen und auch die andern Einheimischen das Wort Gottes lesen und verstehen lernen."

Die Freudigkeit, die Hudson Taylor aus seiner tieferen Erfahrung des Einsseins mit Christus schöpfte, wurde anscheinend in keiner Weise durch die Unruhen gestört. In seinen Briefen lesen wir weniger von den endlosen Schwierigkeiten als von den Segensströmen, die ihn durch alles hindurchtrugen. Obgleich die geschäftlichen Angelegenheiten in der Korrespondenz nie vernachlässigt wurden, enthielt jeder Brief etwas von dem, was ihm noch viel wichtiger war. So schreibt er nach einem sorgfältigen Eingehen auf die Verhältnisse in Hangchow Mitte Juni an Miss Désgraz:

„Heute, liebe Schwester, habe ich eine besondere Bibelstelle für Sie, mit der Gott auch mich selbst sehr gesegnet hat: Johannes 7, 37—39: ‚Wen da dürstet, der komme zu mir und trinke!' Wen dürstet nicht? Wer hat nicht Durst des Geistes, Durst des Herzens, Durst der Seele und des Körpers? Heißt es denn: ‚Komme zu mir und bleibe durstig'? Ach nein! ‚Komme zu mir und *trinke!*' Und der Durst wird gelöscht.

Wie kann Jesus meiner Not begegnen? Wie verworren auch mein Weg, wie schwer mein Dienst, wie groß meine Sehnsucht und Einsamkeit, wie hilflos und hoffnungslos ich mich auch fühlen mag — Jesus wird mit alldem fertig werden. Doch noch mehr als das: Er verspricht mir nicht nur Ruhe (Matth. 11, 28—30) — ach, wie herrlich wäre schon das allein! Er verspricht mir nicht nur, daß ich trinken und meinen Durst löschen kann. Sein Wort verheißt noch etwas viel Besseres: ‚Wer mir hierin vertraut (wer an mich glaubt, mich beim Wort nimmt), von des Leibe werden Ströme des lebendigen Wassers fließen.'

Ist das möglich? Wird denn nicht nur das Trockene und Durstige erfrischt, der ausgedörrte Boden befeuchtet? Nein, das Land wird so getränkt, daß Quellen entspringen und Ströme fließen. Und nicht etwa bloß kleine Bäche, die nach dem Regen versiegen, sondern Ströme — Ströme wie der mächtige Yangtse, immer tief, immer voll. In Zeiten der Dürre können Bäche versiegen, oft tun sie es wirklich. Kanäle können leergepumpt werden, auch das geschieht häufig. Aber der Yangtse bleibt der mächtige Strom, er fließt immer, tief und unaufhaltsam."

„Komme zu mir und *trinke!*" schrieb er in einem anderen Brief im Juni. „Komme nicht nur, um einen hastigen Zug zu tun, nicht, um für kurze Zeit den Durst zu löschen! ‚Trinken' heißt dauerndes, gewohnheitsmäßiges Handeln. Der Grund zum Durstigsein bleibt. Deshalb kann ein einmaliges Kommen und Trinken wohl erfrischen und stärken, aber wir sollen immer wieder kommen, immer wieder trinken. Keine Sorge! Wir trinken die Quelle oder den Fluß nie leer!"

Als er das schrieb, wußte er noch nicht, wie bald er selbst diese Worte dringend nötig haben würde. Auch in den kommenden schweren Tagen verließ ihn diese Gewißheit nicht.

In den letzten, heißen Wochen fühlte sich Maria nicht wohl, und je mehr ihre Kräfte schwanden, desto mehr suchte sie Zuflucht im Gebet.

„Wenn ich an die Kinder denke, ist es mir oft ein Trost, mich daran zu erinnern, wie viel Mrs. Taylor damals für sie gebetet hat", schrieb Miss Blatchley einige Monate später Hudson Taylor. „Ich habe sie oft nachts, wenn sie glaubte, wir schliefen alle, lange, lange auf dem Fußboden knien sehen. Und wenn ich sie mir jetzt so vorstelle, fühle ich immer deutlicher, daß sie ganz besonders für Sie und die Kinder betete.“

Wie fern waren die Kleinen jetzt, und wie sehnte sich die Mutter danach, von ihrer Ankunft in England zu hören! Dankbar dachte sie in der Sommerglut an Saint Hill — an die schattigen Laubgänge und den schimmernden See, die Rasenflächen rings um das Haus und die darin waltende Liebe. Sie malte sich aus, wie die kleinen Reisenden von Mrs. Berger mütterlich aufgenommen würden. Sie selbst war in jenen Tagen unaussprechlich glücklich, weil ihnen am 7. Juli ihr fünfter Sohn geschenkt wurde. Die ganze Zärtlichkeit der Eltern wandte sich diesem Kinde zu.

Dann aber erkrankte die Mutter und konnte ihr Kind nicht mehr ernähren. Als schließlich eine chinesische Amme gefunden wurde, kam die Hilfe bereits zu spät. Nach einer kurzen Woche auf dieser Erde kehrte das kleine Leben in die himmlische Heimat zurück, und bald sollte es dort mit seiner Mutter vereinigt werden.

„Obgleich Maria sehr schwach ist“, schrieb Hudson Taylor, „erfüllt sie ein so tiefer Friede, ein so tiefes Bewußtsein der Gegenwart des Herrn und eine so große Freude an Seinem heiligen Willen, daß es mir unmöglich ist, mehr davon zu schreiben. Aber ich durfte daran teilhaben.“

Trotz ihrer großen Schwäche dachte doch niemand daran, daß ihr Ende nahe sein könnte. Die tiefe gegenseitige Liebe schloß den Gedanken an Trennung aus. War sie doch erst dreiunddreißig Jahre alt! Bis zuletzt empfand sie keine Schmerzen. Nur müde, sehr müde war sie. Gerade war ein Brief von Mrs. Berger angelangt, der die glückliche Ankunft Miss Blatchleys und der Kinder in Saint Hill meldete. Jede Einzelheit in der Schilderung der Begrüßung und der liebevollen Unterbringung beglückte die Mutter. Sie konnte nicht genug danken und Gottes Güte preisen. Mrs. Bergers Briefe waren schon oft gerade im richtigen Augenblick angekommen, aber diesmal war es ein ganz besonderes Geschenk.

„Und nun lebe wohl, liebe Freundin“, schrieb sie. „Der Herr breite Seine ewigen Arme über Dir aus!“

In diesen Armen ruhte sie.

Bei Tagesanbruch am Sonnabend, dem 23. Juli, schlief sie noch ruhig, als Hudson Taylor sie für einige Augenblicke verließ, um eine Stärkung für sie zuzubereiten. Währenddessen erwachte sie. Als er zurückkehrte, gewahrte er eine Veränderung ihres Zustandes.

„Inzwischen war es hell geworden“, schrieb er später, „und das Sonnenlicht zeigte, was die Kerze verborgen hatte — die totenblasse Farbe ihres Gesichts. Selbst ich in meiner Liebe zu ihr konnte mir nicht länger verhehlen, daß nicht nur Gefahr bestand, sondern daß sie im Sterben lag. Sobald ich mich etwas gefaßt hatte, sagte ich: ‚Liebling, weißt du, daß du sterben mußt?‘

‚Sterben?‘ antwortete Maria. ‚Meinst du das wirklich? Warum meinst du es?‘

‚Ich kann es sehen, Liebling. Deine Kräfte schwinden.‘

‚Wirklich? Aber ich fühle keine Schmerzen, nur Müdigkeit.‘

‚Ja, du gehst jetzt heim! Bald wirst du bei Jesus sein!‘

Dann dachte sie daran, daß ich nun gerade in dieser schweren Zeit allein bliebe, daß ich niemand haben würde, mit dem ich wie bisher gemeinsam alles Schwere vor den Thron der Gnade bringen könnte.

‚Es tut mir so leid —', sagte sie. Dann hielt sie inne, als fände sie ihr Gefühl nicht ganz richtig.

‚Es tut dir doch nicht leid, zu Jesus zu gehen?'

Nie werde ich den Blick vergessen, mit dem sie antwortete: ‚O nein, das ist es nicht! Du weißt doch, Liebster, daß während der ganzen letzten zehn Jahre keine Wolke mich von meinem Erlöser trennte. Es kann mir nicht leid tun, zu Ihm zu gehen. Aber es bekümmert mich, dich gerade in dieser Zeit allein zu lassen ... Aber ... Er wird bei dir sein und dir in aller Not helfen.' "

Danach wurden nur noch wenige Worte gewechselt. Liebevolle Grüße an die Angehörigen in der Heimat, einige letzte Worte an die Kinder, dann schien sie einzuschlummern oder in Bewußtlosigkeit zu sinken. Höher und höher stieg die Sonne über die Stadt, über die Hügel und den Fluß empor. Aus Höfen und Straßen drang das Summen geschäftigen Lebens in das stille Gemach, durch dessen Fenster ein Stück blauen Himmels sichtbar war. Hier herrschte Stille, himmlischer Frieden.

„Nie habe ich Ähnliches erlebt", schrieb Mrs. Duncan wenige Tage später. „Während unsere geliebte Mrs. Taylor ihre letzten Atemzüge tat, kniete Hudson Taylor an ihrem Lager und übergab sie von ganzem Herzen dem Herrn. Er dankte Ihm, daß Er sie ihm gegeben und ihnen zwölfeinhalb Jahre gemeinsamen Glücks geschenkt hatte. Dann dankte er Ihm auch dafür, daß Er sie wieder zu sich nehmen wollte. Er selbst übergab sich Ihm aufs neue für Seinen Dienst."

Kurz nach neun Uhr hörte das ruhige Atmen auf, und die Zurückbleibenden wußten, daß sie nun „bei Christus war, was auch viel besser ist".

„Die durstigen Tage liegen hinter mir", hatte Hudson Taylor in den ersten Tagen dieses Sommers gesagt und geschrieben, „denn es steht geschrieben: ‚Wer zu mir kommt, den wird nicht hungern, und wer an mich glaubt, den wird nimmermehr dürsten.'" Würde das *jetzt* standhalten, da die menschliche Freude seines Lebens genommen und schmerzliche Einsamkeit geblieben war? Jetzt, da seine Gesundheit erschüttert, die Nächte ohne Schlaf und die Tage mit Arbeit gefüllt waren? Wenn jemals die Wirklichkeit der Kraft Christi auf die Probe gestellt wurde, dann geschah es in diesem Menschenleben, in diesem wunden Herzen, das nun allein inmitten einer Mission in so kritischer Lage im fernen China stand.

Einige Tage vor Marias Tod, am 11. Juli, als noch niemand an die drohende Gefahr dachte, hatte Hudson Taylor an seine Mutter geschrieben:

„Ich finde immer mehr Kraft in dem Gedanken, daß wirklich alle Dinge in meines Vaters Händen und unter Seiner Leitung stehen. Was Er tut, muß zum Besten sein."

„Wie einsam", schrieb er später, „waren die langen Stunden, als ich gezwungen war, still in meinem Zimmer zu liegen! Wie vermißte ich meine geliebte Maria und die in der Heimat weilenden Kinder! Da erst verstand ich, warum mir der Herr das Wort ‚Wer von dem Wasser trinken wird, das ich ihm geben werde, *wird nimmermehr dürsten*' so wichtig machte. Wenn ich in diesen Tagen den Durst meines Herzens besonders heftig empfand, rief ich unzähligemal zu Ihm: ‚Herr, Du hast es versprochen! Du hast mir versprochen, ich sollte nicht mehr dürsten!' Und sooft ich zu Ihm schrie bei Tag oder bei Nacht, neigte Er sich zu mir und erquickte mich. Manchmal kam es mir vor, als könnte meine Maria, die Er zu sich genommen hatte, Ihm droben nicht näher sein als ich in meiner einsamen Stube."

Auch die im Juli und August an Miss Blatchley geschriebenen Briefe reden eine deutliche Sprache:

„Beinahe drei Wochen sind seit meinem letzten Brief an Sie vergangen", heißt es einmal. „Sie kommen mir vor wie ein ganzes Leben ... Ich kann Ihnen nicht beschreiben, wie mir zumute ist. Ich verstehe mich selbst kaum. Ich bin wie von einem Schlage betäubt oder fühle wie jemand, der aus einer Ohnmacht erwacht ist und erst halb wieder das Bewußtsein erlangt hat. Aber doch möchte ich nicht in aller Welt, daß die Ereignisse auch nur um Haaresbreite anders wären. Mein Vater wollte es so, darum bin ich überzeugt, daß es so am besten ist, und danke Ihm dafür. Ich fühle mich zerschmettert und doch ‚stark in dem Herrn und in der Macht seiner Stärke'. Oft droht mein Herz zu brechen ... aber bei allem möchte ich sagen, daß ich vorher noch nicht gewußt habe, was Friede und Glück sind — so stark empfinde ich sie mitten im Leid ...

Ich glaube, Ihnen vor ein paar Wochen einige Notizen über Joh. 7, 37. 38 gesandt zu haben. Diese Gedanken sind mir sehr wertvoll geworden und haben sich als wahr erwiesen. Jetzt sehe ich ihre Bedeutung noch tiefer als damals. Jetzt weiß ich, nur ein Durstiger kennt den Wert des Wassers und nur eine durstige Seele den Wert des ‚lebendigen Wassers'.

Ich hätte es nicht für möglich gehalten, daß Er mein betrübtes Herz so trösten und mit Kraft erfüllen würde."

Gegen Ende August schwebte Tien-pao (himmlisches Kleinod), das jüngste Kind, das einzige, das Taylors in China geblieben war, zwischen Leben und Tod. Als letztes Mittel brachte es der Vater mit Mrs. Duncan nach Ningpo und der Insel Pudu. Dort verlebten sie zwei schlimme Wochen. Hudson Taylor schrieb darüber an seine Eltern in Barnsley:

„Tien-paos Befinden hat sich noch nicht gebessert, wie ich gehofft hatte. Der Herr schenke mir Geduld und Vertrauen! Ich brauche jetzt einen starken Arm, der mich stützt. Die lange Zeit der Sorge, Mangel an Schlaf, Leid um die mir Entrissenen, allerlei Störungen in der Arbeit durch die Lage in China und durch die Mutlosigkeit der Mitarbeiter — innere und äußere Prüfungen zeigen mir meine Schwäche. Und doch ist die Hilfe immer da. ‚Wie einen seine Mutter tröstet', so tröstet Er uns. Seine Kraft hält uns. Wir werden nicht im Stich gelassen, sondern erfahren die Weisheit und Liebe dessen, der am Steuer sitzt."

Es herrschte damals viel Krankheit unter den Missionaren. Meadows lag in Kiukiang danieder, ohne daß Hudson Taylor zu ihm gelangen konnte. Das Ehepaar Crombie war so abgearbeitet, daß sich ein Heimaturlaub als notwendig erwies. Hudson Taylor erkannte, daß Mrs. Crombie nicht ohne ärztliche Hilfe in Schanghai bleiben durfte. Da sich an Bord kein Arzt befand, bot der Kapitän ihm freie Fahrt bis Hongkong an, weil man hoffte, sie sei bis dahin außer Gefahr. Nur schweren Herzens entschloß er sich, sein krankes Kind in der Obhut der Freunde in Ningpo zurückzulassen. Mrs. Crombie erholte sich von ihrer schweren Krankheit, und Hudson Taylor selbst verbrachte auf dem Schiff eine verhältnismäßig ruhige Zeit. Er fand nun endlich einmal Gelegenheit, seinen Kindern in der Heimat ein Geschenkpaket zu schicken. Er schrieb dazu:

„Ihr wißt nicht, wie oft der Vater an seine Lieblinge denkt und wie oft er Eure Bilder ansieht, bis ihm die Tränen kommen. Manchmal ist er beinahe unglücklich, wenn er denkt, wie weit weg Ihr seid. Aber dann sagt ihm der Herr Jesus, der immer bei ihm ist: ‚Sorge dich nicht, ich helfe dir! Du weißt doch, daß ich sie nach England und Mama zu ihrem kleinen Noel, zu Samuel und Gracie ins bessere Land gebracht habe.' Dann werde ich wieder froh und dankbar, daß Jesus in meinem Herzen lebt und alles für mich ordnen will.

Ich wünschte, Ihr meine lieben Kinder wüßtet auch, wie Jesus unsere Herzen bewahrt, wenn wir sie Ihm geben. Früher wollte ich mein Herz immer selbst in Ordnung halten, aber da ging alles verkehrt. Da habe ich schließlich alles Mühen aufgegeben und Jesu Anerbieten, mir zu helfen, angenommen. Meint Ihr nicht auch, daß es das Beste ist? Vielleicht denkt Ihr manchmal: ‚Ich will versuchen, nicht mehr eigennützig, unfreundlich, ungehorsam zu sein', und doch, wenn Ihr es selbst versucht, gelingt es Euch nicht immer. Aber Jesus sagt: ‚Überlaßt das mir! Gebt mir Euer Herz, dann sorge ich für alles andere.' Und Er will wirklich dafür sorgen.

Früher gab ich mir immer Mühe, recht viel und oft an Jesus zu denken. Aber ich vergaß Ihn doch oft. Jetzt verlasse ich mich darauf, daß Er mir hilft, an Ihn zu denken. Und Er tut es tatsächlich. So ist es am besten. Fragt Miss Blatchley, sie kann Euch noch mehr darüber sagen, und bittet Gott, daß Ihr es versteht und Jesus vertrauen könnt!"

An Miss Blatchley schrieb er:

„Die Kinder werden Sie nun noch mehr lieben, weil sie keine Mutterliebe mehr erfahren können. Gott wird Ihnen helfen, Geduld mit ihnen zu haben und ihre Fehler mehr durch liebevolle Hinweise als durch häufige Vorwürfe und Verbote zu bessern. Das habe ich selbst so oft falsch gemacht. Nun müssen Sie allein das wieder zurechtbringen."

In einem späteren Brief heißt es:

„Versuchen Sie, ihre Liebe und ihr Vertrauen zu behalten! Zeigen Sie Ihre Teilnahme so, daß die Kinder Ihnen gern ihren Kummer anvertrauen. Dann können sie Ihnen nicht nur ihre Fehler, sondern auch ihre Sünden bekennen. Wenn Sie das mit Gottes Hilfe erreichen, werden die Jungen vor mancher drohenden Versuchung bewahrt bleiben."

Trotz aller Belastungen opferte er manche Stunde, das Vertrauen und die Liebe seiner Kinder zu behalten. Auf der Rückreise nach Schanghai schrieb er aus seiner ungemütlichen Unterkunft:

„Meine geliebten Kinder! Ich habe Euch zwar erst gerade geschrieben, aber ich habe Lust, Euch schon wieder zu schreiben. Ob ich wohl eine Antwort von Euch bekomme? — Heute nacht habe ich überlegt: Wenn Jesus mich schon so glücklich macht, weil Er immer nahe bei mir ist und oft mit mir spricht — obgleich ich Ihn nicht sehen kann — wie glücklich muß erst die liebe Mama sein! Ich freue mich für sie, daß sie bei Ihm ist — und wie gern werde ich dann später zu ihr gehen, wenn Jesus mich ruft! Aber ich möchte ebensogern mit Ihm hier leben, solange Er mich hier für Ihn und China arbeiten lassen will.

Meine liebsten Kinder, ich möchte, daß Ihr Jesus sehr liebhabt und *wißt*, daß Er Euch auch sehr liebt. Meint Ihr nicht, daß Euer Vater, der so weit von Euch entfernt lebt, Euch auch gern sähe, gern mit Euch spräche, Euch gern auf seinen Knien hielte und Euch küßte? Ganz gewiß! Und noch mehr freut sich Jesus, wenn Ihr an Ihn denkt und mit Ihm sprecht. Denkt nicht, man müßte sich vor Ihm fürchten! Er ist sehr gut und sehr groß. Er kann alles und ist sanft und gütig ...

Er hat es gern, wenn wir mit Ihm sprechen. Wenn ich allein bin, rede ich oft laut mit Ihm. Sonst spreche ich auch mit Ihm im Herzen. Vergeßt nur nicht, meine lieben Kinder, daß Er *immer* bei Euch ist! Ob Ihr wacht oder schlaft, zu Hause oder anderswo, Er ist *wirklich* bei Euch, wenn Ihr Ihn auch nicht sehen könnt. Darum hoffe ich, Ihr werdet versuchen, diesen treuen und gütigen Freund nicht zu betrüben."

An Miss Blatchley schrieb er:

„Ich habe wieder an die lieben Kinder geschrieben. Ich möchte, daß sie früh und gründlich die köstlichen Wahrheiten erkennen, die mir erst so spät aufgegangen sind: das Einssein mit Christus und Sein Wohnen in uns. Das scheint mir nicht schwieriger für sie zu sein als die Lehre von der Erlösung. Zu beiden bedarf es der Erleuchtung durch den Heiligen Geist. Möchte Gott Ihnen helfen, den Kleinen durch Ihr Leben Christus zu bezeugen! Wie wunderbar hat Er uns zur Erkenntnis geführt, nicht wahr? Früher hätte ich die Ruhe und den Frieden, die ich jetzt genieße auf Erden, für unmöglich gehalten. Ist es nicht schon der Himmel auf Erden? ... Suchen Sie in Ihrem Verkehr mit Freunden der Mission den Eindruck von der Wirklichkeit Christi und unserer Verbindung mit Ihm zu vertiefen! Wenn Sie die Freunde nur für die Interessen Chinas und der Mission gewinnen, haben Sie nicht viel erreicht. Erst wenn ihre Seelen erfaßt werden, können sie in Wahrheit auch Christi Befehl und Absicht gegenüber China verstehen und desto besser helfen, sei es durch Gebet oder Geld. Schließlich brauchen wir in erster Linie Kraft und nicht Geld ..."

Als Hudson Taylor nach Ningpo zurückkehrte, um seinen Jüngsten mit nach Chinkiang zu nehmen, fand er diesen erneut ernstlich erkrankt. Es mußte an seinem Durchkommen gezweifelt werden. Dennoch begab er sich, sobald Besserung eintrat, nach Hangchow und zu den benachbarten Stationen. Sein Kind konnte er der Obhut Dr. Parkers überlassen, aber die Missionsangelegenheiten forderten wieder dringend seine Anwesenheit.

In Hangchow war manches ermutigend. Die Gemeinde gedieh unter der treuen Leitung von Pastor Wang Lae-djün. In den umliegenden Gebieten arbeiteten sieben einheimische Evangelisten. Weil Hudson Taylor durch ärztliche Arbeit eine Zeitlang in diesem Gebiet festgehalten wurde, konnte er einige alte Freunde wiedersehen, wie das Ehepaar McCarthy und Miss Faulding, die seit der Ausreise nach China beinahe zur Familie zählten. Vier Jahre gewissenhafter Arbeit in Hangchow hatten in ihr eine besondere geistliche Reife bewirkt. Trotz ihrer erst siebenundzwanzig Jahre war sie schon ein brauchbares Werkzeug Gottes. Sein Wirken durch sie blieb nicht ohne Einfluß auf die heidnische Stadt. Ihre beiden Schulen, für die sie im Glauben die ganze finanzielle Verantwortung übernommen hatte, wurden gut besucht. Mehrere Schüler waren bereits zu ernsten Christen herangewachsen, und sie konnte auf deren Mithilfe in der Arbeit hoffen.

Inzwischen nahmen die äußeren Schwierigkeiten zu. Die politische Lage wurde immer gefährlicher. Das Gemetzel von Tientsin, bei dem einundzwanzig Europäer ihr Leben verloren hatten, war noch nicht gesühnt. Die chinesische Regierung unternahm keinerlei Schritte gegen die europafeindliche Stimmung.

Es war kaum verwunderlich, daß die dauernde Spannung der drohenden Gefahr die Nervenkraft, ja selbst die innere Lebenskraft der einsamen Missionare erschöpfte. So erfuhr Hudson Taylor den Kummer, daß eine Inlandstation aufgegeben werden mußte und einzelne liebe Mitarbeiter Glauben und Mut verloren. Aber weil er die Schwäche seines eigenen Herzens nur zu gut kannte, konnte er nicht hart über die andern urteilen. So versuchte er, soweit es an ihm lag, die müden Hände in Gott zu stärken. Der letzte Tag des Jahres wurde wieder zum Fast- und Bettag bestimmt. Hudson Taylor schrieb darüber an seine Mitarbeiter:

„Das verflossene Jahr (1870) war in vieler Beziehung bemerkenswert. Wohl jeder hat einer größeren oder geringeren Gefahr gegenübergestanden oder ist in Not und Verwirrung gewesen. Aber immer hat der Herr uns hindurchgeführt. Und einige unter uns, die tiefer aus dem Kelch des Leides trinken mußten, können bezeugen, daß es für sie innerlich ein Jahr des Segens gewesen ist, und danken Gott dafür. Für mich persönlich war es das leidvollste und gesegnetste Jahr meines Lebens. Ich bin überzeugt, daß andere dasselbe erfahren haben. Wir haben Seine Treue erprobt, Seine Macht erfahren, uns in der Not zu tragen, im Leiden Geduld zu schenken und aus Gefahr zu erretten. Und sollten noch größere Gefahren auf uns warten, sollte noch schwereres Leid uns treffen, so werden wir ihnen mit desto stärkerem Gottvertrauen begegnen.

Wir sind wohl alle fest davon überzeugt, von Ihm als Seine Diener auf unsere Posten gestellt worden zu sein und dort *Seine* Arbeit zu tun. Er hat uns die offenen Türen geschenkt. In den Zeiten des Aufstands hat Er uns bewahrt. Wir sind nicht nach China gekommen, weil die Arbeit hier günstig und leicht sein würde, sondern weil Er uns rief. Wir haben uns bei unserer Arbeit nicht auf menschliche Hilfe verlassen, sondern auf die Zusage Seiner Gegenwart. Begleitumstände wie Leichtigkeit oder Schwierigkeit, scheinbare Sicherheit oder Gefahr, Billigung oder Tadel bei andern haben nichts mit unserem Pflichtbewußtsein zu tun. Sollten wir in Lagen kommen, wo die Gefahr augenscheinlich ist, so hoffe ich zuversichtlich, daß Er uns allen die Kraft geben wird, die Echtheit und Festigkeit unseres Vertrauens auf Ihn zu bezeugen und durch Pflichttreue zu beweisen, daß wir Nachfolger des Guten Hirten sind, der auch vor dem Tode nicht floh ... Aber wenn wir solche Ruhe in der Zukunft beweisen sollen, müssen wir die Gnade *jetzt* suchen. Es ist zu spät, nach Waffen zu suchen und mit militärischen Übungen zu beginnen, wenn der Feind da ist."

Hudson Taylor schrieb von seiner auf ihm liegenden Arbeitslast nach Hause, daß sie schwerer sei als je, abgesehen von der kurzen Zeit vor der Abreise von England. Weil ihm die Hilfe seiner Frau und Miss Blatchley fehlte, fielen ihm außer der Hauptleitung des Werkes die gesamte Korrespondenz, das Rechnungswesen und alle Kleinarbeit zu. Glücklicherweise fand er in Mr. C. T. Fishe eine Hilfe, sonst hätte er es nicht schaffen können. Er ernannte ihn voll Dankbarkeit am Schluß des Jahres zum Außensekretär der Mission.

Die Hilfe kam gerade zur rechten Zeit, denn Hudson Taylor war physisch dem Zusammenbruch nahe. Obgleich seine Seele immer wieder in der Freude am Herrn gestärkt wurde, litt sein Körper. Ein Leberleiden raubte ihm den Schlaf. Dazu kam eine Lungenerkrankung, die ihm nicht nur Schmerzen bereitete, sondern auch das Atmen erschwerte. Eine Besserung trat nicht ein. In dieser Situation empfand er die Einsamkeit des Junggesellenhaushalts doppelt schmerzlich.

Die Zeit der Prüfung dauerte an, so daß er sechs Wochen später noch von „Tagen voll Kummer und Nächten voll Schwermut" schrieb, daneben aber auch von seiner „nie versagenden Zuflucht", die „wunderbar und wirklich" sei. In dieser Zeit erfuhr er in besonderer Weise die siegende Macht des Wortes Gottes.

„‚Zu seiner Zeit werden wir ernten, wenn wir nicht müde werden.' Dieses Wort hat mir unzähligemal geholfen", schrieb er kurz nach Neujahr an Mr. Berger. „Und das Beste an Gottes Wort ist, daß wir um so mehr darin finden, je mehr wir es zu unserer Speise machen. Es läßt mich nicht im Stich, langweilt auch nicht durch Eintönigkeit, sooft wir auch darin lesen."

Stellen, die er schon lange liebte, schlossen sich ihm in neuer Tiefe und Bedeutung auf, und mitten in der Dunkelheit, die ihn eine Zeitlang umfing, sammelte er einen Schatz, aus dem er in kommenden Jahren andern weitergeben konnte. So schrieb er im März 1871 an Georg Müller, der kurz vorher durch den Tod seiner Gattin seine treueste Gehilfin verloren hatte:

„Sie wissen, geliebter Bruder, welchen Kelch ich jetzt täglich trinken muß. Er wird nicht weniger bitter, wenn die Tage zu Wochen, die Wochen zu Monaten werden. Die Sehnsucht bleibt gleich. Sie wissen auch, wie Seine Gnade uns helfen kann, diesen Kelch gern aus Seiner Hand anzunehmen. Dennoch — das Fleisch ist schwach. Ich schätze Ihr Mitgefühl und Ihre Fürbitte und danke Ihnen dafür. Sie sagen mir von Dem, der Ströme aus den Felsen und Quellen in den Tälern fließen läßt, wenn Durstige und Erschöpfte Wasser suchen und keins da ist."

In dieser Lage fand er neue Kraft in *den* Verheißungen Gottes, die er schon früher so lebendig erfahren hatte: „Wer da *trinkt* von dem Wasser, das Ich ihm geben werde ..." Die Gegenwartsform des Tätigkeitswortes „trinken" im griechischen Urtext gewann für ihn angesichts seiner andauernden und noch zunehmenden Not besondere Bedeutung, weil dadurch eine dauernde Gewohnheit ausgedrückt wird.

Später pflegte er darüber zu sagen:

„Laßt uns nicht den Sinn der Jesusworte verändern! Es heißt nicht: ‚Wer getrunken hat', sondern: ‚Wer trinkt'. Er spricht nicht von einem einzigen Trunk, auch nicht von vielen, sondern von einer dauernden Gewohnheit der Seele. Deshalb heißt die volle Bedeutung von Joh. 6, 35: ‚Wer *ständig* zu mir kommt, wird nicht mehr hungern, und wer an mich glaubt, wird nimmermehr dürsten.' Die Gewohnheit, im Glauben zu Ihm zu kommen, wird Hunger und Durst stillen."

Damals schrieb er an einen Freund:

„Es scheint mir, daß viele von uns irrtümlich das Trinken in der Vergangenheit lassen, während ihr Durst Gegenwart bleibt. Wir müssen aber weitertrinken — und dankbar für die Not sein, die uns dazu treibt, immer mehr von dem ‚lebendigen Wasser' zu trinken."

NICHT UNGEHORSAM DER HIMMLISCHEN ERSCHEINUNG

1872—1874

Die Märzwinde rüttelten an den hohen Ulmen in Saint Hill und fegten um das Haus, in dem Hudson Taylor bei seiner Rückkehr aus China herzlich willkommen geheißen wurde. Drinnen am Kamin war es doppelt gemütlich, als er endlich Zeit zu einem Gespräch mit Mr. und Mrs. Berger fand. Sechs Jahre waren seit der Ausfahrt der „Lammermuir" vergangen, Jahre eines wunderbaren Erfolges, den man bei den anfänglichen Schwierigkeiten nicht erwarten konnte. Damals zählte die Mission sieben Mitglieder und zwei Stationen — jetzt über dreißig europäische und fünfzig eingeborene Arbeiter auf dreizehn Hauptstationen, etwa hundert Meilen voneinander entfernt. Bisher hatten Bergers die Interessen der Mission in der Heimat vertreten. Ihre Zeit und ihr Vermögen hatten sie völlig in den Dienst dieses Werkes gestellt, dazu ihr Heim und sich selbst geopfert. Nun mußte hier eine große Änderung vorgenommen werden. Jüngere Kräfte sollten die Aufgabe übernehmen. Saint Hill sollte verkauft werden, weil Bergers den Winter im Ausland verbringen mußten. Ihnen war die Trennung nicht weniger schmerzlich als Hudson Taylor.

So warteten nun viele schwerwiegende Fragen auf eine Lösung. Wer sollte Bergers Stelle einnehmen und die Verantwortung für die Arbeit der Mission in der Heimat tragen? Wer sollte die „Gelegentlichen Nachrichten" herausgeben, die Missionskandidaten auswählen und ausbilden, die Korrespondenz führen, die Beziehungen zu den Missionskreisen lebendig erhalten und all die tausenderlei Dinge tun, die Bergers unbezahlt aus Liebe zum Herrn getan hatten? Leider war der Wechsel sehr schnell nötig geworden. Hudson Taylor aber hatte noch keinen geeigneten Nachfolger gefunden. Die Arbeit in China war jetzt so umfangreich, daß die Ausgaben monatlich dreihundert Pfund betrugen. Auch seine Gesundheit hatte in den sechs anstrengenden Jahren sehr gelitten. Er hätte eine längere Ruhe für Leib und Seele dringend brauchen können. Aber die Heimatarbeit durfte trotz seiner Schwäche nicht vernachlässigt werden. Es blieb ihm nichts anderes übrig, als im Aufblick zu Gott selbst die ganze Verantwortung zu übernehmen. Der Herr würde ihn bestimmt zu Seiner Zeit entlasten. „Du aber bleibst —" dieses Wissen wurde damals für Hudson Taylor Trost und Stärkung.

„Der Wechsel, der durch Mr. und Mrs. Bergers Rücktritt nötig ist, wird mir sehr schwer", schrieb er kurze Zeit darauf. „Ich liebe sie so sehr. Es ist mir, als würde wieder ein Band gelöst, das mich an die Vergangenheit und an meine geliebte Heimgegangene knüpft. Aber Sein Wort sagt: ‚Siehe, ich mache alles neu!'"

Einige Wochen später schrieb Hudson Taylor an seine Eltern einen Brief, der den Aufdruck trug: „China-Inland-Mission, 6 Pyrland Road, Newington Green, N."

Damals war Pyrland Road eine kleine Vorstadtstraße am Rande von London. Es bestand ein großer Unterschied zwischen Mr. Bergers Bibliothekszimmer in Saint Hill und dem schmalen Raum, der zugleich als Schlaf-, Arbeits- und Sprechzimmer diente. Aber viele Missionare erinnerten sich später besonders gern an Pyrland Road 6 sowie an die Häuser 2 und 4, die noch dazugemietet werden mußten. Mehr als zwanzig Jahre lang ist die gesamte Heimatarbeit der Mission von diesem Zentrum aus, nur wenige Schritte von der heutigen Zentrale entfernt, betrieben worden. Im Erdgeschoß wurden die wöchentlichen Gebetsversammlungen abgehalten, weil dort zwei Räume miteinander verbunden werden konnten. Von hier zogen viele Missionare, auch die erbetenen „Siebzig" und die „Hundert", nach China.

1872 war Hudson Taylor noch der einzige Bevollmächtigte der Mission. Eine lebendige Schilderung aus dieser Zeit haben wir von F. W. Baller, der allen, die die chinesische Sprache studierten, wohl bekannt ist. Er verfaßte ein erstes Lesebuch, ein Wörterbuch und andere wertvolle Hilfsmittel. Er unternahm ausgedehnte Reisen, die mithalfen, das Inland Chinas dem Evangelium zu öffnen. Er schrieb:

„Nach reiflichem Überlegen und Beten beschloß ich, Mr. Taylor um eine Unterredung zu bitten. Gemeinsam mit einem Freund machte ich mich eines Samstagnachmittags auf den Weg nach dem Norden Londons, um Pyrland Road zu suchen, wo die Mission ihr Hauptquartier hatte. Als wir ankamen, fanden wir eine nur halb bebaute Straße. Nach Norden erstreckten sich offene Felder. Noch heute erinnert der Name der nahen Grünstraße daran ... Als wir in das Haus eintraten, wies man uns in das Zimmer, in dem die Versammlung stattfinden sollte. Genau gesprochen waren es zwei Räume, aber die Flügeltüren waren geöffnet, und so bildeten sie einen Raum. Ein großes Harmonium stand auf der einen Seite. Hier und dort waren chinesische Gegenstände aufgestellt. Im übrigen gab es kaum Möbel oder Schmuck. Ein großer Spruch ‚Mein Gott wird alle eure Bedürfnisse erfüllen' hing gegenüber der Eingangstür. Weil ich damals nicht an Sprüche als Wandschmuck gewöhnt war, machte dieser einen tiefen Eindruck auf mich. Etwa zwölf bis zwanzig Menschen waren anwesend, darunter Miss Blatchley. Mr. Taylor eröffnete die Versammlung, indem er einen Liedvers angab. Er setzte sich ans Harmonium und stimmte an. Sein Äußeres war nicht besonders imponierend. Er war zart gebaut. Seine Stimme klang sanft. Wie die meisten jungen Männer glaubte auch ich, daß Kraft und Lärm zusammengehörten. Von einem Führer erwartete ich deshalb große körperliche Überlegenheit. Doch als er dann sagte: ‚Laßt uns beten!', schlug meine Auffassung völlig um. Ich hatte noch nie so beten gehört — so schlicht, so innig, so kühn und so stark. Es wurde mir klar, daß Gott diesen Menschen in den Kreis Seiner besonderen Freunde aufgenommen hatte. Er sprach mit

Gott von Angesicht zu Angesicht, wie ein Mann mit seinem Freund ... Ich habe seither viele Menschen öffentlich beten hören, aber Taylors und Spurgeons Gebete hoben sich von allen andern ab. Wer sie gehört hat, konnte sie nicht vergessen. Wenn man Spurgeon hörte, war es, als nehme er die ganze Gemeinde an die Hand und führte sie in das Heiligtum. Wenn man Hudson Taylor für China beten hörte, wußte man, was es bedeutet, daß ‚des Gerechten Gebet viel vermag, wenn es ernstlich ist'.

Die Versammlung dauerte von vier bis sechs, aber es kam mir vor, als sei es die kürzeste Gebetsversammlung gewesen, die ich je miterlebt hatte."

Tage und Wochen vergingen, in denen sich Hudson Taylor dem Bürobetrieb der Mission widmete. Es war nicht leicht für ihn, da ihm die große Aufgabe in China immer vor Augen stand. Aber er wollte nicht überstürzt handeln, bevor er eine klare Weisung vom Herrn erhalten hätte. Es schien jedoch, als bliebe alles dringende Beten ohne Antwort. Ein anderer wäre ungeduldig und mutlos geworden. Hudson Taylor aber hatte in den dunklen Tagen des Jahres 1870 gelernt, was es heißt, auf den Herrn zu harren. An einen Mitarbeiter in China schrieb er:

„Marias Platz füllt nun Jennie Faulding aus. Früher als geplant hatte sie seinerzeit ihre Arbeit unter den Frauen Hangchows verlassen und zur Erholung in die Heimat zurückkehren müssen. Eine Änderung im Schiffsplan hatte dann dazu geführt, daß wir zusammen reisen mußten. Die gegenseitige Freundschaft wandelte sich in Liebe."

Nach der Hochzeit widmete sich Jennie Taylor vor allem den Kindern ihres Mannes. Das neue Heim an der Pyrland Road war ebenso einfach wie das in der Cobornstraße in den ersten Tagen der Mission, wenigstens was die Einrichtung betraf.

Das Nachlassen der Geldspenden nach Mr. Bergers Rücktritt aus dem Heimatdienst entmutigte Hudson Taylor nicht. Er schmiedete im Gegenteil Pläne und betete um so entschiedener für ein weiteres Vordringen in die noch unerreichten Provinzen Chinas.

Während einer Konferenz besuchten einige ihm nahestehende Freunde das Missionshaus an der Pyrland Road. Vor der großen Chinakarte wurden ihre Herzen bewegt durch den Gedanken, wie diese heilandslosen Millionen erreicht werden könnten? Miss Soltau erinnerte sich später, wie Hudson Taylor sagte: „Haben Sie den Glauben, mit mir gemeinsam um achtzehn Menschen zu bitten, die später zu zweien in die unbekannten Provinzen hinausziehen sollen?"

Die Freunde verstanden seine Gedanken und beschlossen, für diese Sache täglich zu beten, bis Gott antworten würde. Keiner von ihnen wird je Hudson Taylors einleitendes Gebet vergessen haben.

Zu dieser Zeit begann sich unerwartet ein Weg zu zeigen, wie die Heimatarbeit der Mission künftig geleitet werden könnte. Natürlich hatte Hudson Taylor nach Helfern ausgeschaut, die wie Bergers die gesamte Verantwortung tragen könnten. Aber er fand niemand. Inzwischen wurde es aber zu schwierig, neben der Heimatarbeit die Mission in China zu leiten. Hudson Taylor arbeitete über seine Kraft. „Was Du tust, ist nicht gut", schrieben zwei alte Freunde, Geschäftsleute aus London. „Du kannst es allein nicht schaffen." Sie gaben ihm den Rat, die Verantwortung auf eine größere Zahl Mitarbeiter zu verteilen. Sie selbst boten ihre Hilfe für die Korrespondenz und die Rechnungsführung an.

An einem Juliabend wurde Hudson Taylor in Greenwich in dieser Richtung klar geleitet. Er besuchte dort Mr. und Mrs. Richard Hill, die sich wegen ihrer Familie nicht völlig der Mission widmen konnten, obwohl sie es gern wollten. So schlug Mr. Hill die Gründung eines Rates christlicher Freunde vor. Diese sollten keine Verantwortung für die Arbeit auf dem Missionsfeld übernehmen, aber die Heimatarbeit der Mission unter sich aufteilen, so daß Hudson Taylor wieder nach China zurückkehren könnte.

Dieser Vorschlag wurde unterstützt durch Mr. Hills Anerbieten, ehrenamtlicher Geschäftsführer eines solchen Ausschusses zu werden. Je länger Hudson Taylor über diesen Plan nachdachte, desto klarer erkannte er, daß es sich hier nur um eine weitere Konsequenz des Planes handelte, nach dem die China-Inland-Mission von Anfang an gearbeitet hatte. Ein Arbeitsausschuß, nicht ein leitendes Komitee, konnte einen großen Teil der früheren Arbeit von Bergers übernehmen. Miss Blatchley sollte mit den Kindern im Heim an der Pyrland Road bleiben. Sie kannte die Arbeit sowohl zu Hause als auch in China sehr genau. So würde sie für den Ausschuß eine große Hilfe sein. Gleichzeitig könnte sie die Gebetsvereinigungen weiterführen und ein Zentrum für heimkehrende Missionare leiten. Durch ihre Hände müßte die tägliche Korrespondenz gehen, so daß der Geschäftsführer nur die wichtigeren Briefe erhielt. Der Ausschuß hätte sich schließlich um die Missionskandidaten und die Geldangelegenheiten zu kümmern. Dazu müßte er die Fühlung mit den Missionsfreunden durch die „Gelegentlichen Nachrichten" aufrechterhalten.

Einige Wochen später schrieb Hudson Taylor am 1. August an Mr. Hill:

„Könnten Sie am nächsten Dienstag um sechs Uhr zum Tee zu uns kommen und abends bleiben? Ich würde noch einige Freunde dazu bitten, die an der Arbeit Anteil nehmen. Wir könnten miteinander beten und uns beraten, wen wir noch zur Mitarbeit heranziehen sollen. Dann wird uns sicher auch klarwerden, was sonst noch zu tun ist. Mir scheint, wir sollten einige Zeit zu solcher Vorbereitung verwenden, ehe wir einen größeren Kreis zusammenbitten."

So wurde in der Stille der Weg gefunden. Am 6. August 1872 wurde der Ausschuß Wirklichkeit. Er hat seitdem länger als fünfundvierzig Jahre treu mitgearbeitet. —

Kurz darauf trat Hudson Taylor mit seiner Frau die Rückreise nach China an. Er machte sich auf eine Fülle von Arbeit gefaßt. Ein Jahr und drei Monate hatte er in England verbracht. Während dieser Zeit war kein Vertreter für ihn gefunden worden, der das Gesamtwerk in China leiten konnte. Keiner besaß die nötige Erfahrung. Mr. Fishe, der einen Teil dieser Arbeit übernommen hatte, war inzwischen erkrankt. Trotzdem empfing er Taylors in Schanghai am Hafen.

Er berichtete ihnen, daß ihre Anwesenheit dringend nötig wäre, obwohl er besonders von den südlichen Stationen viel Erfreuliches sagen konnte.

Durch Fishe erfuhren sie auch, daß Duncan seinen Posten in Nanking, den er lange Zeit tapfer verteidigt hatte, wegen seiner geschwächten Gesundheit hatte aufgeben müssen und sich bereits auf der Heimreise befand. (Er sollte nie mehr zurückkehren.)

Die beiden Judds befanden sich auf Urlaub. So war die Arbeit im Yangtsetal beinahe ohne Aufsicht geblieben, und es war dringend notwendig, daß Hudson Taylor die Arbeit übernahm. Darum siedelten Taylors mit ihrem Gepäck auf ein Hausboot über und eilten nach Hangchow.

Dort wurden sie von McCarthys und der Gemeinde herzlich begrüßt, in der die jetzige Mrs. Taylor so lange segensreich gewirkt hatte. Bald darauf übernahmen McCarthys die schwierige Arbeit am Yangtse in Anhwei. Die Gemeinde in Hangchow überließen sie der treuen Führung Wang Lae-djüns.

Nun begann für den Missionsleiter eine anstrengende Zeit. Zahlreiche Stationen waren durch die Abwesenheit der älteren Mitarbeiter zu schwach besetzt. Schlimmer war noch, daß die übriggebliebenen Kräfte stark unter Krankheiten und Schwierigkeiten gelitten und chinesische Helfer im Eifer nachgelassen hatten. Ein Teil lebte sogar in öffentlicher Sünde.

„Ich will Dir nicht schildern", schrieb er kurz nach Neujahr 1873 an seine Mutter, „wie schwierig hier überall die Arbeit ist. Aber ich weiß, daß Du regelmäßig für mich betest. Und die Schwierigkeiten sind auch Gelegenheiten, Gottes Treue kennenzulernen. Es ist ja *Sein* Werk ... Das arme Yangchow! Es ist nicht mehr, was es war. Ich habe trübe Berichte über einige dortige Gemeindeglieder hören müssen. Aber sie sind mehr zu bedauern als zu tadeln, denn wir haben nicht über ihnen gewacht, wie das bei jungen Christen not tut. Möge der Herr mir helfen, einen Teil der Verirrten zu finden und zurückzubringen!"

Aus Nanking schrieb er an Mr. Berger:

„Jeden Abend finden sich große Scharen zusammen. Durch Lichtbilder versuchen wir sie anzulocken. Dann predigen wir ihnen Jesus ... Gestern abend kamen bestimmt fünfhundert Menschen in die Kapelle. Einige blieben nur kurz, andere fast drei Stunden. Wir konnten erst spät die Kapelle schließen. Möge der Herr unsern Aufenthalt hier segnen! ... Jeden Nachmittag kommen Frauen, um zu sehen und zu hören ..."

Hudson Taylor setzte seine Besuche fort, bis er wenigstens einmal jede Station und fast jeden Einzelposten gesehen hatte. Seine innige Anteilnahme, seine Freude im Herrn wirkten als stärkende Medizin, wohin er kam. Die meisten Menschen haben mehr Ermutigung als Strafreden und Kritik nötig. Die müde gewordenen Missionare und die chinesischen Gläubigen stärkten sich an dieser Freude, die aus der Liebe zu Jesus strömte.

Aber diese Reisen waren sehr anstrengend, zumal Hudson Taylor gleichzeitig die ganze Korrespondenz und die Pflichten eines Leiters zu erledigen hatte. Er war im Sommer wie im Winter fortwährend auf Reisen. Seine Frau konnte ihn nicht immer begleiten. Manchmal blieb sie allein auf einer Station zurück, um bei der Pflege von Kranken oder in der Frauenarbeit zu helfen. Wie dankbar waren in diesen Tagen die Mitarbeiter für ärztliche Kenntnisse! Freilich vermehrte es auch die Aufgaben Hudson Taylors. Auf einer entlegenen Station am Yangtse zum Beispiel fand er neunundachtzig Briefe vor und schrieb trotzdem am folgenden Tag eine lange ärztliche Anweisung für das kranke Kind eines chinesischen Gehilfen in Chinkiang.

Solche Hingabe von Herz und Leben mußte auf die Dauer Segen bringen.

„Der Herr ist mit uns", schrieb Hudson Taylor im Juli an seine Eltern. „Die Arbeit geht voran, besonders auf dem wichtigsten Gebiet der einheimischen Helfer. Sie brauchen noch viel Hilfe, Rücksicht und Unterweisung. Aber sie werden immer zahlreicher und brauchbarer, und die Hoffnung Chinas ruht zweifellos auf ihnen. Ausländische Missionsarbeit erscheint mir als das Gerüst um einen Neubau. Je eher das Haus ohne dieses stehen kann, um so besser, und um so früher kann das Gerüst wieder anderswo verwendet werden.

Was Schwierigkeiten und Kümmernisse betrifft, so ist ihre Zahl Legion. Teils sind sie durch die Arbeit verursacht, teils durch Mitarbeiter. Hier können Paulus und Barnabas nicht mit gleichen Augen sehen; dort handelt Petrus so, daß er öffentlich getadelt werden muß. Anderswo bedarf es der Ermahnung, um einen Irrenden auf den rechten Weg zu bringen oder bei einem Laugewordenen neues Leben zu wecken ... Aber es ist des Herrn Werk. Er kann allen Schwierigkeiten begegnen."

Nach neun Monaten Aufenthalt in Yangchow wandte er sich den südlichen Stationen der Provinz Chekiang zu. Die Arbeit in diesem Gebiet war nicht aussichtslos. In mancher Beziehung war sie sogar verheißungsvoll. Aber während er dort arbeitete, erreichte ihn die Nachricht vom völligen Zusammenbruch Miss Blatchleys. Ihr Ausscheiden aus der Heimatarbeit betrübte ihn tief. Dazu kam die Sorge, wer ihre Stelle einnehmen könnte. Begabt, aufopfernd und erfahren in allen Missionsfragen, hatte sie allmählich die ganze Arbeit in der Heimat geleitet. Wo sollte jemand gefunden werden, der ihren Platz ausfüllen konnte?

Inzwischen häuften sich auch in China die Schwierigkeiten. Hudson Taylor half brieflich, so gut er konnte. Doch alles, was nicht auf diese Weise erledigt werden konnte, mußte gläubigem Gebet überlassen bleiben. Wenn die Mission damals auch noch verhältnismäßig klein war, so mußten doch bereits fünfzig Gebäude instandgehalten und hundert Mitarbeiter — Missionare, Missionarinnen, Gehilfen — versorgt werden.

Dazu kamen noch die Kinder in den Familien oder auf den Schulen, so daß täglich 170 Menschen zu ernähren waren. Auch die Reiseunkosten bildeten eine beträchtliche Summe, weil die Arbeit sich über fünf Provinzen erstreckte, nicht zu vergessen die kostspieligen Reisen nach England für erholungsbedürftige Mitarbeiter. Hudson Taylor schätzte hundert Pfund durchschnittliche Unkosten wöchentlich, die auch nur bei größter Sparsamkeit ausreichten.

Es gab Wochen und Monate, in denen ihm wenig oder nichts für die Mission zugeschickt wurde. Daheim kam wenig Geld ein, und häufig wurden Gaben, zum Beispiel von Mr. Müller und Mr. Berger, direkt an die Mitarbeiter oder für sie an Hudson Taylor gesandt. So blieb wenig für den Hauptfonds, aus dem die Ausgaben in der Heimat und die der Gesamtarbeit in China bestritten werden sollten. Außer diesen Schwierigkeiten lastete noch die Sorge auf Hudson Taylor, was mit seinen in der Heimat lebenden Kindern geschehen sollte. Wer würde ihnen die Liebe dieser mütterlichen Freundin, Miss Blatchley, ersetzen? Bevor er selbst oder seine Frau sie erreichen konnten, mußten Monate verstreichen.

An einen Mitarbeiter, der in ähnlicher Prüfung stand, hatte er einige Monate früher geschrieben:

„Wir haben nur eins nötig: Gott besser kennenzulernen. Nicht über uns selbst, nicht über unsere Aussichten, selbst nicht über den Himmel sollen wir uns freuen, sondern der Herr selbst soll unsere Freude sein. Wenn wir Ihn kennen, freuen wir uns über das, was Er uns schickt — nicht, weil es uns gefällt (wenn es etwas Angenehmes ist), nicht weil wir hoffen, daß es uns zum Besten diene (wenn es schwer ist), sondern weil es Seine Gabe, Sein Befehl ist, auch wenn Er uns etwas verweigert oder nimmt. Ihn kennen! Paulus, der einen Schimmer Seiner Herrlichkeit gesehen hatte, konnte alles für ‚Schaden' achten im Vergleich zu dieser kostbaren Weisheit. Diese macht den Schwachen stark, den Armen reich, den Hungrigen satt. Diese macht aus Leiden Freude und verwandelt Tränen in Diamanten, wie die Sonne den Tau in Perlen verwandelt. Diese macht uns furchtlos und unbesiegbar."

Das Jahr aber, in dem er so viele Prüfungen persönlicher Art erlebt hatte, sollte mit Lob und Dank enden. „Fürchtet euch nicht vor der Mühe, fürchtet euch nicht vor dem Kreuz; sie lohnen sich." So hatte er andern geschrieben, und so erfüllte es sich an ihm selbst in reichem Maße.

Als er Anfang Dezember Shaohing erreichte, war der dortige Leiter, Stevenson, gerade abwesend, um seine Außenstationen zu besuchen. In einer Gebirgsgegend, etwa 150 Kilometer südwärts, erlebte er eine besondere Wirkung des Heiligen Geistes. Hudson Taylor suchte ihn dort auf. Als er den Fluß hinauffuhr, erinnerte er sich an jene erste, einsame Reise, als er von Taichow aus dieselbe Gegend bereist hatte. Damals fand er Shaohing gegenüber ein dichtbevölkertes Gebiet, das tiefen Eindruck auf ihn machte. Er hatte eine Hauptstadt nach der andern besucht, hatte die zahlreichen Städtchen und Dörfer gesehen, in denen das Wort Gottes noch nie verkündigt worden war. Von den Stufen des Haupttempels in Chenghsien hatte er hinuntergeblickt auf die grauen Dächer der großen

Stadt und mehr als dreißig Städte und Dörfer zählen können. Da war ihm so überaus deutlich geworden, daß hier überall Menschen lebten und ohne Gott starben. Damals hatte er der Menge, die sich um ihn gesammelt hatte, lange und eindringlich das Evangelium gepredigt und für sie gebetet.

Und nun sah er die Erhörung dieser Gebete. Wie oft hatte er an sie denken müssen, als er Stevensons Bemühen, dort einen Evangelisten anzusiedeln, verfolgte! Zunächst hatten sie nur Widerstand und Feindschaft erfahren. Aber jetzt war durch die Bekehrung eines angesehenen Mannes in Chenghsien ein neuer Tag angebrochen.

Herr Nying, ein führender Konfuzianer, stolz auf seine Bildung und Stellung, war weit davon entfernt, sich um den Ausländer zu kümmern, der von Zeit zu Zeit in seine Stadt kam und wunderliche Lehren verkündete. Doch er interessierte sich für abendländische Wissenschaft. Zufällig besaß er ein Werk darüber, das er jedoch nicht verstand. Daher benutzte er die Gelegenheit, als Stevenson die Stadt wieder einmal besuchte, um sich mit ihm zu unterhalten. Der Missionar erklärte ihm alles, was er gern wissen wollte. Dann aber griff Stevenson nach einem Neuen Testament und fragte harmlos: „Besitzen Sie auch die Bücher der christlichen Religion?"

„Ja", antwortete der Gelehrte, „aber, ehrlich gestanden, finde ich sie nicht so interessant wie Ihre Bücher über Wissenschaft."

Bei dem anschließenden Gespräch stellte sich heraus, daß Nying in bezug auf die Existenz Gottes sowie der Seele Skeptiker war. Das Gebet erachtete er als vollkommen unsinnig.

„Wenn ein höchstes Wesen existierte", behauptete er, „würde es viel zu groß und fern sein, um sich um unsere winzigen Angelegenheiten zu kümmern."

Geduldig versuchte der Missionar, ihn von seiner Meinung abzubringen, aber vergebens. Als alle Beweise nichts halfen, nahm er ein einfaches Gleichnis zu Hilfe. „Wir sagen, daß Wasser und Feuer Gegensätze sind und sich nie verbinden können. Das Wasser löscht das Feuer, und das Feuer läßt das Wasser verdunsten. Das ist unwiderlegbar. Aber während wir zusammen reden, hat mein Diener den Kessel mit Wasser auf das Feuer gesetzt, und nun kocht es, damit ich Ihnen eine Tasse Tee bereiten kann.

Sie sagen, es gibt keinen Gott, und wenn es einen gäbe, würde er sich nie herablassen, unsere Gebete zu erhören. Aber glauben Sie mir, wenn Sie heute abend heimkehren, das Neue Testament nehmen und den Gott des Himmels demütig und ernstlich bitten, Ihnen Seinen Geist zum richtigen Verständnis zu geben, dann wird das Buch ein neues Buch für Sie werden und Ihnen bald wichtiger sein als irgendein Buch auf der Welt. Versuchen Sie es doch einmal! Und ob Sie nun für sich selbst beten oder nicht — ich werde für Sie beten, ganz gleich, ob Sie es selbst tun oder nicht."

Tiefer bewegt, als er es zeigen wollte, ging der Gelehrte heim. Seltsam, dachte er, so sinnlos die Sache zu sein scheint, dem Fremden war sie ernst. Daß er sich so viel aus einem Menschen macht, den er bis heute noch nie gesehen hat, daß er für mich beten will, wo ich selbst noch nicht einmal für mich bete!

Als Nying an diesem Abend allein war, nahm er das Neue Testament beinahe belustigt in die Hand. Wie konnte ein gebildeter Mensch denken, daß einige an ein unbekanntes Wesen gerichtete Worte das Buch interessant machen, ja, seine ganze Weltanschauung verwandeln könnten! Obgleich er nicht glauben konnte, wollte er doch die Probe machen. Plötzlich sagte er: „O Gott, wenn es Dich gibt, dann rette meine Seele, wenn ich überhaupt eine habe! Gib mir Deinen Geist und hilf mir, dieses Buch zu verstehen!"

Frau Nying schaute im Laufe dieses Abends mehrmals in das Zimmer. Jedesmal fand sie ihren Mann in sein Studium vertieft. Endlich wagte sie, ihn auf die vorgerückte Stunde aufmerksam zu machen.

„Warte nicht auf mich", antwortete er, „ich habe noch Wichtiges zu tun", und studierte weiter.

Das Buch war für ihn ein neues Buch geworden. Als er Stunde für Stunde weiterlas, nahm ein neuer Geist von ihm Besitz. Mehrere Tage wagte er nicht, seinen Angehörigen die Veränderung mitzuteilen. Seine Frau stammte aus einer adligen Familie, und er liebte sie und ihre Kinder sehr. Ihm war klar, daß die Verwandten ihn als Christen ausstoßen würden. Wahrscheinlich würde seine Familie ihn eher verlassen als solche Demütigung ertragen. Aber sein Herz brannte in ihm, denn der wunderbare Erlöser, von dem er gelesen hatte, war für ihn so wirklich, wie er es nie für möglich gehalten hätte. Die Worte, die Er vor so langer Zeit sprach, waren noch voll Leben und Kraft. Nying fühlte, daß sie ihn durchdrangen und nicht nur ein neues Schuldbewußtsein, sondern auch Frieden und Heilung brachten. Diese Freude in ihm war übermächtig.

Eines Tages sagte er endlich zu seiner Frau: „Sobald die Kinder schlafen, möchte ich dir etwas mitteilen."

Es war ein verzweifelter Schritt. Er wußte nicht, wie er beginnen und was er sagen sollte. Aber er wollte irgendwie seinen Glauben an Christus bekennen, obgleich er bei dem Gedanken zitterte, wie sie es aufnehmen würde.

Schweigend saßen sie sich am Abend gegenüber. Er konnte sich nicht entschließen anzufangen.

„Wolltest du mir nicht etwas sagen?" fragte sie.

Da endlich sagte er ihr alles — und mit wachsendem Staunen lauschte sie. Ein wahrer, lebendiger Gott — nicht eins der Götzenbilder im Tempel! Ein Weg, auf dem die Sünden vergeben würden! Ein Erlöser, der das Herz mit Freude und Frieden erfüllen konnte! Zu Nyings Verwunderung schien seine Frau ihm eifrig zu folgen.

„Hast du Ihn wirklich gefunden?“ unterbrach sie ihn plötzlich. „O ich habe mich schon so danach gesehnt, von Ihm zu hören! Denn es *muß* doch einen lebendigen Gott geben; wer sonst hätte damals meinen Schrei um Hilfe gehört?“

Als die Taipingrebellen in die Stadt eingedrungen waren, in der ihre Eltern lebten, und alles verbrannt und geplündert hatten, hatten sie auch ihr Heim zerstört. Viele Menschen wurden damals getötet, viele begingen Selbstmord. Sie selbst hatte sich hilflos und von Entsetzen gepackt in einem Schrank verkrochen und gehört, wie die Soldaten das Haus durchsuchten und immer näher kamen.

„O Großvater des Himmels“, hatte sie in ihrem Herzen geschrien, „rette mich!“

Niemand anders als der wahre, lebendige Gott konnte dieses Gebet erhört haben. Die Götzenbilder im Tempel hatten ja nicht einmal sich selbst vor den schrecklichen Plünderern retten können. Aber obgleich die Rebellen auch ihren Raum durchsuchten, waren sie an ihrem Versteck vorübergegangen. Seitdem sehnte sie sich danach, von dem wunderbaren Gott zu hören, der sie gerettet hatte.

Nun versicherte ihr Mann voll Dankbarkeit und Freude, daß wirklich solch ein unendlich großes und gutes Wesen existiere und daß Er sogar geredet und sich den Menschen offenbart hätte. Selten wurde der Bericht von der Erlöserliebe freudiger erzählt und gehört als dort, wo der stolze Konfuzianer zuerst in seinem Heim und dann in der Stadt Christus zu predigen begann. So überwältigend war seine Freudigkeit, daß sogar die in Verwirrung gerieten, die anfangs über seine fremdartigen Ideen gespottet hatten.

„Ihr müßt euren Schüler zur Vernunft bringen“, sagte der Mandarin des Ortes zum Kanzler der Universität. „Er ist eine Schande für uns, predigt er doch die fremde Lehre öffentlich auf den Straßen. Als ich ihm Vorwürfe machte, predigte er mich sogar an und sagte, er sei so erfüllt von der ‚Frohen Botschaft‘, daß er sie nicht für sich behalten könne.“

„Ich werde ihn schon zurechtbiegen“, lautete die zuversichtliche Antwort, „überlaßt ihn ruhig mir!“

Aber dem Kanzler ging es nicht besser als dem Mandarin. Auch er mußte kapitulieren. Gestärkt durch das Wort Gottes und durch Besuche in Shaohing, wurde Nying bald ein vollmächtiger Prediger. Unter den ersten, die er gewinnen durfte, war ein Mann, der bis dahin der Schrecken seiner Nachbarn gewesen war. Nichts war zu schlecht oder zu herzlos für Lao Kuen gewesen. Die Dorfbewohner faßten es nicht, durch welche Macht dieser Löwe in ein Lamm verwandelt worden war. Doch sein alter Vater, den er früher durch Grausamkeit und Vernachlässigung gequält hatte, erfuhr die Echtheit der Verwandlung und wurde bald ein Christ wie sein Sohn.

In immer weiteren Kreisen breitete sich der Segen aus, bis er den Besitzer einer Spielhölle und eines übelberüchtigten Hauses in einer Nachbarstadt erreichte. Seine Bekehrung fiel noch mehr auf als die der übrigen, denn die Spieltische verschwanden, das Haus wurde von den unsauberen Elementen gereinigt und das beste und geräumigste Zimmer als Kapelle eingerichtet. Er ließ es selbst reinigen und frisch tünchen, ehe er es zum Gottesdienst anbot.

Aus solchen und anderen Menschen bestand die Gruppe von Bekehrten, über deren Taufe Stevenson berichtet hatte. Insgesamt zehn hatten bisher das Bekenntnis zu Christus angenommen, und zahlreiche andere suchten noch weiter nach der Wahrheit. Als Hudson Taylor in der Stadt ankam, fand er sich bald von einer erweckten, eifrigen Schar umgeben. Welch frohe Begrüßung gab es da, welche Gespräche, welch ein Singen und Beten! Es war wie ein Stück Himmel auf Erden, ein herrlicher Vorgeschmack der hundertfältigen Ernte.

Nachmittags fand noch eine Versammlung in Nyings Haus in Gegenwart seiner Frau und Tochter statt. Abends versammelten sich die Christen wieder in der Kapelle.

„Ich hätte vor Freude weinen können", schrieb Hudson Taylor, „beim Anhören dessen, was die Gnade bei jedem einzelnen der Anwesenden bewirkt hatte. Die meisten berichteten von einem Verwandten oder Freund, auf dessen Bekehrung sie hofften ... Noch nie habe ich in China so etwas erlebt."

Dieses Erlebnis ermutigte Hudson Taylor sehr. Hier sah er, wie seine frühere Schau in Erfüllung zu gehen begann, und sein Gebet für die noch unerreichten Gebiete, das nie verstummt war, wurde noch dringender.

„Ich hoffe so sehr, einige dieser vergessenen Provinzen möchten bald die Verkündigung hören. Ich sehne mich bei Tage danach, und des Nachts bete ich darum. Kann es *Ihm* weniger wichtig sein?"

Am 1. Januar 1873 schrieb er an Miss Blatchley:

„Ich bitte Sie, täglich zu beten, Gott möge uns zeigen, welche Provinz wir zuerst in Angriff nehmen sollen. Wir haben den allmächtigen Gott mit uns, den allweisen Berater, der uns leiten will; den in uns wohnenden Heiligen Geist, der dem gepredigten Wort Kraft verleiht. Beten Sie für mich um mehr einfältiges Vertrauen zu Ihm und um den Mut, große Dinge zu wagen! ... Versuchen Sie die Freunde dafür zu gewinnen, daß sie täglich ernstlich um die Eröffnung neuer Provinzen für das Evangelium beten! Christus *muß* dort eilends verkündigt werden. Mittel und Missionare müssen wir von Ihm erbitten."

Ob er finanzielle Schwierigkeiten oder örtliche Probleme bespricht, stets atmen seine Briefe diesen Geist.

„Betet treu! Vertraut ohne Wanken! Erwartet große Dinge von Gott! Wenn wir nur einige Menschen von der rechten Art haben, werden wir bald in mehr als eine der unbesetzten Provinzen eingedrungen sein.“

Aber die Jahre vergingen, und es stellten sich nur wenige Menschen und Mittel ein. Unter diesen Umständen war es nur natürlich, daß Hudson Taylor die Mitarbeit der chinesischen Helfer besonders hoch schätzte. Er hatte schon immer die in der Erkenntnis fortgeschrittenen Chinesen ermutigt, und nun plante er neue Wege, um sie möglichst umfassend auszubilden und zu verwenden.

„Ich möchte jetzt unsere Organisation so umgestalten, daß wir mit weniger europäischen Missionaren mehr Arbeit leisten“, schrieb er im April an seine Eltern. „Ich hoffe, vor Ablauf dieses Jahres eine Schule zur gründlichen Durchbildung unserer chinesischen Helfer eröffnet zu haben. Dies war schon lange unser Wunsch, und die Erfüllung scheint jetzt in greifbare Nähe zu rücken.“

Der Plan, den er fortwährend im Auge behielt, ging dahin, daß in jeder Regierungszentrale eines Distrikts chinesische Helfer und in Städten von geringer Bedeutung Kolporteure unter der Leitung eines erfahrenen Missionars arbeiten sollten. Anfangen wollte er mit den Hauptstädten der Provinzen und Regierungsbezirke. Bei der Ausführung dieses Planes achtete er auf besondere Weisungen Gottes. Sobald er Seinen Willen erkannte, war er jederzeit bereit, seine besten Leute auch auf strategisch scheinbar unwichtige Posten zu stellen, wenn nur der Geist Gottes dort wirkte. Abgesehen von solchen Weisungen richtete er sich möglichst genau nach dem erwähnten Plan. Hierfür wurde es aber ebenso wichtig, chinesische Helfer auszubilden wie rechte Missionare zu bekommen: Männer des Glaubens, mit einer persönlichen Erfahrung Gottes, Männer voll Energie, die vor keiner äußeren Schwierigkeit zurückschreckten und ebenso wie er selbst in engster Berührung mit dem Volk lebten. Um solche Missionare betete er.

„Wir stehen im Begriff, in das Innere vorzudringen“, schrieb er etwas später an ein Ausschußmitglied. „Es ist ungünstig, daß man nicht viel Gepäck mitnehmen kann. Aber dadurch reizt man die Räuber. Wer nicht zum Verzichten bereit ist, sollte daher lieber zu Hause bleiben.“

An ein anderes Mitglied schrieb er:

„Die einzigen Menschen, die wir hier gebrauchen können, sind solche, die an Arbeit Freude haben, an wirklich harter Arbeit, nicht am Träumen. Arbeiter, die verzichten, die leiden können, um zu retten. Von solchen Männern und Frauen können wir nie zu viel haben. Und Gott wird sie versorgen, wie groß auch ihre Zahl sein sollte, denn sie sind Seine Juwelen, die Er schätzt und liebt.“

Zu dieser Zeit kamen neue Mitarbeiter aus England unter Mr. Judds Führung. Hudson Taylor wollte sie in Schanghai empfangen und dort gleichzeitig ein Missionszentrum einrichten. Das Werk war so gewachsen, daß ein Zentrum an der Küste erforderlich wurde.

Er fand in der Nähe der amerikanischen Siedlung fünf kleine chinesische Läden, deren offene Vorderseiten zugebaut und durch einen Flur verbunden werden konnten. Das war das erste Zentrum der China-Inland-Mission in Schanghai, das das Ehepaar Fishe noch vor dem Jahresende 1873 bezog.

In der Stadt mußte er sich mit einer Unterkunft in einem chinesischen Gasthaus begnügen und freute sich über die Gelegenheit, dadurch gleich zu erproben, welcher Art die jungen Männer waren, die Mr. Judd mitgebracht hatte.

Die Neuankömmlinge waren frühmorgens ausgezogen, um Hudson Taylor zu suchen. Von Mr. Judds Freunden erfuhren sie, daß der Leiter der Mission in Schanghai sei und sich wahrscheinlich zum Dampfer begeben habe, um sie abzuholen. Deshalb kehrten sie in Begleitung von Mr. Judd dorthin zurück. Unterwegs rief dieser plötzlich: „Da ist Mr. Taylor!"

„Wir blickten uns um", erzählt einer der Gefährten, „aber wir sahen nur einen Chinesen auf einem Schubkarren. Der Karren hielt an, und die Gestalt kam auf uns zu. Es war gut, daß wir jemand bei uns hatten, der ihn kannte, sonst hätten wir nie vermutet, daß dies Mr. Taylor sei. Das Wetter war kalt, und er trug ein wattiertes Gewand mit Jacke. Auf seinem Kopf saß eine Windhaube mit Seitenteilen, die das Gesicht eng umschlossen, so daß nur eine medaillenförmige Öffnung für Augen, Nase und Mund blieb. In den Händen hielt er einen riesigen chinesischen Schirm, den er nach Landessitte mit dem Griff nach vorn trug. In seinen wattierten Gewändern sah er fast ebenso breit wie lang aus. Unsern europäischen Augen erschien er als die sonderbarste Figur, die wir je gesehen hatten. Er sagte, daß er für die Damen und Mr. Judd schon bei Freunden in der französischen Siedlung Quartier bezogen hätte und wandte sich dann an Henry Taylor und mich mit den Worten: ‚Wenn wir vom Schiff zurückkommen, können Sie mich vielleicht zum Hotel bringen!"

Die jungen Männer sagten fröhlich zu, ohne zu ahnen, was sie dort erwartete. Mr. Baller fährt fort:

„Wir wandten uns in eine Seitengasse. Mr. Taylor führte uns durch das Menschengewühl zur Tür eines chinesischen Postamtes. Er geleitete uns durch das vordere Büro zu einer Tür mit chinesischem Schloß, öffnete und lud uns ein, ihm die Treppen hinauf zu folgen. Es war stockdunkel und sehr eng. Wir stolperten ihm nach und befanden uns im Hotel! Es bestand aus einem Raum von etwa zwölf Fuß im Quadrat ohne jeden Zierat, mit einem viereckigen Tisch, einer kleinen, fellbezogenen Kiste und einem chinesischen Speisekorb. An einer Wand befand sich ein Podest, über das eine chinesische Bettdecke gebreitet war. Das Fenster zur Straße bestand nur aus schmierigem Papier, das das Zimmer nur wenig erhellte.

Mr. Taylor forderte uns höflich auf, Platz zu nehmen. Nachdem er sich nach unserer Reise erkundigt hatte, zog er eine Bibel hervor. Er las das 17. Kapitel des Johannesevangeliums und fragte, was wir von dem Sinn der Worte: ‚Daß die Liebe, mit der du mich geliebt hast, in ihnen bleibe und ich in ihnen' hielten. Ich weiß nicht mehr, was wir antworteten, aber seine Frage machte mir tiefen Eindruck... Nach dem Lesen knieten wir nieder und beteten miteinander, wobei er uns dem Herrn anbefahl, der uns nach China gebracht hatte...

Das war unsere erste Begegnung mit Mr. Taylor in China, unser Empfang, unsere erste ‚Waschung', unser erstes Mahl. Seitdem hat sich alles sehr geändert, doch ich gäbe gern alle Verbesserungen dafür hin, um noch einmal die Empfindungen dieses Morgens zu erleben. Unser Leiter und Direktor zeigte uns durch sein eigenes Vorbild, was wir zu tun hatten, und benutzte unsere frische, junge Begeisterung, unserem Charakter seinen Stempel aufzudrücken. Von da an waren uns chinesische Kleidung, Nahrung, Sitte so natürlich wie den Enten das Wasser. Persönlich kann ich für dieses Erlebnis nicht dankbar genug sein. Ich bin später in vielen noch schmutzigeren Gasthäusern gewesen und habe oft spärlicheren Luxus genossen als den in Mr. Taylors ‚Hotel', aber die Erinnerung an sein Beispiel hat es mir immer leicht gemacht und mich vor Unzufriedenheit bewahrt."

Die jungen Männer setzten in Nanking unter der Leitung von Mr. und Mrs. Judd ihre Studien fort. Hudson Taylor eilte nach Chekiang zurück, wo seine Patienten auf ihn warteten und wo er die Einzelstationen besuchen wollte. Er dachte an die zwölf Millionen dieser verhältnismäßig kleinen Provinz, und sein Herz war beschwert. Er vergaß aber über seiner Sorge um die Inlandprovinzen nicht die Not des leicht zugänglichen Feldes, das auf Arbeiter wartete. Von einer der südlichen Stationen schrieb er im Januar 1874 an Mr. Hill:

„Die Arbeit macht Fortschritte, und ich hoffe, sie wird es weiter tun ... Wenn der Herr mich am Leben erhält, hoffe ich, daß es in ein oder zwei Jahren in dieser Provinz keinen Bezirk mehr gibt, in dem wir Christus nicht gepredigt haben ... Nur in fünfzehn der dreiundsechzig Hauptstädte dieser Provinz wohnt ein Evangelist. Zehn von diesen wurden von uns bearbeitet, fünf durch andere Missionare. Achtundvierzig sind noch unerschlossen. In einer Stadt habe ich kürzlich ein Haus gemietet, in eine andere hoffe ich morgen ein paar Männer senden zu können. Wenn es ihnen gelingt, hineinzukommen, werden immer noch vier der Hauptstädte und sechsundvierzig Distriktsstädte — *fünfzig* Städte — für Christus zu erobern sein. Der Herr helfe uns, treu zu sein! Der Gedanke an meine Familie daheim und die Not der sterbenden Heiden hier lassen mich zu Ihm schreien: ‚Herr, was willst Du, daß ich tun soll?' "

Hudson Taylor befand sich tatsächlich in einer schwierigen Lage. Der Arbeit in England fehlte Miss Blatchley. Er hatte schon eine seiner besten Mitarbeiterinnen, Miss Désgraz, dorthin entsandt und ihr die Sorge für das Haus und die Kinder übertragen. Da sie aber selbst erholungsbedürftig war, konnte sie die zahlreichen andern Pflichten nicht auch noch bewältigen, die Miss Blatchley bis jetzt erledigt hatte. Es war niemand da, der es konnte. Obgleich die vierzehn Monate geduldiger, beharrlicher Arbeit die Lage in China wesentlich verbessert hatten, waren die Schwierigkeiten auf verschiedenen Stationen noch nicht völlig überwunden. Er wollte aber nicht nur wieder Ordnung schaffen, sondern weiterkommen. Die Geldverhältnisse waren ungünstiger als vorher, was seine Anwesenheit in England dringend notwendig machte. Andererseits war es fast unmöglich, die Arbeit auf dem Missionsfeld zu verlassen. Die Mission befand sich in einer solch schwierigen Lage, daß er nur bei engster Verbindung mit jeder einzelnen Station wissen konnte, wo er mit Gebet und Hilfe eingreifen mußte.

„Vergangene Woche war ich in Taiping", heißt es in einem Brief an Mr. Hill vom 26. Januar, „das ist eine von den großen, noch nicht in Angriff genommenen Städten. Mein Herz war tief bewegt, als ich die Scharen kommen sah, die kilometerweit die Straßen buchstäblich füllten (es war gerade Markttag), so daß wir kaum vorwärtskamen ... Wir konnten nur wenig predigen, weil wir einen Ort für dauernde Arbeit suchten. Ich mußte mich an die Stadtmauer zurückziehen und zu Gott schreien, Er möge sich des Volkes erbarmen, ihnen die Herzen öffnen und uns Einlaß verschaffen.

Ohne daß wir danach gesucht hätten, kamen wir mit vier geängstigten Seelen in Berührung. Ein alter Mann wurde irgendwie auf mich aufmerksam und folgte mir zu unserm Boot. Ich lud ihn zu mir ein und fragte nach seinem Namen.

‚Mein Name ist Tsing', antwortete er. ‚Ich habe eine Frage, die mich quält und auf die ich keine Antwort finde. Was soll ich mit meinen Sünden tun? Unsere Gelehrten sagen uns, es käme nichts mehr nach dem Tode; doch ich kann das nicht glauben.'

‚Glaube es nur nicht!' antwortete ich. ‚Vor jedem von uns liegt eine ewige Zukunft. Entweder muß man auf ewig im höllischen Feuer brennen, oder man freut sich für immer in himmlischer Seligkeit.'

‚Aber was kann ich denn tun? Was soll ich mit meinen Sünden machen?' Zu Hause hätte man geantwortet: ‚Glaube an den Herrn Jesus Christus, so wirst du errettet.' Doch dieser Chinese hatte den Namen Jesu noch nie gehört. Freudig erzählte ich ihm von dem lebendigen, liebenden Gott, unserem Vater im Himmel. Ich sagte ihm mehrere Beispiele Seiner väterlichen Liebe und Fürsorge.

Er unterbrach mich und fragte: ‚Aber was haben wir zu tun, um solche Gunst, solche Güte zu erwidern? Ich sehe nicht, was wir dafür tun könnten. Unsere Gelehrten sagen, es genüge, wenn wir am Jahresende den Himmel und die Erde und die Götzenbilder verehren. Aber das befriedigt mich nicht.'

‚Du weißt aber noch nicht die Hälfte dessen, wofür du zu danken hast', erwiderte ich und fuhr dann fort, von der Sünde und ihren Folgen zu reden, von Gottes Erbarmen, der Menschwerdung und dem stellvertretenden Tod Christi, dem Tod des Unschuldigen für die Schuldigen, damit Er uns zu Gott führe.

Der arme alte Mann erzählte mir von all den Götzenbildern, die er anbetete. Der Gedanke überwältigte ihn, daß er dadurch ständig gegen den wahren, lebendigen Gott gesündigt hatte. Er brauchte einige Zeit, um zu erfassen, daß er fast siebzig Jahre lang Falsches geglaubt hatte. Als meine Gefährten zurückkehrten, lauschte er noch einmal der wunderbaren Geschichte vom Kreuz. Dann verließ er uns getröstet, aber augenscheinlich noch nicht völlig im klaren über alles Gehörte. Er wollte weiter darüber nachdenken. Überaus froh war er, als er erfuhr, daß wir ein Haus gemietet hatten und hofften, bald dauernd christliche Kolporteure in diese Stadt schicken zu können."

Kein Wunder, daß eine solche Erfahrung in den inneren Kämpfen, die Hudson Taylor durchmachte, ein Krise herbeiführte! Auch zwei Frauen und ein junger Mann wollten von seinen Gefährten den Weg des Lebens erfahren. Im Geiste sah er schon Scharen aus den umliegenden Städten und Dörfern an den Werktagen zum Unterricht in die kleine Evangeliumshalle kommen, bis sie ihrerseits wieder andere lehren könnten. Aber die gleiche Arbeit hätte in allen fünfzig Städten der Provinz getan werden müssen. Und dann das weite Land jenseits der Grenze! Sollte er auf halbem Wege stehenbleiben nur wegen der Geldknappheit oder wegen der Schwierigkeiten, die seine Anwesenheit in der Heimat zu verlangen schienen? Den ganzen Winter hindurch, und besonders seit Mr. Judd mit neuen Hilfskräften zurückgekehrt war, hatte er um Weisung gefleht, ob

Gott es wollte, daß die Arbeit in einen Teil der neuen Provinzen hineingetragen werden sollte. Er gewann immer mehr die Überzeugung, daß beides geschehen müsse. Gottes Mittel sind jeder Gelegenheit gewachsen, und auf Seine Kraft mußten sie sich verlassen, Ihm ganzes Vertrauen schenken.

Es war ein Schritt des Glaubens, den Hudson Taylor damals tat. In seiner Bibel wurden später einige Bleistiftzeilen gefunden, die augenscheinlich in enger Verbindung mit seinem Besuch in Taiping und dem Gespräch mit dem alten Mann im Boot stehen. Er schrieb einen Tag darauf einen Brief an Mr. Hill, als er noch ganz von diesem Erlebnis erfüllt war:

„Taichow, den 27. Januar 1874. Ich bat Gott um fünfzig oder hundert weitere einheimische Evangelisten und so viele europäische Arbeiter, wie nötig sein würden, um die vier Fu- und die achtundvierzig Hsien-Städte in Chekiang zu besetzen. Ferner erbat ich die nötigen Helfer zum Angriff auf die neun unbesetzten Provinzen. Ich bat Gott im Namen Jesu: ‚Ich danke Dir, Herr Jesus, für das Versprechen, durch das Du mich zuversichtlich machst. Gib mir alles, was ich an Kraft, Weisheit und Barmherzigkeit zur Ausführung dieser großen Arbeit brauche!'"

Bevor er sein vorübergehendes Heim in Fenghwa erreichte, ergriff ihn eine schwere Krankheit. Kein Wunder, daß seine Kräfte erschöpft waren! Im tiefsten Winter war er beinahe ständig unterwegs gewesen, hatte da und dort eingreifen müssen und seine Frau Monate nicht gesehen. Schließlich trafen sie sich im leeren Missionshaus in Fenghwa. Doch bald hieß es wieder aufbrechen, denn auf der zwei Tagereisen entfernten Missionsstation waren die beiden letzten Kinder von Crombies lebensgefährlich erkrankt. Die Reise ging über tief verschneite Bergpässe. Noch vor Hudson Taylors Rückkehr traf ein Eilbote aus einer entlegenen Station mit der Nachricht ein, daß dort eine Familie an den Pocken erkrankt sei.

So kam es schließlich zum Zusammenbruch seines überanstrengten Körpers, und als seine Patienten außer Gefahr waren, ergriff ihn selbst ein Fieber, so daß er nur mit großer Mühe nach Fenghwa zurückkehren konnte.

Es war kein vielversprechender Anfang zur Erhörung der Bitte, die er in jenen Tagen in seine Bibel geschrieben hatte. Wochenlang lag er hilflos, von Schmerzen geplagt und unfähig, etwas anderes zu tun, als auf die Antwort des Herrn zu warten. Von alledem, was Seine Weisheit inzwischen vorbereitete, ahnte Hudson Taylor nichts. Er wußte nur, daß das Mitleid und die Liebe, die er zu den Verlorenen empfand, ein Stück der unendlichen Liebe Christi war, und zweifelte nicht, daß diese Liebe einen Weg zu ihrem Ziel finden würde. Niemals allerdings waren die Aussichten schlechter gewesen. Aber er trug im Herzen die Überzeugung, daß sogar für die Inlandprovinzen Gottes Zeit gekommen wäre.

Während er langsam genas, wurde ihm eines Tages ein Brief ausgehändigt. Er kam von einer Unbekannten. Mrs. Grace aus Buckinghamshire interessierte sich erst seit kurzem für die Mission.

„Mein lieber Herr", stand da mit zittriger Handschrift geschrieben, „durch Gottes Segen hoffe ich in zwei Monaten Ihrem Ausschuß zur weiteren Ausdehnung der China-Inland-Mission achthundert Pfund zur Verfügung stellen zu können. Bitte beachten Sie: für *neue* Provinzen! ... Ich finde Ihre Quittungsformel wunderschön: ‚Der Herr unser Panier, der Herr wird's versehen.' Wer Glauben behält und Ihm die Ehre gibt, den wird Jehova der Heerscharen gewiß zum Siege führen."

Achthundert Pfund für neue Provinzen, für weitere Ausdehnung der Inlandmission — der Genesende traute seinen Augen kaum. Konnte jemand diese Worte geschrieben haben, ohne etwas von der Not zu wissen, die er in den vergangenen Monaten durchlebt hatte? Es schien, als hätte die Schreiberin dieser Zeilen seine geheimen Gedanken gekannt. Noch ehe er jenes Gebet in seine Bibel geschrieben hatte, war der Brief abgesandt worden, und jetzt, wo er das Geld am dringendsten brauchte, hatte ihn die wunderbare Bestätigung erreicht.

Von seinem Krankenlager aus kehrte er in das Yangtsetal zurück und erlebte einen glücklichen Frühling in Chinkiang. Aber nicht nur hier, sondern auf allen Stationen strömte neues Leben in die Gemeinden. Neubekehrte wurden in die Gemeinde aufgenommen, und chinesische Leiter nahmen an Erkenntnis und Weisheit zu. Im April konnte Hudson Taylor an seine Eltern schreiben:

„Seit ich nach China zurückgekehrt bin, haben wir das Evangelium in sieben neue Bezirke tragen können, und in ungefähr ebenso vielen andern haben wir neue Städte in Angriff genommen. Die Hangchow-Gemeinde hat ihren ersten Missionar ausgesandt, den sie selbst gewählt hat und durch eigene Gaben erhält."

Im Mai fügte er hinzu:

„Mr. Stevenson erlebt auf allen Stationen neuen Segen. Seit ich ihn besuchte, wurden acht Chinesen getauft. Ähnlich geht es Wang Lae-djün. Kürzlich hat er auf drei Außenstationen die ersten Bekehrten getauft. Mr. Crombie berichtet von gesegneter Arbeit in Fenghwa und Ninghai. Auch auf den nördlichen Stationen sehen wir Fortschritte."

Näheres schreibt er am 29. Mai an Mr. Hill:

„Wir erleben die Freude, von fast allen Stationen Nachrichten über Fortschritte geistlichen Lebens zu bekommen. Mr. Stott schreibt, daß die Arbeit in Wenchow seit fast zwei Jahren noch nie so erfolgreich war. Mr. Rudland meldet den siebzehnten Taufkandidaten in Tientsi. (Dort wurde uns ein Götzentempel als Gotteshaus geschenkt.) . . . Hier in Chinkiang wurden gestern vier getauft, und wir hielten eine große Versammlung. Einer der Getauften stammt aus Hunan, einer der unbesetzten Provinzen, die uns schon lange auf dem Herzen liegt. Ist Gott nicht gütig, uns auf diese Weise zu ermutigen, wo so wenig Geld eingeht?"

Auch ältere Missionare schöpften neue Hoffnung inmitten der Not ihrer Bezirke. Und die Jungen, die inzwischen gute Fortschritte in der Sprache gemacht hatten, drängten sich zur Pionierarbeit. Alle, die ihre Stationen verlassen konnten, kamen noch einmal mit Hudson Taylor zu einer Gebets- und Gemeinschaftswoche zusammen. Dann zog er mit Mr. Judd aus, um weiter stromaufwärts ein Haus für den neuen, westlichen Arbeitszweig zu suchen.

Inzwischen änderte sich aber an den Finanzen nichts. Am 1. Mai schrieb Hudson Taylor in einem Brief an seine Mutter, er habe im vergangenen Monat nicht einen einzigen Dollar für die allgemeinen Bedürfnisse der Mission besessen. Im April hatte er seiner Frau geschrieben:

„Der gestrige Überschuß betrug 67 Cents. Aber der Herr regiert. Darin liegt unsere Freude und Zuversicht."

Als etwas später der Überschuß noch geringer war, bemerkte er Mr. Baller gegenüber: „Wir haben das und außerdem alle Verheißungen Gottes."

„25 Cents plus alle Verheißungen Gottes, damit könnte man sich als Krösus fühlen", schrieb letzterer in Erinnerung an jene Zeit.

Hudson Taylor sorgte sich eher um etwas, das schwerer auf ihm lag als die Geldknappheit. Er fürchtete, die Freunde in der Heimat könnten in ihrem Wunsch, ihm zu helfen, versucht sein, in Versammlungen oder im persönlichen Verkehr um Geld zu bitten. In Briefen bat er einzelne ernstlich, das nicht zu tun. Seiner Meinung nach war diese Prüfungszeit kein Grund, die Grundlage der Mission zu ändern. Nach dem Empfang einer großherzigen Spende Georg Müllers Anfang April schrieb er:

„Die Arbeit gedeiht allgemein sehr. Wir fühlen uns deshalb glücklicher denn je in dem Herrn und in Seinem Dienst. Noch nie wurde unser Glaube so auf die Probe gestellt, und noch nie haben wir so sehr Seine Treue erfahren."

Das Vertrauen auf den Herrn schien ihm sicherer als der Ausweg, Schulden zu machen oder Menschen um Hilfe zu bitten. Wie ernst es ihm damit war, beweist der folgende Brief an ein Ausschußmitglied, der kurz nach der Gebetswoche in Chinkiang geschrieben worden war:

„Es tut mir sehr leid, daß Sie sich Sorgen machen, weil Sie uns kein Geld schicken können. Wir müssen alle unsere Sorge darauf richten, mit dem, was der Herr uns schickt, sparsam umzugehen. Aber wenn das geschehen ist, brauchen wir uns wegen eines scheinbaren oder wirklichen Mangels nicht zu sorgen. Nachdem ich schon so viele Jahre von Gottes Treue gelebt habe, kann ich bezeugen, daß Zeiten des Mangels immer Zeiten besonderen Segens gewesen sind oder zum Segen geführt haben. Ich bitte dringend darum, daß niemals um Geld gebeten wird außer im Gebet vor Gott. Wenn unsere Mission zum Bettler wird, stirbt sie. Gott ist treu. Er muß es sein. ‚Der Herr ist mein Hirte, mir wird nichts mangeln.' Er hat gesagt: ‚Sorget nicht für euer Leben, was ihr essen und trinken werdet, auch nicht für den Leib, was ihr anziehen werdet! Trachtet am ersten nach dem Reiche Gottes und nach seiner Gerechtigkeit, so wird euch solches alles zufallen.' ‚Gehorsam ist besser als Opfer und Aufmerken besser als Fett der Widder.' Lieber Bruder, zweifeln heißt Gott versuchen, glauben aber nicht."

Hudson Taylor und seine Frau taten in dieser Zeit auch finanziell viel für die Arbeit. Einen beträchtlichen Teil dessen, was sie zum eigenen Gebrauch erhielten, gaben sie an Mitarbeiter weiter. Eine Erbschaft, die Mrs. Taylor von einer Verwandten zugefallen war und jährlich vierhundert Pfund einbrachte, wurde freudig für den Dienst des Herrn geopfert. Ein nahestehender Freund hatte die Richtigkeit dieses Schrittes angezweifelt. Das führte zu folgender brieflichen Äußerung Hudson Taylors:

„Ich war ganz damit einverstanden und bin es noch, daß meine liebe Frau ihr Eigentum dem Herrn zur Verfügung gestellt hat. Wir können nicht erwarten, daß alle über diesen Punkt derselben Meinung sind, ich meine über Kapital und Zinsen, Schenkungen oder freiwillige Beiträge. Wir könnten ja auch das jährliche Einkommen der Mission kapitalisieren und nur die Zinsen gebrauchen. Aber ich fürchte, dann würde das Einkommen klein und die Arbeit nicht sehr ausgedehnt sein.

Ich möchte nicht, daß Sie unsere Gedanken und Absichten in bezug auf dieses Eigentum mißverstehen. Wir können es nicht zu Geld machen, da es zur Hälfte mit jährlicher Kündigung festgelegt ist ... Augenblicklich erhalten wir nur etwa vierhundert Pfund jährlicher Zinsen, die vierteljährlich zahlbar sind. Wir beabsichtigen nicht, Kapital oder Zinsen in den allgemeinen Fonds zu geben (obgleich wir es tun würden, wenn wir dazu Weisung erhielten), sondern wir wollen es gleich fern von Geiz oder Verschwendung im Gehorsam gegen den Herrn für besondere Zwecke gebrauchen, für die der allgemeine Fonds nicht aufkommt. Vielleicht gibt es einige kühlere Rechner, als wir es sind. Wir sind ja auch nicht unerfahren in Geldangelegenheiten, aber in all unseren Berechnungen zählen wir auf Gottes Treue. Bis jetzt sind wir noch nicht zuschanden geworden. Ich fürchte nicht im geringsten, daß es in Zukunft geschehen wird."

Es war ein denkwürdiger Tag, als Hudson Taylor mit seiner Frau den mächtigen Yangtse bis zu seinem Zusammenfluß mit dem großen Han hinaufzog, wo die Hauptstadt Mittelchinas, Wuchang, zugleich den vorgeschobensten Posten der protestantischen Mission darstellte. Dieses große Handels- und Kulturzentrum lag sechshundert Meilen von der Küste entfernt, jenseits aller Inlandstationen, die er bisher besucht hatte. Nach Norden, Westen und Süden hin erstreckten sich die neun Provinzen, von den dürren Steppen der Mongolei und den schneebedeckten Mauern Tibets bis zu den tropischen Dschungeln von Burma. Diesem riesigen Gebiet, dessen Not schon lange auf Hudson Taylors Herz gelegen hatte, konnte er sich nun endlich zuwenden. Er schrieb darüber:

„O wie sehnt sich meine Seele nach der Evangelisation der hundertachtzig Millionen dieser unbesetzten Provinzen! Hätte ich doch hundert Leben, um sie für diese Menschen hinzugeben!" —

In England wurde die Situation der Mission immer schlimmer durch Miss Blatchleys Kräftezerfall. Miss Soltau schrieb später darüber:

„Ich sehe sie noch vor mir, wie sie schmal und blaß auf dem Sofa lag und für jeden Missionar und jede Station betete. Wie schwer lag die Sorge um das Werk auf ihrem Herzen! Wußte sie doch genau, daß sie bald von uns genommen werden würde."

Hudson Taylor trug schwer daran, daß er nicht sofort, als er von ihrer

Krankheit hörte, nach England zurückkehren und sie entlasten konnte. Doch ein Monat nach dem andern verstrich, und erst nachdem er die Möglichkeit für einen dauernden Aufenthalt Mr. Judds in Wuchang gesichert sah, stand der Weg zur Rückkehr nach England offen. Es wäre leichter gewesen, in dem auf der anderen Seite des Stroms liegenden Vertragshafen Hankow eine Niederlassung zu gründen. Aber dort arbeiteten schon erfahrene Missionare der Londoner Missionsgesellschaft und der Wesleyanischen Mission. Wuchang war sehr fremdenfeindlich. Zwölfmal zerschlugen sich die Verträge, obwohl die Gebäude gemietet und zum Teil schon bewohnt waren, bis die Zentrale des westlichen Zweiges der China-Inland-Mission endgültig gegründet werden konnte. Dadurch verlor Hudson Taylor so viel Zeit, daß Miss Blatchley heimging, bevor er China verlassen konnte.

Es war eine schmerzliche Heimkehr nach England im Oktober 1874. Miss Blatchleys Platz war leer, die Kinder zerstreut, die allwöchentliche Gebetsversammlung unterbrochen und die Arbeit beinahe eingeschlafen. Außerdem hatte Hudson Taylor vor einigen Monaten während seiner Fahrt den Yangtse aufwärts einen Unfall gehabt. Er war mit Mr. Judd auf einem kleinen Frachtschiff gereist, dessen Treppe zum Zwischendeck kaum besser als eine gewöhnliche Leiter gewesen war. Hudson Taylor war auf einer der obersten Stufen ausgeglitten und zu Boden gestürzt. Dabei schlug er mit der Ferse auf, brach einen Knöchel und erlitt dazu eine Rückgraterschütterung. Er hatte Tage mit furchtbaren Rückenschmerzen erlebt und auch, als der Knöchel schon heil war, mußte er noch an Krücken gehen. Nach zwei Wochen in England trat eine allmähliche Lähmung der unteren Glieder ein, und der Arzt verordnete unbedingte Bettruhe. So war er in den besten Jahren zur Untätigkeit verurteilt und mußte still liegen, obwohl so viel zu tun gewesen wäre. Nun galt es, stille zu sein und sich in Gott zu freuen.

Gegen Ende des Jahres wurden die Aussichten auf Heilung nicht besser. Hudson Taylor verlor immer mehr jegliche Fähigkeit sich zu bewegen und konnte sich schließlich nur noch mit Hilfe eines Seils, das über ihm angebracht war, von einer Seite auf die andere legen. Zuerst hatte er noch ein wenig schreiben können, aber jetzt war er nicht einmal mehr imstande, eine Feder zu halten. Unglücklicherweise mußte er auch noch die Hilfe seiner Frau entbehren.

Zu dieser Zeit, Anfang des Jahres 1875, ging durch die christliche Presse ein kurzer Aufsatz mit der Überschrift:

Aufruf zum Gebet
für 150 Millionen Chinesen.

Es wurde kurz über die neun unbesetzten Provinzen berichtet und darüber, daß Freunde der China-Inland-Mission seit langem um Pioniere des Evangeliums für diese Gebiete gebetet hätten. Es seien vor kurzem viertausend Pfund für diesen Zweck gespendet worden. Unter den Bekehrten auf den schon bestehenden Stationen der Mission befänden sich bereits einige aus dem fernen Inland. Diese wollten von Herzen gern die Frohe Botschaft in ihre Heimat tragen. Dann hieß es weiter:

„Augenblicklich brauchen wir am dringendsten Missionare als Leiter. Will nicht jeder Christ, der diesen Aufruf liest, eine Minute dem ernstlichen Gebet widmen, damit Gott noch in diesem Jahr achtzehn fähige Männer dazu erweckt, die sich für diese Arbeit zur Verfügung stellen?"

Es wurde nicht erwähnt, daß der Leiter der Mission hoffnungslos krank lag, auch nicht, daß die viertausend Pfund von ihm und seiner Frau kamen und ein Teil ihres Vermögens waren, das sie Gott geweiht hatten. Es stand nichts darin, daß sie und andere schon seit zweieinhalb Jahren täglich im Glauben um die achtzehn Evangelisten gebetet hatten. Aber diejenigen, die den Aufruf lasen, waren so bewegt, wie es nur dann geschehen kann, wenn Gott selbst redet.

So kam es, daß Hudson Taylor bald danach mitten in einer großen Korrespondenz stand, der er sich mit Freuden widmete, weil er sah, wie der Herr wirkte.

„Die Mission hatte damals keine bezahlten Hilfskräfte", schrieb er über diese Zeit, „aber Gott sandte uns freiwillige Helfer, die sich Tag für Tag unangemeldet einstellten, um nach Diktat zu schreiben. So konnten die Briefe beantwortet werden. Wenn ein solcher Helfer, der morgens gekommen war, nicht lange genug bleiben konnte, um alles zu erledigen, erschien sicher noch ein zweiter, und nachmittags kamen dann noch ein paar andere. Gelegentlich kam ein junger Freund, der in der City angestellt war, nach Schluß des Geschäfts einige Stunden und erledigte die Buchführung oder den Rest der Briefe. So ging es tagaus, tagein. Diese Zeit erzwungener Arbeitsunfähigkeit war der glücklichste Abschnitt meines Lebens, in dem ich mich nur des Herrn freuen und auf Ihn warten konnte. Ich sah, wie Er aus allen Nöten hilft. Niemals weder vorher noch später ist meine Korrespondenz so tadellos erledigt worden.

Und die achtzehn erbeteten Mitarbeiter kamen. Zuerst erhielt ich ihre Briefe, dann besuchten sie selbst mich in meinem Krankenzimmer. Bald erteilte ich von meinem Bett aus chinesischen Unterricht. Und als der Herr mit ihrer Aussendung begonnen hatte, fingen die treuen Freunde in Mildmay an, um meine Genesung zu beten. Der Herr segnete die Mittel des Arztes, und ich durfte aufstehen. Ein wichtiger Grund für meine Krankheit war behoben, denn wenn ich gesund und kräftig gewesen wäre, hätte man denken können, daß ich durch meinen dringenden Aufruf und nicht Gott durch Sein Wirken die achtzehn neuen Arbeiter nach China gesandt hätte. Weil ich aber vollständig unfähig zur Arbeit war und nur einen Gebetsaufruf hatte diktieren können, war dies eine wirkliche Gebetserhörung."

Inzwischen war Hudson Taylor so weit hergestellt, daß der Arzt ihm erlaubte, täglich einige Stunden aufzustehen. Aber er kam kaum dazu, denn seine Zeit war ganz ausgefüllt mit Besprechungen, Diktaten und Plänemachen für die Arbeit in China. Die wöchentliche Gebetsversammlung fand jetzt in seinem Zimmer statt, und auch der Ausschuß hielt von Zeit zu Zeit an seinem Bett die Sitzungen ab.

In dem vereinsamten Haus in Pyrland Road gingen viele Menschen aus und ein. Obwohl die erste Gruppe von achtzehn Mitarbeitern die Reise schon angetreten hatte, waren noch alle verfügbaren Räume mit neuen Kandidaten besetzt. Es mußte noch ein zweites Haus dazu gemietet werden. Als Antwort auf den im Januar erschienenen „Aufruf“ meldeten sich im Lauf des Jahres nicht weniger als sechzig Bewerber. Hudson Taylor fühlte sich für deren Entschlüsse mitverantwortlich und legte das in einem Brief dar, der den Kandidaten zugesandt wurde. Erst wenn sie nach klarem Einblick in die Grundsätze der Mission ihr beitreten und mitarbeiten wollten, wurden sie zu einem längeren Aufenthalt nach Pyrland Road eingeladen, um die Arbeit persönlich kennenzulernen.

In dem Brief heißt es:

„Obwohl wir für die wissenschaftliche Ausbildung einiger unserer Kandidaten dankbar sind, legen wir doch viel größeren Wert auf die geistliche Ausrüstung. Wir brauchen Menschen, die Gott vertrauen, weil sie wissen, daß Er weise und treu ist. Sie müssen *Menschen des Gebets* sein in der Gewißheit, daß Er auf die hört, die zu Ihm rufen. Wir brauchen Menschen, die glauben, daß die Bibel Gottes Wort ist, und die auf die Erklärung: ‚Mir ist gegeben alle Gewalt ...‘ bereit sind, nach bestem Vermögen den Befehl: ‚Gehet ... lehret alle Völker‘ auszuführen. Sie müssen darauf vertrauen, daß Er, dem alle Gewalt gegeben ist und der verheißen hat, alle Tage bei ihnen zu sein, ein sichererer Schutz ist als alle europäischen Kanonenboote. Sie müssen deshalb bereit sein, im Vertrauen auf Seine Kraft in die entlegensten Gebiete des Innern Chinas zu ziehen. Wir brauchen Menschen, die an die Ewigkeit glauben und für sie leben, die an ewig gültige Entscheidungen — sei es zum Leben oder zur Verdammnis — glauben und darum die Unwissenden und Schuldbeladenen wie Brände aus dem Feuer reißen.

Die Mission wird durch Schenkungen, nicht durch Sammlungen erhalten. Wir haben also kein sicheres Einkommen und können unsere Missionare nur insoweit unterstützen, wie wir selbst von Gott unterstützt werden. Wir senden also unsere Missionare nicht als unsere Angestellten nach China. Aber wir sind Mitarbeiter solcher Menschen, die an Gottes Berufung in dieses Werk glauben, die hinausziehen, um für Gott zu arbeiten, und die deshalb dem, der sie in Seine Arbeit berief und dem sie dienen, zutrauen, daß Er auch für ihre irdischen Bedürfnisse sorgt. Für solche beschaffen wir, sobald es an der Zeit ist, Ausrüstung und Überfahrt und die Mittel zum Unterhalt, soweit wir es vermögen. Wie aus der letzten Nummer der ‚Gelegentlichen Nachrichten‘ hervorgeht, wird unser Glaube manchmal hart auf die Probe gestellt. Doch stets erweist sich Gott als treu und hilft uns zur rechten Zeit und auf die rechte Art.

Ein Drittel der Menschheit lebt in China und kennt das Evangelium nicht. Zwölf Millionen sterben dort jedes Jahr, die wir nicht mehr erreichen können. Wenn Ihr harte Arbeit und wenig Anerkennung wollt, wenn Ihr Gottes Zufriedenheit höher wertet als die Mißbilligung der Menschen, wenn Ihr fröhlich ertragen wollt, daß man Euch all Eurer Habe beraubt und Ihr vielleicht sogar Euer Zeugnis mit Eurem Blute besiegeln sollt, wenn Ihr mit den armen Chinesen in ihrem geistigen und moralischen Tiefstand, ja in ihrem Schmutz und ihrer Verkommenheit Mitleid haben und sie lieben könnt — dann dürft Ihr hier mit einer Ernte und droben mit einer ‚unvergänglichen Krone‘ und des Meisters Lob rechnen.

Ihr werdet finden, daß niemand bei der China-Inland-Mission die Vorzüge beider Welten genießen kann. Bei uns können nur die glücklich sein, die *diese* Welt überwunden haben. Aber ich wage zu behaupten, daß Sie ein Glück finden werden, wie Sie es nicht für möglich gehalten hätten. Denjenigen, die alles für ‚Schaden und Kot‘ erachten gegenüber der ‚überschwenglichen Erkenntnis Jesu Christi, unseres Herrn‘, bezeugt Er selbst sich so, daß sie den Tausch nie bereuen werden. Wer sich alles dieses betend überlegt und sich dann noch zu unserer Arbeit hingezogen fühlt, mit dem werden wir gern in Verbindung treten.“

Viele junge Männer kamen nach Pyrland Road. Der Brief hatte sie eher ermutigt als abgeschreckt. Und sie durften bald etwas von den Gebetserhörungen miterleben, zum Beispiel im Mai, nachdem Georg King nach China gesegelt war. Er fehlte der Arbeit sehr, denn obwohl er tagsüber in der City gearbeitet hatte, war er vor und nach den Geschäftsstunden einer der fleißigsten Helfer Hudson Taylors gewesen. Dieser hatte gesagt: „Vielleicht wird der Herr den Umfang der Korrespondenz eine Weile verringern, bis Er uns wieder Hilfe schickt."

Und so war es. Georg King reiste am 15. ab, und fast während zwei Wochen konnte die Arbeit ohne ihn bewältigt werden. Aber am 25. mußte Hudson Taylor bei der Morgenandacht mitteilen, daß mit der geringeren Zahl der Briefe auch die Beiträge zurückgegangen waren.

„Laßt uns den Herrn bitten, Er möge einigen Seiner Haushalter die Nöte der Arbeit in Erinnerung bringen", schlug er vor.

Er addierte, was vom 4. bis zum 24. eingegangen war. Es waren etwas mehr als 68 Pfund.

„Das sind 235 Pfund weniger, als wir für unsere durchschnittlichen Ausgaben in China innerhalb von drei Wochen benötigen", bemerkte er dazu. „Laßt uns die Sache im Gebet vor Gott bringen!"

Die Antwort ließ nicht lange auf sich warten. Am gleichen Abend brachte der Postbote einen Brief, der einen Scheck enthielt mit der Bemerkung: „Für verkauftes Silbergeschirr." Es waren 235 Pfund 7 Shilling 9 Pence. Am nächsten Tag war die Andacht ein Lobpreis Gottes. Hudson Taylor sagte: „Vertraut auf Ihn in allen Dingen, und Ihr werdet nie enttäuscht werden."

Ebenso bemerkenswert war ein Erlebnis, das Hudson Taylor etwas später machte. Anfang Juni kehrte er aus Brighton zurück, wo er an einer Konferenz über „Heiligung" teilgenommen hatte. Während er auf der Station den Zug erwartete, redete ihn ein russischer Adliger an, der ebenfalls an den Versammlungen teilgenommen hatte. Als er hörte, daß Hudson Taylor nach London fahren wollte, schlug er vor, gemeinsam zu reisen.

„Aber ich fahre dritter Klasse", sagte der Missionar.

„Meine Fahrkarte erlaubt mir, dasselbe zu tun", lautete die höfliche Antwort. Als sie sich dann allein im Abteil gegenübersaßen, zog Graf Bobrinsky seine Brieftasche mit den Worten: „Erlauben Sie mir, Ihnen einen kleinen Beitrag für Ihre Arbeit in China zu geben!"

Als Hudson Taylor auf die Banknote in seiner Hand blickte, merkte er, daß es sich um ein Versehen handeln mußte, denn es war ein 50-Pfund-Schein.

„Sie wollten mir doch sicher fünf Pfund geben?" sagte er rasch. „Nehmen Sie diesen Schein bitte wieder zurück! Es ist ein Fünfziger!"

„Zurücknehmen kann ich ihn nicht", antwortete der andere nicht weniger erstaunt. „Ich wollte wirklich fünf geben, aber es muß Gottes

Wille gewesen sein, daß Sie fünfzig haben sollten. Darum kann ich ihn nicht zurücknehmen."

Hudson Taylor stand noch völlig unter dem Eindruck dieses „Versehens", als er sein Heim in London erreichte. Die Freunde hatten sich eben zu einer Gebetsversammlung zusammengefunden. Es sollte ein Geldbetrag nach China gesandt werden, doch fehlten 49 Pfund und 11 Shilling. Die Missionsfreunde gaben sich jedoch nicht mit diesem Fehlbetrag zufrieden, sondern brachten die Sache gemeinsam vor Gott. Als Hudson Taylor sie um diese 49 Pfund 11 Shilling beten hörte, legte er den soeben erhaltenen Geldschein auf den Tisch. Er hätte nicht direkter aus der Hand des himmlischen Vaters kommen können.

Eine weitere Ermutigung war die unerwartete Eröffnung eines Reisewegs nach Westchina. Vor ihrer Reise sandte Stevenson, der von Mr. Soltau begleitet wurde, lesenswerte Berichte über die Fahrt durch Burma und den Irawadi aufwärts nach Mandaley, der Hauptstadt des despotischen Königs, über seinen freundlichen Empfang und die Erlaubnis zur Niederlassung in Bhamo, wo damals noch keine Europäer lebten. Das alles vertiefte das Interesse und trug dazu bei, daß Hudson Taylor im Frühjahr 1875 anstelle des kleinen Vierteljahrsblattes ein illustriertes Monatsblatt herausgeben konnte.

Das war ein großes Wagnis, denn damals hatte man noch nicht so viele illustrierte Zeitschriften wie heute. „Chinas Millionen" war bei seinem Erscheinen etwas ganz Ungewöhnliches. Das Blatt brachte aktuelle Aufsätze und Bilder — Burma zog damals die öffentliche Aufmerksamkeit auf sich —, gut übersetzte chinesische Erzählungen für die Jugend und ganzseitige Sprüche mit Blumenschmuck zum Ausmalen für die Kleinen als Sonntagsbeschäftigung. Es berichtete über die Fahrten der Pioniere, über Bekehrungen und Fortschritte auf den älteren Stationen, und vor allem brachte es Betrachtungen aus Hudson Taylors Feder, die alte und neue Freunde erfreuten.

Vor fünf Jahren (1876) hatte Hudson Taylor ein neues Verständnis des Glaubens gewonnen. Eine Stelle im griechischen Neuen Testament bekam für ihn eine ganz neue Bedeutung. Ihn überraschten die Worte: „Ekete pistin Theou", „Habet — oder haltet — die Treue Gottes!" Das hatte er noch nie gelesen. Er schlug damals den englischen Text nach und und las in Markus 11, 22: „Habt Glauben an Gott!" Das war ihm bekannt. Eine Stimme in seinem Innern sagte: Die alte Schwierigkeit! Wie gern hätte er Glauben an Gott gehabt, wenn er nur gewußt hätte wie! Der griechische Text sagte etwas anderes aus. Es stand da nicht: „Habe" — in deinem Herzen irgendwie Glauben an Gott, sondern einfach: „Halte fest, rechne mit Seiner Treue!" Das war doch etwas ganz anderes. Nicht *mein* Glaube, sondern *Gottes* Treue. Welchen Frieden schenkte das!

Und 1875, fünf Jahre später, erfüllte derselbe Gedanke sein Denken aufs neue. China schien immer noch so unerreichbar wie früher trotz des im Jahre 1860 abgeschlossenen Tientsin-Vertrages. Pässe, die nur schwer zu erhalten waren, gaben wenig oder keinen Schutz. Jeder Europäer, der sich in die unerlaubten Gebiete wagte, riskierte sein Leben. Nach beinahe siebzig Jahren protestantischer Mission in China waren insgesamt nur neununddreißig Zentren — alle Missionsgesellschaften eingerechnet — besetzt. Die achtzehn erbetenen Pioniere waren neu dazu geschenkt worden. In der vierten Nummer von „Chinas Millionen", die sich im einzelnen mit dem Plan der Mission zur Evangelisation aller Inlandprovinzen beschäftigte, schrieb Hudson Taylor:

„Die Wurzel fast aller unserer Sünden und Schwächen ist unser Mangel an Vertrauen. Wir können sie nur meiden, wenn wir zu Ihm aufsehen und Seine Treue erkennen ... Wer an Gottes Treue festhält, wird nicht tollkühn oder leichtsinnig handeln, aber er wird zu jeder Tat bereit sein, die von ihm gefordert wird. Wer an Gottes Treue festhält, wird es wagen, Ihm zu gehorchen, wie unweise es auch erscheinen mag. Abraham vertraute Gott, opferte Isaak und dachte: ‚Gott kann auch wohl von den Toten auferwecken.' Mose hielt fest an der Treue Gottes und führte die Millionen Israels in die Wüste. Josua kannte Israel und wußte, wie fest die Städte der Kanaaniter und wie kriegstüchtig sie waren, aber er vertraute Gott und führte die Israeliten durch den Jordan ... Die Apostel vertrauten Gott und fürchteten sich weder vor dem Haß der Juden, noch vor der Feindschaft der Heiden ... ‚Und was soll ich mehr sagen? Die Zeit würde mir zu kurz, wenn ich erzählen sollte' von allen, die festhielten an Gottes Treue und darum glaubten und ‚Königreiche bezwangen, Gerechtigkeit erwirkten, die Verheißung erlangten' ... ‚Kräftig geworden sind aus Schwachheit, stark geworden im Streit, der Feinde Heere daniedergelegt haben'.

Auch Satan hat seine Religion: Zweifel an Gottes Treue. ‚Sollte Gott gesagt haben? Irrt ihr euch nicht über Seine Gebote? Er hat es vielleicht nicht so gemeint. Ihr nehmt den Sinn Seiner Worte zu buchstäblich.' ... Wie viele schätzen die Schwierigkeiten nach den verfügbaren Kräften ein und unternehmen daher nur geringe Dinge — und haben dabei keinen Erfolg! Alle Helden Gottes sind schwache Menschen gewesen, die große Dinge für Gott taten, weil sie damit rechneten, daß Er mit ihnen sein würde ... Liebe Freunde, wenn es einen lebendigen, treuen und wahrhaftigen Gott gibt, dann laßt uns an Seiner Treue festhalten! Dann können wir in jede Provinz Chinas hineinkommen. Dann können wir mit ruhiger, nüchterner, aber zuversichtlicher Siegesgewißheit jeder Schwierigkeit und Gefahr entgegengehen. Dann können wir mit Kraft in der Arbeit, Geldmitteln, Durchhilfe Gottes und endlichem Erfolg rechnen. Laßt uns Ihm nicht nur ein Stück unseres Vertrauens schenken, sondern täglich, stündlich Ihm dienen, indem wir ganz an *Seiner Treue* festhalten!"

Im Frühjahr 1876, zehn Jahre nach der Ausfahrt der „Lammermuir", wurde das erste Jubiläums-Dankfest gehalten. Hudson Taylor war inzwischen so weit wiederhergestellt, daß er auf einen kräftigen Stock gestützt ohne Hilfe gehen konnte. Das neue, frische Leben, das mit dem Auszug der neuen Pioniere in die Arbeit gekommen war, blieb allen Freunden und Mithelfern nicht verborgen. Beweis dafür waren die großen Scharen, die die Mildmay-Konferenzhalle füllten. Aber wie wichtig diese Versammlungen auch sein mochten, konnten die Redner doch nur einen kleinen Einblick in diese ersten zehn Jahre mit ihren Erfahrungen der Liebe und Treue Gottes geben. Hudson Taylor konnte auf der Karte achtundzwanzig Stationen in fünf Provinzen zeigen, in denen Gemeinden entstanden waren. Sechshundert gläubige Chinesen waren in diesen zehn Jahren getauft worden. Mehr als siebzig der Bekehrten widmeten ihr Leben der Verbreitung des Evangeliums. Auf ihnen ruhte die Hoffnung besonders für die zukünftige Arbeit im noch unerreichten Inland. Achtundsechzig Missionare waren ausgesandt worden, zweiundfünfzig standen noch im Dienst der Mission. Die Mittel zu ihrem Unterhalt hatten nie gefehlt. Allerdings war die Prüfung des Glaubens auch nicht ausgeblieben. Ohne Kollekte oder Aufruf zu irgendeiner Sammlung waren 52 000 Pfund eingegangen, und die Mission hatte niemals Schulden gemacht.

Wieviel Gebete und praktische Selbstverleugnung *hinter* den Tatsachen lagen, stand nicht im Bericht. Aber die Kandidaten in Pyrland Road hätten interessante Einzelheiten berichten können. Bei ihrer praktischen Vorbereitung auf die Gefahren und Opfer in der Arbeit gab ihnen das Vorbild ihres Leiters Mut. Er lebte den Glauben, der nicht ein abgeschlossener, auf rätselhafte Weise zu erlangender Besitz, sondern eine tägliche, lebendige Erfahrung war.

„Es war damals wundervoll, mit ihm zusammen zu sein", erzählte Mr. Broumton. „Er pflegte Easton und mich zu langen Gesprächen über China in sein Zimmer zu holen. Dann gab er uns Ratschläge für Pionierfahrten und berichtete aus seiner eigenen Erfahrung. Mit tiefstem Interesse verfolgte er die Vorbereitungen zur Ausreise der Achtzehn."

Ein anderer berichtete über seinen ersten Besuch in Pyrland Road: „Unvergeßlich war seine herzgewinnende Art zu grüßen. Er führte mich sofort in sein Arbeitszimmer, das gleichzeitig das Büro der Mission war und durch große Flügeltüren mit dem vorderen Wohnzimmer verbunden werden konnte. Ich weiß nicht, ob ich überrascht oder enttäuscht war.

Jedenfalls war es ein ungewöhnlicher Eindruck. Der Raum war mit Verpackungsmaterial ausgefüllt. Einige rohe Gestelle verdeckten eine Wand ganz. Nahe beim Fenster, das den Blick auf trübselige Gärten freigab, befand sich ein mit Zeischriften beladener Schreibtisch. Vor dem Kamin, an der Stelle, wo sich gewöhnlich das Gitter befindet, stand eine niedrige, schmale, eiserne, mit einer sauberen Decke versehene Bettstelle — Mr. Taylors Ruhestätte bei Tag und bei Nacht. Ich erinnere mich nicht, die Spur eines Teppichs auf dem Boden gesehen zu haben. Jedenfalls war kein Möbelstück vorhanden, das nach Bequemlichkeit oder Luxus ausgesehen hätte. Er benutzte niemals seine Stellung als Direktor der Mission dazu, sich auch nur den geringsten Vorteil oder die kleinste Bequemlichkeit zu verschaffen. Unter allen Umständen blieb es sein Grundsatz, im Geist und in der Tat in gleicher Opferbereitschaft zu leben, die er von seinen Missionaren erwartete." —

Eines Tages war es soweit, daß er nach China zurückkehren konnte, um die Pioniere in das ferne Inland zu begleiten. Die Erhörung der Gebete vieler Jahre machte diese Reise möglich. Seine geliebte Schwester Amalie und ihr Mann, Mr. Broomhall, stellten sich für die Heimatarbeit zur Verfügung.

Wie stark mußte ihr Vertrauen zum Herrn gewesen sein, als sie endlich der Mission beitreten konnten, hatten sie doch zehn heranwachsende Kinder zu versorgen! Doch gerade das war vielleicht ihre beste Vorbereitung. Von Pyrland Road Nr. 2, dem Heim der Broomhalls, strömte bald so viel geistliche und praktische Hilfsbereitschaft aus, daß es lange das beliebteste Heim der Mission war.

Die politischen Verhandlungen in Peking, die so lange hingezogen worden waren, hatten zu einer Krise geführt. Die chinesische Regierung war nicht zu irgendeiner Wiedergutmachung für den Mord an Margary zu bewegen, und der englische Gesandte, der alle möglichen diplomatischen Schritte unternommen hatte, stand im Begriff, die ganze Angelegenheit in die Hände des Admirals zu legen. Ein Krieg schien unvermeidlich. Viele Freunde der Mission waren entschieden gegen Hudson Taylors Ausreise.

„Sie werden doch zurückkehren müssen", meinten sie, „und jetzt Pioniere in die entferntesten Provinzen auszusenden, kommt doch kaum in Frage."

Es war tatsächlich eine kritische Lage. Nach Jahren des Gebets und der Vorbereitung waren die Missionare für die unerreichten Provinzen geschenkt worden. Sie befanden sich bereits in China und hatten einige Sprachkenntnisse erworben. Nun wollten sie vorwärtsgehen. Konnte es sein, daß das Gebet des Glaubens unerhört blieb und das schon weit geöffnete Eisentor des inneren Burgbezirks vor ihnen geschlossen wurde? Hudson Taylor war nicht dieser Meinung. Er fühlte sich ganz sicher, daß Gottes Zeit gekommen sei, weil Er doch die Missionare geschenkt hatte. Es war ihm freilich klar, daß im Falle eines Krieges nicht nur die Pioniere, sondern *alle* seine Mitarbeiter die Inlandstationen aufgeben müßten. Die Lage konnte nicht bedrohlicher aussehen. Noch bevor er England verließ, hatte der Gesandte tatsächlich Peking verlassen, um die Eröffnung der Feindseligkeiten vorzubereiten. Der Krieg hatte also bereits begonnen, weil andere Mittel wirkungslos geblieben waren.

Und doch — das Gebet blieb auch jetzt nicht ohne Wirkung. Bei Gott gibt es kein „Zu spät". Im letzten Augenblick, als es am unwahrscheinlichsten schien, erfolgte ein Umschwung im Auswärtigen Amt in Peking. Der Vizekönig Li Hung Chang, ein Mann mit klarerem Blick für die Lage als seine Mitregenten, holte den englischen Gesandten noch rechtzeitig ein, um die Verhandlungen wieder anzuknüpfen. In Chefoo wurde dann der Vertrag unterzeichnet, der endlich den Zugang zu den entlegensten Teilen Chinas freigab. Das erfuhr Hudson Taylor bei seiner Ankunft in Schanghai. Die Unterzeichnung hatte eine Woche nach seiner Abreise von England stattgefunden.

„Gerade als unsere Achtzehn zur Reise ins Inland bereit waren, keinen Augenblick früher oder später, öffnete sich ihnen der Weg von selbst", schrieb Hudson Taylor.

Allerdings blieben die China-Inland-Missionare noch jahrelang fast die einzigen Europäer, die diese Gelegenheit nutzten. Weithin durchzogen sie das Land in allen Richtungen und drangen bis ins östliche Tibet vor. In den nächsten achtzehn Monaten wurden etwa 45 000 Kilometer zurückgelegt und überall Bibelteile und Traktate verteilt oder verkauft, und dies fast immer unter freundschaftlichen Verhältnissen.

Man darf indessen nicht meinen, die Pioniere hätten keine Schwierigkeiten gehabt. Obgleich die Haltung der Regierung augenblicklich günstig war, blieben die Vorurteile der Gelehrten bestehen. Auch mußten die großen und kleinen Reisebeschwerden ertragen werden. Und doch waren es wunderbare Reisen mit neuen Erlebnissen, den Fahrten ins Unbekannte und ihrem Suchen nach Menschenseelen. Tapfer hielten die Missionare aus in mannigfachen Gefahren, bei denen ihr junges Leben allein auf Gott angewiesen war. Am tiefsten beeindruckte sie die Bereitschaft zum Hören der Frohen Botschaft und das Eingehen auf geistliche Dinge. Judd und Henry Taylor in Honan, Easton und Parker auf ihrer Reise zum fernen Nordwesten — alle berichteten das gleiche: überall Willigkeit zum Hören, überall Menschen, die aufrichtig nach der Wahrheit suchten.

Bis das eigentliche Ziel der Mission, eine dauernde Niederlassung, erreicht war, mußten weitere Reisen unternommen werden. Auch wenn sich Heilssuchende zum Unterricht zusammenfanden und ein Gebiet verheißungsvoll schien, konnten sich die Missionare erst nach langer Zeit niederlassen. Einmal befand sich Mr. Nicoll, selbst aus Ichang ausgewiesen, mit Hudson Taylor zusammen im Arbeitszimmer, als ein Bündel Briefe abgegeben wurde. Darin wurde von schweren Aufständen auf vier Missionsstationen berichtet. Nicoll meinte, Taylor allein lassen zu müssen, hörte diesen aber zu seinem großen Erstaunen bald sein Lieblingslied pfeifen: „Jesus, Frieden, tiefen Frieden, gibt die Freude, Herr, in Dir." In das Zimmer zurückgekehrt, konnte sich Nicoll nicht enthalten auszurufen: „Wie können Sie pfeifen, wenn unsere Freunde in solcher Gefahr stehen?"

„Möchten Sie mich furchtsam und verzagt sehen?" lautete die Antwort. „Das würde Ihnen nicht helfen und mich selbst bestimmt unfähig für meine Arbeit machen. Ich muß die Last auf den Herrn werfen."

Das war das Geheimnis seiner Kraft. Er wälzte seine Last auf den Herrn ab. Er hatte die Ruhe und Freude im Herrn auch in Schwierigkeiten kennengelernt.

Fast ebenso groß wie sein Verlangen nach der Evangelisation der Inlandprovinzen war damals Hudson Taylors Wunsch nach Einigkeit und Segen für die Missionarskonferenz, die in Schanghai durchgeführt werden sollte. Eine solche Gelegenheit hatten sie bisher noch nicht gehabt und wollten sie besonders nutzen. Deshalb brauchten sie dringend die Kraft des Heiligen Geistes.

„Für eine besonders wichtige Sache müssen wir jetzt beten", schrieb Hudson Taylor im Februar an seine Frau, „die kommende Konferenz. Sie wird eine Macht sein zum Guten oder zum Bösen. Es hängt davon ab, ob wir im gläubigen Gebet treu sind. Wenn wir nicht eine Ausgießung des Heiligen Geistes erleben, kann viel Schaden entstehen. Schon die Vorbesprechungen haben das leider gezeigt ... Es wird auch nicht ohne Angriffe auf uns abgehen, wenn gewisse Absichten Erfolg haben. Aber unser Gott ist ein *allmächtiger* Erretter. Ich setze meine Hoffnung auf Ihn. Wenn Sein Geist ausgegossen ist, wird das Böse gehindert, und warum sollte das nicht geschehen, wenn wir darum bitten? Laß uns also eifrig beten — täglich beten um dieses eine ... daß nicht Zank und Zwietracht herrschen, sondern Einigkeit und Liebe!"

Aber Hudson Taylor betete nicht nur, er unternahm auch alles, was in seiner Macht stand, um diese ihm so wichtige Einigkeit zu fördern und Mißverständnisse zu beseitigen. Es war nicht verwunderlich, daß die China-Inland-Mission besonders heftig kritisiert wurde. Ihre Ziele und Methoden waren nie populär gewesen, und ihr neuer Schritt zur weiteren Ausbreitung des Evangeliums trug zunächst den Charakter eines Experiments. Viele meinten, die Pioniere, die doch zum größten Teil noch sehr jung waren und erst am Anfang ihrer missionarischen Tätigkeit standen, sollten bei so schwieriger und wichtiger Arbeit noch nicht eingesetzt werden. Nun, sie waren ohne Zweifel unwissend und unerfahren im Vergleich zu älteren Missionaren und besonders den tüchtigen Männern, die man in den ersten Reihen der anderen Missionsgesellschaften finden konnte. Niemand wäre dankbarer für solche Mitarbeiter gewesen als Hudson Taylor selbst. Aber sie waren alle dringend nötig auf dem Posten, auf dem sie standen. Es war unmöglich, den einen oder einige von ihnen zu entbehren, wo China jetzt den Predigern des Evangeliums ganz offen stand. Sollte etwa niemand ausgesandt werden, weil man keine besseren Mitarbeiter bekommen konnte?

Andererseits hatte Hudson Taylor Grund zu glauben, daß diese Mitarbeiter auf Gebet hin geschenkt worden waren. Er sah Gottes Hand darin, daß sie bereitstanden, als die Tore des Westens sich öffneten. Er tat alles, was er konnte, die erfahrenen Missionare zu entlasten, und war dankbar, zuverlässige chinesische Christen mit den jüngeren Evangelisten aussenden zu können. Er wußte wohl, daß auch sie Erfahrung zur Erfüllung ihrer Aufgabe brauchten. Zu viel Wissen kann allerdings auch eine Last sein, die entmutigt. Aber wenn die Erfahrung auch noch gering war, so besaßen sie dafür die Gesundheit und Hoffnungsfreudigkeit der Jugend und die Elastizität des Körpers und Geistes, was schon an sich eine große Hilfe ist. Wenn die Kritiker diesen jungen Menschen näherkommen, sie kennenlernen und von ihren eigenen Lippen die wunderbaren Gelegenheiten Gottes hören könnten, würden zweifellos ihre Einwände zum Schweigen gebracht werden. Wie aber konnte dies möglich gemacht werden?

Ein Leiter mit weniger Erfahrung in Gottes Erziehungswegen als Hudson Taylor hätte vielleicht die ganze unfreundliche Kritik beiseite geschoben und sich nur um die eigene Arbeit gekümmert. Bei allen Anfeindungen vergaß er jedoch nie, daß diejenigen, deren Ansichten über Missionspraxis am meisten von den seinigen abwichen, wahrscheinlich ebenso aufrichtig das Kommen des Reiches Gottes herbeisehnten wie er. Er hatte etwas von der wirklichen, unaufhörlichen Einheit des Leibes Christi erlebt. Das Auge darf zur Hand nicht sagen: „Ich brauche dich nicht!" In 1. Kor. 12, 15 heißt es: „So der Fuß spräche, ich bin keine Hand, darum bin ich des Leibes Glied nicht, sollte er um deswillen nicht des Leibes Glied sein?" Im Gegenteil, was er auch sagt oder fühlt, zum Leibe gehört er und muß an ihm bleiben. Hudson Taylor erkannte immer klarer, was das für die China-Inland-Mission bedeutete. Als „Hand" konnte sich diese Pionierarbeit weiter hinausstrecken als der übrige Körper. Aber wenn sie wirklich weiterkommen wollte, *mußte sich auch der Körper vorwärtsbewegen.* Anders ging es nicht. Ein großer Teil seiner Arbeit — und nicht der leichteste — mußte also in dem demütigen und geduldigen Bemühen bestehen, seine Brüder bei jedem weiteren Schritt, den Gott ihn führte, mitzuziehen. Es wäre natürlich viel leichter gewesen, allein und unabhängig vorzugehen, aber wo ist Platz für Unabhängigkeit in einem lebendigen Organismus, bei dem jedes Glied mit dem Ganzen unlöslich verbunden ist?

Mit solchen Gedanken beschäftigt, begab sich Hudson Taylor von Chinkiang nach dem neuen Missionszentrum in Wuchang. Mr. Judd war gerade mit einem der Pioniere nach der fernen Hauptstadt von Kweichow ausgezogen, darum mußte seine Stelle neu besetzt werden. Es war schwierig, die Verbindung mit den fernen Missionaren aufrechtzuerhalten und ihnen regelmäßig Geldmittel zukommen zu lassen. Mehrere Wochen stand der erfahrene Mitarbeiter Mr. McCarthy Hudson Taylor zur Seite. Dieser bereitete sich in jenen Tagen auf eine Reise nach Westchina vor. Hudson Taylor hatte schon lange daran gedacht, von den Pionieren so viele wie irgend möglich zu einer Konferenz zusammenzurufen. Darum hatte er in letzter Zeit bei der Aussendung von einzelnen Gruppen bestimmt, daß sie zu einem bestimmten Datum zurückkehren sollten, um Bücher und Geld abzuholen. Und nun sah er bei seinen Beratungen mit Mr. McCarthy die Möglichkeit, den Arbeitern der anderen Gesellschaften näherzukommen. Auf der anderen Flußseite in Hankow wirkten viele Missionare anderer Gesellschaften, und es konnte zur gegenseitigen Verständigung und Vorbereitung für die große Konferenz in Schanghai dienen, wenn gemeinsame Versammlungen gehalten wurden. Die Zusage der Wesleyanischen und Londoner Mission wurde nicht allzu freudig gegeben.

Hudson Taylor nahm sie aber als Gebetserhörung an, weil er nun mit den besonders kritischen Beurteilern der China-Inland-Mission in Fühlung treten konnte. Leicht war das bei der Fülle an Arbeit nicht, und für einen fein empfindenden Menschen war die Situation wenig angenehm.

So war er beinahe froh, als er eines Abends in Hankow so lange aufgehalten wurde, bis es zu spät war, über den Fluß zurückzufahren. Bevor er an das andere Ufer gelangen konnte, mußten die Stadttore geschlossen sein, und ohne Nachtzeug konnte er nicht gut in einer Herberge übernachten. Er mußte also Gastfreundschaft suchen. Deshalb wandte er sich an einen Missionar, mit dem er nur flüchtig bekannt war und der eine sehr ungünstige Meinung von ihm und der China-Inland-Mission hatte. Hudson Taylor erklärte ihm ganz schlicht die Lage und bat ihn um ein Nachtquartier. Höflich wurde er eingelassen, und die erwiesene Freundlichkeit ebnete den Weg zum Gespräch. Weil Hudson Taylor ein ebenso guter Zuhörer wie Erzähler war, fanden sich beide bald in ernste Fragen vertieft, die auch die innersten Dinge berührten. Eine herzliche Freundschaft entstand aus diesem Beisammensein. Der Missionar benutzte bald eine sich ihm bietende Gelegenheit, um öffentlich zu sagen, „daß er nie geahnt hätte, welch edler Mensch Mr. Taylor sei".

Wo Hudson Taylor Missionare anderer Gesellschaften fand, nahm er sich Zeit, ihre Arbeit kennenzulernen. Besondere Freude bereitete ihm ein Sonntag, den er mit Pfarrer David Hill in Wusueh verlebte, und in Kiukiang verkehrte er viel mit den amerikanischen Missionaren. Er schrieb damals:

„Der Herr möge uns oder vielmehr mir vergeben! ... Es bestehen jetzt in China Möglichkeiten wie nie zuvor, und wie sie wohl auch nie wiederkehren werden. Da noch der Eindruck des kaiserlichen Erlasses nachwirkt, was wahrscheinlich nur wenige Monate anhalten wird, können wir in Wochen das erreichen, was uns früher Monate und Jahre gekostet hätte. Auch erkenne ich darin Gottes Hand, daß Er mich gerade jetzt hierher gebracht hat."

Die lange verschlossenen Türen öffneten sich wirklich. Im Norden und fernen Nordwesten waren Pioniere unterwegs. McCarthy näherte sich bereits der westlichen Provinz Szechuan, die größer ist als Frankreich und bedeutend dichter bevölkert. Judd und Broumton hatten in der Hauptstadt der Provinz Kweichow, etwa 1300 Kilometer von der nächsten Missionsstation entfernt, eine Station gegründet, während Stevenson und Soltau von Bhamo aus ausgedehnte Reisen in das Kahchenhügelgebiet unternahmen.

Hudson Taylor kehrte voll Dank und freudiger Erwartung nach Wuchang zurück, um die Pioniere, die sich dort zu einer kleinen Konferenz einfinden wollten, zu treffen. Und sie kamen. Aus den fernen Inlandprovinzen, von den am Strom gelegenen Stationen versammelten sich siebzehn China-Inland-Missionare, dazu noch etwa ein Dutzend andere aus Hankow. Die Hauptverantwortung für die Versammlungen trug Hudson Taylor. Wie immer bei besonderen Anlässen wurde ein Tag zum Fast- und Bettag bestimmt. Sie alle hatten Verlangen nach mehr göttlichem Segen, der alles Kalte und Tote, alle Kritik und alle Mißverständnisse aus ihrem Herzen zu tilgen vermag. Sie erflehten die Kraft des Heiligen Geistes für die vor ihnen liegende große Arbeit.

Diese Gebete fanden in den folgenden Tagen eine wunderbare Erhörung. In Judds Gartenhaus am Berghang und in der Kapelle der Londoner Mission war Gott ihnen spürbar nahe. „Nehmt euch Zeit zum Heiligsein!" war das Thema zu Dr. Griffith Johns Vortrag, dem Ansprachen Hudson Taylors und anderer über die praktischen Schwierigkeiten und die inneren geistlichen Probleme des Missionslebens folgten. Es wurde viel gebetet, ganz besonders für die noch unerreichten Provinzen. Die Berichte der jungen Missionare, so einfach sie waren, weckten tiefe Anteilnahme. Die Hoffnungsfreudigkeit dieser unerfahrenen Arbeiter, ihre Begeisterung und ihr kindliches Vertrauen auf Gott, daß Er das Unmögliche möglich zu machen imstande sei, wirkten ermutigend und ansteckend.

Hudson Taylor sandte die Pioniere gestärkt und ermutigt wieder aus und wandte sich der schwierigen Aufgabe an der Küste zu, wo drei Wochen später die große Konferenz in Schanghai stattfand. Sein Vortrag behandelte das Thema: „Evangelisationsreisen in die Nähe *und* in die Ferne". Kein anderes Thema konnte leichter Meinungsverschiedenheiten oder gar Streit hervorrufen.

Abermals wurde das Gebet erhört, und das scheinbar Unmögliche trat ein. Hudson Taylors Vortrag erweckte, wie „The Celestial Empire" (Das himmlische Reich) berichtete, das größte Interesse der Zuhörerschaft. Von Dr. Johns Eröffnungsansprache mit ihrer eindringlichen, mächtigen Forderung eines Lebens im Heiligen Geist bis zu dem abschließenden Aufruf der Gesamtkonferenz „an die Missionshäuser, Universitäten und Kirchen der Welt", Männer und Frauen für diese große Gelegenheit auszusenden, gab alles nur Grund zum Danken. Hudson Taylor sprach von einer Versammlung, reich an Segen für das chinesische Volk, und dem wichtigsten Schritt, den die Missionen in China bis jetzt getan haben. Das Scheiden nach zwei Wochen Gemeinschaft (vom 10. bis 24. Mai 1877) war wie das Auseinanderreißen einer Familie, die nie auf Erden wieder zusammenkommen wird. Kein Mißklang blieb zurück. Sogar die chinesische Kleidung Hudson Taylors und seiner Mitarbeiter wurde nicht länger als Beleidigung empfunden, und die Ausbreitungsbewegung, deren Vertreter sie waren, hatte Vertrauen gewonnen. Die meisten, wenn auch nicht alle Anwesenden, waren zur Fürbitte bereit. —

Schon vor der Konferenz in Schanghai hatte Hudson Taylor schlechte Nachrichten über eine anhaltende Dürre in den nördlichen Provinzen erhalten. Jahrelange Mißernten hatten die riesige Bevölkerung an den Rand einer Hungersnot gebracht. Briefe von zwei Pionieren aus Shansi berichteten ausschließlich von der drohenden Gefahr. Hudson Taylor wußte, was diese Situation bedeutete und welche Gelegenheit sie zur Verkündigung und auch zur praktischen Hilfe bot. Er bemühte sich, Turner und James mit Geldmitteln zur Unterstützung der Hungernden zu versehen. Sie arbeiteten als einzige evangelische Missionare in dem schwerbetroffenen Gebiet, und ihre Briefe, die in „Chinas Millionen" veröffentlicht wurden, erweckten allgemein Anteilnahme. Aber weil die Unterstützung lange fortgesetzt werden mußte, erkannte Hudson Taylor die Dringlichkeit seiner Rückkehr nach England.

Die von ihm für den Chinaaufenthalt vorgesehenen vierzig Wochen näherten sich ihrem Ende. Aber leider blieb noch viel Arbeit in China liegen. Er hatte noch keins der älteren Zentren besucht. So eifrig er sich auch für Pionierarbeit einsetzte, lagen ihm doch auch die bestehenden kleinen Gemeinden am Herzen. Bei seiner angegriffenen Gesundheit war es nicht leicht, in der glühenden Sommerhitze die mühseligen Reisen auf sich zu nehmen, um Stationen in Chekiang zu besuchen und alle damit verbundene Arbeit kennenzulernen. Er hatte gehofft, das alles vor der Konferenz von Schanghai erledigen zu können. Nun lagen jene wichtigen Tage hinter ihm, und die Heimkehr nach England mußte weiter hinausgeschoben werden.

„Manchmal scheint es hart", hatte er Anfang Mai an seine Frau geschrieben, „so lange von Dir getrennt sein zu müssen. Aber im Glauben daran, wie Jesus dreiunddreißig Jahre dem Himmel fern blieb und Seine Erdenmission erst auf Golgatha beendigte, schäme ich mich meiner Selbstsucht."

Inzwischen hatte er einen Plan entworfen, nach dem er den kleinen Gemeinden helfen wollte. Warum sollte man nicht eine Konferenz für chinesische Leiter in gleicher Weise halten wie die in Schanghai? Der Gedanke an solch eine Möglichkeit war bis jetzt noch nie aufgetaucht, geschweige denn ausgeführt worden. Wieviel Anregung und Ermutigung könnte davon ausgehen! Er traf sogleich die notwendigen Vorbereitungen.

„Bete um besonderen Segen für unsere Konferenz in Ningpo!" schrieb er an seine Frau. „Alle haben eine innere Auffrischung dringend nötig *und ich selbst auch*. Das heiße Wetter scheint die Seele ebenso schlaff zu machen wie den Körper."

So empfanden alle. Als seine Besuchsreise beendet war und er mitten in den diesmal besonders umständlichen Vorbereitungen zur Abreise stand, kam er zu der Konferenz, als ob sie das einzig Wichtige wäre. Er schrieb danach:

„Es war eine der interessantesten Konferenzen, die ich je mitgemacht habe. Wir waren erstaunt und erfreut über die Geschicklichkeit unserer chinesischen Brüder ... Wenn wir bedenken, daß diese Menschen noch vor wenigen Jahren in der Dunkelheit des Heidentums lebten, werden wir ermutigt und dürfen noch größere Dinge für die Zukunft erwarten ...

Gott schenke uns, daß schon bald solche Versammlungen in allen Provinzen des chinesischen Reiches gehalten werden!"

Kurz vor Weihnachten kehrte Hudson Taylor von seiner vierten Chinareise nach England zurück. Fast sechzehn Monate war er fern von den Seinen gewesen. Seine kleinsten Kinder von zwei und drei Jahren kannten ihn nicht mehr. Die älteren Geschwister waren sehr gewachsen, und ein Adoptivkind, die verwaiste Tochter Duncans, des Pioniers von Nanking, war noch hinzugekommen. So füllten sieben Kinder das kleine Haus mit ihrem Weihnachtsjubel und erfreuten sein Vaterherz. Allzuviel Zeit konnte er aber nicht mit ihnen zubringen.

In China hatte er tatsächlich alle Stationen besuchen und fast alle Mitarbeiter sprechen können. So brachte er die Überzeugung mit nach Hause, daß dringend neue Hilfskräfte, und zwar vierundzwanzig Männer und mindestens sechs Frauen, schon im nächsten Jahr (1878) ausreisen sollten. Unter den Kandidaten, die ihn bei der Heimkehr begrüßten, standen mehrere zur Ausreise bereit. Bald war er vollauf mit Abschiedsversammlungen beschäftigt, bei denen er vielen Freunden begegnete.

„Ich bete jetzt um eine Erhöhung unserer jährlichen Einkünfte um 5000 Pfund", schrieb er im Februar an ein älteres Mitglied der Mission, „und außerdem um 2000 Pfund für Ausrüstung und Überfahrt. Wollen Sie auch täglich dafür beten? Wir gedenken Ihrer alle Tage im Gebet."

Inzwischen brachte jede Post schlimme Nachrichten von der wachsenden Hungersnot in Nordchina. Im Januar wurde die Zahl der Gefährdeten auf sechs Millionen geschätzt. Die gemeinsamen Bemühungen der chinesischen Regierung und des europäischen Hilfskomitees waren völlig unzureichend im Kampf gegen die furchtbare Not. Hudson Taylor gab die Tatsachen in Versammlungen und durch die Presse bekannt mit dem Erfolg, daß reiche Geldmittel bei der China-Inland-Mission für diesen Hilfsdienst eingingen. Aber es war nicht bloß Geld nötig. Es wurden nicht nur Zehntausende durch den Hunger dahingerafft, Tausende wurden auch in die Sklaverei verkauft. Besonders Mädchen und junge Frauen wurden buchstäblich herdenweise von grausamen Händlern aus dem Süden weggeschleppt. Kinder kamen massenhaft um, die man in Waisenhäusern hätte sammeln und für Zeit und Ewigkeit retten können. Der Zugang zu der armen, leidenden Frauenwelt war sehr leicht geworden. Bestimmt war es jetzt Zeit, Missionarinnen in die neu eröffneten Inlandprovinzen zu senden.

Aber wo war die Frau, die dort die Leitung übernehmen konnte? Es war keine Kleinigkeit, in das von der Hungersnot heimgesuchte, etwa zwanzig Tagereisen von der Küste entfernt gelegene Gebiet zu ziehen. Es mußte jemand sein, der Erfahrung besaß, die Sprache kannte, den jüngeren Missionarinnen helfen und für sie sorgen konnte. In China war niemand dafür frei oder geeignet. Und daheim? Ja, da gab es nur *eine* Möglichkeit — aber ausgerechnet die kostete Taylor viel: seine Frau.

Sie besaß die nötige Erfahrung, Gebetskraft, Opferwilligkeit, Sprachkenntnisse und das Vertrauen aller Mitarbeiter. Aber konnte sie denn zu Hause abkommen? Wenn schon für ihn das Opfer groß war, wie dann erst für sie als Frau und Mutter! Zuerst konnte sie tatsächlich nicht einsehen, daß dies ihr Weg sein sollte. Ihr Mann kränkelte und benötigte ihre Hilfe bei der Arbeitslast, die auf ihm lag, ganz abgesehen von den Kindern. Es konnte nicht richtig sein, ihn zu verlassen, selbst wenn die Familie auf andere Weise versorgt würde. Der Kampf war kurz, aber verzweifelt.

Punkt für Punkt wurden ihre Einwände widerlegt, ihre Schwierigkeiten beseitigt, bis es keinen Zweifel mehr gab.

„Ich fühle mich wie Gideon", schrieb Mrs. Taylor, „meine Stärke in China muß darin bestehen, daß ich auf Gottes Befehl handle. Und ich brauche die Bestätigung durch den ‚Tau, der auf dem Fell lag' (Richter 6, 36 f.). Ich bitte Gott, mir das nötige Geld für einige Ausrüstungsgegenstände zu senden, da wir gerade keins haben, und darüber hinaus fünfzig Pfund, damit noch Geld vorhanden ist, wenn ich abreise."

Am selben Dienstagnachmittag erhielt sie den Besuch einer Freundin. Beim Abschied sagte diese zu ihr: „Darf ich Ihnen eine kleine Gabe zu Ihrem eigenen Gebrauch geben, für etwas, das Sie vielleicht für die Reise noch brauchen?"

Es waren zehn Pfund — so viel wie die Mission damals zu den Ausrüstungskosten beisteuerte.

Keiner in Pyrland Road, nicht einmal Hudson Taylor wußte etwas von den „Fellen". Sie wartete gespannt weiter. Mehrere Tage vergingen, ohne daß ihr Gebet beantwortet wurde. Vielleicht versagte der Herr es ihr, damit sie Ihm ohne besondere Bestätigung vertraute.

„Gestern, Sonntag", fährt sie in einem Brief an Hudson Taylors Mutter fort, „wurde mir gewiß, daß Er zur rechten Zeit für mich sorgen würde. Ich fühlte mich sehr glücklich in dem Bewußtsein, daß Er mein Helfer ist und ich, wenn ich ausziehe, Ihn noch besser kennenlernen und Seine Kraft in meiner Schwachheit mächtig finden werde."

Als sie am nächsten Morgen ihre Briefe durchsah, ob einer darunter eine Gabe enthielt, fand sie zunächst nichts. Dann öffnete sie einen Brief von Barnsley und las voll Dankbarkeit, daß sich Hudson Taylors Eltern mit ihrem Schritt einverstanden erklärten. Und siehe da: Sein Vater fügte einen Scheck über fünfzig Pfund bei. Überwältigt von Freude eilte sie mit dem Brief in das Arbeitszimmer ihres Mannes. Er hatte den Brief bereits gelesen und sich gefragt, wie das Geld verwendet werden sollte. Er nahm nie das „zur freien Verfügung" Bestimmte für sich, auch dann nicht, wenn er es wie jetzt gerade brauchte.

„O diese fünfzig Pfund gehören mir", sagte sie. „Ich habe einen Anspruch darauf, von dem du nichts weißt." Und sie erzählte ihm die Vorgeschichte.

„Und so", fährt sie in ihrem Brief an die Mutter fort, „nehmen wir das Geld mit herzlichem Dank an Euch als Gottes Geschenk an. Ich hatte zu dem Herrn gesagt: ‚Fünfzig Pfund sind für mich in diesem Augenblick mehr als ein Vermögen zu irgendeiner anderen Zeit. Sie sollen mir eine Bürgschaft dafür sein, daß Du auch für andere Bedürfnisse sorgen wirst. Es ist ein liebevolles Eingehen auf meine Schwachheit.'"

Inzwischen hatte Mrs. Broomhall, die nebenan wohnte, von dem beabsichtigten Schritt gehört und war tief bewegt. Sie trug bereits die Sorge für das Missionshaus und die Kandidaten. Daneben hatte sie für ihre eigene große Familie zu sorgen.

„Wenn Jennie den Auftrag zur Ausreise nach China bekommen hat", sagte sie ohne Zögern, „dann habe ich den Auftrag, für ihre Kinder zu sorgen."

Das war eine große Beruhigung für Mrs. Taylor. Unter solch treuer Aufsicht konnten alle, auch die Kleinsten, mit dem Vater zusammenbleiben, und die Familie brauchte nicht auseinandergerissen zu werden. Aber der Herr zeigte ihnen noch auf andere Weise, wie Er für sie sorgte. Am Tage, bevor Mrs. Taylor in Begleitung mehrerer neuer Mitarbeiter England verließ, kam ein Brief von einem alten Freund, worin er seine Zustimmung zu ihrem Unternehmen aussprach. In diesem Brief lag ein Betrag zur Gründung eines Waisenhauses. Mit Erstaunen sah sie, daß dieser Scheck auf tausend Pfund lautete.

„Bitte tragen Sie die Summe ohne Namen ein!" schrieb der Freund. „Sie kommt nicht aus dem Überfluß. Ich werde sie in meinem Geschäft vermissen. Aber wenn Sie sich um Christi willen trennen, kann ich nicht weniger geben."

Als Mrs. Taylor gegen Ende des Sommers von Schanghai aus nach der Inlandprovinz Shansi aufbrechen konnte, war das ein großer Schritt vorwärts. Mit ihr zogen zwei jüngere Missionarinnen, Miss Horne und Miss Erickmay. Mr. Baller gab ihnen das Geleit. Noch nie hatten sich Europäerinnen so weit ins Inland gewagt. Mit ihrer Arbeit in den vom Hunger heimgesuchten Gebieten begann den Frauen und Kindern, den hundertachtzig Millionen des fernen Inlandes ein kleines Licht aufzugehen. Als Hudson Taylor durch ein Telegramm ihre Ankunft erfuhr, schrieb er:

„Ich kann Dir nicht sagen, wie mein Herz und meine Gebete bei Euch allen sind . . . Ich danke Gott, der mir eine solche Lebensgefährtin schenkte, der Jesus mehr bedeutet als ihr Mann und der Sein Werk wichtiger ist als ihre Lieben und ein ruhiges Leben hier. Ich weiß, daß Er unsere Kinder segnet und segnen wird wie auch Dich, mich und die Arbeit. Der Gedanke macht mich froh, daß ich Dich nicht selbstsüchtig zu meiner eigenen Hilfe und Freude zurückbehalten habe. Was wird das für eine Ernte sein!"

Inzwischen wurde das Opfer für ihn recht fühlbar. Solange Mrs. Broomhall von nebenan häufig kommen konnte, bereitete ihm seine

Familie wenig Last. Aber als seine Kinder an Keuchhusten erkrankten und das Haus isoliert werden mußte, lag natürlich die Hauptlast auf ihm. Wenn der arbeitsreiche Tag vorbei war, mußte er manche bange Nacht an den Bettchen wachen, weil die Mutter fehlte. Niemand aber hätte sie besser und liebevoller pflegen können. Die Anhänglichkeit der Kinder belohnte ihn für alle Mühe. Die starke Belastung machte sich allerdings bemerkbar.

Das Gebet um dreißig neue Mitarbeiter im Laufe dieses Jahres wurde erhört. Das brachte neue Arbeit. Bei der Jahresversammlung am 27. Mai konnte Hudson Taylor von vielen Kandidaten berichten, die zu großen Hoffnungen berechtigten. So schrieb er einige Wochen später an seine Frau:

„Ich habe heute morgen lange gebetet um einen weisen und verständigen Geist, ein gütiges Herz und Organisationstüchtigkeit. Der Herr lasse mich den äußeren Ansprüchen gemäß wachsen!"

Er war sehr dankbar, daß bald danach eine unerwartete Zeit der Ausspannung folgte — die erste, die er sich, abgesehen von den Seereisen, seit den zwölf Jahren des Bestehens der Mission gönnte. Als Gast von Miss Waldegrave und Lady Beauchamp verbrachte er mit deren Familien zwei Wochen im Engadin. So lernte er die Schweiz kennen. Viele Briefe zeigen, mit welchem Entzücken er die Schönheiten der Seen, Berge und Alpenblumen in sich aufnahm und wie die Gletscherluft ihm neues Leben zu geben schien. Die Freunde ließen ihm völlig freie Hand, ob er nun seine Korrespondenz erledigte oder nach Herzenslust durch die Tannenwälder an den Berghängen wanderte. Aber auch dorthin folgten ihm die Sorgen der Mission. An einem einzigen Tag erhielt er fünfundzwanzig Briefe, von denen die meisten beantwortet werden mußten. Außerdem schrieb er viel an seine Frau, die er in dieser herrlichen Umgebung schmerzlich vermißte.

„Jeden Tag betrachte ich das kleine Bibelzeichen mit den Worten ‚Um Jesu willen', das Du mir geschenkt hast", schrieb er am 27. August von Sils Maria aus, „und ich bin dankbar für die Mahnung. Wir sind nicht um Deines und meines Vergnügens willen getrennt, auch nicht um Geld zu verdienen oder um der Kinder willen, ja nicht einmal China, der Mission oder den Missionaren zuliebe, sondern um Jesu willen. Er ist es wert! Und Er segnet Dich und läßt alle Menschen, mit denen ich zusammentreffe, so freundlich sein."

In Pontresina zogen ihn vor allem die Gletscher an. Mit einem Sonnenschirm bewaffnet (nach chinesischer Sitte), einigen Biskuits und der Bibel verbrachte er den ganzen Tag auf ihnen oder in ihrer Nähe.

Viele Fragen wurden unter Gebet in der Einsamkeit der Berge durchdacht. Nachdem die Gebete erhört und die Inlandprovinzen Chinas geöffnet worden waren, mußten nun Missionarinnen ausgesandt werden. Ein verantwortungsvoller Schritt, der aber folgerichtig war. Als Hudson

Taylor vor vielen Jahren am Strand von Brighton um die ersten vierundzwanzig „willigen und fähigen Arbeiter" bat, hatte er kaum so weit vorausgedacht. Wenn es schon Empörung hervorgerufen hatte, als er Männer in die Einsamkeit und die Gefahren schickte, was würde dann erst geschehen, wenn er verheiratete oder unverheiratete Frauen veranlaßte, dasselbe zu tun? Weitere Fragen hingen mit der Organisation der sich ausdehnenden Arbeit in der Heimat zusammen.

Doch meistens verbrachte er diese Stunden erquickender Einsamkeit in der Gemeinschaft mit dem Herrn. Es wurde ihm aufs neue deutlich: Es hat dem Vater gefallen, „daß *in Ihm* alle Fülle wohnen sollte".

Die vielen Versammlungen, die Hudson Taylor dann im September in England hielt, und die bemerkenswerten Gebetserhörungen im Zusammenhang mit der Aussendung der 1878 erbetenen und geschenkten Dreißig können hier nur kurz erwähnt werden. Achtundzwanzig neue Missionare zogen vor dem Jahresende hinaus, und weitere waren mit dem Versprechen baldiger Aussendung angenommen worden. Nicht ein einziger brauchbarer Bewerber wurde wegen Geldmangels abgewiesen, obwohl manchen gesagt werden mußte, daß zunächst kein Geld zur Aussendung vorhanden sei. Aber immer wieder sandte der Herr zweckbestimmte Mittel. So schrieb Hudson Taylor zum Beispiel im Oktober am Abreisetag einer Gruppe an zwei vielversprechende Bewerber und nahm sie für die Arbeit in Shansi an. Er teilte ihnen zwar offen mit, daß er zur Zeit keine Mittel zur Ausrüstung und Überfahrt hätte, lud sie aber ins Missionshaus in London ein, damit sie möglichst bald ausreisen könnten. Dieser Brief ging nachmittags ab, und einige Stunden später befand sich unter der Post ein Brief von Lord Radstock, damals in Stockholm, der unter anderen Gaben eine Summe von hundert Pfund mit der Bestimmung enthielt: „Damit zwei neue Arbeiter in das Hungergebiet von Shansi entsendet werden können!" So war das nötige Geld vorhanden und die Bahn zur Ausreise frei, bevor die jungen Männer sich im Glauben auf den Weg nach London begeben konnten.

Er bekam auch Hilfe in Dingen, die schwieriger als die finanziellen waren, so daß Hudson Taylors Rückkehr nach China möglich wurde. Der Ausschuß wurde verstärkt durch William Sharp, und McCarthy übernahm die Mitherausgabe von „Chinas Millionen". Noch wichtiger war, daß Theodor Howard, der erste Vorsitzende des Ausschusses und lebenslänglicher Freund der Mission, den Posten des Heimatdirektors annahm. Mr. Broomhall wurde in Anerkennung der unschätzbaren Dienste, die er in den drei letzten Jahren in Pyrland Road geleistet hatte, zum Generalsekretär ernannt. Mrs. Broomhall sorgte weiterhin für die ausziehenden und heimkehrenden Missionare und die siebzehn Kinder.

Trotzdem blieben noch genug Gebetsanliegen, und es bestand kein Mangel an Schwierigkeiten in England oder China.

In Shansi veranlaßte ein Traum Mrs. Taylor zu ernster Fürbitte für ihren Mann. In diesem seltsamen, lebhaften Traum sah sie, daß er erkrankt war und dringend ihre Hilfe brauchte. Wie aber konnte sie ihm am besten helfen? In Shansi, 1500 Kilometer von der Küste entfernt, fühlte sie sich hilflos und unerreichbar, obgleich er zu ihr kommen wollte, um die nördlichen Provinzen kennenzulernen. Die dringenden Aufgaben an der Küste machten das aber unwahrscheinlich. Sollte sie sich vielleicht nach Schanghai begeben? Die Arbeit, die sie für die Waisen des Hungergebiets unternommen hatte, war wohlorganisiert, und ihre Mitarbeiterinnen konnten sie allein weiterführen. Zwei von den Missionaren der Hauptstadt Taiyuan hatten Hilfe durch ihre Frauen bekommen, so daß ihre Anwesenheit nicht mehr unbedingt erforderlich war. Der Traum paßte auch zu anderen Weisungen, die sie erhalten hatte. Deshalb entschloß sie sich, wenn auch noch in großer innerer Ungewißheit, das Gebirge zu überschreiten und nach Schanghai zurückzukehren. Auf dem langen Wege war sie sich der Leitung Gottes klar bewußt.

Tatsächlich befand sich ihr Mann auf der Reise nach China, ohne daß sie es genau wußte. Er brauchte ihre Fürbitte sehr, denn er war im Indischen Ozean so schwer erkrankt, daß ein Arzt in Singapore zweifelte, ob er lebend Hongkong erreichen würde. Dennoch setzte er die Reise fort. In Hongkong erreichte ihn die Nachricht, daß seine Frau bereits in Schanghai auf ihn warte. Ihre Briefe stärkten ihn, und die Freude darüber half ihm über den Rest der Reise hinweg. Kurz nach ihrer Ankunft in Schanghai hatte sie am 18. März 1879 geschrieben:

„Ich habe vor dem Herrn einige der zahlreichen Schwierigkeiten ausgebreitet, die Dich erwarten, und denke nun fast mit Freuden an sie. ... Mir ist in diesen letzten Monaten klargeworden, daß der wichtigste Teil unserer Arbeit der unsichtbare ist, der auf dem Berge der Fürbitte geschieht. Unser Glaube muß den Sieg für die Mitarbeiter, die Gott uns gegeben hat, gewinnen. Sie kämpfen in der sichtbaren Schlacht, und wir müssen in der unsichtbaren kämpfen. Dürfen wir Geringeres als völligen Sieg beanspruchen, wenn er für Ihn ist und wir in Seinem Namen kommen?“

In der ersten Freude des Wiedersehens erfüllten ihn die Pläne zum Besuch der Stationen und zur Stärkung der neuen Missionare, die während seines Aufenthalts in England nach China ausgereist waren. Aber die Last der Arbeit war größer als seine Kraft. Er war so krank, daß sein Leben wieder an einem Faden hing. Der hinzugezogene Arzt hatte wenig Hoffnung, es sei denn, der Patient würde sofort in ein besseres Klima gebracht. Der Sommer nahte, und es hatte daher keinen Zweck, irgendwo im Yangtsetal zu bleiben. Der nördlichere Hafen Chefoo mit seiner frischen Seeluft wurde als der beste Zufluchtsort vor der Hitze gewählt. Wie aber sollten sie dahin kommen?

Es wurde eine sorgenvolle Fahrt vom Montagabend bis Mittwochmorgen durch feuchten Seenebel und mit dem melancholisch dröhnenden

Nebelhorn. Besonders in der zweiten Nacht wußte sich Mrs. Taylor keinen Rat mehr. Mr. Taylor war so geschwächt, daß er kaum Nahrung zu sich nehmen konnte, und sie fürchtete, er würde in Chefoo nicht mehr vom Dampfer an Land gebracht werden können. Sie getraute sich kaum noch zu schlafen. In einem Brief an Miss Désgraz in Chinkiang heißt es:

„In meiner Not schrie ich zu Gott um Hilfe. Ich bat Ihn, entweder meinem Mann zu ermöglichen, die vorhandene Nahrung aufzunehmen, oder mir zu zeigen, wo ich etwas anderes für ihn bekommen könnte. Auch erinnerte ich Ihn an Sein Wort: ‚Der Mensch lebt nicht vom Brot allein.' Er könnte ihn deshalb auch ohne Mittel heilen. Ich bat Ihn auch, den Nebel zu lichten und die Verantwortung von mir zu nehmen, weil sie mir zu schwer war. Ich dachte daran, daß ‚Gott unsere Zuversicht und Stärke ist, eine Hilfe in den großen Nöten, die uns getroffen haben . . .' Dann wandte ich mich zu meinem Mann, und es gelang mir, ihn zu überreden, etwas Nahrung zu sich zu nehmen. In der Nacht trank er eine Tasse Kräutertee. Am nächsten Tag ging es ihm entschieden besser . . . An diesem Nachmittag ging ich an Deck und konnte einem Offizier einige ernste Worte sagen. Als ich auch eine Bemerkung über das bessere Wetter machte, sagte er: ‚Ja, es war erstaunlich. Um neun Uhr dreißig klärte sich der Nebel auf, und wir hatten eine herrliche, mondklare Nacht.' Das geschah also zwischen neun und zehn Uhr dreißig, während meines Betens, bevor ich mich zur Ruhe legte."

Als sie sich am nächsten Morgen Chefoo näherten, war ihr doch ängstlich zumute. Es war nicht möglich gewesen, vorher eine Unterkunft für den Kranken zu besorgen. Sie schaute darum eifrig nach dem Zollbeamten aus, einem freundlichen christlichen Mann, dessen Bekanntschaft sie kürzlich auf ihrer Reise gemacht hatten. Doch diesen hielt eine Krankheit zu Hause fest, so daß er ihr nicht helfen konnte. Sie war sehr bedrückt, weil sie ihr Gepäck auf einem Boot lassen und ihren kranken Mann an Land bringen mußte, ohne zu wissen wohin. Aber ohne den Nebel hätte das Schiff einige Stunden früher in der kalten Nacht angelegt. Im Morgensonnenschein war alles viel leichter. Sie sahen darin wieder Gottes liebevolle Fürsorge. Während Mrs. Taylor und ihr Reisebegleiter ein Quartier suchten, lag Hudson Taylor wartend in dem kleinen chinesischen Boot und betrachtete die sonnenbeschienene Küste. Seine Gedanken weilten bei den großen Aufgaben, die auf ihn warteten. Er sah vor sich die Stationen mit den vielen Arbeitern, die alle ihre Lasten und Beschwerden zu tragen hatten. Ebenso erinnerte er sich an die neu zu gründenden Stationen in den Gebieten, die seine Frau bereist hatte, um dort nach Möglichkeiten für die Frauenarbeit zu suchen. Es würden Kinder geboren werden und heranwachsen. Wie konnten diese aber das heiße Klima des Binnenlandes ertragen, das Erwachsene kaum aushielten? Mußten auch sie einmal nach England geschickt werden wie seine eigenen Kinder? Ließ sich nicht vielleicht doch ein Weg finden, die Erwachsenen zu entlasten, ihnen eine Erholung bei Übermüdung oder Krankheit zu verschaffen?

Hudson Taylor ahnte nicht, daß auf dem Strand, der vor ihm lag, später einmal eine ganze Reihe von Gebäuden stehen würde, die gerade diesem Ziel, der Unterbringung für heranwachsende Kinder und Erholung für die Müden, dienen sollten. Doch der Herr wußte es. Er sah voraus und ordnete es so, daß die Wartezeit zum Ausgangspunkt neuen Wirkens wurde. Er wußte, wie die Eltern auf den fernen Stationen mit Gebeten das Leben ihrer Kinder umgeben würden, und erhörte ihre Bitten, ehe sie Ihn baten.

Inzwischen wurde Mrs. Taylor im Hause des christlichen Zollbeamten herzlich willkommen geheißen. Das jungverheiratete Paar nahm sie und ihren kranken Mann als zahlende Gäste in ihr geräumiges Heim auf.

Der folgende Sommer war besonders drückend. Nur wenige konnten sich an eine heißere Zeit in China erinnern. Die Arbeit, die Hudson Taylor ursprünglich für das Yangtsetal geplant hatte, würde ihm höchstwahrscheinlich das Leben gekostet haben. Da auch andere Mitarbeiter erkrankt waren, kam er auf den Gedanken, sie nach Chefoo kommen zu lassen. Zunächst ließ er einige neu angekommene junge Missionare holen und mietete einen unbenutzten Bungalow. Bald waren in den drei kleinen Räumen und dem leeren Vorratshaus eine Gruppe von Sprachschülern untergebracht. Später mieteten sie eine Unterkunft am „Bluff", der prächtigen Landzunge mit ihren chinesischen Dörfern jenseits der Bucht.

Hudson Taylor schrieb auch an Mr. und Mrs. Judd, die in Wuchang am Ende ihrer Kraft waren und wahrscheinlich nach England zurückkehren mußten: „Kommen Sie, wenn es Ihnen möglich ist, nach Chefoo!" Er schilderte den Missionaren, wie er sich hier wunderbar erholte. Geld zur Reise konnte er ihnen allerdings nicht schicken; er bat aber Gott, Er möge ihnen die Reise ermöglichen. Mr. Judd willigte freudig ein und verkaufte alle Möbel, die er ohnehin nicht länger benötigte. Der Erlös genügte, seine leidende Frau und die fünf Buben nach Chefoo zu bringen, wo sie ein herzlicher Willkomm erwartete.

Es bereitete Hudson Taylor wie den Eltern große Freude, die Kinder so froh am Strand spielen zu sehen. Wie gern hätte er allen andern Mitarbeitern und ihren Familien dieselbe Erholung gegönnt! Es gab jedoch keine weiteren Häuser, die er hätte mieten können, außer dem Bungalow, den Judds bewohnten.

Hudson Taylor war inzwischen so weit genesen, daß er nach Chinkiang reisen konnte. Während seiner Krankheit hatte Gott den Frauen in den kürzlich betretenen Provinzen die Türen geöffnet. Seine Boten standen bereit. Anscheinend war das Leben im Inland nicht sehr verschieden von dem in den Küstengebieten. Nachdem die Pioniere Wohnungen gefunden hatten, fühlten sie sich unter der Bevölkerung ganz zu Hause. Sie erkannten den Vorteil fester Stationen. Es war natürlich, daß sie sich verheirateten und ihre Lebensgefährtinnen als erste Europäerinnen in die fernen Gebiete einführen wollten. Hudson Taylor konnte nichts dagegen einwenden. Als er daher im August ins Yangtsetal kam, war ein junges Paar bereits auf der Reise nach dem fernen Nordwesten, und andere bereiteten sich auf ähnliche Reisen vor.

Es folgte für Hudson Taylor ein arbeitsreicher Monat in Schanghai und Chinkiang. Er besuchte auch Hangchow und gestaltete dort das Heim für die Ausbreitungsarbeit um. Er schrieb darüber:

„Es ist jetzt so wohnlich. Gern würde ich den Rest meines Lebens dort zubringen und wieder ein richtiger Missionar sein."

Jeder Brief an seine Frau berichtete von seinen Plänen und Erfahrungen bis zu der Absicht, trotz der neuen Hitzewelle nach Hankow zu reisen. Hier entstand eine Pause in der Korrespondenz. Zum viertenmal innerhalb von vier Monaten schien es, als sollte sein irdischer Dienst zu Ende sein. In der Nähe der Stelle, wo seine heimgegangenen Lieben ruhten, rang er mit dem Tode. Rudland, der den Kranken Tag und Nacht mit selbstloser Hingabe pflegte, brachte ihn endlich nach Schanghai und von dort nach Chefoo. Hier vollbrachte die frische Seeluft wieder Wunder. Ein neuer Plan, der sich fast von selbst aufdrängte, verleitete Hudson Taylor dazu, viel Zeit im Freien zuzubringen.

Er und seine Mitarbeiter, die sich Tag für Tag der Erholung am Strand freuten, erkannten die Wichtigkeit einer Erholungsstätte für die Missionare. Daneben ließe sich vielleicht eines Tages eine Schule gründen. Sie kannten aber die Schwierigkeit des Landerwerbs. Daher betrachteten sie nur sehnsüchtig die Hügel, zwischen denen eine geschützte, etwas höher gelegene Stelle einen herrlichen Bauplatz bot. Ein Bach machte die Stelle besonders geeignet. Zunächst aber konnten sie nur beten. Sie suchten den Platz nicht oft auf; denn sie wußten, wie schnell die Preise zu steigen pflegten, sobald für irgend etwas besonderes Interesse gezeigt wurde. Doch eines Tages, als Hudson Taylor und Judd an jener Stelle vorbeigingen, kam ihnen ein Bauer entgegen und fragte, ob sie vielleicht Land kaufen möchten. Ja, es könnte sein, daß sie vielleicht etwas kaufen würden.

„Wollen Sie das Stück kaufen?" lautete die nächste überraschende Frage. Er bot ihnen den gewünschten Platz an. Der geforderte Preis war nicht hoch. Judd erzählte:

„Wir schlossen sogleich an Ort und Stelle den Vertrag ab. Ich habe noch nie ein Geschäft so schnell erledigt gesehen. Das Geld wurde ausbezahlt, und das Feld mit dem Bach gehörte uns. Dann kamen die benachbarten Bauern und wollten uns ihre Felder ebenfalls verkaufen. Wir kauften alles, was wir brauchten, zu recht mäßigen Preisen."

Als sie das Land besaßen, überlegten sie, wie sie mit möglichst geringen Mitteln ein Erholungsheim bauen könnten. Steine und Holz von auswärts würden eine zu große Summe verschlingen. Doch hier konnten sie ja gar nichts kaufen.

„So laßt uns selbst die Steine brechen", schlug Hudson Taylor vor, „und was wir an Backsteinen brauchen, fertigen wir selbst an." Judd berichtet über das wagemutige Vorgehen:

„Mr. Taylor und ich besaßen überhaupt keine Erfahrung im Hausbau. Die Bausteine machten wir aus Lehm. Später kamen wir auf den Gedanken, ein Schiffswrack in der Bucht zu verwenden. Es bestand hauptsächlich aus Eiche und Fichte und trug den Namen ‚Der Christ'. Wir kauften einen großen Teil des Wracks und verwendeten das Deck als Sparrenholz und das Eichenholz als Balkenwerk. Ich erinnere mich, wie eine Zeitung in Schanghai berichtete, ‚Der Christ' habe die Schiffahrt aufgegeben und sei der China-Inland-Mission beigetreten.

Von einem andern Wrack konnten wir indisches Teakholz kaufen, das wir als Dielen verwendeten. Auch die Kabineneinrichtung war uns sehr nützlich. Sie enthielt zum Beispiel ein prächtiges Buffet. Wir kauften Türen, Schränke, Schlösser und vieles andere mehr für zwei Dollar. Die Türen paßten wir ein, so gut wir konnten. Zu vielen der Schlösser bekamen wir Schlüssel. Bei dem Teakholz machten uns die Zapfenlöcher Schwierigkeiten. Wir füllten sie zwar aus, aber die Füllungen fielen heraus und hinterließen an den unpassendsten Stellen Löcher. Ich will nicht behaupten, daß das Haus gut gebaut gewesen wäre. Aber in Anbetracht unserer Unkenntnis war es ausgezeichnet. Zehn Räume hatte es, außerdem ein Hintergebäude und Anbauten. Es war unglaublich billig. Die Europäer in der Siedlung sahen mit Erstaunen, wie schnell es in die Höhe wuchs."

Die neue Tätigkeit und die vielen Stunden an der frischen Luft taten Wunder an Hudson Taylor.

„Es würde Euch gewiß Freude bereiten, den emsigen Betrieb auf dem Bauplatz zu sehen", schrieb Mrs. Taylor im November. „Maurer, Ziegelbrenner, Steinhauer und Zimmerleute haben ihre Mattenzelte aufgeschlagen. Andere arbeiten mit Hudson, Judd, Coulthard oder Hunt zusammen. Man muß sehr auf die Leute aufpassen, sonst gibt es Fehler und Verschwendung. Den Arbeitern halten wir täglich eine Bibelstunde, sonntags ein- bis zweimal Gottesdienst. Wir geben ihnen dann den halben Lohn.

Unsere jungen Missionare bekommen hier die beste Sprachschulung. Sie sehen viel kräftiger aus als bei ihrer Ankunft. Hier finden sie eine ausgezeichnete Gelegenheit, Christus nicht nur zu predigen, sondern auch auszuleben, denn die Geduld wird sehr oft auf die Probe gestellt... Es herrscht hier ein solch frischer, fröhlicher Ton. Mr. Judd ist gar nicht wiederzuerkennen."

So entstand das erste schlichte Gebäude, in dem die mit Recht berühmten Chefoo-Schulen gegründet wurden. Zwei von Judds Söhnen waren die ersten Schüler. Lao Chao, ein bekehrter Bauarbeiter, wurde der Leiter eines wachsenden Stabes von Gehilfen; denn allmählich entstanden ein Krankenhaus, eine Schule nach der anderen, Privathäuser und Erholungsheime. An den sonnigen Berghängen und dem stillen Strand wuchsen die Kinder der China-Inland-Mission unter der Leitung tüchtiger Lehrer heran. Diese waren alle Mitglieder der Mission. Hier erhielten sie vom Kindergarten bis zur Universität eine sorgfältige, gründliche Erziehung. Gleichzeitig blieben sie in Verbindung mit ihren Eltern und kleineren Geschwistern. Die Brüder und Schwestern aus den verschiedenen Schulen konnten sich treffen, und ihre Eltern kamen von Zeit zu Zeit zur Erholung ins Heim.

Das lag aber Ende 1879 noch in ferner Zukunft. Hudson Taylor behielt trotz der Bautätigkeit die Evangelisierung des Inlands im Auge. Die Weiterführung der Arbeit in Chefoo überließ er Mr. Judd. Er selbst reiste, sobald seine Gesundheit es erlaubte, nach dem vorgeschobenen Posten Wuchang. Die jungen Ehepaare, die einige Monate vorher nach dem Innern aufgebrochen waren, besaßen jetzt ein Heim und nahmen die

Arbeit unter den Frauen der westlichen und nordwestlichen Provinzen auf. Hudson Taylor sah klar, welche weiteren verantwortlichen Schritte er nun wagen mußte: Es sollten unverheiratete Frauen den Gefahren und Entbehrungen der Wanderung durch China ausgesetzt werden. Wochen und Monate hindurch würden sie einsam Dörfer und Städte durchziehen und Hunderte von Meilen von anderen Europäern getrennt sein. Konnte, durfte er das fordern? Aber er war schließlich nicht der Herr, nur Sein Diener. *Er*, der Herr, rief die Frauen. Sie zogen auf Seinen Befehl hinaus. Der Diener durfte sie nicht aufhalten.

Während Hudson Taylor mit Coulthard in der Maultiersänfte von Chefoo zum Großen Kanal reiste, konnte er in Muße über die Lage nachdenken und darüber beten. Nach dreieinhalb Wochen erreichten sie Chinkiang. Die Wege waren schlecht gewesen und die Herbergen armselig. Nachts mußten sie den Raum mit den Maultieren teilen, wobei diese gefräßigen Tiere über die Strohhaufen herfielen, auf denen ihre Reisegefährten schliefen. Aber wie unruhig ihr Schlaf und wie kalt ihr unfreundlicher Rastort auch war, der jüngere Missionar erblickte frühmorgens beim Erwachen Hudson Taylor beim spärlichen Licht einer Kerze beim Bibellesen und Gebet.

Als Hudson Taylor endlich Wuchang erreicht hatte, entwickelte sich schließlich alles ganz einfach. Eine Anzahl China-Inland-Missionare fand sich aus verschiedenen Gründen ein, und Ballers beherbergten sie. Täglich kamen sie zum Bibelstudium und Gebet zusammen, denn die Nöte der einsamen Arbeiter auf den entlegenen Außenstationen lagen ihnen auf den Herzen. 1500 Kilometer stromaufwärts hatten Nicolls eben Chungking erreicht. Nun war Mrs. Nicoll die einzige Europäerin in der großen Provinz Szechuan. Die Trennung von Mr. und Mrs. Clarke war ihnen sehr schwer gefallen. Diese waren tiefer ins Land hineingezogen. Sie wollten die Hauptstadt der Provinz Kweichow erreichen, wo Broumton auf einsamem Posten stand. Diese Station lag besonders isoliert und war schwer erreichbar. Darum bekam Trench den Auftrag, sich auf seiner nächsten Evangelisationsreise nach dem Befinden der kleinen Gruppe zu erkundigen. Er erklärte sich außerdem bereit, Missionarinnen in das Inland zu begleiten. Mrs. McCarthy und Miss Kidd fühlten sich dahin berufen. Mrs. McCarthy wollte ursprünglich ihren Mann in dieses Gebiet begleiten, hatte ihn aber kurz vorher durch den Tod verloren.

So folgten auf die Gebetswoche die Reisevorbereitungen. Coulthard sagte im Rückblick auf diese Vorgänge, die er damals als junger Missionar kaum in ihrer Tragweite überblicken konnte:

„Es war ein rechtes Glaubenswagnis. Die Abschiedsversammlung, in der die Missionarinnen Gottes Schutz und Beistand anbefohlen wurden, war sehr feierlich. Mr. Taylor hat die Schwierigkeiten damals sicher viel tiefer empfunden, als wir es konnten. Wir dachten überhaupt nicht an Gefahr. Er aber wußte, was alles passieren konnte, und war bewegt."

Der Reiseweg führte sie durch das aufrührerische und fremdenfeindliche Honan. Deshalb wurde noch eine chinesische Christin und Mr. Baller als Reisebegleiter mit entsandt. Damit waren die Hilfskräfte der Missionsstation erschöpft. Als von ganz anderer Seite der Hilferuf nach Missionarinnen ertönte, standen eigentlich keine mehr zur Verfügung. Glücklicherweise war Mrs. Taylor mit einer jungen Mitarbeiterin angelangt. Miss Fausset erklärte sich sofort mutig zum Aufbruch mit Mrs. King bereit. Dies bedeutete eine dreimonatige Reise auf einem Hausboot durch ein Gebiet, in dem kein einziger Missionar lebte.

Miss Wilson, die schon älter und bereits ergraut war, sollte sie begleiten. Ihre — nach chinesischer Auffassung — ehrwürdige Erscheinung machte es den beiden Missionarinnen möglich, ohne männlichen Schutz zu reisen. Alle drei wollten allein im Vertrauen auf Gottes Beistand reisen. Das liest sich so leicht. Aber nur die können die Lage richtig beurteilen, die selbst in jenen Zeiten solche Reisen gewagt haben. Hudson Taylor wußte, was das Unternehmen bedeutete. Trotzdem bestärkte er diese tapferen Frauen und übernahm die Verantwortung. Freilich tat er es nicht leichten Herzens und nicht ohne große innere Spannung. Weil außer ihm niemand im Missionshaus die nötige Erfahrung besaß, mietete er selbst das Boot und besorgte alles — das Packen der Eßvorräte und das Zusammenrollen der Schlafmatratzen. Er blieb die erste Nacht an Bord mitten im Gedränge von Fahrzeugen in der Mündung des Han und teilte die einzige Kabine mit einem aussätzigen Jungen, der durch Miss Wilson zum Glauben an Christus gekommen war und nun als wertvolle Hilfe mitreiste.

Als die Bootsleute am 1. März 1880 endlich aufbrachen, verließ Hudson Taylor das Boot, nachdem er die Missionare nochmals Gottes Schutz anbefohlen hatte. Seine Fürbitte jedoch geleitete sie Tag und Nacht, und dieses Bewußtsein stärkte die Reisenden.

Dankbar konnte Hudson Taylor darüber im Juli an seine Mutter schreiben:

„Ich kann Dir nicht sagen, wie froh ich bin. Die Arbeit breitet sich bis in die entlegensten Teile des Landes aus. Das ist wohl des Lebens und Sterbens wert."

DIE STEIGENDE FLUT

Während des Taipingaufstands hatte Kapitän Jü einige Zeit in Ningpo zugebracht. Dort war er mit Predigern der „Jesuslehre" in Berührung gekommen und hatte etwas von den Lehren des Christentums kennengelernt. Als nachdenkender, religiös veranlagter Mann machten sie auf ihn einen tiefen Eindruck. Das wenige, das er damals gehört hatte, vermittelte ihm jedoch keine klare Erkenntnis des Heilsweges. Fünfzehn lange Jahre gingen dahin. Er forschte weiter nach der Wahrheit und tat alles in seinen Kräften liegende, „die Gunst des Himmels“ zu gewinnen. Andere folgten seinem Beispiel. In einer Sekte von Reformbuddhisten, die gegen den Götzendienst ankämpften, fand er verwandte Geister. Nun zog er als unbezahlter Verkünder dieser Richtung von Ort zu Ort. Der Inhalt seiner Predigt war freilich recht negativ. Er erklärte den Götzendienst für Wahnsinn und Sünde und verkündigte die Existenz eines wahren, einzig anzubetenden Herrschers des Weltalls. Doch konnte er seinen Hörern nichts weiter über ihn sagen.

In seinem Dienst war er bereits ein alter Mann geworden, als er in einer Stadt des Inlands wiederum auf einen europäischen Missionar stieß. Dr. Douthwaite war von seiner Station am Tsientangfluß herübergekommen und predigte täglich mit Pastor Wang Lae-djün in der neu eröffneten Evangeliumshalle. Hier hörte der fromme Buddhist die ganze Frohe Botschaft von der Erlösung — hörte, glaubte und wurde ein neuer Mensch in Jesus Christus. Nach seiner Taufe im darauffolgenden Jahr (1876) kam er nach Chüchow in Dr. Douthwaites Behandlung. Dieser sah mit Freuden, welch große Fortschritte er im Verständnis des Wortes Gottes gemacht hatte.

„Ich erinnere mich noch“, schrieb er, „wie wir die Bibel miteinander gelesen und zusammen gebetet haben und Jü mich flehentlich bat, ihn als Prediger des Evangeliums hinausziehen zu lassen.

‚Ich habe Hunderte auf den falschen Weg geführt‘, sagte er, ‚nun möchte ich sie auf den Weg der Wahrheit führen. Laß mich ziehen! Ich verlange keinen Lohn. Ich möchte nur dem Herrn Jesus dienen.‘“

Drei Wochen später kehrte dieser begeisterte Missionar, der von der kleinen Gemeinde von Chüchowfu ausgesandt worden war, mit seinem ersten Bekehrten zurück. Er besuchte dann in Jüsan einige seiner früheren Schüler. Einer von diesen, ein munterer Bauer, der selbst ein Menschenfischer werden sollte, begleitete ihn dann auf seinen Reisen. Dr. Douthwaite erzählte, daß dieser ihm sagte: „Vierzig Jahre habe ich nach der Wahrheit gesucht. Nun habe ich sie gefunden.“ Dann fährt er in seinem Bericht fort:

„Er war einer von den vielen in China, die unbefriedigt sind und im Dunkeln nach etwas tasten, das ihr Verlangen stillen könnte. Dieser Mann bat sofort um die Taufe. Ich antwortete darauf: ‚So schnell geht das nicht. Wir müssen erst etwas von dir und deinem Leben wissen.‘

‚Nein‘, drängte er, ‚laß mich jetzt getauft werden! Ich bin ein alter Mann und habe eine dreitägige Reise unternommen. Es ist vielleicht meine letzte. Ich glaube alles, was ihr mir von dem Herrn Jesus gesagt habt. Es ist kein Grund vorhanden, weshalb ich nicht heute getauft werden dürfte.‘

Als ich weiter nachforschte, konnte ich selbst keinen Grund zum Aufschub finden. So taufte ich ihn, und er zog fröhlich fort.

Aber er kehrte zurück und brachte sechs oder sieben Nachbarn mit, denen er die Frohe Botschaft gepredigt hatte. Auch sie erklärten, sie glaubten an Christus und wollten den Götzendienst aufgeben. Nach einigen Monaten Probezeit konnte ich auch sie in die Gemeinde aufnehmen."

Inzwischen hatte der ehemalige Kapitän seine Arbeit fortgesetzt. Er war zu einem andern Mann im Bezirk geführt worden, dem der Herr bereits das Herz aufgetan hatte. Eines Tages wanderte der Kapitän nach Jüsan und schloß sich einem Fremden an, mit dem er bald in ein eifriges Gespräch geriet. Dieser Bauer namens Tung bestand darauf, dem „alten Lehrer" das Bettbündel, und was er sonst bei sich trug, abzunehmen. So wanderten sie meilenweit. Die Erzählung vom Leben, Sterben, Tod und von der Auferstehung Jesu erfüllte den jungen Mann so, daß er von dem Tage an nicht nur glaubte, sondern auch ein Prediger des Evangeliums wurde. Als Dr. Douthwaite einige Monate später in sein Dorf kam, fand er zu seiner Überraschung den Hof des Hauses von ruhig wartenden Menschen angefüllt, die eine Predigt hören wollten. Stühle, Hocker, Körbe, umgestülpte Eimer dienten als Sitze. Männer und Frauen hofften, er würde zu ihnen sprechen. Als er sich erkundigte, woher die Menschen so schnell gekommen seien, erfuhr er zu seiner noch größeren Verwunderung, daß sie auch ohne ihn zusammengekommen wären. Sie fänden sich jeden Abend in Tungs Hof ein zum Liedersingen, Beten und Lesen der Bibel. Meilenweit in den Dörfern ringsum wäre die Frohe Botschaft bekannt.

Auch in anderen Provinzen Hunderte von Meilen entfernt wurde in dieser Zeit ein Anfang gemacht. Hudson Taylor empfing Briefe voll interessanter Schilderungen, obwohl die Missionarinnen bei der vielseitigen Arbeit kaum Zeit zum Schreiben fanden.

„Seit zwei Monaten besuchen mich täglich mehrere hundert Frauen", schrieb Mrs. Nicoll. „Unser Haus gleicht einem Jahrmarkt. Auch Männer kommen in großer Zahl und wollen das Evangelium hören. Sie werden im vorderen Teil des Hauses empfangen. Zu den Frauen spreche ich in der ‚Gästehalle' und im Hofe davor, denn das Zimmer ist immer sofort überfüllt. Oft kommt die nächste Schar schon durch die Hintertür herein, während ich die erste zur vorderen Tür hinausgeleite."

Es ist leicht verständlich, daß sie Hilfe brauchte. Außer ihr lebte keine einzige christliche Frau in erreichbarer Nähe. Ihre einzige Stütze war ein alter Diener, der unter den Gästen im inneren Hofe bleiben durfte. Im Sommer mußte sie um drei Uhr aufstehen, um in Ruhe die Bibel lesen und Briefe schreiben zu können. Der Tag brachte kaum eine Pause. Mehr als einmal fiel sie zwischen ihren Besucherinnen vor Müdigkeit in Ohnmacht. Beim Erwachen merkte sie, daß die Frauen ihr zärtlich und besorgt Luft zufächelten.

Unter den vielen Frauen hatte sie manche Freundin. Eine ältere Dame, die wußte, wie müde Mrs. Nicoll oft war, liebte sie wie eine Mutter. Diese schickte ihr von Zeit zu Zeit ihre Sänfte mit der dringenden Bitte, sogleich zu ihr zu kommen. Die Missionarin mußte sich dann auf das bequemste

Bett in ihrem eigenen Zimmer legen, und während alle jüngeren Frauen den Raum verließen, setzte sie sich selbst zu ihr und fächelte ihr Kühlung zu, bis sie einschlief. Dann bereitete sie ein verlockendes Mahl und ließ ihren Gast nicht eher nach Hause zurückkehren, bis er kräftig gegessen hatte.

Darin lag überall die unerwartete Stärkung der ersten Missionarinnen in diesem abgelegenen Gebiet: Die Leute freuten sich, sie zu sehen. Sie zeigten nicht bloß Neugier, sondern echte, herzliche Liebe. Als Miss Kidd einmal durch die fremdenfeindliche Provinz Honan wanderte, wollten die Frauen an der Westgrenze, wo wahrscheinlich noch nie ein Europäer durchgereist war, sie bei sich behalten. Missionar Baller erzählt von dieser Reise:

„Wir begaben uns ziemlich bange auf den Weg. . . . Doch dann wurden wir zu unserer Überraschung mit großer Freundlichkeit aufgenommen . . . Viele von den Booten auf dem Tungtingsee werden von Frauen gerudert. Sie umringten unser Boot, als wir ankerten. Die Missionarinnen hatten nicht die geringste Schwierigkeit, ihnen das Evangelium zu sagen. Anstatt sich feindlich zu zeigen, waren sie entzückt, europäische Frauen zu sehen. Sie streichelten ihre Hände, ihre Haare und Wangen und sagten: ‚O welch schöne, weiße Haut habt ihr! Wieviel Puder müßt ihr gebrauchen?‘ Sie lobten ihr gutes Aussehen und fragten nach dem Grund ihres Kommens. Wie gern erklärten sie den Frauen ihren Beweggrund und sangen chinesische Choräle, die ihnen viel Freude machten!“

„Warum reist ihr nach Kweichow?“ fragten sie an manchen Orten. „Wir brauchen auch Glück und Frieden! Bleibt hier und seid unsere Lehrer!“ Miss Kidd berichtete:

„Auf der ganzen Strecke außer in den ganz großen Städten konnten Mrs. McCarthy und ich entweder an Land gehen und die Frauen aufsuchen oder sie auf unser Boot einladen. Ich liebe diese Honanfrauen. Sie waren so freundlich, so bereit, uns aufzunehmen und auf das zu hören, was wir ihnen sagen wollten . . . Daß eine chinesische Frau uns begleitete, war ein großes Glück. Da die Frauen noch nie Europäerinnen gesehen hatten, waren sie natürlich zuerst ängstlich. Doch dann redete unsere chinesische Christin mit ihnen über uns und erklärte ihnen den Grund unseres Kommens. Sie kamen dann bald näher, faßten unsere Hände und luden uns zu sich ein. Betraten wir daraufhin ihre Häuser, dann waren wir immer sofort von einer ganzen Schar umringt.

In einem Dorf erlebten wir etwas, was uns großen Spaß bereitete. Als wir geankert hatten, baten uns einige Frauen, an Land zu kommen. Mrs. McCarthy konnte mich wegen ihrer Zahnschmerzen nicht begleiten. Eine etwa halb so große Frau wie ich, mit einem Kindchen auf dem Arm, ergriff eine meiner Hände. Ein junges Mädchen von etwa fünfzehn Jahren nahm die andere. So führten sie mich die Straße entlang und sagten, ich brauchte keine Angst zu haben, sie wollten schon auf mich achtgeben. In ihr Haus kam dann eine Schar Besucherinnen. Einige schienen das Evangelium zu verstehen. Die junge Mutter brachte mich zum Boot zurück. Der Herr segne sie!“

Ihre Erfahrungen in Kweichow waren ebenso ermutigend. Mrs. McCarthy schrieb im zweiten Sommer:

„Die Leute sind sehr freundlich. Wir gehen hier ein und aus ohne irgendwelche Schwierigkeiten. Wenn wir umherwandern, werden wir oft zum Sitzen und Teetrinken eingeladen. Wir lassen nach chinesischer Sitte immer unsere Namen ausrufen. Manche Gesichter werden bei unserem Erscheinen strahlend froh."

Die Missionarinnen Wilson und Fausset erlebten im fernen Norden dasselbe. Als sie in der Stadt Hanchung ankamen, fanden sie Mr. und Mrs. King vollbeschäftigt. Gott hatte sich an diesem Ort ein Volk erwählt. Die Missionare konnten nur mit Mühe mit der Entwicklung Schritt halten. In kurzer Zeit bildete sich eine lebendige Gemeinde von dreißig Gläubigen. Eine ältere, von der Liebe zu Christus erfüllte Frau wurde nie müde, Miss Wilson in die umliegenden Dörfer zu begleiten.

Wohl war das Leben für die Missionarinnen anstrengend, weil sie mit dem Volk aßen und schliefen und den ganzen Tag umherwanderten und redeten.

Als Miss Wilson schon beinahe ein halbes Jahr in Hanchung gearbeitet hatte, kamen Parkers auf dem Wege nach der am weitesten nordwestlich gelegenen Provinz Kansu vorbei. Unter den zehn Millionen Chinesen, zum größten Teil Mohammedanern, lebte dort ein einziger Zeuge Christi: Missionar Easton, der sich nach ihrem Kommen sehnte. Obwohl das eine Reise von zehn Tagen auf rauhen Wegen quer über ein Gebirge bedeutete, erbot sich Miss Wilson, mit den Jungvermählten zu gehen. Begleitet von ihrem treuen Diener Wang, unternahm sie die Reise in das unbekannte Land. Im tiefsten Winter erreichten sie Tsinchow. Die Arbeit zeigte von Anfang an erfreuliche Fortschritte. Selbst die schüchternen Tibetaner wurden durch den Ruhm des „fremden Arztes" angelockt. In allen Kreisen wurden sie freundlich aufgenommen.

So wurde das Gebet für das Inland Punkt für Punkt erhört und das scheinbar Unmögliche eine Wirklichkeit. Kurz bevor Mrs. Taylor England verlassen hatte, um diese Pionierarbeit zu leiten, war eine besondere Gebetsvereinigung für „die hundertfünfundzwanzig Millionen heidnischer Frauen in China" gegründet worden. Die Mitglieder verpflichteten sich, täglich für die Missionare zu beten.

„Lieben Sie diese Frauen! Schenken Sie Ihre beste Tageszeit der Gemeinschaft mit Gott, und — lieben Sie die chinesischen Frauen!" So hatten die Abschiedsworte Hudson Taylors an Miss Wilson gelautet. Das Wunder dieser Liebe, „die alles Denken übersteigt", zeitigte wirkliche Frucht.

„Was ist das für ein sonderbares Gefühl, das wir empfinden, wenn wir zu euch kommen?" fragte eine der vielen Besucherinnen eine der ersten Missionarinnen in Honan. „Nirgends spüren wir es so. Zu Hause bei unseren Müttern haben wir es nicht. Hier sind unsere Herzen weit und friedevoll. Was macht sie so warm? Wir haben das noch nie gefühlt!"

Auch dieser Dienst kostete viel. Es gab zwar viel Erfreuliches — Ende 1880 konnten die Pioniere mit Freuden von sechzig bis siebzig Bekehrten in kleinen Gemeinden der Inlandprovinzen berichten —, doch gab es auch viel Leid. Mrs. King, die als erste zu den Frauen Westchinas gezogen war, wurde auch als erste zum höheren Dienst abberufen. Sie starb an Typhus. Aber noch vor ihrem Tod im fernen Land konnten achtzehn Frauen durch ihr klares Zeugnis für Jesus getauft werden. Diese Freude half ihr über den Schmerz der Trennung von ihrem Gatten und ihrem fünf Wochen alten Kindchen hinweg. Jesus gab ihr Frieden.

Derselbe Herr stärkte auch Mrs. Clarke am Grabe ihres Kindes in Kweichow. Er gab ihr Kraft, noch im gleichen Monat aus der Stadt, in der sie die einzige Missionarin gewesen war, zu der noch entlegeneren und schwierigeren Provinz Yünnan aufzubrechen. Die neu angekommenen Missionarinnen konnten ihre bisherige Arbeit allein fortsetzen, und ihr Kind, das ihr Herz und ihre Hände in Anspruch genommen hatte, war nun in einem besseren Land.

„Der Herr führt uns einen leidvollen Weg", schrieb der Vater, „aber bestimmt erachtete Er es als das Beste, unseren lieben Jungen zu sich zu nehmen, damit Er uns nach Yünnan senden kann. Hätte Er unser Kind nicht zu sich genommen, wäre uns der Gedanke zum Verlassen der Provinz Kweichow nie gekommen. Jetzt aber gibt es kein Ehepaar, das besser dorthin ziehen könnte als wir."

Vierzig Tagereisen westlich lag die Stadt, die auf ihr Kommen wartete. Zwölf Millionen Einwohner zählte die Provinz, doch es lebte kein einziger Missionar unter all den Frauen, Männern und Kindern. Am Grabe ihres Kindes übergab sich Mrs. King aufs neue dem Herrn zu dieser Arbeit und zog dann in die Einsamkeit und Entbehrungen der Provinz Westchinas. Schon zweieinhalb Jahre später folgte sie ihrem Kind im Tode.

„Andere werden nach uns kommen", sagte sie vor ihrem Heimgang, „andere werden kommen."

Von den schneebedeckten Höhen, auf denen sie so oft das Abendglühen sah, das sie an ihre Schweizer Heimat erinnerte, kamen später die lange vernachlässigten Stämme der Bergbewohner zu Hunderten zu ihrem Erlöser, den sie so sehr geliebt hatte. Und die Missionare, von denen sie im Sterben sprach, kamen auch.

Mrs. Taylor mußte im Oktober 1881 nach drei Jahren Chinaaufenthalt nach England zurückkehren. Gleichzeitig reiste Hudson Taylor von Chefoo, seinem Hauptquartier, nach Wuchang, um dort eine Konferenz mit mehreren Pionieren zu leiten. Der Sommer war besonders drückend gewesen. Krankheit und Geldmangel hatten außerdem manche Prüfung gebracht. Einmal schrieb Hudson Taylor an einen Mitarbeiter:

„Wann werden wir unsere Schwierigkeiten überwunden haben? Die Geldmittel werden immer geringer. Wir brauchen viel Gebet. Aber Gott kann uns nicht im Stich lassen. Wir wollen nicht ängstlich werden, sondern Ihm vertrauen."

Alle, die in jenem Sommer mit ihm in Chefoo zusammenlebten, beobachteten, daß er dem Gebet besonders viel Zeit widmete. Eines Tages fragte er das Ehepaar Nicoll:

„Was würden Sie tun, wenn Sie eine große Familie hätten und könnten ihr nichts zu essen geben? Das ist ungefähr die Lage, in der ich mich augenblicklich befinde."

Oft rief er die Hausgemeinde zusammen und dankte mit ihr für die Erhörung ihrer Bitten. Denn sie wurden auf mancherlei Weise versorgt. Hudson Taylor konnte immer, wenn auch nicht reichlich, so doch genügend Geldmittel an die Missionare verschicken.

„Die Spenden, die uns in den beiden letzten Monaten zukamen, sind sehr niedrig", hatte er im Mai an Dr. Scofield geschrieben. „Wenn wir nicht durch Gottes Güte in dieser Zeit mehr Beiträge aus China bekommen hätten denn je, hätte ich viel weniger verteilen können. Es ist wunderbar, erleben zu dürfen, wie Gott in Seiner wachsamen Fürsorge uns bald so, bald anders hilft. ... Wir sind gesegnet, solange Er uns in Seinen Händen hält."

Von der Konferenz in Wuchang schrieb er:

„... Ich habe viel Arbeit. ... Gott schenkt uns eine glückliche Zeit der Gemeinschaft miteinander. *Er bestätigt uns die Richtlinien, nach denen wir bisher gehandelt haben.*"

Dieser kurze Satz wirft in Verbindung mit der Krise, in der die Mission in jenen Tagen stand, ein helles Licht auf die Bedeutung der Konferenz. Wenn es auch den jüngeren Missionaren kaum zum Bewußtsein kam, stand damals mehr auf dem Spiel, als selbst Hudson Taylor erkennen konnte. Nach Jahren des Gebets und geduldiger, beharrlicher Arbeit war eine Lage erreicht worden, die viele Möglichkeiten eröffnete. Der Zugang zu allen Teilen Chinas stand jetzt offen. Auf allen Stationen im Norden, Süden und Westen sollten Verstärkungen geschenkt werden. Ganze Provinzen von der Ausdehnung europäischer Königreiche warteten auf Reise- und Stationsarbeit. Nicht weiter vorgehen hieße die anfängliche Glaubensstellung verlassen und mehr auf die Schwierigkeiten als auf den lebendigen Gott sehen. Freilich, schon seit Jahren waren die Gelder knapp. Nur wenige Arbeiter kamen aus der Heimat, mehrere Missionare waren ausgeschieden, und die Schwierigkeiten häuften sich. Wie leicht hätte der Gedanke aufkommen können: Das alles zeigt die Unmöglichkeit jeder weiteren Ausdehnung der Arbeit! Ohne weitere Ausdehnung jedoch müßte das Werk verkümmern. Gottgeschenkte Gelegenheiten hätten damit vernachlässigt und mit großen Opfern eröffnete Stationen geschlossen werden müssen. Das konnte bestimmt nicht Gottes Weg zur Evangelisierung des Inlands sein.

Was war nun zu tun? Welche Antwort sollten die Pioniere erhalten, die so dringend um Hilfe baten? Hudson Taylor erklärte der kleinen Schar: „Es gibt verschiedene Wege für Gottes Handeln. Wir können zum Beispiel Pläne ausarbeiten und sie nach bestem Vermögen ausführen. Das ist schon besser, als planlos zu arbeiten. Aber es ist nicht die beste Art, dem Meister zu dienen. Wir können zweitens die Pläne sehr sorgfältig entwerfen und dann Gott um Seine Hilfe und Gnade bei der Durchführung bitten. Der dritte Weg heißt: mit Gott anfangen, nach Seinen Plänen fragen und uns Ihm zur Durchführung anbieten."

Für diesen letzten Weg entschlossen sich die Missionare. Tag für Tag sollten die Nöte der Mission vor Gott gebracht und Seine Weisung zur Überwindung erbeten werden.

„Wenn wir diesen Weg wählen", fuhr Hudson Taylor fort, „überlassen wir die Verantwortung Gott, der immer Rat weiß. So finden wir Ruhe in Seinem Dienst. Wir selbst brauchen nur zu folgen, wohin wir geführt werden. Wir dienen dem, der planen und ausführen kann, dessen Werk nie fehlschlägt."

Nur allmählich erfaßten sie ganz, was das bedeutete. Viel Glauben war dazu nötig. Hudson Taylor berechnete einmal bei einem Spaziergang über den Schlangenhügel in Wuchang mit einem seiner Mitarbeiter, wie viele Frauen und Männer noch nötig sein würden, um die dringendste Arbeit zu bewältigen. Station um Station wurde geprüft. Der Blick auf den Zusammenfluß von Han und Yangtse, an dessen Ufern zwei Millionen Menschen lebten, gab ihrer Überlegung besonderen Ernst. Da tauchte ein neuer Gedanke auf, überwältigend zuerst in seiner Kühnheit: fünfzig oder sechzig neue Missionare. Die ganze Mission zählte damals kaum hundert. Aber auch fünfzig oder sechzig würden nicht genügen.

„Andere siebzig!!" zuckte es durch Hudson Taylors Sinn. „Danach sonderte der Herr andere siebzig aus und sandte sie . . ."

War das nicht zu viel verlangt? Nicht wegen der großen, wartenden Arbeitsfülle, aber wegen der fehlenden Geldmittel.

In diesem Augenblick stieß Missionar Parrott mit dem Stock an etwas Hartes im Gras. „Sehen Sie her!" sagte er und hob eine auf eine Schnur gezogene Kleingeldrolle auf. „Wenn wir *darum* auf die Hügel steigen mußten, dann kann uns Gott alles Geld geben, das wir brauchen."

Sie ließen aber den Gedanken nicht ohne weiteres zur Tat werden. Verschiedene Gebetsversammlungen und Besprechungen wurden noch gehalten, ehe sie vertrauensvoll um weitere siebzig Mitarbeiter beteten. Und sie rechneten mit der Erhörung.

Jemand sagte: „Wenn wir uns doch wieder treffen könnten zu einem Dankgottesdienst, wenn später der letzte der Siebzig in China angekommen ist!"

Es wurde beschlossen, drei Jahre als Zeitraum festzusetzen, in dem die Erhörung erwartet werden sollte. Es hätten kaum in kürzerer Zeit so viele neue Arbeiter aufgenommen und untergebracht werden können.

„Dann werden wir alle zerstreut sein", entgegnete ein anderer von mehr praktischer Veranlagung. „Warum können wir diesen Dankgottesdienst nicht jetzt schon feiern? Warum sollten wir nicht für die Siebzig danken, bevor wir auseinandergehen?"

Diesem Vorschlag stimmten alle zu. Alle, die gemeinsam für die Siebzig gebetet hatten, dankten auch gemeinsam für die Erhörung, die sie jetzt schon im Glauben empfangen hatten.

Von nun an konnte Hudson Taylor voller Freude sehen, wie überall in der Mission das Gebet um neue Hilfskräfte freudig aufgenommen wurde. Er wußte, was es für seine Mitarbeiter hieß, ernstlich um eine solche Vergrößerung des Missionsstabes zu beten. Die Geldknappheit war ihnen bekannt. Er wußte aber auch, daß sie im Gehorsam gegen Gott handelten.

Wenige Tage nach der Konferenz im Januar 1882 befand sich Hudson Taylor in Ningpo und entwarf einen Aufruf an die Heimatkirchen, den siebenundsiebzig Missionare unterzeichneten:

„Ständig gehen Seelen ins Verderben, weil sie den rechten Weg nicht kennen. Mehr als tausend gehen jede Stunde in die Nacht des Todes ... Die Provinzen Chinas sind an Flächenausdehnung den Königreichen Europas gleich und haben eine Bevölkerung von zehn bis zwanzig Millionen. In einer Provinz befindet sich überhaupt kein Missionar, in einer andern arbeitet ein einziger Unverheirateter. Zwei weitere Provinzen werden von einem Missionsehepaar betreut, doch in keiner befindet sich eine ausreichende Zahl von Mitarbeitern. Dürfen wir es dabei bewenden lassen, ohne Blutschuld auf unser Haupt zu laden?"

Nach einer Aufforderung zur Fürbitte um mehr Arbeiter „für alle evangelischen Missionen auf beiden Seiten des Ozeans" wird im besonderen auf die Nöte der China-Inland-Mission hingewiesen.

„Eine sorgfältige Prüfung der geistlichen Arbeit, zu der wir selbst berufen sind, hat uns die Notwendigkeit baldiger Verstärkungen gezeigt. Viele aus unserer Mitte flehen täglich zu Gott um weitere vierundzwanzig Männer und achtundzwanzig Frauen, die das Werk mit uns weiterführen und ausbreiten wollen. Wir bitten die Brüder und Schwestern in Christus in der Heimat, den Herrn der Ernte mit uns um die Aussonderung der ‚andern Siebzig' zu bitten. Wir machen uns keine Sorgen um die Mittel zur Aussendung oder um den Unterhalt. Er hat uns gelehrt, auf die Vögel und Blumen zu achten und uns nicht zu sorgen. Wenn wir zuerst nach dem Reiche Gottes und nach Seiner Gerechtigkeit trachten, wird uns solches alles zufallen.

Eins aber ist uns wichtig: Es sollen nur solche Männer und Frauen zu uns kommen, die von Gott gerufen und Ihm völlig ergeben sind, die alles andere geringachten gegenüber ‚der überschwenglichen Erkenntnis Jesu Christi, meines Herrn'.

Wir fügen noch ein Wort der Warnung und der Ermutigung für solche ein, die sich unserem Werk anschließen wollen. Wartet im Gebet auf Gottes Ruf! Fragt Euch, ob Ihr wirklich alles von Ihm erwartet, wohin Sein Weg auch führt! Romantische Gefühle versagen bald bei der schweren Arbeit und den dauernden Unbequemlichkeiten im Inland. Sie werden nicht ausreichen in ernster Krankheit oder bei Geldmangel. Allein das Vertrauen auf den lebendigen Gott gibt in solchen Lagen Freude und Frieden.

Die Ermutigung lautet: Wir haben Gottes Treue erprobt und erkannt, wie wunderbar es ist, von Ihm abhängig zu sein. Er hilft uns in allen unseren Nöten und hat uns geholfen. Wenn wir teilhaben an der Armut dessen, der arm wurde um unseretwillen, so werden wir wie Paulus uns oft freuen dürfen, daß wir ‚arm waren und doch viele reich machten, nichts hatten und doch alles hatten'. Er macht uns glücklich in Seinem Dienst. Diejenigen unter uns, die Kinder haben, wünschen nichts Besseres für sie, wenn der Herr verziehen sollte, als daß sie zum selben Dienst und zur selben Freude berufen sein möchten."

Kurz bevor Hudson Taylor diesen Aufruf schrieb, konnte er seinen ältesten Sohn Herbert in China willkommen heißen. Was konnte nicht alles von diesem Jahr 1882 erhofft werden! In der ganzen Mission war das Gebet um die Siebzig aufgenommen worden. Durfte man nicht mit einer neuen Flut geistlicher Segnungen sowohl in der Heimat wie auch in China rechnen? Und mußte nicht Hudson Taylor zu neuer Kraft geführt werden? Aber wer kennt die Wege Gottes? Nicht immer geht Er Seinen Weg nach unseren Erwartungen. Auch hier sah die Wirklichkeit anders aus als die Hoffnung. Weder in England noch in China verringerten sich die Schwierigkeiten. Mr. Broomhall, der bis an die Grenzen seiner Kraft arbeitete, konnte kaum über einen Zuwachs an Geldmitteln oder neuen Arbeitern berichten. Elf waren hinausgezogen, darunter nur drei Missionare. Das Fünffache hatte man erhofft. Die Geldknappheit war so fühlbar, daß Hudson Taylor sich kaum wunderte, wenn in dieser Zeit mehrfach Mitarbeiter, die nicht in engster Übereinstimmung mit den Grundsätzen der Mission gestanden hatten, das Verhältnis lösten. Den Missionaren wurden damals Beamtenstellen mit fünfzig Pfund Monatsgehalt angeboten. Mancher mochte sich dabei noch mit dem verführerischen Gedanken beruhigt haben, daß hier sogar besondere Gelegenheiten zu christlicher Beeinflussung zu finden wären. Die schmerzlichste Erfahrung machte Hudson Taylor bei seinen Besuchen gerade auf wichtigen Stationen, wo er manchmal einen Rückschritt in der Arbeit feststellen mußte.

So wurde der Glaube im Feuer geprüft. Alle Schwächen wurden ins helle Licht gerückt, wie Mangel an Geisteskraft, an Organisation, an großen Führern. Es stellte sich heraus, daß der Verwaltungsapparat vollständig unzureichend war, um das Werk in seinem jetzigen Umfang zu tragen. Unter diesen großen Belastungen wurde Hudson Taylor von Zukunftssorgen befallen. Auch litt er sehr unter Vereinsamung. Er schrieb an seine Frau am 21. Oktober:

„Betet besonders um Leitung bei der Gestaltung der Organisation und um die rechten Männer zu ihrer Durchführung! Geisteskräfte und Führereigenschaften sind jetzt besonders nötig. Wenn ich nur die geistige Leitung ohne sonstige Nebenarbeit hätte, könnte ich noch manches erreichen."

Im November fuhr er fort: „Manchmal versteige ich mich zu der Hoffnung, im Januar schon abreisen zu können und Euch im März wiederzusehen. Aber es scheint zu schön, um wahr zu sein, und ich will mich nicht zu sehr darauf verlassen. Die Enttäuschung wäre zu schmerzlich. Ich meine es wirklich aufrichtig, wenn ich sage, daß ich nur eins wünsche

— Gottes Willen zu tun. Aber ich sehne mich so sehr nach Dir und den Kindern, daß ich oft fürchte, mein Beweggrund, so schnell heimzukommen, wäre vielleicht nicht nur die Förderung des Werkes Gottes."

Am 5. Dezember schrieb er: „Ich möchte dem Herrn Jesus nichts vorenthalten und die mir anvertraute Arbeit zu Ende führen ... Aber ich denke, daß Er uns bald vereinigen und nicht wieder solche langen Trennungszeiten auferlegen wird ..."

Danach bereiste er noch den Bezirk, in dem er wenig Ermutigendes vorfand. Er hatte damals geschrieben: „In diesem Arbeitsbezirk scheint alle Mühe umsonst zu sein." Jetzt, da ein neuer Geist der Liebe ihn erfüllte, fand er den Weg zu den Herzen, die ihm vorher verschlossen geblieben waren. Mitarbeiter blieben der Mission erhalten und wurden besonders gesegnete Menschenfischer.

Die letzten Monate des Jahres verbrachte Hudson Taylor in Chefoo. Es mußten wichtige Neuordnungen in der Leitung der Arbeit getroffen werden. Jede Station wurde durch Rundbriefe auf dem laufenden gehalten. Missionar Coulthard übernahm die Vertretung Hudson Taylors in Wuchang sowie die finanzielle Verwaltung für die westlichen und nordwestlichen Provinzen. Parrott wurde zum Missionssekretär für die Korrespondenz bestimmt, die nicht unbedingt durch den Direktor erledigt werden mußte.

Nun stand Hudson Taylors Rückkehr nach England nichts mehr im Wege. Auch das Gebet um Geld fand Erhörung. Im Oktober war besonders dafür gebetet worden, weil eine Anzahl Missionare ins Landesinnere reisen und besondere Zuschüsse für sich selbst, aber auch für alle Stationen, die sie auf dem Wege berührten, mitnehmen sollten. Darum wurde die Post aus der Heimat sehnlichst erwartet.

„Wir saßen zu Tisch", erzählte Hudson Taylor, „als die Briefe aus der Heimat ankamen. Ich werde nie vergessen, was ich empfand, als ich in meinem Brief nur 96 Pfund, 5 Pence fand, hatte ich doch sieben- bis achthundert Pfund für die Bedürfnisse der Mission erwartet.

Ich schloß den Brief, ging auf mein Zimmer, kniete dort nieder und breitete ihn vor Gott aus. Ich fragte Ihn, was ich tun sollte, könnte ich doch die erhaltene Gabe nicht auf siebzig Stationen mit achtzig bis neunzig Missionaren — Frauen, Gehilfen und Kinder nicht eingerechnet — verteilen. Nachdem ich die Sache dem Herrn übergeben hatte, besprach ich mich mit einigen Missionaren in Chefoo. Dann riefen wir Gott gemeinsam um Hilfe an. Andern sagten wir nichts davon.

Bald wurde unser Gebet erhört. Es liefen Gaben von Freunden am Ort ein. Sie ahnten nicht, wie gelegen ihre Hilfe kam. Schließlich war für alle Bedürfnisse dieses Monats gesorgt. Ganz ähnlich erlebten wir Gottes Hilfe im November und Dezember. Jedesmal brachten wir die Heimatbriefe vor den Herrn und warfen unsere Sorgen auf Ihn. Er half uns immer zur rechten Zeit. Wie nie zuvor versorgte Er uns mit Gaben aus China und erfreute uns damit ganz besonders."

Auf diese Weise ermutigt, ging der kleine Kreis in Chefoo gern auf Hudson Taylors Vorschlag ein, gemeinsam um ein „deutliches Zeichen" zu beten, das besonders die Heimatgemeinde in ihrem Glauben stärken sollte. Briefe von daheim bewiesen, wie zaghaft einige Mitarbeiter und Missionsfreunde sich dem Gebet um die Siebzig anschlossen; denn es war tatsächlich ein großes Wagnis. Während einer der täglichen Gebetsgemeinschaften in Chefoo Anfang Februar 1883 baten die Missionare um dieses besondere Zeichen. Über diese Gebetsstunde wurde nichts nach Hause berichtet. Im Missionshaus an der Pyrland Road wurde am 2. Februar die Summe von 3000 Pfund für das Werk in China entgegengenommen.

Hudson Taylor befand sich in jenen Tagen auf der Heimreise. Nach seiner Landung in Marseille besuchte er Bergers in Cannes. Dort sah er die Aprilnummer von „Chinas Millionen" und fand darin den Bericht über die Schenkung von 3000 Pfund mit dem Bibelwort: „Heische von mir, so will ich dir die Heiden zum Erbe geben und der Welt Enden zum Eigentum" (Psalm 2, 8) und darunter folgende Aufstellung:

Vater	1000	Pfund
Mutter	1000	„
Maria	200	„
Rosie	200	„
Bertie	200	„
Amy	200	„
Henry	200	„
	3000	Pfund

Hudson Taylor sagte später: „Wie buchstäblich hat Gott unser Gebet erhört! Wir hatten um einen treuen Haushalter gebetet, der für sich und seine Familie Segen suchen sollte. Noch nie war uns eine Gabe in dieser Form zugeschickt worden. Noch einmal im folgenden Jahr erlebten wir Seine Erhörung in dieser Art."

Hudson Taylor kam Ende März gerade noch rechtzeitig vor den Frühjahrs- und Sommerkonferenzen zu Hause an. Es fiel ihm auf, daß die Mission allmählich eine neue Stellung in der christlichen Öffentlichkeit einnahm. Die unermüdliche achtjährige Arbeit Mr. Broomhalls hatte das Vertrauen weiterer Kreise gewonnen und sie zu Freunden gemacht. Die Pioniere, Männer und Frauen, in fast allen Inlandprovinzen hatten in vielen Gläubigen Dank gegen Gott geweckt. In vielen Teilen Englands gab es Menschen, die hören wollten, *wie* das scheinbar Unmögliche erreicht worden war, wie das Werk ohne Aufrufe um Geld oder Kollekten hatte existieren können und wie die kleinen Gruppen von Bekehrten in den fernsten Gebieten Chinas gesammelt worden waren. So wurde Hudson Taylor bald von allen Seiten in Anspruch genommen. Jemand berichtete:

„Wenn er sprach, konnte man *einer* Sache sicher sein: Niemals bettelte er um Geld. Oft habe ich es gehört, wie er beinahe abweisend auseinandersetzte, daß keiner anderen Missionsgesellschaft Beiträge entzogen werden dürften, um sie der China-Inland-Mission zuzuführen. Deshalb habe er Grundsätze für seine Mission aufgestellt, die eine Konkurrenz mit anderen Gesellschaften ausschlössen. Nichts bereitete ihm größere Freude, als Gutes über andere Missionen zu sagen ... Anstatt zu wünschen, etwas zu erhalten, war er immer zum Geben bereit. Das war es, was ihn erfüllte. Manche Menschen scheinen dauernd zu fordern, auch wenn sie es nicht direkt aussprechen. Er — niemals."

Während der Konferenz in Salisbury machte Hudson Taylor oder vielmehr „die Art, wie Gott ihn mit Demut kleidete", auf deren Leiter tiefen Eindruck. Taylors Ansprachen waren kraftvoll, voll Heiligen Geistes, was sich namentlich im Dankgottesdienst am Schluß der Konferenz auswirkte. Die China-Inland-Mission wurde dabei mit keinem Wort erwähnt, doch weihte mancher in dieser Stunde sein Leben China. Obwohl keine Sammlung veranstaltet wurde, leerten die Teilnehmer ihre Geldbörsen, streiften ihre Juwelen ab, gaben Uhren, Ketten, Ringe und anderes hin und weihten Gott ihr Leben zum Dienst.

„Fünfzehn oder sechzehn Kandidaten boten sich der China-Inland-Mission an. Am nächsten Tag wurde uns ein mit Schmuckstücken gefüllter Kasten zugeschickt."

Obgleich Hudson Taylors Zeit und Kraft so sehr in Anspruch genommen waren, suchte er im stillen nach Klarheit über die Frage der weiteren Ausbreitung der Mission. Unter den etwa zweihundertfünfzig Briefen, die monatlich geschrieben werden mußten, befand sich am 24. August 1883 auch ein wohldurchdachter Bericht an alle Mitarbeiter der Mission, in dem er seine Pläne darlegte und um ihre Beurteilung bat:

„Wir müssen darum besorgt sein, daß die neue Organisation den Grundcharakter der Mission nicht antastet und uns nicht von den Wegen abbringt, die Gott von Anfang an gesegnet hat. Dem Direktor in China muß ein Beirat zur Seite gestellt werden, wie es in der Heimat bereits der Fall ist. Die Mitglieder dieses Missionsrates können ihrerseits außerdem das Amt eines Bezirksleiters ausüben und einen Bezirksrat aus dem Missionarskreis hinzuziehen. Dadurch wird kein neuer Grundsatz eingeführt, aber unsere Arbeit kann sich dadurch weiter ausdehnen. Viele Angelegenheiten könnten dann an Ort und Stelle ohne Aufschub überlegt und geordnet werden, wobei die Entwicklung der einzelnen Teile und der Gesamtheit gefördert wird. Bisher konnte ich immer nur mit denjenigen sprechen, die zu erreichen waren, und das auch nur in unregelmäßigen Abständen. Nach dem vorliegenden Plan würde ich durch die Bezirksleiter (Superintendenten) mit allen Missionaren ständig in Verbindung stehen, und damit wäre der Überblick über das gesamte Werk bedeutend klarer."

In jene Zeit hinein fiel der Tod Dr. Harold Scofields. Er starb in China an einem heimtückischen Fieber, drei Jahre nach seiner Ankunft im Land. Er starb betend. Während der letzten Monate seines Lebens hatte er sich das Gebet zur Hauptaufgabe gemacht und sich deswegen von Frau und Kindern zurückgezogen. Er gönnte sich weder Ruhe noch Ausspannung. Seine dringlichste Bitte war, daß Gott zu den jungen Menschen an Universitäten und Hochschulen der Heimat reden möchte, damit sich aus diesen Kreisen begabte und gebildete Männer für Sein Werk meldeten.

Es gab damals noch keine Studenten-Bibelgruppen an den Hochschulen.

Scofields Gebete fanden Erhörung. Die Nachricht von seinem Sterben erreichte Hudson Taylor nicht sofort. Aber er erhielt kurz danach im Norden Englands einen Brief von einem jungen Offizier der königlichen Artillerie, der zweifellos mit Scofields Gebet in Zusammenhang stand. Er bat Hudson Taylor um eine Unterredung. Der Schreiber, D. E. Hoste, sollte später einmal sein Nachfolger werden. Damals ahnten beide nichts davon.

Als Antwort auf Dr. Scofields Gebete wurden auch noch andere Studenten nach China gerufen. Die bekannten „Cambridge-Sieben“ brachten durch ihre Ausreise nach China einen neuen Geist in die Universitäten Englands, Amerikas und anderer Länder. Das geschah nicht durch menschliche Bemühungen und Berechnungen. Eugen Stock sagt in seiner „Geschichte der Kirchlichen Missionsgesellschaft“ darüber:

„Im Herbst 1884 erregte die Nachricht großes Aufsehen, daß der erste Ruderer des Cambridge-Bootes als Führer der ‚Cambridge-Sieben‘ als Missionar ausreisen wollte.“

Diese Nachricht packte in Edinburgh auch eine Gruppe von jungen Medizinern, die schon seit Monaten schwer unter der religiösen Gleichgültigkeit an der Universität und besonders unter den Kommilitonen ihrer Fakultät gelitten hatten. Hudson Taylor hatte mit einigen dieser Studenten, die sich als Kandidaten der Mission angeschlossen hatten, eine Reihe Versammlungen in Oxford und Cambridge gehalten, wobei die Studenten wie nie zuvor ein Interesse an der Äußeren Mission gezeigt hatten. Aber die Vorbereitungen zur Ausreise hinderten die Kandidaten daran, den Erfolg ihrer Arbeit zu vertiefen und zu nutzen. Hier sprang nun ein begeisterter Evangelist, Reginald Radcliffe, ein. Er liebte Schottland ganz besonders und wollte dieses Land gern mit den ausziehenden Missionaren in Verbindung bringen. Er erbat und erhielt Hudson Taylors Erlaubnis zu dem Vorschlag, Professor Simpson, Studd und Stanley Smith nach Edinburgh zu bitten. Dieser Vorschlag wurde von den jungen Medizinern mit Begeisterung aufgenommen.

Professor Charteris schrieb später:

„Viele hatten bereits von Stanley Smith gehört, und jedem Kricketspieler war der Name Studd bekannt. Darum hieß es in allen Hörsälen: ‚Kommt, wir wollen hingehen und die Athletenmissionare begrüßen!‘ Es versammelten sich ungefähr tausend Menschen. Als Redner waren die beiden jungen Missionare und der aus China zurückgekehrte Mr. Landale bestimmt. Smith wäre als Redner überall aufgefallen. Er besitzt eine ungewöhnliche Klarheit der Gedanken, der Bilder und des Ausdrucks. Vor einer aufmerksamen Zuhörerschaft erzählte er, wie die ‚Liebe Christi ihn gedrungen habe‘, seine aussichtsreiche Laufbahn aufzugeben, um im fernen China das Evangelium zu predigen.

Studd ist kein Redner. Aber er ging wie einst im Kricketfeld direkt auf sein Ziel los und erzählte schlicht, wie ihn Gott allmählich dazu gebracht hatte, aus Liebe zu seinem Erlöser Vater und Mutter, Heimat und Freunde zu verlassen.

Die Studenten lauschten wie gebannt. Beide Sprecher waren so männlich, gesund und stark, dazu so glücklich, und sie sprachen so selbstverständlich von ihrem Erleben, daß am Schluß Hunderte von Studenten sie umdrängten, um ihnen die Hände zu schütteln. Sie begleiteten die jungen Missionare zur Bahn und riefen ihnen ihr ‚Gott geleite euch!' nach."

Hudson Taylor erkannte in dieser Entwicklung die Hand des Herrn und sehnte sich danach, seinen Anteil dabei zu leisten. Er war sich der Kraft des Heiligen Geistes bei den Versammlungen klar bewußt gewesen und hatte bemerkt, wie sehr die freudige Hingabe seiner Helfer nicht nur Studenten, sondern auch christliche Führer beeindruckt hatte.

Pfarrer F. B. Meyer berichtet darüber:

„Der Besuch Stanley Smiths und Studds in der Melbournehalle bleibt Wendepunkt in meinem Leben. Vorher war mein Christenleben ein ständiges Auf und Ab gewesen — bald flammende Begeisterung, bald schwaches Glimmen unter Schutt und Asche. Ich sah, daß diese jungen Männer etwas besaßen, was mir selbst fehlte, was ihnen aber Quelle des Friedens, der Kraft und der Freude war. Nie werde ich das Bild vergessen, als ich an einem kalten Novembermorgen um sieben Uhr morgens ihr Schlafzimmer betrat. Im Dämmerlicht saßen sie bei heruntergebrannten Kerzen über ihre Bibel gebeugt. Sie trugen ihre alte Kricket- und Rudererkleidung, die sie gegen das feuchte, rauhe Klima schützte. Das folgende Gespräch hat mein Leben tief beeindruckt."

Es wurde beschlossen, daß Hudson Taylor allein ausreisen sollte, um die dringendsten Angelegenheiten in Schanghai zu erledigen. Radcliffe, Broomhall und andere sollten die Vortragsarbeit übernehmen, die so reiche Früchte versprach. Hudson Taylor leitete noch die Versammlung in der Exeterhalle, bei der alle Hinausziehenden anwesend waren. Über die Versammlung schreibt Eugen Stock in der „Geschichte der Kirchlichen Missionsgesellschaft":

„Noch nie hat eine Missionsversammlung wie die in der Exeterhalle am 4. Februar 1885 stattgefunden ... Danach haben wir öfters solche Versammlungen erlebt. Unsere Kirchliche Missionsgesellschaft ist der China-Inland-Mission und den ‚Cambridge-Sieben' zu tiefem Dank verpflichtet. Der Herr selbst sprach durch sie und schenkte offene Ohren."

Diese Getreuen standen nicht nur in öffentlichen Versammlungen zu ihrem Führer und der Mission, der sie sich angeschlossen hatten. Die Hauptarbeit geschah im Hintergrund in stillen Stunden und Gebetszeiten in der Pyrland Road, wie z. B. Silvester 1884. Die finanzielle Armut der Mission wurde ihnen nicht verheimlicht. In der Kasse fanden sich beim Jahresabschluß nur zehn Pfund. Doch: zehn Pfund und alle Verheißungen Gottes. Dieser Mangel war nicht wichtig.

Drei Wochen später verließ Hudson Taylor London. Ein Teil der jungen Leute befand sich wieder in Schottland und berichtete freudig, wie der in Christus gefundene Reichtum alle weltlichen Vorteile, auf die sie verzichteten, reichlich aufwog. Dankbar las Hudson Taylor unterwegs in Frankreich den Bericht aus Edinburgh:

„Gestern abend zweitausend Studenten — wundervolle Erfahrungen! Es ist der Herr!"

SEGENSTAGE

1885—1886

Hudson Taylor war sich der ihn erwartenden Verantwortung voll bewußt, als er sich endlich Schanghai näherte. Er hoffte während dieses sechsten Chinaaufenthalts Pläne verwirklichen zu können, die sich ihm längst aufgedrängt hatten.

Es sollte ein stellvertretender Direktor ernannt werden, der sich mit ihm in die Arbeit teilte; die verschiedenen Gebiete sollten Superintendenten erhalten. Er mußte damit rechnen, daß jede Änderung in der Aufteilung von Ämtern Bedenken und Zweifel wecken würden. Später zeigte sich, daß auf dem Wege der Pflichtenverteilung noch mehr Schwierigkeiten lagen, als er vorausgesehen hatte. Aber die Einsetzung von Superintendenten in vielen Provinzen und die bessere Organisation der Verwaltung waren unumgänglich.

Erst kurz vor dem Jahresende erkannte er, wer sein Stellvertreter sein sollte: Stevenson mit seiner außergewöhnlichen Leistungsfähigkeit. Er kehrte gerade in diesen Tagen in der Weihnachtszeit nach zehneinhalb Jahren Aufenthalt in Burma und anderswo nach China zurück.

„Pfarrer J. W. Stevenson hat den Posten des stellvertretenden Leiters angenommen. Dafür bin ich sehr dankbar“, schrieb Hudson Taylor im März 1886 an die Mitglieder der Mission. „Er wird, so Gott will, an meiner Stelle die Stationen besuchen, wenn ich von China abwesend bin, und alle Fragen erledigen, die die Superintendenten vor ihn bringen und deren Erledigung keinen Aufschub duldet.“

In Hudson Taylors Plan stand eigentlich auch ein Besuch der nördlichen Provinzen. Mehr als einmal wollte er nach Shansi aufbrechen, aber immer wieder hielten ihn dringende Geschäfte in Schanghai zurück, oder er wurde in andere Gebiete gerufen. Als er endlich nach mehr als einem Jahr reisen konnte, wußte er, wie wohldurchdacht die Hindernisse gewesen waren. Er sollte erfahren, daß es einen einfacheren Weg zur Erreichung seines Zieles gab.

Sechs Jahre war es her, seit Hudson Taylor bei einem Besuch die Bekehrten traf, die Kapitän Jü in der Umgebung von Jüshan gesammelt hatte. Die kleinen Außenstationen in den Bergen und am Fluß hatten seitdem kaum einen Missionar gesehen. Vor einiger Zeit verbrachte eine junge Missionarin, Agnes Gibson, einige Ferientage in der schönen Gegend. Was sie später berichtete, berechtigte zu großen Hoffnungen. Sie hatte bei der Frau des Evangelisten von Changshan gewohnt, wo sie sich tagsüber im Wohnraum der Familie aufhielt und die Nächte in einem Dachkämmerchen zubrachte, zu dem eine Leiter führte. Trotz dieser kärglichen Wohnung war sie keinen Augenblick vor Besuchern sicher. Vom Morgen bis zum Abend war ihr Zimmer von Frauen und Kindern belagert. Agnes Gibson freute sich über die Besucher und wurde nie müde, die „alte Geschichte", die ihr selbst immer lieber wurde, weiterzuerzählen.

Nun fand Hudson Taylor beim sonntäglichen Gottesdienst außer den Männern auch Frauen vor. Bei seinem ersten Besuch war deren Widerstand so heftig gewesen, daß sie sogar einen eigenen Raum mieten mußten, wo sie ungestört lesen und beten konnten. Nun sagten sie:

„Wir brauchen einen *eigenen* Missionar und eine *Frau!* Wenn ein nur kurzer Besuch diese große Veränderung bewirken konnte — was würde dann erst geschehen, wenn wir ständig eine Lehrerin hätten!"*

Was ließ sich dagegen einwenden? Das war ja genau die Entwicklung, die Hudson Taylor längst ersehnt hatte. Während er mit Miss Murray und ihren jungen Begleiterinnen den Kwangsin hinabfuhr und die ungezählten Städte an ihnen vorüberglitten, die alle ohne Prediger des Wortes waren, beobachtete er, wie die Missionarinnen überall herzlich begrüßt wurden von den Christen und auch von der übrigen Bevölkerung. Da erkannte er, daß Gottes Zeit für Seine Botinnen gekommen war. Sie würden allerdings keine leichte Aufgabe haben, und er würde sich selbst eine große Verantwortung aufladen, wenn er sie ziehen ließ.

Sein Vertrauen auf Gott wurde jedoch völlig gerechtfertigt. Im ersten Jahr der Frauenarbeit am Kwangsin wurden zweiundvierzig Bekehrte getauft, und nach vier Jahren war allein die Gemeinde Jüshan von vierzig auf hundertacht Mitglieder angewachsen. Später zählte dieses Gebiet zehn Haupt- und sechzig Außenstationen mit 2200 Gemeindegliedern, einer großen Zahl von Bewerbern, auch Schulen usw., und dies alles unter chinesischer Leitung. Die Missionarinnen waren dort die einzigen Europäer.

Als Hudson Taylor sechs Wochen später nach Schanghai zurückkehrte, wurde er sofort vor ein schwieriges Problem gestellt. Er erreichte die Stadt einen Tag vor dem Erlöschen seines Vorkaufsrechts auf einen Bauplatz im Europäerviertel. Ein wertvolles Stück Land, gut gelegen für die Zwecke der Mission — aber es sollte fast 2500 Pfund kosten. Geld zum Ankauf besaß er allerdings nicht. Und doch — wenn diese Gelegenheit nicht ausgenutzt wurde, würde sie wohl niemals wiederkommen. Was sollte er tun?

Eins war jedenfalls möglich: Sie konnten die Angelegenheiten gemeinsam im Gebet vor den Herrn bringen. Wenn Gott wollte, daß sie das Grundstück bekommen sollten, würde Er auch den Kauf zustande bringen. Als die Missionare am 14. Juni dafür beteten, erhielten sie an Ort und Stelle die Antwort.

Im Missionarskreis befand sich ein Mann, der schon zwei Jahre vorher durch McCarthys Berichte in Schottland für China gewonnen worden

---

* Bald danach erhielt das Gebiet seine Missionarinnen. Zwei Schweizerinnen, Marie Guex aus Vevey und ihre Schwester, Frau Just, leiteten viele Jahre die Station Changshan.

war. Damals mußte für ihn als Leiter großer geschäftlicher Unternehmungen erst Ersatz gefunden werden, damit er der China-Inland-Mission beitreten konnte. Dadurch hatte sich seine Ausreise verzögert, und er erreichte Schanghai gerade am Tage der besonderen Gebetsversammlung. Von ihm kam dann die Gabe zum Kauf des Grundstücks. Später wurden noch weitere Gebäude für ein ideales Hauptquartier geschenkt. So hatte Gott vorgesorgt und das Gebet erhört und damit die Weiterentwicklung der Mission sichergestellt.

Nun war sie endlich da — die lang ersehnte Gelegenheit, nach Shansi zu kommen! Sieben Jahre hatte Hudson Taylor darauf gewartet. Vor einigen Monaten war er sogar schon einmal dorthin aufgebrochen, aber wieder zur Küste zurückgerufen worden. Die bessere Organisation ermöglichte ihm nun eine mehrmonatige Abwesenheit von Schanghai. Er hoffte, die Arbeit nicht nur in Shansi, sondern auch in noch entlegeneren Inlandbezirken fördern zu können. Jede Station würde ihre besonderen Fragen und Schwierigkeiten haben, doch ging es in der Hauptsache immer wieder um die wichtigste: wie einem solch ungeheuren Gebiet das Evangelium gebracht werden könnte. Den einsamen Mitarbeitern wollte er Hilfe und Stärkung bringen und mit ihnen die Organisation der schnell wachsenden Gemeinden besprechen.

Es stellte sich heraus, daß jede Missionsstation, die er besuchte, tatsächlich ihre besonderen Probleme hatte. Es stand den Missionaren nichts mehr im Wege, die Millionen zu erreichen. Aber wie sollte es geschehen? Die einsamen Streiter brauchten Ermutigung. Es mußten auch viele Fragen im Blick auf die Bildung von chinesischen Gemeinden besprochen werden. An einigen Orten war die Zahl der Gläubigen groß und nahm ständig zu.

In der ausgedehnten westlichen Provinz mit ihren sechsundachtzig Millionen Einwohnern konnte bisher nur von zwei protestantischen Zentren aus gearbeitet werden. Pfarrer W. Cassels hatte bereits mit vier Missionaren der Cambridgegruppe in der Provinz Shansi Erfahrungen gesammelt. In der Hauptstadt Taynanfu trafen sie sich mit Hudson Taylor zu einer mehrtägigen Konferenz. Einige Bemerkungen Taylors über das Verhältnis Missionar—Missionsarbeit sollen wiedergegeben werden:

„Wie können wir erwarten, daß die Chinesen echte, gesunde Christen werden, wenn wir nicht selbst ein echtes, gesundes Christenleben führen?

Jeder, der länger mit irgendeiner Mission in Verbindung steht, wird viel von den Fehlern und Verfehlungen der Christen hören. Sind aber ihre Fehler und ihr Versagen nicht meist der Spiegel der unsrigen?

Geistliche Kinder werden in ihrem Wesen immer ihren geistlichen Vätern gleichen ... Der Strom steigt nicht über seine Quellen hinauf. Die Herzenshärtigkeit, die die Aufnahme des Evangeliums hindert, ist nicht die der Zuhörer, sondern die des Verkündigers."

Hudson Taylor betonte besonders, daß man nicht nur mit dem Herrn in enger Verbindung leben müßte, sondern auch mit denen, deren Heil man suche. Nicht nur Zuneigung, sondern auch persönlicher Kontakt mit den Chinesen wäre nötig, um die missionarische Lebensaufgabe zu erfüllen.

„Es liegt eine Macht in dem engen Kontakt mit dem Volk. In Chengtu lebt eine arme Frau, die sagte, als sie von Mrs. Rileys Sterben hörte: ‚Welch ein Verlust für uns! *Sie hat immer meine Hand genommen,* und das hat mich getröstet.'

Wenn man einem Menschen die Hand auf die Schulter legt, liegt darin Kraft. Jeder Christ, der voll Heiligen Geistes ist, kann schon so Segen vermitteln. Berührung ist eine Macht, die wir für Gott gebrauchen können.

Aber unser Leben muß nicht nur unserer Lehre entsprechen, es muß auch *gesehen* werden. Das ist keine leichte Aufgabe. Der Missionar, der eine Meile von seiner Kapelle entfernt wohnt und nur zum Predigen hingeht, wird oft enttäuscht werden.

Ein harter Missionar wird wenig ausrichten. Er ist seinem Meister nicht ähnlich. Besser voller Vertrauen, sanft und mitfühlend sein, selbst wenn es mißbraucht werden sollte, als hart! Paulus schreibt an die Philipper: ‚Und wenn ich gleich geopfert werde über dem Opfer und Gottesdienst eures Glaubens, so freue ich mich und freue mich mit euch allen.'

Predigen allein genügt nicht ... Unser Leben muß sichtbare Selbstaufopferung sein. Wir bringen manche Opfer, die der Chinese nicht als solche erkennt. Gott weiß es, und wir können ruhig Sein Urteil und Seinen Lohn abwarten. Aber sie müssen auch unsere Selbsthingabe dort *sehen,* wo sie sie als solche erkennen können."

Obwohl Hudson Taylor sehr darauf sah, daß die Gaben der Gemeinde gepflegt würden, war er darauf bedacht, nicht Erziehung, ärztliche Arbeit oder sonstige Hilfsarbeit die erste Stellung einnehmen zu lassen:

„Laßt uns daran denken, daß alles Menschliche, alles, was außerhalb von Christus liegt, nur insofern wertvoll ist, als es uns hilft, Ihm Seelen zuzuführen ... Wenn unsere ärztliche Kunst die Leute anlockt und wir ihnen Christus bringen, dann ist die ärztliche Mission ein Segen. Aber Medizin anstelle des Evangeliums zu bringen, wäre ein schwerer Fehler. Wenn wir anstatt der Macht des Heiligen Geistes, die die Herzen wandelt, Schule und Erziehung brächten, wäre das ebenso falsch. Und wenn wir unser Vertrauen auf Geld, Bildung oder Beredsamkeit setzten anstatt auf den lebendigen Gott, würde es ein schwerer Fehler sein. Alle Hilfsmittel sollen *Hilfsmittel* bleiben. Das heißt: Mittel, um Christus den Herzen nahezubringen. Dann können wir mit Recht dankbar für sie sein ... Laßt uns selbst das Evangelium als größten Schatz betrachten und glauben, daß ‚es eine Gotteskraft ist, selig zu machen, die daran glauben'. Alles andere soll Ihm zu Füßen liegen ... Wir werden nie den Mut verlieren, wenn wir uns dessen bewußt bleiben, daß Christus unser volles Genüge ist.

Warum geht man zu einem Baumeister in die Lehre? Doch um bauen zu lernen. Gleicherweise sollten wir in Verbindung mit dem ‚Retter' treten, um retten zu lernen. Tun wir das nicht, sind wir nicht Seine rechten Jünger."

Hudson Taylor hielt es zur Erziehung im Glaubensleben für besonders wichtig, den Blick auf das zweite Kommen Christi, auf Seine persönliche Wiederkunft zu richten.

„Oft lesen wir in Missionsberichten, daß sich Menschen von den Götzen zu dem wahren, lebendigen Gott bekehrt haben. Aber kaum einmal hörten wir etwas davon, daß sie auf Seine Wiederkunft warten (1. Thess. 1, 9). Ich glaube, die allgemeine Unwissenheit bei den Christen über die Wiederkunft Christi und die völlige Umwälzung aller gegenwärtigen Dinge ist eine wichtige Ursache der Selbstsucht und Verweltlichung, die wir in einigen Zweigen der Kirche in China finden.

Ich erinnere mich noch gut, welchen Eindruck es auf mich machte, als Gott mein Herz der großen Wahrheit öffnete, daß Jesus wiederkommen werde und jederzeit erwartet werden müßte. Ich überlegte mir daraufhin, ob ich die Verantwortung für *alles*, was ich besaß, übernehmen könnte, auch betreffs meiner Kleidung. Als Ergebnis dieser Betrachtung verschwanden bald einige meiner Bücher und Kleider. Ich gewann damit tiefen inneren Segen."

In praktischer Weise wußte er auch klarzumachen, daß wir die „Fülle Christi" besitzen.

„Gott will uns alles geben, was wir nötig haben, *wenn* wir es wirklich nötig haben. Er stattet uns nicht auf einmal für unser ganzes Leben aus. Wir brauchen uns nicht mit der Last der Vorräte für nächstes Jahr abzuschleppen. Unterwegs gibt es neue Nahrung, neues Licht, neue Kraft, neue Offenbarung, je nachdem es erforderlich ist."

Innerlich gestärkt kehrten die Missionare aus dem Süden der Provinz wieder auf ihre Stationen zurück. Die Regenzeit hatte eingesetzt, und sie wollten noch die letzten Vorbereitungen zu den Konferenzen für Chinesen treffen, bevor Hudson Taylor nach Hungtung kam. Stevenson war bereits aus der Nachbarprovinz Shensi eingetroffen, um Hudson Taylor zu unterstützen. In Abwesenheit der anderen Missionare hatte er mehrere Wochen mit den chinesischen Christen zusammengelebt und die Gelegenheit, mit den Führern in enge Berührung zu kommen, freudig ausgenutzt. Für ihn wie für Hudson Taylor war es eine neue Erfahrung, diese kraftvollen und unabhängigen Leute der Nordprovinzen kennenzulernen. Er erkannte bald, was diese für die Zukunft der einheimischen Kirche bedeuten würden.

Aber noch anderes als ihre Energie und ihr Tätigkeitsdrang beeindruckte ihn. Er beobachtete das besonders bei Prediger Hsi, in dessen Bezirk er fünf oder sechs Wochen arbeitete. Zusammen reisten sie umher. Stevenson besuchte sein Haus und seine Rettungsheime, lauschte seiner Predigt mit großer Freude und beobachtete ihn unter seinen Gemeindegliedern, denen er wirklich ein rechter Hirte war. Er erzählte:

„Ich war tief ergriffen. Diese Innigkeit und dieser Ernst! Sein Beten und Fasten, sein entschlossenes Streben nach dem *einen* Ziel, von dem ihn nichts in der Welt abbringen konnte. Seine praktische Art zu helfen war erstaunlich. Noch nie hatte ich solchen Einfluß auf andere beobachtet. Er war so stark, daß alle ihm nachzugeben schienen, und doch wieder so demütig. Besonders überraschte mich, wie die Leute kamen, um sich von ihm Rat zu holen. Er trug jedermanns Last mit und war jederzeit bereit, Rat zu geben und mit Hilfesuchenden zu beten.

Auch seine Schriftkenntnis und die Art, wie er sie anwandte, machten mir Eindruck. Eine Predigt über die Versuchung Jesu erstaunte mich. Altbekannte Worte schienen bei seiner Auslegung und im Lichte seiner geistlichen Erfahrung neue Bedeutung zu erlangen. Gott war ihm eine gewaltige Wirklichkeit. Fortwährend und in allen Dingen wandte er sich an Ihn. Auch mit Satan rechnete er in sehr realer Weise. Tagelang fastete und betete er, wenn der Feind ihm besonders zusetzte."

Stevenson konnte nun Taylors Urteil über die chinesischen Helfer aus eigener Anschauung bestätigen und verstehen, daß er sie zur Konferenzberatung hinzuzog.

Auf seiner Reise nach Hungtung stellten sich Hudson Taylor große Hindernisse in den Weg. Durch anhaltenden Regen hatten sich tiefe Rinnen gebildet, und oft deckte nur eine dünne Oberschicht tiefe Moraste. Es mußten reißende Gebirgsbäche und Ströme überquert werden. Endlich, nach zwei Wochen, erreichten sie am 30. Juli Hungtung, wo sich die Christen schon vollzählig zur Konferenz eingefunden hatten.

Hudson Taylor freute sich unbeschreiblich, diesen Menschen zu begegnen und mit eigenen Augen die segensreiche Arbeit zu sehen, von der er bisher nur gehört hatte. Es gehört zu den ergreifendsten Ereignissen seines Lebens, daß er diese Schar gläubiger Christen bei seinem ersten Besuch im fernen Inland begrüßen durfte. Prediger Hsi beeindruckte ihn ganz besonders. Gleich am ersten Konferenztag, dem 1. August, leiteten sie zusammen den Sonntagmorgen-Gottesdienst.

Hsi wollte zuerst die ihm von Hudson Taylor zugedachte Stellung nicht annehmen. Stevenson, den er kannte und der die Lage und ihn selbst wirklich verstand, gelang es endlich, ihn von der Dringlichkeit zu überzeugen. Es wurde ihm erklärt, daß Hudson Taylor nur den Auftrag ausführe, den Gott ihm längst übertragen hatte. Seine Ordination sollte am Montag stattfinden. Ein tiefes Bewußtsein der Gegenwart Gottes erfüllte ihn, darum brachte er die Zeit in ununterbrochenem Gebet zu. Über die Feier schrieb Stanley Smith:

„Mr. Taylor forderte die Brüder, die in diesem Bezirk arbeiten, auf, sich mit ihm zur Handauflegung zu vereinigen. Nach einigen warmen Gebetsworten setzte er Hsi zum Hirten und Pfleger der Herde Gottes ein. Er wurde nicht zum Pfarrer eines besonderen Bezirks ordiniert, weil er so weithin sichtlich unter Gottes Segen gewirkt hatte. Er sollte weiterhin, wohin er käme, frei in Gottes Werk arbeiten dürfen. Wir wußten, daß jede Gemeinde sich über seine Mitarbeit freuen würde."

An diese Feier schloß sich die Einsegnung von zwei Ältesten und sechzehn Diakonen an. Danach vereinigten sich über siebzig Getaufte zu einer Abendmahlsfeier, die Pastor Hsi leitete.

Hudson Taylor begab sich dann auf die lange Reise nach Nanchungfu. Zunächst besuchte er das fünfzehn Kilometer entfernte Haus Pastor Hsis und lernte diesen außergewöhnlichen Menschen und seine Rettungsarbeit unter den Opiumrauchern näher kennen. Mit seinen Begleitern kam er gegen Abend an. Alles war zum Empfang gerüstet, die Gästehalle geschmückt und der Hof davor mit einem Zeltdach überspannt, damit er als Kapelle dienen konnte. Hier fanden die Hauptversammlungen statt. Die fröhlichen Gesichter spiegelten die Inschrift wider, die von dem Hintergrund der Gästehalle strahlte: „Ta Hsi Nien" („Jahre voll großen Glücks").

Das Beste, was Hudson Taylor hier erfuhr, war wohl der Bericht über die Eröffnung eines weiteren Rettungsheims in einer der Provinzstädte, die er auf seiner Herreise berührt hatte. Pastor Hsi hatte schon lange dafür gebetet. Immer wieder wurde das Anliegen vor Gott gebracht.

„Wir haben nun sehr oft für diese Stadt gebetet", sagte Frau Hsi eines Tages, „müßten wir jetzt nicht etwas für sie *tun?*"

„Wie gern möchte ich das", erwiderte Hsi, „aber wir haben kein Geld. Ein Haus zu mieten, ist keine billige Sache."

„Wieviel Geld brauchten wir denn?" lautete ihre nächste Frage. Nach seiner Antwort sprachen sie nicht mehr darüber. Doch Frau Hsi konnte Hwochow nicht vergessen. Sie kam deshalb am nächsten Morgen ohne ihren Schmuck und legte nach der Hausandacht einige Päckchen auf den Tisch.

„Ich glaube", sagte sie, „Gott hat unsere Gebete für die Stadt erhört."

Als Pastor Hsi die Päckchen verwundert öffnete, fand er darin ihren ganzen Schmuck: Armbänder, Ringe und sogar die der Chinesin so unentbehrlichen Haarnadeln. Es war ihr ganzes Heiratsgut.

„Aber du willst doch nicht ... du kannst doch nicht ... ?" begann er.

„Doch, ich kann!" sagte sie fröhlich. „Ich kann ohne diese Dinge auskommen, wenn nur Hwochow das Evangelium bekommt."

Und so wurde aus dem Erlös ihres Schmucks das Zufluchtsheim erworben und ein wertvolles Werk begonnen.

„Aber vermissen Sie denn Ihre schönen Sachen nicht?" fragte Hudson Taylor seine Gastgeberin.

„Vermissen? Ich habe doch Jesus! Ist Er nicht genug?"

Es war schwer, sich von solchen Freunden wieder trennen zu müssen, besonders, da auch ein Teil seiner Reisegefährten hier zurückblieb. Nur die Missionare Studd und Beauchamp zogen mit Hudson Taylor weiter. Sie sollten die Gemeindearbeit in Szechuan übernehmen. Hoste und Stanley Smith blieben im Süden Shansis zurück. Für sie war der Abschied am schwersten. Stanley Smith berichtete:

„Der erste Abschnitt der Reise wurde bei Mondschein zurückgelegt. Wir gingen noch ein Stück Wegs mit. Hudson Taylor gab uns noch einige letzte Worte voll guten Rats, brüderlicher Liebe, heiligen Friedens, dann hielt er unsere Hände und gab jedem seinen Abschiedssegen. Damit war der so lange erwartete, so lange verzögerte und so reich gesegnete Besuch in Shansi zu Ende."

Die Reise nach Hanchung dauerte trotz großer Eile vierundzwanzig Tage. Auf dem ganzen Weg durch dichtbevölkertes Gebiet fanden sie keine einzige Missionsstation.

Hudson Taylors Freudigkeit und Ausdauer machten auf seine Reisegefährten großen Eindruck. Als sie einmal sehr hungrig waren, hörte Beauchamp ihn singen: „Wir danken Dir, o Herr, für diese unsere Speise." Daraufhin konnte er sich nicht enthalten zu fragen, wo denn die Speise sei.

„Sie kann jedenfalls nicht weit weg sein", gab Hudson Taylor lächelnd zur Antwort. „Unser Vater weiß, daß wir hungrig sind. Er wird uns das

Frühstück bald schicken. *Sie* werden dann erst warten müssen, bis Sie das Dankgebet gesprochen haben, während ich sofort essen kann."

Tatsächlich trafen sie nur wenige Schritte weiter einen Mann, der gekochten Reis zum Kauf anbot, und hielten ein ausgezeichnetes Mahl.

Die Seele brauchte aber nie zu hungern. Eine Schachtel Streichhölzer, eine Kerze und seine Bibel in vier kleinen Bänden gehörten stets zu Hudson Taylors Reiseausstattung, auch wenn er alles andere zurücklassen mußte.

„Immer sorgte er für eine stille Stunde vor Tagesanbruch", schrieb Beauchamp, „und schlief danach womöglich noch etwas ... Wenn ich aufwachte, um die Tiere zu füttern, fand ich ihn stets mit seiner Bibel bei der brennenden Kerze. In jeder Umgebung, selbst im Lärm und Schmutz der Herbergen, blieb er bei dieser Gewohnheit. Er pflegte auf Reisen liegend zu beten, denn gewöhnlich betete er lange."

In Hanchungfu erfreute ihn die ernste Gesinnung der Gläubigen, besonders weil er sah, daß sie sich sehr um die Nachbarprovinz Szechuan kümmerten, aus der mehrere von ihnen stammten. Das Evangelium war dort kaum bekannt. Hudson Taylor sah eine Möglichkeit zur Ausführung seines Planes für Szechuan. Er wollte dort den Missionaren, die zur englischen Hochkirche gehörten, ein eigenes Arbeitsfeld geben. Über die denominationale Stellung der Mission hatte Hudson Taylor schon 1866 auf die Anfrage Pfarrer Muirheads von der Londoner Mission in Schanghai geschrieben:

„Meine Mitarbeiter stammen aus allen wichtigen Landeskirchen unserer Heimat: Wir haben Leute aus der Hochkirche, Presbyterianer, Unabhängige, Methodisten, Baptisten und Pädobaptisten. Außerdem stehen zwei in Verbindung mit den ‚Brüdern'. Wir haben die Absicht, die Leute, deren Ansichten über Kirchenzucht übereinstimmen, miteinander arbeiten zu lassen. Auf diese Weise werden Schwierigkeiten vermieden. Jeder hat vollkommene Freiheit, seine Ansichten über diese Nebendinge in seinem Arbeitsfeld zu vertreten. Unser großes Hauptziel ist, Heiden aus der Dunkelheit ins Licht, aus Satans Gewalt zu Gott zu bringen. Wir alle halten an den großen Grundlagen des Glaubens fest, und in Gegenwart des Heidentums können wir die Fragen der Kirchenzucht in unseren eigenen Zusammenkünften weglassen, während wir auf den einzelnen Stationen vor Gott verantwortlich handeln."

Im Augenblick waren die Aussichten nicht günstig. Chungking hatte vor kurzem einen heftigen Aufstand erlebt. Dort befand sich die eine der beiden protestantischen Missionsstationen von Szechuan. Freilich hätte Hudson Taylor von Hanchung aus leicht in die Provinz gelangen können, aber niemand wußte, ob er sie ohne Hindernisse yangtseabwärts verlassen könnte. Dabei sagten ihm die Nachrichten von der Küste, daß er möglichst bald nach Schanghai zurückkehren sollte. Er aber befand sich noch eine Monatsreise von der nächsten Dampferlandungsstelle entfernt. So mußte er die eigentliche Pionierarbeit in Szechuan andern überlassen. Aber durch eine Gebetsversammlung half er mit. In Hanchung wurde ein Fast- und Bettag mit der Gemeinde durchgeführt. Für die Ausziehenden wurde um den Heiligen Geist gebetet, der sie mit neuer Liebe und Kraft ausrüsten möchte. Die Missionare empfanden die Gewißheit der Nähe Gottes. Ihr Gebet wurde erhört. Noch vor Jahresschluß bestanden in Ost-Szechuan einige Stationen. Das Gefühl der Verantwortung war neu geweckt, so daß sich die Arbeit auch in anderen Richtungen ausdehnte.

Einige Notizen über eine der letzten Versammlungen vor Hudson Taylors Abreise nach Schanghai vermitteln einen lebendigen Eindruck davon. In der Abenddämmerung waren sie in Dr. Wilsons Hof zusammengekommen. Unter dem breiten Vordach der Gästehalle brannten die Lampen, über dem freien Teil des Hofes leuchteten die Sterne.

„Mr. Taylor hatte als Thema Phil. 3 gewählt: ‚Was wir für Christus aufgeben, bedeutet Gewinn; was wir aber zurückbehalten, in Wirklichkeit Verlust.‘ Wir vergaßen den Redner und glaubten der Stimme des Heiligen Geistes zu lauschen. Es war eine Zeit der Buße und des Bekennens. Wir fühlten uns innerlich zerschlagen ... Ich kann Euch nicht beschreiben, wie mir zumute war, als wir Mr. Taylor von den unzähligen Städten erzählen hörten, durch die er gereist war. Nirgends hatte er auch nur einen einzigen Christen getroffen. Er schilderte uns auch den Zustand der Menschen. Wir hatten uns hier bereits behaglich eingerichtet, im Glauben, unseres Meisters Gebot schon erfüllt zu haben. Wir hatten vergessen, daß Hanchungfu nicht die Welt ist und es vielleicht in den umliegenden Dörfern Leute gab, die niemals von Jesus hören würden, wenn wir nicht zu ihnen gingen. Wie er von der Ewigkeit redete, dem ewigen Leben oder dem ewigen Tod, das mußte das kälteste Herz erschüttern. Besonders ein Satz hat sich mir unauslöschlich eingeprägt: ‚Laßt uns die Erde weniger als Heimat ansehen! Laßt uns mehr an den Wert jeder einzelnen Seele denken! Jesus kommt! Er kommt bald! *Wird Er uns wirklich im Gehorsam gegen Seinen letzten Befehl finden?*‘ “

DIE HUNDERT

1886—1888

Die Mission war damals noch jung. Ihre Gründung lag zwanzig Jahre zurück. Unter den 187 Missionaren befanden sich nicht weniger als 110 Jungmissionare. Beinahe zwei Jahre waren vergangen, seitdem Hudson Taylor vor der Ausreise der Cambridge-Sieben nach China zurückgekehrt war. Es sollte nun ein Missionsrat eingesetzt werden. Am Jahresende 1886 trafen sich die Superintendenten der verschiedenen Provinzen zu ihrer ersten Konferenz. Mr. Stevenson kehrte voll Begeisterung von seiner Reise in die Nordprovinzen zurück. Er brachte zur Übernahme von Pflichten, die Taylor jahrelang getragen hatte, Mut und Hoffnung mit.

„Damals hatte jeder von uns eine Schau in Gottes Pläne“, erinnerte er sich später. „Es waren Tage, in denen wir den Himmel auf Erden erlebten. Nichts schien uns zu schwer.“

In diesem Geist des Glaubens und der Erwartung wurde die Mission in eine neue Erprobung der Treue Gottes hineingeführt. Es begann im fernen Shansi. Stevenson hatte von der Hauptstadt aus geschrieben: „Wir finden hier viel Ermutigendes und erbitten und erhalten Segen für dieses hungrige und durstige Land. Wir sind der festen Überzeugung, daß wir mindestens hundert neue Arbeiter für das Jahr 1887 erwarten dürfen."

Dies ist die erste Erwähnung der „Hundert". In seiner Begeisterung und seinem völligen Vertrauen auf Gott brachte er diese Sache bei seiner Rückkehr nach Schanghai in die Konferenz hinein. Sogar Hudson Taylor schien zunächst den allgemeinen Eindruck zu teilen, daß diese Erwartung etwas zu weit ginge. Hundert neue Mitarbeiter in *einem* Jahr, wo der ganze Missionsstab noch nicht zweihundert zählte? Selbst wenn sich Männer und Frauen in solcher Zahl melden sollten, welche Summen würden dann nötig sein, um sie auszusenden!

„Das stimmt allerdings", gab der stellvertretende Direktor zu. „Aber können wir angesichts der Not um weniger bitten?"

Es war schwierig, darauf zu antworten. Fünfzig Haupt- und viele Außenstationen brauchten ansässige Missionare. Dabei stand ganz China der weiteren Arbeit offen. In Anbetracht dessen waren hundert neue Missionare in einem Jahr nur eine geringe Zahl.

Sie wurden Schritt für Schritt weitergeführt, bis in den Ausschußsitzungen Glaube und Zuversicht so erstarkten, daß der Gedanke Wurzel fassen konnte. Bevor Hudson Taylor Anking verließ, schrieb er die knappe Mitteilung nach Hause:

„Wir beten um hundert neue Missionare für das Jahr 1887. Der Herr helfe bei ihrer Auswahl und schenke uns die Mittel!"

Als er kurze Zeit darauf in Takutang in der Stille des Seen- und Berglandes schon im Gedanken an seine baldige Abreise nach England die Abrechnungen durcharbeitete, ereignete sich etwas, das die Hoffnung zur hellen Flamme auflodern ließ. Hudson Taylor diktierte seinem Sekretär einen Brief, wobei er die eben erwähnte Bemerkung wiederholte: „Wir erbitten und erwarten, daß hundert neue Missionare im Jahr 1887 nach China kommen." Stevenson bemerkte, wie der junge Mann, der später selbst zu den Hundert gehörte, mit ungläubigem Lächeln aufblickte. Sein Blick schien zu sagen: „Das könnte geschehen, wenn der Herr Fenster im Himmel öffnete." Auch Hudson Taylor sah den Blick und fing sofort Feuer.

„Und nun ging er noch weiter als ich", erzählte Stevenson. „Ich werde nie vergessen, mit welcher Überzeugung er sagte: ‚Wenn Sie mir eine Photographie der gesamten Hundert zeigen würden, die in China aufgenommen wäre, könnte ich nicht sicherer sein als jetzt.'

Ich sandte dann an alle Missionsmitglieder die kurze Frage: ‚Wollen Sie Ihren Namen mit in die Liste derer eintragen, die für die Hundert beten?' Nach London kabelte ich mit Mr. Taylors Erlaubnis: ‚Wir beten um hundert neue Missionare im Jahre 1887.'"

So war der Schritt getan und die Mission auf ein Programm festgelegt, das wohl selbst die nächsten Freunde in Erstaunen setzen mußte. Dennoch geschah nichts in Übereilung oder allzu eifriger Betriebsamkeit. Hudson Taylor wußte zu genau, daß er nur in der festen Gewißheit, von Gott geführt zu sein, ein solches Unternehmen wagen durfte. Glaube und Überlegung sowie der Entschluß zum Durchhalten mußten mit unablässigem Gebet Hand in Hand gehen. An einen engeren Freundeskreis schrieb er im Dezember:

„Wollen Sie uns durch Ihre Gebete helfen, sooft Sie können? Dieser Schritt wird eine große Verantwortung mit sich bringen, dazu Arbeit, Zeit und Geld kosten. Einige meinen, daß der ‚Reichtum Seiner Gnade' uns vielleicht noch fünfzig oder sechzig Missionare außer den Hundert, um die wir bitten, schenken wird. Ich brauche nicht zu sagen, daß noch anderes als Geld nötig ist: Es müssen viele Briefe geschrieben, die Kandidaten mit viel Überlegung ausgewählt sowie Abschiedsversammlungen vorbereitet und geleitet werden, um mindestens sechs Gemeinden für jede ausziehende Gruppe zur betenden Mitarbeit zu gewinnen. Eine Fülle von Arbeit! Ausrüstung und Überfahrt für hundert Menschen werden mindestens 5500 Pfund kosten, und weil viele von ihnen aus entfernten Teilen Großbritanniens und Irlands kommen und die meisten in London beherbergt werden müssen, wird sich diese Summe noch beträchtlich erhöhen. Ein großer Teil des Geldes wird in kleinen Beträgen nach Pyrland Road geschickt werden, und die Dankesbriefe werden eine Schreibhilfe erforderlich machen usw. Wir werden also der göttlichen Führung, Hilfe und Kraft sehr bedürfen, und Er ist bereit, uns dies alles zu geben. Aber Er will gebeten sein. Habe ich darum nicht recht, wenn ich um Ihre Fürbitte für mich und die, die mit mir in dieser wichtigen Aufgabe stehen, bitte? Wenn ich im Glauben vorwärts schaue und an die ‚willigen und fähigen' Männer und Frauen denke, die kommen werden, und an die unbebauten Felder, die sie bebauen sollen, an die Seelen, die durch sie gerettet werden, und vor allem an die Freude unseres Erlösers über diese Bewegung und ihre Folgen, dann ist mein Herz voll Freude, und ich glaube, das Ihre auch."

Dieser Ausblick, dieser Geist der Freudigkeit verlieh ihm Kraft das ganze anstrengende Jahr 1887 hindurch. Was erlebten sie nicht alles in diesem Jahr! Eingeleitet durch zwei Gebetstage, endete es mit der Ausreise der letzten Gruppe der Hundert nach China — alle Arbeit war bewältigt, alle Ausgaben bezahlt, und eine Fülle von Segen breitete sich über weite Kreise aus.

Die Geschichte der Hundert ist schon oft erzählt worden; sie gehört aber nicht nur einer Mission oder einem Lande. Wir wissen, daß der Mut Hudson Taylors und seiner Mitarbeiter wuchs, bis sie um 10 000 Pfund Mehreinnahmen baten, die sie brauchten, um die vermehrten Ausgaben zu decken. Ferner baten sie, daß die Summe in großen Gaben geschenkt werden möchte, damit der Mitarbeiterstab in der Heimat nicht durch die Korrespondenz überlastet würde. Wir wissen, daß nicht weniger als sechshundert Männer und Frauen sich der Mission zum Dienst in China anboten. Es ist uns auch bekannt, daß, genau gesagt, hundertzwei ausgesandt wurden und nicht 10 000, sondern 11 000 Pfund ohne besonderen Aufruf zur finanziellen Unterstützung mehr einkamen. Und wir wissen von der wunderbarsten Gebetserhörung: Die ganze Summe kam in *elf Einzelgaben,* so daß keine Mehrarbeit damit verknüpft war. Diese Dinge kann man immer wieder berichten, denn sie dienen nicht zur Ehre von Menschen und Methoden, sondern zur Ehre Gottes. „Arbeiter brauchen wir, nicht Säumige“, hatte Hudson Taylor kurz nach seiner Rückkehr nach England geschrieben. Er selbst gab das ganze Jahr hindurch das Beispiel unermüdlichen Einsatzes. Überall hatten die Missionsfreunde von dem Gebet und der Erwartung gehört, und aus allen Teilen des Landes trafen Einladungen zu Vorträgen in Versammlungen ein. Mit kurzen Pausen, die für die Konferenz und Missionsratssitzungen nötig waren, befand sich Hudson Taylor die ganze Zeit auf Reisen. Daneben hatte er Kandidaten zu empfangen und unzählige Briefe nach China und an Freunde in der Heimat zu schreiben. Am Gebet und an Gottes Wort nährte er seine eigene Seele und die Seelen der Scharen, zu denen er sprach. Das half ihm in den Problemen der Arbeit und bei den Nöten der einzelnen Glieder der Mission.

Die Zahl der Briefe, die er in diesem Jahre schrieb, wäre unglaubhaft, wenn nicht jeder mit Inhaltsangabe in seiner Briefliste verzeichnet worden wäre. Es waren durchschnittlich dreizehn bis vierzehn täglich, ausgenommen sonntags. Da er oft zwei, drei, ja vier Versammlungen am Tage leitete und außerdem zu reisen hatte, ist man nicht wenig erstaunt, gelegentlich dreißig oder vierzig Briefe an einem Tag eingetragen zu finden. Dabei handelte es sich etwa nicht um geschäftliche Mitteilungen oder Notizen, die ein Versammlungsprogramm betrafen. Darunter waren viele lange, inhaltsreiche Briefe an Stevenson über die Leitung der Angelegenheiten in China oder Antworten auf Fragen von der Front, die sorgfältige Überlegung erforderten, und Antworten an Menschen, die ihn in inneren und äußeren Schwierigkeiten um Rat fragten, nachdem sie ihn in Versammlungen gehört hatten.

Drei Besuche in Irland und vier in Schottland, ein größerer Feldzug mit seinem Freund Reginald Radcliffe und mit George Clarke unter dem Thema „Evangelisation der Welt“ und Mitwirkung an zwanzig Konferenzen zur Vertiefung des inneren Lebens, bei denen er meist mehrmals zu sprechen hatte, war nur ein Teil seiner äußeren Tätigkeit. Nebenbei galt es Abschiedsversammlungen in Kirchen aller Bekenntnisformen zu halten, wenn eine Gruppe nach der andern nach China ausreiste. Und im engeren Kreis, sei es im Salon oder auf der Kanzel, sprach er zu den Angehörigen und Freunden der jungen Missionare. Wieviel Zeit nahm allein das Kennenlernen der Kandidaten in Anspruch! Der Missionsrat hatte so viel mit denen zu tun, die nach London kamen, daß er gelegentlich zwei- oder dreimal wöchentlich zusammentrat, um die Arbeit zu bewältigen. Mrs. Taylor schrieb im März:

„Letzte Woche waren wir in Glasgow. Täglich hielten wir eine, zwei oder drei Versammlungen. Mein Mann hatte Unterredungen mit vierzig Kandidaten.“

In Edinburgh, von wo aus sie diese Zeilen schrieb, sprach er mit zwanzig weiteren jungen Leuten. Bei einer Versammlung in der schottischen

Hauptstadt wurden die Hörer so gepackt, daß sich hundertzwanzig für die Heidenmission zur Verfügung stellten, bereit zu gehen oder zu bleiben, wie Gott es von ihnen forderte.

Inzwischen waren Broomhalls in Pyrland Road ebenso tätig. Auch sie erlebten viel Ermutigendes. Am Anfang des Jahres lud ein Freund in London Mr. Broomhall zum Frühstück in sein Haus ein. Unter den Geladenen befanden sich mehrere, denen das Reich Gottes am Herzen lag. Als über die China-Inland-Mission gesprochen wurde, zog Mr. Broomhall einen Brief aus der Tasche, der ihn tief bewegt hatte. Er kam von einer armen Witwe in Schottland, die von ein paar Schilling wöchentlich lebte und doch häufig eine Gabe an die Mission sandte. Sie schrieb, sie könne auch ohne Fleisch leben, aber die Heiden nicht ohne das Evangelium. Es war wirkliche Selbstverleugnung, die hinter den einfachen Worten lag, und echte Gebete begleiteten die bescheidene Gabe. Hier lag der verborgene Grund für die Früchte, die dieser Brief trug, von denen die Schreiberin nichts ahnen konnte:

Gegen Ende der Mahlzeit sagte der Gastgeber, daß alles, was er bisher für die Reichsgottesarbeit ausgegeben habe (es war nicht wenig), ihn noch nie seine Fleischspeise gekostet hätte. Bisher hätte er sich hauptsächlich für die Innere Mission interessiert, aber jetzt wollte er etwas zur Evangelisation von China beitragen. Und er versprach auf der Stelle fünfhundert Pfund für die China-Inland-Mission. Im weiteren Verlauf der Unterhaltung versprachen noch drei von den Gästen die gleiche Summe. Als ein vierter erfuhr, was vorgegangen war, erhöhte er die Sammlung auf 2500 Pfund. Wie vor der Aussendung der Siebzig schenkte der Herr den Leitern der Mission auch diesmal deutliche Beweise Seiner Hilfe und zeigte damit, daß das Gebet, das täglich aus vielen Herzen in China aufstieg, Seinen Zielen entsprach.

Groß war die Freude, als kurz vor der Jahresversammlung am 26. Mai (dem Jahrestag der Ausfahrt der „Lammermuir") ein Telegramm aus Schanghai die Nachricht von einer großen Ernte brachte. In Pastor Hsis Bezirk hatten auf der Frühjahrskonferenz 226 Taufen stattgefunden. Dazu kam ein Brief von Mr. Berger mit einer Gabe von fünfhundert Pfund „für die Ausreise der Hundert".

Kein Wunder, daß Hudson Taylor seine Ansprache an diesem Jahrestag mit der Erinnerung an den originellen Ausspruch eines wohlbekannten farbigen Evangelisten begann: „Wenn Gott einmal etwas tut, dann tut Er es gründlich!" Am gleichen Morgen war ein Telegramm von China mit der Nachricht eingelaufen, es seien dort tausend Pfund für denselben Zweck geschenkt worden. Vierundfünfzig von den Hundert waren schon teils ausgesandt, teils als Mitarbeiter angenommen. So konnte Hudson Taylor zuversichtlich sagen: „Gott schenkt uns mit diesem Geld ein Zeichen, daß Er unser Mitarbeiter und das Werk Ihm wohlgefällig ist und Er es deshalb fördert. Er wird die Hundert schenken und für sie sorgen."

Es ist verständlich, daß die Sachlichkeit dieser Einstellung die Heimatgemeinden packte, besonders als das Gebet um die Hundert bekannt wurde. Wohin Hudson Taylor kam, bezeugte er:

„Ich weiß nicht mehr, was Sorgen heißt, seit der Herr mich gelehrt hat, daß es Seine Sache ist. Meine Aufgabe besteht darin, Gott zu gefallen. Wenn ich mit Ihm in Seinem Lichte wandle, spüre ich keine Last."

Ein Freund schrieb aus Irland:

„Ich habe mit drei verschiedenen Christen gesprochen, denen es in Ihren Versammlungen aufgegangen war, daß Gott wirklich meint, was Er sagt, wenn Er uns Seine Verheißungen gibt. Wenn Sie noch einmal hierher nach Waterford kommen und in wenigen Vorträgen den Christen die Überzeugung weitergeben, daß Gott wirklich das meint, was Er in Seinen Verheißungen sagt, dann, glaube ich, könnten Sie unendlich viel Gutes bewirken."

Das war der Grundton der Verkündigung Hudson Taylors, die getragen war von einer stillen, aber um so überzeugenderen Freude im Herrn. Aus Schottland schrieb er an seine Frau:

„Ich muß jetzt schließen, weil ich noch ruhen muß, damit ich heute abend bei der Versammlung frisch bin. Ich möchte für Jesus *leuchten*, für Ihn allein."

Und er erreichte sein Ziel, trotz der erdrückenden Arbeitslast. Sein Sekretär berichtet von derselben Reise:

„Es war eine gewaltige Ansprache gestern abend. Viele brachen innerlich zusammen und suchten Hilfe bei Gott. Nach einer kostbaren Auslegung von Zeph. 3 sprach Mr. Taylor schlicht und zu Herzen gehend über ‚Gottvertrauen'. Er schloß erst kurz vor neun Uhr, doch fast die ganze Zeit über herrschte eine solche Stille, daß man eine Uhr hätte ticken hören können."

In China konnte inzwischen eine Gruppe neuer Mitarbeiter nach der andern begrüßt werden. Die neue Organisation erwies sich als brauchbar, besonders die Missions-Lehrinstitute waren von unschätzbarem Wert. Miss Murray in Hangchow und Mr. Baller in Anking standen den Neulingen mit Rat und Hilfe bei und sorgten für ihre leibliche und geistliche Förderung sowie den Fortgang ihrer Studien. Weil sie auf diese Weise die jungen Leute kennenlernten, war ihr Rat auch für Stevenson eine große Hilfe, wenn er den jungen Missionaren ihre künftigen Stationen anweisen mußte.

Anfang November konnte Hudson Taylor den Freunden der Mission mitteilen, daß ihre Gebete völlig erhört seien: Die „Hundert" waren vollzählig und die Mittel zu ihrer Aussendung geschenkt. Er berichtet darüber an Stevenson:

„11. November. Unsere Versammlungen bedeuten sichtlich Segen für die Gemeinde Gottes, denn überall, wohin wir kommen, gibt man uns das Zeugnis, daß wir geistliche Erquickung gebracht hätten. Es melden sich noch immer neue Kandidaten. Ich glaube, wir bekommen statt der hundert Erbetenen zweihundert vom Herrn. Viele von denen, die dieses Jahr noch nicht hinausziehen können, werden sicher bald nachkommen.

8. Dezember. Mit den Missionarinnen, die heute abreisen, sind achtundachtzig nach China ausgezogen. Weitere vierzehn fahren am 15. und 29. des Monats. Sie müssen ernstlich im Gebet fortfahren und um die Fürbitte weitester Freundeskreise werben, damit Gott Seinen Namen verherrlicht und das Werk auch mit den nötigen Mitteln erhält. Nichts ist mir so klar wie das, daß wir mit den Hundert in diesem Jahr mindestens weitere hundert gewonnen haben. Zu deren Aussendung und Unterhalt bedürfen wir weitere 10 000 Pfund Mehreinnahmen. Für unsere Zeit bedeutet diese Summe einen großen Aufstieg. Wie froh kann es uns da machen, daß Gott selbst die Frage stellt: ‚Sollte dem Herrn etwas unmöglich sein?' Aber wir dürfen nicht vergessen, daß Er gebeten sein will. Wenn wir unsere Geldfragen nicht mehr zu einem Gebet machen, werden sie uns bald Sorgen bereiten. Darum lassen Sie uns um so treuer beten, damit Gott durch die Erhörung geehrt wird!'

Ich danke Gott täglich, daß Er Sie uns geschenkt und die Hindernisse aus Ihrem Weg fortgeräumt hat. Menschliche Weisheit und Vorsicht reichen für Ihren Posten nicht aus. Aber solange Sie in allen Dingen Seine Leitung suchen und inmitten aller Arbeit Zeit finden, sich Ihm zu heiligen und für Ihre Mitarbeiter zu beten, wird der Herr Sie gebrauchen und segnen."

Am 29. Dezember kehrte Hudson Taylor nach London zurück. Die große Arbeit war beendet, aber seine und seiner Mitarbeiter Kräfte waren auch erschöpft. Im letzten Brief dieses Jahres an Stevenson schrieb er:

„Ich habe den Ausreisenden versichert, daß es ein großes Halleluja geben wird, wenn sie als die letzten von den Hundert in Schanghai ankommen werden. Es ist nicht mehr, als wir von Gott erwartet haben, aber es ist Segen. Wir sehen daran, wie Gott in großen wie in kleinen Dingen das Gebet derer erhört, die ihr Vertrauen auf Ihn setzen. Das wird viele im Glauben stärken."

Unter den zahlreichen Besuchern in Pyrland Road befand sich gegen Ende des Jahres einer, dessen Name für die Erweiterung des Missions- und Freundeskreises Hudson Taylors besonders wichtig werden sollte: Henry Frost. Während Hudson Taylor noch in Schottland weilte, kam er von Amerika, mietete sich in der Nähe ein Zimmer und begab sich an das Studium der Missionsarbeit. Trotz ihrer Arbeitslast nahmen Broomhalls den jungen Ausländer wie ein Glied der Familie auf und boten ihm jede Gelegenheit, die Mission kennenzulernen. Mitte Dezember schrieb Frost darüber an Hudson Taylor:

„Vor etwa fünf Monaten trat ich von Amerika aus brieflich mit Mr. Broomhall in Verbindung, um nach China auszureisen. Infolgedessen bin ich jetzt in Pyrland Road und habe inzwischen immer tiefere Einsicht in die innere Stellung der Mission gewonnen, so daß ich in dem Wunsch, ihr beizutreten, bestärkt worden bin ... Aber ich bin mit noch weiter gehenden Plänen nach London gekommen ... Seit vielen Monaten ist es mir ein großes Anliegen, mit Ihnen und Mr. Broomhall die Gründung eines amerikanischen Missionsrates zu besprechen, der in Amerika nach denselben Glaubensgrundlagen um Menschen werben könnte, welche die China-Inland-Mission so bekannt gemacht haben. Ich traf in Glasgow Mr. Formann und stellte fest, daß er schon lange dafür gebetet hat. Auch seinem Freund, Mr. Wilder, liegt die Sache sehr am Herzen."

Henry Frost schrieb über seinen ersten Eindruck von Hudson Taylor:

„All meine Furcht schwand, denn ich fand ihn ganz frei vom Bewußtsein eigener Wichtigkeit, gütig und freundlich. Von jener Stunde an war mein Herz in unwandelbarer Verehrung an diesen Diener Gottes geknüpft."

Aber obwohl diese Unterredung eine bleibende Freundschaft begründete, schien sie doch ihren eigentlichen Zweck zunächst verfehlt zu haben. Frosts Interesse an der Mission und sein Wunsch, ihr Mitarbeiter zu werden, wurde zwar herzlich aufgenommen, aber die Gründung eines amerikanischen Zweiges wollte Hudson Taylor nicht sofort einleuchten. Er meinte, es sei viel richtiger, dort ein ganz neues Unternehmen zu gründen, vielleicht nach den Grundsätzen der China-Inland-Mission, jedoch völlig selbständig nach Anlage und Entwicklung. Denn ein Ableger der Mission würde wie ein verpflanzter Baum Schwierigkeiten haben, in fremdem Boden Wurzel zu schlagen. Das war freilich eine große Enttäuschung. Frost erzählte:

„Als ich in mein Zimmer kam, überfiel mich wohl die tiefste Niedergeschlagenheit meines Lebens. Satan schien über mich herzufallen und mich mit Dunkel zu umhüllen ... Tausend Meilen gereist, um ein Nein zu hören! Doch das war nicht das Schlimmste. Ich war so sicher gewesen, daß der Herr selbst mein Gebet gewollt und Er mich zu der langen Reise und der Anfrage veranlaßt hatte. Mir war, als könnte ich nun nie mehr Gewißheit darüber gewinnen, ob meine Gebete von Gott wären oder nicht und ob ich von Ihm geleitet sei oder nicht."

Nur wer ähnliche Erfahrungen kennt, kann die Schwere dieser Versuchung verstehen, aber auch ermessen, welch ein Sieg es war, als dem Niedergeschlagenen geschenkt wurde, auch da noch zu vertrauen, wo er nicht verstehen konnte. Henry Frost hatte seine innere Ruhe wiedergewonnen, als er nach Amerika zurückkehrte und die Sache Gott überließ.

Sie war tatsächlich nicht erledigt. Frost erfuhr, daß Hudson Taylor bald nach China zurückkehren und vielleicht über Amerika reisen würde, wenn er darum gebeten würde. Er teilte das den Mitgliedern der „Konferenz für Bibelstudium" in Niagara am See und dem Evangelisten Moody mit, der damals die gesegneten Sommerevangelisationen in Northfield hielt. So erhielt Hudson Taylor bald darauf Einladungen in die große Neue Welt.

Inzwischen hatte er in England noch eine Fülle von Arbeit zu erledigen. Er erhielt mehr Bitten um Vorträge, als er erfüllen konnte. Die Abschiedsversammlungen für die Hundert gaben ihm besondere Gelegenheiten, für die Mission zu werben und andern den Glauben zu stärken. Am Jahresfest im Mai 1888 sagte er:

„Es ist nicht Gottes Art, Seine Kinder zu vergessen. Wenn Er uns nicht weiter so viel Geld schickt, nun, dann muß es auch ohne das gehen. Aber ohne *Ihn* können wir nicht fertig werden. Wenn wir nur den Herrn haben, dann haben wir genug."

An Stevenson hatte er im Januar geschrieben:

„Es wundert mich nicht, daß Satan Sie hart angegriffen hat. Ich würde mich wundern und fast fürchten, wenn er es *nicht* täte. Er kann solche Arbeit nicht geschehen lassen, ohne seinen Widerstand zu zeigen. Lassen Sie uns aber an das Wort von Mr. Radcliffe denken: ‚Wenn der Feind auf *einem* Weg gegen uns zieht, wird er auf sieben fliehen.' Die Schwierigkeiten werden sich mehren, aber Gottes Macht hat keine Grenzen."

Ende Juni stach das Segelschiff „Etruria" nach Amerika in See. Unter seinen Zwischendeckpassagieren befanden sich Hudson Taylor, sein Sohn, ein Sekretär und Mr. und Mrs. Radcliffe. Die äußere Unbequemlichkeit kostete Hudson Taylor nicht viel, aber der Abschied von den Seinen fiel ihm sehr schwer.

Es ist schwierig, wegen der Fülle der Ereignisse etwas über das nun folgende Vierteljahr zu berichten. Wer konnte im Juli voraussehen, daß Hudson Taylor, der sich auf der Durchreise nach China nur an einigen Konferenzen beteiligen wollte, Amerika erst im Oktober wieder verlassen, und daß er nicht nur das Vertrauen, die Gaben und Gebete weitester Kreise, sondern auch eine Schar junger Mitarbeiter mitnehmen würde, die aus vierzig Bewerbern ausgewählt waren? Waren schon die Hundert im Vorjahr ein deutliches Zeichen Gottes gewesen — wieviel mehr dann die unerwartete Bewegung in den Oststaaten und Kanada!

Ein Augenzeuge schrieb:

„Sonntagabend, den 23. September 1888, sah Toronto die größte und begeistertste Versammlung, die dort je gehalten wurde. Sie fand im CVJM im Anschluß an den Abendgottesdienst statt. Hier waren die Ersten des religiösen Lebens von Toronto anwesend, um Hudson Taylor und die Männer und Frauen, die er für die Arbeit in China angenommen hatte, sprechen zu hören. Gottes Wirken war überwältigend und großes, dauerndes Missionsinteresse das Ergebnis."

Hudson Taylor berichtete:

„Als ich nach Amerika reiste, hatte ich nicht die geringste Vorstellung davon, daß daraus etwas Bedeutendes für die Arbeit der China-Inland-Mission entstehen könnte. Ich wollte gern Mr. Moody sehen und hatte gehört, daß zweitausend Studenten ihr Leben dem Dienst an den Heiden widmen wollten."

Es lag ihm gänzlich fern, einen amerikanischen Zweig seiner Mission begründen zu wollen. Aber auch die in Northfield zur Studentenkonferenz Versammelten hatten keine Ahnung davon, was vor ihnen lag. Die Konferenz war schon in vollem Gange, als Hudson Taylor mit seinen Begleitern ankam. Er wurde von Moody selbst abgeholt. Die Engländer erlebten hier etwas ganz Neues und Interessantes. Vierhundert Männer von neunzig verschiedenen Hochschulen füllten die Seminargebäude und ein weites, von Hügeln und Wäldern umrahmtes Zeltlager. Der ganze Nachmittag war frei zur Erholung. In der offiziellen Einladung hieß es:

„Die Teilnehmer müssen ausgerüstet sein für Baden, Tennis, Baseball, Fußball, Bergtouren und ähnliches. Außerdem brauchen sie eine Bibel mit Parallelstellen und reichlich Papier und Bleistifte."

Morgens und abends füllte sich der große Saal zum Gottesdienst und Bibelstudium. Durch die offenen Türen strömte frische Luft herein. Zuweilen verirrte sich ein Vogel in den Raum. Die sommerliche Kleidung der Studenten gab ein lichtes, farbenfrohes Bild.

Es war eine lebhafte Versammlung. Viele Pastoren, Professoren, CVJM-Sekretäre und führende Philanthropen waren anwesend. Die stärkste Anregung kam von den jungen Männern. Welche Möglichkeiten lagen hier! Hudson Taylor war angesichts dieser Zuhörerschaft tiefbewegt und scheint auch selbst für die Studenten eine besondere Anziehungskraft besessen zu haben. Viele Jahre später schrieb Robert Wilder:

„Neben meinem Vater ist Hudson Taylor der Mensch, dem ich innerlich am meisten verdanke. Als er nach Northfield kam und für China warb, brannten die Herzen der Konferenzteilnehmer. Er schilderte uns nicht nur die Nöte des Missionsfeldes, er zeigte uns auch die Wirkungsmöglichkeiten eines Christen. Die Studenten hörten besonders gern seine Schriftauslegung. Er war in seiner Bibel zu Hause. Sein Verständnis für andere und seine Natürlichkeit zogen uns an. Seine Vorträge waren so gut besucht, daß Mr. Moody nachmittags Sonderversammlungen einlegen mußte. Viele Studenten brannten darauf, noch mehr von einem erfahrenen Missionar zu hören ... Erst die Ewigkeit wird die volle Wirkung dieses Lebens und den Einfluß seiner Worte auf unsere Studentenbewegung offenbaren."

Jemand schrieb aus Indien:

„Eine der größten Segnungen meines Lebens erhielt ich *durch*, nicht *von* Hudson Taylor. Dieses Gefühl hatten wir alle: durch ihn, nicht von ihm. Er war ein Kanal, offen, klar, in direkter Verbindung mit dem ‚Quell des lebendigen Wassers', so daß alle, die mit ihm in Berührung kamen, erquickt wurden.

Was uns Studenten an ihm besonders imponierte, war neben seiner Innerlichkeit sein Mutterwitz. Einer fragte ihn: ‚Sind Sie sich immer bewußt, in Christus zu sein?'

‚Als ich in der vergangenen Nacht schlief', antwortete er, ‚wohnte ich da etwa nicht mehr in Ihrem Hause, weil ich mir dessen nicht bewußt war? Wir sollten uns allerdings nie bewußt sein, *nicht* in Christus zu sein.'

Einmal wurde er gefragt: ‚Wie können Sie auf so vielen Versammlungen sprechen?' Da antwortete er: ‚Jeden Morgen schöpfe ich neu aus Gottes Wort und gebe die Botschaft an andere weiter, die mir selbst innerlich geholfen hat.'

Ein anderes Mal sagte er: ‚Man kann arbeiten, ohne zu beten, obwohl das nicht viel Erfolg zeitigen wird. Aber man kann nicht ernstlich beten, ohne zu arbeiten.' Oder: ‚Seid nicht so übermäßig geschäftig in eurer Arbeit für Christus, daß euch keine Kraft zum Beten bleibt! Echtes Gebet erfordert Kraft.' "

Obwohl Hudson Taylor für alle Gelegenheiten, die sich ihm hier boten, sehr dankbar war, erkannte er doch erst nach einem Monat den tieferen Sinn dieser Reise. Es geschah während der erwähnten Konferenz in Niagara am See mitten in einer Schar tiefgegründeter christlicher Zeugen.

Weil er zu weiteren Versammlungen nach Chikago fahren mußte, konnte er nur zweimal sprechen. Aber er machte tiefen Eindruck. Anhand des Hohenliedes sprach er über die Liebe zu Jesus und über das Vertrauen zu Gott als einem Festhalten an der Treue Gottes. China oder die Mission erwähnte er dabei fast gar nicht. Frost berichtete davon:

„Einer der führenden Evangelisten bekannte, daß die Vorträge ihm beinahe wie eine Offenbarung gewesen seien, und viele andere teilten dieses Empfinden ... Herz und Leben wurden hier in eine völlig neue Beziehung zu Gott und Christus gestellt, und nicht wenige der Zuhörer boten sich in der Freude völliger Hingabe dem Herrn zum Dienst an, ganz gleich, wohin Er sie auch führen würde.“

Hudson Taylor wußte noch nichts von dieser Bewegung. Er hatte seinen Besuch in Chikago beendet und war nach Attika gereist. Hier besaßen Frosts Sommerhäuser. Der Sohn wurde von der Niagarakonferenz zurückerwartet, und Hudson Taylor holte ihn am Bahnhof ab, um gleich Neues von dort zu hören.

Nach Hudson Taylors Abreise waren nicht wenige enttäuscht. Sie hätten gern von ihm mehr über die Heidenmission gehört. Die Teilnehmer begrüßten um so mehr Radcliffes und Robert Wilders Vorträge, auf die sie ja nun gut vorbereitet waren. Der alte Evangelist und der junge Freiwillige sprachen mit feurigen Worten über die Verantwortung jeder Generation von Gläubigen gegenüber dem Gebot: „Gehet hin in alle Welt und predigt das Evangelium aller Kreatur!“ Wilder sagte ihnen, er hätte das Geheimnis gelernt, wie man *jeden Tag vierundzwanzig Stunden* für den Herrn arbeiten könne, und dies das ganze Jahr hindurch. Eine Dame hätte ihm erklärt: „Ich arbeite hier zwölf Stunden, und wenn ich ruhen muß, beginnt für meine Stellvertreterin in Indien der Tag, und sie arbeitet die anderen zwölf Stunden.“

„Wir möchten, daß viele Teilnehmer der Niagarakonferenz auf diese Weise täglich vierundzwanzig Stunden arbeiten“, sagte er. „Christliche Freunde, die ihr nicht selbst hinausziehen könnt, warum solltet ihr nicht Stellvertreter auf dem Missionsfeld draußen haben?“

Der Gedanke war neu, aber so einleuchtend, daß Radcliffe eine Menge Fragen über die Unterhaltskosten eines Missionars der China-Inland-Mission beantworten mußte. Zweihundert Dollar jährlich hielt er für ausreichend. Es wurde eine weitere Zusammenkunft beschlossen, um zu praktischen Ergebnissen zu kommen. Dr. Erdmann, der Vorsitzende dieser Versammlung, schrieb:

„Nach dem Gesang und Gebet fühlte der Vorsitzende, wie der Geist des Herrn über die anwesenden Gläubigen kam. Der Rest der Stunde wurde mit freiem Lobpreis, Gebet und dem öffentlichen Gelöbnis von jungen Männern und Mädchen gefüllt, die sich dem Herrn für den Missionsdienst weihten. Es war eine unvergeßliche Versammlung. Für die China-Inland-Mission kam Geld ein, ohne daß jemand darum gebeten oder dafür geworben hätte.“

Aber auch das wurde am nächsten Tage noch übertroffen. Frost, der schon am Abend vorher Gaben für den Unterhalt von zwei Missionaren empfangen hatte, schrieb:

„Als ich ins Zelt kam, fand ich die Anwesenden wie von einem Rausch der Gebefreudigkeit erfaßt. Sie suchten nur nach einer Gelegenheit, freiwillige Gaben für das Werk des Herrn in China anzubieten. Einige standen auf und verpflichteten sich, regelmäßige Beihilfen für einen Missionar zu geben. Andere sagten, sie wollten täglich vierundzwanzig Stunden arbeiten und daher einen Missionar allein unterhalten. Es wurden mir viele Versprechungen gemacht und so viel Gelder anvertraut, daß ich kaum noch Platz hatte, alles unterzubringen. Da stand ich nun inmitten der Versammlung und war plötzlich zum Schatzmeister der China-Inland-Mission geworden. Als ich nachher die Gaben zählte, genügten sie, um *acht* Missionare ein Jahr lang in China zu versorgen."

Als Frost an diesem Sommermorgen in sein Zimmer zurückkehrte, mußte er an die schmerzliche Erfahrung in London denken, wo er den Eindruck hatte, er könne nie wieder sicher sein, daß sein Gebet erhört oder er von Gott geleitet werden könnte. Der Glaube, der ihn damals aufrechterhalten hatte, war nun zum Schauen geworden. Während er Gott dankte, wurde ihm klar, wie gut es ist, „des Herrn zu harren".

Frost berichtete weiter:

„Still, mit ernstem Ausdruck hörte Hudson Taylor meinen Bericht an. Meine Enttäuschung war groß. Statt sich zu freuen, schien er eher belastet. Wenn ich mich recht erinnere, sagte er nur: ‚Gott sei gelobt!' oder ‚Gott sei Dank!', aber sonst schien es fast, als sei ihm die Nachricht keine ‚gute Nachricht', wie ich doch erwartet hatte. Einige Minuten stand er in Gedanken verloren, dann sagte er: ‚Ich glaube, das beste ist, wir beten.'

Darauf knieten wir am Bett nieder, und er begann den Herrn zu fragen, was Er mit allem beabsichtigte. Während er um Klarheit betete, ging mir auf, was ihn bewegte. Ihm war plötzlich zur Gewißheit geworden, daß Gott ihm hier ein Zeichen gab: Er war zu einem andern Zweck nach Amerika geführt worden als nur dazu, auf seiner Reise nach China einige Vorträge zu halten. Er hatte mich gefragt, wie das Geld verwendet werden sollte, und ich hatte geantwortet, daß es besonders für Missionare aus Nordamerika bestimmt sei. Darin erkannte er seine Verpflichtung, nun in Nordamerika um Missionare zu werben. Eine neue, schwere Verantwortung ... Es wurde ihm wie mir jetzt klar, daß mein Besuch in London und meine Bitte, einen Zweig der Mission in Amerika zu gründen, wirklich von Gott geleitet waren."

So war Hudson Taylor unerwartet an einen neuen Wendepunkt in seiner Missionsarbeit gekommen. Er erkannte die Tragweite dieses Schritts. Bald kehrte er zur Hauptversammlung nach Northfield zurück, wo er Moody und andere Freunde um ihren Rat bitten konnte. Noch blieben ihm drei Wochen in Amerika für die schwierige Aufgabe, die vor ihm lag. Daß der junge, zurückhaltende Henry Frost bereits von Gott für dieses Werk bestimmt war, konnte er damals nicht wissen. Er schrieb einige Tage später an Stevenson:

„Ich glaube, wir müssen einen amerikanischen Zweig der Mission gründen. Wundern Sie sich nicht, wenn ich gleich Verstärkung mitbringe!"

Bei seiner Rückkehr nach Northfield wurde er in dieser Hinsicht noch bestärkt. Moody riet ihm, sofort um Mitarbeiter zu werben, und stellte ihm einige Studenten vor, die den Ruf Gottes nach China angenommen hatten. Aber selbst jetzt wagte Hudson Taylor sich nur mit Furcht und Zittern vorwärts. Die Mission hatte sich wohl über alle kirchlichen Grenzen hinaus erstreckt, doch nicht über die Landesgrenzen. Sie war noch nicht international, und die erst einundzwanzigjährige Erfahrung machte ihren Leiter vorsichtig. Doch nachdem er sich nun einmal entschlossen hatte, war sein Aufruf voller Energie. Er sagte darüber:

„Missionare zu haben und kein Geld, würde mir keine Sorgen bereiten, denn der Herr muß sich der Seinen annehmen. Er verlangt nicht von mir, daß ich Seine Verantwortung auf mich nehme. Aber Geld haben und keine Missionare, das ist eine schwierige Lage. Mir scheint, es wäre nicht freundlich von euch, liebe Freunde in Amerika, wenn ihr uns diese Last auflegtet und nicht auch einige von euch schicken würdet, damit das Geld Verwendung finden kann. Die Dollars haben wir, aber wo sind die Menschen?"

Männer und Frauen folgten dem Ruf. Darin erkannte Hudson Taylor, daß es der Herr war, der ihm den Auftrag erteilte, eine Schar mit nach China zu nehmen. Als die drei ersten angenommen waren, fühlte er sich wegen der übrigbleibenden Summe nicht mehr so sehr belastet. Ihre Überfahrt war bezahlt, und ihr Unterhalt im ersten Jahr würde einen beträchtlichen Teil des Geldes von der Niagarakonferenz verbrauchen. Aber es stellten sich andere Schwierigkeiten in den Weg. Eltern, Freunde, ja die kirchlichen Gemeinschaften, zu denen die Berufenen gehörten, wollten diese Missionare unterstützen. Als schon acht junge Leute angenommen waren, lag das Stammkapital noch immer unangetastet. Es wurde immer fraglicher, ob es überhaupt aufgebraucht werden könnte. Hudson Taylor sagte einmal: „Geweihtes Geld wird wie einst die geweihten Brote und Fische nicht aufgebraucht."

Diese wunderbaren Erfolge waren bestimmt auf die Macht des Gebets zurückzuführen. Hudson Taylor und seine Gefährten wurden durch die Flut der Ereignisse so in Atem gehalten, daß sie neben ihrem Arbeitsprogramm kaum Zeit für besondere Gebetsversammlungen fanden. Dafür lag in der Stille seines ländlichen Heims in Attika ein Mann vor Gott. Eine ernste Krankheit seines Vaters hinderte Henry Frost am Besuch der Versammlungen. Dadurch hatte er mehr Zeit zum Gebet. Mit klarem Blick erkannte er den Lauf der Dinge. Noch immer liefen bei ihm Gaben zur Unterstützung von Missionaren in China ein. Mitte August schickte er an die Spender ein Rundschreiben, in dem er sie um „viel ernstes Gebet" bat, damit die von Gott berufenen Männer und Frauen zur Ausreise mit Hudson Taylor bereit wären. Auch an diesen selbst schrieb er und stellte ihm sein Haus und seine Dienste zur Verfügung, damit er die Möglichkeit hätte, die Kandidaten kennenzulernen.

Mitte September durfte Frost die Erhörung seiner Gebete feststellen. Die Zahl derer, die sich für den Missionsdienst bereit erklärten, war auf vierzig angestiegen.

Die Abschiedsversammlungen in Toronto gehörten zum Schönsten, was Hudson Taylor in Amerika erlebte. Mrs. Radcliffe, deren Mitwirkung eine große Hilfe war, schrieb darüber an Mrs. Taylor:

„Ich glaube, Toronto und Kanada werden sich lange an diese zwei Abschiedsversammlungen und die Abreise der Missionare erinnern. Am Sonntag war die CVJM-Halle so überfüllt, daß eine Parallelversammlung gehalten werden mußte. Trotzdem fanden Hunderte keinen Platz mehr. Am Montag war Mr. Taylor nach Montreal gereist, aber die Missionare und ihre Freunde kamen noch einmal um neun Uhr abends in Dr. Parkers Kirche zum Abendmahl zusammen und gingen von da aus zur Bahn. Es sollen fünfhundert bis tausend Menschen am Bahnhof gewesen sein, die sangen und uns zujubelten. Mein Mann sprach ein Gebet, und Scharen sprachen laut seine Worte nach, bis der Zug langsam aus der Halle fuhr. Auf dem Heimweg zogen die Mitglieder des CVJM, Choräle singend, in Viererreihen durch die Straßen Torontos."

AUF ADLERS FLÜGELN GETRAGEN

1888—1889

Die Fahrt über die Rocky Mountains war ein neues Erlebnis für Hudson Taylor. Das weite Land zeigte ihm noch einmal die Fülle der Möglichkeiten, die ihm durch die Berührung mit amerikanischen und kanadischen Gläubigen gegeben worden war. Wie schnell und wie weit konnte von hier aus das Reich Gottes ausgebaut werden! Wie ein Wunder erschien ihm auch die Schar der Mitarbeiter, die ihm so unerwartet für die China-Inland-Mission geschenkt worden war.

Die folgende Seereise wurde zu Aussprachen und zum Bibelstudium benutzt. Die jungen Missionare sollten für ihre neue Aufgabe vorbereitet werden. Hudson Taylor war sich jederzeit der starken Gegenwirkung Satans bewußt. Jahre hindurch war die Mission wie auf einer Woge des Erfolgs dahingetragen worden. Durch die „Siebzig" hatte sich die Zahl der Missionare verdoppelt. Dann war sie ohne die neuen nochmals auf das Doppelte gestiegen. Welche Ausdehnungsmöglichkeiten lagen nun vor ihnen! Aber Hudson Taylor hatte durch Erfahrung gelernt, daß zu jedem Abschnitt des Erfolgs und des Segens besondere Prüfungen gehörten. Er ahnte aber nicht, wie andauernd und schwer die bevorstehenden sein sollten.

Bevor sie China überhaupt erreichten, erhielt Hudson Taylor in Yokohama die Nachricht vom Heimgang des Leiters der Chefooschule, Herbert Norris. Er hatte seine Buben vor einem tollwütigen Hund beschützt und war dann selbst gebissen worden. Gleichzeitig war auch Adam Dorward, der treue Pionier in Honan und Mitglied des China-Missionsrates, gestorben. Der Verlust war nicht nur für Taylor schwer, sondern auch für die Mission.

Bei seiner Landung in Schanghai erfuhr er vom Heimgang eines vielversprechenden jungen Missionars. Und im Missionsheim, wohin er die Neuangekommenen bringen wollte, lag eine Missionarin im Sterben. Die Tapferkeit der jungen Amerikaner stärkte ihn in all dem Leid.

Besonders traurig und schwierig war die Erkrankung einer jungen Missionarin, die auf der Ausreise einen Nervenschock erlitten hatte. Bei ihrer Ankunft in China war sie völlig umnachtet. Sie mußte dennoch in dem überfüllten Missionshaus untergebracht werden, weil es damals keine Nervenkliniken gab.

Eine andere schlimme Nachricht erreichte ihn aus dem Inland, wo eine junge Missionarin an Blattern erkrankt war. Wenige Tage nach ihrer Ankunft in Schanghai ging sie heim.

Aus Hongkong kam die Nachricht von der schweren Erkrankung William Coopers, der sich auf der Rückreise aus der Heimat auf dem Wege nach der Provinz Anhuei befand, wo seine Gegenwart dringend nötig war. Es schien ungewiß, ob er Schanghai noch erreichen würde.

Es lagen aber noch andere Sorgen auf Hudson Taylor. Bei manchen Missionsfreunden in England, darunter Mitgliedern des Missionsrates, schienen sich Bedenken gegen die Vorgänge in Amerika zu regen. Da sie die Entwicklung nicht miterlebt hatten, war ihnen der göttliche Auftrag zu der Arbeit dort und deren Wert nicht deutlich. Vielleicht befürchteten sie auch, daß Pflichten, die so spontan übernommen worden waren, wieder vergessen werden könnten. Der Grundsatz, wonach die Arbeit nicht aus der Ferne, sondern an Ort und Stelle durch erfahrene Missionare in China geleitet werden sollte, ließ Schanghai in höherem Grade wichtig werden als London. In Schanghai befand sich das Hauptquartier, von wo aus Hudson Taylor oder sein Stellvertreter sowohl mit Missionsräten in andern Weltteilen wie mit dem Heimatrat zusammenarbeiten konnte. Die Entwicklung dieses Hauptgrundsatzes der Mission war aber bis dahin noch nicht in Erwägung gezogen worden, weil man an eine solche Ausdehnung der Arbeit auch nicht im Traume gedacht hatte. Es war doch gerade erst der Ausschuß in China zugestanden worden. Nun sollte er eine zentrale Stellung einnehmen und sich Zweigstellen in Amerika und anderswo angliedern lassen, die vom Mutterland ganz unabhängig waren. Das schien doch sehr bedenklich. Einige Freunde glaubten, damit seien die höchsten Interessen der Mission gefährdet, und deshalb könnten sie nicht länger dem Missionsrat angehören.

So befand sich der Leiter der Mission in einer äußerst schwierigen Lage. Es stand bei ihm fest, daß die Entwicklung in Amerika auf göttliche Weisung hin geschehen war. Schritt für Schritt war er auf dem Wege weitergeführt worden, den er selbst zuerst gar nicht gehen wollte. Die Leiter und Missionsratsmitglieder waren ein Gottesgeschenk. Zurück konnte er nicht. Das wäre *gegen* den klar erkannten Willen Gottes gewesen. Aber wie sollte es vorwärtsgehen, wenn das solchen Verlust für die Mission mit sich brachte?

„Das Kreuz wird nicht leichter", lautete ein Satz in einem Brief dieses Winters, „aber es trägt köstliche Früchte." Wie stark das bei Hudson Taylor zutraf, geht aus den Erinnerungen Stevensons hervor, der über die Jahre 1888—1889 sagte:

„Ich habe noch niemals eine solch schwere Zeit durchlebt. Es schien, als ob sich alles in diesen schrecklichen Monaten zusammendrängte. Ich weiß nicht, was wir damals ohne Hudson Taylor angefangen hätten. Der Ausdruck seines Gesichts war uns schon eine Hilfe. Auch Fast- und Bettage erwiesen sich immer als hilfreich. Jedesmal, wenn wir in Not waren oder einen weiteren Schritt unternehmen wollten, wenn es uns an innerer Freudigkeit mangelte oder die Geldmittel ausblieben, nahmen wir unsere Zuflucht zum Fasten und Beten. Die Erhörung blieb nie aus.

Mich bewegte damals besonders tief das offensichtliche Verlangen Hudson Taylors, aufrichtig vor Gott zu wandeln. Er scheute keine Mühe, das Rechte zu tun und Mißverständnisse zu beseitigen. Im Frühjahr, als wir uns in besonderen Schwierigkeiten befanden, bekümmerte ihn vor allem das gespannte Verhältnis zwischen uns und zwei früheren Mitgliedern der Mission, die noch in Schanghai lebten. Diese Spannung nahm ihren Anfang, als Hudson Taylor in England war. Er konnte sich nicht einfach damit abfinden, daß sie im Unrecht waren und wir damals alles zur Versöhnung getan hatten, was wir tun konnten.

Er schrieb ihnen und bat um eine Aussprache. Am 4. März brachte er einen Abend mit ihnen zu. Es war sicher sehr unangenehm für ihn, denn die Haltung der beiden war äußerst ablehnend. Doch er erreichte sein Ziel. Der Abend schloß mit gemeinsamem Gebet, und die Freundschaft war wiederhergestellt.

Sein Leben konnte eine Prüfung ertragen. Da war nichts Dunkles oder Verborgenes. Mit einem Manne wie Hudson Taylor kann man *jede* Arbeit in Angriff nehmen. Ich bin nie jemand begegnet, der konsequenter gewesen wäre — und ich kannte und beobachtete ihn jahrelang. Er wandelte vor Gott, darum war sein Leben ‚ein Licht'. Dabei war er voll Güte und Entgegenkommen gegen andere. Tag und Nacht, buchstäblich zu jeder Stunde, war er zur Hilfe bereit. Seine Selbstzucht und innere Heiligkeit waren einzigartig, das fühlten wir alle."

Ein Liedvers, der sich auf einem Lesezeichen in seinem Tagebuch fand, zeigte, was ihn damals so tief bewegte:

„Herr Jesu, sei mir allezeit
lebendig helle Wirklichkeit,
dem Glaubensaug' so nah gerückt,
als ob es leiblich Dich erblickt,
dem Herzen inniger bekannt
als das vertrautste ird'sche Band!"

In diesem Vertrauen auf Gott bereitete Hudson Taylor sich zur Abreise nach England vor, als sich herausstellte, daß die Schwierigkeiten mit der Heimat brieflich nicht zu überwinden waren. Er hatte nur wenig von alledem erledigen können, was er sich für dieses Mal in China vorgenommen hatte. Als sein Schiff sich Aden näherte, schrieb er an Stevenson:

„Es ist eine ernste Sache, daß man wie Simson ausziehen kann, ohne zu merken, daß der Herr von einem gewichen ist. Für Simson bedeutete es Niederlage, Gefangenschaft und Blindheit. Möchte der Herr Sie und mich in Seiner Nähe halten! Ohne Ihn wird unser Dienst nutzlos und richtet dazu Schaden an. Ich zittere bei dem Gedanken an die Verantwortung, die auf uns, den Verkündigern des Evangeliums, liegt. Aber der Herr wird uns bewahren um Seines Namens willen."

Vom 21. Mai an, dem Tage seiner Ankunft in England, erlebte er, wie Gott selbst daran arbeitete, daß keine Trennung von alten Mitarbeitern erfolgen mußte. „Er fand den Stein schon weggewälzt." Am 4. Juli schrieb er:

„Wir sehen deutlich die gute Hand Gottes, die mit uns ist. Er erhört unsere Gebete. Wir haben wirklich viel Grund zur Dankbarkeit."

So zogen die Wolken wieder ab und ließen den Himmel klar werden. Die Herzen öffneten sich für die Pläne Gottes. Als erstes wurde die Heimatverwaltung in verschiedenen Richtungen ausgebaut. Der Missionsrat wurde um mehrere neue Mitglieder erweitert, ein Hilfsausschuß in Glasgow gegründet, der sich hauptsächlich um die schottischen Kandidaten kümmern sollte, dazu ein Ausschuß für Missionarinnen in London. Anfang Juli reiste Hudson Taylor mit einem Begrüßungswort des Londoner Missionsrates an den Missionsrat in Toronto ab. Welche Hoffnungen in ihm lebten, und wie er mit der Wundermacht Gottes rechnete, geht aus einem Brief hervor, den er am 6. Juli vor seiner Abreise aus Queenstown Harbour an seine Frau schrieb:

„Ich hoffe, daß wir nicht bei irgend etwas Erreichtem, Erlebtem oder Gefühltem stehenbleiben, sondern vorwärts und aufwärts dringen ... Gott hat sich als treu erwiesen, wenn wir auf Seine Verheißungen hin gehandelt und Seiner Treue vertraut haben. Wie wenig haben wir es getan! Wie bescheiden sind doch unsere Gebete und Erwartungen gewesen angesichts eines solchen Gottes! Was würde ein großer Herrscher davon denken, wenn wir ihm vorschlügen, sein Heer, mit dem er ein Land wie China erobern wollte, jährlich um hundert Soldaten zu vermehren? Wir müssen größer denken und beten lernen, wenn wir Gottes würdig wandeln und den Kampf mit der furchtbaren Not der Welt wirklich aufnehmen wollen. Laß uns im Glauben um Mitarbeiter in *jedem* Zweig unseres Werkes bitten, die der Arbeit wirklich gewachsen sind, sei es daheim, in Amerika oder in China! Laß uns um solche Kraft für sie bitten, daß der Schwächste gewaltig und der Starke wie ein ‚Engel Gottes' ist! Sollte das zuviel für Seine Ehre sein? Gott behüte uns davor, dem ‚Heiligen Israels' Schranken setzen zu wollen! Er öffne unsere Augen, daß wir ‚Ihn allein' sehen. Er möge uns helfen, vorwärtszugehen im Gehorsam gegen Sein Wort: ‚Habe ich dich nicht gesandt?'

Wir denken immer an unsere Schwäche und persönliche Not. Wir blicken auf die Armut und Niedrigkeit der Gemeinde und ihre mangelnde Heiligung. Wir sehen die Macht der verbündeten Kräfte: Welt, Fleisch und Satan. Sollten wir nicht vielmehr unsere Gedanken auf Gott richten, auf Ihn sehen, uns Seine Größe, Seine Mittel, Seine Verheißung zu eigen machen? Nur so werden wir die Höhe und Tiefe Seines Wesens und Seiner Ziele erfassen, nur so besser bereit und fähig sein, Seinen Willen zu tun. Möge Er uns beiden in unserem Getrenntsein um so kostbarer werden, damit wir unserer Arbeit und einander mehr sein können!"

Auch in Attika erlebten zwei Menschen etwas von diesem vollen Vertrauen auf Gottes Hilfe. Noch besaßen Frosts ihr gemütliches Heim, in dem Hudson Taylor das erste Mal gewohnt hatte. Es war sogar noch verschönert worden.

Aber in Wirklichkeit hatte Frosts Vater, auf dessen ausdrücklichen Wunsch er sich so ganz der Evangelisationsarbeit widmete, in letzter Zeit geschäftliche Mißerfolge gehabt, so daß er seinem Sohn kein ausreichendes Einkommen mehr zur Verfügung stellen konnte. Darum stellte sich Henry die Frage, ob er die Evangelisationsarbeit aufgeben und wieder zu seinem kaufmännischen Beruf übergehen oder sie fortsetzen und sich allein auf den himmlischen Vater verlassen sollte. Seine Frau und er befanden sich in einer seltsamen Lage. Vor einigen Monaten hatten sie den Entschluß gefaßt, nie Schulden zu machen. Jetzt waren sie oft für ihr tägliches Brot vom Eingreifen Gottes abhängig, und das in einer Umgebung von Wohlstand und Behaglichkeit in einer kleinen Stadt, wo ihnen jeder Kredit offenstand.

Aber wie kostbar waren die Erlebnisse, wenn sie immer wieder Seine Durchhilfe erfuhren! Ihre Freude am Herrn wuchs in dieser Zeit und damit auch ihr Wunsch, ganz in Seinem Dienst zu stehen, auch wenn es große Opfer kosten würde.

Wieder wurde eine Niagarakonferenz durchgeführt. Hudson Taylor wurde freudig begrüßt. Das Interesse für China war noch lebendiger, die Teilnahme an der Inlandmission noch stärker als im vorigen Jahr. Die Gaben zur Unterstützung flossen noch reichlicher, und viele neue Verbindungen wurden angeknüpft und alte gefestigt.

Da der provisorische Missionsrat jetzt endgültig eingesetzt und vergrößert werden sollte, widmete Hudson Taylor einen großen Teil seiner Zeit den Besprechungen mit den einzelnen Mitgliedern. Weil Sandham wegen zahlreicher Verpflichtungen den Vorsitz niederlegen mußte, wurde Henry Frost gebeten, das Amt des Vorsitzenden zu übernehmen und nach Toronto überzusiedeln.

Nun wurde ihm das Ziel der Entwicklung klar. Angesichts der kürzlich gemachten Erfahrungen war er selbst zu einem Leben im Glauben auch in bezug auf die materiellen Dinge bereit. Aber er wußte, daß es seiner Frau der Kinder wegen sehr schwerfallen würde, ihr schönes Heim aufzugeben. Er berichtete über diese kritische Zeit:

„Eines Tages, als ich im Wohnzimmer ruhte, betete meine Frau, ohne daß ich davon wußte, in ihrem Zimmer, Gott möge ihr den Weg zeigen. Sie schlug ihre Bibel auf und las in Haggai das Wort, das ihr Licht gab. Danach kam sie zu mir, legte wortlos ihre offene Bibel auf meine Knie und deutete auf den vierten Vers im ersten Kapitel. Ich las: ‚Ist es für euch Zeit, in euren getäfelten Häusern zu wohnen, während dieses Haus wüst liegt?‘ Sie brauchte keine weitere Erklärung hinzuzufügen, der Text sprach für sich selber. Ihr Gesicht zeigte mir, daß der Herr bei ihr gesiegt hatte, und ein Blick zu unserer getäfelten Decke hinauf brachte auch mich zum Entschluß. Von diesem Augenblick an waren wir uns darin einig, daß wir unser Heim aufgeben wollten, um mitzubauen am geistlichen Bau, dem Tempel Christi, auf dessen Vollendung unser Herr wartet.“

Hudson Taylor hätte es gern gesehen, wenn dieser Schritt sich ohne finanzielle Schwierigkeiten vollzogen hätte. Außer den Umzugskosten standen ihm kaum weitere Mittel zur Verfügung. Die amerikanischen Gaben, Tausende von Dollars, waren fast alle für bestimmte Zwecke und Personen gegeben und konnten nicht verwendet werden. Etwa fünfzig Pfund, die Hudson Taylor für seinen persönlichen Gebrauch erhalten hatte, konnte er überweisen. Er mußte Frost sagen: „Darüber hinaus kann ich Ihnen nichts versprechen. Sie müssen sich Ihren Unterhalt vom Herrn erbitten, wie wir es in England und in China auch tun.“ Henry Frost schreibt:

„Ich gestehe, daß mir Hudson Taylors Worte nicht sehr einladend schienen. Für den Umzug mit meiner Familie und allem, was ich besaß, für die Gründung eines Heims in einer fremden Stadt, für die Beherbergung einer großen Zahl von Kandidaten in diesem Haus und für die weitere Arbeit der Mission standen etwa zweihundertfünfzig Dollar zur Verfügung. Aber unsere jüngsten Erlebnisse hatten mich gelehrt, den *einen* Faktor zu beachten, der das ganze Rechenexempel umgestalten konnte: *Gott selbst.* Zweihundertfünfzig Dollar sind gewiß keine große Summe für ein solches Unternehmen, aber so viel *und der Herr*, das war es, was wir nötig hatten. Darum konnte ich auch in finanzieller Hinsicht bald Mr. Taylors Angebot annehmen.“

Die wunderbare Entwicklung in Amerika konnte Henry Frost nicht voraussehen. Die Missionsfreunde brachten in siebzehn Jahren über eine halbe Million Dollar auf und stellten ihm ein Vermögen von vierzigtausend Dollar zur Verfügung. Nie wäre er der Mann des Glaubens, des Gebets und der engen Abhängigkeit von Gott geworden, wenn er nicht selbst finanzielle Schwierigkeiten erlebt hätte.

Hudson Taylor verließ Amerika im August voll froher Hoffnungen. Er wollte noch vor Jahresende eine große Zahl Versammlungen besuchen. Diese führten ihn bis nach Schweden. Seine Verpflichtungen waren so dringend, daß er nur schwer die nötige Zeit zur Fürbitte für alle seine Mitarbeiter finden konnte. Aber er wußte, daß ein Nachlassen im Gebet dem Feind die Einfallstore öffnen würde. Darum kaufte er auf seiner Fahrt von einem Ort zum andern jeden freien Augenblick aus, um diese unsichtbare, aber wichtigste Arbeit nicht zu versäumen.

Hudson Taylors Liebe zum Herrn, die man in Schottland wie in Amerika so gespürt hatte, wurde auch in Schweden bemerkt. Die Verbindung zu diesem Land war durch den jungen Holmgren entstanden, der Hudson Taylor in England in der Pyrland Road kennengelernt hatte. Als begeisterter Freund der China-Inland-Mission war er später nach Orebro zurückgekehrt. Zuerst als Herausgeber einer christlichen Wochenschrift, dann als Pfarrer einer der Hauptkirchen von Stockholm tat er alles, was er konnte, um in den Christen Schwedens die Verantwortung für die Millionen Chinas zu wecken. Damals arbeitete noch kein Schwede in China. Erik Folke, ein Student in Uppsala, der sich von Gott auf dieses Feld gerufen fühlte, konnte keine schwedische Missionsgesellschaft finden, die ihn aussenden wollte. Darum reiste er auf eigene Verantwortung, wurde in Schanghai von der China-Inland-Mission willkommen geheißen und in ihre Sprachschule in Anking aufgenommen. Sechs Monate später teilte er Holmgren brieflich mit, daß er direkt mit der China-Inland-Mission arbeiten wolle. Daraufhin wurde in Stockholm ein Komitee gebildet, um weitere Missionare auszusenden.

Schon länger hatten diese Freunde Hudson Taylor gedrängt, sie zu besuchen. Sein Name war dort durch Holmgrens Blatt und seine eigenen Schriften bekannt. Da seine Zeit fest begrenzt war — er hatte versprochen, auf der zweiten Generalkonferenz in Schanghai die Eröffnungspredigt zu halten —, war es nicht leicht für ihn, sich einen Monat frei zu machen. Weil das Komitee jedoch um seinen Rat für die Arbeit in China bat, fühlte er sich verantwortlich. Diese Arbeit sollte in enger Verbindung mit der China-Inland-Mission geschehen.

Es entwickelte sich alles so natürlich, daß Hudson Taylor damals kaum ahnte, daß hier eine neue Erweiterung der Mission ihren Anfang nahm. Sie sollte sich nicht nur auf viele Teile des europäischen Festlands, sondern auch auf Amerika und Australien erstrecken. Mit der Niagarakonferenz im vergangenen Jahr hatte diese Bewegung begonnen. Im Laufe dieses Sommers wurde die Zukunft deutlich. Damals hatte das „Auffahren wie mit Flügeln“ begonnen, das zu großen äußeren Entwicklungen führen sollte. Hudson Taylor selbst wuchs mit der zunehmenden Arbeit. Er war sich bewußt, daß diese Reise nach dem Norden seiner Lebensarbeit neue Bahnen öffnen würde. Was er aber nicht erwartet hatte, war der begeisterte Empfang, den ihm die schwedischen Christen bereiteten und der an Wärme und Gastlichkeit alles überbot, was ihm bisher begegnet war. Aber auch die Schweden fanden an ihm etwas, das sie noch nicht kannten. Sie sahen einen Menschen, dem die Millionen Chinas wirklich als Last auf der Seele lagen.

„Selten sprechen wir zu weniger als zwei- bis fünftausend Menschen täglich“, schrieb er am Ende seines Besuches, bei dem ihn wieder sein zweiter Sohn begleitete. „Selbst in kleinen Ortschaften halten wir große Versammlungen. Gestern abend fanden Hunderte keinen Platz mehr. Manche waren über vierzig Kilometer weit gereist. Möge großer und dauernder Segen daraus erwachsen!“

Der Eindruck, den Hudson Taylors Persönlichkeit machte, spiegelt sich in dem wider, was Holmgren, sein Begleiter auf dieser Fahrt, berichtete:

„Überall fühlten sich die Menschen zu ihm hingezogen. Er zeigte so viel Liebe und Teilnahme, daß er Gegenliebe weckte. Es war reizend, wie sich in den Familien, die wir besuchten, die Kinder um ihn sammelten, obwohl sie seine Sprache nicht verstanden. Er sprach sehr freundlich mit ihnen und erzählte ihnen einige nette Geschichtchen ...

Er hat viele Freunde gewonnen. Dabei war er sehr einfach und anspruchslos. Einmal, als er von Linköping wegfuhr, war er besonders müde. Er hatte am Tage vorher mehrere Ansprachen gehalten und war früh aufgestanden. Um elf Uhr war schon eine

Versammlung gewesen, und um sechs Uhr sollte die zweite in einer neunzig Kilometer entfernten Stadt sein. Auf dem Weg zum Bahnhof sagte Dr. Howard zu seinem Vater:

‚Du bist doch jetzt müde. Laß mich zweiter Klasse lösen!' Aber Taylor antwortete: ‚Du weißt ja, das Geld gehört dem Herrn. Wir müssen also recht sparsam damit umgehen.'

Noch einen Vorfall möchte ich erzählen, der mich auch sehr beeindruckte und sein Vertrauen auf Gott zeigte. Das Komitee hatte die Absicht, die Reiseunkosten Herrn Taylors und seines Sohnes durch Kollekten bei den Versammlungen zu decken. Als ich sie in Göteborg abholte, teilte ich das Herrn Taylor mit. Da sah er mich lächelnd an und sagte:

‚Ich habe ja einen reichen Vater und werde mit ihm darüber reden. Doch ich glaube nicht, daß dieser Plan ganz nach Seinem Willen ist. Das Kollektengeld muß für die schwedische Mission verwendet werden; für mich wird Er schon sorgen.'

Wenn ich Geld gehabt hätte, würde ich mit Freuden seine ganzen Reisekosten in Schweden bezahlt haben. Von Taylors Glauben bezüglich seiner Versorgung sagte ich mir aber: ‚Für England mag das vielleicht zutreffen, aber in Schweden ist das anders.'

In Christiania trennten wir uns. Herr Taylor reiste nach England, ich nach Stockholm. In seinem ersten Brief schrieb er:

‚Wenige Tage nach unserer Ankunft in England erhielt ich einen Brief von einem unbekannten Schweden. Er enthielt einen Scheck über fünfzig Pfund, die für unsere Ausgaben auf der Reise nach Schweden bestimmt waren. Wenn Sie den Absender kennen, danken Sie ihm bitte in meinem Namen!'

Ich wußte nicht, woher das Geld kam, aber ich war sehr beschämt und gedemütigt wegen meines Unglaubens, mußte aber dem Herrn für Seine Treue danken und dafür, daß Seine Macht in Schweden ebenso groß ist wie in England."

Hudson Taylor hatte in Schweden besonders versucht, sein neues Verständnis des göttlichen Befehls weiterzugeben, der seit über vierzig Jahren das Motto seines Lebens war: „Gehet hin in alle Welt und predigt das Evangelium allen Völkern!" An einem stillen Sonntag im Oktober war ihm neues Licht auf diese vertrauten Worte gefallen. Der Heilige Geist zeigte ihm eine ganz neue, umfassende Bedeutung, so daß ihm war, als hörte er sie zum ersten Mal. Einige Monate später schrieb er dazu:

„Beschämt muß ich bekennen, daß ich bis zu dem Tag noch nie gefragt hatte, was der Herr wohl wirklich mit diesem Befehl meint. Viele Jahre lang hatte ich wie auch andere daran gearbeitet, das Evangelium weiterzutragen. Ich habe Pläne gemacht, um auch die entlegensten Provinzen zu erreichen, ohne mir jemals die schlichte Bedeutung dieser Worte klarzumachen."

„Allen Völkern! — Aller Kreatur!" Aber wie wenige waren erst in dem riesigen China erreicht! Die Worte brannten in ihm. Wie weit war die Kirche, ja sogar er selbst davon entfernt, diese Worte buchstäblich zu nehmen und entsprechend zu handeln! Er schrieb darüber:

„Wie wollen wir den Herrn Jesus im Blick auf dieses Gebot behandeln? Wollen wir den Titel ‚Herr' endgültig fallenlassen? Wollen wir Ihn nur als Heiland für unsere Sünden anerkennen, aber Ihm nicht als ‚teuer Erkaufte' absoluten Gehorsam leisten? Wollen wir unsere eigenen Herren sein und Ihm, der uns mit Seinem Blut erkauft hat, nur einige Zugeständnisse machen, unter der Voraussetzung, daß Er nicht zu viel verlangt? Wollen wir unser Leben, unsere Lieben, unsere Güter für uns behalten?... Wir wollen uns wohl von Ihm in den Himmel bringen lassen, wollen aber nicht, daß ‚dieser über uns herrsche'. Nur wenige aus dem ,Volk des Herrn' haben wirklich erkannt, daß Christus entweder *Herr über alles* oder aber *überhaupt nicht Herr* ist. Wenn wir Gottes Wort beurteilen, anstatt uns von Ihm richten zu lassen, wenn wir Gott so viel oder so wenig geben, wie uns paßt, sind *wir* die Herren, und Er muß uns noch dankbar sein! Ist Er aber der Herr, dann laßt uns auch danach handeln! ,Was nennt ihr mich Herr, Herr, und tut nicht, was ich euch sage?' "

So bekam Hudson Taylor ganz unerwartet einen neuen Weitblick, der für das letzte Jahrzehnt seines Dienstes bestimmend wurde.

DIE TAUSEND

1889—1892

Es galt nicht, einen menschlichen Plan, sondern einen göttlichen Befehl auszuführen. Praktisch wie immer begann Hudson Taylor nicht damit, darüber nachzudenken, ob ein Versuch gemacht werden müßte, sondern wie die Evangelisierung ganz Chinas zu geschehen hätte. Als er darüber betete und nachsann, erkannte er, daß sie durchaus möglich war:

Wenn tausend Evangelisten täglich je 250 Menschen die Botschaft brächten, könnten sie in drei bis fünf Jahren alle Chinesen gehört haben. Er wußte, daß sich viele Einwände gegen eine solche Berechnung machen ließen. Vielleicht konnte nicht jeder Missionar täglich 250 Menschen erreichen, oder die eintägige Verkündigung blieb ohne tiefere Wirkung. Er dachte an die ersten Jahre seiner Arbeit in China, besonders an die Monate mit William Burns. Sie hatten durch systematische Evangelisation täglich ohne Schwierigkeiten fünfhundert bis tausend Menschen erreicht, indem sie in allen Straßen der Stadt predigten, in jedem Laden ihre Bücher und Traktate anboten und abends in einem Teehaus für besonders Interessierte zu sprechen waren. Schließlich konnten die Leute sie noch auf ihren Hausbooten aufsuchen. Seine Mitarbeiter und er wußten, daß eine ganze Reihe besonders gesegneter chinesischer Christen beim ersten Hören ihr Herz Christus geschenkt hatte.

Das hieß ja nicht, den zweiten Teil des Befehls Jesu außer acht zu lassen, nämlich zu taufen und zu lehren. Aber würden diese tausend Mitarbeiter nach der Beendigung der Evangelisation nicht um so besser vorbereitet sein, diesen Teil zu erfüllen? Erst einmal mußten ja alle gehört haben!

So stand in „Chinas Millionen“ als Ergebnis von Hudson Taylors neuer Schau ein eindringlicher Aufruf unter der Überschrift „Allen Völkern“, in dem die Gläubigen zur Mitarbeit dort aufgerufen wurden, wo jeder von ihnen mitarbeiten konnte: beim Beten. Ferner schrieb Hudson Taylor, daß nur das gemeinsame, einmütige Vorgehen aller Missionsgesellschaften tausend Evangelisten ohne Zeitverlust zusammenbringen könnte. Er war überzeugt, daß die Hälfte der geforderten Evangelisten aus Amerika kommen würde. Wörtlich schrieb er weiter:

„Würde nicht die ganze Welt an dem Segen teilnehmen? Wenn wir draußen gesegnet werden, müssen doch auch unsere Gemeinden zu Hause etwas davon merken. Die Kirche ist wohl imstande, der ganzen Welt das Evangelium zu verkündigen — es *bald* zu verkündigen."

In diesem Zusammenhang sagte Hudson Taylor auch einmal: „Wenn *eine* Predigt des Evangeliums nicht ausreichen soll, wie soll es dann erst *keine* tun?"

Nicht nur der Befehl des Meisters beschäftigte Hudson Taylor, sondern auch Sein Vorbild. Ihm schwebte die Speisung der Viertausend in Matthäus 15 vor: „Woher mögen wir so viel Brot nehmen in der Wüste, daß wir das ganze Volk sättigen?" Als er zur zweiten Generalkonferenz nach China fuhr, war er dankbar, daß sich hier eine Gelegenheit bot, sein großes Anliegen vorzubringen und diese Verheißung zu verkündigen. Der Herr, der selbst dem hungrigen Volk gegenüberstand, Jesus, der die Hungrigen speisen konnte — das war das Thema seines Eröffnungsgottesdienstes. In diesem Gottesdienst sagte er unter anderem:

„Ich wüßte nicht, daß in der Bibel dazu aufgefordert würde, etwas zu *versuchen*. ‚Wir müssen es versuchen, so gut wir können', hört man oft sagen. Ich habe vor einigen Jahren das Neue Testament genau durchgesehen, *wann* den Jüngern gesagt worden ist, sie sollten *versuchen*, etwas zu tun. Ich dachte mir schon, daß ich nicht viele Stellen finden würde — ich fand aber überhaupt keine! Auch nicht im Alten Testament! Dort stehen wohl viele Gebote, deren Befolgung unmöglich zu sein scheint, aber es bleiben doch echte Gebote. Wir alle sollten nicht *versuchen*, soweit wir können, zu gehorchen, sondern dem Herrn einfach gehorchen.

Wenn wir uns als geschlossene Konferenz dafür einsetzten, dem Befehl des Herrn *genau* zu gehorchen, würden wir eine solche Ausgießung des Heiligen Geistes erleben, wie sie die Welt seit dem Pfingsttag in Jerusalem nicht mehr erlebt hat. Gott gibt Seinen Geist nicht denen, die sich danach sehnen, nicht denen, die darum bitten oder von Ihm erfüllt sein möchten, sondern Er gibt Seinen Heiligen Geist ‚denen, die Ihm gehorchen' (Apg. 5, 32). Wenn wir im Gehorsam beschließen würden, daß jeder Bezirk, jede Stadt, jedes Dorf, jeder Weiler in diesem Land das Evangelium hören sollte, und es auch ausführten, dann würde, das glaube ich fest, der Heilige Geist mit solcher Macht herabkommen, daß uns die Mittel nur so zuströmten. Wir würden erleben, daß das Feuer von den Missionaren auf die Gemeinden überspränge und unsere chinesischen Mitarbeiter und die ganze Gemeinde Gottes gesegnet würden. Gott gibt Seinen Heiligen Geist denen, die Ihm *gehorchen*. Laßt uns darauf achten, daß wir wirklich verstehen, was jetzt, in unseren Tagen, den Tagen, in denen das Land offen steht, Sein Befehl an uns ist! Heute ist die Zeit der großen Möglichkeiten. Gott hat Seinem Volk Dampfmaschinen und Telegraphen zur schnellen Ausführung Seines Willens zur Verfügung gestellt."

Die Konferenz nahm den Aufruf um tausend Missionare für China in den nächsten fünf Jahren auf. Amerikanische, englische und andere europäische Missionsgesellschaften gehörten dazu, und so erhielt dieser Aufruf ein besonderes Gewicht. In ihm hieß es:

„Wegen der dreihundert Millionen heidnischer Brüder rufen wir euch auf. Wir tun es mit Ernst und von ganzem Herzen als Menschen, die von der Größe und Verantwortung der vor ihnen liegenden Aufgabe überwältigt sind. Wir tun es im unerschütterlichen Glauben an die Macht des auferstandenen Erlösers, der Menschen in Seinen Weinberg berufen und die Herzen Seiner Haushalter öffnen kann. Wir werden nicht aufhören, Ihn zu bitten, dieses Werk so zu vollbringen, daß unsere Augen es sehen können."

Inzwischen wirkte Gott an anderen Orten auf unerwartete Weise. Gleichzeitig und unabhängig voneinander hatten sich vier Pfarrer in Melbourne mit der Not Chinas beschäftigt, merkwürdigerweise gerade in der Zeit, in der Hudson Taylors Aufsatz „Allen Völkern" Ende 1889 erschien. Die vier kamen zu der Überzeugung, daß die Christen Australiens etwas für die Missionierung des größten heidnischen Landes der Welt, China, das ihnen so nahe lag, tun müßten. Es waren die Anglikaner McCartney und Parsons, der Presbyterianer Lockhart Morton und der Baptist Alfred Bird. Einige Wochen später vereinigten sie sich im Gebet, nachdem sie die gemeinsame Last entdeckt hatten. Einen aus diesem Kreis forderte der Herr für diese Arbeit. In Australien konnte man Ersatz für ihn finden, aber an die Not in China dachten nur wenige.

Australische Christen unterstützten schon damals Missionen auf den Neuen Hebriden, in Neuguinea und Indien. Für das große, volkreiche China aber taten sie nichts.

Als daher Parsons als Missionar nach China ausreisen wollte, mußte er Verbindung mit einer Missionsgesellschaft Englands aufnehmen. So kam es zum Briefwechsel mit der China-Inland-Mission, zur Annahme Parsons' und zu seiner Ausreise nach Schanghai kurz vor der großen Konferenz. Seine Freunde in Victoria wünschten gleichzeitig, daß ein australischer Ausschuß ähnlich dem in Toronto gegründet wurde.

Auch auf der Nachbarinsel Tasmanien war eine ähnliche Entwicklung vor sich gegangen. Eine junge, ehemalige Chinamissionarin, Mary Reed, die aus gesundheitlichen Gründen in ihre Heimat Tasmanien zurückkehren mußte, erwärmte durch ihren Eifer und ihre Liebe die Menschen so, daß großes Interesse und echte Opferbereitschaft für China erwachten. George Soltau, ihr Pfarrer, und ihre Mutter baten, Hudson Taylor möchte Tasmanien zur Gründung eines Ausschusses besuchen. Bevor eine Antwort auf die Einladung kam, besuchte Alfred Bird Tasmanien und wurde von Frau Reed gastfreundlich aufgenommen. So kamen die beiden Kreise in Verbindung miteinander. Mary Reed und ihre Schwester gingen dann mit Bird nach Melbourne, wo sie auch Missionsvorträge hielten. Ihr Dienst wurde durch viele Gaben und Meldungen von Kandidaten für die Mission gesegnet. Die Arbeitsweise, im Innern Chinas zu leben, chinesische Kleidung zu tragen und auf eigene Kosten zu leben, war auch dort etwas völlig Neues.

Diese Nachrichten stärkten Hudson Taylor während der Konferenz sehr. Derselbe Herr, der ihnen in China die neue Aufgabe gezeigt hatte, öffnete unter dem Kreuz des Südens neue Kanäle. Zu dieser weiteren Ausdehnung der Arbeit wurde er auch durch das neue Hauptquartier ermuntert. Als er vor einem guten Jahr China verlassen hatte, war der Bau der weitläufigen Gebäude begonnen worden. Bei seiner Rückkehr waren sie vollendet und konnten alle achtzig Teilnehmer der Konferenz aufnehmen. Alles machte die wunderbare Vorsorge Gottes für das wachsende Werk sichtbar.

Im Anschluß an die Konferenz konnte Hudson Taylor seine Einwilligung zur Gründung des Melbourner Ausschusses geben und Ende Juli nach Australien reisen. Dort folgten Wochen angestrengtester Tätigkeit. Offene Türen erwarteten sie, alte und neue Freunde boten ihre Hilfe an.

Hudson Taylor begann seine Tätigkeit in Melbourne, wo die Versammlungen zuerst nicht gut besucht waren. So hatte er Zeit, die Mitglieder des Ausschusses kennenzulernen. Seine Schlichtheit und Natürlichkeit in allem, was er sagte und tat, gewannen ihm viele Herzen. Als die Versammlungen bekannter wurden, füllten sich große Säle mit aufgeschlossenen Zuhörern. Doch er blieb sich immer gleich: frei von Selbstbewußtsein wie ein Kind. Den tiefsten Eindruck hinterließ er bei gereiften Christen, und wo geistliches Leben war, traf er auf größtes Verständnis. Pfarrer McCartney aus Melbourne, bei dem er vierzehn Tage wohnte, schrieb:

„An ihm konnte man lernen, was Ruhe ist. Jeden Pfennig für das tägliche Leben entnahm er der himmlischen Bank: ‚Meinen Frieden lasse ich euch!‘ Was den Heiland nicht aufgeregt und beunruhigt hatte, durfte auch ihn nicht beunruhigen ... Nie war er hastig und in Eile, nie nervös oder ärgerlich. Er lebte in dem Frieden, ‚der höher ist als alle Vernunft‘; ihn wollte er nicht verlieren.

Ich war ganz anders: Von Natur aus nervös, war ich bei meiner angestrengten Tätigkeit oft den ganzen Tag überreizt ... Am schwersten drückte mich, daß ich während der Korrespondenz die Verbindung mit dem Herrn völlig verlor ... Endlich sprach ich mit Herrn Taylor darüber:

‚Ich bin in meiner vertrauten Studierstube und Sie in einem großen, fremden Zimmer. Sie tragen die Sorgen von Millionen, ich von Dutzenden. Ihre Briefe sind voll von wichtigsten Entscheidungen, meine verhältnismäßig unbedeutend. Und doch bin ich dabei aufgeregt und unglücklich, und Sie sind immer ruhig. Woher kommt dieser Unterschied?‘

‚Mein lieber McCartney‘, antwortete er, ‚dieser Friede ist für mich kein glückliches Vorrecht, sondern eine Notwendigkeit. Es wäre mir unmöglich, meine Arbeit zu erledigen, wenn nicht der Friede Gottes, der höher ist als alle Vernunft, mein Herz und meine Sinne bewahren würde.‘ “

Auch seine öffentlichen Ansprachen brachten reiche Frucht. Zwei Monate nach seiner Ankunft konnte er berichten:

„Viele Kandidaten, die geeignet erscheinen, haben sich gemeldet. Die letzte Zahl war siebenundfünfzig. Es kommt auch viel Geld zusammen.“

Bevor Hudson Taylor nach China zurückkehren mußte, hatten sich sechzig zum Missionsdienst angeboten. Viele andere fanden durch sein Zeugnis zu ihrem Lebenswerk in Indien und anderswo.

Das erlebte der junge Evangelist Charles Reeve, der voller Opposition war. Er hielt nichts von der Äußeren Mission und meinte sogar, sie wäre schriftwidrig. Als er einmal gegen seinen Willen die Versammlungen besuchte, mußte er, selbst ein eifriger Bibelleser, feststellen, daß der Redner jedenfalls dem Worte Gottes die gebührende Achtung erwies, wenn er auch ganz falsche Ziele hatte. Im Gegenteil, er glaubte noch nie so tiefe und praktische Bibelauslegung gehört zu haben. Während Hudson Taylor sprach, hörte der Gegner den Ruf in die Mission. Die „Poona- und Indische Dorfmission" mit einer Schar treuer Arbeiter war die Frucht dieser Stunde.

Vor der letzten Versammlung setzte der Ausschuß einen besonderen Gebets- und Konferenztag für Pfarrer an, zu dem vierzig Pfarrer kamen, und am selben Abend waren in der Stadthalle von Melbourne zur Abschiedsversammlung 3000 Personen beisammen. Das war die beste Versammlung. Die jungen Freiwilligen, die Hudson Taylor nach China begleiten sollten, umringten ihn und machten einen tiefen Eindruck, denn Hudson Taylor hatte nie ein Hehl daraus gemacht, daß er um hundert australische Mitarbeiter betete. Unter den vier Missionaren und acht Missionarinnen befand sich auch Mary Reed. Sie wollten im Oktober ausreisen, aber durch einen Streik der Dockarbeiter wurde das Schiff aufgehalten. Da erinnerte sich Hudson Taylor an eine Einladung aus Queensland, die er abgesagt hatte. Er ahnte nicht, wieviel Gebet hinter dieser Einladung gestanden hatte. Dort lebte Pfarrer Southey mit seiner Familie in einer der besten Pfarrstellen und einem schönen Haus. Sie dachten oft an das ferne, große, dunkle China, und als der Aufruf von der Konferenz in Schanghai kam, stellten sie fest, daß in China besonders Theologen erwünscht wären. Des Pfarrers Gesundheit war nicht sehr fest, und er hatte drei Kinder zu versorgen. So kam er wohl für die Äußere Mission nicht in Frage. Aber sein Gewissen ließ ihm keine Ruhe. Er schrieb deshalb an Hudson Taylor, als er hörte, daß der Besuch doch stattfinden sollte:

„Ich komme nicht davon los, daß einige von uns Pfarrern hier zu den Heiden gehen müßten. Ipswich mit seinen acht- bis neuntausend Einwohnern — davon zwei Drittel protestantisch — hat zehn Pfarrer in neun protestantischen Kirchen, die nie wirklich voll sind ... Ich möchte gern den Willen meines himmlischen Vaters tun. Wenn Er es will, bleibe ich in Queensland; aber wenn es Sein Wille ist, gehe ich zu den Heiden. Es gäbe zwar auch hier genug zu tun, denn das geistliche Leben läßt viel zu wünschen übrig, und Missionseifer fehlt fast ganz ... aber bei den Heiden gäbe es sicher noch mehr Arbeit."

Als Southey Hudson Taylor an einem Sommermorgen von der Bahn abholte, war er eigentlich enttäuscht. Er hatte so viel von dem alten Missionar gehört und an ihn gedacht, daß er sich einen Mann von imponierendem Äußeren vorgestellt hatte. Er konnte kaum glauben, daß der einzige aussteigende Fahrgast der erwartete Besucher war. Er schrieb darüber einige Jahre später:

„Zu Hause erzählte ich meiner Frau von meiner Enttäuschung, fügte aber hinzu: ‚Ich glaube ja, daß er ein guter Mensch ist.‘ Aber sie sah tiefer als ich. Nach einem kurzen Gespräch mit unserem Gast sagte sie: ‚Hast du nicht gesehen, wie sein Gesicht leuchtet?‘

Und wirklich, das Licht Gottes strahlte aus seinem Gesicht. Er sah so beständig auf Gott, war so sehr in Verbindung mit ihm, daß es schien, als läge ein himmlischer Schein auf ihm. Meine Enttäuschung wich bald. Ich erlebte zum ersten Mal, was Gottes Gnade aus einem Menschen machen kann ... Es fiel uns auf, daß er völlig darauf verzichtete, sich zur Geltung zu bringen. Seine Demut war echt und ganz unbewußt. Über den Herrn, Seine Gnade, Seine Treue sprach er gern, über sich und seinen Dienst sagte er nichts. Wir mußten ihn schon danach fragen.

Wir sprachen auch darüber, ob wir nach China hinausziehen sollten. Wahrscheinlich hatte er von Anfang an das Empfinden, daß uns der Herr drängte. Dennoch war er darauf bedacht, uns die Tragweite dieses Entschlusses klarzumachen. Er wies auf das Klima, die Unbequemlichkeiten, den Mangel an ärztlicher Hilfe und die notwendige Trennung von den Kindern hin. Er hat uns wirklich nicht mit falschen Vorstellungen in die Arbeit gehen lassen. In unserem Garten sagte er mehrfach zu meiner Frau: ‚Solch einen schönen Garten werden Sie in China nicht haben!‘ “

Aber daß Gott ihre Zuflucht sein und Seine Gnade sie tragen würde, konnten sie an ihrem Gast sehen. So wagten sie den Glaubensschritt, durch den China zwei seiner treuesten Helfer bekam und später die Mission ihren geschätzten Heimatdirektor für Australien und Neuseeland.

Als Hudson Taylor am 21. Dezember nach China zurückkehrte, fand er dort seine Frau vor, die sich endlich in Pyrland Road hatte freimachen können. Sie war neun Jahre lang nicht in China gewesen, darum fielen ihr der Fortschritt und alle Veränderungen besonders auf. Ihre Anwesenheit schien Hudson Taylors Tatkraft und Arbeitsfreudigkeit zu verdoppeln. Er mußte aber auch alle Kräfte anspannen, um mit dem schnellen Wachstum der Mission Schritt zu halten. 1887 konnte er in zwölf Monaten hundert neue Arbeiter in China begrüßen; jetzt kamen in sechs Monaten *einhundertunddreißig* allein für die China-Inland-Mission, davon sechsundsechzig in knapp vier Wochen — etwas Unerhörtes auf dem ganzen Missionsgebiet.

Und woher waren sie alle gekommen!

Die Broschüre „Allen Völkern“ hatte auch den eifrigen Evangelisten Franson gewonnen, der von Geburt Schwede war, sich aber in Amerika naturalisieren ließ. Sieben Jahre hatte er mit Moody zusammengearbeitet. Die Heidenmission lag ihm sehr am Herzen. Der Herr gebrauchte ihn auch in Norddeutschland, wo er in Barmen auf Gleichgesinnte wie Polnick, Paas und andere stieß. Es entstand die China-Allianz-Mission nach den Grundsätzen der China-Inland-Mission. Bald schifften sich die ersten deutschen Missionare nach China ein. Inzwischen führte Franson seine Arbeit unter den skandinavischen Kirchen in Amerika weiter. Seine Aufgabe bestand darin, daß er die Gemeinden dazu anleitete, jeweils einen Missionar zu tragen. Er schrieb an Hudson Taylor:

„Dieser Plan ist tatsächlich brauchbar. Die Erfolge werden schon deutlich. Die neuen Arbeiter sind schon versorgt. Wir senden nur solche hinaus, die Gott bereits im Dienst bestätigt hat . . . Wegen schlechter Gesundheit oder mangelnder Eignung haben wir längst nicht alle annehmen können . . .“

Die ausgewählten Männer und Frauen wollten Wanderarbeit tun, das heißt, zu den „Tausend“ gehören. Sie verpflichteten sich, mindestens drei Jahre lang von Ort zu Ort zu ziehen, das Evangelium zu verkündigen, Bibeln und Schriften zu verteilen und sich weder zu verloben noch zu heiraten. Mit der China-Inland-Mission wollten sie in der gleichen Verbindung stehen wie die schwedische und deutsche Allianz-Mission. Sie standen ebenso unter der Leitung von Hudson Taylor und seiner Stellvertreter wie unter der ihrer eigenen Führer.

Es war ein großes Erlebnis für Stevenson und seine Mitarbeiter, als die ersten Skandinavier aus Amerika kamen. Fünfunddreißig waren es, und zehn bis fünfzehn sollten in der nächsten Woche noch dazukommen. Die jungen Ankömmlinge sahen so strahlend aus, daß man vergaß, wie voll das Haus schon war. Ihre Unbekümmertheit und ihre fröhlichen Lieder brachten neue Frische unter die Mitarbeiter. Obgleich sie kaum Englisch konnten, beteten sie ohne Hemmungen mit. Die Hausgenossen verstanden allerdings nur „Herr Jesus“ und „Kina“, dennoch war die innere Verbundenheit mit ihnen einfach da. Charakteristisch für sie war der Dankesbrief, den sie bei der Abfahrt von Schanghai zurückließen, in dem es hieß: „Vorwärts! Wir gehen zum Sieg! Wir haben Sieg durch das Blut!“

Kurz nach dem Auszug der sangesfreudigen Skandinavier brachen im Yangtsetal Unruhen aus. In einigen Ortschaften wurden die Häuser der Missionare zerstört. Obgleich sich die Wut der Bevölkerung vor allem gegen die Katholiken richtete, waren doch auch alle anderen Europäer bedroht. Noch nicht einmal in Schanghai war man sicher, daß die Behörden Plünderungen und Gewalttaten verhüten konnten. Mit wenigen Ausnahmen konnten die Missionare der China-Inland-Mission auf ihren Stationen bleiben. Nirgends kam es tatsächlich zu einem Überfall, obwohl die Gefahr dazu manchmal bestand. Der Sommer war drückend heiß, und nichts würde die Bevölkerung so beruhigen wie ein tüchtiger, anhaltender Regen. Deshalb wurde ernstlich um Regen gebetet, und drei Wochen später meldete ein Brief von Frau Taylor die Erhörung: „Fast den ganzen Monat hindurch hat es geregnet.“ Der Erfolg blieb nicht aus: Die Massen zerstreuten sich, und der Fremdenhaß legte sich für eine Weile. So wurden die Verhältnisse wieder normal.

Aber die Sorgen, vor allen Dingen für die Leitung der Mission, hörten nicht auf. Es wurde immer schwieriger, die über das weite Land verstreuten fast fünfhundert Mitarbeiter zu beraten, zu leiten, mit Geld und Ausrüstung zu versorgen und für sie konkret zu beten. Die Geldfrage machte dabei Hudson Taylor besondere Schwierigkeiten. Die Arbeit wuchs und machte gute Fortschritte, aber die Spenden aus England waren in den letzten Jahren zurückgegangen. Er war davon überzeugt, daß jede Gabe an die Mission auf einen besonderen Anstoß Gottes zurückgeht. Deshalb durchforschte er im Gebet immer wieder sein eigenes Leben und das ganze Werk. Sollte hier vielleicht etwas vorliegen, was den Herrn hinderte? Trotz aller Last verlor er aber den inneren Frieden nicht. Das war wirklich ein Wunder der Güte Gottes.

Stark bedrückte Hudson Taylor die noch immer etwas ungesicherte Zusammenarbeit zwischen der Leitung in China und dem Ausschuß in der Heimat. Neue Fragen störten leicht die Harmonie. Es ging vor allem darum, daß die Leitung in China allmählich von Hudson Taylor persönlich auf den China-Ausschuß übergehen mußte. Der Heimatausschuß sollte nun sein Vertrauen zu Hudson Taylor auch auf den China-Ausschuß übertragen. Das war unbedingt notwendig, weil ja die Selbständigkeit der Leitung in China die Grundlage der Organisation war. Hudson Taylor schrieb darüber unter anderem nach England:

„Wir haben in China Fehler gemacht und werden sicher auch wieder welche machen; wenn wir aber den uns von Gott gewiesenen Weg verlassen, wird das Übel weitaus größer."

Der gesamte Plan wurde in England und in China noch einmal unter Gebet durchdacht. Hudson Taylor äußerte in diesem Zusammenhang zu Stevenson: „Der Herr läßt sicher auch hier nichts ohne Absicht geschehen. Er will, daß wir das lernen, was Er uns lehren will. Das ist wichtiger, als aus der Not herauszukommen."

In dieser Lage stärkte der Herr Seine Diener in Schanghai durch reichen geistlichen Segen. Zwar wurden die Lasten, die auf Hudson Taylor lagen, nicht leichter, aber der Herr schickte Menschen, die die Mission erquickten. Zu diesen gehörte Frost, der seinen ersten Besuch in China machte. Er brachte neue Mitarbeiter von Toronto mit und blieb noch einige Monate, um mehrere Stationen kennenzulernen. Die amerikanischen Mitarbeiter stärkte er auf einer Konferenz in Schanghai. Aus dem Westen kam Cassels zu den Ausschußsitzungen, aus Foochow die Schwestern Newcombe, die bald ihr Leben um Jesu willen hingeben sollten. Alle drei brachten der Leitung und den durchreisenden Gästen des Missionshauses reichen Segen. „Nicht ich, sondern Christus in mir" war ihre Botschaft, die sie auch lebten. „Es herrschte ein echter Gebetsgeist; Gott sei Dank dafür!" äußerte Frau Taylor. Etwas später kam mit anderen Walter B. Sloan aus England. Sein Wort war gewaltig, und viele, die ihm zuhörten, hätten mit McCartney aus Melbourne sagen können:

„Der Friede, den sie besitzen, erfüllt mich fast mit Neid. Ich möchte auch mehr davon haben. Eins darf ich jetzt schon behaupten: Ich bin unglücklicher als früher, wenn er mir fehlt oder getrübt wird. Das ist schon eine Wirkung des Heiligen Geistes, für die ich dankbar bin. Ich sehne mich aber nach dem immerwährenden Frieden."

Und nun kam eine wunderbare Zeit neuer Segenswirkungen. Eine junge Missionarin aus dem Innern zum Beispiel wurde unvermutet in Schanghai aufgehalten. Bei den Versammlungen erkannte sie ihre innere Not und Hilfsbedürftigkeit wie nie zuvor. Vier Jahre lang hatte sie etwas von der Freude und dem Segen inniger Gemeinschaft mit dem Herrn kennengelernt. Sie kannte aber auch die tödliche Macht des Heidentums, die Macht des Bösen und die eigene Unfähigkeit, anderen zu helfen, wenn man nicht in lebendiger Verbindung mit Jesus steht. Wie sehr sehnte sie sich nach dem „neuen Leben", dem Leben, das sie bei anderen sah und selbst nicht gewinnen konnte! Niemand wußte von ihrer Not. Sie flehte um Licht und Hilfe, der Herr sollte „alles neu" machen. Nach einem Dienst in der Missionshalle kam ein ihr unbekannter christlicher Matrose auf sie zu und fragte eindringlich:

„Sind Sie mit dem Heiligen Geist erfüllt?"

Diese Worte brannten sich immer tiefer in ihr Herz ein und erklärten ihr inneres Versagen, ihr fruchtloses Bemühen und das erfolglose Planen. Gott hatte ein Mittel bereitgestellt, eine Gabe angeboten, die sie kaum in Anspruch genommen hatte. Sie wußte wohl, daß sie in gewisser Beziehung Anteil an dem Heiligen Geist hatte, denn „wenn jemand Christi Geist nicht hat, der ist nicht sein". Aber ebenso sicher war sie, daß sie nicht *erfüllt* war mit dem Heiligen Geist. Sie verspürte nur wenig von Seiner Kraft. Aber sie fürchtete sich vor einem falschen Weg: vor der Verwechslung von Gefühlsaufwallungen mit der Wirklichkeit. Und doch war das Wort Gottes voll von der Person und Macht des Heiligen Geistes. Die Apostelgeschichte war ja geradezu die Geschichte des Heiligen Geistes. Ja, den Heiligen Geist brauchte sie! Er mußte ihr das Unsichtbare wirklich, das Unmögliche möglich machen. Galater 3, 13. 14 wurden ihr klar: „Christus hat uns erlöst von dem Fluch des Gesetzes, als Er ein Fluch für uns wurde ... damit ... wir den verheißenen Geist *durch den Glauben* empfingen."

Sie fühlte und gewahrte nichts, aber sie nahm Gott beim Wort und bat Ihn, Seine Verheißung zu erfüllen: „Wenn der Tröster kommt, wird er der Welt die Augen öffnen über die Sünde, über die Gerechtigkeit und über das Gericht." Es bedrückte sie sehr, daß sie in der letzten Zeit nur wenige zu Christus geführt hatte. Nun bat sie Gott *im Glauben* um echte Bekehrungen an jedem Tag als Bestätigung ihrer neuen Hinwendung zu Ihm. Das Gebet wurde erhört: Zwanzig Menschen, Matrosen, Gäste und Bürger von Schanghai, junge und alte, bekehrten sich. Die große Freude und Befreiung ihres Herzens steckte andere einfach an. Wochenlang hielt dieser Segen an. Frau Taylor schrieb im April 1892:

„Gott wirkt unter uns. Er macht die Menschen leer und demütig und erfüllt sie dann mit dem Heiligen Geist. Wir haben viele Versammlungen voller Freudigkeit und Kraft."

Bei der folgenden Ausschußsitzung kam es zu der Entschließung:

„Anstatt zur Konferenz zusammenzutreten, hat der China-Ausschuß sich mit den Mitgliedern der Mission vereinigt, um gemeinsam für sich, für die ganze Mission in China und für die Ausschüsse in der Heimat die Erfüllung durch den Heiligen Geist zu erbitten."

Das Gebet wurde erhört. Der Segen breitete sich aus. Von entlegenen Stationen, von Missionaren, aus den Missionshäusern und von den Kandidaten in der Heimat kamen Nachrichten, daß alle derselben lebenspendenden Macht begegnet waren. Am 22. März 1892 hatte Hudson Taylor in einem Rundschreiben an alle Mitglieder der Mission unter anderem gesagt:

„... Unsere Mission hat viel Grund, sich vor Gott zu beugen. Wir haben wohl Segen erlebt und Seelen retten dürfen, aber wo sind ‚die einzelnen, die tausend jagen, und die zwei, die zehntausend in die Flucht schlagen'? Sicher sind manche von uns mit den Ergebnissen ihrer Arbeit nicht zufrieden. Sie denken vielleicht, mit einer besseren Organisation würde es besser stehen. Ich bin aber gewiß: Nicht eine bessere Organisation fehlt uns, sondern Geistesmacht. Wäre es nicht richtiger, uns zu demütigen und um die Erfüllung durch den Heiligen Geist zu bitten? ... Wenn wir alle Hindernisse, die der Herr uns zeigt, so hinwegräumen und uns Ihm neu übergeben, können wir im Glauben gewiß sein, daß der Heilige Geist uns wirklich erfüllen und in dem gereinigten Tempel wohnen und herrschen wird."

Daß die Lösung dieser Fragen noch vor Ende des Jahres geschenkt worden war, erfüllte alle, die mit daran getragen hatten, mit tiefer Dankbarkeit. Es war schließlich notwendig geworden, daß Hudson Taylor nach England fuhr. Als alle Besprechungen keine Einmütigkeit in den strittigen Fragen schaffen konnten, widmete man verschiedentlich die ganze Sitzungszeit dem gemeinsamen Gebet. Dadurch trat eine große Wandlung ein. Nachdem Hudson Taylor bestimmte Zugeständnisse gemacht hatte, wurde der Verwaltung in China endgültig volle Freiheit eingeräumt. Anfang 1893 konnten alle die Gewißheit haben, daß diese lange Prüfungszeit ihr Ende erreicht hatte.

Die Organisation der Heimatarbeit stammte aus der Zeit, in der Broomhall die Leitung übernommen hatte. Sie war auf hundert und nicht auf fünfhundert Mitarbeiter zugeschnitten. Die Heimatarbeiter hatten sich trotz des Wachstums tapfer eingesetzt, aber jetzt mußte energisch eingegriffen werden. Alle waren dankbar, als Walter B. Sloan bereit war, die direkte Missionsarbeit aufzugeben und sich in der Heimatverantwortung mit Broomhall zu teilen. Auch Markus Wood kehrte nicht wieder nach China zurück und übernahm den Reisedienst, um junge Menschen für die Äußere Mission zu werben. Für den Ausschuß und die Mitarbeiter in England war es eine große Hilfe, daß Hudson Taylor noch eine Zeitlang bleiben konnte, weil Stevenson wieder in China arbeitete.

Auch die Geldnöte wurden immer wieder behoben, wenn auch manchmal erst im letzten Augenblick. In China bekam zum Beispiel eine Gruppe das Geld für die Reise erst, als sie schon mit Packen fertig war und die Abschiedsstunde nahte. Auch wenn das Geld für die allgemeinen Zwecke aufgebraucht war, wurden dennoch keine Mittel, die zweckgebunden waren, dafür genommen. Hudson Taylor schrieb einmal:

„Aber dabei konnten wir immer ganz ruhig sein, denn wir wußten, daß Gottes Verheißungen nie trügen. Auf die Frage: ‚Habt ihr auch je Mangel gehabt?' können wir mit den Jüngern antworten: ‚Nie, Herr!'"

In Zeiten der Knappheit stärkten sich die Mitarbeiter gegenseitig in helfender Liebe und im Gebet. An einem Dezembertag 1891, als zweitausend Pfund für allgemeine Zwecke der Mission dringend gebraucht wurden, war gerade die telegraphische Anweisung der monatlichen Spenden aus England fällig. Hudson Taylor und seine Frau arbeiteten im Studierzimmer in Anwesenheit einer jüngeren Missionarin, als das Telegramm ankam. Nach kurzem, stillem Gebet öffnete Hudson Taylor den Umschlag und las laut, ohne an die atemlos lauschende Mitarbeiterin zu denken:

„Hundertundsiebzig Pfund!"

„Nicht tausendsiebenhundert?" fragte Frau Taylor.

„Nein, hundertundsiebzig!"

Die Zuhörerin erschrak. Zweitausend Pfund waren für fünfhundert Mitarbeiter nötig, und nun diese winzige Summe! Dabei konnte erst in einem Monat eine neue Überweisung erwartet werden. Empfand Hudson Taylor, was in dieser Frau vorging? Er drehte sich in seinem Sessel um, streckte ihr die Hand hin und sagte in väterlichem Ton:

„Nun werden Sie etwas erleben! Sie werden sehen, *was Gott tut!*" Die Lücke wurde diesmal nicht durch eine besonders große Gabe geschlossen, sondern durch größere Gaben aus Australien und anderen Zentren. Sogar aus China selbst kam unerwartet Hilfe, so daß bis zum Monatsende alle Stationen versorgt werden konnten. Gottes Eingreifen, Seine Liebe und Fürsorge waren ungewöhnlich deutlich zu erkennen. Er bleibt treu!

KANNST DU DEN KELCH TRINKEN?
1893—1894

Hudson Taylor war fest davon überzeugt, daß der Aufruf der Konferenz von Schanghai um tausend neue Mitarbeiter Gottes Wille sei, wenn auch die finanzielle Situation gar nicht dazu paßte. Auf seinen Reisen, bei seinen Vorträgen, bei den Plänen für die längst fälligen Neubauten in Pyrland Road, beim Besuch der Mitarbeiter in Schottland und auf dem Kontinent, immer warb er um die neuen Mitarbeiter, die kommen mußten, wenn wirklich *alle* in China das Evangelium hören sollten.

Die Einnahmen in England gingen weiter zurück, so daß mancher andere nicht gewagt hätte, gerade in dieser Zeit weiter vorzudringen. Die Mission aber war innerlich von neuem Leben durchglüht; ihre Mitglieder konnten nicht anders als freudig den Willen Gottes tun, und mit dem neuen Ausschuß in Pyrland Road waren neue Entwicklungsmöglichkeiten gegeben.

Zwei Besuche in Deutschland hatten Hudson Taylor überzeugt, daß dort noch viele Mitarbeiter zu denen hinzugewonnen werden konnten, die schon über Barmen mit der Mission in Verbindung standen. In Barmen traf er Paas und Polnick in einer aufblühenden Arbeit, und in Frankfurt am Main beeindruckte ihn eine Studentenkonferenz tief. In Heidelberg lernte er den jungen Pfarrer Coerper kennen und schätzen, dessen Liebe zu China und zu ihm persönlich noch reiche Früchte tragen sollte.

An Stevenson schrieb er von seinem Plan, in England, Schottland und Irland einen Feldzug unternehmen zu wollen, um junge Männer für den Missionsdienst zu gewinnen. Gleichzeitig erschien die „Geschichte der China-Inland-Mission" und fand viele Leser.

Auch die Geldverhältnisse wurden wieder günstiger. In gut einem Monat gingen zehntausend Pfund „für neue Unternehmungen" ein.

Nach einem kurzen Besuch in Amerika hoffte Taylor auf eine Zeit ruhiger Arbeit in der Heimat, wie er sie seit der Zeit der „Hundert" nicht mehr gehabt hatte. Aber er empfing eine zarte Mahnung, wegen des Wohles einiger besonders treuer Mitglieder der Mission nach China zurückzukehren. So beschloß er, von Amerika aus nach Schanghai zu reisen, um diese Angelegenheiten zu regeln. Er glaubte nur an eine kurze Abwesenheit von England und ließ sich deshalb auf die Rednerliste der Keswickkonferenz setzen.

Die Studentenkonferenz in Detroit war bemerkenswert. An John Mott, Robert Speer und anderen Führern zeigten sich damals schon Gaben, die sich dann in der Reichsgottesarbeit überall in der Welt auswirkten. John Mott hatte in seiner dringenden Einladung geschrieben:

„Unser einziges und wichtigstes Ziel ist, daß die Zusammenkunft klar unter dem Einfluß des Geistes steht. Gott ist in anderen Versammlungen und Ihrer sonstigen Arbeit mit Ihnen gewesen. Er wird auch hier mit Ihnen sein ... Haben wir nicht ein Recht darauf, von Gott große Dinge zu erwarten, wenn wir Seinen Willen tun?"

Und er tat viele, große Dinge! Hudson Taylor sprach in der von Studenten vollbesetzten Halle über das gleiche Thema wie zwei Jahre vorher in Schanghai. Und hier wie dort entdeckte mancher, daß Gott reich und stark genug ist für jede Not und Schwäche. Mancher treue Missionsarbeiter wurde in diesen Tagen berufen.

Die Angelegenheiten in Schanghai hatte Hudson Taylor bald geordnet, und er wollte wieder nach England reisen. Da erhielt er einen unerwarteten Hilferuf aus dem Norden Chinas. Eine kleine Gruppe von skandinavischen Missionaren, die nicht zur China-Inland-Mission gehörte, hatte dort in hingebender Weise eine Arbeit begonnen. Ihr Auftreten stand aber in einem solchen Gegensatz zu dem, was die Chinesen als Anstand und Sitte ansehen, daß eine Empörung auszubrechen drohte. Die Skandinavier hatten keine Ahnung von der Gefahr, aber durchreisende Europäer brachten diese Nachricht nach Peking, und das schwedische Außenministerium stand im Begriff einzugreifen. Es bestand die Gefahr, daß mit ihnen auch die skandinavischen Mitarbeiter der China-Inland-Mission ausgewiesen werden sollten. Eingeweihte sahen es als eine Fügung Gottes an, daß Hudson Taylor, der großen Einfluß und das Vertrauen der Behörden besaß, gerade zu diesem Zeitpunkt in China war.

Wenn er rechtzeitig genug im Norden ankommen wollte, mußte er die Reise sofort antreten. Es war schon Ende April, wenige Wochen vor der heißen Jahreszeit, so daß die Reise von drei bis vier Monaten praktisch in den Sommer fiel. Als Dr. Howard Taylor und seine Frau davon hörten, machten sie sich große Sorgen und erbaten sich von Stevenson die Erlaubnis, den Eltern nachzureisen. In Hankow holten sie sie ein. Die Eltern wollten sich gerade im Schubkarren nach Honan hineinfahren lassen. Eisenbahnen gab es ja im Inland noch nicht. Die Sonnenglut und die tropischen Sommerregen machten die Reise zu einem gefährlichen Wagnis. Hinzu kam die Schwierigkeit der Nahrungsmittelbeschaffung, weil die Dörfer während der Ernte leer standen.

„Es kann dich das Leben kosten, Vater!“

„Ja“, war die Antwort, „aber wir wollen nicht vergessen, daß wir ‚auch das Leben für die Brüder lassen‘ sollen.“

Darauf konnten die jungen Leute nichts erwidern, schlossen sich nun aber den Eltern mit ihrem erfahrenen Führer Coulthard, dem Schwiegersohn Hudson Taylors, an.

Im Mai verließen die fünf Hankow und kamen im September im nördlichen Hafen Tientsin an. Sie hatten fünf Provinzen passiert und alle Missionsstationen unterwegs besucht. Überall wurden sie warm und herzlich aufgenommen. Außer sonntags waren sie täglich vierzehn Stunden gereist und hatten viele zugängliche, freundliche Menschen getroffen, unter denen es noch keinen Zeugen Jesu gab. Es fiel ihnen immer sehr schwer, eine Gruppe eifriger Zuhörer zu verlassen, die sie baten, zu bleiben oder doch bald wiederzukommen. Welches Interesse erreichten sie allein dadurch, daß sie als Familie reisten!

Es wäre noch viel von dieser Reise zu berichten: von der Errettung aus Gefahren, von Hudson Taylors Genesung von schwerer Krankheit, von Frau Taylors vorbildlicher Tapferkeit, von dem Segen, den sie allen Stationen brachten, von dem Besuch bei dem englischen Botschafter in Peking und davon, daß schließlich Ziel und Zweck der Reise erreicht, also alle Gebete erhört wurden. Noch mehr als dieser Erfolg bewegte

Hudson Taylor der Fortschritt in der Arbeit, den er auf der langen Reise durch die volkreiche Ebene von Sian und an anderen Orten feststellen konnte. Acht Jahre vorher hatte er das Gebiet von Pastor Hsi zusammen mit Beauchamp auf der Reise nach Hanchung durchzogen und dabei keine Station vorgefunden. Es gab keine Evangeliumsverkündigung. Die Hauptstadt war so fremdenfeindlich wie kaum eine andere gewesen. Dann war eine Station nach der anderen eröffnet worden.

So sah die Lage heute ganz anders aus als damals, als Thomas Botham von Hanchung zum Bezirkssuperintendenten Easton herüberkam und von solchen Schwierigkeiten berichtete. Ihm war der Mut entsunken, aber er konnte ja die Aufgabe, die Gott ihm zugewiesen hatte, auch nicht im Stich lassen. Er sagte zu Easton:

„Ich bin bereit, auch im Dunkeln mit Gott zu gehen."

„Im Dunkeln mit Gott?" entgegnete dieser. „Lieber Bruder, bei Ihm ist keine Finsternis."

Das war ein gutes Wort für den Anfang der Arbeit. Sie mußten später oft daran zurückdenken. Nun versuchten Botham, Redern und Bland, irgendwo eine Station zu gründen, aber die Bewohner der Ebene ließen es nicht zu. Keiner wollte ihnen ein Haus vermieten, und sie stießen auf stärksten Widerstand. Schließlich erkannten sie, daß ihr Auftrag hieß: „Predigt das Evangelium!" So beschlossen sie, umherzuziehen und Gott für ein Haus sorgen zu lassen. Ihr Arbeitsfeld umfaßte zweiundzwanzig Regierungsstädte, sechzig Marktstädte und unzählige Dörfer auf etwa 30 000 Quadratkilometern. Überall war der Widerstand der gleiche. Sie konnten nur von Ort zu Ort wandern, in den Straßen predigen, durch Demut und Liebe Zeugnis für ihren Herrn ablegen und in jeder Herberge so lange bleiben, bis man sie nicht mehr duldete. Eine aufreibende Tätigkeit! Aber sie waren bereit, diesen Preis zu zahlen. Dann heiratete Botham eine Missionarin, die schon zwei Jahre in China arbeitete, und konnte bald schreiben:

„Ich bin nie glücklicher, als wenn ich mit meinen Habseligkeiten auf dem einen Esel und meiner Frau auf dem anderen ausziehe, um das Evangelium in einen neuen Ort der Sianebene zu tragen."

Sie wanderten nicht ohne Ziel, sondern erfüllten buchstäblich das Wort des Herrn: „Wenn sie euch in einer Stadt verfolgen, so flieht in eine andere!" Aber sie „flohen im Kreise", so daß sie von Zeit zu Zeit an denselben Ort zurückkamen und die Leute sich an ihren Anblick gewöhnten. Ihr Zuhause war noch Monate nach der Hochzeit immer nur irgendeine Herberge, weil sie dauernd unterwegs waren. Dabei konnte ihr Leben mit Jesus nicht verborgen bleiben, weil sie es öffentlich vor allen führen mußten. Nach zwei bis drei Jahren erfüllte sich endlich die Verheißung: „Ich will sie alle zu mir ziehen." Der Bann war gebrochen. Sie fanden überall Aufmerksamkeit, Entgegenkommen und Scharen von Zuhörern, ja, die Leute brachten Stühle und Tee auf die Straße.

Zu diesem Zeitpunkt kamen die fünfzig Skandinavier in dieses Gebiet und konnten eine Station nach der andern eröffnen; sogar in der Hauptstadt faßten sie Fuß. Als sich einmal eine aufgeregte Menge in das Quartier von Holmann drängte, fragte er sie freundlich, ob er ihnen etwas vorsingen dürfte. Ganz überrascht lauschten sie seinem Lied, das er auf der Gitarre begleitete. Er war so ruhig und liebenswürdig, daß sie anfingen, sich zu schämen, und still nach Hause gingen.

Müde und zerschlagen näherten sich Hudson Taylor und seine Begleiter nach einer siebzehntägigen Reise durch die glühende Hitze Hanchung. An einer Wegkreuzung empfingen sie zwei Männer in chinesischer Kleidung, die Missionare Easton und Hendrikson, und geleiteten sie als ihre Gäste in die Stadt. Wie genossen sie dieses behagliche christliche Heim mitten im Herzen Chinas! Besonders das kühle, klare Wasser des Brunnens vor dem Haus tat ihnen wohl. Es folgten viele Versammlungen, und sie erlebten viel Segen und Gebetserhörungen. So wurde z. B. die auf den Tod am Fieber erkrankte Frau Botham wieder aufgerichtet.

Der Hauptzweck des Besuches war aber die Regelung der Zusammenarbeit zwischen den Arbeitern der skandinavischen Allianz und der China-Inland-Mission. Die Hauptstadt und das nordwestlich davon gelegene Gebiet bis in die Provinz Kansu hinein wurde den Skandinaviern zugeteilt. Einer von ihnen und Botham übernahmen zusammen die Leitung. Hudson Taylor freute sich sehr über die jungen Männer, die nach kaum drei Jahren Chinaaufenthalt schon so in die Arbeit hineingewachsen waren. Trotz der Einschränkung der Gebiete wurde das Band mit ihnen und der skandinavischen Allianz noch fester geknüpft.

Auf dem Rückweg besuchte Hudson Taylor die benachbarte Provinz Shansi, in der Folke und seine Mitarbeiter von der „Schwedischen Mission in China" wirkten. Dort war vorher noch kein Zeuge für Christus gewesen. In der wichtigen Stadt Yüncheng konnte Hudson Taylor den Kreis von Missionaren zu seiner Freude begrüßen, deren Heimatgemeinden ihn früher in Schweden so herzlich aufgenommen hatten. Wegen der furchtbaren Hitze von 49° C wurde die Reise in den Karren bei Mondlicht fortgesetzt, um Hudson Taylors Leben nicht wieder so zu gefährden wie auf der Herreise. Nachts waren allerdings andere Gefahren größer, denn nicht nur Wölfe, sondern auch Räuber lauerten im Gebirge und in den hohen Kornfeldern.

Eines Nachts wurden sie plötzlich im Schatten eines Tempels von zwei Männern mit der erschreckenden Frage angehalten: „Führt ihr ‚fremde' Reisende mit euch?" Zu ihrer Erleichterung hieß es dann aber weiter: „Ist dies Herrn Taylors Reisegesellschaft?"

Es waren Pastor Hsi und Missionar Hoste, die meilenweit zur Begrüßung der Gäste hergereist waren. Nach der Pingyangfu-Konferenz nahm Hudson Taylor noch zwei Tage die Gastfreundschaft von Pastor Hsi in Anspruch. Wie sehr hatte sich hier seit seinem ersten Besuch alles verändert! Sie fuhren an Wohn- und Wirtschaftsgebäuden vorbei durch mehrere Höfe bis zu einem freien Platz, der wie eine Tenne aussah. Dort stand ein großer, weiß gedeckter Tisch für eine europäische Mahlzeit. Eine braune Zeltleinwand, die von einem Dutzend Masten getragen wurde, bildete ein Schutzdach. Dahinter stand noch ein Gebäude mit schön geschmückten, kühlen und sauberen Zimmern extra für Taylors. Mit welcher Liebe waren alle Einzelheiten der Einrichtung zusammengestellt! In der Mitte lag das Speisezimmer, auf der einen Seite ein großes Schlafzimmer und auf der anderen mehrere kleinere Zimmer. Alle waren behaglich eingerichtet. Auf den Tischen standen Leuchter; den Boden bedeckten frische Strohmatten; die Betten schöne weiße Bastmatten mit weißen Filzdecken; vor Türen und Fenstern hingen neue Bambusmatten. Messingschalen, die blank wie Spiegel waren, standen auf kleinen Ständern, auf denen außerdem noch frische weiße Handtücher und neue englische Seife lagen. Die Reisenden waren überwältigt von aller Mühe, die darin steckte. Und da stand der alte Pastor Hsi mit seiner Frau und der ganzen Hausgemeinde und beobachtete, ob alles Gefallen finden würde. Jeden Dank und Einwand lehnte er ab:

„Es ist nichts! Es ist ganz unwürdig! Wir hätten gern mehr für unseren verehrungswürdigen Hauptpastor und seine Familie getan.“

Pastor Hsi selbst brachte das heiße Wasser zum Waschen und füllte die Teetassen. Er ließ die Mahlzeit auftragen, lauter Leckereien, und bestand darauf, selbst zu bedienen. Hudson Taylor versuchte immer wieder zu danken, aber er entgegnete mit Tränen in den Augen:

„Herr Taylor, was haben Sie alles erduldet und ertragen, damit wir das Evangelium bekämen! Dies ist mir eine Freude und ein Vorrecht. Wie kann ich weniger tun?“

Während dieses Aufenthalts brach am 25. Juli der chinesisch-japanische Krieg aus. Nachdem Taylor nach Schanghai zurückgekehrt war, erkannte er, daß er den Ort der Gefahr nicht verlassen konnte. Die Lage der Chinesen war ungünstig, und man konnte nicht wissen, ob oder wann sich ihre hilflose Wut gegen den Feind auch auf andere „Fremde“ richten würde. So gab er den Gedanken, China zu verlassen, auf, und der Besuch in China, der ursprünglich nur wenige Wochen dauern sollte, wurde zum zweiten Mal auf unbestimmte Zeit verlängert. Der unsichtbare Lenker hatte also andere Ziele, als den Werbefeldzug in England fortzusetzen.

Mit dem Abschluß des chinesisch-japanischen Krieges im April 1895 ging auch der Zeitraum zu Ende, in dem die „Tausend“ kommen sollten. Hudson Taylor konnte voller Dank berichten, daß nicht tausend, sondern sogar 1153 neue Arbeiter in der festgesetzten Zeit nach China gezogen waren. Welch eine Gebetserhörung!

Aber dennoch blieb das ursprüngliche Ziel bei weitem unerreicht: das Evangelium „allen Völkern“ in China zu bringen. Unter den genannten Arbeitern waren nur 480 Männer; also auf jede der 45 aussendenden Gesellschaften kamen etwa zehn. Die meisten von ihnen arbeiteten in Küstennähe und kamen für die große Masse im Innern kaum in Betracht. So mußte Hudson Taylor für diese Millionen Unerreichter aufs neue eintreten:

„Wir stehen an einem wichtigen Wendepunkt in der Geschichte Chinas ... Nach Abschluß des Krieges ergeben sich neue Möglichkeiten. *Wenn die Gemeinde Jesu die offenen Türen nicht benutzt, werden andere es tun und ihr dann den Eintritt unmöglich machen* ... Die Zeit geht voran! Heute brauchen wir noch mehr Missionare als vor fünf Jahren."

Die fünf Arbeitsjahre, die noch vor Hudson Taylor lagen, brachten ungeahnte Schwierigkeiten für die Ausführung der Pläne, die ihm so sehr am Herzen lagen und für die er sich verantwortlich fühlte. Für China begann die verworrene Übergangsperiode von der jahrhundertealten Politik der Abgeschlossenheit zu der schließlich doch unvermeidlichen Verbindung mit den anderen Völkern. Ein solcher Wechsel konnte nicht ohne Erschütterung vor sich gehen. Die Schwächung des Ansehens der kaiserlichen Regierung in Peking entfesselte in vielen Teilen des Landes ordnungsfeindliche Mächte. So erhielt Hudson Taylor Nachrichten von Unruhen, Verfolgungen und Aufständen von der Küste bis an die Grenze Tibets. Am 1. Juni erhielt er die erschreckende telegraphische Botschaft: „Aufstand in Chengtu, alle Stationen zerstört. Freunde im Gerichtshaus." Ähnliche Nachrichten folgten, und nach zehn Tagen wußte er, daß alle Zentralstationen in der Provinz außer Chingkiang am Yangtse, von wo aus viele der Flüchtlinge Hilfe erhielten, zerstört waren. Gleichzeitig brach eine schwere Verfolgung der Christen im Wenchowdistrikt aus, einem der ältesten und fruchtbarsten Missionsgebiete. Dauernd kamen Nachrichten von belagerten oder geplünderten Missionsheimen, von flüchtenden Familien, die bei der Hauptstation Schutz suchten. Eine Arbeit, deren Aufbau Jahre gebraucht hatte, schien völlig vernichtet zu werden.

Die Regierung verlor das Vertrauen vollkommen, als die Niederlage gegen Japan allmählich durchsickerte. Geheimbünde traten überall in Erscheinung, und im Nordwesten, in der Provinz Szechuan, erhoben sich die Mohammedaner. Eine weitere Gefahr waren die entlassenen, aber noch bewaffneten Soldaten. Erst nach Wochen bekam Hudson Taylor Briefe mit der Nachricht, daß durch den Schutz der Regierungsbeamten in Szechuan keiner seiner Leute ums Leben gekommen war. Sie hatten beim Distriktmandarin Zuflucht gefunden und durften bald in die geplünderten Wohnungen zurück. An einigen Orten hatten die Bekehrten inzwischen treue Arbeit getan und neue „Schüler" gewonnen, die regelmäßig zum Unterricht kamen. So war es z. B. auf Cassels Station in Chengtu, wo sich die Christen sogar bis an das Gefängnis gewagt hatten, um ihre Missionare zu stärken. Sie riefen ihnen zu: „Wir sind alle hier, keiner ist abgefallen!"

Auf einer einsamen Station hatte man die Missionarinnen nicht vertrieben. Nacht für Nacht wurde ohne ihr Wissen das Haus von chinesischen Christen bewacht. Eine vornehme Frau kam sogar auf ihren verkrüppelten Füßen über dreißig Kilometer weit, um sich nach ihrem Wohlergehen zu erkundigen. Dort hörte sie zum ersten Mal vom Erlöser, dem sie dann ihr Leben übergab. Das größte Opfer war der Tod des Missionars Robert Stewart, der mit seiner Frau, seinem Kind und acht anderen Missionaren der Kirchlichen Missionsgesellschaft ermordet worden war. Noch nie war Gottes schützende Hand so weit zurückgezogen worden. Einzelne protestantische Missionare hatten wohl ihr Leben geben müssen, aber es lagen immer lange, ruhige Zeiträume dazwischen. Noch nie war eine Missionarin ermordet worden. Diesmal gehörten zu den Opfern Mutter und Kind und junge, unverheiratete Missionarinnen. Die Täter waren wohl Geheimbündler, die die Regierung in Verwicklungen mit den europäischen Mächten stürzen wollten. Hier wurde vielen klar, daß eine neue Zeit anbrach und ein vielleicht noch viel höherer Preis für den Sieg des Evangeliums in China zu bezahlen war.

Zur selben Zeit erlebten in Sining an der Grenze von Tibet Missionar Ridley mit Frau und Töchterchen und Herr Hall, wie zehntausend Mohammedaner in einer Nacht, allen Versprechungen und Bekanntmachungen zum Trotz, über ihre chinesischen Nachbarn herfielen und in einem furchtbaren Blutbad gemeinsame Sache mit den Aufständischen machten. Die Stadt war voller Flüchtlinge, und die Missionare arbeiteten Tag und Nacht unter den Verwundeten. Ein Bettler, dem sie geholfen hatten, führte sie in einen Tempel, in den sich Hunderte von Frauen und Kindern aus den brennenden Dörfern und dem Gemetzel gerettet hatten. Viele hatten Brand- und Schwertwunden oder lagen im Sterben, eine Anhäufung menschlichen Leidens. Keiner half, keiner wagte, Brot und Wasser zu bringen. Da wußten die Missionare, warum sie hatten in der Stadt bleiben müssen, als sie noch hätten flüchten können. Diese Arbeit konnte Herzen öffnen wie jahrelanges Predigen nicht. Die Missionare ließen sich durch nichts abschrecken und pflegten die Verwundeten beider Parteien, zuerst in den sieben Monaten des mohammedanischen Wahnsinns, als die Chinesen zu Tausenden fielen, dann in den noch furchtbareren Monaten der chinesischen Rache.

Zum Operieren hatten sie nur ein Federmesser und Rasiermesser, sonst nur einige am Ort käufliche Hilfsmittel, wie Öl, Watte, Nähnadel und Seidengarn. Dabei hatten weder Ridley noch Hall Medizin studiert, nur Frau Ridley hatte Erfahrung in der Krankenpflege. Trotzdem verblutete keiner der Operierten. Außerdem mußten tausend Diphtheriefälle behandelt und unzählige Wunden verbunden werden.

Ohne ihren treuen Esel hätte Frau Ridley es nicht schaffen können. Auf ihm ritt sie dauernd zwischen dem Tempel und ihrer Wohnung mit dem Kindchen hin und her. Die Leute machten ihr bereitwillig Platz, denn sie wußten, was sie für sie tat. Eins aber verstanden sie nicht: das

Geheimnis ihres Friedens. Sie selbst verstand es ja kaum in diesen furchtbaren Tagen. Nur einmal verlor sie den Mut, als der Sturmangriff auf die Stadt begann und geradezu die Hölle los war. Was es hieß, in die Hände der Mohammedaner zu fallen, konnte sie sich am Beispiel der verstümmelten Kinder nur zu gut vorstellen. Dora, ihre kleine Dora! Sollte sie dem gleichen Schicksal ausgeliefert sein? Auf sie selbst kam es ja nicht an, aber ihr kleiner, stets zufriedener Liebling! Wie könnte sie das mit ansehen, wenn . . . ! Als sie aber neben dem Bettchen niederkniete und zu Gott schrie, war Seine Gegenwart so spürbar, daß alle Schrecken wichen und sie Gewißheit bekam, daß sie alle durchkommen würden. Diese lähmende Todesangst kam nie wieder über sie.

Hudson Taylor wußte von all diesem Elend nichts Genaues; er hätte ihnen ja auch nicht helfen können. Seine Anteilnahme war jedoch so lebhaft, daß er manchmal nachts zwei- bis dreimal aufstand und für sie beten mußte. Das Gebet fand wunderbare Erhörung, denn Gott erweckte Seinen Kindern in Sining Freunde. Er sorgte für sie, als das Geld wertlos wurde, weil es nichts gab. Er gab ihnen die Gewißheit, daß Er früh genug für neues „Mehl" sorgen würde. Er machte sie stark im Glauben und gab ihnen so viel Arbeit, daß sie keine Zeit hatten, über sich selbst nachzudenken. Es galt ihnen die Verheißung: „Hoffe auf den Herrn und tue Gutes, so wirst du bleiben im Lande und ernährt werden" (Ps. 37, 3; engl. Übersetzung).

Unter diesen Umständen war der Besuch eines Stadtobersten nicht gerade angenehm. Ridley, der allein zu Hause war, mußte Feuer machen und Tee bereiten, wobei er die Ärmlichkeit seiner Bewirtung entschuldigte, so gut es ging. Der Besucher war außer sich über die Not in diesem Hause. Nicht einmal einen Diener hatten diese Leute, die nur für andere lebten. Dabei waren Ridleys froh, keinen Diener ernähren zu müssen.

Wie groß war ihr Erstaunen, als am anderen Morgen zwei Soldaten zwei Sack Getreide in ihren Hof trugen! Das sollte eine Anerkennung des Präfekten für ihre tapfere Arbeit sein. Lange bevor dieser Vorrat erschöpft sein konnte, erschien eine Prozession von sechs Soldaten mit sechs Sack Weizen. So wurden diese Kinder Gottes, ohne jemanden um Hilfe zu bitten, in ihrer Einsamkeit und Hilflosigkeit nicht nur selbst versorgt, sondern konnten noch viele Hungernde miternähren, bis die Belagerung vorüber war.

Inzwischen tat Hudson Taylor, was er tun konnte, um sie zu versorgen. Weil er sich Tag und Nacht zur Fürbitte für sie gedrungen fühlte, glaubte er, daß sie noch am Leben waren. Erst Anfang 1895 kam die Botschaft von der Befreiung, dann begann leider der chinesische Rachezug, der die Schreckenszeit auf zwei Jahre ausdehnte. 80 000 Menschen wurden niedergemetzelt, ungezählte Soldaten fielen oder erfroren. Die Missionare hatten Chinesen und Mohammedanern gleicherweise Liebe erwiesen und dadurch Zuneigung und Vertrauen gefunden. Das war ein guter

Boden für das Evangelium. Das ganze Land stand ihnen offen. Wohin sie auch kamen, überall fanden sie bekannte und unbekannte Freunde. Ach, hätten sie nur mehr Hilfskräfte! Hudson Taylor schrieb deshalb am 30. Oktober 1895 an Easton:

„Wir beten buchstäblich Tag und Nacht für unsere lieben Freunde in Sining und auf den übrigen Stationen in Kansu ... Ich flehe fast stündlich zu Gott, Er möge uns in diesem Winter im Nordwesten mehr Seelen schenken als je zuvor."

Während sie sich in Schanghai noch Sorgen um Sining machten, erhielten sie eine weitere furchtbare Nachricht. Auf einer benachbarten Station war die Cholera ausgebrochen und hatte innerhalb von zehn Tagen neun chinesische Christen und Missionare dahingerafft. Unter ihnen waren Herr Menzies und sein Söhnchen. Das Ehepaar Menzies hatte die Hochzeit zuerst zwei Jahre hinausgeschoben, um die Sprache zu erlernen und sich praktisch einzuarbeiten. Nun waren sie erst ein Jahr verheiratet und auch noch nicht lange in Wenchow, da forderte der Herr von der jungen Frau dieses große Opfer. Aus ihrem tiefen Leid heraus wollte sie nun Hudson Taylor trösten und schrieb ihm:

„Wahrscheinlich haben Sie schon von der Ehre gehört, die mein Gott und Vater mir erwiesen hat. Ja, Er traut mir zu, daß ich ohne meinen geliebten Mann und meinen kleinen Liebling leben kann. Sie sind nicht mehr, denn Gott hat sie zu sich genommen."

Es folgen Einzelheiten: wie der Vater von einer Reise kam und nur noch am Begräbnis seines Kindes teilnehmen konnte, von dem erbitterten Kampf im Missionshaus, wie drei Schülerinnen starben, dann ein Mann, dann eine Frau. Wie die Missionare sie bis zuletzt pflegten, ohne an sich selbst zu denken, wie dann ihr Mann starb und kurz darauf Herr und Frau Woodman. Sie fährt dann fort:

„Es wäre mir leicht gefallen, mit meinen Geliebten heimzugehen. Aber unser Vater wollte es anders ... ich bin nicht allein, weil Er sagte: ‚Fürchte dich nicht, ich bin mit dir!' Lieber Herr Taylor, Gott hat Seine Arbeiter abberufen, doch Sein Werk geht weiter. Ich weiß nicht, was Er mit mir vorhat. Er wird die Zukunft lenken, wie Er die Vergangenheit gelenkt hat ... Ich sehne mich mehr denn je danach, Seinen Willen zu tun. Er hat mir mein *alles* genommen, nun kann ich Ihm nur noch geben, was von meinem Leben übriggeblieben ist. Er hat mich leer gemacht — nun mag Er mich mit Seiner Liebe, Güte und Kraft füllen!"

Ähnlich war es überall: Das Leid wirkte Segen, Glaubensproben brachten tieferes Vertrauen, Liebe und Einigkeit in der Mission wurden gestärkt und ein Gebetsgeist geweckt, der größere Gottestaten ermöglichte.

In dem alten Heim in Hangchow waren sich Pastor Wang Lä-djün und seine Familie eins geworden, ein besonderes Opfer zu bringen. Wang hatte auf sein festes Gehalt verzichtet, um auf der gleichen Basis zu arbeiten wie die Missionare. Sein Schwiegersohn Ren dachte genauso; dabei hätte er in seinem früheren Beruf als Geschäftsmann Reichtümer verdienen können. Nun hatte Wang für sein einziges Kind tausend Dollar gespart, eine beträchtliche Summe unter solchen Verhältnissen. Aber Herr und Frau Ren wollten trotz ihrer großen Kinderschar nichts haben. Sie waren alle der Meinung, das Geld gehöre dem Herrn. So kam der alte Wang nach Schanghai zu Hudson Taylor, um das Geld für die Ausbreitung des Evangeliums persönlich zu übergeben.

Wie sehr freute sich dieser treue Mitarbeiter über die neuen, großen Gebäude in Schanghai und über die Berichte von den Fortschritten der Arbeit in den Inlandsprovinzen! Gut konnte er sich noch an die ersten Anfänge in dem kleinen Haus am Ningpokanal erinnern. Ihre Herzen waren immer noch eins in dem Verlangen, den Millionen Chinas den Erlöser zu verkündigen.

Gerade dieses Jahr der Prüfungen wurde auch ein Jahr des Dankes, denn durch Gottes Segen war die Ernte durch die Mission größer als in den Jahren vorher.

„JA, VATER!"

1895—1902

Es war wirklich nicht verwunderlich, daß die Gesundheit Hudson Taylors durch die großen Anstrengungen der neunten Chinareise in seinem Alter ernstlich erschüttert wurde. Die Verantwortung lag schwer auf ihm. Schwächeanfälle zwangen ihn, häufiger Pausen bei der Arbeit einzulegen, und er brauchte jetzt länger als früher, um sich wieder von ihnen zu erholen. Deshalb gab er das Werk Stück für Stück in andere Hände und freute sich, wenn sich andere als tüchtige Führer erwiesen. Die innere Organisation entwickelte sich stetig mit den Erfordernissen. William Cooper war zum zweiten stellvertretenden Direktor für China berufen worden, und seine Weisheit und Güte waren für alle Mitarbeiter eine große Hilfe. Bezeichnend war auf einer der ersten Tagungen der China-Konferenz, als Cooper sagte: „Es tut mir leid, daß ich Ihnen so oft widerspreche. Ich möchte lieber zurücktreten" und Hudson Taylor ihm antwortete: „Auf keinen Fall! Ich schätze gerade solche Opposition. Sie hat mich schon vor manchem Fehler bewahrt."

Die Finanzverwaltung war nun auch von Wuchang nach Schanghai verlegt worden. So gehörte auch Broumton mit zum leitenden Kreis. Die Arbeitsweise wurde allmählich immer rationeller.

Unter den Missionaren befanden sich Männer und Frauen mit den verschiedensten Gaben, aus verschiedenen Berufen und den verschiedensten Gemeinden. Es war gut, daß nicht alle etwa Theologen oder

Gelehrte waren. So fand sich für jede Aufgabe immer ein geeigneter Mitarbeiter unter ihnen. Cooper meinte dazu einmal, als die Mission auf siebenhundert Mitglieder angewachsen war:

„Wir sind eine sehr große Familie, aber alle arbeiten in segensreicher Harmonie zusammen an dem gleichen Werk. Bei einer solchen Verbundenheit und auf einem solchen Arbeitsfeld können wir unsere Meinungsverschiedenheiten übersehen."

Die Zuverlässigkeit der Mitarbeiter und die Aufteilung der Arbeit machten es daher Hudson Taylor möglich, zusammen mit seiner Frau einige Wochen auszuspannen. Sie nutzten diese Gelegenheit zu einer Bootsfahrt zu den Stationen in Chekiang, bei der Frost sie begleitete. Den im Bezirk Chuchow arbeitenden Mitarbeitern der Barmer Allianz-Mission übertrugen sie bei der Gelegenheit die volle Verantwortung für ihr Gebiet. Diese Reise stellte Taylors Gesundheit aber noch nicht genügend wieder her; deshalb beschloß er, Indien zu besuchen.

Wie dankbar war er, daß seine Frau ihn begleiten konnte, weil eine größere Spende „zum persönlichen Gebrauch" eingegangen war! Von diesem Geld gaben sie einiges an andere Mitarbeiter weiter, ohne es laut werden zu lassen. Sie verzichteten auf die Annehmlichkeiten der zweiten Klasse und wählten die wesentlich billigere dritte Schiffsklasse. So halfen sie immer wieder anderen, weil sie der Meinung waren, daß ihnen auch „persönliche" Gelder nicht einfach allein gehörten.

In Kalkutta sprach Hudson Taylor auf einer Studentenkonferenz und gewann durch den Kontakt mit dortigen Missionaren neue Anregungen. Die Nöte Indiens machten tiefen Eindruck auf ihn. Aber seine Gesundheit wurde nicht so gekräftigt, daß er einen weiteren Sommer in China hätte wagen dürfen. Deshalb reiste er nach der Frühjahrssitzung des China-Ausschusses nach England ab, um sich wieder um die Angelegenheiten der Heimat zu kümmern. Cooper würde ihn in Schanghai gut vertreten.

In England war inzwischen das neue Missionshaus in Newington Green fertiggeworden und die gesamte Verwaltung dorthin verlegt. Die neuen Gebäude waren so geräumig, daß die Mitglieder der großen Missionsfamilie immer ein Zuhause finden konnten. Auch für eine größere Anzahl von Gästen stand es jederzeit bereit. Es war natürlich alles sehr einfach.

Als Taylors ankamen, waren wegen der Mildmay- und der Weltallianzkonferenz gerade besonders viele auswärtige Gäste in London. Wie froh und dankbar wurde der Gründer und väterliche Leiter der Mission von allen begrüßt!

Hier verlebte Hudson Taylor im Sommer 1896 seine letzte längere Arbeitszeit. Seine Kinder waren selbständig und brauchten das elterliche Heim nicht mehr. So wohnten Taylors im Missionshaus. Wenn sie sich auch vielleicht mehr Ruhe und Alleinsein gewünscht hätten, so waren sie aber dankbar für den engen Kontakt mit den Mitarbeitern.

Herr und Frau Broomhall waren nach zwanzigjähriger Mitarbeit zurückgetreten. Sloan und Wood waren nun allein verantwortlich. Ihre ausgezeichnete Leitung machte Hudson Taylor frei für größere Anliegen, die eine sorgfältige Planung und viel Gebet erforderten. Er führte viele Verhandlungen mit Stevenson, dem Ausschuß und auf Besuchsreisen mit Vertretern angeschlossener Missionen in Norwegen, Schweden und Deutschland. Er warb um junge Leute und betonte immer wieder, daß die Kandidaten nicht zu schnell nach China gesandt werden sollten. Die geistliche Vorbereitung wäre am wichtigsten. Ihm lag die weitere Ausdehnung der Arbeit — er nannte es „Vormarsch" — am Herzen. Wohin er auch kam, überall betonte er diesen Gedanken und rief zum völligen Gehorsam gegen den Befehl Christi auf: „Predigt das Evangelium *allen Völkern!*" Er hatte viele Gelegenheiten dazu. Nach seiner Rückkehr vom Kontinent fand er besonders viele offene Herzen unter dem Volk des Herrn. Alle hörten ihn immer wieder gern, weil sie deutlich merkten, daß ihm die Not der anderen so sehr am Herzen lag.

Müde von der Arbeit des Winters nahm er die Einladung von Herrn Berger gern an, in Südfrankreich einige Wochen auszuspannen, bevor die Versammlungen auf dem Kontinent begannen. Es tat gut, wieder einmal mit dem treuen Freund zusammen zu sein, dessen Leben zu Ende ging. Er starb am 9. Januar 1899, als Hudson Taylor wieder in China war. Eine seiner letzten Liebesgaben war eine Stiftung für die Altersversorgung der Mitarbeiter.

Im März und April besuchte Hudson Taylor mit Sloan Deutschland. Neben der Arbeit in Barmen war in Kiel ein neuer Zweig gegründet worden, der zunächst mit der China-Inland-Mission zusammenarbeitete und später unter dem Namen „Liebenzeller Mission" eine segensreiche Tätigkeit ausübte.

In Berlin wurden sie vom CVJM zu einer Studentenkonferenz eingeladen. Graf Pückler nahm sie außerordentlich herzlich auf. Sie blieben zehn Tage und fanden in mehreren Versammlungen Gelegenheit, Freundschaftsbande zu knüpfen. Und das war gut so, denn vorher, das merkten sie bald, stand die China-Inland-Mission nicht in gutem Ansehen. Sie hatte sich ja nicht auf eine bestimmte kirchliche Form festgelegt, während die deutschen Missionsgesellschaften meist in Verbindung mit der Landeskirche standen. Den Berichten über die Glaubensgrundlagen und das Wachstum der China-Inland-Mission hatte man bis dahin nur wenig Glauben geschenkt. Wichtig war eine Gesellschaft bei Frau Palmer Davies, geb. Baronin v. Dungern, bei der viele bedeutende Pfarrer und Leiter voller Skepsis den „berühmten Hudson Taylor" erwarteten. Die Baronin schrieb später:

„Der Fremde in unserer Mitte imponierte nicht durch sein Äußeres. Sein blondes, lockiges Haar ließ ihn jünger erscheinen, als er war. Aber wie wunderbar gelang es diesem Mann, mit seiner himmlischen Sanftmut all die verborgenen Vorurteile gegen ihn selbst und sein Werk zu überwinden!"

Als erstes wurde er gefragt, wie er als Leiter Mitglieder aus den verschiedensten kirchlichen Gruppen aufnehmen könnte. Hudson Taylor antwortete unter anderem, die große Arbeit auf dem Missionsfeld, zu dem alle berufen wären, überwinde die theologischen Verschiedenheiten. Das Motto müßte bleiben: „Alle eins in Christus." Der Leiter der Goßnerschen Mission schüttelte sein silberweißes Haupt und flüsterte seinem Nachbarn zu: „Könnten Sie sich eine solche Vermischung von Kirche und Sektierertum bei uns vorstellen?"

Hudson Taylor sprach dann davon, wie Gott sich selbst Seine Werkzeuge auswählt und auch ihn, den von Natur aus Schüchternen und nicht besonders Begabten, ausrüstete. Er sagte dazu weiter: „Mein gütiger Vater lehrte mich schon in jungen Jahren, mich in meiner Hilflosigkeit an Ihn zu lehnen. Ich betete schon um geringe Dinge, bei denen sich ein anderer noch selbst hätte helfen können."

Auch das Verhalten der China-Inland-Mission in Finanzfragen stand im Mittelpunkt der Kritik. Hudson Taylor erzählte dazu, wie das Wort „Seid niemandem etwas schuldig, außer daß ihr euch liebhabt!" bei ihm die Frage ausgelöst hätte: „Können wir in der Reichsgottesarbeit eine Ausnahme machen und unter Schulden seufzen? Schließlich ist Gott reich genug, um alles zu geben." Er zeigte, wie die China-Inland-Mission im Vertrauen auf Gottes Verheißungen weder Geld ausgab, bevor sie es besaß, noch öffentlich um Hilfe bat und doch die siebenhundert Missionare versorgen konnte. Sie wollte auch anderen Gesellschaften durch Kollektenaufrufe keine Mittel entziehen.

Auf den Einwand, daß die Gemeinden durch solche Praxis nicht systematisch zum Geben erzogen werden könnten, antwortete Hudson Taylor:

„Das ist sicher auch sehr wichtig. Aber — der eine wird so, der andere so geführt. Jeder muß nach seiner Erkenntnis handeln. Um meiner Schwachheit willen hat der Herr meine Art zu arbeiten und zu beten angenommen; ich würde jedoch nie dazu auffordern, mich zu kopieren."

Am Schluß der Auseinandersetzung war es ausgerechnet der Leiter der Goßnerschen Mission, der nach vorn ging, Hudson Taylor umarmte und küßte.

Hudson Taylors Kräfte nahmen aber im folgenden Sommer in England bei der intensiven Vortragstätigkeit immer mehr ab. Die Keswickversammlungen mußte er sogar absagen.

In Davos fand er allmählich Heilung, die noch durch eine Gebetserhörung beschleunigt wurde. Eine Spende von zehntausend Pfund an die Hauptkasse beseitigte die Geldschwierigkeiten, die vor allem durch Zuwendungen an die Zweigmissionen entstanden waren. Kurz nach dieser Überweisung starb der großzügige Spender, J. T. Morton, und vermachte der Mission ein Viertel seines Besitzes, mindestens 100 000 Pfund, mit der Auflage, das Kapital als Einnahme zu verwenden.

Hudson Taylor sah sofort die Verbindung zwischen dieser Gabe und den Aufgaben in China. Zehntausend Pfund zehn Jahre lang, was war damit alles zu erreichen!

Er schrieb in „Chinas Millionen“ den Artikel „Der Vormarsch“ und fuhr noch im selben Jahr zurück nach Schanghai. Er wollte den Beginn der Evangelisation miterleben, die sich über alle Provinzen erstrecken sollte. Wie sehnte er sich danach, daß die 80 000 bekehrten Chinesen aller evangelischen Kirchen Chinas neue Lebenskräfte erhielten und selbst die Evangelisation ihres Landes in die Hand nähmen! Er hatte ein doppeltes Ziel bei seiner zehnten Reise im Auge: die Erweiterung der Arbeit und ihre innere Vertiefung.

Weder er noch seine Umgebung ahnten, daß dies seine letzte Tätigkeit in China sein würde. In diesen einunddreiviertel Jahren (Januar 1898 bis September 1899) sammelten sich siebenmal die Leiter der Mission um ihn und brachten ihn noch einmal mit einem großen Teil des Werkes in Berührung. Viele schwierige Fragen wurden geklärt und aus manchen schon lange bestehenden Verwicklungen ein Ausweg gefunden. Wie die wichtige Frage des „Vormarsches“ zu lösen war, wußten sie noch nicht, aber sie standen unter der Verheißung von Psalm 32, 8: „Ich will dich unterweisen und dir den Weg zeigen, den du wandeln sollst.“

Nach den Ausschußsitzungen im Januar und April war alles bereit, um in der leicht zugänglichen Provinz Kiangsi zu beginnen. Dort gab es 99 Regierungs- und Bezirkshauptstädte, und in nur wenigen wurde das Evangelium verkündigt.

Der Vertiefung, die Taylor für seine ganze Arbeit erbetet hatte, diente auch eine lange Reise von Fräulein Soltau über 9000 Kilometer und zu 45 Stationen in dreizehn Monaten. Sie war mit ihm zusammen aus England gekommen und verbreitete nun überall großen Segen. Über diese Zeit schrieb sie selbst:

„Die Arbeit wächst noch immer. Wäre nicht Christus mein Leben, so könnte ich es nicht mehr lange aushalten. Aber ich erfahre immer wieder aufs neue, wie Er hilft, und werde durch jeden Tag hindurchgetragen, ohne das Gefühl der Überarbeitung oder Furcht vor dem Zusammenbruch zu haben.“

Hudson Taylor mußte eine neue Prüfung durchstehen, denn durch eine schwere Erkrankung konnte er an diesen Versammlungen leider nicht teilnehmen. An sein Zimmer gefesselt, lernte er, in „Schwachheit vollendet“ zu werden (2. Kor. 12, 9; wörtliche Übersetzung). Er schrieb darüber an Dr. Pierson, der krank in Amerika lag, im April:

„Ach, welche Mühe gibt sich der Herr, uns ganz auszuleeren, uns zu zeigen, daß Er auch ohne uns fertig werden kann! Wir beide haben nicht den gleichen Weg. Ich habe nicht solche Schmerzen wie Sie, aber ich bin so schwach und hinfällig, daß ich seit meiner Ankunft noch nicht öffentlich sprechen konnte. In der Stille unter Gebet habe ich manches durchdacht und mit unseren Mitarbeitern beraten. Einige wichtige Schritte wurden beschlossen, und ich hoffe, die Zukunft wird die Früchte zeigen ... Manchmal kann Gott Sein Werk ohne uns besser fortführen als mit uns ... Auch ist nicht die große Zahl entscheidend. Unser Herr speiste fünftausend auf den Bergen und nahm sich der einzelnen Frau am Brunnen in Samaria an, durch die bald Scharen zu Ihm gebracht wurden. So kann der Herr vielleicht jetzt, wo Er uns von den Tausenden weggeholt hat, durch uns Seine Arbeit an einzelnen tun, die uns begegnen. Meinen Sie das nicht auch?"

In Indien hatte Hudson Taylor gesehen, daß die Abordnungen von Keswick großen Segen hinterlassen hatten. So bat er damals eine solche Abordnung, auch China zu besuchen. Das war nun möglich geworden. Dr. Pierson konnte zwar nicht dabeisein, wohl aber Pfarrer Inwood, der von den Erlebnissen auf dem Kontinent noch ganz erfüllt war. Er sprach zwar durch Dolmetscher, verstand es aber, seine Zuhörer von den Anfängen des Glaubens zu tieferer Erkenntnis zu führen. Er war ein Lehrer, wie man ihn brauchte, und arbeitete mit seiner Frau in derselben Weise wie Fräulein Soltau. Sie reisten in siebzehn Monaten über 15 000 Kilometer und fanden im Norden wie im Süden wie yangtseaufwärts bis Chungking eine wundervolle Gemeinschaft „mit jeder Missionsgesellschaft in China". Es war ihrer Meinung nach trotz aller Anstrengungen und Gefahren die schönste Zeit im Dienst für ihren Herrn.

Inzwischen war auch Hudson Taylor wieder genesen und konnte durch Versammlungen und Briefe die Arbeit fördern. Er gab den Segen, den er selbst empfangen hatte, an andere weiter. So schrieb er an einen Mitarbeiter, der Ermunterung brauchte:

„Gehen Sie vorwärts in der Kraft des Herrn! Danken Sie Ihm dafür, daß Sie sich Ihrer Unfähigkeit bewußt sind! Wenn Sie schwach sind, kann Er in Ihnen stark sein ... Wenn Sie sich je einer Sünde oder Verfehlung bewußt sind, dann bekennen Sie es Ihm sofort und berufen sich auf Seine Zusage, zu vergeben und zu heiligen ... Ich bete für Sie. Ich trete von ganzem Herzen für Sie ein. Noch nie bin ich Gott so dankbar für Sie gewesen wie jetzt."

Wenn es galt, jemandem innerlich weiterzuhelfen, scheute er keine Mühe. Das zeigte sich auch im Verhältnis zu seinen Kindern, wie ein Brief an sie deutlich macht:

„Viele Wahrheiten können von zwei Gesichtspunkten aus betrachtet werden, von Gott aus und von den Menschen aus. So ist es zum Beispiel mit dem Erfülltwerden mit dem Heiligen Geist. Der Befehl ‚Werdet voll Geistes!' weist uns auf die menschliche Seite. Was meinen wir damit, wenn wir sagen, eine Mutter sei erfüllt von ihrem Kind? Manche Mütter überlassen ihre Kinder den Mädchen, sehen wohl gelegentlich nach ihnen, aber ihre wichtigste Beschäftigung ist das nicht. Eine Mutter, die von ihrem Kinde erfüllt ist, widmet ihm ihr ganzes Leben. Ebenso ist es mit der geistlichen Gesinnung, von der in Römer 8 die Rede ist ...

Nun kann das Herz ebensowenig von zwei Dingen gleichzeitig erfüllt sein wie ein Wasserglas mit Luft und Wasser. Wenn das Glas voll Luft sein soll, muß zuerst das

Wasser ausgegossen werden. Das erklärt, warum unsere Bitte, mit dem Heiligen Geist erfüllt zu werden, so oft nur nach und nach erhört wird. Zuerst werden uns unsere Sünden und schlechten Gewohnheiten gezeigt, dann werden wir von ihnen befreit. Alle Gnade und aller Segen wird nur durch Glauben empfangen. Was wir im Glauben unser eigen nennen, das schenkt Gott in Wirklichkeit. Erfülltwerden ist nicht unbedingt mit starken Gefühlen oder bestimmten Erlebnissen verbunden — aber Gott hält immer Sein Wort. Wir müssen nur auf Seine Verheißungen sehen und uns fest darauf verlassen — ihre buchstäbliche Erfüllung erwarten ... Wir brauchen nie auf Gottes Gaben zu warten, denn Gott *hat* uns schon ‚gesegnet mit allerlei geistlichem Segen in himmlischen Gütern durch Christus'. Wir dürfen in Ehrfurcht sagen, daß Er uns nichts mehr zu geben braucht. Er *hat* uns schon alles geschenkt. Aber genauso wie das ganze Zimmer voll Luft ist und doch keine in das Glas kommen kann, bis das Wasser ausgegossen worden ist, so sind wir unfähig, all das, was Er uns geschenkt hat, zu empfangen, solange unser Ich noch Herz und Leben erfüllt."

Im Jahre 1898 wurde die politische und soziale Lage immer bedenklicher. Obgleich viele Seelen gewonnen wurden und der innere Fortschritt deutlich war, befand sich das Land seit dem letzten Krieg in steigender Unruhe. Die Bitterkeit gegen die „fremden Mächte", die sich eingemischt hatten, mußte über kurz oder lang eine Krise hervorrufen. Die Reaktion, die Taylor auf die große Evangelisation hin erwartet hatte, nahm drohende Formen an. Übereilte Reformbestrebungen des jungen Kaisers vermehrten die Unruhe. Die „Aufteilung Chinas" wurde öffentlich durch europäische Zeitungen besprochen, worüber die Behörden in Empörung gerieten. Die kaiserliche Regierung hatte nur noch geringen Einfluß auf das Volk. Hudson Taylor schrieb schon im Juli, daß sich der Zusammenbruch wohl nicht mehr verhüten lassen würde.

Der Aufstand in Westchina war immer noch nicht unterdrückt. Örtliche Unruhen und Tumulte waren an der Tagesordnung. Schließlich riß die reaktionäre Kaiserinmutter die Regierung wieder an sich und bestrafte die Reformer hart. Der Kaiser wurde in den „inneren Gemächern" gefangengesetzt. Mit größter Energie wurde die Politik der letzten Jahre über den Haufen geworfen und die Rechte der Ausländer stark gekürzt. Das schürte noch den Fremdenhaß. Und da die Missionare fast die einzigen Europäer im Inland waren, richteten sich die Feindseligkeiten besonders gegen sie. Ihre Lage war äußerst kritisch.

Es war ein Trost, daß Gott in zweiunddreißig Jahren keinen Mitarbeiter der Mission durch Gewalt oder Unglücksfall umkommen ließ. Das war wirklich wunderbar, wenn wir bedenken, welche Wege die Pioniere bei Tag und Nacht zurücklegten. Hudson Taylor erwähnte das oft in seinen Briefen. Schiffbrüche auf dem Meer und dem Yangtse, bei denen manchmal das Eigentum verlorenging, waren vorgekommen, aber ebenso wie bei den zahlreichen Aufständen kamen alle mit dem Leben davon. Hudson Taylor gewann so das Vertrauen, daß Gott Seine Diener auf dem Missionsfeld, namentlich die einsamen Frauen auf den fernen Stationen, schützen würde. Es war wunderbar, wie in dieser Zeit gerade die Frauenmission besondere Frucht brachte.

In der fremdenfeindlichsten Provinz Hunan war von der Norwegerin Fräulein Jakobsen unter großen Gefahren eine Station gegründet worden. Dazu war sie nur in Begleitung zweier Chinesen heimlich von Kiangsi aus über die Grenze gegangen. Sie schrieb an Hudson Taylor:

„Nun leben hier bereits Menschen, die Jesus angenommen haben. Wenn man mich auch vielleicht wieder verjagt, wird Er bleiben."

Fräulein Jakobsen wurde nicht vertrieben, sondern neue Missionare fanden Eingang. Bald bestanden vier Stationen.

Inwoods und Taylors wollten im Januar zu der Chungkingkonferenz. Die Reise war sehr beschwerlich, zumal die Provinz Szechuan noch im Aufruhr lag und das ganze Land sehr unruhig war. Dafür fanden sie unterwegs auf den Stationen aber viel Stärkung. Früher mußte er überall nach dem Rechten sehen und die anderen stärken.

Alle Liebe seiner Mitarbeiter konnte jedoch den Schlag nicht mildern, der ihn in Hankow traf. Dort erhielt er die Nachricht vom ersten Märtyrertod in den Reihen der China-Inland-Mission. Der Australier William Fleming war mit seinem Gehilfen P'an, einem Christen aus dem Stamm der schwarzen Miao, dem sie das Evangelium bringen wollten, in der Provinz Kweichow ermordet worden, als er P'an schützen wollte. Hudson Taylor schrieb darüber an Stevenson:

„Welch eine traurige Nachricht! Für die Märtyrer ein Segen — aber wie schwer für uns, für die Angehörigen, für China! Und was bedeutet das für die Zukunft! Es sieht so aus, als ob Gott uns eine neue Prüfung schickt. Jedenfalls müssen wir aufs neue ‚Gottes Harnisch' anlegen. Schwereres Leiden bedeutet sicher auch tiefere Segnungen. Wenn wir doch alle unseren Halt in Seiner Stärke suchten ... und unsere Arbeit durch diese Prüfungen nicht gehindert, sondern vertieft und erweitert würde!"

„Nicht gehindert, sondern vertieft und erweitert" — das war der Grundton seiner Gedanken und Gebete, als sich immer neue Schwierigkeiten in den Weg stellten.

Die Konferenz von Chungking wurde von siebzig bis achtzig Missionaren verschiedener Gesellschaften besucht und brachte reichen Segen.

Es bedrückte Hudson Taylor sehr, daß sich nur so wenige Mitarbeiter für das große Evangelisationswerk meldeten. Einige aus der Heimat, einige aus China, darunter sein jüngster Sohn, hatten sich zur Verfügung gestellt, insgesamt aber noch keine zwanzig. An Geld fehlte es diesmal nicht. Das bestärkte ihn in seiner alten Überzeugung, daß nicht Geld am wichtigsten ist, so notwendig es auch sein mag, sondern daß Menschen für die Arbeit im Reich Gottes willig werden müssen. War vielleicht wegen der politischen Lage noch nicht der rechte Zeitpunkt gekommen? Sollte er Geduld lernen? Jedenfalls breitete sich die fremdenfeindliche Bewegung immer mehr aus, und es bestand wenig Hoffnung auf Wiedererlangung der alten Lage.

Darum entschloß sich Hudson Taylor, zunächst zu einem Besuch nach

Australien und Neuseeland und anschließend zur Weltmissionskonferenz in New York zu reisen. Er hoffte bei diesen Besuchen neue Mitarbeiter für die Evangelisationsarbeit in China zu gewinnen.

Er und seine Mitarbeiter ahnten nicht, daß seine Zeit und Arbeit in China bald zu Ende war.

Als Hudson Taylor sich noch in Australien befand, entwickelte sich die politische Lage mit erschreckender Geschwindigkeit zur Katastrophe des Jahres 1900, dem sogenannten Boxeraufstand. Die Kaiserinmutter erließ ein Hetzedikt, und unter kaiserlichem Schutz breitete sich der Geheimbund der Boxer, der alle Fremden ausrotten wollte, wie ein Feuer über das ganze Land aus.

In Neuseeland fanden Hudson Taylor und seine Begleiter viele Freunde und sprachen in zahlreichen Versammlungen. Dann ging es weiter nach New York zur Weltkonferenz. Alle beteten intensiv für China, denn die Lage wurde dort allmählich verzweifelt. Die Sorge um China und die vielen Vorträge führten zu einem neuen schweren Zusammenbruch der Gesundheit Hudson Taylors. Sie erreichten im Juni England und fuhren auf Drängen von Frau Taylor sofort weiter in die Schweiz, wo seine Gesundheit schon einmal wiederhergestellt worden war. Taylor war zu jeder Arbeit unfähig, aber dankbar, daß die Leitung in London und Schanghai in tüchtigen Händen lag.

Inzwischen waren die Boxer in Peking eingerückt, und das Werk der Zerstörung begann. Kaiserliche Edikte befahlen den Vizekönigen und Gouverneuren, den Aufstand zu unterstützen. Die chinesischen Behörden traten offen in den Kampf ein, die europäischen Botschaften wurden belagert und Hunderte von Christen niedergemetzelt.

Alle diese Nachrichten trafen Hudson Taylor in Davos. Obwohl vieles von ihm ferngehalten wurde, konnte er die Last fast nicht mehr tragen. Beinahe wäre er ein Opfer dieses Sommers geworden. Auf dem Höhepunkt dieser Schrecken sagte er:

„Ich kann nicht mehr lesen, nicht mehr denken, nicht einmal mehr beten, aber ich kann noch vertrauen."

Das Vertrauen auf die unendliche Treue seines himmlischen Vaters war nicht vergeblich. Er hatte oft gesagt:

„Als ich noch keine eigenen Kinder hatte, dachte ich schon immer: Gott vergißt mich nicht. Aber als ich selbst Vater wurde, merkte ich: Gott *kann* mich nicht vergessen!

Ist es nicht ausschließlich die Liebe des Vaters, auf die wir unsere Zuversicht setzen müssen? Es kann sein, daß ich mitten in der Dunkelheit, Verwirrung und aller Zerstörung, die die Sünde bewirkt, nichts mehr sehen, verstehen und tun, ja, vielleicht nicht einmal mehr beten kann. Aber ich *kenne* Gott! Von Ihm aus ist alles verständlich, notwendig, dem Guten dienlich. Ich aber, Herr, hoffe auf dich und spreche: ‚Du bist mein Gott. Meine Zeit steht in deinen Händen.' "

Er selbst und die Seinen sollten jetzt die Wahrheit der Worte kennenlernen, die er einmal an einen Freund geschrieben hatte:

„Der Herr selbst wird für Sie eintreten und Ihnen helfen."

Das Schwerste in diesen Tagen war für ihn, daß er an den Leiden der Verfolgten nicht einmal teilhaben konnte. Über dreißig Jahre lang war er immer der erste gewesen, der an den Ort der Not und Gefahr eilte. Nie hatte er sich geschont, wenn es galt, den Mitarbeitern Hilfe zu bringen. Und nun, in der höchsten Not, lebte er fern von ihnen und konnte nichts anderes für sie tun, als zu Gott zu schreien.

Mit dem Entsatz der Botschaften und der Flucht des Hofes aus Peking, am 14. August, begann sich die Wut der Boxer zu legen. Der junge Kaiser kam wieder an die Regierung und begann sein Land aus den Verwicklungen zu lösen. Bis dahin hatte die China-Inland-Mission den Tod von 58 Märtyrern und dazu 28 Kindern zu beklagen. Die Überlebenden hatten vielleicht noch mehr gelitten als die Toten. Doch aus allen Briefen dieser schrecklichen Zeit klang kein Wort der Bitterkeit, Rache oder Sühne. Eine der sterbenden Missionarinnen flüsterte ihrem Mann zu: „Ich wollte, ich könnte noch weiterleben. Ich würde gern wieder zurückkehren, um den lieben Menschen mehr von Jesus zu sagen."

Alle, auch Hudson Taylor, waren der Ansicht, daß die Mission für Verletzung und Tötung keine Schadenersatzansprüche stellen und keinen Schadenersatz annehmen sollte. Später gingen sie noch weiter und lehnten jede Entschädigung für das Missionsvermögen ab. Den Mitarbeitern persönlich stellte man die Entscheidung frei.

Auch Missionar Cooper hatte sein Leben lassen müssen. Da wurde die Arbeitslast für Stevenson zu schwer, und er war dankbar für Missionar Hoste, der gerade in Schanghai war und ihm zu Hilfe kam.

Weil Hudson Taylor befürchtete, daß er plötzlich sterben könnte, bestimmte er im August im Einverständnis mit dem Heimatrat D. E. Hoste zum stellvertretenden Generaldirektor der Mission. Das war kein unüberlegtes Handeln. Schon seit Jahren hatte er den Herrn gebeten, ihm den rechten Nachfolger zu zeigen.

Viele Briefe, die sie in Davos erreichten, zeigten den Geist, der die ganze Missionsfamilie beherrschte. Hudson Taylor schrieb dazu:

„Ich habe an einige Angehörige der Märtyrer geschrieben, um ihnen in ihrem Leid Trost zuzusprechen. In ihren Antwortschreiben vergessen sie ihren eigenen Kummer, um meinen mitzutragen."

Es war tatsächlich etwas Besonderes, wenn Eltern den schweren Schlag nicht nur mit Ergebung trugen, sondern Gaben sandten und den Wunsch aussprachen, daß auch ihre anderen Kinder in die Mission eintreten möchten.

Erst im Sommer 1901 gab Hudson Taylor die Hoffnung auf, noch einmal nach China reisen zu können. Ein kleiner Unfall brachte das alte Rückenleiden wieder zurück, und er war monatelang fast gelähmt. Er verstand seinen Herrn. Dieser versperrte den Weg, den er gehen wollte. Auch sein Besuch in England zeigte ihm, daß er keine Anstrengungen mehr ertragen konnte. So kehrte er mit seiner Frau in die stille Schweizer Umgebung zurück und mietete eine feste Wohnung in Chevalleyres oberhalb von Vevey in der Nähe von Frau Berger. Sie bewohnten ein kleines Wohnzimmer, ein Schlafzimmer mit Balkon und eine geschlossene Veranda. Freundliche Wirtsleute versorgten sie liebevoll. Hier verlebten sie den Sommer 1902. Bald schätzte das ganze Dorf den weißhaarigen Missionar und seine Frau und treue Pflegerin, aus denen die Liebe strahlte trotz der fremden Sprache. Allmählich wurde die Pension ein Treffpunkt für Gäste aus England. Bald war das kleine Wohnzimmer droben in den Bergen eine China-Inland-Missions-Zentrale, deren Einfluß weit reichte. Robert Wilder, der ein halbes Jahr mit ihnen im selben Haus zugebracht hatte, schrieb über diesen Winter:

„Nicht das, was Ihr Vater *sagte*, sondern was er *war*, machte einen so tiefen Eindruck auf mich. Man spürte das Leben in Christus. Sein starker Glaube, seine Ruhe, sein fortwährender Fleiß, ja selbst seine Schwäche erschütterten mich ... Daß ein Mensch, der immer so tatkräftig war, so zurückgezogen leben und dabei so zufrieden und fröhlich sein konnte! Dabei reichte seine Kraft nicht länger als zu einer Viertelstunde Gebet. Einmal sagte er mir: ‚Wenn Gott es für richtig hält, mich nicht mehr im aktiven Dienst zu gebrauchen, darf ich nichts dagegen einwenden.' Nie hörten wir ihn klagen oder murren, er war immer fröhlich."

Endlich einmal durften Hudson und Jennie Taylor in Ruhe das Zusammensein genießen. Wie oft waren sie voneinander getrennt gewesen! Anfangs machten sie viele gemeinsame Spaziergänge, auch kleine Ausflüge per Schiff oder Bahn und erkletterten benachbarte Höhen. Allmählich überließ Jennie Taylor aber die Begleitung ihres Mannes anderen Freunden, weil sie sich nicht mehr stark genug fühlte. Viele Stunden wurden damit zugebracht, Aufnahmen zu entwickeln und die mitgebrachten Blumen zu studieren. Aber am wichtigsten blieb Taylor das Wort Gottes, obgleich er schwere Lektüre kaum noch lesen konnte. Er sagt dazu:

„Das Schwierigste im Leben eines Missionars ist das Festhalten am regelmäßigen, von Gebet begleiteten Bibelstudium. Satan findet immer irgend etwas, was wichtiger zu tun wäre — und wäre es die nichtigste Sache der Welt!"

Bis zum Herbst 1902 war Hudson Taylor noch Generaldirektor der Mission und nahm regelmäßig von Hoste, Stevenson und anderen Berichte entgegen. Mehrmals besuchten ihn Frost und Sloan in der Schweiz. Sloan wurde zweiter Direktor in England. Als im November 1902 Hoste von China kam, merkte Hudson Taylor, daß es an der Zeit war zurückzutreten. Der Wiederaufbau und die rasche Entwicklung der Mission ließen viele neue Fragen aufsteigen. Nach der schrecklichen Zeit und den großen Opfern gab es wunderbare Arbeitsmöglichkeiten, die eine reiche Ernte versprachen. Hoste arbeitete sichtlich unter dem Segen Gottes. So übertrug ihm Hudson Taylor jetzt unter Zustimmung aller Direktoren und Ausschüsse die Gesamtleitung des Werkes. Diese Neuerung war so allmählich vollzogen worden, daß viele sie kaum wahrnahmen. Hudson und Jennie Taylor blieben aber in der gleichen engen Verbindung mit dem Werk.

„GOTTES WEGE SIND VOLLKOMMEN“

1903—1905

Hudson Taylor stand vor dem letzten Leid seines Lebens. In dem abgelegenen Schweizer Dörfchen ging Jennie Taylor den letzten Tagen ihres Lebens entgegen. Ihre langsam fortschreitende, schwere Krebserkrankung hatte sie im Sommer 1904 oft auf ihr Zimmer verbannt. Still und tapfer trug sie das ihr bekannte Leiden. Briefe an ihre Schwiegertochter zeigen das deutlich:

„Du fragst, wie es mir geht. Nun, ich bin wohl abgemagert und fühle mich manchmal ziemlich elend. Mein Befinden wechselt häufig, aber ich bin sehr dankbar, daß ich noch auf sein kann. Des Herrn Gnade und Freundlichkeit ist jeden Morgen neu. Der tüchtige und freundliche Dr. Roux hat mir jetzt ein Mittel gegeben, das mir sehr gut tut. Ich habe so viel Schlaf, wie ich brauche, und auch sonst geht es mir so erträglich wie nach den Umständen möglich. Ich überlasse alles Ihm, der weiß, was zu meinem Besten dient, der uns immer liebt. Unser geliebter Vater ist immer noch sehr gebrechlich ... Wir passen doch gut zueinander. Wir sind jetzt beide froh über ein stilles Leben ohne Anstrengung. Wir haben viele Freunde, und was für liebe Freunde!“ —

„... Ich lerne jetzt die tiefe Kraft der Hilflosigkeit und Abhängigkeit kennen. Vielleicht lernst Du innerlich dasselbe auf anderem Wege. Ach, wäre ich doch in meinem Dienst immer ganz abhängig gewesen!“

Und dann kam still das Ende. Bis zuletzt schlug ihr Herz für die Mission. Die letzte Gabe sollte ein „Dankopfer für alle Barmherzigkeiten“ sein. Noch einige ruhige, unbeschwerte Tage im Kreise ihrer Lieben, die in den strahlenden Augen die Gegenwart Gottes zu schauen meinten.

„Keine Schmerzen, keine Schmerzen“, sagte sie mehrmals trotz großer Atemnot. Als sie sah, wie ihr Mann litt, flüsterte sie gegen Morgen:

„Bitte Ihn, daß Er mich schnell holt!“

Das war wohl das schwerste Gebet, das er je beten mußte; er tat es aber um ihretwillen. Fünf Minuten später wurde der Atem ruhig — eine kurze Weile danach war alles vorüber — sie hatte Frieden.

Aber für ihn war die Vereinsamung furchtbar. Trost spendete ihm ein französischer Wandspruch, den sie noch gemeinsam gekauft hatten (Hebr. 10, 23):

„Celui qui fait les promesses est fidèle.“ (Der, der die Verheißungen gegeben hat, ist treu.)

„Seine Gnade genügt“ und „Er läßt uns nicht allein“ hatte Jennie ihm zuletzt noch gesagt. Diese Gewißheit stärkte ihn.

Seine Nichte Mary Broomhall blieb bei ihm in der Schweiz und pflegte ihn. Als sich seine Gesundheit entschieden gebessert hatte, beschloß er, im Frühling 1905 nach China zurückzukehren. Howard Taylor und seine Frau wurden dazu beurlaubt, ihren Vater auf dieser Reise zu begleiten.

Auf der Hinreise berührte er zum siebenten Mal Amerika und freute sich über die neue Zentrale der Mission in Philadelphia. Er blieb dort fast zwei Wochen.

Am 17. April 1905 landete er in Schanghai, wo gerade die Frühjahrssitzung stattfand. Hoste, Stevenson und viele andere, die den schrecklichen Boxeraufstand mitgemacht hatten, begrüßten ihn in herzlicher Verehrung. Auch sein alter Mitstreiter Meadows aus den Tagen von Ningpo war da. Sie hatten alles so lieb und freundlich hergerichtet; er sollte sich wirklich wohl fühlen.

Ostern verbrachte er mit Fräulein Murray in Yangchow. Die vielen Erinnerungen zeigten ihm hier noch einmal ganz deutlich, welch schwache Werkzeuge sie immer gewesen waren und wie überschwenglich Gott ihre Gebete erhört hatte. Es war Sein Werk, das war die einzige Erklärung. Seine Abschiedsworte in der Sprachschule Chefoo wurden nicht vergessen: „Wir können nicht viel tun, aber wir können wenigstens etwas tun: Gott tut dann das andere."

Auf dem Friedhof in Chingkiang besuchte er noch einmal die Gräber seiner ersten Frau Maria und vier seiner Kinder. Die Erinnerung schmerzte jetzt nicht mehr: Das Wiedersehen stand nahe bevor. Zu jungen Mitarbeitern, die gerade auf Inlandsstationen hinauszogen, sagte er:

„Ich bin sehr froh, hier so viele von euch zu treffen. Wie viele habe ich schon von hier hinausziehen sehen! Meine liebe Frau starb hier ... Unsere Lieben mögen uns im Geist näher sein, als wir denken. Er ist bestimmt uns viel näher, als wir glauben. Unser Herr Jesus will uns nie verlassen noch versäumen. Rechnet mit *Ihm!* Freut euch an *Ihm!* Liebe Freunde, bleibt Ihm und Seinem Wort treu! Er wird euch nie enttäuschen! Ihr werdet vielleicht oft müde und einsam sein. Aber der Herr weiß, was Er euch zumutet."

Dann ging es weiter mit einem bequemen Dampfer nach Hankow, dem Missionszentrum, in dem so viele Station machten, die ins Inland gingen oder von dort zurückkehrten. Sie wurden auch dort mit Liebe und Fürsorge überschüttet. Alte Freunde aus anderen Missionsgesellschaften, wie Dr. Griffith John, mit dem er fast fünfzig Jahre gleichzeitig in China gearbeitet hatte, versammelten sich mit ihren Mitarbeitern. Noch ein anderer Freund, Dr. Martin, kam aus Wuchang herüber. Diese drei Alten standen zusammen 165 Jahre im Missionsdienst.

Da die Reise nach Hankow so gut verlaufen war, fand Hudson Taylor den Mut, die neue Eisenbahn von Peking nach dem Norden zu benutzen, um noch einmal das Inland zu sehen, und wären es auch nur zwei Stationen in Honan. Seine Schwiegertochter schrieb über diese Reise:

„Voriges Mal fuhren wir auf Schubkarren und brauchten viele anstrengende Tage, bis wir ans Ziel kamen. Jetzt legten wir den Weg in nur vierundzwanzig Stunden zurück. Welch ein großes Erlebnis, so durch das Inland, durch die Provinz Honan zu fahren!"

In Yencheng, das an der Bahnlinie lag, sah Hudson Taylor etwas von der Arbeit der australischen Mitarbeiter. Bei einem Besuch der Nachbarstation mußte er sogar eine Nacht in der Herberge zubringen, wie er sie früher zu Hunderten kennengelernt hatte.

Den 14. Mai, einen Sonntag, verbrachte er auf der Station, auf der seine Tochter, Frau Coulthard, als erste Missionarin gewirkt hatte. Nach dem Reisebericht seiner Kinder hielt er dort „eine drei Kilometer lange" Predigt. Das kam so: Sie wohnten bei Herrn und Frau Brock. Die Gottesdienste fanden aber auf dem weiter entfernt liegenden Anwesen von Herrn Shearer statt. Wie konnte man Hudson Taylor in der Sommerhitze den Weg erleichtern? Eine den Missionarinnen gehörende Sänfte lehnte er ab, mit der Begründung, er wäre nicht nach Honan gekommen, um ein schlechtes Beispiel zu geben. Er wollte zum Gottesdienst *gehen.* Und er ging tatsächlich hin und zurück zu Fuß; ein Begleiter trug einen Klappstuhl, damit er sich darauf ab und zu ausruhen konnte.

„Warum nehmt ihr keine Sänfte?" riefen die Leute, die sich in Scharen um ihn versammelten. Diese Gelegenheit nahm er wahr und wies sie darauf hin, daß Gott will, daß die Menschen den Sonntag heiligen. Mit großer Verwunderung hörten die Leute, es wäre eine Sänfte mit Trägern im Missionshaus vorhanden. Der weißhaarige Missionar wollte sie aber wegen des Sonntags nicht benutzen. Die Szene wiederholte sich jedesmal wieder, und die Christen empfingen einen tieferen Eindruck von der Bedeutung des Sonntags als durch vieles Predigen.

Fünf Hauptstationen besuchten sie so und sprachen mit vielen Missionaren und Chinesen. Abschließend besuchten sie die beiden Stationen, die Howard Taylor und seine Frau gegründet hatten. Das war wie ein Heimkommen. Alles war noch so gut bekannt: die Wege, die Häuser, die Bäume. Kurz vor Chenchowfu erlebten sie etwas ganz Unerwartetes.

Die jungen Taylors berichteten:

„Vor uns auf der Straße war eine Schar Männer und Knaben neben einem Tisch versammelt. In den Händen hielten sie glänzende Gegenstände, deren Bedeutung uns zunächst unklar war. Waren es Blasinstrumente, ein Bläserchor? Plötzlich wurde uns klar: Das sind die Christen aus Chenchowfu. Der Tisch war mit Erfrischungen für unseren Vater gedeckt. Die ‚Blasinstrumente' waren vier große, goldene Schriftzeichen, die emporgehoben wurden und ‚Inland Chinas Gnaden Mann' (etwa der Wohltäter Inland-Chinas) hießen. Etwas weiter davon begrüßte uns eine Schar chinesischer Christinnen. Der Hofraum des Missionshauses war überdacht. Am hinteren Ende war eine Plattform errichtet, überall hingen Willkommensgrüße. Ein rotes Seidenbanner mit denselben Schriftzeichen wurde aufgehängt, und schließlich strömten lächelnde, glückliche Menschen herein, bis jeder Winkel gefüllt war. Ein schönes, unvergeßliches Bild! Dann folgten glückliche Tage.

In Taiking, der letzten Station, die wir besuchten, empfing uns die gleiche Liebe und Herzlichkeit. Die Christen dort hatten einen Wagen gemietet, um uns abzuholen. Unterwegs trafen sie einen Boten, der ihnen mitteilte, daß Vater unwohl wäre und nicht kommen könnte. Mitten auf dem Wege baten sie den Herrn: ‚Herr, stärke ihn und befähige ihn, die Reise zu machen! Herr, was haben wir getan, daß der verehrungswürdige Pastor Hunderte von Meilen von der anderen Seite der Welt kommt und eine Tagesreise vor unserer Stadt haltmachen muß? Herr, wir sind doch auch Deine Kinderchen! Hilf ihm!‘

Ihre Freude war groß, als sie ihn einige Stunden später doch entschlossen fanden, am nächsten Tag Taiking zu besuchen.

Vor dem Stadttor trafen wir auf die Christen und ihre Missionare Ford und Bird. Auch Herr und Frau Joyce waren da. So bildeten wir eine ganze Versammlung von alten Freunden und Mitarbeitern, die mit dankerfülltem Herzen an die alten Erlebnisse, Hoffnungen und Gebete dachten. Wie hatte der Herr alle bei dem schrecklichen Aufstand 1896 erhalten und Sein Werk gesegnet und vermehrt! ..."

Am Freitag, dem 26. Mai, dem 39. Jahrestag der Ankunft der „Lammermuir", erreichten die Reisenden wieder Hankow. Unterwegs im Zug beteten sie viel zusammen. In Hankow erwartete sie nun unter anderen Dr. Whitefield Guiness.

Dankbar für die dreieinhalb Wochen in Honan suchten sie Weisung vom Herrn, wohin sie nun gehen sollten. Sie wußten noch nicht, *wie* groß die Freundlichkeit des Herrn war; denn nur noch acht Tage sollte die irdische Pilgerfahrt des unermüdlichen Reisenden dauern, dann war das Ziel erreicht.

Nach einem stillen Sonntag beschloß Hudson Taylor, mit dem Dampfer nach Changsha zu fahren, der Hauptstadt von Hunan, das er noch nicht kennengelernt hatte. Hunan war die erste Provinz gewesen, in der die Mission Fuß fassen wollte, aber die letzte, in der das endlich gelang. Über dreißig Jahre war sie das besondere Gebetsanliegen Hudson Taylors gewesen. Erst nach dem Boxeraufstand 1900 hatte sie sich wirklich geöffnet. Er wollte noch die Arbeit Dr. Kellers und der anderen in der Hauptstadt sehen.

Während sie den großen See kreuzten und stromauf fuhren, zogen wohlgebaute Städte, schöne Pagoden und Tempel, reiche Ebenen mit reifenden Feldern und herrliche Bergketten an ihnen vorüber. Sie dachten an alle Mühen und Gebete der vergangenen Jahre, an geopfertes Leben und furchtlosen Glauben, die endlich als größten Lohn die vollkommen veränderte Haltung der Bevölkerung gefunden hatten. Jetzt waren in dieser Provinz hundertelf Missionare von dreizehn Gesellschaften auf siebzehn Hauptstationen und viele chinesische Mitarbeiter. Der Bericht der Schwiegertochter geht weiter:

„Am Donnerstag, dem 1. Juni, kamen wir nachmittags in Changsha an und wurden herzlich von Dr. Keller und Frau Dr. Barrie begrüßt ... Die beiden folgenden Tage waren so still und voller Frieden, daß wir auch darin die Güte Gottes erkannten. Sie boten so viel Interessantes und Erfreuliches, die Menschen waren so voller Teilnahme, Liebe und Fürsorge für unseren Vater, daß wir voller Dank daran zurückdenken.

Nachmittags war ein Empfang vorgesehen, damit alle Missionare der Stadt Gelegenheit hatten, Vater zu sehen und mit ihm zu sprechen. Es war kühl und angenehm ... Der Tee wurde unter Bäumen und Blumen getrunken. Vater kam heraus und saß über eine Stunde unter den Gästen. Er hatte sichtlich Freude an dem fröhlichen Beisammensein. Nachdem alle gegangen waren, überredete ihn Howard, hinaufzugehen. Zum Abendessen wollte Vater nicht herunterkommen, sondern lieber gleich ins Bett gehen.

Ich legte ihm das Kopfkissen bequemer zurecht, damit er die Briefe aus der Heimat besser überblicken konnte, die vor ihm lagen. Dann setzte ich mich auf einen Schemel dicht neben ihn. Da er nichts sagte, fing ich an, über die Bilder in der ‚Missionsrundschau', die auch auf dem Bett lag, zu plaudern. Howard verließ das Zimmer, um etwas zu holen. Als ich gerade mitten in einem Satz war, wandte Vater plötzlich den Kopf und tat einen hastigen Atemzug — ich dachte, er müßte niesen. Das wiederholte sich mehrfach. Er sprach nicht, schrie auch nicht auf; ein Erstickungsanfall war es aber auch nicht. Er sah mich nicht an und schien bewußtlos zu sein.

Ich lief an die Tür und rief Howard, aber bevor er das Bett erreichte, sah ich, daß das Ende da war. Ich lief zurück, um Dr. Keller zu rufen, der unten an der Treppe stand und in kürzerer Zeit, als ich es schreiben kann, zur Stelle war. Er konnte auch nur noch zusehen, wie unser Vater den letzten Atemzug tat. Das war kein Tod — es war ein schnelles, frohes Hinübergehen in das ewige Leben. ‚Mein Vater, mein Vater! Wagen Israels und seine Reiter!'

Ein wunderbarer Friede lag auf seinem lieben Gesicht. Die Last der Jahre und die Spuren der Müdigkeit schienen in wenigen Augenblicken verschwunden zu sein. Er sah aus wie ein ruhig schlafendes Kind. Sogar über dem Zimmer lag etwas von diesem unaussprechlichen Frieden ...

Nach und nach versammelten sich die Freunde aus dem Hause und die chinesischen Christen um sein Bett. Alle empfingen einen tiefen Eindruck von der Ruhe und dem Frieden auf diesem Gesicht.

Ganz zuletzt trat ein junger chinesischer Evangelist mit seiner achtzehnjährigen Frau ein. Sie wollten Hudson Taylor besuchen. Er ergriff Taylors Hand und sprach zu ihm, als ob er noch lebte. In tiefer Bewegung brachte er den ganzen Dank der chinesischen Christen zum Ausdruck:

‚Lieber, verehrungswürdiger Pastor, ... du hast uns den Himmel geöffnet, du hast uns viele Jahre liebgehabt und für uns gebetet ... Du siehst so glücklich und friedlich aus. Dein Gesicht ist still und froh. Du kannst heute abend nicht mehr zu uns sprechen. Wir wollen dich nicht zurückholen, aber wir wollen dir folgen und einmal zu dir kommen, und du wirst uns dann willkommen heißen.' "

Am Ufer des mächtigen Yangtse, an dem ja auch seine Lieben ruhen, fand Hudson Taylor seine letzte Ruhestätte.

Was war das Geheimnis seines Lebens? Wie sagte er von sich selbst?

„Ich selbst bin nicht besonders begabt und von Natur aus schüchtern, aber mein gütiger und barmherziger Vater neigte sich zu mir und stärkte mich in meinem schwachen Glauben, als ich noch jung war. Er lehrte mich in meiner Hilflosigkeit, mich an Ihn zu lehnen."

In seinem Leben verwirklichte sich, was Paulus im Galaterbrief sagt:

„Ich lebe; doch nun nicht ich, sondern Christus lebt in mir. Denn was ich jetzt im Fleisch lebe, das lebe ich im Glauben an den Sohn Gottes, der mich geliebt und sich selbst für mich dargegeben hat."

Bücher zur christlichen Lebensgestaltung:

Isobel Kuhn

Die mich suchen – In der Arena

Neu bearbeitete Gesamtausgabe
176 Seiten. ABCteam 3156. Taschenbuch. 9. Auflage

»Daß Sie an Gott glauben, ist nur das Ergebnis Ihrer Erziehung.«
Isobel Kuhn muß ihrem Professor recht geben. Man hat ihr gesagt, was sie glauben soll, und sie hatte es getan. Noch auf dem Nachhauseweg beschließt sie, von nun an keinerlei Lebenstheorien mehr ungeprüft zu übernehmen. Dabei empfindet sie das angenehme Gefühl von ungeahnter Freiheit.
Doch dabei bleibt es leider nicht lange. Enttäuschungen und ihr selbst unerklärliche Ereignisse stellen sie bald erneut vor die Fragen: Gibt es Gott? – Kann man ihn finden?
Offen und ehrlich berichtet sie in diesem Buch von ihren Erfahrungen und Erlebnissen auf der Suche nach Gott. Schließlich ist sie bereit, die Konsequenzen zu ziehen: Sie reist nach China, um dort Gott zu dienen.
Aber damit endet ihr Suchen nicht. Was sie in den Bergen Chinas an Unvorhergesehenem und Ungewolltem, an Höhepunkten und Enttäuschungen erlebt, beschreibt der zweite Teil des Buches: In der Arena. Schließlich stellt der Arzt fest, daß sie an Krebs erkrankt ist. Wie damit fertigwerden? Das Ende – oder ein neuer Anfang?

Oswald Sanders/Jim Fraser

Wirksames Gebet

Eine geistliche Strategie
64 Seiten. ABCteam 3087. Taschenbuch. 4. Auflage

Nichts ist so schwierig und einfach zugleich wie das Beten. Es ist dem Gelehrten wie dem Kind erlaubt. Es entspringt dem Augenblick und ist die Haltung eines ganzen Lebens. Es ist Ruhe und Kampf, Angst und Begeisterung, Ergebenheit und Zudringlichkeit.
Ist es nicht sonderbar, daß wir trotzdem alle von einer eigenartigen Abneigung zum Beten geplagt sind? Es bereitet uns nicht unbedingt Freude, mit Gott zu sprechen. Kann man daran etwas ändern?
Die Kurzstudien von Oswald Sanders im ersten Teil dieses Buches veranschaulichen einige Grundsätze des wirksamen Gebets am Erleben von Frauen und Männern der Bibel. Die Erfahrungen von Jim Fraser im zweiten Teil machen uns Mut, mit der Praxis des Betens zu beginnen.

BRUNNEN VERLAG · GIESSEN UND BASEL

Wichtige Lebensbilder aus der Kirchengeschichte:

Friedrich Zündel

Johann Christoph Blumhardt

Zeuge der Siegesmacht Jesu über Krankheit und Dämonie
352 Seiten. ABCteam 207. Paperback. 20. Auflage

Friedrich Zündel, ein Freund von Johann Christoph Blumhardt, hat bald nach dessen Tod im Jahre 1880 eine Biographie Blumhardts geschrieben. Sie ist eine engagierte Darstellung der Zeit und der Person Blumhardts, nicht bloß eine Zusammenstellung von Daten und Ereignissen.
Im Jahre 1936 wurde eine leicht bearbeitete Fassung dieses Buches neu herausgegeben, »weil es an der Zeit war, die in der Lebensbeschreibung enthaltene Botschaft der Welt wieder in Erinnerung zu rufen«. Aus denselben Gründen erschien diese Neuauflage.
Die Biographie Zündels ist noch heute ein Standardwerk für Christen, die sich mit den Gebieten Okkultismus und Kirchengeschichte beschäftigen.

Normann P. Grubb

Charles T. Studd

Kein Opfer zu groß
128 Seiten. ABCteam 3165. Taschenbuch. 4. Auflage

»Wenn Jesus Christus Gott ist und für mich starb, kann mir kein Opfer zu groß sein, um es ihm darzubringen.«
Diese Worte von Charles T. Studd beschreiben sehr gut seine Lebenseinstellung und erklären die Wirkung, die sein Leben hatte. Es geht dabei nicht so sehr um den jungen Mann, der als Spitzensportler und reicher Pflanzerssohn Christ wurde. Es ist der altgewordene, reife Charles T. Studd, der durch seine Glaubenshaltung den Anstoß zu neuen, weltweiten missionarischen Unternehmungen gab.
Charles T. Studd ist nicht nur der Begründer des Weltweiten Evangelisations-Kreuzzuges (WEK), sondern gab – wie auch Hudson Taylor – den Missionen unseren Jahrhunderts ihren entscheidenden Anstoß.